SHIZHENG LUQIAO SHIGONG JISHU YU GUA[illegible]

市政路桥施[illegible]术与管理研究

李　杰　安彦龙　梁　锋　主编

文化发展出版社
Cultural Development Press

图书在版编目（CIP）数据

市政路桥施工技术与管理研究 / 李杰，安彦龙，梁锋主编．—北京：文化发展出版社，2020.8

ISBN 978-7-5142-3031-4

Ⅰ．①市… Ⅱ．①李… ②安… ③梁… Ⅲ．①道路工程－工程施工②桥梁工程－工程施工 Ⅳ．①U415 ②U445

中国版本图书馆 CIP 数据核字（2020）第 119473 号

市政路桥施工技术与管理研究

主　　编：李　杰　安彦龙　梁　锋

责任编辑：张　琪　　　　责任校对：岳智勇

责任印制：邓辉明　　　　责任设计：侯　铮

出版发行：文化发展出版社有限公司（北京市翠微路 2 号　邮编：100036）

网　　址：www. wenhuafazhan. com　www. printhome. com　www. keyin. cn

经　　销：各地新华书店

印　　刷：阳谷毕升印务有限公司

开　　本：787mm×1092mm　1/16

字　　数：303 千字

印　　张：16

印　　次：2020 年 9 月第 1 版　2021 年 2 月第 2 次印刷

定　　价：58.00 元

I S B N：978-7-5142-3031-4

编委会

作　者	署名位置	工作单位
李　杰	第一主编	太原市市政公共设施管理处
安彦龙	第二主编	石家庄市市政建设总公司
梁　锋	第三主编	中交一公局集团有限公司
于恒福	副 主 编	临沂市政集团有限公司
麻志勇	副 主 编	吉士达建设集团有限公司

前　言

PREFACE

道路和桥梁是现代生活不可缺少的一部分，在交通运输中是最基本的运输途径。改革开放以来，我国取得了很大的成就，数量和质量都在不断的进步。经济不断的发展，现在人们都流行在网上购物，这就需要物流来进行运输，不断的运输就需要对路桥的质量有更高的要求，路桥施工质量的水平是影响道路和桥梁的关键因素。保障道路安全就必须保障路桥施工质量管理的好坏。为了保障路桥的质量，需要加大对工程管理的制度。我国公路桥梁发展迅速，且取得了丰硕的成果，很多已经接近世界先进水平，但是近年来的质量问题引起了大家的一致关注。

在市政路桥工程项目施工过程中，施工项目管理贯穿着整个施工，合理调动人力财力，统筹施工进度与方向，以高质量、低成本、安全生产、工期缩短为目标，保障施工质量的同时，为企业提供更多的经济效益。近些年，我国城市建设的步伐开始加快，这得益于国民经济增长，同时对市政路桥工程施工建设提出了更高的要求，施工项目管理是保证施工质量与安全的根本，就需要我们对其引起重视，并不断引进管理新技术与新方法，让施工中的各个环节都能够正规标准化，高效率完成高质量建设。

为了满足广大市政路桥施工和管理研究和工作人员的实际要求，作者翻阅大量市政路桥施工和管理的相关文献，并结合自己多年的实践经验编写了此书。

本书在编写过程中参考了大量的国内、外专家和学者的专著、报刊文献、网络资料，以及市政路桥施工技术与管理的有关内容，借鉴了部门国内、外专家、学者的研究成果，在此对相关专家、学者表示衷心的感谢。

《市政路桥施工技术与管理研究》编委会

目 录

CONCENTS

第一章　路基排水及防护工程施工

第一节　路基排水工程施工

一、地面排水设施施工

地面排水设施主要有边沟、截水沟、排水沟、跌水与急流槽等。

1. 边沟

设置在挖方路基的路肩外侧或低路堤路基的坡脚外侧，用以汇集和排除路基范围内和流向路基的小量地面水的沟槽称为边沟。边沟的断面形式一般有梯形、三角形和矩形。

通常土质边沟多采用梯形。梯形边沟的边坡靠路基一侧为1：1 ~ 1：1.5，另一侧与路堑边坡相同；有碎落台时，外侧也可采用1：1比例；机械化施工时，土质边沟多采用三角形，三角形边沟的边坡内侧一般为1：2 ~ 1：4，外侧为1：1 ~ 1：2；石方地段边沟多采用矩形，矩形边沟的内侧边坡视其强度可采用直立形式，亦可稍有倾斜（1：0.5）。

边沟的深度一般取0.4 ~ 0.8m，边沟的底宽不应小于0.4m。在水流较多的情况下，需适当加宽或加深。

一般情况下，边沟不宜与其他沟渠合并使用。为控制边沟中的水不至于过多，一般每隔300 ~ 500m（特殊情况200m）设排水涵一道，用以及时将边沟水排至路基范围之外。

一般边坡的沟底纵坡与路线纵坡相同，并不宜小于0.2%，以免水流阻滞淤塞边沟。当沟底纵坡大于3%时，应对边坡进行加固；当纵坡超过6%时，水流速度大而冲刷严重，可采用跌水或急流槽的形式缓冲水流。另外，在设置超高的平曲线区段内，挖方地段路基内侧标高的改变，可能形成边沟积水，危害路基，因此应注意使平曲线段边沟沟底与曲线前后沟底平顺衔接。

边沟的出水口，必须进行处理。在路堑与路堤结合处，边沟沟底纵坡一般较陡。当边沟沟底与填土坡脚高差较大时，应结合地形与地质等具体条件采取以下两方面措施。

（1）设置排水沟，将路堑边沟水沿出口处的山坡引向路基范围以外，使之不至于冲刷填方边坡；

（2）自边沟与填方毗连处设跌水或急流槽，将水流直接引到填方坡脚之外。

当边沟的出口与桥涵的高差较大时，为避免边沟流水冲刷，应作如下处理。

在涵洞进口处设置雨水井或根据地形需要，在进口前设置急流槽与跌水等构造物，将水流引入涵洞；在桥头翼墙或挡土墙的后端，设置急流槽或跌水，将水引入河道。

2．截水沟

截水沟是设置在挖方路基边坡坡顶以外或山坡路堤的上方，垂直于水流方向，用以截引路基上方流向路基的地面径流的排水设施。截水沟可以防止地表径流冲刷和侵蚀挖方边坡和路堤坡脚，并减轻边沟的泄水负担。截水沟必须排水迅速，不得在沟内积水或沿沟壁土层渗水，否则，会加剧路基病害的形成，而有可能成为边坡滑坍的顶边线。所以，截水沟应设有合适的纵坡度，沟底纵坡不应小于 0.3%，亦不可太大（大于 3%），以免总水流冲刷严重，一般取用 1% ~ 2%。对土质地段截水沟，还应适当加固，以保证不渗水和冲刷。截水沟处应综合利用地形，合理布置。若因地形限制，附近又无出水口时，可分段考虑，中部以急流槽衔接；若由于地形限制，汇量大，将截水沟引至自然沟或路堤地段有困难，引入边沟又将过大增加路基挖方时，则应综合考虑，可在挖方较低处增设急流槽或涵洞，直接将水引至路基的另一侧，排至路基范围以外。

截水沟的断面形状，一般多为梯形，底宽不应小于 0.5m，深度应根据拦截的水流量确定，不宜小于 0.5m，边坡坡度视土质而定，一般土质可取 1：1 ~ 1：1.5。

截水沟离路堑边坡坡顶的距离 d 视土质不同而异，以不影响路堑边坡稳定为原则。见图 1–1 所示，一般取 d ≥ 5m，在截水沟与路堑之间，堆筑挡土土台。

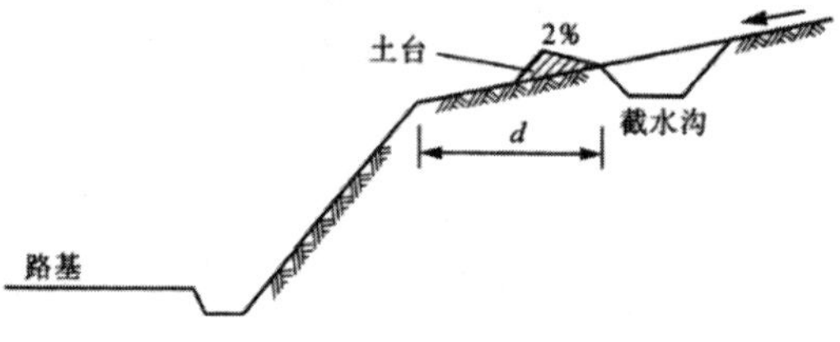

图 1–1　路堑地段截水沟示意图

山坡路堤上方的截水沟，应布置在路堤坡脚以外 2m 处。截水沟与路堤之间修筑护坡道，顶面以 2% 的横坡向截水沟倾斜。如有取土坑，则在坑内挖沟，并加以修整。

截水沟也应设有可靠的出水口，与其他排水设施平顺衔接，必要时宜设跌水或急流槽，将水流排入截水沟所在山坡一侧的自然沟中，或直接引到桥涵进口处，应避免排入边坡，或者在山坡上任其自流，造成冲刷。

3．排水沟

设置排水沟目的，在于用来将水流从路基排至路基范围以外的低洼处或排水设施中。在平丘区，当原有地面沟渠蜿蜒曲折，并且影响路基稳定时，可用排水沟来改善沟渠线路。有时为了减少涵洞数量，也使用排水沟来合并沟渠。

排水沟一般为梯形断面，底宽不小于 0.5m，深度根据流量而定，但不宜小于 0.5m。边坡坡度视土质情况而异，一般可取 1：1 ~ 1：1.5，排水沟应尽量做成直线，如必须转弯时，其半径不宜小于 10 ~ 20m。水沟长度按实际需要而定，通常不宜大于 500m。当排水沟中的水流流入河道或沟渠时，应使原水道不产生冲刷或淤积。一般应使排水沟与原水道两者水流方向的流向成锐角相交，并力求小于 45°，保证汇流处水流顺畅。如限于地形，锐角连接有困难时，可用半径 R=10b 的圆弧线形（弧长等于 1/4 圆周，b 为排水沟顶宽），见图 1–2 所示。

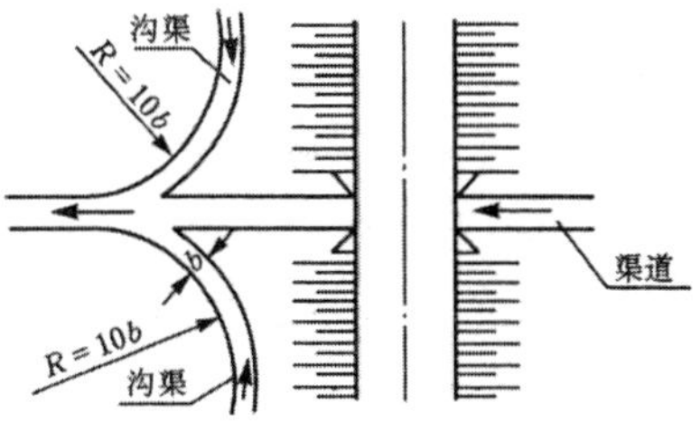

图 1–2　排水沟与河道或渠道的衔接处理示意图

4．跌水与急流槽

设置于需要排水的商差较大而距离较短或坡度陡峻的地段的阶梯形构筑物，称为跌水。其作用主要是降低流速和消减水的能量。急流槽是具有很陡坡度的水槽，其作用主要是在很短的距离内以及水面落差很大的情况下进行排水。

一般在重丘、山岭地区，地形险峻，排水沟渠纵坡较陡，水流湍急，冲刷力强。为减小其流速，降低其能量，防止对路基形成危害，多采用跌水或急流槽。沟底纵坡较陡的桥涵，为使水流稳定而顺利地通过，也可将其涵底及涵洞进出水口做成跌水或急流槽。此外，若必须沿高边坡将水流排至坡脚，可将截水沟接向边沟，为避免边坡受到冲刷，以及需要减速消能的排水设施时，均可采用跌水或急流槽。

从水力计算特点出发，跌水和急流槽的构造分为进水、缓冲、出水三部分。跌水和急流槽一般采用石砌或混凝土筑成，要求牢固、不渗水。

水流从陡坡段上方流下，(高差、坡度闪烁)流速较快，遇消力墙，流速依次减缓，经过消力流入边沟。

急流槽是具有很陡坡度的水槽，其作用主要是在很短的距离内以及水面落差很大的情况下进行排水。通常情况下，坡度较大的急流槽设置为各段坡度不同的阶梯状，并在每一个阶梯内设置消力墙（即跌水），以达到降低流速和消减水的能量的作用，防止对边坡、边沟及道路的冲刷。

二、地下排水设施施工

拦截、汇积和排除地下水，或降低地下水位，使路基免遭破坏的结构物，称为地下排水设施。公路上常用的地下排水设施有明沟与排水槽、暗沟、渗井和渗沟等。

1. 明沟与排水槽

当地下水位高，潜水层埋藏不深时，可采用明沟或排水槽截流排除（浅层）地下水及降低地下水位，也可兼排地面水。明沟或排水槽必须深入到潜水层，且不宜在寒冷地区采用。

明沟断面一般采用梯形，边坡采用 1：1.0 ~ 1：1.5。明沟边坡一般应以干砌片石加固，并设反滤层以使水流渗入明沟，明沟纵坡宜适当加大，保证水流及时排出。

排水槽一般为矩形，可用混凝土、干砌或浆砌片石筑成，槽底纵坡不应小于 3%。当用混凝土或浆砌时，应视地下水流量及槽深设置一排或多排渗水孔，外侧填以粗颗粒透水材料。沿沟槽每隔 10 ~ 15m，或当沟槽通过软硬岩层分界处时，应留伸缩缝和沉降缝。

2. 暗沟（盲沟）

暗沟是引导地下水流的沟渠。其目的是拦截或降低地下水。通过沟内分层填实的不同粒径的颗粒材料，利用其透水性，将路基范围内的泉眼或渗沟汇积的水流排到路基范围以外。

暗沟的断面形式一般为矩形，亦可呈上宽下窄的梯形。底宽为 0.3 ~ 0.5m，高度为 1.0 ~ 1.5m。沟内下部填石，粒径为 3 ~ 5cm，水可在缝隙中流动；为防止细料堵塞缝隙，粗粒径石块的上部和两侧，分层填入较细料，每层厚约为 10cm。暗沟的顶面和底面，一般设有 0.3m 厚的隔水层。

暗沟的排水量较少，不宜过长，一般以 50m 为限，沟底具有 1% ~ 2% 的纵坡，暗沟出水口应高出口外最高水位 20cm，以防止水流倒渗。

3. 渗井

当平坦地区如路基附近无河流、沟渠或洼地，地面水或浅层地下水无法排除，影响路基稳定，而距地面不深处又有透水层，地下水背离路基，同时地面水流量不大时，可设置渗井。

影响路基的上层水流通过渗井穿过不透水层，引入更深的透水层中去，以降低上层的地下水位或全部予以排除。

渗井是一种立式的排水设施。渗井的孔径与平面布置，通过水力计算确定，通常采用圆柱形或正方形，直径或边长为 1.0 ~ 1.5m，井深视地层构造而定，以深入下面渗水层能够向下渗水为限。井内用碎石或卵石等渗水性材料填筑。在多层含水的地基上，上部影响路基强度含水层的水流渗入到渗井内，向下穿过不透水层，进入较深的、不影响路基强度的含水层内，流向远离路基的方向。

4. 渗沟

渗沟是一种常见的地下排水设施。其作用是为了切断、拦截有害的含水层和降低地下水位，保证路基经常处于干燥状态。渗沟按构造可分为管式渗沟、填石渗沟和洞式渗沟三种形式，见表 1–1。

表 1–1 渗沟按其构造形式分类

类别	具体内容
管式渗沟	设于地下引水较长的地段，但渗沟过长时，应加设横向泄水管，将纵向渗沟内的水流分段迅速排除。沟底纵坡取决于设计流速，最大流速应考虑到水管的构造及其使用寿命，且不至于冲毁管下垫枕材料，一般以不大于 1.0m/s 为宜，亦不应低于最小流速，最小纵坡为 0.5%，以免淤塞
填石渗沟	也称盲沟，一般用于流量不大、渗沟不长的路段，是目前公路上常用的一种渗沟。施工时应注意淤塞失效，由于排水层阻力较大，其纵坡不应小于 1%，一般可采用 5%，深度不超过 3m，宽度一般为 0.7 ~ 1.0m
洞式渗沟	当地下水流量较大或缺乏水管时，可采用石砌沟洞，洞孔大小依设计流量而定。沟底纵坡最小为 0.5%，有条件可适当采用较大纵坡，以利排水

渗沟的施工质量是保证其能否发挥作用的关键。如质量控制不严，造成渗沟淤塞，不但起不到汇流、排水作用，反而会给工程留下隐患。因此，在施工中，必须注意以下问题。

（1）渗沟的布置应尽可能与地下水流向互相垂直，使之能拦截更多的地下水。

（2）渗沟的横宽一般视埋藏深度、排水要求、施工和维修便利而定。深度为 2m 时，宽度为 0.8 ~ 1.0m；深度在 3 ~ 4m 时，宽度不小于 1.0m。沟内用做排水和渗水的砂石填料，应经过筛选和清洗。

（3）渗沟的施工与暗沟一样，宜由下游向上游施工，并应随挖随撑随填，支撑渗沟应间隔开挖。渗沟反滤层施工时，可用木板将各层反滤材料组成垂直层，其高度视渗沟的填充高度而定，填筑完后再将木板抽出。

（4）为了核查、维修渗沟，同暗沟施工一样，每隔 30 ~ 50m，或在平面转折和坡度由陡变缓处，宜设置检查井。检查井一般采用圆形，内径不小于 1.0m，在井壁处的排水管管底应高出井底 0.3 ~ 0.4m，井底铺筑一层 0.1 ~ 0.2m 厚的混凝土，以免漏水。井基如遇不良土质，应采取接填、夯实等措施。兼起渗井作用的检查井壁，应在含水层范围设置渗水孔和反滤层。深度大于 20m 的检查井，除设置检查梯外，还应设置安全设备。

（5）为防止土粒落进填充石料的孔隙，造成渗沟堵塞，以及防止地面水渗入沟内，渗沟顶部应设封闭层。封闭层可用双层反铺草皮或其他材料铺成隔层，并在其上夯填厚度不小于 0.5m 的黏土防水层或用浆砌片石筑成。汇积水流时，为防止含水层中砂、土挤入渗沟，应设反滤层。反滤层应用筛选过的中砂、粗砂、砾石、碎石等渗水材料分层填筑，其层数和颗粒级配、比例，应视坑壁土质和排水层材料而定。一般相邻层的粒径比不小于 1：4，层厚不小于 0.15m，砂石料颗粒小于 0.15mm 的含量不应大于 5%，颗粒粒径一般为含水层土粒最大粒径的 8 ~ 10 倍。禁止用粉砂、细砂及风化石料填筑。

第二节　路基防护工程施工

一、路基坡面防护

1．植物防护

植物防护，可美化路容，协调环境，调节边坡土的湿度，起到固结和稳定边坡的作用。它对于坡高不大、边坡比较平缓的土质坡面，是一种简易有效的防护设施，其方法有种草、铺草皮和植树。

（1）种草。种草适用于边坡稳定、坡面冲刷轻微的路堤或路堑边坡。一般要求边坡坡度不陡于 1：1，边坡地面水径流速度不超过 0.6m/s。采用种草防护时，对草子的选择应注意当地的土壤和气候条件，通常应以容易生长、根部发达、叶茎低矮或有匍小茎的多年生草种为宜。最好采用几种草子混合播种，使之生成一个良好的覆盖层。播种的坡面应平整、密实、湿润。播种方法有撒播法、喷播法和行播法等。

种草应在温度、湿度较大的季节播种，播种后，应适时进行洒水施肥、清除杂草等养护管理，直到植物覆盖坡面。

（2）铺草皮。铺草皮适用于各种土质边坡。特别是当坡面冲刷比较严重，边坡较陡，径流速度大于 0.6m/s 时采用铺草皮防护比较适宜。铺草皮的方式有平铺（平行于坡面）、水平叠置、垂直坡面或与坡面成一半坡角的倾斜叠置，以及采用片石铺砌成方格或拱式边框，方格式框内铺草皮等。可根据具体条件（坡度与流速等）选用。

铺草皮需预先备料，草皮可就近培育，切成整齐块状，然后移铺在坡面上。铺时应自下而上，并用竹木小桩将草皮钉在坡面上，使之稳定。草皮根部土应随草切割，坡面要预先整平，必要时还应加铺种植土，草皮应随挖随铺，注意相互贴紧。

铺草皮在施工时，应尽可能在春秋季或雨季进行，不宜在冰冻时期或解冰时期施工。

（3）植树。植树适用于各种土质边坡和风化极严重的岩石边坡，边坡坡度不陡于1：1.5。在路基边坡和漫水河滩上整理植树，对于加固路基与防护河岸可收到良好的效果。它可以降低水流速度，种在河滩上可促使泥沙淤积，防止水流直接冲刷路堤。在风沙和积雪地面，林带也可以防沙防雪，保护路基不受侵蚀。此外，还可以美化路容，调节气候，改善高等级公路的美学效果。

植树防护宜选用在当地土壤与气候条件下能迅速生长、根系发达、枝叶茂密的树种，用于冲刷防护时宜选用生长很快的杨柳类，或不怕水淹的灌木类。植种后在树木未成长前，应防止流速大于3m/s的水流侵害。必要时应在树前方设置障碍物，加以保护；植树防护最好与种草结合使用，使坡面形成一个良好的覆盖层，才能更好地起到防护作用。

2. 工程防护

对于不适宜草木生长的较陡的岩石边坡，可以采用抹面、锤面、喷浆、勾（灌）缝、坡面护墙等方法进行工程防护。

（1）抹面。抹面防护，适用于易风化而表面比较完整，尚未严重风化剥落的岩石边坡，如页岩、泥岩、泥灰岩、千板岩等。边坡坡度不受限制，但坡面应较干燥。

抹面作业前，应对被处治的边坡加以清理，去掉风化层、浮土、松动石块并填坑补洞，洒水湿润，以利牢固耐久。抹面厚度为3 ~ 7cm，分两次进行，底层抹全厚的三分之二，面层三分之一。在较大面积上抹面时，应设置伸缩缝，其间距不宜超过10m。在抹面护坡的周边与未防护坡面衔接处应严格封闭，其措施为：弯槽嵌入岩石内，其深度不小于10cm，并和相衔接之坡平顺；坡脚宜设1 ~ 2m高的浆砌片石护坡。为防止灰体表面开裂，增强抗冲蚀能力，可在表面涂沥青保护层，其沥青软化点宜稍高于当地最高气温，用量为$3kg/m^2$左右。

（2）勾缝、灌缝。灌缝适用于较坚硬、裂缝较大较深的岩石路堑边坡；勾缝适用于较硬、不易风化、节理缝多而细的岩石路堑边坡。灌缝可用体积比为1：4或1：5的水泥砂浆。裂缝很宽时，可用体积比为1：3：6或1：4：6的混凝土灌注。

勾缝可用体积比为1：2或1：3的水泥砂浆，也可用1：0.5：3或1：2：9的水泥石灰砂浆。灌缝和勾缝前应先用水冲洗，并清除裂缝内的泥土、杂草。勾缝时要求砂浆应嵌入缝中，与岩体牢固结合。灌缝时要求插捣密实，灌满缝口并抹平。

（3）捶面。捶面适用于易受冲刷的土质边坡或易风化剥落的岩石边坡，边坡坡度不大于1：0.5。捶面厚度为10 ~ 15cm，一般采用等厚截面，当边坡较高时，采用上薄下厚截面。捶面护坡与未防护坡面衔接处应封闭，其措施与抹面相同。坡脚设1 ~ 2m高的浆砌片石护坡。捶面材料常用石灰土、二灰土等。

捶面施工前应清除坡面浮石松土，填补坑凹，有裂缝时应勾缝。在土质边坡上，为使护面贴牢，可挖小台阶或锯齿。坡面应先洒石灰水润湿，捶面时夯拍要均匀，提浆要及时，表面要光滑，提浆后2 ~ 3h进行洒水养生3 ~ 5d。寒冷地区不宜在冬季施工。养护时如发现开裂和脱落应及时修补。在较大面积捶面时，应设置伸缩缝，其间距不宜超过10m。

（4）喷浆及喷射混凝土。此方法适用于易风化但尚未严重风化的岩石边坡。可采用素喷水泥砂浆和混凝土的施工工艺，也可采用加设防护网及锚杆的锚喷工艺。喷浆厚度一般为5 ~ 10cm。

1）锚喷防护的施工：锚喷工艺利用了锚杆的深层拉力作用、钢筋网的多层防护作用以及细粒式混凝土的封闭及刚性整体作用。从而确保了风化岩石边坡的强度及稳定性，起到了坚固、耐用和美观的作用。

2）锚喷防护施工前必须对施工现场及所要防护的边坡进行详细的调查，调查的内容主要有以下几方面：

①开挖面的坡度及平整状况；

②风化岩体上表面土层厚度及密实程度；

③岩面的风化程度及发育状况；

④岩体表面的孔隙、沟巢及土条带的数量、宽度、深度。

3）岩面处理：在施工前要对风化岩的岩面进行处理，清除岩体表面的植被、浮土、危石，尽量使岩体表面保持一个单一坡度；对岩体表面暴露的较大的坑洞要进行砌石堵塞；对土条带要加以清除，并进行简单的砌石防护，同时在施工前要确定泄水孔的位置。

4）截水沟及急流槽的设置：根据施工现场的实际情况要在边坡的上方设置截水沟及急流槽，以避免水流对风化岩表面土层的冲刷。

5）凿眼及锚杆的注入：锚杆的长度要根据风化岩的物理性质及表面施工层的拉力通过实验确定，一般长度在1.5 ~ 2.5m之间，通常采用大于Φ22mm的螺纹钢。

6）防护网的挂设：防护网可采用单网和双网两种形式。单网结构一般采用

Φ8mm 钢筋网，网孔尺寸为 5cm×5cm。双网结构一般内网采用 Φ6 铁丝网，网孔尺寸为 10cm×10cm，外网一般采用卵钢筋网，网孔尺寸为 30cm×30cm。挂设防护网时要注意防护网与锚杆坚固连接及防护网的整体性，并根据风化岩面的风化程度对防护网的间距加以适当的调整。

7）混凝土的喷射：喷射混凝土前要对所有机械设备、人员、进场材料进行全面细致的检查，建立相应的施工与质量保证体系，以确保锚喷施工的顺利进行。施工过程中要保证机械设备的正常运转，保证进料管与进水管的畅通，保证喷头与岩面的距离及喷射的角度（一般喷射距离为 2 ~ 4m，喷射角度为 60° ~ 70°），保证喷射的厚度及均匀性，同时在喷射混凝土时要对混凝土的质量进行随时检查，以充分保证混凝土的强度及流易性要求。

8）养护维修：在混凝土施工完成之后，马上要进行养生，采用覆盖草袋，喷水养生的方式 7 ~ 14d，以满足混凝土的强度要求。对露筋及混凝土较薄的部位要进行补喷。

（5）石砌护坡。石砌护坡有干砌和浆砌两种，可用于土质或风化岩质路堑或土质路堤边坡的坡面防护，也可用于浸水路堤及排水沟渠，作为冲刷防护。

干砌片石防护有单层铺砌、双层铺砌和编格内铺石等几种形式。采用干砌防护时，为防止水流将铺石下面边坡上的土颗粒带出冲走，施工时，应在铺砌层的底面设 0.1 ~ 0.2m 的碎石、砾石或砂砾混合物垫层，以增加整个铺石防护的弹性，使其不易破坏。同时干砌片石最好用砂浆勾缝，防止水分侵入过多，以提高其整体强度。

浆砌片石护坡，适用于流速较大（4 ~ 5m/s）的沿河路堤或采用干砌片石不适宜的其他路基坡面防护。

浆砌片石护坡宜用 0.3 ~ 0.5m 以上的块（片）石砌筑，其厚度一般为 0.2 ~ 0.5m，用于冲刷防护时，最小厚度一般不小于 0.35m，护坡底面应设 0.10 ~ 0.20m 厚的碎石或砂碑垫层。基础要求坚固，底面宜采用 1：5 向内倾斜的坡度，如遇坚石可挖成台阶式，在近河地段基础则应埋置于冲刷线以下 0.5 ~ 1.0m。浆砌片石护坡每长 10 ~ 15m，应留宽约 2.0cm 的伸缩缝。护坡的中、下部应设 10cm×10cm 的矩形或直径为 10cm 的圆形泄水孔，间距为 2 ~ 3m。泄水孔后 0.5m 的范围内应设置反滤层。路堤边坡上的浆砌片石护坡，应在路堤压实或夯实后施工，以免因路堤沉落而引起护坡的破坏。

（6）护面墙。护面墙是一种浆砌片石的覆盖物。多用在易风化的云母片岩、绿泥片岩、泥质页岩、千枚岩及其他风化严重的软质岩层和较破碎的岩石地段，以防止其继续风化。护面墙仅能承受自重，不能承受侧压力，故要求被防护的边坡自身必须稳定。墙的厚度视墙高而定。沿墙身长度每 10m 应设置 2cm 宽的伸缩缝。墙身横、纵方向每隔 2 ~ 3m 设置孔口 6cm×6cm 或 10cm×10cm 方形泄水孔，泄水孔的后面应用碎石和砂砾做反滤层。

二、路基冲刷防护

1. 直接防护

直接防护措施除坡面防护和石砌护坡外，还有抛石、石笼、柔性混凝土块板及浸水挡土墙等。

（1）抛石防护。抛石主要用于受水流冲刷和淘刷的路基边坡和坡脚，最适于沿河床路基的防护，且不受气候条件限制，对于季节性浸水和长期浸水的情况均适用。一般在枯水季节施工，附近盛产大块砾石、卵石以及废石方较多的路段，应优先考虑采用此种防护措施。

常用的抛石类型有两种，即适用于新筑路堤的抛石垛和适用于旧路堤的抛石垛。抛石粒径应大于 0.3m，并小于设计抛石厚度的二分之一。抛石厚度一般为粒径的 3 ~ 4 倍，或为最大粒径的 2 倍。石料要求质地坚硬、耐冻且不易风化崩解。为了在洪水下降后，路堤迅速干燥，减少冲刷，应在抛石背后设置反滤层。抛石时，宜用不小于计算尺寸且大小不同的石块掺杂抛投，使抛石保持一定的充实度。如采用嵌固的抛石防护类型，宜采用打桩嵌固方法，效果较好。

（2）石笼防护。石笼防护主要用于缺乏大石块的地区，防护沿河路堤坡脚的河岸免受急流和大风浪的破坏，同时也是加固河床、防止冲刷的常用措施。在含有大量泥沙的急流及基底土壤良好的条件下，特别适宜石笼防护，因为石笼中石块间的空隙将很快被泥砂淤满而形成整体。石笼防护可在一年中任何时期施工，也可在任何气候条件及水流情况下采用。

如用石笼防止冲刷淘底时，一般在河底将石笼平铺并与坡脚线垂直，同时固定坡脚处的尾端，靠河床中心一端不必固定，淘底时便于沉落。当石笼用以防止岸坡受冲刷时，则用叠码或平铺于坡面的形式。它的外形一般为箱形、圆柱形、扁形、柱形等几种。

铁丝石笼以 Φ6mm ~ Φ8mm 的钢筋做骨架，2.5 ~ 4.0mm 铁丝编网。其网孔一般为 6cm×8cm、8cm×10cm 及 12cm×15cm 的六角形。长度较大的石笼，应在内部设横墙或铁丝拉线。石笼下面的基础，最好用碎石或砾石铺垫整平，厚度一般为 0.2 ~ 0.4m。底层石笼宜用 Φ16mm ~ Φ19mm 的铁纤固定在基底上，使之不随水流移动。安置石笼应做到位置正确，搭叠衔接稳固、紧密，保证其整体作用。编制石笼时，要注意保持各部分尺寸正确，以利于石笼与石笼之间的紧密连接，用机器将铁丝弯成网孔元件，在工地上再编结成网或笼，既可提高效率，又能保证质量。

2. 间接防护

间接防护，就是采用导流与调治构造物，改变水流方向，达到路基防护的目的。调治构造物是指以改变水流方向为主的水工建筑物。在路基工程防护中采用调治构造物，使水流轴线方向偏离路基岸边，或降低防护处水的流速，促使泥沙淤积，从而起到保护路基安全的作用。调治构造物的类型及其作用大致如表 1–2 所示。

表 1–2　调治构造物的类型及作用

类型	作用	说明
丁坝	将水流挑离路基或河岸，束河归槽，改善流态，保护河岸	坝根与河岸（或边滩）相接，坝头伸向河槽，与水流成一定角度的横向建筑物
顺坝	导流、束水，调整航道曲度，改善流态	坝根与河岸（或边滩）相接，现身与导治线基本重合或平行的纵向导流建筑物
格坝	使水流反射入主要河床，防止高水位时水流溢入顺坝与河岸间而冲刷其间的河床及现内坡脚与河岸，并促进其间的淤积，可以造田	建于顺坝与河岸之间，其一端与河岸相连，另一端与顺坝坝身相连的横向建筑物
拦河坝	将直接冲刷路基的水流引向旁处，把河道裁弯取直，以便改善路线线型，缩短路线长度，或减少其他路基构造物的数量	建于小河两岸之间，项根与两河岸相接，与水流成一定角度的横向建筑物

三、支挡构筑物

按照挡土墙设置的位置，挡土墙可分为路堑墙、路堤墙、路肩墙和山坡墙等类型。按照挡土墙的结构形式，挡土墙可分为重力式挡土墙、锚定式挡土墙、薄壁式挡土墙、加筋土挡土墙等。按照挡土墙的墙体材料，挡土墙可分为石砌挡土墙、混凝土挡土墙、钢筋混凝土挡土墙、钢板挡土墙等。工程中，通常以普通重力式挡土墙、衡重式挡土墙和加筋土挡土墙为主。

1. 普通重力式挡土墙

普通重力式挡土墙是依靠自身重力来抵抗路基土压力，保持路基稳定的结构物。

（1）基础。普通重力式挡土墙一般采用明挖基础，当基底松软或水下挖基困难时，可采用换填基础、桩基础或沉井基础。对于土质地基，墙趾的埋置深度为至少 1m；有冲刷时，在冲刷线以下至少 1m；冻胀地区，应在冻结线以下至少 0.25m，冻胀深度超过 1m 时，基底应换填一定厚度的砂砾或碎石垫层，且垫层底面应在冻结线以下至少 0.25m。对碎石、砂类地基基础埋深不宜小于 1m；对岩石地基，应清除表面风化层，如风化层较厚，基础应嵌岩 0.25 ~ 1.0m，墙趾前应有足够的襟边宽度。

（2）砌筑。砌筑前，应将石料表面的泥垢清扫干净并用水保持湿润。砌筑时，外面线应顺直整齐，内面线可大致顺适，砌筑过程中应经常校正线杆。浆砌石底面应卧浆铺砌，立缝填浆补实，不得有空隙和立缝贯通现象。施工缝位置宜设在伸缩缝和沉降缝处，水平缝应一致。分段砌筑时，相邻段的高差不宜超过 1.2m。砌体外的浆缝需留 1.2cm 深的缝槽，以便砂浆勾缝。

1）浆砌片石：浆砌片石宜分层砌筑，应长短相间地与里层砌块咬接成一体，上下层石块交错排列，避免竖缝重合。砌体中的片石应大小搭配，相互错叠，咬紧密实，较大的片石，宜用在下面并配有小石块，作挤浆填缝之用，片石间以砂浆隔开。

2）浆砌块石：浆砌块石用做镶面的块石，表面四周应修整，块石应平砌，每层石料高度应做到基本齐平。外圈定位和镶面的石块应一丁一顺排列。

3）料石砌筑：每层镶面料石均应事先按规定灰缝宽及错缝要求配好石料，再用铺浆法顺序砌筑和随砌随填立缝，并应先砌角石。镶面石砌筑完毕后，方可砌填心石，其高度与镶面石齐平。

（3）墙顶。墙顶宜用粗料石或现浇混凝土做成顶帽，路肩墙顶面宽宜用大石块砌筑，5 号砂浆勾缝和抹面，并均应在墙顶外缘线留出 10cm 的帽檐儿。

（4）墙背填料。砌体砂浆强度达 70% 以上时，方可回填墙背填料，并应优先选择渗水性较好的砂砾土填筑。浸水挡土墙背应全部用水稳性和透水性较好的材料填筑。墙背回填要均匀摊铺平整，并设不小于 3% 的横坡逐层填筑，逐层夯实。每层压实厚度不宜超过 20cm，碾压机具和填料性质、厚度及碾压遍数应经过试验确定。

2. 衡重式挡土墙

衡重式挡土墙利用衡重台上填土和全墙重心后移增加墙身稳定，减小断面尺寸；且因其墙面胸坡很陡，下墙墙背仰斜，可降低墙高，减少开挖工作量，避免过多地牵动山体的稳定，适用于山区、地面横坡较陡的地方。作为路堑墙时，有时还可以利用台后净空拦挡山坡落石。衡重式挡墙基底面积较小，对地基承载力要求较高，因此应设置在较坚实的地基上。

3. 加筋土挡土墙

加筋土挡土墙具有圬工工程量少、地基强度要求不高、抗震性能好、造价低、施工方便、进度快等特点，在公路工程中已广泛应用于挡土墙和桥台部位。

（1）加筋土挡土墙的构造。加筋土挡土墙（如图 1–3）是由墙面板、筋带、加筋体填料和基础四部分组成的，依靠填料与筋带的摩擦力来平衡面板所受的水平土压力（即加筋土挡土墙的内部稳定），并以这一复合结构去抵抗筋带尾部所产生的土压力（即加筋土挡土墙的外部稳定）。

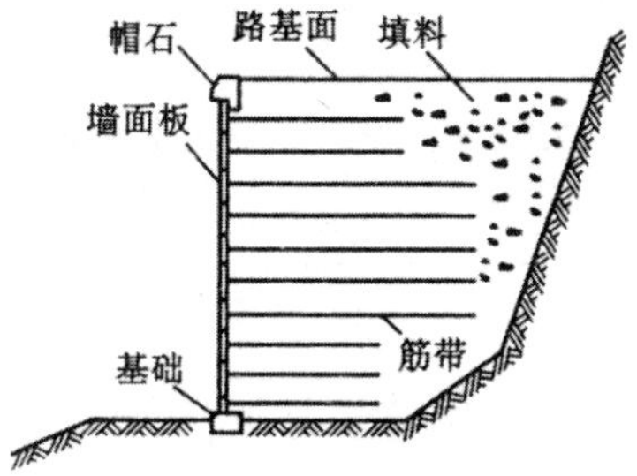

图 1-3 加筋挡土墙结构示意图

墙面板一般采用混凝土预制件，其强度等级不应低于 C20，厚度不应小于 8cm。混凝土面板外形可选用十字形、槽形、六角形、L 形、矩形等，墙顶和角隅处可采用异形面板和角隅面板。

筋带有扁钢带、钢筋混凝土带、聚丙烯土工带等材料，但高等级公路应采用扁钢带或钢筋混凝土带。

扁钢带的宽度不应小于 30mm，厚度不应小于 3mm，宜用软钢（3 号钢）轧制，光面或有肋均可，表面一般应镀锌或采取其他措施进行防锈处理。

钢筋混凝土带应分节预制，分节长度一般宜小于 300cm，平面为长条形或楔形，断面宽 10 ~ 25cm，厚 6 ~ 10cm，内布设直径不小于 8mm 的钢筋网。混凝土的强度等级不宜低于 C18。预制件的接长或与面板连接，可采用焊接或螺栓结合，结点应作防锈处理。

加筋体填料最好采用有一定级配的砾类土和砂类土；也可采用碎石土、黄土、中低液限黏性土、稳定土及满足质量要求的工业废渣；在采取可靠技术措施后方可采用高液限黏性土及其他特殊土，禁止采用腐殖土、冻结土、自垩土及硅藻土等。浸水部分应采用水稳性好的填料。

加筋土挡土墙的基础是指墙面板下的基础，其主要作用是便于安砌墙面板。因此，这种基础可以做得很小，其断面视地基、地形条件而定，一般用宽大于 0.3m、高度大于 0.15m 的条形基础即可。

（2）加筋土挡土墙的施工工艺。加筋土挡土墙的施工程序为：基底处理——基础浇筑——预制墙面板——安装、调整墙面板——铺设拉筋——填土、碾压。

加筋土挡土墙施工程序的具体内容见表 1-3。

4．锚杆式挡土墙和锚定板式挡土墙

（1）锚杆式挡土墙。锚杆式挡土墙是由钢筋混凝土墙面和锚杆组成的支挡构造物。它依靠锚固在稳定地层的锚杆所提供的拉力维持挡土墙的平衡，多用于具有较完整岩石地段的路堑边坡支挡。深路堑锚杆挡土墙可以自上而下逐级施工，比较方便和安全。

表 1-3　加筋土挡土墙施工步骤及方法

步骤	方法
基底处理	基底土要求反复碾压达到 95% 的压实度。如因基底土质不良无法满足压实度要求，则必须进行处理
基础浇筑	按照测量放线的位置安装基础横板，在基础内侧，根据基础顶面标高画出墨线，按此墨线钉上塑料三角条，现浇混凝土时，用此三角条控制基顶标高。在条形基础上，测定底层墙板边线，并用 10cm 见方木料设置墙板临时支撑。条形基础一般为 20 号混凝土
预制墙面板	预制墙板采用专用钢模板（一般十字形墙板采用钢模板，L 形墙板采用木模板）。模板要求有足够的刚度和强度，几何尺寸误差应控制在 0 ~ -2mm 之间，组装拆模方便，并具有一模多用等特点。墙板外侧花纹，由具有花纹面的聚丁橡胶模垫预先铺于模板内形成。预制时要求配合比准确，振捣密实，无裂纹，墙板外侧平整（或花纹要清晰），墙板内侧要粗糙。养护 28d，其强度应达到设计要求
安装、调整墙板	当挡墙的基础混凝土强度达到 70% 以上时，即可安装第一层墙板。安装墙板用吊车、大平板车各一辆。首先在条形基础上铺以砂浆垫层，起吊底层墙板安置定位，墙板内外侧均支以撑木，以防倾倒。然后在底层墙板的预留孔中插入传力杆，将标准板安置于底层板之间。墙板在起吊升降定位时要求平稳，慢速轻放，切忌碰撞。所有墙板在安装前必须仔细检查，有裂纹、缺陷者，一律弃之不用。墙板安装就位后，其竖向应符合设计边坡要求，横向应使每层墙板均在同一水平线上。因此，必须对墙板进行调整
铺设拉筋	待填土达到一定位置时，即可铺设第一层拉筋，拉筋铺设时应水平散开呈扇形，筋条之间不要重叠，以防减少拉筋与填料之间的摩擦力
填土、碾压	每层筋条的填料一般分两层填铺，用平地机整平，每次松铺厚度一般为 20 ~ 30cm，碾压后的压实度，要求达到 95%。如经工地快速试验未达到压实度标准，必须将该层填土翻松，调整土的含水量（若水分偏多，则让其自然蒸发；若水分偏少，则用洒水车适量洒水），然后重新整平碾压，直至符合标准。按照经验，距离墙板 2m 内的填土米用 1.5t 小型压路机碾压，2m 以外用 12 ~ 15t 压路机碾压

锚杆式挡土墙一般由立柱、挡土板和灌浆锚杆组成，可以采用拼装式，也可以就地灌注。为便于施工，一般为直立式，根据不同的地形地质条件，可作成单级和多级。多级墙的上、下两级之间应设置平台，平台的宽度通常不小于 1.5m，每级墙的高度一般不宜大于 6m。

锚杆孔采用钻机钻孔。一般向下倾斜 10° ~ 45°，直径为 100 ~ 150mm，间距不小于 2.0m。孔内安放钢筋或钢丝束，用灌注水泥砂浆的方法，使其锚固于稳定的地层内。水泥砂浆的标号不应低于 30 号。灌浆锚杆也可用于土层，但由于土层与锚杆间的握固力较低，需采用扩孔和加压灌浆等方法提高锚杆的抗拔力。

立柱的间距一般为 2 ~ 3m，立柱的截面多为矩形，也有的为 T 形。为安放挡土板和设置锚杆孔，截面的宽度不宜小于 30cm。立柱的底端，一般做成自由端和铰支端，如基础埋置深，且为坚硬岩石时，也可作为固结端。

挡土板可采用钢筋混凝土槽形板、空心板和矩形板。矩形板的厚度一般不得小于 15cm。挡土板两端与立桩的搭接长度不得小于 10cm。

（2）锚定板式挡土墙。锚定板式挡土墙是一种适用于填方的轻型挡土结构。见图 1–4，它依靠埋置于填料中的锚定板所提供的抗拔力维持挡土墙的稳定。其主要特点是结构轻、柔性大。

铺定板挡土墙由立柱、挡土板、锚定板、钢拉杆、连接件和填料组成，一般还设有基础，（见图 1–4）。单级的墙高不宜大于 6m；双级的上下两级之间，宜设平台，平台宽度不小于 1.5m，上下两级墙的立柱错开布置。

锚定板挡土墙的立柱和挡土板与锚杆挡土墙的相似。

锚定板通常采用方形钢筋混凝土板，亦可采用矩形板，其面积不小于 $0.5m^2$。拉杆宜采用螺纹钢筋，其直径不宜小于 22mm，亦不宜大于 32mm。通常拉杆用单根钢筋，必要时亦可用两根钢筋组成。锚定板挡土墙后的填料，应采用砾石土及细粒土。不得采用膨胀土、盐渍土、有机质土及巨粒土。

立柱基础可采甩混凝土条形基础或杯座式基础等，立柱基础厚度不宜小于 50cm，襟边不宜小于 10cm。

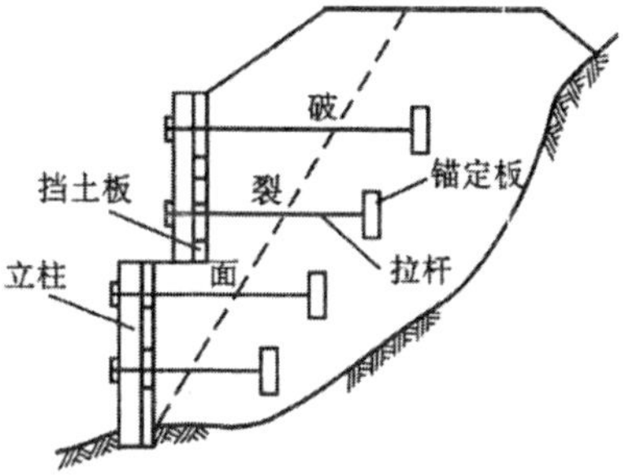

图 1–4　锚定板式挡土墙示意图

5. 悬臂式挡土墙和扶壁式挡土墙

（1）悬臂式挡土墙。由立壁和墙底板组成。墙高一般不大于 6m。当墙高大于 4m 时，宜在立臂前设置加劲肋；为了增加挡土墙的抗滑稳定性，减少墙踵板的长度，通常在墙踵板的底部设置凸榫（防滑键）。

立壁为固结于墙底板的悬臂梁。为了便于施工，立壁的背坡一般为竖直，胸坡一般为 1：0.02 ~ 1：0.05。墙顶的最小厚度通常采用 15 ~ 25cm，路肩挡土墙不宜小于 20cm。当墙身较高时，宜在立壁的下部将截面加厚。

墙底板由踵板和趾板两部分组成。墙踵板顶面水平，其长度由全墙的抗滑稳定验算确定，厚度通常为墙高的 1/12 ~ 1/10，且不应小于 80cm。墙趾板的长度根据全墙的抗倾覆、基底应力和偏心距等条件确定。墙趾板与立壁衔接处的厚度与墙踵板相同，朝墙趾方向一般设置向下倾斜的坡度，墙趾端的最小厚度为 30cm。

（2）扶壁式挡土墙。扶壁式挡土墙，由墙面板、墙趾板、墙踵板和扶壁组成。墙高一般不宜大于 10m。墙趾板的构造与悬臂式挡土墙相同。

墙面板通常为等厚的竖直板，与扶壁和墙踵板固结相连。其厚度，低墙决定于板的最小厚度，高墙则根据配筋要求确定。墙面板的最小厚度与悬臂式挡土墙相同。

第二章 路面基层（底基层）施工

第一节 碎砾石基层（底基层）施工

一、级配碎、砾石基层

级配碎、砾石基层由各种粗集料按最佳级配原理修筑而成。级配碎石、砾石用大小不同的材料按一定比例配合、逐级填充空隙，并借黏土黏结，经过压实后，能形成充实结构。级配碎石、砾石基层强度是由摩阻力和黏结力构成，具有一定的水稳性和力学强度。

1．材料要求

粗细碎石集料和石屑各占一定比例的混合料，当其颗粒组成符合密级配要求时，称级配碎石。级配碎石做基层时，材料应该满足下列要求。

（1）石料应具有足够的强度，且不低于Ⅲ级。

（2）碎、砾石的压碎值，高等级公路不大于30%，一般公路不大于35%。碎、砾石中的扁平、长条颗粒总含量应不超过20%。

（3）用于基层时，碎、砾石的最大粒径不应超过40mm；用于底基层时，碎、砾石的最大粒径不应超过50mm。

（4）颗粒组成和塑性指数应满足表2–1、表2–2的规定。同时，级配曲线宜圆滑居中，严格控制小于0.5mm以下的细料含量与塑性指数，且两者的乘积对于中、干旱地区不应大于120，对于潮湿多雨地区不应大于100。

表2–1 级配碎石混合料的颗粒组成范围

类型	通过下列筛孔（mm）的质量百分率/%								液限/%	塑性指数
	37.5	31.5	19.0	9.5	4.75	2.36	0.6	0.075		
1	100	90 ~ 100	73 ~ 88	49 ~ 69	29 ~ 54	17 ~ 37	8 ~ 20	0 ~ 7	<28	<6或9
2		100	85 ~ 100	52 ~ 74	29 ~ 54	17 ~ 37	8 ~ 20	0 ~ 7	<28	<6或9

表 2-2　级配砾石混合料的颗粒组成范围

类型	通过下列筛孔（mm）的质量百分率 /%									液限 /%	塑性指数
	53	37.5	31.5	19.0	9.5	4.75	2.36	0.6	0.075		
1	100	90 ~ 100	81 ~ 94	63 ~ 81	45 ~ 66	27 ~ 51	16 ~ 35	8 ~ 20	0 ~ 7	<28	<6 或 9
2		100	90 ~ 100	73 ~ 88	49 ~ 69	29 ~ 54	17 ~ 37	8 ~ 20	0 ~ 7	<28	<6 或 9
3			100	85 ~ 100	52 ~ 74	29 ~ 54	17 ~ 37	8~20	0 ~ 7	<28	<6 或 9

石屑或其他细集料是指碎石场的细筛余料，或专门轧制的细碎石集料，其颗粒组成为 0mm ~ 10mm，并具有良好的级配。

天然砂砾的颗粒尺寸应该合适，必要时应筛除其中的超尺寸颗粒。天然砂砾或粗砂应有较好的级配。

2. 级配碎、砾石施工

级配碎、砾石施工应做到：集料级配满足要求，配料要准确，细料的塑性指数要符合规定的要求，掌握好松铺厚度，路拱横坡符合规定的要求，拌和均匀，避免粗细颗粒离析。级配碎、砾石施工有路拌法和集中拌和法两种方法。

（1）路拌法施工

施工工艺见图 2-1 所示。

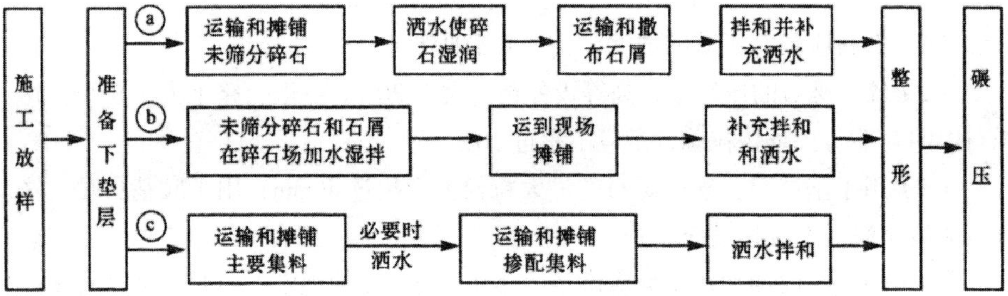

图 2-1　级配碎石、砾石基层（底基层）施工流程示意图

1）施工放样。恢复中线，并在两侧路肩边缘外 0.3 ~ 0.5m 设指示桩，逐个断面进行高程测量，并在指示桩上标记结构层的设计高度。

2）准备下承层。土基或垫层等下承层的表面应平整、坚实，具有一定的路拱，没有松散材料和软弱地方。下承层的平整度和压实度应满足规范的要求。下承层必须用 12 ~ 15t 的三轮或等效的压路机进行碾压，碾压 3 ~ 4 遍后检验，发现过干、松散、低坑、搓板、车辙或过湿“弹簧”现象，应采用填补、耙松洒水碾压、挖开晒干、换土、掺石灰或集料等措施进行处理。

对于底基层，压实度检查和弯沉测定的结果不符合要求的，应采用补充碾压、换填好料、挖开晾晒等措施。检查各断面的标高是否满足要求。槽式断面路段，两侧路肩每隔 5 ~ 10m 应交错开挖泄水沟。

3）计算材料用量。根据各路段基层或底基层的宽度、厚度及预定的干密度，计算所需要的各种集料的数量，并推算每车材料的堆放间距。

4）运输和摊铺集料。同一料场的路段，运输应由远到近按计算的间距堆放，堆放的时间不宜过长，一般仅提前数天。料堆间每隔一定距离应留缺口用来排水。事先通过试验确定集料的松铺系数，一般人工摊铺时为 1.40 ~ 1.50，平地机摊铺时为 1.25 ~ 1.35。

级配碎石的未筛分碎石摊铺平整后，在其较湿润的情况下，向上运送石屑，用平地机并辅以人工将石屑均匀地摊铺在碎石层上，或用石屑撒布机将石屑直接均匀地撒布在碎石层上。采用粗细不同的多种集料时，应将粗集料铺在下面，并处于湿润状态，再将细集料铺在上面。

5）拌和及整形。拌和时，稳定土拌和机应拌两遍以上，且深度应到级配碎石底层，最后一遍拌和前，可先用拌和机贴底面翻拌一遍。结束时，混合料的含水量应均匀，并较最佳含水量大 1% 左右，且不应出现离析现象。

平地机整平，并具有一定的路拱后，用压路机快速初压一遍，再用平地机进行整平和整形。在整形中，应禁止车辆通行。

6）碾压。整形后，应立即用 12t 以上三轮压路机、振动压路机或轮胎压路机进行碾压。应由两侧路肩向路中心，由曲线内侧向外侧进行碾压，后轮应重叠 1/2 轮宽，且须超过两段的接缝处。一般需碾压 6 ~ 8 遍，并使表面没有明显轮迹。头两遍的速度宜为 1.5 ~ 1.7km/h，以后为 2.0 ~ 2.5km/h。路面两侧区域应多压 2 ~ 3 遍。严禁在已完成或正在碾压的路段上“调头”或急刹车。含有土的级配碎（砾）石基层，应进行滚浆碾压，直到表层没有多余的细土为止，然后将表层薄层土清除干净。

7）接缝处理。两作业段的衔接处，应搭接拌和。第一段拌和后，应留 5 ~ 8m 不碾压。第二段施工时，将留下的部分一起加水拌和，整平后一起碾压。应避免纵向接缝。在必须分幅铺筑时，纵缝应搭接拌和。前一幅全宽碾压密实，在后一幅拌和时，应将相邻的前幅边部约 30cm 搭接拌和，整平后一起碾压密实。

（2）集中拌和法施工。级配碎石混合料在中心站利用强制式拌和机、卧式双转轴桨叶式拌和机、普通混凝土拌和机等进行集中拌和。将混合料运到现场后，用沥青混凝土摊铺机、水泥混凝土摊铺机或稳定土摊铺机等摊铺混合料。

集中拌和法施工的基本要求：

正式拌和前，应先调试所用的设备，使混合料的组成和含水量达到规定要求；

运到现场的混合料，应按计算的间距堆放；应设专人消除集料的离析现象；用平地机进行整形与碾压，满足施工规范要求；进行横向接缝与纵向缝的处理，处理方法正确、规范。

二、填隙碎石基层

用单一尺寸的粗粒碎石、砾石做骨料，形成嵌锁作用，石屑填充孔隙，增加密实度和稳定性，这种结构称为填细碎石。

1. 材料要求

用做基层时，碎石的最大粒径不应超过 60mm；用做底基层时，最大粒径不应超过 8mm。石料的压碎值，用做基层时不大于 26%，用做底基层时不大于 30%。扁平、长条颗粒总含量应不超过 15%。粗碎石的颗粒组成应满足表 2–3 的要求。细集料应是干燥的，最大粒径不应大于 10mm，轧制时得到的 5mm 以下的细筛余料（石屑）是最好的填隙细集料，见表 2–4。

表 2–3　粗碎石的颗粒组成

序号	标准尺寸 /mm	通过下列筛孔（mm）的质量百分率 /%							
		63	53	37.5	31.5	26.5	19	16	9.5
1	30 ~ 60	100	25 ~ 60	—	0 ~ 15	—	0 ~ 5	—	—
2	25 ~ 50	—	100	—	25 ~ 50	0 ~ 15	—	0 ~ 5	—
3	20 ~ 40	—	—	100	35 ~ 70	–	0 ~ 15	–	0 ~ 5

表 2–4　填隙料的颗粒组成

筛孔尺寸 /mm	9.5	4.75	2.36	0.6	0.075	塑性指数
通过百分率 /%	100	85 ~ 100	50 ~ 70	30 ~ 50	0 ~ 10	<6

2. 填隙碎石基层施工

填隙碎石的施工工艺流程见图 2–2 所示。

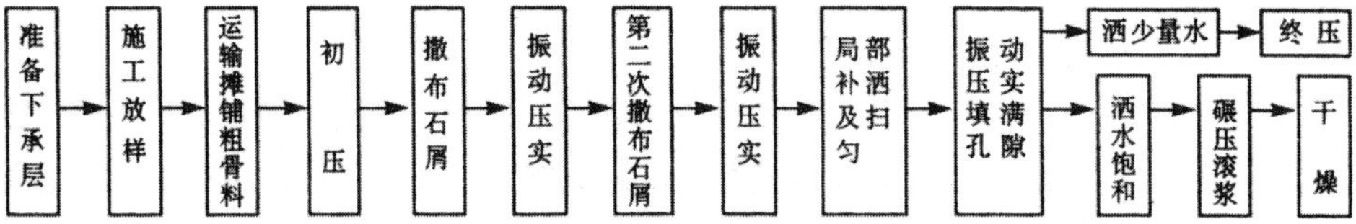

图 2–2　填缝碎石施工工艺流程示意图

（1）准备下承层和施工放样。准备下承层和施工放样的过程及施工要点与级配碎、砾石基层路拌法相同。要求下承层表面应平整、坚实，具有规定的路拱、平整度和压实度，没有任何松散的材料和软弱地点。

（2）备料。根据各路段基层或底基层的宽度、厚度及松铺系数（1.20 ~ 1.30），计算粗碎石的需要量和每车料的堆放间距，填隙料的用量约为粗碎石的30% ~ 40%。

（3）运输和摊铺粗料石。碎石装车时，应控制每车料的数量基本相等，碎石运到现场后可用平地机或其他合适的机具将粗料石均匀地摊铺，检验松铺材料的厚度是否符合规定的要求。

（4）撒铺填隙料和碾压。

1）干法施工的具体方法见表 2–5。

表 2–5　干法施工的步骤及内容

步骤	具体内容
初压	用 8t 两轮压路机碾压初压 3 ~ 4 遍，使粗料石稳定。结束时，表面应平整，并具有规定的路拱和纵坡
撒铺填隙料	用石屑撒布机或类似设备将干填隙料均匀地撒布在已初压的粗料石层上，松铺厚度约 2.5 ~ 3.0cm，并扫匀
碾压	用振动压路机慢速碾压，将全部填隙料振入粗料石间的孔隙中，方法与初压相同。第二次撒铺填隙料和碾压：用石屑撒布机或类似设备将干填隙料再次均匀地撒布在已初压的粗料石层上，松铺厚度约 2.0 ~ 2.5cm，并扫匀。振动压路机经补料再次碾压，直至全部孔隙填满，并清扫表面多余的填隙料，直至看到粗料石。孔隙全部填满后，用 12 ~ 15t 三轮压路机再碾压 1 ~ 2 遍。碾压前，宜在表面先洒水约 3kg/m^2。厚度过大时，应分层摊铺和碾压。压实后的下层表面应清扫干净，使粗料石外露 5 ~ 10mm，再摊铺和碾压上层

2）湿法施工方法如下。

初压、撒铺填隙料、碾压、再撒铺填隙料和碾压的过程与干法施工相同。

粗料石表面孔隙全部填满后，应立即洒水，直至饱和，但勿使多余水浸泡下承层，用 12 ~ 15t 三轮压路机在洒水车后进行碾压。碾压过程中，将湿填隙料扫入孔隙中，直至细集料和水形成粉砂浆为止。粉砂浆的数量，以在压路机轮前能形成微波纹状为宜。停留一段时间，结构层水分散失变干后，将表面清扫干净。厚度过大时，应分层摊铺和碾压。

3. 天然砂砾基（垫）层施工

天然砂砾基（垫）层，是天然砂砾经摊铺压实形成的路面结构。它所应用的材料不完全符合级配要求，但可就地取材，施工简易，造价低廉。天然砂砾一般含土少，水稳性好，易做路面的底基层和垫层。尤其是在路基处于潮湿和季冻区，可改善路基水温状况，提高其稳定性及增加路面防冻厚度。

天然砂砾压实后具有较高的强度和水稳性。对天然砂砾的颗粒组成，施工中应给予适当的控制，以便稳定成型。砾石的最大粒径，以不大于 60mm 为宜，其厚度一般为 10 ~ 20cm。其颗粒组成中，大于 20mm 的粗骨料要占 40% 以上，0.5mm 以下的细料应小于 15%。当做底基层时，砂砾的级配应满足表 2-6 的要求。

表 2-6　砂砾底基层的集料级配范围

通过下列筛孔（mm）的重量百分率 /%						液限 /%	塑性指数
53	37.5	9.5	4.75	0.6	0.075		
100	80 ~ 100	40 ~ 100	25 ~ 85	8 ~ 45	0 ~ 15	<25	<6

第二节　稳定土基层施工

一、稳定土基层的材料要求

1. 土质

土的类别和性质是影响稳定土强度的重要因素。各种砂砾土、砂土、粉土和黏性土均可作为稳定土的材料。要求：土要易于粉碎，便于碾压成型。用做基层时，最大粒径不应超过 40mm；用做底基层时，不超过 50mm。颗粒组成应满足的要求，见表 2-7。水泥稳定类做底基层时，土的均匀系数应大于 5，实际施工中宜大于 10。

表 2-7　稳定类基层土的颗粒组成范围

层次	通过下列筛孔（mm）的重量百分率 /%											
	53	37.5	26.5	19	19	9.5	4.75	2.36	1.18	0.6	0.075	0.002
基层		100	55 ~ 100	40 ~ 100	30 ~ 90	18 ~ 68	10 ~ 55	6 ~ 45	3 ~ 36	8 ~ 47	0 ~ 30	
底基层	100				50 ~ 100			15 ~ 100			0 ~ 50	0 ~ 30

水泥稳定类时，液限不宜超过 25%，塑性指数不宜超过 17；有机质含量不应大于 2%，硫酸盐含量不应大于 0.25%；有机质含量超过 2% 以及塑性指数偏高的土必

须先用石灰进行处理，才可用水泥稳定。水泥稳定砂时，可在砂中掺入少量塑性指数小于 12 的黏性土，以便于碾压，有机质含量不应超过 10%，硫酸盐含量不应超过 0.8%。

2．集料

基层（底基层）所用的碎、砾石应具有一定的抗压能力，一般公路的基层不大于 35%，底基层不大于 40%；高等级公路不大于 30%。水泥稳定类、石灰稳定类的集料的颗粒组成应满足表 2–8、表 2–9 的要求。

表 2–8　水泥稳定类集料的颗粒组成范围

层次	通过下列筛孔（mm）的重量百分率 /%								
	37.5	31.5	26.5	19	9.5	4.75	2.36	0.6	0.075
基层		100	90 ~ 100	72 ~ 89	47 ~ 67	29 ~ 49	17 ~ 35	8 ~ 227	0 ~ 7
底基层	100	90 ~ 100		67 ~ 90	45 ~ 68	29 ~ 50	18 ~ 38	8 ~ 22	0 ~ 7

表 2–9　石灰稳定类集料的颗粒组成范围

层次	通过下列筛孔（mm）的重量百分率 /%								
	37.5	31.5	26.5	19	9.5	4.75	2.36	0.6	0.075
基层		100	90 ~ 100	55 ~ 80	40 ~ 65	28 ~ 50	20 ~ 40	10 ~ 20	0 ~ 10
底基层	100	90 ~ 100	60 ~ 85	50 ~ 70	40 ~ 60	27 ~ 47	20 ~ 40	10 ~ 30	0 ~ 15

3．水泥

技术指标满足要求的硅酸盐水泥、矿渣水泥或火山灰水泥都可用于稳定土，但应选用终凝时间在 6h 以上的水泥。不得使用快凝水泥、早强水泥以及受潮变质水泥，最好采用低标号的水泥。

4．石灰

应满足Ⅲ级以上的生石灰或消石灰的技术指标。实际使用时，应尽量缩短石灰的存放时间，如需存放较长时间，应覆盖封存，妥善保管。外石灰、贝壳石灰、珊瑚石灰等应通过试验，若稳定土混合料的强度符合规范的要求，也可使用。高等级公路的基层、底基层宜采用磨细生石灰。

5．水质

无有害物质的人、畜饮用的水均可使用。

二、石灰稳定土施工

石灰稳定土一般采用路拌法，在高等级公路施工中，则会多地采用集中拌和法。路拌法施工的主要工序见图 2-3 所示。

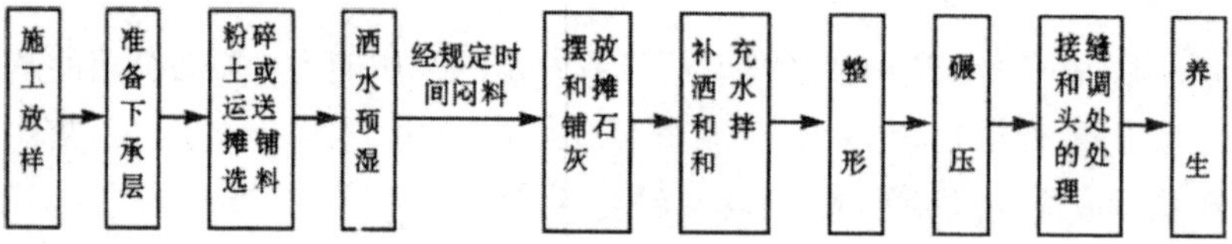

图 2-3　石灰稳定土基层（底基层）施工流程示意图

三、水泥稳定土施工

水泥稳定土的施工，与石灰稳定土的施工方法基本相同，同样可分为路拌法和集中拌和法。路拌法工艺流程见图 2-4 所示。

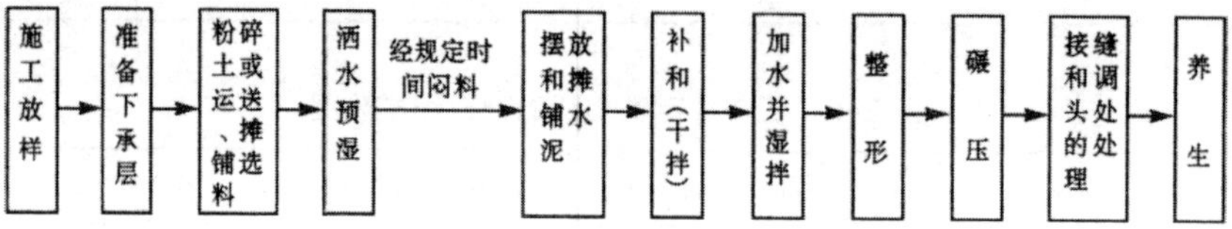

图 2-4　水泥稳定土路拌法施工工艺流程示意图

第三节　石灰工业废渣基层施工

一、材料要求

1. 结合料

要尽量缩短石灰的存放时间，并采取覆盖措施，妥善保管。石灰下脚料是指含有氧化钙或氢氧化钙成分的各种工业废渣，如电石渣、贝壳石灰、炼钢厂下脚料、石灰窑下脚料等。其活性氧化钙含量一般在 40% 以上，当活性氧化钙含量较低时，应该在采用前做一些试验。对于石灰粉煤灰混合料，其所用石灰下脚料的活性氧化耗含量不应低于 3% ~ 4%。对于石灰水淬渣或石灰煤渣混合料，其所用下脚料中活性氧化钙含量不应低于 20%。

2. 活性材料

活性材料当有水分存在时，能在常温下和石灰发生化学作用，使混合料的强度逐渐增加。道路工程中得到广泛应用的煤渣、粉煤灰、水淬渣、钢渣等材料都具有一定的活性，在饱和的氢氧化钙溶液中会发生火山灰反应，能产生氢氧化钙结晶和硅酸钙、铝酸钙结晶，形成一定的整体性和水硬性材料。

（1）粉煤灰：是火力发电厂燃烧煤粉产生的粉状灰渣。主要成分是二氧化硅、三氧化二铝和三氧化二铁。其含量应大于 70%；粉煤灰的烧失量一般应小于 20%；粉煤灰的面积比应大于 2500cm^2/g。干湿粉煤灰都可以使用，但湿粉煤灰的含水量不宜超过 35%。粉煤灰的粒径范围在 0.001 ~ 0.3mm 之间，但大部分在 0.01 ~ 0.3mm 之间。从施工方面来看，粗颗粒对含水量的敏感性比细者为小，因此尽量选用偏粗的粉煤灰。

（2）煤渣：是经锅炉燃烧后的残渣，它的干松密度在 700 ~ 1100kg/m^3 之间。煤渣的颗粒组成宜以粗细搭配，略有级配，不含杂质为佳。煤渣的最大粒径不应大于 30mm，煤渣中含煤量最好不超过 20%。

（3）钢渣：是炼钢副产品，钢渣的粒径不应大于 50mm，钢渣中游离氧化钙的粒径不大于 5mm。严禁使用新渣、冶炼前期渣。水渣呈蜂窝状，较轻，强度低的不能单独使用。

3. 集料

干石灰稳定工业废渣中可掺入一些集料，包括细粒土、中粒土和粗粒土，高炉重矿渣，钢渣及性质坚韧、稳定、不再分解的其他废渣等。

（1）细粒土：宜采用塑性指数 12 ~ 20 的黏性土，土中 15 ~ 25mm 的土块不宜超过 5%，且有机质含量不宜超过 10%。

（2）中粒土和粗粒土：使用二灰混合料时，应符合如下要求。

混合料做底基层时，粒料的最大粒径不应超过 50mm；混合料做基层时，粒料的最大粒径不应超过 40mm；碎石、砾石或其他废渣骨料的抗压碎能力应不大于 30%。石灰工业废渣混合料中粒料质量宜占 80% 以上，并具有良好的级配，见表 2–10 和表 2–11。

表 2–10　二灰级配砂粒中集料的颗粒组成范围

序号	通过下列筛孔（mm）的质量百分率 /%								
	37.5	31.5	19.0	9.50	4.75	2.36	1.18	0.60	0.075
1	100	85 ~ 100	65 ~ 85	50 ~ 70	35 ~ 55	25 ~ 45	17 ~ 35	10 ~ 27	0 ~ 15
2		100	85 ~ 100	55 ~ 75	39 ~ 59	27 ~ 47	17 ~ 35	10 ~ 25	0 ~ 10

表 2–11 二灰级配碎石中集料的颗粒组成范围

序号	通过下列筛孔（mm）的质量百分率 /%								
	37.5	31.5	19.0	9.50	4.75	2.36	1.18	0.60	0.075
1	100	90 ~ 100	72 ~ 90	48 ~ 68	30 ~ 50	18 ~ 38	10 ~ 27	6 ~ 20	0 ~ 7
2		100	81 ~ 98	5 ~ 70	30 ~ 50	18 ~ 38	10 ~ 27	6 ~ 20	0 ~ 7

石灰工业废渣混合料中宜掺入适量的粗集料，主要目的是提高这类混合料的初期承载能力，因为工业废渣初期的化学反应不显著，加入粗骨料能增进颗粒间的锁结力。因此对于需要早期开放重车的交通道路，以及在冬季、雨季施工时，均应掺加粗集料。

二、混合料组成设计

石灰工业废渣的组成设计包括：根据二灰混合料的强度标准，通过试验选取最适宜于稳定的土，确定石灰粉煤灰、石灰与煤渣及石灰与其他废渣的比例，确定石灰粉煤灰、石灰与煤渣及石灰或其他废渣与土或碎石等材料的比例，确定混合料的最佳含水量。

混合料的配比范围：

（1）采用石灰煤渣土做基层或底基层时，石灰与煤渣的比例可以用 1：1 ~ 1：4；石灰煤渣与细粒土比例可以是 1：1 ~ 1：4，但混合料中石灰不应少于 10%，或通过试验选取强度较高的配合比；

（2）采用石灰煤渣粒料做基层或底基层时，石灰、煤渣、粒料的比例为（7 ~ 9）：（26 ~ 33）：（67 ~ 58）。

（3）采用石灰粉煤灰做基层或底基层时，石灰与粉煤灰的比例可以是 1：2 ~ 1：9；采用石灰粉煤灰土做基层或底基层时，石灰与粉煤灰的比例常用 1：2 ~ 1：4；石灰粉煤灰与土的比例可以是 30：70 ~ 90：10；

（4）采用石灰粉煤灰粒料做基层或底基层时，石灰与粉煤灰的比例常用 1：2 ~ 1：4；石灰粉煤灰与级配粒料的比例可以是 20：80 ~ 15：85；采用石灰煤渣做基层或底基层时，石灰与煤渣的比例可以是 20：80 ~ 15：85。

为提高石灰工业废渣的早期强度，可外加 1% ~ 2% 的水泥或 2% ~ 5% 的外加剂。

三、施工工艺

石灰粉煤灰稳定土，可以利用常规的施工设备进行拌和、摊铺和碾压。其施工要点是混合料的组成成分要拌和均匀，摊铺到合适的厚度，压实至规定的密实度。

目前工程中，采用集中拌和法与路拌法。

1．集中拌和法

为保证配料准确，拌和均匀，应尽可能地采用中心站集中拌和法。其生产工艺见表 2–12。

表 2–12　集中拌和法的施工步骤及方法

步骤	方法
拌和	拌和可在中心站采用强制式拌和机、双转轴桨叶式拌和机，也可用路拌机械在场地上分批集中拌和。要求：土块、粉煤灰块要粉碎；配料要准确；含水量要略大于最佳含水量；拌和要均匀；石灰应贮藏在筒仓中，粉煤灰可露天覆盖堆放，含水量宜在 15% ~ 20%
运输	运输可以用普通的自卸车运料，并适当覆盖，以防水分损失或沿路飞扬
摊铺	混合料运到现场后，应尽可能用机械摊铺，应注意摊铺均匀，保证一定的平整度
压实	可用轮胎压路机、振动压路机等进行压实。轻型压路机初压后，可用重型钢轮压路机进行碾压，并在终压前，用平地机进行整平。一般压实厚度为 15 ~ 18cm，重型振动压路机可达 20 ~ 25cm。若设计厚度较大，应分层摊铺压实，上下层的施工间隔时间不宜过长，最好在同一天铺筑。下层不应有松散材料，摊铺上层时，下层的表面应保持潮湿

2．路拌法

路拌法一般用于二级和二级以下公路的施工。施工过程中，应注意混合料的均匀性和粗细颗粒的离析现象。

（1）下承层的准备。用石灰粉煤灰处理原路上的集料时，应检验集料是否合格，并能满足混合料的级配要求。若原路上集料中的细料是黏土矿物，可先用石灰处理，增加混合料的和易性。施工步骤为：翻挖原路上的土集料，必要时进行粉碎；整平按要求的宽度和厚度摊铺的土料层，以便摊铺石灰和粉煤灰；撒布拌和均匀的石灰和粉煤灰混合料；拌和混合料，并使混合料具有一定的含水量；整平混合料达到要求的厚度；压实达到规定的密实度。

（2）撒布石灰和粉煤灰。对于密实式石灰粉煤灰混合料，应先将石灰和粉煤灰拌和均匀后，再撒铺到粒料层上。若需作短时间堆放，应处在干燥状态。对于悬浮式混合料，应先撒布粉煤灰再撒布石灰。粉煤灰宜在含水量 15% ~ 25% 的状态下撒布，石灰和粉煤灰应摊铺均匀。

（3）拌和。一般采用转轴式拌和机进行拌和，如宝马拌和机。也可使用平地机进行拌和，但应注意离析现象。拌和过程中，拌和底层不得留有“素土”或“素粒土”夹层。

（4）压实。压实过程与集中拌和法相同。

（5）养生。养生期一般为 7d，若石灰粉煤灰作为底基层，需养生 10 ~ 14d，再铺筑上面的结构层。

（6）透层或下封层。石灰粉煤灰集料基层养生结束后，宜开放交通一段时间，以磨去表面的二灰薄层，露出集料颗粒，清扫表面浮土，然后喷洒透层沥青或做下封层。

第三章　沥青路面面层施工

第一节　沥青路面及其特性

一、沥青路面的特点

沥青路面是采用沥青材料做结合料，黏结矿料而修筑的与各类基层和垫层所组成的路面结构。

由于沥青路面使用了黏结力较强的沥青材料做结合料，不仅增强了矿料颗粒间的黏结力，而且提高了混合料的强度和稳定性，使路面的使用质量和耐久性都得到提高。与水泥混凝土路面相比，沥青路面具有表面平整、无接缝、行车舒适、耐磨性好、震动小、噪声低、施工期短、养护维修方便、适宜分期修建等优点，因而得到越来越广泛的应用。

沥青路面的缺点是：容易被履带车辆和坚硬物体所破坏；表面容易被磨光而影响安全；温度稳定性差，夏天易软，冬天易脆并产生裂缝。此外，铺筑沥青路面受气候和施工季节的限制。雨天不宜铺筑各种沥青面层，冰冻地区在气温较低时铺筑沥青面层难以保证质量。

沥青路面属于柔性路面，其力学强度和稳定性主要依赖于基层与土基的特性。为了保证路面的各项技术要求，最好铺筑在用结合料处治过的整体性基层上。由于沥青路面的抗弯拉能力较低，要求基础有足够的强度和稳定性，因此翻浆路段的土基，必须事先处理，强度不足的路段要预先补强。在有冻胀现象的地区通常需设置防冻层，以防止路面冻胀产生裂缝。修筑沥青路面后，由于隔绝了土基与大气间气态水的流通，路基路面内部的水分可能积聚在沥青结构层下，使土基和基层变软，导致路面破坏，因此必须强调基层的水稳性。对交通量大的路段，为使沥青路面具有一定的抗弯拉和抗疲劳能力，宜在沥青面层下设置沥青混合料封层。采用较薄的沥青面层，特别是在旧路面上加铺面层时，要采取措施加强面层与基层之间的黏结，以防止水平力作用而引起沥青面层的剥落、推挤、拥抱等破坏。

修筑沥青路面一般要求等级高的矿料，等级稍差的矿料借助沥青的黏结作用，也可用来修筑路面。当沥青与矿料之间黏附不好时，在水分的作用下会逐步剥落，因此在潮湿地区修筑沥青路面时，应采用碱性矿料，或采取一定措施提高沥青与矿料间的黏结力。

沥青路面施工时，要求温暖的气候条件，各工序紧密配合。沥青路面完工后通常要求有一定的成型期，在成型期内必须加强初期养护。在整个使用期间，沥青路面均需要及时维修和养护。

二、沥青路面的分类与选择

1．按强度构成原理分类

按强度构成原理，可将沥青路面分为密实类和嵌挤类两大类。

（1）密实类沥青路面要求矿料的级配按最大密实原则设计，其强度和稳定性主要取决于混合料的黏聚力和内摩阻力。密实类沥青路面按其空隙率的大小可分为闭式和开式两种：闭式混合料中含有较多的小于 0.5mm 和 0.074mm 的矿料颗粒，空隙率小于 6%，混合料致密面耐久，但热稳定性较差；开式混合料中小于 0.5mm 的矿料颗粒含量较少，空隙率大于 6%，其热稳定性较好。

（2）嵌挤类沥青路面要求采用颗粒尺寸较为均一的矿料，路面的强度和稳定性主要依靠骨料颗粒之间相互嵌挤所产生的内摩阻力，而黏聚力则起着次要的作用。按嵌挤原则修筑的沥青路面，其热稳定性较好，但因空隙率较大、易渗水，因而耐久性较差。

2．按施工工艺分类

按施工工艺的不同，沥青路面可分为层铺法、路拌法和厂拌法三类（见表 3–1）。

表 3–1　按施工工艺分类

类别	主要内容
层铺法	是用分层洒布沥青，分层铺撒矿料和碾压的方法修筑，其主要优点是工艺和设备简便、功效较高、施工进度快、造价较低；其缺点是路面成型期较长，需要经过炎热季节行车碾压之后路面方能成型。用这种方法修筑的沥青路面有沥青表面处治和沥青贯入式两种
路拌法	是在路上用机械将矿料和沥青材料就地拌和摊铺和碾压密实而成的沥青面层。此类面层所用的矿料为碎（砾）石的，称为路拌沥青碎（砾）石；所用的矿料为土的，则称为路拌沥青稳定土。路拌沥青面层，通过就地拌和，沥青材料在矿料中分布比层铺法均匀，可以缩短路面的成型期。但因所用的矿料为冷料，需使用黏稠度较低的沥青材料，故混合料的强度较低

续表

类别	主要内容
厂拌法	是将规定级配的矿料和沥青材料在工厂用专用设备加热拌和，然后送到工地摊铺碾压而成的沥青路面。矿料中细颗粒含量少，不含或含少量矿粉。混合料为开级配的（空隙率达 10% ~ 15%），称为厂拌沥青碎石；若矿料中含有矿粉，混合料是按最佳密实级配配制的（空隙率 10% 以下），称为沥青混凝土。厂拌法按混合料铺筑时温度的不同，又可分为热拌热铺和热拌冷铺两种。热拌热铺是混合料在专用设备加热拌和后立即趁热运到路上摊铺压实；如果混合料加热拌和后储存一段时间再在常温下运到路上摊铺压实，即为热拌冷铺。厂拌法使用较黏稠的沥青材料，且矿料经过精选，因而混合料质量高，使用寿命长，但修建费用也较高

3．按沥青路面的技术特性分类

根据沥青路面的技术特性，沥青面层可分为沥青混凝土、热拌沥青碎石、乳化沥青碎石混合料、沥青贯入式和沥青表面处治五种类型。此外，沥青玛蹄脂碎石近年在许多国家也得到了广泛应用。

（1）沥青表面处治路面是指用沥青和集料按层铺法或拌和法铺筑而成的厚度不超过 3cm 的沥青路面。沥青表面处治的厚度一般为 1.5 ~ 3.0cm。层铺法可分为单层、双层和三层。单层表面处治厚度为 1.0 ~ 1.5cm，双层表面处治厚度为 1.5 ~ 2.5cm，三层表面处治厚度为 2.5 ~ 3.0cm。沥青表面处治适用于三级、四级公路的面层，旧沥青面层上加铺罩面或抗滑层、磨耗层等。

（2）沥青贯入式路面是指用浙青贯入碎（砾）石做面层的路面。沥青贯入式路面的厚度一般为 4 ~ 8cm。当沥青贯入式的上部加铺拌和的沥青混合料时，也称为上拌下贯，此时拌和层的厚度宜为 3 ~ 4cm，其总厚度为 7 ~ 10cm。沥青贯入式碎石路面适用于二级及二级以下公路的沥青面层。沥青贯入式结构也可作为沥青混凝土路面的基层。

（3）乳化沥青碎石路面是指由乳化沥青与矿料在常温状态下拌合而成，压实后剩余空隙率在 10% 以上的常温沥青混合料铺筑的路面。适用于三级、四级公路路面的沥青面层，二级公路的养护罩面以及各级公路的调平层。国外也用做柔性基层。

（4）热拌沥青碎石由适当比例的粗集料、细集料及少量填料（或不加填料）与沥青混合料拌和而成，压实后剩余空隙率大于 10% 以上的半开级配沥青混合料（以 AM 表示，采用圆孔筛时用 LS 表示）。若压实后剩余空隙率大于 15%，则称为开级配沥青混合料。

沥青碎石混合料按集料中最大颗粒的尺寸可分为粗粒式、中粒式、细粒式等类型，有时还有特粗式。热拌沥青碎石由于细料含量少，只有少量矿粉或不含矿粉，沥青用量较小，空隙较大，属于嵌锁结构，热稳定性好，抗滑性高，在低温时也不易开裂。但透水性大，强度和耐久性不如沥青混凝土。采用沥青碎石做面层时，为了防水和保持平整度，在其上必须铺沥青砂封层。

热拌沥青碎石适用于二级及二级以下公路的面层以及沥青混凝土路面的基层和调平层。厂内拌和并采用热拌热铺法施工。

（5）沥青混凝土路面是指由适当比例的粗集料、细集料及填料组成的符合规定级配的矿料，与沥青结合料拌和而成的符合技术标准的沥青混合料（以 AC 表示，采用圆孔筛时用 LH 表示），简称沥青混凝土路面。由各种粒径的集料颗粒级配连续、相互嵌挤密实的矿料与沥青拌和而成，压实后剩余空隙率小于 10% 的沥青混合料，称为密集配沥青混凝土。剩余空隙率为 3% ~ 6% 的为 I 型密实式沥青混凝土混合料，剩余空隙率为 4% ~ 10% 的为 II 型密实式沥青混凝土混合料。

沥青混凝土混合料按集料中最大颗粒的尺寸可分为粗粒式、中粒式、细粒式和砂粒式。砂粒式沥青混凝土简称为沥青砂。

沥青混凝土混合料是按密级配原理严格配制的。它含有较多的细料，特别是一定数量的矿粉，使矿料同沥青相互作用的表面积大大增加，因而混合料的黏聚力在强度构成上占有主导地位。但黏聚力受温度影响大，如果配料不适当，特别是沥青用量过多，热稳定性就较差，抗滑性也不好。沥青混凝土由于本身的结构强度高，若基层坚实，路面结构合理，可以承受繁重的交通；又因为空隙率小，受水和空气等的侵蚀作用小，故耐久性好，使用寿命长。

沥青混凝土适用于各级沥青路面的面层。沥青混凝土宜采用双层或三层式结构，其中至少必须有一层是 I 型密实式沥青混凝土。粗粒式或中粒式宜用在下层，细粒式和砂粒式宜用在上层。

（6）沥青玛蹄脂碎石路面是指用沥青玛蹄脂碎石混合料做面层或抗滑层的路面。沥青玛蹄脂碎石混合料（简称 SMA）是以间断级配为骨架，用改性沥青、矿粉及木质纤维素组成的沥青玛蹄脂为结合料，经拌和、摊铺、压实而形成的一种构造深度较大的抗滑面层。它具有抗滑、耐磨、孔隙率小、抗疲劳、高温抗车辙、低温抗开裂的优点，是一种全面提高密级配沥青混凝土使用质量的新材料，适用于高速公路、一级公路和其他重要公路的表面层。

选择沥青面层时，应综合考虑道路等级、交通类型、要求的使用期、设计年限内标准轴载的累计当量轴次、气候条件、筑路材料、施工机械以及养护条件等因素。

三、材料的基本要求

1. 沥青

沥青路面所用的沥青材料有石油沥青、煤沥青等。使用时应根据交通量、施工方法、沥青路面面层类型、材料来源等情况选用。对热拌热铺类沥青路面，由于沥青材料和矿料均需加热拌和，并在热态下铺压，故可采用稠度较高的沥青材料。而热拌冷铺类沥青路面，所用沥青材料的稠度可较低。对浇贯类沥青路面，若采用的沥青材料过稠，则难以贯入碎石中，过稀又易流入路面底部。因此，这类路面宜采用中等稠度的沥青材料。当气候寒冷、施工气温较低、矿料粒径偏细时，宜采用稠度较低的沥青材料。但炎热季节施工时，由于沥青材料的温度散失较慢，则可用稠度较高的沥青材料。对于路拌类沥青路面，一般仅采用稠度较低的沥青材料。

2. 粗集料

沥青所用的粗集料包括碎石、筛选砾石、破碎砾石、钢渣、矿渣等。碎石及破碎砾石是由天然石料（砾石）轧制并经筛选而得，有严格的质量要求，一般应用于交通量较高的沥青路面；筛选砾石是由天然砾石筛选而得，高速公路和一级公路不得使用筛选砾石和矿渣，仅适用于交通量较小的路面下层、基层或连接层的沥青混合料中，也不宜用于防滑面层。

粗集料必须由具有生产许可证的采石场生产或施工单位自行加工。

高速公路、一级公路沥青路面的表面层（或磨耗层）的粗集料的磨光值应符合表 3-2 的要求。除了 SMA、OGFC 路面外，允许在硬质粗集料中掺加部分较小粒径的磨光值达不到要求的粗集料，其最大掺加比例由磨光试验确定。

表 3-2　粗集料与沥青的黏附性、磨光值的技术要求

雨量气候区	1（潮湿区）	2（湿润区）	3（半干区）	4(干旱区)	试验方法
年降雨量 /mm	>1000	1000 ~ 500	500 ~ 250	<250	
粗集料的磨光值 PSV，不小于高速公路、一级公路表面层	42	40	38	36	T0321
粗集料与沥青的黏附性，不小丁高速公路、 级公路表面层高速公路、一级公路的其他层次以及其他等级公路的各个层次	5 4	4 4	4 3	3 3	T0616 T0663

粗集料与沥青材料的黏附性大小，对沥青混合料的强度和耐久性有极大的影响，应选用同沥青材料有良好黏附性的碱性粗集料。不得不使用酸性粗集料时，宜使用

针入度较低的沥青，并采用抗剥离措施。粗集料与沥青的黏附性应符合表 3–2 的要求。当使用不符合要求的粗集料时，宜掺加消石灰、水泥或石灰水处理后使用，必要时可同时在沥青中掺加耐热、耐水、长期性能好的抗剥落剂，也可采用改性沥青的措施，使沥青混合料的水稳定性检验达到要求。掺加外加剂的剂量由沥青混合料的水稳定性检验确定。

破碎砾石应采用粒径大于 50mm 且含泥量不大于 1% 的砾石轧制，破碎砾石的破裂面应符合表 3–3 的要求。

表 3–3　粗集料对破碎面的要求

路面部位或混合料类型	具有一定数量破碎面颗粒的含量 /%		试验方法
	1 个破碎面	2 个或 2 个以上破碎面	
沥青路面表面层 高速公路、一级公路，不小于 其他等级公路，不小于	100 80	90 60	T0346
沥青路面中下面层、基层 高速公路、一级公路，不小于 其他等级公路，不小于	90 70	80 50	
SMA 混合料，不小于	100	90	
贯入式路面，不小于	80	60	

筛选砾石仅适用于三级及三级以下公路的沥青表面处治路面。

经过破碎且存放期超过 6 个月以上的钢渣可作为粗集料使用，除了吸水率允许适当外，各项质量指标应符合表 3–3 的要求。钢渣在使用前应进行活性检验，要求钢渣中的游离氧化钙含量不大于 3%，吸水膨胀率不大于 2%。

3．细集料

沥青路面的细集料是指粒径小于 5mm 的天然砂、机制砂、石屑。细集料必须由具有生产许可证的采石场、采砂场生产。细集料均要求洁净、干燥、无风化、不含杂质，并且具有适当的颗粒级配，其质量应符合表 3–4 的规定。细集料的洁净程度，天然砂以小于 0.075mm 含量的百分数表示，石屑和机制砂以砂的当量（适用于 0 ~ 4.75mm）或亚甲蓝值（适用于 0 ~ 2.36mm 或 0 ~ 0.15mm）表示。

天然砂可采用河砂或海砂，通常宜采用粗、中砂，其规格应符合表 3–5 的规定。砂的含泥量超过规定时，应水洗后使用，海砂中的贝壳类材料必须筛除。开采天然砂必须取得当地政府主管部门的许可，并符合水利及环境保护的要求。热拌密级配沥青混合料中，天然砂的用量不宜超过集料总量的 20%，SMA 和 OGFC 混合料不宜使用天然砂。

表 3–4　沥青混合料用细集料质量要求

项目	单位	高速公路、一级公路	其他等级公路	试验方法
表观相对密度，不小于	–	2.50	2.45	T0328
坚固性（大于 0.3mm 部分），不小于	%	12	–	T0340
含泥量（小于 0.075mm 的含量），不大于	%	3	5	T0333
砂当量，不小于	%	60	50	T0334
亚甲蓝值，不大于	g/kg	25	–	T0349
棱角性（流动时间），不小于	s	30	–	T0345

表 3–5　沥青混合料用天然砂规格

筛孔尺寸 /mm	通过各筛孔的质量百分率 /%		
	粗砂	中砂	细砂
9.5	100	100	100
4.75	90 ~ 100	90 ~ 100	90 ~ 100
2.36	65 ~ 95	75 ~ 90	85 ~ 100
1.18	35 ~ 65	50 ~ 90	75 ~ 100
0.6	15 ~ 30	30 ~ 60	60 ~ 84
0.3	5 ~ 20	8 ~ 30	15 ~ 45
0.15	0 ~ 10	0 ~ 10	0 ~ 10
0.075	0 ~ 5	0 ~ 5	0 ~ 5

石屑是采石场破碎石料时通过 4.75mm 或 2.36mm 的筛下部分，其规格应符合表 3–6 的要求。采石场在生产石屑的过程中应具备抽吸设备，高速公路和一级公路的沥青混合料，宜将 S_{14} 与 S_{16} 组合使用。S_{15} 可在沥青稳定碎石基层或其他等级公路中使用。机制砂宜采用专用的制砂机制造，并选用优质石料生产，级配符合 S_{16} 的要求。

表 3–6　沥青混合料用机制砂或石屑规格

规格	公称粒径 /mm	水洗法通过各筛孔的质量百分率 /%							
		9.5	4.75	2.36	1.18	0.6	0.3	0.15	0.075
S_{15}	0 ~ 5	100	90 ~ 100	60 ~ 90	40 ~ 75	20 ~ 55	7 ~ 40	2 ~ 20	0 ~ 10
S_{16}	0 ~ 3	–	100	80 ~ 100	50 ~ 80	25 ~ 60	8 ~ 45	0 ~ 25	0 ~ 15

4．填料

填料一般采用石灰岩或岩浆岩中的强基性岩石等憎水性石料经磨细而得到的矿粉，原石料中的泥土杂质应除净。矿粉应干燥、洁净、无团粒，能自由地从矿粉仓流出，其质量应符合表 3–7 中的要求。

拌和机的粉尘可作为矿粉的一部分回收使用，但每盘用量不得超过填料总量的 25%，掺有粉尘填料的塑性指数不得大于 4%。

粉煤灰作为填料使用时，用量不得超过填料总量的 50%，粉煤灰的烧失量应小于 12%，与矿粉混合后的塑性指数应小于 4%，其余质量要求与矿粉相同。高速公路、一级公路的沥青面层不宜采用粉煤灰做填料。

表 3–7　沥青混合料用矿粉质量要求

项目	单位	高速公路、一级公路	其他等级公路	试验方法
表观密度，不小于	t/m^3	2.50	2.45	T0352
含水量，不大于	%	1	1	T0103 烘干法
粒度范围 <0.6mm<0.15mm<0.075mm	%	100	100	T0351
	%	90 ~ 100	90 ~ 100	
	%	75 ~ 100	70 ~ 100	
外观	–	无团粒结块	–	
亲水系数	–	<1	–	T0353
塑性指数	%	<4	–	T0354
加热安定性	–	实测记录	–	T0355

第二节　沥青类路面施工

一、沥青类路面施工前的准备工作

沥青类路面施工前的准备工作主要有确定料源及进场材料的质量检验、施工机具检查、修筑试验路段等。

1. 确定料源及进场材料的质量检验

（1）沥青材料。目前，我国高等级公路路面所用的沥青大部分从国外进口，主要采用新加坡的壳牌（Shell）、埃索（Esso）、BP等公司的沥青或阿尔巴尼亚沥青。有一些工程，如沪嘉高速公路、沈大高速公路则采用国产重交通道路沥青，如单家寺、欢喜岭、克拉玛依利用稠油沥青铺筑的高级沥青路面，平整、坚实、无明显车辙，早期的裂缝基本消除或大大减少，路用性能达到或超过了进口沥青。

无论是进口沥青还是国产沥青，均应从质量和经济两方面综合考虑选用。对进场沥青，每批到货均应检验生产厂家所附的试验报告，检查装运数量、装运日期、订货数量、试验结果等。对每批沥青进行抽样检测，检测指标应满足规范规定的要求。沥青材料的试验项目苟针入度、延度、软化点等。

（2）矿料。矿料的准备应符合下列要求：不同规格的矿料应分别堆放，不得混杂，并应加盖防雨顶棚；各种规格的矿料到达工地后，应对其强度、形状、尺寸、级配、清洁度、潮湿度等进行检查。

选择集料料场是十分重要的。对粗集料料场，重要的是检查石料的技术标准能否满足要求，如石料等级、饱水抗压强度、磨耗率、压碎值、磨光值及石料与沥青的黏结力，以确定石料料场。进场的砂、石屑及矿粉应满足规定的质量要求。

2. 施工机械检查

沥青路面施工前对各种施工机具应作全面检查，并应符合下列要求。

（1）洒油车应检查油泵系统、洒油管道、量油表、保温设备等有无故障，并将一定数量的沥青装入油罐。在路上先试洒，校核其洒油量。每次喷洒前应保持喷油嘴干净，管道畅通，喷油嘴的角度应一致，一般与洒油管呈15°～25°的夹角。

（2）矿料撒铺车应检查其传动和液压调整系统，并应事先进行试撒，以确定撒铺每一种规格矿料时应控制的间隙和行驶速度。

（3）拌和设备在开始运转前要进行一次全面检查。注意联结的紧固情况；检查搅拌器内有无残存余料；检查冷料运输机是否运转正常，有无跑偏现象；仔细检查沥青管道各个接头，严禁沥青管有漏气现象；注意检查电气系统；对于机械传动部分，还要检查传动链的张紧度；检查运输车辆是否符合要求；检查保温设施是否齐全。

（4）摊铺机应检查其规格和主要机械性能。如振捣板、振动器、平熨板、螺旋摊铺器、离合器、刮板送料器、料斗闸门、厚度调节器、自动找平装置等是否正常。

（5）压路机应检查其规格和主要机械性能（如转向、启动、振动、倒退、停驶等方面的能力）及滚筒表面的磨损情况。滚筒表面如果有凹陷或坑槽，不得使用。

3．铺筑试验路段

高等级公路在施工前应铺筑试验段。铺筑试验段是不可缺少的步骤，其他等级公路在缺乏施工经验或初次使用重大设备时，也应铺筑试验段。试验段的长度应根据试验目的确定，宜为 100 ~ 200m，试验段宜在直线段上铺筑。如果在其他道路上铺筑时，路面结构等条件应相同。路面各层的试验可安排在不同的试验段。

热拌热铺沥青混合料路面试验段铺筑分试拌及试铺两个阶段，应包括下列试验内容。

（1）根据沥青路面各种施工机械相匹配的原则，确定合理的施工机械、机械数量及组合方式。

（2）通过试拌确定拌和机的上料速度、拌和数量与时间、拌和温度等操作工艺。

（3）通过试铺确定以下各项：

透层沥青的标号与用量、喷洒方式、喷洒温度；摊铺机的摊铺温度、摊铺速度、摊铺宽度、自动找平方式等操作工艺；压路机的压实顺序、碾压温度、碾压速度及碾压遍数等压实工艺；确定松铺系数、接缝方法等。

（4）验证浙青混合料配合比设计结果，提出生产用的矿料配比和沥青用量。

（5）建立用钻孔法及核子密度仪法测定密实度的对比关系，确定粗粒式沥青混凝土或沥青碎石面层的压实标准密度。

（6）确定施工产量及作业段的长度，制订施工进度计划。全面检查材料及施工质量。确定施工组织及管理体系、人员、通讯联络及指挥方式。

在试验段的铺筑过程中，施工单位应认真做好记录分析，监理工程师或工程质量监督部门应监督、检查试验段的施工质量，及时与施工单位商定有关结果。铺筑结束后，施工单位应就各项试验内容提出试验总结报告，并取得主管部门的批复，作为施工依据。

二、沥青表面处治路面施工

沥青表面处治是用沥青和细粒料矿料按层铺方法铺筑的，厚度不超过 3cm 的一种薄层路面面层。由于处治层很薄，一般不起提高强度作用，其主要作用是抵抗行车的磨耗和大气作用，增强防水性，提高平整度，改善路面的行车条件。

沥青表面处治适用于三级及三级以下公路、城市道路的支路、县镇道路、各级公路的施工便道以及在旧沥青面层上加铺的罩面或磨耗层。

沥青表面处治具有三个主要目的：

（1）提供耐久抗滑的道路表面；

（2）封闭道路表面以防止被水浸入；

（3）抑制道路表面的崩解。

1．施工机械

施工机械的主要类型及内容，见表 3–8。

表 3–8　施工机械的类型及内容

机械名称	主要内容
集料撒布机	采用集料撒布机不仅使工作进展快，而且按需要的撒布率使集料撒布更平整和精确。撒布机还有一个优点是，撒布时令集料更紧贴道路表面，从而减少了集料跳离路面露出黏结料或跳到表面处治以外部位而使黏结料滞留在表面的情况发生。人工撒布也是我国日常小型养护采用的方法，由于表面处治厚度较薄，该法的最大缺点是不易控制集料的撒布量，并且手工撒布具有效率低的缺点。对于较大的工程项目和等级较高的路面表面加铺，表面处治的施工均应使用集料撒布机
沥青洒布机	沥青表面处治施工采用沥青洒布机喷洒沥青，洒布时车速和喷洒量保持稳定。沥青洒布机在整个宽度内喷洒应均匀，但在喷油管的两端和加长管的中央这些部位，有时会洒布太多或太少，特别在轮迹位置上易洒得过多。使用液压式加长管洒布机，能使接缝保持在道路中央，而在道路边缘调校其宽度，可以避免那些正好处于轮迹处难看又危险的接缝。洒布机喷嘴的类型不同，洒布的效果也不同。缝隙式喷嘴，洒布效果能够做到类似涡旋式喷嘴所洒布的横向分布水准，且可以比后者减少黏结料中稀释剂的用量，节省成本，并降低施工温度
压路机	沥青表面处治施工采用 6 ～ 8t 及 8 ～ 12t 的压路机。碾压时，应使集料嵌挤紧密，石料不得有较多的压碎现象。乳化沥青表面处治宜采用较轻的机械。实践表明，充气式轮胎压路机可以使石屑与黏结料薄膜有较好的初始黏结，而不致把选定的集料压碎或因不适当的尺寸导致表面处治使用期间的泛油问题

2．施工程序

（1）施工准备。沥青表面处治施工应在路缘石安装完成以后进行，基层必须清扫干净。

施工前检查沥青洒布机的油泵系统输油管道、油量表、保温设备等。将一定数量的沥青装入罐后，应先在路上试洒，确定喷洒速度及洒油量。每次喷洒前，喷油嘴应保持干净，管道应畅通，喷油嘴的角度应一致，并与洒油管成 15° ～ 20° 的夹角。在有风的天气下不宜使用三重喷洒高度。当采用洒布过热沥青的机械洒布乳化沥青时，必须将残留沥青除净并用柴油清洗干净。

集料撒布机使用前应检查其传动和液压调整系统，并应进行试撒，确定撒布各种规格集料时应控制的下料间隙及行驶速度。当为半幅施工并采用人工撒布集料时，应先在半幅等距离划分小段，并应按规定用量备足集料，以后每层按同样办法备料。

（2）施工方法。沥青表面处治通常采用层铺法施工。按照洒布沥青及铺撒矿料的层次多少，沥青表面处治可分为单层式、双层式和三层式三种。单层式为洒布一次沥青，铺撒一次矿料，厚度为 1.0 ~ 1.5cm，一般用做交通量 300 ~ 500 辆 / 昼夜的道路面层和原沥青路面的防滑层；双层式为洒布两次沥青，铺撒两次矿料，厚度为 2.0 ~ 2.5cm，一般用做交通量 500 ~ 1000 辆 / 昼夜的道路面层和损坏较轻的沥青面层加固（或改善和恢复已老化的沥青面层）；三层式为洒布三次沥青，铺撒三次矿料，厚度为 2.5 ~ 3.0cm，一般用做交通量 1000 ~ 2000 辆 / 昼夜的道路面层。

层铺法沥青表面处治施工，有先油后料和先料后油两种方法，其中以前者使用较多。三层式沥青表面处治一般施工程序见图 3-1。

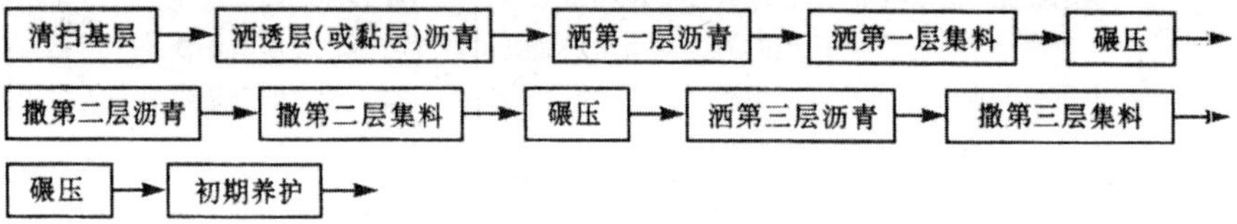

图 3-1　三层式沥青表面处治施工流程图

双层式沥青表面处治的施工程序与三层式相同，仅需相应地减少一次洒布沥青、铺撒矿料与碾压工序。单层式表面处治也与三层式类似，仅需减少两次洒布沥青、铺撒集料与碾压工序。

以上各工序详述如下。

1）下承层准备。在表面处治层施工前，应将路面基层清扫干净，使基层的矿料大部分外露，并保持干燥。对有坑槽、不平整的路段，应先修补和平整，若基层整体强度不足，则应先予补强。

2）浇洒沥青。在透层沥青充分渗透，或在已做透层或封层并已开放交通的基础表面清扫后，应按要求的数量浇洒第一次沥青。洒布沥青应符合下列要求。

沥青的浇洒温度应根据施工气温及沥青标号来选择。石油沥青的洒布温度宜为 130 ~ 170℃；煤沥青的洒布温度宜为 80 ~ 120℃；乳化沥青可以在常温下洒布，当气温偏低，破乳及成型慢时，可将乳液加温后洒布，但乳液温度不能超过 60℃。

沥青要洒布均匀，不应有空白或积聚现象，以免日后产生松散或拥包和推挤等病害。采用汽车洒布沥青时，应根据单位面积沥青用量选用洒布机排挡和油泵机档。

洒布汽车行驶的速度要均匀。若采用手摇洒布机洒布沥青，应根据施工气温和风向调节喷头离地面的高度和移动的速度，以保证沥青洒布得均匀，并应按洒布面积来控制单位沥青用量。当发现浇洒沥青后有空白、缺边时，应及时进行人工补洒，当有沥青聚集时应刮除。

浇洒沥青的长度应与集料洒布机的能力相配合，应避免沥青浇洒后等待较长时间才撒布集料。

前后两段喷洒的接茬应搭接良好。在每段接茬处，可用铁板或建筑纸等横铺在本段起洒点前及终点后，其长度宜为 1 ~ 1.5m。当需要分幅浇洒时，纵向搭接宽度宜为 10 ~ 15cm。浇洒第二、第三层沥青的搭接缝应错开。

除了阳离子乳化沥青外，不得在潮湿的集料、基层或旧路面上浇洒沥青。对道路人工构造物及各种管井盖座、侧平石、路缘石等外露部分以及人行道道面等，洒油时应加遮盖，以防止污染。

3）撒布集料。第一层集料在浇洒主层沥青后立即进行撒布，按规定用量一次撒足，不宜在主层沥青全段洒布完成后进行。洒布集料可采用集料洒布机或人工洒布。洒布集料应符合下列要求。

当使用乳化沥青时，集料洒布应在乳液破乳之前完成。洒布集料后应及时扫匀，厚度应一致，集料不应重叠，也不应露沥青。当局部有缺料时，应及时进行人工找补。矿料不应有重叠，局部过多时，应将多余集料扫除。

前幅路面浇洒沥青后，应在两幅搭接处暂留 10 ~ 15cm 的宽度不撒石料，待后幅浇洒沥青后一起洒布集料。

4）碾压。碾压应符合下列要求。

撒布一段集料后，应立即用 6 ~ 8t 钢筒双轮压路机碾压。碾压时每次轮迹应重叠 30cm，并应从路边逐渐移至路中心，然后再从另一边开始移向路中心，以此作为一遍，宜碾压 3 ~ 4 遍。碾压速度开始不宜超过 2km/h，以后可适当提高。

第二、第三层的施工方法和要求应与第一层相同，但可以采用 8t 以上的压路机碾压。当使用乳化沥青时，第二层撒布规格为 S_{12}（5 ~ 10mm）的碎石做嵌缝料后尚应增加一层封层料，其规格为 S_{14}（3 ~ 5mm），用量为 3.5 ~ 5.5m^3/1000m^2。

除乳化沥青表面处治应待破乳、水分蒸发并基本成型后方可通车外，沥青表面处治在碾压结束后即可开放交通，并通过开放交通补充压实，成型稳定。在通车初期应设专人指挥交通或设置障碍物控制行车，限制行车速度不超过 20km/h，严禁畜力车及铁轮车行驶，使路面全部宽度均匀压实。

5）初期养护。沥青表面处治施工后应进行初期养护。当发现有泛油时，应在泛油处补撒嵌缝料，嵌缝料应与最后一层石料规格相同，并应扫匀。当有过多的浮动集料时，应扫出路面，并不得搓动已经黏着在位的集料。如有其他破坏现象，也应及时进行修补。

（3）施工要求。沥青表面处治宜选择在一年中干燥和较炎热的季节施工，并在日最高温度低于 15℃时期到来以前半个月及雨季前结束。

三、沥青贯入式路面施工

沥青贯入式路面是在初步碾压的矿料（碎石或破碎砾石）上，分层洒布沥青、撒布嵌缝料，或再在上部铺筑热拌沥青混合料层，经压实而成的沥青路面，其厚度一般为 4 ~ 8cm（乳化沥青贯入式路面厚度应不大于 5cm）。适用于三级及三级以下道路的面层，也可作为沥青混凝土路面的联结层。

沥青贯入式路面在我国的使用已经越来越少。它的优点是，当缺乏沥青拌和机及摊铺机等设备时，可以施工沥青路面。而且，沥青贯入式路面可以充分利用粗集料之间的嵌挤，所以它的抗车辙能力较强。但是，与热拌沥青混合料相比，它的渗水性较大，而且沥青用量也大，尤其是施工质量管理较困难，所以国外一般作为简易路面看待。我国国土面积大，各地的经济条件相差较大，尤其是在经济相对不够发达的西部地区，简易公路、乡村道路，使用沥青贯入式或者乳化沥青贯入式路面仍然是可行的。

1. 材料规格和用量

（1）集料。沥青贯入式路面的集料应选择有棱角、嵌挤性好的坚硬石料，其规格和用量可根据贯入层厚度按规定选用。当使用破碎砾石时，其破碎面应符合相关的要求。沥青贯入层主层集料中大于粒径范围中值的数量不得少于 50%。表面不加铺拌和层的贯入式路面，在施工结束后每 $1000m^2$ 宜另备 2 ~ $3m^3$ 与最后一层嵌缝料规格相同的细集料等供初期养护使用。

沥青贯入层的主层集料最大粒径宜与贯入层的厚度相当。当采用乳化沥青时，主层集料最大粒径可采用厚度的0.8 ~ 0.85倍，数量宜按压实系数的1.25 ~ 1.30计算。

（2）沥青材料。沥青贯入式路面的结合料可采用道路石油沥青、煤沥青或乳化沥青，其用量应符合相应的选定，但分次用量宜根据施工气温及沥青标号等在规定范围内选用。在寒冷地带或施工季节气温较低、沥青针入度较小时，沥青用量宜用高限；反之宜用低限。在低温潮湿气候下用乳化沥青贯入时，应按乳液总用量不变的原则进行调整，上层较正常情况下适当增加，下层较正常情况下适当减少；高寒地区及干旱风沙大的地区宜根据需要酌情调整，增加用量。

2. 施工机械

沥青贯入式路面的主层集料可采用碎石摊铺机或人工摊铺，嵌缝料宜采用集料撒布机撒布。

沥青洒布车要保持稳定的速度和喷洒量，并应在整个宽度内均匀喷洒。沥青贯入式路面施工宜采用 6 ~ 8t 及 10 ~ 12t 压路机进行碾压，其主层集料宜用钢筒式压路机碾压。

3. 施工程序

（1）施工准备。沥青贯入式路面施工前，基层应清扫干净。当需要安装路缘石时，应在路缘石安装完成以后施工。乳化沥青贯入式路面必须浇洒透层或黏层沥青。当沥青贯入式路面厚度小于或等于 5cm 时，也应浇洒透层或黏层沥青。

（2）施工方法。

沥青贯入式面层的施工程序，见图 3–2 所示。

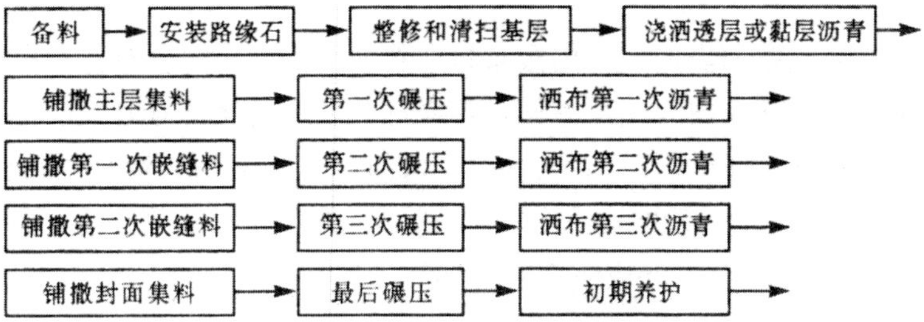

图 3–2　沥青贯入式面层的施工顺序

对上面施工方法详细叙述如下。

1）撒布主层集料。撒布时应避免颗粒大小不均，松铺厚度压实系数约为 1.25 ~ 1.30，经试铺实测确定。边撒布边检查路拱及平整度。撒布后严禁车辆在铺好的集料层上通行。

2）碾压。主层集料撒布后，应采用 6 ~ 8t 钢筒式压路机进行初压，碾压速度宜为 2km/h。碾压自路边缘逐渐压向路中心，每次轮迹应重叠约 30cm，接着应从另一侧以同样方法压至路中心，此为碾压一遍。然后检查路拱和纵向坡度，当不符合要求时应调整，找平后再压，直至集料无显著推移为止。然后再用 10 ~ 12t 压路机（厚度大的贯入式路面可用 12 ~ 15t 压路机）进行碾压，每次轮迹应重叠轮宽的 1/2 以上，并应碾压 4 ~ 6 遍，直至主层集料嵌挤稳定，无显著轮迹为止。

3）浇洒第一层沥青。主层集料碾压完毕后，应立即浇洒第一层沥青。其要求与表面处治方法相同。当采用乳化沥青贯入时，应防止乳液下漏过多。当主层集料碾压稳定后，应先撒布一部分嵌缝料，再浇洒主层沥青。乳化沥青在常温下洒布，当气温偏低需要加快破乳速度时，可将乳液加温后洒布，但乳液温度不能超过 60℃。

4）铺撒第一层嵌缝料。第一层沥青浇洒完毕后，应立即撒布第一层嵌缝料。嵌缝料撒布应均匀，并在铺撒后立即扫匀，不足处应找补。当使用乳化沥青时，石料撒布应在乳液破乳之前完成。

5）第二次碾压。嵌缝料扫匀后应立即用 8 ～ 12t 钢筒式压路机进行碾压，轮迹应重叠轮宽的 1/2 左右，宜碾压 4 ～ 6 遍，直至稳定为止。碾压时应随压随扫，并应使嵌缝料均匀嵌入。当气温较高使碾压过程中发生较大推移现象时，应立即停止碾压，待气温稍低时再继续碾压。

6）当浇洒第二层沥青、撒布第二层嵌缝料并完成碾压后，再浇洒第三层沥青，并撒布封层料，施工要求应与撒布嵌缝料相同。最后碾压宜采用 6 ～ 8t 压路机碾压 2 ～ 4 遍，然后开放交通。

7）沥青贯入式路面开放交通后的交通管制、初期养护等，其规定与表面处治的要求相同。

当沥青贯入式路面表面不采用撒布封层料而加铺沥青混合料拌和层时，应紧跟贯入层施工，上下应成为一个整体。贯入部分采用乳化沥青时，应待其破乳、水分蒸发且成型期内通行施工车辆时，贯入层部分的第二遍嵌缝料用量应增加 2 ～ $3m^3/1000m^2$。在摊铺拌和层沥青混合料前，应清除贯入层表面的杂物、尘土以及浮动石料，再补充碾压一遍，并应浇洒黏层沥青。

乳化沥青贯入式路面的施工顺序如下。

1）当厚度为 4cm 时，施工顺序同上，再增加第三遍嵌缝料、碾压和第四遍沥青，然后撒封层料、碾压和初期养护。

2）当厚度为 5cm 时，施工顺序同上，再增加第四遍嵌缝料、碾压和第五遍沥青，然后撒封层料、碾压和初期养护。

表层加铺拌和层时贯入式路面（厚度小于 5cm）施工顺序，见图 3-3 所示。

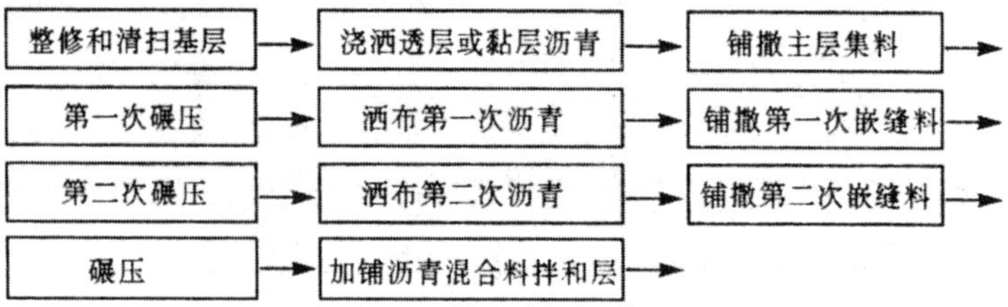

图 3-3　表层加铺拌和层贯入式路面施工顺序

（3）施工要求。沥青贯入式路面施工要求与沥青表面处治基本相同。宜选择在一年中干燥和较炎热的季节施工，并在日最高温度低于 15℃时期到来以前半个月及雨季前结束，使贯入式结构层通过开放交通碾压成型。

四、热拌沥青混合料路面施工

1. 沥青混合料的分类、基本要求及组成设计

热拌沥青混合料（HMA）适用于各种等级公路的沥青路面，是由矿料与沥青在热态下拌和而成的混合料的总称。热拌沥青混合料可按混合料的性质、强度构成及矿料级配、最大粒径等进行分类，见表 3–9。

表 3–9　热拌沥青混合料种类

混合料类型	密级配			开级配		半开级配	公称最大粒径 /mm	最大粒径 /mm
	连续级配		间断级配	间断级配				
	沥青混凝土	沥青稳定碎石	沥青马蹄脂碎石	排水式沥青磨耗层	排水式沥青碎石基层	沥青碎石		
特粗式	—	ATB–40	—	—	ATPB–40	—	37.5	53.0
粗粒式	—	ATB–30	—	—	ATPB–30	—	31.5	37.5
	AC–25	ATB–25	—	—	ATPB–25	—	26.5	31.5
中粒式	AC–20	—	SMA–20	—	—	AM–20	19.0	26.5
	AC–16	—	SMA–16	OGFC–16	—	AM–16	16.0	19.0
细粒式	AC–13	—	SMA–13	OGFCM3	—	AM–13	13.2	16.0
	AC–10	—	SMA–10	OGFC–10	—	AM–10	9.5	13.2
砂粒式	AC–5	—	—	—	—	AM–5	4.75	9.5
设计空隙率 /%	3 ~ 5	3 ~ 6	3 ~ 4	>18	>18	6 ~ 12	—	—

（1）按混合料的性质分类。沥青混合料按混合料的性质分为沥青混凝土混合料、沥青碎石混合料及抗滑表层沥青混合料。

1）沥青混凝土混合料。由适当比例的粗集料、细集料及填料组成的符合规定级配的矿料，与沥青拌和而制成的符合技术标准的沥青混合料（以 AC 表示），简称为沥青混凝土。用沥青混凝土混合料铺筑面层（下面层或过渡层也可用沥青碎石混合料铺筑）的路面，称为沥青混凝土路面。

2）沥青碎石混合料。由适当比例的粗集料、细集料及少量填料（或不加填料）与沥青拌和而成的沥青混合料（以 AM 表示），也称半开级配沥青混合料。用沥青碎石混合料铺筑面层的路面，称为沥青碎石路面。

3）抗滑表层沥青混合料。由适当比例的中、细集料及填料与沥青拌和而成的沥青混合料（用 AK 表示）。由抗滑表层混合料铺筑，符合规定的宏观粗糙度、微观

粗糙度及摩擦系数要求的沥青面层的上面层，称为抗滑表层，也称为抗滑磨耗层。

（2）按矿料最大粒径分类。沥青混合料按矿料最大粒径可分为特粗式、粗粒式、中粒式、细粒式及砂粒式。

（3）按矿料级配分类。矿料级配是指矿料中不同粒径的粒料相互之间的比例关系，常以不同粒径粒料的质量比来表示。根据矿料级配的不同，沥青混合料可分为连续级配和间断级配沥青混合料两类。

1）连续级配沥青混合料。由大到小逐级按一定的质量比例组成的矿料与沥青拌和而成的沥青混合料，又分为密级配和开级配两种类型。

密级配沥青混合料。各种粒径的颗粒级配连续、相互嵌挤密实的矿料与沥青拌和而成，压实后剩余空隙率小于10%的沥青混合料。剩余空隙率为3%～6%的为I型密实式沥青混凝混合料，剩余空隙率为4%～10%的为II型半密实式沥青混凝土混合料。

开级配沥青混合料。由适当比例的粗集料、细集料与沥青拌和而成，压实后剩余空隙率大于10%的沥青混合料。剩余空隙率为10%～15%的为半开式沥青混合料，剩余空隙率大于15%的为开式沥青混合料。

2）间断级配沥青混合料。矿料级配组成中缺少一个或若干个档次而形成的间断级配的沥青混合料。由于间断级配矿质混合料不仅有足够数量的粗粒料可以形成空间骨架，而且又有必要数量的细料填充于骨架间的空隙，使混合料有较高的密实度而形成为一种骨架密实结构，故内摩阻力和黏结力都较高，使沥青混合料既能满足稳定性的要求，同时又具有良好的耐久性。

（4）按强度构成分类。沥青混合料按其强度构成，可分为嵌挤型和级配型两大类。

1）嵌挤型。它是按嵌挤原则构成的沥青混合料，其强度以矿料之间的嵌挤力和内摩阻力为主，沥青的黏结作用为辅。这类混合料是以颗粒较粗、尺寸均匀的矿料构成骨架，沥青结合料填充空隙，并把矿料黏结成一个整体。这类沥青混合料的结构强度受自然因素的影响较小，沥青碎石就属此类。

2）级配型。它是按密实级配原则构成的沥青混合料，其结构强度以沥青与矿料之间的黏结力为主，矿料的嵌挤力和内摩阻力为辅。这类沥青混合料的结构强度受温度的影响较大，沥青混凝土就属此类。按级配原则构成的沥青混合料，其结构通常可分为悬浮密实结构、骨架空隙结构和骨架密实结构三种方式。

2. 沥青混合料适合的路面结构

沥青路面各层使用沥青混合料类型是个非常重要的问题。应根据不同地区道路等级及所处层位的功能性要求，选择适当的结构组合，参考表3-10，并应符合下列原则。

表 3-10 沥青路面各层适用的沥青混合料类型

结构层次	高速公路、一级公路		其他等级公路	
	三层式沥青混凝土路面	两层式沥青混凝土路面	沥青混凝土路面	浙青碎石路面
上面层	AC-13 AC-16 AC-20	AC-13 AC-16	AC-13 AC-16	AM-13
中面层	AC-20 AC-25			
下面层	AC-25 AC-30	AC-20 AC-25 AC-30	AC-20 AC-25 AC-30 AM-25 AM-30	AM-25 AM-30

（1）要综合考虑满足耐久性、抗车辙、抗裂、抗水损害能力、抗滑性能等多方面要求，根据施工机械、工程造价等实际情况选择沥青混合料的种类。

（2）沥青混凝土混合料面层宜采用双层或三层式结构，其中必须有至少一层I型密级配沥青混凝土混合料。如各层均采用沥青碎石混合料时，沥青面层必须做下封层。

（3）多雨潮湿地区的高速公路、一级公路的上面层宜采用抗滑表层混合料，其他等级公路及少雨干燥地区的高速公路、一级公路可采用I型沥青混凝土混合料做表层。

（4）沥青面层的集料最大粒经应从上至下逐渐增大，中粒式及细粒式用于上层，粗粒式只能用于中、下层，砂粒式仅适用于非机动车道。上面层沥青混合料的集料最大粒径不应超过层厚的二分之一，中、下面层及联结层的集料最大粒径不应超过层厚的三分之二。

（5）高速公路的硬路肩沥青面层应采用I型沥青混凝土混合料做表层。

3．沥青混合料的配合比设计

沥青混合料必须在对同类公路配合比设计和使用情况调查研究的基础上，充分借鉴成功经验，选用符合要求的材料，进行配合比设计。

沥青混凝土面层须具有足够的力学强度、良好的温度稳定性、耐久性、耐磨性以及抗滑性能，混合料应具有良好的施工和易性，这是沥青混合料组成设计的总目标。

沥青混合料的强度按嵌挤原理或密实原理形成，沥青与矿料的性质及二者以何种比例混合，对沥青混合料的强度、稳定性等路用性能有决定性的影响。因此，要铺筑高质量的沥青路面，除使用质量符合要求的沥青和矿料外，必须进行混合料配合比设计，确定沥青混合料的最佳组成。设计内容包括选择合格的原材料以及确定矿料级配和沥青用量。

对于高速公路和一级公路的公称最大粒径小于或等于 19cm 的密级配沥青混合料（AC），以及 SMA、OGFC 混合料，需在配合比设计的基础上按下列步骤进行各种使用性能检验。不符合要求的沥青混合料，必须更换材料或重新进行配合比设计。

（1）对密级配浙青混合料在温度 -10℃、加载速率 50mm/min 的条件下进行弯曲试验，，测定破坏强度、破坏应变、破坏进度模量，并根据应力 - 应变曲线的形状，综合评价沥青混合料的低温抗裂性能。沥青混合料的破坏应变宜不小于表 3-11 的要求。

表 3-11　沥青混合料低温弯曲试验破坏应变技术要求

<table>
<tr><td>气候条件与技术指标</td><td colspan="9">相应于下列气候分区所要求的破坏应变</td><td rowspan="4">实验方法</td></tr>
<tr><td rowspan="3">年极端最低气温（℃）及气候分区</td><td colspan="2"><-37.0</td><td colspan="3">21.5 ~ -37.0</td><td colspan="2">9.0 ~ 21.5</td><td colspan="2">>-9.0</td></tr>
<tr><td colspan="2">冬严寒区</td><td colspan="3">冬寒区</td><td colspan="2">冬冷区</td><td colspan="2">冬温区</td></tr>
<tr><td>1-1</td><td>2-1</td><td>1-2</td><td>2-2</td><td>3-2</td><td>1-3</td><td>2-3</td><td>1-4</td><td>2-4</td></tr>
<tr><td>普通浙青混合料，不小于</td><td colspan="2">2600</td><td colspan="3">2300</td><td colspan="4">2000</td><td rowspan="2">T0728</td></tr>
<tr><td>改性沥青混合料，不小于</td><td colspan="2">3000</td><td colspan="3">2800</td><td colspan="4">2500</td></tr>
</table>

（2）利用轮碾机成型的车辙试验试件，脱模架起进行渗水试验，并符合表 3-12 的要求。

表 3-12　沥青混合料试件渗水系数技术要求

级配类型	渗水系数要求 /（mL/min）	试验方法
密级配沥青混凝土，不大于	120	
SMA 混合料，不大于	80	T0730
OGFC 混合料，不小于	实测	

（3）对使用钢渣作为集料的沥青混合料，应按现行试验规程（T0363）进行活性和膨胀性试验，钢渣沥青混凝土的膨胀量不得超过 1.5%。

（4）对改性沥青混合料的性能检验，应针对改性目的进行。以提高高温抗车辙性能为主要目的时，低温性能可按普通沥青混合料的要求执行；以提高低温抗裂性能为主要目的时，高温稳定性可按普通沥青混合料的要求执行。

4. 热拌沥青混合料路面施工

热拌沥青混合料路面采用厂拌法施工，集料和沥青均在拌和机内进行加热与拌和，并在加热状态下摊铺碾压成型。其工艺过程主要有沥青混合料的拌和、沥青混合料的运输以及浙青混合料的摊铺与碾压。

（1）拌和。在工厂拌制混合料所用的固定式拌和设备有间歇式和连续式两种。前者系在每盘拌和时计量混合料各种材料的重量，而后者则在计量各种材料之后连续不断地送进拌和器中拌和。对间歇式拌和设备，应确定每盘热料仓的配合比；对连续式拌和设备，应确定各种矿料送料口的大小以及沥青和矿料的进料速度。

为了保证沥青混合料的质量更稳定，沥青用量更准确，高速公路和一级公路的沥青混凝土宜采用间歇式拌和机拌和。

在拌制浙青混合料之前，应根据确定的配合比进行试拌。试拌时对所用的各种矿料及沥青应严格计量。通过试拌和抽样检验确定每盘热拌的配合比及其总重量（对间歇式拌和机）或各种矿料进料口开启的大小及沥青和矿料进料的速度（对连续式拌和机）、适宜的沥青用量、拌和时间、矿料和沥青加热温度以及沥青混合料出厂的温度。对试拌的沥青混合料进行试验之后，即可选定施工的配合比。

确定适宜的拌和时间。间歇式拌和设备每盘拌和时间宜为 30 ~ 60s，以沥青混合料拌和均匀为准。为使沥青混合料拌和均匀，在拌制时，需要控制矿料和沥青的加热温度与拌和温度。各类沥青混合料的拌制温度和运输及施工温度应满足表 3–13 的要求。经过拌和后的混合料应均匀一致，无细料和粗料分离及花白、结成团块的现象。每盘抽样作沥青混合料性能、矿料级配组成和沥青用量检验。每盘拌和结束时，清洁拌和设备，放空管道中的沥青，做好各项检查记录，不符合技术要求的沥青混合料禁止出厂。

表 3–13　热拌沥青混合料施工温度　　单位：℃

<table>
<tr><td colspan="2" rowspan="2">施工工序</td><td colspan="4">石油沥青的标号</td></tr>
<tr><td>50 号</td><td>70 号</td><td>90 号</td><td>110 号</td></tr>
<tr><td colspan="2">沥青加热温度</td><td>160 ~ 170</td><td>155 ~ 165</td><td>150 ~ 160</td><td>145 ~ 155</td></tr>
<tr><td rowspan="2">矿料加热温度</td><td>间歇式拌和机</td><td colspan="4">集料加热温度比沥青温度高 10 ~ 30</td></tr>
<tr><td>连续式拌和机</td><td colspan="4">矿料加热温度比浙青温度高 5 ~ 10</td></tr>
<tr><td colspan="2">沥青混合料出料温度</td><td>150 ~ 170</td><td>145 ~ 165</td><td>140 ~ 160</td><td>135 ~ 155</td></tr>
</table>

续表

施工工序		石油沥青的标号			
		50 号	70 号	90 号	110 号
混合料贮料仓贮存温度		贮料过程中温度降低不超过 10			
混合料废弃温度，高于		200	195	190	185
运输到现场温度，不低于		150	145	140	135
混合料摊铺温度，不低于	正常施工	140	135	130	125
	低温施工	160	150	140	135
开始碾压的混合料内部温度，不低于	正常施工	135	130	125	120
	低温施工	150	145	135	130
碾压终了的表面温度，不低于	钢轮压路机	80	70	65	60
	轮胎压路机	85	80	75	70
	振动压路机	75	70	60	55
开放交通的路表温度，不高于		50	50	50	45

（2）沥青混合料的运输。

1）运输车辆的组织。沥青混合料成品应及时运往工地，查明具体位置、施工条件、摊铺能力、运输路线、运距和运输时间，以及所需混合料的种类和数量等。车辆数量必须满足拌和设备连续生产的要求，不因车辆少而临时停工。在生产中所需运输车辆数量 n，视拌和设备生产能力 G（t/h）、车辆的载重能力 G_0（t）及运输时间等因素确定，可按下式计算：

$$n = \alpha \times \frac{t_1 + t_2 + t_3}{T}$$

式中，t_1——重载运程时间，min；

t_2——空载运程时间，min；

t_3——在工地卸料和等待的总时间，min；

T——拌制一车混合料所需的时间，T= $\frac{60G_0}{G}$，min。

α——储备系数，视交通情况而定，一般取 1.1 ~ 1.2。

要组织好车辆在拌和设备处装料和工地缺料的顺序，尤其要计划好车辆在工地卸料时的停置地点。装料时必须按其载重量装足，安全检查后再启运。

为了精确地控制材料，载料车出厂时应进行称量，常用磅秤或使用拌和厂的自动称量系统。

2）沥青混合料的运输。沥青混合料宜采用吨位较大的自卸汽车运输，但不得超载运输，急刹车、急弯调头也不行，这样会使透层、封层造成损伤。施工过程中摊铺机前方应有运料车等候，对高速公路、一级公路，应待等候的运料车多余 5 辆后开始摊铺。

运料车每次使用前后车厢必须清扫干净，并在车箱底板及周壁涂一薄层防止沥青黏结的隔离剂或防腐剂，但不得有余液积聚在车厢底部。从拌和机向运料车上放料时，应每放一斗混合料挪动一下车位，以减小集料离析现象。运输车辆应用苫布覆盖保温、防雨、防污染，夏季运输时间短于 0.5h 时可不覆盖。混合料运料车的运输能力应比拌和机拌和或摊铺机摊铺能力略有富余。施工过程中，摊铺机前方应有运料车在等待卸料。运料车在摊铺机前 10 ~ 30m 处停住，不得撞击摊铺机，卸料时运料车挂空挡，靠摊铺机推动前进，以利于摊铺平整。运到摊铺现场的沥青混合料应符合规定的摊铺温度要求，已结成团块、遭雨淋湿的混合料不得使用。

（3）沥青混合料的摊铺。沥青混合料摊铺在下承层上是热拌沥青混合料路面施工的关键工序之一，内容包括摊铺前的准备工作、摊铺机各种参数的选择与调整、摊铺作业等工作。

1）摊铺前的准备工作。摊铺前的准备工作包括下承层准备、施工测量及摊铺机检查等。摊铺沥青混合料前应按要求在下承层上浇洒透层、黏层或铺筑下封层。热拌沥青混合料面层下的基层应具有设计规定的强度和适宜的刚度，有良好的水温稳定性，干缩和温缩变形应较小，表面平整、密实，高程及路拱横坡符合设计要求且与沥青面层结合良好。沥青面层施工前应对其下承层作必要的检测，若下承层受到损坏或出现软弹、松散或表面浮尘时，应进行维修。

摊铺沥青混合料前应提前进行标高及平面控制等施工测量工作。标高测量的目的是确定下承层表面高程与设计高程相差的确切数值，以便挂线时纠正为设计值以保证施工层的厚度；为便于控制摊铺宽度和方向，应进行平面测量。

在每工作日的开工准备阶段，应对摊铺机的刮板输送器、闸门、螺旋布料器、振动梁、熨平板、厚度调节器等工作装置和调节机构进行检查，在确认各种装置及机构处于正常工作状态后才能开始施工，若存在缺陷和故障时应及时排除。

2）调整、确定摊铺机的参数。

①熨平板宽度的调整。全路幅一次摊铺时，能够节约人工和机械，而且铺筑成型的路面表面均匀一致、平整度好、没有纵向施工缝；缺点是容易造成离析和压实度不足。分路幅多次摊铺，纵向接缝施工难度大，接缝处大料较多，密实度差，并且平整度也难以掌握。当采用分路幅多次摊铺时，尽量采用多台摊铺机梯队作业的方式。

当路幅较宽，摊铺机的最大摊铺宽度不能一次摊铺时，最好能两台摊铺机同时摊铺。两台摊铺机前后错开 10 ~ 20m，两幅放在一起碾压成型。要避免最后剩一条只能用人工去摊铺的方法，也就是要剩一条不小于摊铺机标准宽度的宽度。同时还要注意：上下层的纵向接缝应错开 30cm 以上；纵向接缝处应有一定的重叠量（一般为 2.5 ~ 5cm）人工进行修整；接宽熨平板时必须双侧对称地相应接长螺旋摊铺器和振捣梁，并检查接后熨平板底板的拱度和整体刚度。

熨平板的侧边与路缘石之间应留有 10 ~ 15cm 的间距，以避免摊铺机摊铺行进中方向的偏摆碰撞路缘石。所留空间由人工紧跟摊铺机及时予以补严，并适当拍锤。

②熨平板拱度的调整。熨平板的宽度调整后，进行拱度调整。目的是将在水准尺上读出的拱度绝对数或横坡的百分数调整到与拱度设计值一致。调整好后要进行试铺校验，必要时再次进行调整。

对于高等级公路采用半幅全宽一次摊铺路面时，这时的路拱为直线型路拱。由于路幅较宽，熨平板的自重较大，要对熨平板底边严格掌握，并在摊铺过程中经常进行校核。校核的方法可跟踪摊铺机，在未碾压前，用测绳放在两测的基准线上，垂直于路中线拉紧测绳，量测测绳与已摊铺的沥青混合料顶面之间的距离。各量测点距离如果相同，则表明路拱为直线无误；否则，路拱很可能出现了偏差，就要进行调整。

③摊铺厚度的确定和熨平板工作迎角的调整。摊铺厚度是一项必须严格掌握的指标，它对工程质量和经济效益影响极大。摊铺工作开始前，应事先准备好 2 ~ 3 块坚固的长方形垫木。垫木宽 5 ~ 10cm，长与熨平板纵向尺寸相同或稍长，厚度为计算的松铺厚度，也就是初定的摊铺厚度。垫木的厚度按设计厚度乘松铺系数来计算，松铺系数与混合料类型、振动梁及熨平板振夯的频率和振幅有关，一般可通过试铺试验段或通过经验来获得。

将摊铺机停置在摊铺起点的平整处后，抬起熨平板，把 2 ~ 3 块垫木分别放在熨平板的下面。如果熨平板加宽，垫木则放在加宽部分的近侧边处。垫木放好后，启动后液压缸，放下熨平板，让提升油缸处于浮动状态。然后转动左右两支厚度调节螺杆，使它们处于微量间隙的中立位置。此时，烫平板以其自身重量落在垫木上。上面由垫木所确定的厚度，还要通过熨平板工作迎角 α 的调整和自动找平装置的运用来得到精确的厚度。

3）摊铺作业。摊铺机的各种参数确定后，即可进行沥青混合料路面的摊铺作业。摊铺作业的第一步是对熨平板加热，以免摊铺层被熨平板上黏附的粒料拉裂而形成沟槽和裂纹，同时对摊铺层起到樊烫的作用，使其表面平整无痕。加热温度应适当，过高的加热温度将导致烫平板变形和加速磨耗，还会使混合料表面泛出沥青胶浆或形成拉沟。

摊铺高速公路和一级公路沥青路面时，所采用的摊铺机应装有自动或半自动调整摊铺厚度及自动找平的装置，有容量足够的受料斗和足够的功率推动运料车，有可加热的振动熨平板，摊铺宽度可调节。通常采用两台以上摊铺机成梯队进行联合作业。

摊铺机必须缓慢、均匀、连续不间断地进行摊铺，摊铺过程中不得随便变换速度或中途停顿。摊铺机螺旋布料器应不停顿地转动，两侧应保证有不低于布料器高度 2/3 的混合料，并保证在摊铺的宽度范围内不出现离析。

摊铺机自动找平时，中、下面层宜采用一侧钢丝绳引导的方式控制高程，上面层宜采用摊铺前后保持相同高差的雪撬式摊铺厚度控制方式。经摊铺机初步压实的摊铺层平整度、横坡等应符合设计要求。沥青混合料的松铺系数根据混合料类型、施工机械等通过试压或根据以往经验确定。摊铺过程中，若出现横断面不符合设计要求、构造物接头部位缺料、摊铺带边缘局部缺料、表面明显不平整、局部混合料明显离析及摊铺机有明显拖痕时，可用人工局部找补或更换混合料。

控制沥青混合料的摊铺温度是确保摊铺质量的关键之一。摊铺时应根据沥青品种、标号稠度、气温、摊铺厚度等选用。高速公路和一级公路的施工气温低于 10℃，其他等级公路施工气温低于 5℃时，不宜摊铺热拌沥青混合料。

（4）沥青混合料的压实。碾压是热拌沥青混合料路面施工的最后一道工序。压实的目的是提高沥青混合料的密实度，从而提高沥青路面的强度、高温抗车辙能力及抗疲劳特性等路用性能，是形成高质量沥青混凝土路面的又一关键工序。碾压工作包括碾压机械的选型与组合，碾压温度、碾压速度的控制，碾压遍数、碾压方式及压实质量检查等。

1）碾压机械的选型与组合。沥青路面压实机械分静载光轮压路机、轮胎压路机和振动压路机等类型。用于沥青路面碾压的压实机械，应根据工程量的大小、摊铺设备的摊铺效率、混合料特性、摊铺厚度、摊铺层位、现场施工条件等选择合适的压路机。对于 3 ～ 7cm 的沥青路面，可以参照表 3-14 进行选择。

表 3-14　碾压机械选型参考表

碾压流程	上面层	中、下面层
初压	8 ～ 10t 双钢轮	8 ～ 10t 双钢轮
	或 6 ～ 8t 双钢轮	或 6 ～ 8t 双钢轮
	或睁压自重 7 ～ 10t 双钢轮铰接转向振动压路机	或静压自重 7 ～ 10t 双钢轮铰接转向振动压路机

续表

碾压流程	上面层	中、下面层
复压	7 ~ 10t 双钢轮铰接转向振动压路机和 9 ~ 16t 轮胎压路机	7 ~ 10t 双光轮铰接转向振动压路机和 9 ~ 16t 轮胎压路机
		或 8 ~ 18t 轮胎光轮振动压路机和 9 ~ 16t 轮胎压路机
终压	8 ~ 10t 双钢轮	2Y8 ~ 10t 双钢轮
	或 6 ~ 8t 双钢轮	或 2Y6 ~ 8t 双钢轮
	或静压自重 7 ~ 10t 双钢轮铰接转向振动压路机	或 7 ~ 10t 双钢轮铰接转向压路机

实际上，在条件允许时，施工中常常应考虑选择多用途的压路机械，以便于一个作业面的配合，减少设备的调迁，更便于维修保养和管理。对摊铺厚度 3.5 ~ 7cm 的沥青路面，所选择的压路机机型应以质量 7 ~ 10t 的双钢轮铰接转向振动压路机和 9t 轮胎压路机为最好。这样既能用于上面层又能用于中、下面层，既能用于初压又能用于复压和终压。

在压实机械的选型确定后，即可相应地配备合适的压实机械数量。按压路机应尽可能跟随摊铺机的要求，通过试铺、试压确定压路机的数量。压实机械的配备数量受下面几个因素影响。

拌和生产量或摊铺机速度。摊铺后的沥青混合料降至最低允许碾压温度所经过的时间叫有效压实时间。在有效压实时间内摊铺机所摊铺的长度作为一个碾压作业段。那么，碾压作业段长度就取决于有效的压实时间和摊铺机的作业速度。而压路机的配备要保证有效压实时间内将作业段压实成型。表 3-15 是摊铺机的作业速度为 2.0m/min 时相应的碾压作业段长度。

表 3-15　摊铺机作业速度为 2.0m/min 时的碾压作业段长度

气温 /℃	有效压实时间 /min	碾压作业段长度 /m	备注
5 ~ 10	17 ~ 25	30 ~ 50	①厚度 5cm 中粒式沥青混凝土；②微风。
10 ~ 15	25 ~ 34	50 ~ 70	
15 ~ 20	34 ~ 38	70 ~ 80	
20 ~ 30	38 ~ 51	80 ~ 100	
>30	>51	100 ~ 120	

压路机的类型。压路机自身的质量、击振能力、碾压宽度等，也影响着压路机的配备数量。

压路机的碾压速度。压路机同样碾压一遍，碾压速度慢比快要得到更高的压实度。

碾压遍数。在工程开始时，难以确定准确的碾压遍数。在压路机类型、压实速度、振频振幅、混合料的有效压实时间确定后，就可通过试验段来确定碾压遍数。

压实机械的配备数量及组合。碾压机械的生产率 $P_{压}$可由下式计算：

$$P_{压}=\frac{50bv_{压}}{3n}\times K_B$$

式中，b——碾压宽度，m；

$v_{压}$——碾压速度，km/h；

n——碾压遍数；

K_B——有效时间利用系数；

$P_{压}$——碾压机械的生产率，m^2/min。

碾压机械的选型、碾压速度、碾压遍数确定后，即可计算所选各种类型压路机的生产率，使其与摊铺机的生产率相匹配，即可计算出各种类型压路机的配备数量。

$$N=\frac{P_{摊}}{P_{压}}=\frac{3bv_{摊}n}{50bv_{压}K_B}$$

式中，$v_{摊}$——摊铺机的作业速度，m/min；

$P_{摊}$——摊铺机械的生产率，m^2/min；

其他符号意义同上式。

为了达到最佳压实效果，通常采用静载光轮压路机与轮胎压路机或静载光轮压路机与振动压路机组合的方式进行碾压。

2）碾压作业。沥青混合料路面的压实分初压、复压、终压三个阶段进行。

初压的目的是整平、稳定混合料，为复压创造条件。初压是压实沥青混合料的基础，一般采用轻型钢轮压路机或关闭振动装置的振动压路机碾压两遍，其线压力不宜小于 35N/cm。应在沥青混合料摊铺后温度较高时进行初压，压实温度应根据沥青稠度、压路机类型、气温、摊铺层厚度、混合料类型经试铺、试压确定，并符合规定的碾压温度要求。碾压时必须将驱动轮朝向摊铺机，以免使温度较高的摊铺层产生推移和裂缝。压路机应从路面两侧向中间碾压，相邻碾压轮迹重叠 1/3 ～ 1/2 轮宽，最后碾压中心部分，压完全幅为一遍。初压后应检查平整度、路拱，并对出现缺陷的部位作适当修整。

对摊铺后初始压实度较大，经实践证明采用振动压路机或轮胎压路机直接碾压无严重推移而有良好效果时，可免去初压，直接进入复压阶段。

复压应紧跟在初压后开始，目的是使混合料密实、稳定、成型，是使混合料密实度达到要求的关键。压路机的碾压段总长度应尽量缩短，通常不超过 60 ~ 80m。采用不同型号的压路机组合碾压时宜安排每一台压路机全幅碾压，防止不同部位的压实度不均匀。密级配沥青混凝土的复压宜优先采用重型的轮胎压路机进行搓揉碾压，以增加密水性，其总质量不宜小于 25t，吨位不足时宜附加重物，使每一个轮胎的压力不小于 15kN，并且各个轮胎的气压大体相同，相邻碾压带应重叠 1/3 ~ 1/2 的碾压轮宽度，碾压至要求的压实度为止。

对粗集料为主的较大粒径的混合料，尤其是大粒径沥青稳定碎石基层，宜优先采用振动压路机复压。厚度小于 30mm 的薄沥青层不宜采用振动压路机碾压。振动压路机的振动频率宜为 35 ~ 50Hz，振幅宜为 0.3 ~ 0.8mm。层厚较大时选用高频率大振幅，以产生较大的激振力，厚度较薄时采用高频率低振幅，以防止集料破碎。相邻碾压带重叠宽度为 100 ~ 200mm。振动压路机折返时应先停止振动。当采用三轮钢轮压路机时，总质量不宜小于 12t，相邻碾压带宜重叠后轮的 1/2 宽度，并不应小于 200mm。对路面边缘、加宽及港湾式停车带等大型压路机难于碾压的部位，宜采用小型振动压路机或振动夯板作补充碾压。

终压的目的是消除碾压轮产生的轮迹，最后形成平整的路面，终压应紧接在复压后用 6t ~ 8t 的振动压路机（关闭振动装置）进行，碾压不少于两遍，直至无轮迹为止，终压温度应符合要求。

压实后的沥青路面在冷却前，任何机械不得在其上停放或行驶，并防止矿料、油料等杂物的污染。沥青路面冷却后方可开放交通。

5. 沥青路面的接缝处理

接缝包括纵向接缝和横向接缝两种。接缝处理不好容易产生接缝处平整度不好，以及由于接缝处压实度不够和结合强度不足而产生裂纹、甚至松散。接缝平整度不好几乎在已经建成的每条高速公路上都可见到，在用宽幅摊铺机全幅摊铺面层的情况下，虽避免了纵向接缝，横向接缝是不可避免的，至少每天有一条工作缝。

（1）横缝处理。横向接缝通常指工作缝，但也包括同一天内摊铺中断较长时间后，再开始摊铺的接缝。横向接缝处的施工，首先是在每日工作结束前对接缝的处理。最后一车料尽可能摊铺出一个垂直于路中线的整齐断面，然后将摊铺机驶离断面 3 ~ 5m，接着立即挖槽、横向埋入钢板，以减少碾压时的推移量，钢板的高度与压实厚度相同，宽度为 5 ~ 8cm。

为了使接缝位置得当，可以在已铺层顺路中心方向，2 ~ 3 个位置先后放 3m 直尺并找出表面纵坡或已铺层厚度开始发生变化的断面（已铺层表面与 3m 直尺底面开始脱离接触处，见图 3-4 所示），然后用锯缝机沿此断面切割成垂直面，并将切缝一侧不符合要求的尾部铲除。这项工作通常在铺筑层碾压结束后的当天完成。第二天开始摊铺前，清扫接缝处，对断面切口涂刷沥青，将摊铺机倒退到接缝处，使熨平板前缘位于切口约 5cm 的位置。在下面放入 2 ～ 3 块垫木，垫木厚度为铺层压实厚度乘上松铺系数减去压实厚度，然后即对熨平板进行预热。

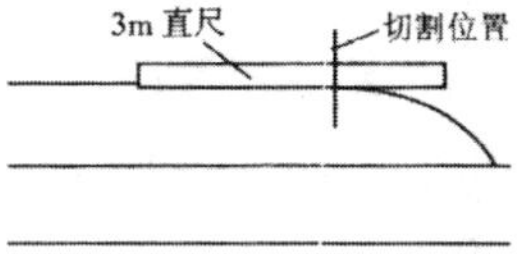

图 3–4 横向接缝后切割示意图

当摊铺机离开接缝处时，过多的混合料会推动熨平板，导致熨平板升高并在新铺层留下鼓包，因此在每次铺筑开始时，螺旋仓中混合料不可过多，只要覆盖螺旋器的轴即可。

高速公路和一级公路的表面层横向接缝应采用垂直的平接缝，以下各层可采用自然碾压的斜接缝，沥青层较厚时也可作阶梯形接缝，见图 3–5 所示。其他等级公路各层均可采用斜接缝。

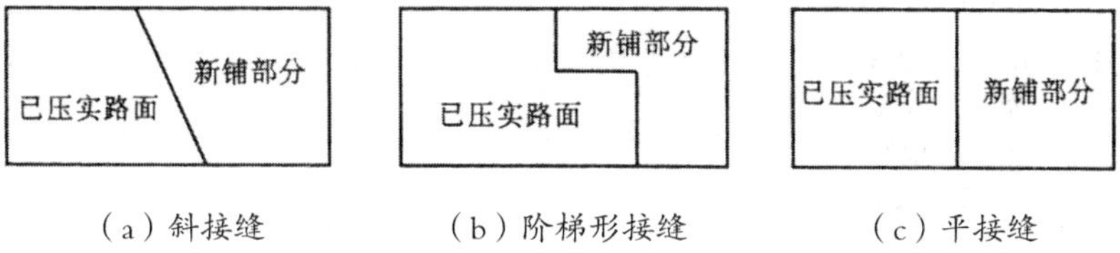

图 3–5 横向接缝的几种型式

斜接缝的搭接长度与层厚有关，宜为 0.4 ～ 0.8m。搭接处应洒少量沥青，混合料中的粗集料颗粒应予以剔除，并补上细料，搭接平整，充分压实。阶段形接缝的台阶经铣刨而成，并洒黏层沥青，搭接长度不宜小于 3m。

平接缝宜趁尚未冷透时用凿岩机或人工垂直刨除端部层厚不足的部分，使工作缝成直角连接。当采用切割机制作平接缝时，宜在铺设当天混合料冷却但还没有结硬时进行。刨除或切割不能损伤下层路面。切割时留下的泥水必须冲洗干净，待干燥后涂刷黏层油。铺筑新混合料接头应使接茬软化，压路机先进行横向碾压，再纵向碾压成为一体，充分压实，连接平顺。

横向接缝的碾压是碾压工作中的重要环节。碾压时，应先用双钢轮压路机进行横向（即垂直于路面中心线）碾压。需要时，摊铺层的外侧应放置供压路机能行驶的垫木，碾压时压路机应主要位于已压实的混合料上，伸入新铺混合料层的宽度不超过 20cm，接着每碾压一遍向新铺混合料移动 20cm，直到压路机全部在新铺层上碾压为止，然后进行正常的纵向碾压。需要特别注意的是横向接缝处的碾压也要掌握温度的影响，高温或低温时的过度碾压都会使新铺层出现裂纹。

（2）纵缝处理。对于高等级公路的沥青面层应避免纵向冷接缝。一般采用两台摊铺机一前一后梯队同步作业，这时应注意下面几点：

1）两台摊铺机的前后距离宜为 5 ~ 10m，使沥青混合料在高温状态下相接；两台摊铺机的结构参数和运行参数应调整成相等；

2）接缝两侧摊铺层的横坡和厚度均应一致，搭接重叠应在 6 ~ 10cm 之间；

3）将已铺部分留下 10 ~ 20cm 宽暂不碾压，作为后续部分的基准面，然后作跨缝碾压以消除缝迹。

4）上下层纵向接缝不能重合，应错开 15cm 以上。

当半幅施工或因特殊原因而产生纵向冷接缝时，宜加设挡板或加设切刀切齐，也可以在混合料还没有完全冷却前用镐刨除边缘留下毛槎的方式，但不宜在冷却后采用切割机作纵向切缝。加铺另半幅前应涂洒少量沥青，重叠在已经摊铺层上 5 ~ 10cm，再铲走铺在前半幅上面的混合料。上下层的纵向接缝应采用平接缝，并应错开 30 ~ 40cm 以上，表面层的纵向接缝应顺直，并应在路面标线位置上。

纵向接缝的碾压如图 3-6 方式进行。碾压时由边向中碾压留下 10 ~ 15cm，再跨缝挤紧压实。或者先在已经压实路面上行走碾压新铺层 15cm 左右，然后再压实新铺部分。

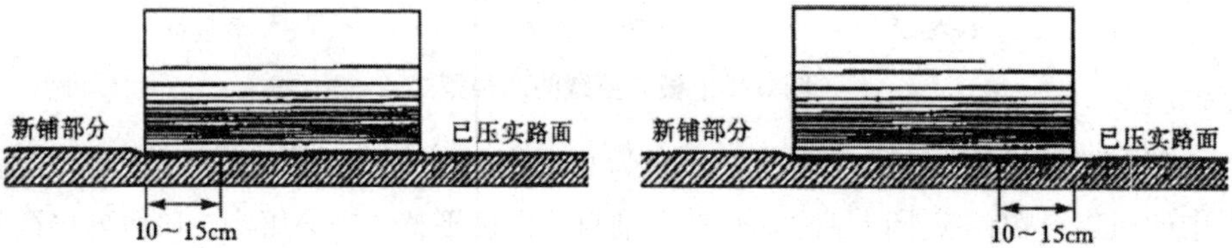

图 3-6　纵向接缝的碾压示意图

第三节　沥青路面施工质量检查

一、沥青混凝土面层和沥青碎（砾）石面层

（1）沥青混合料的矿料质量及矿料级配应符合设计要求和施工规范的规定。

（2）严格控制各种矿料和沥青用量以及各种材料和沥青混合料的加热温度，沥青材料及混合料的各项指标应符合设计和施工规范要求。沥青混合料的生产，每日应做抽提试验、马歇尔稳定度试验。矿料级配、沥青含量、马歇尔稳定度等结果的合格率应不小于 90%。

（3）拌和后的沥青混合料应均匀一致，无花白、粗细料分离和结团成块的现象。

（4）基层必须碾压密实，表面干燥、清洁、无浮土，其平整度和路拱度应符合要求。摊铺时应严格控制摊铺厚度和平整度，避免离析，注意控制摊铺和碾压温度，碾压到要求的密实度。

二、沥青贯入式面层（或上拌下贯式面层）

1. 基本要求

（1）沥青材料的各项指标应符合设计要求和施工规范；

（2）各种材料的规格和用量应符合设计要求和施工规范，上拌沥青混凝土混合料每日应做抽提试验和马歇尔稳定度试验；

（3）碎石层必须平整坚实，嵌挤稳定，沥青贯入应深透，浇洒应均匀，不得污染其他构筑物；嵌缝料必须趁热撒铺，扫料均匀，不应有重叠现象；

（4）上层采用拌和料时，混合料应均匀一致，无花白和粗细分离现象，摊铺平整，接茬平顺，及时碾压密实；沥青贯入式面层施工前，应先做好路面结构层与路肩的排水。

2. 外观鉴定

（1）表面应平整密实，不应有松散、裂缝、油包、油丁、波浪、泛油等现象，有上面缺陷的面积之和不超过受检面积的 0.2%。

（2）表面无明显碾压轮迹。面层与路缘石及其他构筑物应密贴接顺，无积水现象。

三、沥青表面处治面层

1. 基本要求

（1）在新建或旧路的表层进行表面处治时，应将表面的泥砂及一切杂物清除干净，底层必须坚实、稳定、平整，保持干燥后才可施工；

（2）沥青材料的各项指标和石料的质量、规格、用量应符合设计要求和施工规范的规定；沥青浇洒应均匀，无露白，不得污染其他构筑物；

（3）嵌缝料必须趁热撒铺，扫布均匀，不得有重叠现象，压实平整。

2. 实测项目

实测项目的具体内容见表 3-16。

表 3-16　沥青路面表面处治面层实测项目

项次	检查项目		规定值或允许偏差	检查方法和频率	权值
1	平整度	σ /mm IRI/（m/km）	4.5 7.5	平整度仪：全线每车道连续按每 100m 计算 IRI 或 σ	2
		最大间隙 h/mm	10	3m 直尺：每 200m 测 2 处 ×10 尺	
2	弯沉值 /（0.01mm）		符合设计要求	按规范要求检查	2
3	厚度 /mm	代表值	–	按规范要求检查，每 200m 每车道 1 点	3
		合格值	–		
4	沥青用量 /（kg/m^2）		±0.5%	每工作日每层洒布查 1 次	2
5	中线平面偏差 /mm		30	经纬仪：每 200m 测 4 点	1
6	纵断高程 /mm		±20	水准仪：每 200m 测 4 断面	1
7	宽度 /mm	有侧石	±30	尺量：每 200m 测 4 处	2
		无侧石	不小于设计		
8	横坡 /%		±0.5	水准仪：每 200m 测 4 断面	1

3. 外观鉴定

（1）表面平整密实，不应有松散、油包、油丁、波浪、泛油、封面料明显散失等现象，有上述缺陷的面积之和不超过受检面积的 0.2%。

（2）无明显碾压轮迹；面层与路缘石及其他构筑物应密贴接顺，不得有积水现象。

第四节　沥青玛蹄脂碎石路面施工

一、对材料的要求

1. 粗集料

用于 SMA 的粗集料应采用质地坚硬、表面粗糙、形状接近立方体、有良好的嵌挤能力的破碎集料，其质量应符合相应的技术要求。

2. 细集料

细集料宜采用专用的细料破碎机（制砂机）生产的机制砂。当采用普通石屑代替时，宜采用与沥青黏附性好的石灰岩石屑，且不得含有泥土、杂物。与天然砂混用时，天然砂的用量不宜超过机制砂或石屑的用量。细集料的质量，应符合表 3–17 的技术要求。天然砂中水洗法小于 0.075mm 颗粒含量不得大于 5%。

表 3–17 SMA 面层用细集料质量技术要求

指标	单位	技术要求	试验方法
视密度，不小于	t/m^3	2.50	T0329
坚固性，不大于	%	12	T0140
砂当量，不小于	%	55	T0334
塑性指数	%	无	T0118 或 T0119（土工试验）
粗糙度	S	实测	T0345

当采用砂作为细集料使用时，必须测定其粗糙度指标，以表示砂粒的棱角性和表示构造状况。

3. 填料

填料必须采用由石灰石等碱性岩石磨细的矿粉。矿粉必须保持干燥，能从石粉仓自由流出，其质量应符合表 3–18 的技术要求。为改善沥青结合料与集料的黏附性，使用消石灰粉和水泥时，其用量不宜超过矿料总质量的 2%。粉煤灰不得作为 SMA 的填料使用。

SMA 使用除尘装置回收的粉尘时，回收粉用量不得大于矿粉总量的 25%，混用回收粉后的 0.075mm 通过部分的塑性指数不得大于 4。

表 3–18 SMA 面层用填料质置技术要求

指标	单位	技术要求
视密度，不小于	t/m^3	2.50
含水量，不大于	%	1
粒度范围 <0.6mm <0.15mm <0.075mm	%	 100 90 ~ 100 75 ~ 100
外观	%	无团粒，不结块
亲水系数，不大于		1
塑性指数，不大于	%	4

4．沥青结合料

用于 SMA 的沥青结合料必须具有较高的黏度，与集料有良好的黏附性，以保证有足够的高温稳定性和低温韧性。对高速公路等承受繁重交通的重大工程，夏季特别炎热或冬季特别寒冷的地区，宜采用改性沥青。当不使用改性沥青结合料时，沥青的质量必须符合相关的技术要求，并采用比当地常用沥青标号稍硬 1 级或 2 级的沥青。当使用改性沥青时，用于改性沥青的基质沥青，必须符合相关的技术要求。基质沥青的标号应通过试验确定，通常采用与普通沥青标号相当或针入度稍大的等级，沥青改性以后的针入度等级，在南方和中部地区一般为 40 ~ 60，北方地区宜为 40 ~ 80，东北寒冷地区宜为 60 ~ 100。

5．纤维稳定剂

用于 SMA 的纤维稳定剂包括木质素纤维、矿物纤维、聚合物化学纤维等，以改善沥青混合料性能，吸附沥青，减少析漏。木质素纤维的质量，应符合表 3–19 的技术要求，其长度也不宜大于 6mm。

表 3–19　木质素纤维质量技术要求

试验项目	指标	试验方法
纤维长度	<6mm	水溶液用显微镜观测
灰分含量	18% ± 5%，无挥发物	高温 590 ~ 650℃燃烧后，测定残留物
PH 值	7.5 ± 1.0	水溶液用 PH 试纸或 PH 计测定
吸油率	不小于纤维质量的 5 倍	用煤油浸泡后，放在筛上，经振敲后称量
含水率	<5%（以质量计）	15℃烘箱烘 2h 后，冷却称量

纤维应能承受 250℃的环境不变质，并且对环境不造成公害，不危害身体健康。可采用松散的絮状纤维或预先与沥青混合制成的颗粒状纤维。施工过程中应保证纤维不受潮结块，并确认纤维能在沥青混合料拌和过程中均匀地分散开。纤维应存放在室内或有棚盖的地方，在运输及使用过程中应防止受潮、结团，已经受潮、结团不能在拌和时充分分散的纤维，不得使用。纤维稳定剂的掺加比例，以沥青混合料总量的质量百分率计算，用量根据沥青混合料的种类由试验确定。通常情况下用于 SMA 路面的木质素纤维不宜少于 0.3%，矿物纤维不宜少于 0.4%，必要时可适当增加。掺加纤维的质量允许误差为 ± 5%。

二、配合比设计

SMA 混合料的配合比设计，应遵循现行规范关于热拌沥青混合料配合比设计的目标配合比、生产配合比及试拌试铺验证的 3 个阶段，确定矿料级配及最佳沥青用量。SMA 配合比设计采用马歇尔试件体积设计方法，混合料的体积组成结构见图 3–7 所示。

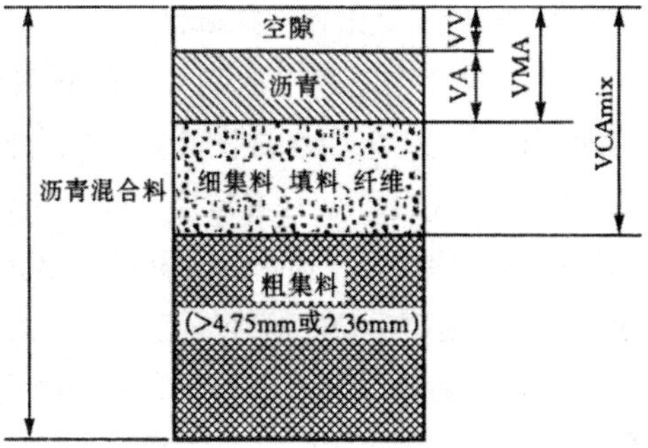

图 3–7 SMA 混合料的各种体积指标示意图

配合比设计应遵循下列原则。

（1）SMA 必须具有互相嵌挤紧密的粗集料骨架。对 SMA–16 和 SMA–13，粗集料骨架是 4.75mm 以上的粗集料，SMA–10 的粗集料骨架是 2.36mm 以上的粗集料。马歇尔试件的 VCA_{mix} 必须小于捣实状态下的粗集料骨架间隙率的 VCA_{DRC}。

（2）填充在 SMA 的粗集料骨架间隙中的沥青结合料，应符合最小沥青用量的要求，马歇尔试件的空隙率必须在要求的范围内。

1. 标配合比

SMA 混合料目标配合比设计，应按图 3–8 流程图的步骤进行。

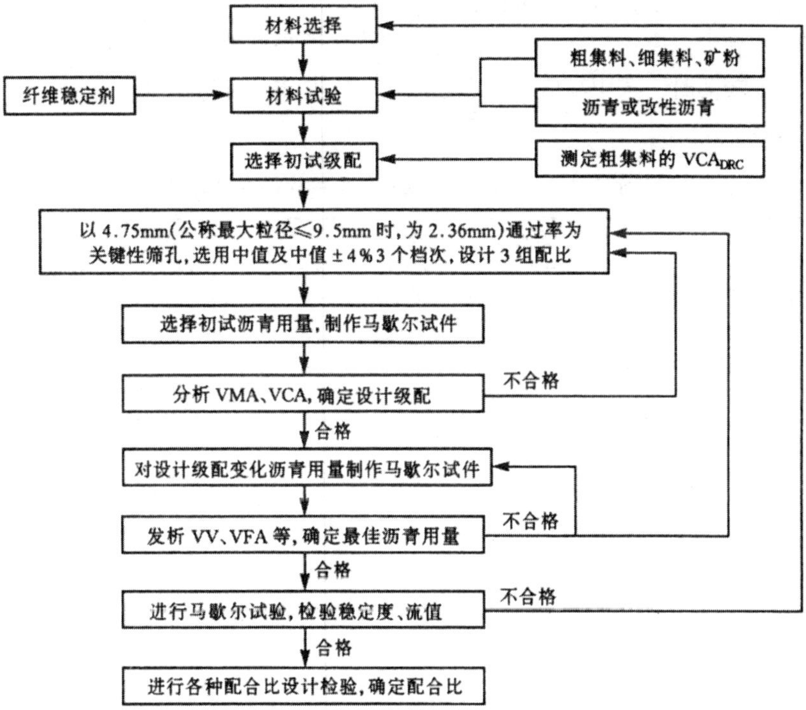

图 3–8 SMA 目标配合比设计流程图

2. 生产配合比和试拌试铺

生产配合比应以二次筛分后的热料仓材料级配为基础进行，其中小于 0.75mm 的细粉含量也应采用水洗法测定，配合比设计步骤与目标配合比设计方法相同，矿料级配与沥青用量应力求与目标配合比设计相近，以减少试验工作量。经生产配合比设计确定的油石比必须经过配合比设计检验及试验段铺筑认定。试拌试铺必须由建设单位、施工单位、监理等有关各方共同实施，由此确定的标准配合比必须得到。

监理工程师批准。批准后的标准配合比在生产过程中不得随意变更，如有疑义需要对标准配合比作调整时，必须重新得到监理及建设单位的批准。

三、施工工艺

1. 施工温度

SMA 路面适宜在较高的温度条件下施工，当气温或下卧层表面温度低于 10℃时不能铺筑。施工温度应根据沥青标号、黏度、改性剂的品种及剂量、气候条件及铺筑层的厚度确定。通常对非改性沥青混合料应通过沥青结合料在 135℃及 175℃条件下测定的黏度 - 温度曲线按表 3-20 的规定确定。非改性沥青结合料缺乏黏温曲线数据或采用改性沥青结合料时，可按相应规定的范围选择。但是经过试验段或施工实践证明表中规定温度不符合实际情况时，容许作适当调整。较稠的沥青、改性剂剂量高、厚度较薄时，选用高值，反之选低值。气温或下卧层温度较低时，施工温度应适当提高。

表 3-20　适宜于沥青混合料拌和及压实的沥青等黏温度

黏度	适宜于拌和的沥青结合料黏度	适宜于压实的沥青结合料黏度
表观黏度	（0.17+0.02）Pa·s	（0.28 ± 0.03）Pa·s
运动黏度	（170 ± 20）mm^2/s	（280 ± 30）mm^2/s
赛波特黏度	（85 ± 10）s	（140 ± 15）s

沥青结合料（含改性沥青）的加热温度或改性沥青的加工温度不得超过 175℃。沥青混合料的温度应采用具有金属探测针的插入式数显温度计测量，不得采用玻璃温度计测量。在运料车上测量时，宜在车厢侧板下方打一个小孔，插入不少于 15cm 量取。碾压温度可借助于金属改锥在路面上打洞后迅速插入温度计测量得到（必要时应移动位置）。

2. 拌和

生产 SMA 应采用间隙式沥青拌和机拌和，且必须配备有材料配比和施工温度的自动检测和记录设备，逐盘打印各传感器的数据，每个台班作出统计，计算矿料级配、油石比、施工温度、铺装层厚度的平均值、标准差和变异系数，进行总量检验，并作为施工质量检测的依据。用于 SMA 的改性沥青可以采用成品改性沥青或在现场制作改性沥青。当使用成品改性沥青时，应经常检验改性沥青的离析情况，各项指标应符合规范规定的技术要求。当为现场制作时，加工工艺应根据改性剂的品种和基质沥青确定。改性剂必须存放在室内，不能受潮或老化变色。拌和厂的电力条件应满足现场制作改性沥青的生产需要。基质沥青的导热油加热炉应具有足够的功率。改性沥青生产后最好进入贮存罐，经过不少于半小时的继续搅拌发育后使用，贮存和运输过程中不得发生离析。

拌和机应配备专用的纤维稳定剂投料装置，直接将纤维自动加入拌和机的拌和锅或称量斗中。根据纤维的品种和形状的不同，可以采取不同的添加方式。添加纤维应该和拌和机的拌和周期同步进行。松散的絮状纤维应该采用风送设备自动打散上料，并在矿料投入后干拌及喷入沥青的同时一次性喷入拌和机内。颗粒纤维最好在集料投入后立即加入，经 5 ~ 8s 的干拌，再投入矿粉，总的干拌时间应比普通沥青混合料增加 5 ~ 10s。

喷入沥青后的湿拌时间，应根据拌和情况适当增加，通常不得少于 5s，保证纤维能充分均匀地分散在混合料中。由于增加拌和时间、投放矿粉时间加长、废弃回收粉尘等原因而降低拌和机的生产率，应在计算拌和能力时充分考虑到，以保证不影响摊铺速度和造成停顿。

各种原材料都必须堆放在硬质地面上。在多雨潮湿地区，细集料（含石屑）应堆放在有棚盖的干燥条件下，当细集料潮湿使冷料仓供料困难时，应采取相应的措施。矿粉必须存放在室内，保持干燥，不结块，能自由流动。拌和时，矿粉投入能力应符合配合比设计数量的需要，原有矿粉仓不敷使用时，最好增加投入矿粉的设备，或将矿粉投料口扩大，以减少矿粉投入时间。

拌和过程中，回收粉尘的用量不得超过矿粉总用量的25%。对逸出及废弃的粉尘，应添加矿粉补足，使 0.075mm 通过率达到配合比设计要求。拌和的 SMA 混合料应立即使用，需在储料仓中存放时，以不发生沥青析漏为度，且不得储存至第二天使用。

3．运输

运输 SMA 最好采用大吨位运料车。运料车在开始运输前，应在车厢及底板上涂刷一层油水混合物，使混合料不与车厢黏结。任何情况下，运料车在运输过程中都应加盖苫布，以防表面混合料降温结成硬壳。运料车在运输途中，不得随意停歇。卸料必须倒净，如发现有剩余的残留物，应及时清除。

4．摊铺

在铺筑 SMA 之前，应对下层表面作以下处理。

（1）用硬扫帚或电动工具清扫路面，有泥土等不洁物沾污时，应一边清扫一边用高压水冲洗干净，并待进入路面中水分蒸发后铺筑。

（2）若旧路面表面不平整，应铣刨或用热拌沥青混合料铺筑整平层，恢复横断面。必须喷洒符合要求的黏层油，用量宜为 0.3 ~ 0.4L/m^2。

SMA 可采用常规的沥青混合料摊铺方法进行摊铺，一台摊铺机的摊铺宽度一般不得超过 6m，特殊时最大不得超过 8m。高速公路的沥青面层应采用两台以上相同型号的摊铺机成梯队形式摊铺，相邻两台摊铺机应具有相同的压实能力，摊铺间距不超过 20m，以保证纵向接缝为热接缝。改性沥青 SMA 混合料最好使用履带式摊铺机铺筑。

摊铺机开始铺筑前熨平板预热至 100℃以上，铺筑过程中开动熨平板的振动或捶击等夯实装置。摊铺速度调整到与供料速度平衡，必须缓慢、均匀、连续不间断地摊铺。摊铺过程中不得随意变换速度或中途停顿。由于改性沥青或 SMA 的生产影响拌和机的生产率，因此摊铺机的摊铺速度应放慢，通常不超过 3 ~ 4m/min，容许放慢到 1 ~ 2m/min。当供料不足时，宜采用运料车集中等候，集中摊铺的方式尽量减少摊铺机的停顿次数。此时摊铺机每次均应将剩余的混合料铺完，做好临时接头。如果等料时间过长，混合料温度降低，表面结成硬壳，影响继续摊铺时，必须将硬壳去除。改性沥青 SMA 混合料的摊铺温度应比普通沥青混合料的摊铺温度高 10 ~ 20℃，混合料温度在卸料到摊铺机上时测量。当气温低于 15℃时，不得摊铺改性浙青 SMA 混合料。

5．压实

SMA 施工必须有足够数量的压路机，压路机的最少数量根据与铺筑速度匹配的原则，由压路机的碾压宽度、碾压速度、要求的碾压遍数计算配置。铺筑双车道高速公路沥青路面时，用于初压、复压和终压的各种压路机数量不得少于 4 ~ 5 台。混合料摊铺后，必须紧跟着在尽可能高的温度状态下开始碾压，不得等候。除必要的加水等短暂歇息外，压路机在各阶段的碾压过程中应连续不间断地进行。同时也不得在低温度状态下反复碾压SMA，以防止磨掉石料棱角或压碎石料，破坏集料嵌挤。

SMA 路面的初压最好采用刚性碾静压。每次碾压直至摊铺机跟前，初压区的长度通过计算确定，以便与摊铺机的速度匹配，一般不宜大于 20m。高速公路最好采用两台压路机同时进行，初压遍数一般为一遍，以保证尽快进入复压。摊铺机的铺筑宽度越宽，摊铺机自身的碾压效果越差，初压的要求也越高。

SMA 路面的复压应紧跟在初压后进行。经过试验证明直接使用振动压路机初碾不造成推拥的，也可直接用振动压路机初压。如发现初压有明显推拥，应检查混合料的矿料级配及油石比是否合适。压路机的吨位以不压碎集料，又能达到压实度为度。复压最好采用重型的振动压路机进行，碾压遍数不少于 3 ～ 4 遍；也可用刚性碾静压，复压遍数不少于 6 遍。

终压采用刚性碾紧跟在复压后进行，以消除轮迹，终压遍数通常为 1 遍。若复压后已无明显轮迹或终压看不出明显效果，可不再终压。允许采用振动压路机同时进行初压、复压、终压。

通常情况下，SMA 不宜采用轮胎压路机碾压，以防搓揉过度造成沥青玛蹄脂挤到表面而达不到压实效果。在极易造成车辙变形的路段等特殊情况下，由于减少沥青用量必须使用轮胎压路机碾压时，必须通过试验论证，确定压实工艺，但不得发生沥青玛蹄脂上浮或挤出等现象。

振动压路机碾压 SMA 应遵循“紧跟、慢压、高频、低幅”的原则。即压路机必须紧跟在摊铺机后面碾压，碾压速度要慢，要均匀，并采取高频率、低振幅的方式碾压，碾压段长度大体相同，每次碾压到摊铺机跟前后折返碾压。SMA 的碾压速度不得超过 5km/h。在压实度达到 98% 以上或者现场取样的空隙率不大于 6% 后，中止碾压。如果碾压过程中发现有沥青玛蹄脂部分上浮或石料压碎、棱角明显磨损等过碾压的现象时，碾压应立即停止，并分析原因。

为了防止混合料黏附在轮子上，应适当洒水使轮子保持湿润，水中可掺加少量的清洗剂。但应严格控制水量以不黏轮为度，且喷水必须是雾状的，不得采用自流洒水的压路机。压路机碾压过程中不得在当天铺筑的路面上长时间停留或过夜。

6．接缝

SMA 混合料的铺筑应避免产生纵向冷接缝。横向施工缝应该采用平接缝。平接缝切缝在混合料尚未完全冷却结硬前进行，切缝后必须用水冲洗干净，待干燥后涂刷黏层油，才可以铺筑新混合料。应特别注意横向接缝处的平整度，刨除端部或切缝的位置应通过 3m 直尺测量确定。

7．开放交通

SMA 路面施工结束后，在路表温度下降到 50℃以下，允许开放交通。如果急需开放交通时，应洒水冷却。当发现某些改性沥青 SMA 沥青面层在开放交通后，有发软的迹象，或大吨位运料车转弯时出现掉粒、轮印等情况时，应加强早期交通的控制。

四、检查

改性沥青质量的日常检查按表 3-21 规定的项目和频度进行，采用放大 100 倍以上的显微镜观察后制作照片留存备查。改性剂在基质沥青中应分散均匀，细度达到制作要求（通常为 1 ~ 10μ）。

表 3-21　施工过程中聚合物改性沥青质量的检测要求

项目	聚合物改性剂类型			检测频度
	SBS 类	SBR 类	EVA、PE 类	
针入度	√	√	√	1 ~ 2 次 / 日
软化点	√	√	√	1 ~ 2 次 / 日
低温延度	√	√	–	必要时
弹性恢复	√	–	–	必要时
显微镜观察	√	–	√	必要时

第四章　水泥混凝土路面施工

第一节　水泥混凝土路面的构造和特点

一、水泥混凝土路面的构造及其基本要求

1．路基

水泥混凝土的弹性模量为 2.5×10^4 ～ 4.0×10^4MPa。所以，水泥混凝土面层板具有很高的刚度和扩散荷载的能力，通过面层板传到路基顶面的荷载压应力值很小，一般不超过 0.05MPa。因此，水泥混凝土路面并不要求强度大或承载力高的路基。然而，如果路基的稳定性不足，产生不均匀沉陷，则仍将给混凝土面层带来很不利的影响。由于路基不均匀支承，会使面板在受荷时底部产生过大的弯拉应力，导致混凝土路面破坏。路基支承不均匀的原因主要是由于填料的土质不均匀、湿度不均匀、膨胀土冻胀、湿软地基未达充分固结、排水设施不良、压实不足或不当，以及新老路基交接处、填挖交界处处理不当等多种原因造成的。为了保证路基支承的均匀性，遇有上述情况时，宜分别采取相应的处理措施（见表 4–1）。

表 4–1　处理措施

措施	具体内容
加强路基排水设施	尽可能提高路基设计标高或加深边沟底部深度，以增加路面同地下水位之间的距离。设置路基排水设施，以拦截浅透水层流向路基的渗透水或降低地下水位
控制压实度和压实时的含水量	在气候润湿、中湿或过湿的地区压实塑性土，压实时的含水量宜略高于最佳含水量。这时的压实土，渗透性、浸水后的膨胀量和冻胀都可减小，从而可提供体积变化小而支承均匀的路基
选择填料	宜选用低膨胀性土（塑性指数在 10 以下）或对冰冻不敏感的土（砂砾等）做填料，将膨胀性高或对冰冻敏感的土放在路堤的下层，而在上层用好填料填筑，对不同来源和性质的填料进行适当地拌和等
对路基上层土进行处理	路基上层土，特别是对于湿软土层，应采用低剂量石灰豆水泥等结合料作稳定处理

2．基层和垫层

水泥混凝土面层下设置基层和垫层，主要有如下几方面的作用（见表 4–2）。

表 4–2　水泥混凝土面层下设置基层和垫层的作用

作用	主要内容
防冰冻	在季节性冰冻地区，用对冰冻不敏感的粒状多孔材料来铺筑基（垫）层，可以减少路基的冰冻深度，从而减轻冰冻的危害作用
防唧泥	混凝土面层如果直接放在路基上，会由于路基土塑性累计变形量大、细含量多和抗冲刷能力低而极易产生唧泥现象。铺设基（垫）层后，可减轻以至消除唧泥的产生
防水	在湿软土基上，铺筑开级配粒料基（垫）层，可以排除从路表面渗入面层板下的水分，以及隔断地下水毛细上升

3．水泥混凝土路面对基层和垫层结构方面的要求

（1）刚度要求。随着交通繁重程度的增加，对水泥混凝土面层下基层和垫层的刚度要求应逐渐提高，以限制板的弯沉量，从而减少唧泥和错台等病害的产生。在公路水泥混凝土路面设计规范中，按交通等级分别提出了基层顶面当量回弹模量 E_t 的最低要求，见表 4–3。因而，在选择基层和垫层类型和确定其厚度时，应考虑满足要求。而在原有公路上铺筑混凝土面层时，原有路面顶面的当量回弹模量 E_t 也需满足规定。如果不满足时，应在原有路面上设置补强层，使补强后的顶面当量回弹模量 E_t 满足要求，但所需的补强层厚度不得小于结构层最小厚度的规定，见表 4–4。

表 4–3　基层顶面当量回弹模量 E_t 的最低要求

交通等级	特重型	重型	中等型	轻型
当量回弹模量 E_t/MPa	120	100	80	60

表 4–4　补强层最小结构层厚度

结构层名称	最小厚度 /cm	结构层名称	最小厚度 /cm
级配碎、砾石	8	石灰稳定工业废渣	10
填隙碎石	8	水泥稳定土	10
石灰稳定土	10		

（2）防冻胀要求。在季节性冰冻地区，路面结构的总厚度（包括面层、基层和垫层）应占当地最大冰冻深度的一定比例，以防止或减轻路基不均匀冻胀对混凝土路面的不利影响。混凝土路面结构防冻最小厚度见表 4–5。

表 4–5　混凝土路面结构防冻最小厚度　单位：cm

路基干湿类型	路基土质	当地最大冰冻冻深 /m			
		0.5 ～ 1.00	1.01 ～ 1.50	1.5 ～ 2.00	>2.00
中湿路基	低、中、高液限黏土	0.30 ～ 0.50	0.40 ～ 0.60	0.50 ～ 0.70	0.60 ～ 0.95
	粉土，粉质低、中液限黏土	0.40 ～ 0.60	0.50 ～ 0.70	0.60 ～ 0.85	0.70 ～ 1.10
潮湿路基	低、中、高液限黏土	0.40 ～ 0.60	0.50 ～ 0.70	0.60 ～ 0.90	0.75 ～ 1.20
	粉土，粉质低、中液限黏土	0.45 ～ 0.70	0.55 ～ 0.80	0.70 ～ 1.00	0.80 ～ 1.30

（3）宽度。基层和垫层的宽度应大于面层宽度，以便有足够的位置供立侧模用，同时，较宽的基层和垫层也有利于改善面层板边缘的受荷条件。通常垫层应比基层每侧至少宽出 25cm 或与路基同宽，基层应比混凝土面层每侧至少宽出 30cm（采用小型机具时）或 50cm（轨道式摊铺机施工时）或 65cm（采用滑模式摊铺机施工）。

（4）厚度。防止唧泥所需的基层或垫层厚度一般不得小于 15cm，作为原有路面上的补强，最小结构厚度一般为 8 ～ 10cm。此外，基层和垫层的厚度确定还要满足表 4–3 的要求。同时，在季节性冰冻地区，则要考虑满足抗冻层最小厚度的要求，并按此调节垫层的厚度。

4．排水和路肩

（1）面层 – 基（垫）层 – 路肩排水系统。为了迅速排除渗入路槽内的水分，可以采用开级配粒料做基层（或垫层），汇集通过面层接（裂）缝和外侧边缘渗下的水分，通过空隙和横坡横向排至基层（或垫层）的外侧，并由纵向集水管汇集后横向排出路基。开级配粒料，可以不用结合料处治，而用水泥或沥青结合料处治。为防止路基土的细粒渗入渗水基层（或垫层），堵塞空隙而使排水作用失效，在透水基层（或垫层）下应设置过滤层。

当采用密级配粒料修建不透水基层或垫层时，通过接缝或裂缝下渗的水，会沿面层和不透水基层或垫层的界面流向路肩。为了迅速排除这部分下渗的水，可在路肩下设置排水层，以排引出路基。水量大时，可增设纵向排水管。

（2）路肩。路肩给路面结构提供侧向支承，供车辆紧急或临时停靠，在车行道进行修补时可作为临时车道使用，因而路肩应具有一定的承受车辆荷载的能力。路肩的层次结构和材料选择，除了考虑承载能力外，还应结合路面排水系统的布置和要求，使渗入路面的水分能由排水通道迅速排离出路面结构，为铺筑出符合质量标准的水泥混凝土路面提供我本保证。

二、水泥混凝土路面的特点

所谓素混凝土路面，是指除接缝区和局部范围（边缘和角隅）外不配置钢筋的混凝土路面。

1．水泥混凝土路面的优点

水泥混凝土路面的优点，见表 4–6。

表 4–6　水泥混凝土路面的优点

优点	内容
稳定性好	混凝土路面的水稳性、热稳性均较好，特别是它的强度能随着时间的延长而逐渐提高，不存在沥青路面的那种老化现象
强度高	混凝土路面具有较高的抗压强度和抗弯拉强度以及抗磨耗能力
养护费用少、经济效益高	与沥青混凝土路面相比，水泥混凝土路面的养护工作量和养护费用均较少。它的建筑投资虽较大，但使用年限长，故所分摊于每年的工程费用较少。因此，从长远角度来看，选用混凝土路面，其经济效益是比较显著的
耐久性好	由于混凝土路面的强度和稳定性好，所以它经久耐用，一般能使用 20 ~ 40 年，而且它能通行包括履带式车辆等在内的各种运输工具
有利于夜间行车	混凝土路面色泽鲜明，能见度好，对夜间行车有利

2．水泥混凝土路面的缺点

水泥混凝土路面的缺点，见表 4–7。

表 4–7　水泥混凝土路面的缺点

缺点	内容
有接缝	一般混凝土路面要建造许多接缝，这些接缝不但增加了施工和养护的复杂性，而且容易引起行车跳动，影响行车的舒适性。同时，接缝又是路面的薄弱点，如处理不当，将导致路面板边和板角处破坏
对水泥和水的需要量大	这对水泥供应不足和缺水地区带来较大困难
修复困难	混凝土路面损坏后，开挖很困难，修补工程量大，费用高，且影响交通。由于混凝土路面的强度高，耐久性好，能适应重载、高速而繁密的汽车运输的要求，在我国一些城市道路、工矿道路、停车场和机场跑道上应用较多。由于它的水稳性及能见度好，特别适用于修筑隧道内的路面
开放交通较迟	一般混凝土路面完工后，要经过 15 ~ 20d 的湿治养生，才能开放交通，如需提早开放交通，则需采取特殊措施

第二节　水泥混凝土路面的技术要求和配合比设计

一、路用混凝土的技术要求

1. 强度

路面混凝土主要是以混凝土的抗弯拉强度（抗弯折度）为设计标准的。设计混凝土路面的厚度应以行车反复荷载产生的应力不超过混凝土路面设计使用年限末期的疲劳抗弯拉强度为依据。混凝土路面要求有两个强度指标。

（1）抗弯拉强度。根据材料情况、施工条件等因素，通过试配确定。路面混凝土的抗弯拉强度，不得低于规定值，见表 4–8。当混凝土路面浇筑后，如不需在 28d 后开放交通时，可采用 90d 龄期强度，其强度一般为 28d 龄期强度的 1.1 倍。

表 4–8　混凝土抗弯拉强度、抗压强度和弹性模置

交通等级	特重型	重型	中等型	轻型
设计弯拉强度 f_r/MPa	5.0	5.0	4.5	4.0
弯拉弹性模量 $E_r/10^3$MPa	30	30	28	27

（2）弯拉弹性模量。路面混凝土的弯拉弹性模量以试验实测为宜，如无条件，可按表 4–8 选用或者按试验回归关系（下式）确定：

$$E_r = 14.37 f_r^{0.46}$$

式中，E_r——弯拉弹性摸量，MPa；

f_r——设计弯拉强度，MPa。

2. 和易性（工作性）

混凝土在拌和操作中要求混合料有较大的流动性，以易于拌和均匀，而且在运输和浇灌时不会发生砂石与水泥浆分离现象，在捣实时混凝土内部均匀密实，不致发生麻面、蜂窝等。混凝土应具备的这些便于施工与保证工程质量的性质，称为混凝土混合料的和易性。目前还没有一种能全面表征混凝土和易性的测定方法，最常用的方法有坍落度试验、维勃稠度试验和捣实因素试验等。

影响和易性的因素主要有水泥浆的数量、水泥浆的稠度、砂率、水泥品种和集料性质、外加剂等。因此，在拌制混凝土时，必须根据使用材料、施工机械、施工气候等条件，在保证混凝土强度、耐久性和经济性的前提下，选择合理的配合比和

适宜的坍落度，或掺加各种外加剂（如减水剂、流化剂等），以提高混凝土的和易性。

3. 耐久性

由于路面混凝土直接受到行驶车辆的磨损，寒冷积雪地区又受到防滑链轮胎和带钉轮胎的冲击，同时长年经受风吹日晒、雨水冲刷以及冰雪冻融的侵蚀，因此，要求混凝土路面必须具有良好的耐久性。为了提高混凝土的耐久性，应注意以下要求：

混凝土组成材料的质量符合标准要求；合理选择水泥品种（普通水泥）；适当控制水灰比及水泥用量；选用较好的砂石集料及改善集料级配；掺加外加剂，如引气剂、减水剂等。

4. 表面特性

混凝土路面应具有良好的表面功能（或表面特性），即要求路面具有足够的抗滑、耐磨及平整性。一般地，采用坚硬、耐磨、表面粗糙的集料，可提高路面的抗滑能力；选用优质材料（包括填缝料）进行合理组成设计，可提高路面的耐磨性；依靠控制混合料的均匀性、和易性，可提高表面的平整度。

二、对材料的要求

组成水泥混凝土路面的原材料包括水泥、粗集料（碎石）、细集料（砂）、水、外加剂、接缝材料以及局部使用的钢筋等。

1. 水泥

水泥是混凝土的胶结材料，混凝土的性能在很大程度上取决于水泥的质量。施工时应采用质量符合我国现行国家标准规定技术要求的水泥。通常应选用强度高、干缩性小、抗磨性能及耐久性能好的水泥，施工时根据公路等级、工期要求、浇筑方法、路用性能要求、经济性等因素选用合适的水泥品种及标号。通常使用硅酸盐水泥或普通硅酸盐水泥，若采用其他品种的水泥，必须满足路用性能和经济性要求。

调查和试验结果表明，国内大中型水泥厂生产的硅酸盐水泥、普通硅酸盐水泥和道路硅酸盐水泥的品质能达到或基本达到道路使用要求。

2. 粗集料

为获得密实、高强、耐久性好、耐磨耗的混凝土，粗集料必须使用质地坚硬、耐久、干净的碎石、碎卵石和卵石。

粗集料的粒状以接近正方体为佳。长度大于平均粒径 2.4 倍的称针状颗粒，厚度小于平均粒径 0.4 倍的称片状颗粒。表面粗糙且多棱角的粗集料，同水泥浆的黏附性好，配制的混凝土有较好的强度，在相同水泥浆用量条件下，碎石配制的混凝土具有较好的和易性。

混凝土的粗集料不得使用不分级的统料，应按最大公称粒径的不同采用 2 ~ 4

个粒级的集料进行掺配。

3．细集料

高速公路、一级公路、二级公路以及有抗（盐）冻要求的三、四级公路，混凝土路面使用的砂应不低于Ⅱ级；无抗（盐）冻要求的三、四级公路，混凝土路面、碾压混凝土及贫混凝土基层可使用Ⅲ级砂。特重、重交通混凝土路面宜使用河砂，砂的硅含量不应低于 25%。

细集料的级配要求应符合表 4–9 的规定，路面和桥面用天然砂宜为中砂，也可使用细度模数在 2.0 ~ 3.5 之间的砂。同一配合比用砂的细度模数变化范围不应超过 0.3；否则，应分别堆放，并调整配合比中砂率后使用。

表 4–9 细集料级配范围

砂分级	方筛孔尺寸 /mm					
	0.15	0.30	0.60	1.18	2.36	4.75
	累计筛余（以质量计）/%					
粗砂	90 ~ 100	80 ~ 95	71 ~ 85	35 ~ 65	5 ~ 35	0 ~ 10
中砂	90 ~ 100	70 ~ 92	41 ~ 70	10 ~ 50	0 ~ 25	0 ~ 10
细砂	90 ~ 100	55 ~ 85	16 ~ 40	0 ~ 25	0 ~ 15	0 ~ 10

4．水

清洗集料、拌和混凝土及养生所用的水，不应含有影响混凝土质量的油、酸、碱、盐类等有害杂质。凡能供人畜饮用的水，一般都可使用。非饮用水经化验满足以下条件时可以使用：硫酸盐含量（按 SO_4^{2-} 计）小于 0.0027mg/mm^3；含盐量不得超过 0.005mg/mm^3；PH 值不得小于 4；不得含有油污、泥和其他有害杂质。

5．外加剂

为改善水泥混凝土的技术性能，往往在混凝土拌制过程中加入适宜的外加剂。外加剂现已被列为混凝土混合料的必备成分，其用量一般不超过水泥用量的 5%（特殊情况除外）。常用的外加剂有减水剂、调凝剂及引气剂三大类（见表 4–10）。

表 4–10 常用的外加剂

类型	内容
缓凝剂	缓凝剂是调节水泥凝结时间的外加剂。根据前述的缓凝剂原理，因其在水泥及其水化物表面上的吸附作用，或与水泥反应生成不溶层而达到缓凝的效果。调节水泥凝结时间的缓凝剂（天热时拌制混凝土），如羟基羧酸盐类（酒石酸等）、多羟基碳水化合物类（糖蜜等）和无机化合物类（Na_3PO_4）等。速凝剂是使水泥混凝土迅速凝结和硬化的外加剂，可用于冬季施工。速凝剂与水泥在加水拌和时立即反应，使水泥中的石膏失去缓凝作用，促成铝酸三钙迅速水化，并在溶液中析出其水化物，导致水泥迅速凝结

续表

类型	内容
引气剂	引气剂能在混凝土中形成细小的、均匀分布的，并在硬化后仍能保持的空气微泡。引气剂为憎水性表面活性物质，由于它能降低水泥－水－空气的界面能，同时由于它的定向排列，形成单分子吸附膜，提高泡膜的强度，并使气泡排开水分而吸着于固相粒子表面，因而能使搅拌过程混进的空气形成微小（孔径 0.01 ～ 2mm）而稳定的气泡，均匀分布于混凝土中
减水剂	减水剂是改善新拌混凝土流变性能的外加剂。由于使用时单位体积混凝土混合料中的用水量减少，故名减水剂。混凝土加入适量的减水剂，可在保持新拌混凝土工作性相同的情况下，显著地降低水灰比；或在水灰比不变的条件下，可大大改善新拌混凝土的工作性，从而提高混凝土的强度和改善混凝土的抗冻、抗磨、收缩等一系列物理－力学性能。目前常用的有木质素系减水剂（简称 M 剂）、萘系减水剂（NF、MF 等）、水溶性树脂类减水剂（SM）等

目前常用的引气剂有松香热聚物、烷基磺酸钠和烷基苯碳酸钠等阴离子表面活性剂。适宜的掺加量为泥用量的 0.005% ～ 0.01%，混凝土中含气量为 3% ～ 6%。对新拌混凝土，由于这些气泡的存在，可改善工作性，减少泌水和离析。对硬化后的混凝土，由于气泡彼此隔离，切断毛细孔通道，使水分不易渗入，又可缓冲其水分结冰膨胀的作用，因而可提高混凝土的抗冻性、抗渗性和抗蚀性。

6．接缝材料

接缝所用材料质量的好坏，对保证水泥混凝土路面的正常使用和质量是至关重要的。接缝处出现的主要问题如下。

（1）接缝渗水。由于接缝材料不能与混凝土板很好黏结，特别是气温较低时，混凝土板收缩后缝隙增大，从而使路面表面水渗入混凝土板下的基层，造成地基承载力降低和唧泥，混凝土板出现断裂和错台。

（2）填缝料外溢。气温较高时混凝土板膨胀，如填缝料本身压缩性能及热稳性差，就容易从缝中溢出，流淌到缝的两侧板的表面，影响路面的平整度和路容。

（3）杂物嵌入。如接缝材料性能差，则杂物极易嵌入缝中，使接缝失去胀缩作用，板产生拱胀及断裂。尤其是小粒径石子嵌入时，使接缝处板端压力集中，以致接缝（特别是胀缝）附近的混凝土板挤碎。

接缝材料按使用性能分为接缝板和填缝料两类。接缝板应选用能适应混凝土面板膨胀收缩、施工时不变形、耐久性良好的材料，如杉木板、纤维板、泡沫橡胶板、泡沫树脂板等。填缝料应选用与混凝土面板缝壁黏结力强、回弹性好、能适应混凝土面板收缩、不溶于水和不渗水、高温时不溢出、低温时不脆裂和耐久性好的材料，如沥青橡胶类、聚氯乙烯胶泥类、沥青玛蹄脂类等加热施工式填缝料和聚氨脂焦油类、氯丁橡胶类、乳化沥青橡胶类等常温施工式填缝料。见表 4–11、表 4–12 和表 4–13。

表 4–11　胀缝板的技术要求

试验项目	胀缝板种类		
	木材类	塑胶、橡胶泡沫类	纤维类
压缩应力 /MPa	5.0 ~ 20.0	0.2 ~ 0.6	2.0 ~ 10.0
弹性复原率 /%	≥ 55	≥ 90	≥ 65
挤出量 /mm	<5.5	<5.0	<3.0
弯曲荷载 /N	100 ~ 400	0 ~ 50	5 ~ 40

表 4–12　加热施工式填缝料的技术要求

试验项目	低弹性型	高弹性型	说明
针入度 /0.01mm	<50	<90	①低弹性填料适用于公路等级较低的混凝土路面的接缝和公路等级较高的混凝土路面缩缝 ②高弹性填料适用于公路等级较高的混凝土路而的胀缝和高速公路较高的混凝土路面接缝
弹性复原率 /%	≥ 30	≥ 60	
流动度 /mm	<5	<2	
（-10℃）拉伸量 /mm	≥ 10	≥ 15	

表 4–13　常温施工式填缝料的技术要求

试验项目	低弹性型	高弹性型	试验项目	低弹性型	高弹性型
与混凝土黏结强度 /MPa	≥ 0.2	≥ 0.4	流动度 /mm	0	0
失黏（固化）时间 /h	6 ~ 24	3 ~ 16	（-10℃）拉伸量 /mm	≥ 15	≥ 25
弹性复原率 /%	≥ 75	≥ 90	黏结延伸率 /%	≥ 200	≥ 400

三、配合比设计

路面混凝土配合比设计是根据设计弯拉强度、耐久性、耐磨性、工作性等要求和经济合理的原则，通过试验确定混凝土混合料各成分的配合比例。配合比设计的主要任务是选择好水灰比、用水量和砂率这三个参数。其一般步骤如下。

（1）根据已有的配合比试验参数或以往的经验，得出初拟设计配合比。

（2）按初拟设计配合比进行试拌，考查混合料的工作性，按符合要求的情况作必要的调整；然后进行强度和耐久性试验，按符合要求的情况再作必要的调整，得到设计配合比。

（3）根据混凝土的现场实际浇筑条件，如集料供应情况（级配、含水量等）、摊铺机具和气候条件等，进行适当调整，得出施工配合比。

配合比设计可采用经验公式法，其设计步骤如下。

（1）确定混凝土的试配强度 f_c

$$f_c = \frac{f_r}{1-1.04c_v} + ts$$

式中，f_c——混凝土配置 28d 弯拉强度的均值，MPa；

f_r——混凝土设计弯拉强度的标准值，MPa；

s——弯拉强度试验样本的标准差，MPa；

t——保证率系数；

c_v——混凝土弯拉强度变异系数。

（2）计算和确定水灰比 W/C

按混凝土的试配弯拉强度 f_c、水泥实测 28d 抗折强度 f_s 和粗集料类型，根据经验下面公式计算水灰比 W/C。

碎石或碎卵石混凝土：

$$\frac{W}{C} = \frac{1.5684}{f_c + 1.0097 - 0.3595 f_s}$$

卵石混凝土：

$$\frac{W}{C} = \frac{1.2618}{f_c + 1.5492 - 0.4709 f_s}$$

式中，f_s——水泥实测 28d 抗折强度，MPa。

路面混凝土的最大水灰比 W/C 应符合如下规定：公路、城市道路和厂矿道路，不应大于 0.50；机场道面和高速公路，不应大于 0.46；冰冻地区冬季施工，不应大于 0.45。如采用真空脱水工艺施工，水灰比可放大 5% ~ 1096，但脱水后的剩余水灰比须满足上述要求。

（3）计算单位用水量 ω

在水灰比已定的条件下，确定用水量实质上也就是确定混凝土中的水泥浆用量，而后者取决于混凝土的工作性要求（以坍落度表征）和组成材料性质（集料表面性质和最大粒径），以及细集料的粗度和含量等。每立方米混凝土的用水量 ω_0

（kg/m³）可按下述经验公式确定。碎石混凝土：

$$\omega_0 = 104.97 + 0.309S_L + 11.27\frac{C}{W} + 0.61S_P$$

卵石混凝土：

$$\omega_0 = 86.89 + 0.370S_L + 11.24\frac{C}{W} + 1.00S_P$$

式中，ω_0——不掺加外加剂与掺合料混凝土的单位用水量，kg/m³；

S_P——砂率，见表 4–14，%；

S_L——坍落度，cm，或混凝土拌和物坍落度，mm。

表 4–14 砂的细度模数与最优砂率的的关系

砂细度模数		2.2 ~ 2.5	2.5 ~ 2.8	2.8 ~ 3.1	3.1 ~ 3.4	3.4 ~ 3.7
砂率 Sp/%	碎石	30 ~ 34	32 ~ 36	34 ~ 38	36 ~ 40	38–42
	卵石	28 ~ 32	30 ~ 34	32 ~ 36	34 ~ 38	36 ~ 40

（4）计算单位水泥用量 C_0

混凝土拌和物的单位水泥用量按下式计算，并取计算值与表 4–15 规定值两者中的大值。

表 4–15 混凝土耐久性要求的最大水灰比和最小单位水泥用量

公路技术等级		高速公路、一级公路	二级公路	三、四级公路
最大水灰（胶）比		0.44	0.46	0.48
抗冰冻要求最大水灰（胶）比		0.42	0.44	0.46
抗盐冻要求最大水灰（胶）比		0.40	0.42	0.44
最小单位水泥用量 /（kg/m³）	42.5 级	300	300	290
	32.5 级	310	310	305
抗冰（盐）冻时最小单位水泥用量 /（kg/m³）	42.5 级	320	320	315
	32.5 级	330	330	325
掺粉煤灰时最小单位水泥用量 /（kg/m³）	42.5 级	260	260	255
	32.5 级	280	270	265
抗冰（盐）冻掺粉煤灰时最小单位水泥用量（42.5 级水泥）/（kg/m³）		280	270	265

$$C_0=\left(\frac{W}{C}\right)\omega_0$$

最小单位水泥用量应符合表 4–15 的规定，最大单位水泥用量不宜大于 400kg/m^3。

（5）计算集料单位用量

在已知砂率，单位用水量和水泥用量的情况下，可以采用绝对体积法或假定表现密度法确定粗、细集料的单位用量。

1）绝对体积法。该法假定混凝土拌和物的体积等于各组成材料绝对体积和拌和物中所含空气体积之和。在砂率已知的条件下，粗、细集料的单位用量可由下式求得:

$$\left.\begin{aligned}&\frac{C_0}{pc}+\frac{W_0}{pw}+\frac{S_0}{ps}+\frac{G_0}{p_G}+10\alpha=1000\\&\frac{S_0}{S_0+G_0}\times100=S_p\end{aligned}\right\}$$

式中，pc 和 pw——水泥和水的密度，可取为 2.9 ~ 3.1g/cm^3 和 1.0g/cm^3；

ps 和 pG——细集料和粗集料的表观密度，g/cm^3；

a——混凝土的含气量百分率，在不使用引起型外加剂时，a 可取为 1%。

2）假定表观密度法。该法假定混凝土拌和物的表观密度为一固定值，混凝土拌和物各组成材料的单位用量之和即为表观密度。在砂率已知的条件下，粗、细集料的单位用量可由下式求得

$$\left.\begin{aligned}&S_0=(pcp-C_0-W_0)\cdot S_p\\&G_0=pcp-C_0-W_0-S_0\end{aligned}\right\}$$

式中，S_0 和 G_0——每立方米混凝土粗集料和细集料的用量，kg；

pcp——每立方米混凝土拌和物的湿表观密度，其值可根据施工单位积累的试验资料确定，缺乏资料时，可在 2400 ~ 2450 范围内取值，g/cm^3。

（6）外加剂用量

通过试拌与试验确定，一般不超过水泥用量的 5%。

（7）配合比的调整

通过上述计算得到的配合比，是根据以往经验公式和参数确定的材料初步用量，它同材料的实际情况存在一定的差异。为此，必须通过试验进行配合比调整（见表

4–16）。

表 4–16　配合比调整的步骤及方法

步骤	方法
试拌调整	按上述初步定出的配合比，取样试拌，测定其工作性。如果测得的工作性低于设计要求，则可保持水灰比不变，适当增加水泥浆用量；如果测得的工作性超过设计要求，则可以减少水泥浆用量，或者保持砂率不变，增加砂石用量。当砂浆过多时，可酌量增加石子，砂浆少时，则可酌情增加砂浆。每次调整加入少量材料，重复试验（时间不得超过 20min），直到符合要求为止
强度校核	按符合工作要求的配合比，适当增减水泥用量，配制 3 组配合比的新拌混凝土梁式试件，并测定其实际密度。经养生到规定龄期后测定其强度。如果实测强度未能达到要求的配制强度时，可采取提高水泥标号、减小水灰比或改善集料级配等措施
试验室配合比计算	通过调整得到符合工作性和强度要求的配合比后，还应按混凝土的实测密度校正其计算密度。混凝土的计算密度为经试拌调整后每立方米混凝土各种材料单位用量之和。校正系数 k 为实测密度同计算密度之比值。各种材料用量均乘以校正系数 k，即为定出的试验室配合比
施工配合比换算	试验配合比是在集料处于标准含水状态（饱和面干状态）下计算出来的。施工现场的集料含水量经常变化，因而须根据拌制时集料的实际含水量对实验室的配合比进行调整。集料中的水分应在用水量中扣除，因水分所减少的集料数量则在集料用量中补足，由此保证施工配合比

第三节　水泥混凝土路面施工

一、轨道式摊铺机施工

轨道式摊铺机施工，是机械化施工中最普通的一种方法，是由支撑在平底型轨道上的摊铺机将混凝土拌和物摊铺在基层上。摊铺机的轨道与模板是连在一起的，安装时同步进行。轨道式摊铺机施工混凝土路面包括施工准备、拌和与运输混凝土、摊铺与振捣、表面整修及养护等工作。

1．机械选型和配套

混凝土路面施工前必须做好各种机械的选型和配套，以便施工时能正常进行。轨道式摊铺机的选型应根据路面车道数或设计宽度选择，最小摊铺宽度不得小于单车道 3.75m。施工时，主要工序是混凝土的拌和与摊铺成型，因此，应把混凝土摊铺机作为第一主导机械，拌和机作为第二主导机械。选择的主导机械应能满足施工质量和工程进度要求，见表 4–17。

表 4-17 轨道式摊铺机施工各工序可选用的机械

工序	可考虑选用的机械
混凝土拌和	拌和机、装载机、称量设备
混凝土运输	自卸汽车、搅拌车
卸料	侧面卸料机、纵向卸料机
摊铺	刮板式匀料机、箱式摊铺机、螺旋式摊铺机
振捣	振捣机、内部振动式摊铺机
接缝施工	钢筋（传力杆、拉杆）插入机、切缝机
表面修整	修整机、纵向表面修整机、斜向表面修整机
修整粗糙面	拉毛机、压（刻）槽机

2. 施工准备

混凝土路面施工前的准备工作包括材料准备及质量检验、混合料配合比检验与调整、基层的检验与整修、施工放样及机械准备等。

根据混凝土路面施工进度计划，施工前应分批备好所需的各种材料，并在使用前进行核对、调整，各种材料应符合规定的质量要求，新出厂的水泥应至少存放一周后方可使用。路面在浇筑前必须对混凝土拌和物的工作性进行检验并作必要的调整。

混凝土路面施工前，应对混凝土路面板下的基层进行强度、密实度及几何尺寸等方面的质量检验，基层质量检查项目及其标准应符合基层施工规范要求。

施工放样是用轨模式摊铺机施工混凝土路面的重要准备工作。首先根据设计图纸恢复路中心线和混凝土路面边线，在中心线上每隔 20m 设一中桩，同时布设曲线主点桩及纵坡变坡点、路面板胀缝等施工控制点，并在路边设置相应的边桩，重要的中心桩要进行拴桩。每隔 100m 左右应设置一临时水准点，以便复核路面标高。由于混凝土路面一旦浇筑成功就很难拆除，因此测量放样必须经常复核，在浇捣过程中也要进行复核，做到勤测、勤核、勤纠偏，确保混凝土路面的平面位置和高程符合设计要求。

3. 拌和与运输

（1）拌和。采用轨道式摊铺机施工时，拌和设备应附有可自动准确计量的供料系统，无此条件时，可采用集料箱加地泵的方法进行计量。各种组成材料的计量精度应不超过下列范围：

水和水泥 ±1%；粗细集料 ±3%；外加剂 ±2%

拌和过程中加入外加剂时，外加剂应单独计量。用国产强制式搅拌机拌和坍落度为 1 ~ 5cm 的混凝土拌和物，最佳拌和时间应控制为：立轴式强制拌和机为 90 ~ 180s，双卧轴强制式拌和机为 60 ~ 90s。最短拌和时间不低于低限，最长拌和时间不超过高限的 3 倍。

（2）运输。通常采用自卸汽车运输混凝土拌和物，拌和物坍落度大于 5cm 时应采用搅拌车运输。从开始拌和到浇筑的时间应满足下列要求：

用自卸汽车运输时，不得超过 1h；用搅拌车运输时，不得超过 1.5h。

若运输时间超过上述时间限制或在夏季浇筑时，拌和过程中应加入适量的缓凝剂。运输时间过长，混凝土拌和物的水分蒸发和离析现象会增加，因此应尽量缩短混凝土拌和物的运输时间，并采取措施防止水分损失和混合料离析。

4．摊铺与振捣

（1）轨道安装。轨道式摊铺机的整套机械在轨道上前后移动，并以轨道为基准控制路面的高程。摊铺机的轨道与模板同时进行安装，轨道固定在模板上，然后统一调整定位，形成的轨道既是路面边模又是摊铺机的行走轨道。模板应能承受机组的质量，横向要有足够的刚度，轨道数量应根据施工进度配备并能满足周转要求，连续施工时至少需配备三个全工作量的轨道。轨道安装时必须精确控制高程，做到轨道平直、接头平顺，否则将影响路面的外观质量和摊铺机的行驶性能，见表 4–18 和表 4–19。

表 4–18　轨道与模板质量标准表

纵向变形、顺直度	顶面高程	顶面平整度	相邻轨、板高差	相对模板间距误差	垂直度
≤ 5mm	≤ 3mm	≤ 2mm	≤ 1mm	≤ 3mm	≤ 2mm

表 4–19　轨道及横板平整质置要求表

项目	纵向变形 /mm	局部变形 /mm	最大不平整度（3m 直尺）	高度
轨道	≤ 5	≤ 3	顶面不大于 1	按机械要求
模板	≤ 3	≤ 2	顶面不大于 2	与路面厚度相同

（2）摊铺。轨道式摊铺机有刮板式、箱式或螺旋式三种类型，摊铺时将卸在基层上或摊铺箱内的混凝土拌和物按摊铺厚度均匀地充满轨模范围内。

1）刮板式摊铺机作业。摊铺机本身能在轨道上自由地前后移动，在前面的导管上左右移动，并且由于刮板本身也旋转，所以可以将卸在基层上的混凝土堆向任意方向自由地摊铺。这种摊铺机比其他类型摊铺机的质量轻，容易操作，易于掌握，故使用较普遍，但其摊铺能力较小。

2）箱式摊铺机作业。混凝土通过卸料机（纵向或横向）卸在钢制的箱子内，箱子在机械前进行驶时横向移动，同时箱子的下端按松铺高度刮平混凝土。由于混凝土一次全部放在箱内，所以质量大，但能摊铺均匀而且很准确，其摊铺能力大，故障较少。

3）螺旋式摊铺机作业。由可以正反方向旋转的螺旋杆（直径约 50cm）将混凝土摊开。螺旋后面有刮板，可以准确调整高度。这种摊铺机的摊铺能力大，其松铺系数一般在 1.15 ~ 1.30 之间。

（3）振捣。混凝土的振捣，可采用振捣机或内部振动式振捣机进行。混凝土振捣机是跟在摊铺机后面对混凝土进行再一次整平和捣实的机械。其作用一方面是补充摊铺机初平的缺陷，更重要的是使松铺混凝土在全宽度范围内达到正确高度，它与振捣密实度和路面平整度直接相接，其后是一道全宽的弧面振捣梁，以表面平板式振动把振动力传至全厚度。内部振动式振捣机主要用并排安装的振捣棒插入混凝土中，由内部进行振实。振捣器一般安装在有转子的架子上，可在轨道上自行或用其他机械牵引。振捣棒有斜插入式和垂直插入式两种。

5．表面整修

振捣密实的混凝土表面应进行整平、精光、纹理制作等工序的作业，获得平整、粗糙的表面，混凝土路面具有良好的路用性能。

（1）表面整平。表面整平采用的表面整修机有纵向移动或斜向移动两种。纵向表面整修机工作时，整平梁在混凝土表面纵向往返移动，通过机身的移动将混凝土表面整平。斜向表面整修机通过一对与机械行走轴线成 10° 左右的整平梁作相对运动来完成整平作业，其中一根整平梁为振动梁。机械整平的速度决定于混凝土的易整修性和机械特性。机械行走的轨道顶面应保持平顺，以便整修机械能顺畅通行。整平时应使整平机械前保持高度为 10 ~ 15cm 的拥料，并使拥料向较高的一侧移动，以保证路面板的平整，防止出现麻面及空洞等缺陷。

（2）精光及纹理制作。精光是对混凝土路面进行最后的精平，使混凝土表面更加致密、平整、美观，此工序是提高混凝土路面外观质量的关键工序之一。混凝土路面整修机配置有完善的精光机械，只要在施工过程中加强质量检查和校核，便可保证精光质量。

在混凝土表面制作纹理，是提高路面抗滑性能的有效措施之一。制作纹理时，用纹理制作机在路面上拉毛、压槽或刻纹，纹理深度控制在 1 ~ 2mm 范围内，在不影响平整度的前提下提高混凝土路面的构造深度，可提高表面的抗滑性能。纹理应与路面前进方向垂直，相邻板的结理应相互沟通以利排水。纹理制作从混凝土表面原波纹水迹开始，过早或过晚均会影响纹理质量。

6. 养护

混凝土表面修整完毕后，应进行养生，使混凝土板在开放交通前具备足够的强度和质量。养生期间，须防止混凝土的水分蒸发和风干，以免产生收缩裂缝；须采取措施减少温度变化，以免混凝土板产生过大的温度应力；须管制交通，以防止人畜和车辆等损坏混凝土板的表面。

混凝土板的养生，可根据施工工地情况及条件，选用湿治养生、喷洒成膜材料养生等方法。其养生时间按混凝土抗弯拉强度达到 3.5MPa 以上的要求试验确定。通常使用普通硅酸盐水泥时约为 14h。

（1）湿治养生。湿治养生由三个时期组成，防护层润湿期、保证混凝土凝固的蓄能期和含水量逐渐降低不产生收缩应力的终结期。

润湿期宜用草袋（帘）等，在混凝土终凝后覆盖于板的表面，每天均匀洒水，保持潮湿状态，但注意洒水时不能有水流冲刷。蓄能期内，每天对含水材料润湿 2 ~ 3 次；在昼夜温差大的地区，混凝土板浇筑 3d 内应采取保温措施，防止混凝土板产生收缩裂缝。终结期内，必须保证混凝土逐渐失水，与周围环境温度保持平衡。

混凝土板在养生期间和填缝前，应禁止车辆通行，在达到设计强度的 4% 后，方可允许行人通行，养生期满后方可将覆盖物清除，板面不得留有痕迹。

（2）喷洒成膜材料养生。喷洒成膜材料养生是将几种化工原料按一定比例配制成油状溶液，用喷洒机具喷（或刷）在混凝土表面，溶液中挥发物挥发后形成一层较坚韧的纸状薄膜，利用薄膜不透水的作用，将混凝土中的水化热和蒸发水大部分积蓄下来自行养护混凝土的方法。这种方法可节约用水，在干旱地区或施工用水困难地区较为适用。目前常用的成膜材料有过氯乙烯树脂和氯化乳液等。

7. 接缝施工

混凝土路面在温度变化时会产生较大的温度变形，如混凝土板产生胀缩和翘曲等，为消除温度变形受到约束时产生的温度应力，避免混凝土路面出现不规则开裂，必须在混凝土路面的纵横方向上设置胀缝和缩缝。同时，在混凝土路面施工过程中由于各种原因造成路面施工中断会形成施工缝。接缝施工质量的好坏将直接影响到混凝土路面的使用性能及养护维修工作量的大小，因此各类接缝的施工应做到位置准确，构造及质量符合设计及规范要求。

（1）胀缝施工。胀缝应与混凝土路面中心线垂直，缝壁垂直于板面，宽度均匀一致，缝中不得有黏浆或坚硬杂物，相邻板的胀缝应设在同一横断面上。胀缝传力杆的准确定位是胀缝施工成败的关键，传力杆固定端可设在缝的一侧或交错布置。施工过程中固定传力杆位置的支架应准确、可靠地固定在基层上，使固定后的传力杆平行于板面和路中线，误差不大于 5mm。铺筑混凝土拌和物时，严禁造成传力杆位移，否则，将导致混凝土路面接缝区的破坏。在传力杆滑动端安装长度为 10cm 的套筒，套筒内底与传力杆的间隙为 1 ~ 1.5cm，空隙内用沥青麻絮填塞，滑动端涂二度沥青。

横向缩缝施工：混凝土面板的横向缩缝一般采用锯缝的办法形成。混凝土结硬后应适时锯缝，合适的锯缝时间应控制在混凝土已达到足够的强度，而收缩变形受到约束时产生的拉应力仍未将混凝土面板拉断的时间范围内。经验表明，锯缝时间以施工温度与施工后时间的乘积为 200 ~ 300 个温度小时或混凝土抗压强度为 5 ~ 10MPa 较为合适。缝的深度一般为板厚的 1/4 ~ 1/30。

（2）纵缝施工。纵缝施工应符合设计规定的构造，保持顺直、美观。纵缝为平缝带拉杆时，应根据设计要求，预先在模板上制作拉杆置放孔，模板内侧涂刷隔离剂，拉杆采用螺纹钢筋制作。缝槽顶面采用锯缝机切割，深度为 3 ~ 4cm，并用填缝料灌缝。不切割顶面缝槽时，应及时清除面板上的黏浆。假缝型纵缝的施工应预先用门型支架将拉杆固定在基层上或用拉杆置放机在施工时置入。假缝顶面的缝槽采用锯缝机切割，深 6 ~ 7cm，使混凝土在收缩时能从切缝处规则开裂。

施工缝设置：施工中断形成的横向施工缝应尽可能设置在胀缝或缩缝处，多车道路面的施工缝应避免设在同一横断面上。施工缝设在缩缝处应增设一半锚固另一半涂刷沥青的传力杆，传力杆必须垂直于缝壁，平行于板面。

（3）接缝填封。混凝土养护期满即可填封接缝，填封时接缝必须清洁、干燥。填缝料应与缝壁黏附紧密，不渗水，灌注高度一般比板面低 2mm 左右。当使用加热施工型填缝料时，应加热到规定的温度并搅匀，采用灌缝机或灌缝枪灌缝，气温较低时应用喷灯加热缝壁，使填缝料与缝壁结合良好。保持缝内清洁，防止砂石等杂物掉入缝内。

二、滑模式摊铺机施工

滑模式摊铺机比轨道式摊铺机更高度集成化，整机性能好，操纵方便，生产效率高，但对原材料、混凝土拌和物的要求更严格，设备费用较高。

1. 施工准备

滑模式摊铺机施工水泥混凝土路面的准备工作包括以下内容（见表 4-20）。

2. 工艺特点

滑模式摊铺机施工混凝土路面不需要轨模，摊铺机支承在 4 个液压缸上，两侧设置有随机移动的固定滑模，摊铺厚度通过摊铺机上下移动来调整。滑模式摊铺机一次通过即可完成摊铺、振捣、整平等多道工序。

表 4–20　准备工作的内容

项目	内容
基层质量检查与验收	对基层的检验项目及质量验收标准与轨模式摊铺机施工相同。一般情况下滑模式摊铺机施工的长度不少于 4km。基层应留有供摊铺机施工行走的位置，因此，基层应比混凝土面层宽出 50 ~ 80cm
混凝土配合比与外加剂	滑模式摊铺机对混凝土拌和物的品质要求十分严格，集料的最大集料粒径应小于 30 ~ 40cm，拌和物摊铺时的坍落度应控制在 4 ~ 6cm。为了增加混凝土拌和物的施工和易性，以达到所需要的坍落度，常需要使用外加剂。所掺外加剂的品种、数量应先通过试验确定。根据路面设计宽度，调整滑动模板摊铺宽度，置放纵缝拉杆
测量放样，悬挂基准绳	滑模式摊铺机的摊铺高度和厚度可实现自动控制。摊铺机一侧有导向传感器，另一侧有高程传感器。导向传感器接触导向绳，导向绳的位置沿路面的前进方向安装。高程传感器接触高程导向绳，导向绳的空间位置根据路线高程的相对位置来安装。测量时沿线应每 200m 增设一个水准点，并在控制测量精度、平差后使用。摊铺机摊铺的方向和高程准确与否取决于导向绳的准确程度，因此导向绳经准确定位后固定在打入基层的钢钎上

（1）摊铺与捣实。滑模式摊铺机的摊铺过程是：首先由螺旋摊铺器把堆积在基层上的水泥混凝土向左右横向铺开，刮平器进行初步刮平，然后振捣器进行捣实，刮平器进行振捣后整平，形成密实而平整的表面，再利用搓动式振捣板，对混凝土层进行振实和整平，最后用光面带光面。

（2）整面与防滑处理。滑模式摊铺机的整面工作与轨道式基本相同，它由 3 个行程完成（见表 4–21）。

表 4–21　滑模式摊铺机的整面工作行程

名称	内容
第一行程	把振捣梁、振捣板和整平梁放下到离混凝土面层顶面标高 1.5 ~ 3cm 的上方，启动振动器，整面机以一挡速度前进，而振捣梁和整平梁却以二或三挡的速度进行横向摆动，此时振动梁推动着较厚的混凝土料堆，而整平梁只刮着较薄的砂浆。当这行程至终点时，稍微提升这三个装置，再倒挡退回原处
第二行程	整面机以二挡前进，在行进中均匀地将工作装置全部放下，而三者都作横向摆动，振捣梁同时振动，因此，只是在振捣梁的前面积聚着少量的混凝土
第三行程	整面机仍以 4 个工作装置同时工作但行驶速度较慢。这一行程是在混凝土初凝后进行的，此时整平梁以 36 次 /min 的速度横向摆动，而其幅度约为 180 ~ 250cm，同时又以较小的振幅作上下振动。光面带是橡胶编织物，主要用作表面整平抹光。为了提高水泥混凝土面层的抗滑能力，当混凝土层整面结束后，应采取防滑处理

3．工艺过程

滑模式摊铺机的施工工艺过程与轨道式基本相同，但轨道式摊铺机与之配套施工的机械较复杂、程序多，特别是拆装固定式轨道，不仅费工，而且施工成本也大大增加，同时操作又比较复杂。而滑模式摊铺机则不同，由于整机性能好，操纵方便和采用电子导向，因此生产效率高。

下面以铺筑钢筋混凝土路面为例，介绍滑模式摊铺机的工艺过程。采用滑模式摊铺机铺筑钢筋混凝土路面进行双层施工时，整个施工过程由下列两个连续作业行程来完成。

第一作业行程：摊铺机牵引着装载钢筋网格的大平板车，从已整平的基层地段起点开始摊铺，此时可从正面或侧面供应混凝土，随后的钢筋网格大平板车按规定位置将钢筋网格自动卸下，并铺压在已摊平的混凝土层上，如此连续不断地向前辅筑。

第二作业行程：它是紧跟在第一行程之后，压入钢筋网格，混凝土面层进行摊铺、振实、整平、光面等作业程序。钢筋网格是用压入机压入混凝土的。压入机是摊铺机的一个附属装置，不用时可以卸下，使用时安装在摊铺机的前面，它由几个液压千斤顶组成。施工开始时，摊铺机推着压入机前行，并将第一行程已铺入的钢筋网格压入混凝土内。摊铺机则进行摊铺、振捣、整平、光面等工作，最后进行切缝，喷洒养护剂和防滑处理。

4．施工中应注意的问题

滑模摊铺机施工中，最常见的问题是坍边和麻面。

坍边问题：坍边的主要形式有边缘出现坍落，或边缘倒现，或松散原边等。由于坍边的存在，既影响路面质量，又增加了修边的工作量，所以坍边是不允许的。如果拌和质量高，坍边现象则可减少到零。

麻面问题：麻面主要是由于混凝土拌和物坍落值过低造成的，混合料拌和不均匀也是原因之一。因此，应严格控制混凝土拌和物的坍落度，使用计量准确且拌和效果好的拌和机，同时对混凝土的配合比作适当调整。

第五章　桥梁基础施工

第一节　人工挖孔灌注桩

一、人工挖孔灌注桩施工程序

人工挖孔灌注桩的主要施工程序是：挖孔→支护孔壁→清底→安放钢筋笼→灌注混凝土。

二、适用条件与特点

人工挖孔灌注桩适用于孔径比较大、无地下水或地下水很少的密实土层或岩石地层。桩形有圆形、方形两种。人工挖孔灌注桩所用机具少，成孔后可直观检查孔内土质情况，孔底易清除干净，桩身质量易保证。场区内各桩可同时施工，因此造价低，工期短。

三、施工准备

施工前应根据地质和水文地质条件以及安全施工、提高挖掘速度和因地制宜的原则，选择合适的孔壁支护类型。

平整场地、清除松软的土层并夯实，施测墩台中心线，定出桩孔位置；在孔口四周挖排水沟，及时排除地表水；安装提升设备；布置出土道路；合理堆放材料和机具。

井口周围需用木料、型钢或混凝土制成框架或围圈予以围护，其高度应高出地面 20 ~ 30cm，防止土、石、杂物滚入孔内伤人。若井口地层松软，为防止空洞的坍塌，应在孔口用混凝土护壁，高约 2m。

四、挖掘成孔要求

（1）在挖孔过程中，应经常检查桩孔尺寸和平面位置，孔径、孔深、垂直度必须符合设计要求。

（2）挖孔达到设计深度后，应进行孔底处理。挖孔时应注意施工安全，经常检查孔内有害气体的含量。二氧化碳含量超过 0.3%，或孔深超过 10m 时应采用机械通风。

（3）孔深大于 5m 时，必须采用电雷管引爆。孔内爆破后应先排烟 15min，并经检查无有害气体后，施工人员方可下井继续作业。

（4）挖孔桩的桩芯尺寸不得小于 0.8m。桩孔挖掘及支撑护壁两道工序必须连续作业，不宜中途停顿，以防坍孔。

（5）土层紧实、地下水不大时，一个墩台基础的所有桩孔可同时开挖，便于缩短工期。但渗水量大的孔应超前开挖、集中抽水，以降低其他孔水位。挖掘时要使孔壁稍有凹凸不平，以增加桩的摩阻力。

第二节　明挖扩大基础施工

一、基础定位放样

基础定位放样是根据墩台的位置和尺寸将基础的平面位置与基础各部分的标高标定在地面上。放样时，首先定出桥梁的主轴线，然后定出墩台轴线，最后详细定出基础各部分的尺寸。基础位置确定后采用钉设龙门板或测设轴线控制桩，作为基坑开挖后各阶段施工恢复轴线的依据。

基础的尺寸由设计图纸查得为 a、b 如图 5–1 所示，根据土质确定放坡率与工作面等宽度可得到基坑顶的尺寸为：

$$A=a+2\times(0.5\sim1\text{m})+2\times H\times n$$

$$B=b+2\times(0.5\sim\text{m})+2\times H\times n$$

式中：A——为基坑顶的长，m；

B——为基坑顶的宽，m；

H——基础底高程与地面平均高程之差，m；

n——边坡率。

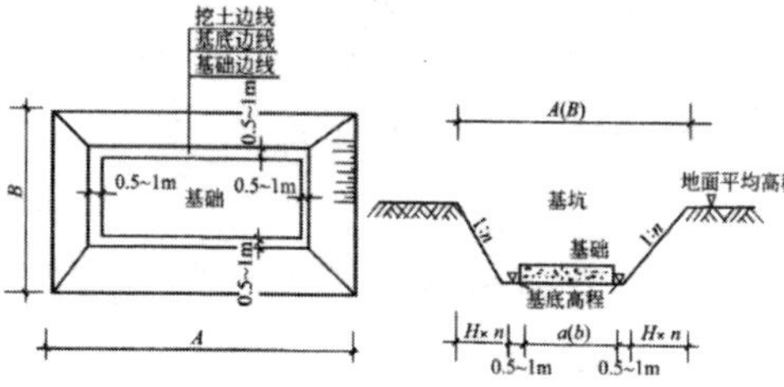

图 5–1　基坑放坡示意图

二、围堰施工

1. 围堰的一般要求

（1）堰顶应高出施工期间可能出现的最高水位（包括浪高）0.5 ~ 0.7m。

（2）围堰的外形应与基础的轮廓线及水流状况相适应，堰内平面尺寸应满足基础施工的需要，堰的内脚至基坑顶边缘不小于 1m 距离；围堰要求坚固、稳定，防水严密，减少渗漏。

2. 常用围堰的形式和施工要求

（1）土围堰

土围堰适用于河边浅滩地段和水深小于 1.5m，流速小于 0.5m/s，渗水性较小的河床上，如图 5–2 所示。

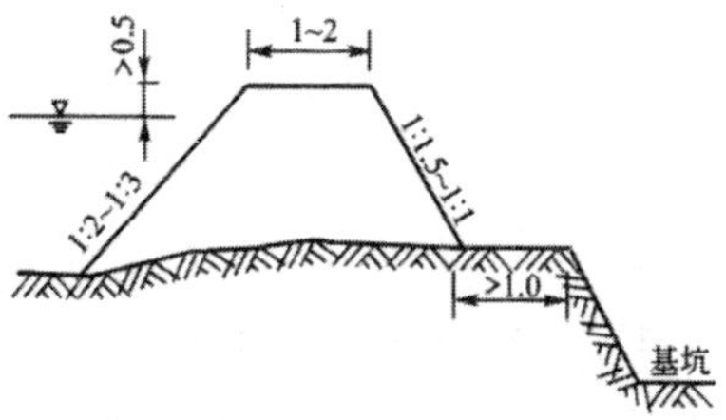

图 5–2　土围堰示意图（单位：m）

一般采用松散的黏性土作填料。如果当地无黏性土时，也可以用河滩细砂或中砂填筑，这时最好设黏土心墙，以减少渗水现象。筑堰前，应将河床底杂物淤泥清除以防漏水，先从上游开始，并填筑出水面，逐步填至下游合龙。倒土时应将土沿着已出水面的堰顺坡送入水中，切勿直接向水中倒土，以免使土离析。水面以上的填土应分层夯实。

土堰的构造：顶宽 1 ~ 2m，堰外迎水面边坡为 1：2 ~ 1：3，堰内边坡为 1：1.5 ~ 1：1，外测坡面加铺草皮、柴排或草袋等加以防护。

（2）土袋围堰

土袋围堰适用于水深 3.5m 以下，流速小于 2m/s 的透水性较小的河床，如图 5–3 所示。

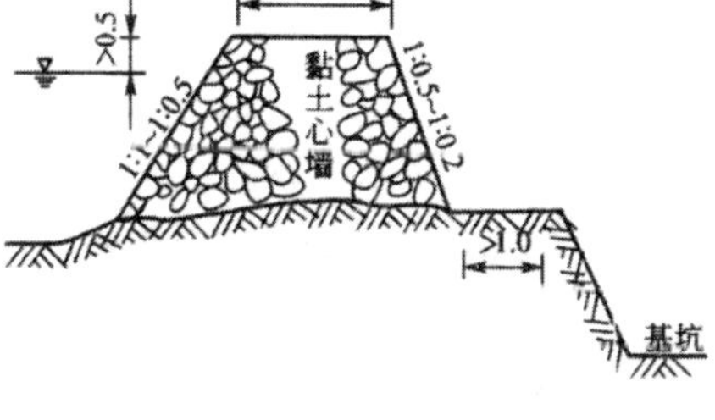

图 5–3　土袋围堰示意图（单位：m）

堰底处理及填筑方向与土围堰相同。土袋内应装容量 1/3 ~ 1/2 松散的黏土或亚黏土。土袋可采用草包、麻袋或尼龙编织袋。叠砌土袋时，要求上下、内外相互错缝，堆码整齐。土袋围堰也可用双排土袋与中间填充黏土组成。

土袋围堰构造：顶宽 2 ~ 3m，堰外边坡为 1：1 ~ 1：0.5，堰内边坡为 1：0.5 ~ 1：0.2。

（3）板桩围堰

1）木板桩围堰。木板桩围堰适用于砂性土、黏性土和不含卵石的其他土质河床。当水深在 2 ~ 4m 时，可采用单层木板桩围堰，必要时可在外侧堆土。当水深在 4 ~ 6m 时，可用中间填黏土的双层木板桩围堰。

2）钢板桩围堰。钢板桩围堰适用于水深 5m 以上各类土质的深水基坑。

钢板桩在使用前要检查其机械性能和尺寸，并进行锁口试验与检查，钢板桩的锁口应用止水材料捻缝。施打顺序一般由上游分两头向下游合拢，施打时宜先将钢板桩打到稳定的深度再依次打到设计深度。钢板桩需接长时，相邻两桩的接头位置应上下错开。施打过程要检查其位置的正确性和桩身的垂直度，不符合要求时应立即纠正或拔出重打。

钢板桩可用锤击、振动或辅以射水等方法下沉，但在黏土地基中不宜使用射水。锤击时宜使用桩帽，以分布冲击力和保护桩头。

板桩入土深度，应按基坑开挖深度、土质、施工周期、施工荷载等因素经计算确定。

三、基坑排水

1. 集水坑排水

集水坑排水适用于除严重流沙以外的各种土质。它主要是用水泵将水排出坑外。排水时，泵的抽水量应大于集水坑内的渗水量。

基坑施工接近地下水位时，在坑底基础范围以外设置集水坑并沿坑底周围开挖排水沟，使渗出的水从沟流入集水坑内，排出坑外。随着基坑的挖深，集水坑也应随着加深，并低于坑底面约 0.3 ~ 0.5m，集水坑宜设在上游。

2. 井点排水法

井点排水法适用于粉、细砂或地下水位较高，挖基较深，坑壁不易稳定的土质基坑。井点的选择应根据土壤的渗透系数、要求的降低水位深度以及工程特点而定。各种井点的适用范围见表 5-1。

（1）轻型井点法降低地下水位

轻型井点法是在基坑四周将井点管按一定的间距插入底下含水层内，井点管的上端通过弯联管与总管相连接，再用抽水设备将地下水从井点管内不断抽出，使地下水位降至坑底以下，保证基坑挖土施工处于干燥无水的状态下进行。

表 5–1　各种井点法的适用范围

井点类别	渗透系数 /（m · α^{-1}）	降低水位深度 /m	井点类别	渗透系数 /（m · α^{-1}）	降低水位深度 /m
一级轻型井点法	0.1 ~ 80	3 ~ 6	电渗井点法	<0.1	5 ~ 6
二级轻型井点法	0.1 ~ 80	6 ~ 9	管井井点法	20 ~ 200	3 ~ 5
喷射井点法	0.1 ~ 50	8 ~ 20	深井泵法	10 ~ 80	>15
射流泵井点法	<50	<10			

轻型井点系统的主要设备有井点设备（井点管、弯联管、集水总管）和抽水设备（真空泵、离心水泵、集水箱）。其施工程序为埋设井管、用弯联管连接井点管和集水总管、连接抽水系统、开动抽水系统抽水、拔管。

（2）井点法施工注意事项

1）井点管距离基坑壁一般不宜小于 1m，宜布置在地下水流的上游。井点的布置应随基坑形状、大小、地质、地下水位高低与降水深度等要求可采用单排、双排、环形井点。有时为了施工需要，也可留出一段不加封闭。

2）井点管露出地面 0.2 ~ 0.3m，尽可能将滤水管埋设在透水性较好的土层中，埋深保证地下水位降至基坑底面以下 0.5 ~ 1m。

3）射水冲孔深度低于滤管底 1m，并灌粗砂至滤管以上 1m，距地面 1.5m 处用黏土封口以防漏气。

4）应对整个井点系统加强维护和检查，保证不间断地抽水。应考虑水位降低区域建筑物可能产生的沉降，应做好沉降观测，必要时应采取防护措施。

5）为防止在抽水过程中，个别井点管因失效而影响抽水效果，在使用时井点管应比原来确定数增加 10%。

四、基坑开挖与支护

1. 不加固坑壁的开挖（放坡法）

（1）适用条件

对于在干涸无水河滩、河沟或修筑围堰后排除地面水的河沟；在地下水位低于基底，或渗水小不影响坑壁稳定时；基础埋置不深，施工周期短，挖基坑不影响临近建筑物的安全时可采用放坡开挖。

（2）开挖注意事项

1）为避免地面水冲刷坑壁，在基坑顶四周适当距离设置截水沟。基坑顶边应留有护道，弃土或静荷载距基坑边缘不小于 0.5m，动荷载距基坑边缘不小于 1m，堆置弃土的高度不得超过 1.5m。

2）基坑深度在 5m 以内，施工期较短，基坑底在地下水位以上，土的湿度正常（接近最佳含水量），应将坑壁坡度率放大或土层构造均匀时，基坑坑壁坡度应参考基坑坑壁边坡系数；基坑深度大于 5m 时，应将坑壁坡度率放大或采用二次放坡法施工，在边坡中段加设宽约 0.5 ～ 1m 的护道。

3）基坑开挖在有条件的情况下，宜在枯水或少雨季节进行，基坑挖至标高后应及时进行基础施工，不得长期暴露。

4）当采用机械挖土时，挖至坑底时应保留 0.2 ～ 0.3m 底层，在基础浇筑圬工前用人工挖至基底标高。基坑开挖不得扰动基底土，如发生超挖，严禁用土回填。

5）开挖后的基坑不得长期暴露，扰动或浸泡，应及时组织验槽、砌筑。

6）施工时应随时观察基坑边缘顶面土有无裂缝，坑壁有无松散塌落，确保安全施工。基坑内地基承载力必须满足设计要求。基坑开挖完成后，应会同设计、勘察单位进行验收。

2. 加固坑壁的开挖

（1）挡板支撑

1）垂直衬板式支撑加固坑壁。在黏性土、紧密的干砂土地基中，当基坑尺寸较小，挖深不超过 2m 时，可采用如图 5-4（a）所示的加固方法，一次挖至基底后再安装支撑。但有些黏性差的土，开挖时易坍塌，可采用如图 5-4（b）所示的加固方法，分段下挖，随挖随撑。

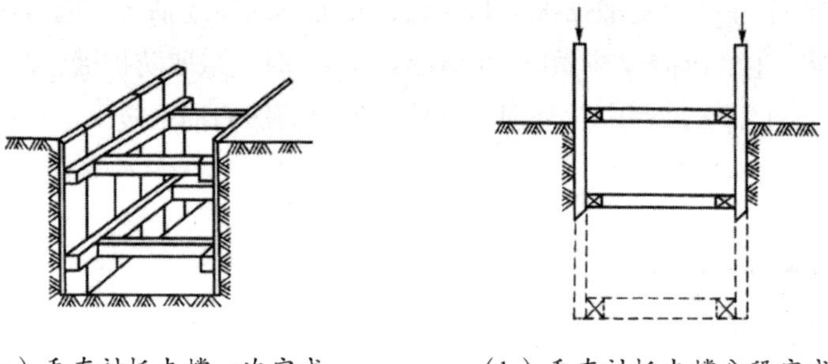

（a）垂直衬板支撑一次完成　　（b）垂直衬板支撑分段完成

图 5-4　垂直衬板式支撑

2）水平衬板式支撑加固坑壁。用水平衬板支撑加固坑壁要比垂直衬板加固坑壁来得简单方便。如土质的黏性较好，地基密实，可一次挖到设计标高后进行支撑加固。对于黏性较差，易坍塌的土，可分层开挖，分层支撑，最后以长立木替换短立木。

如果基坑宽度很大，无法安设支撑时，可采用锚桩式支撑，如图 5-5 所示。柱桩采用螺栓拉杆连接锚桩，锚桩距柱桩 L ≥ H/tg ϕ，式中 H 为基坑开挖深度，ϕ 为土的内摩擦角。

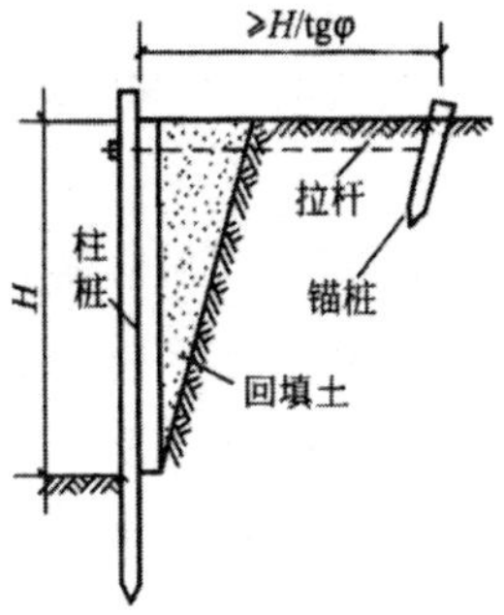

图 5-5　锚桩式支撑示意图

（2）喷射混凝土护壁

喷射混凝土护壁施工是在基坑开挖限界内，先向下挖土 1m 左右，即用混凝土喷射机喷射一层含速凝剂的混凝土，以保护坑壁。应按设计要求逐层开挖，逐层喷护加固直至坑底。一次下挖深度，较稳定的土层可为 1m 左右，含水量大的土壁不宜超过 0.5m；对于无水少水的坑壁，喷射应由下向上进行，有渗水的坑壁，喷射则应由上向下进行，以防新喷的混凝土被水冲坏。

五、基础砌筑

基础施工可分为无水砌筑、排水砌筑及水下灌筑三种情况，扩大基础的种类有浆砌片石、浆砌块石、片石混凝土、钢筋混凝土等几种。

1. 浆砌块（片）石

一般要求砌块在使用前必须浇水湿润，将表面的泥土、水锈清洗干净，砌第一层砌块时，如基底为岩层或混凝土基础，应先将基底表面清洗、湿润，再坐浆砌筑。砌筑应分层进行，各层先砌筑外圈定位行列，然后砌筑里层，外圈砌石与里层砌块交错连成一体。各砌层的砌块应安放稳固，砲块间应砂浆饱满，黏结牢固，不得直接贴靠或脱空。

片石砌体宜以 2 ~ 3 层砌块组成一工作层，每层的水平缝应大致找平，各层竖缝应相互错开，不得贯通。外圈定位行列和转角石，应选择形状较为方正及尺寸较大的片石，并长短相间地与里层砌块咬接，砌缝宽度一般不应大于 4cm。较大的砌块应放在下层，石块的尖锐突出部分应敲除。竖缝较宽时，在砂浆中塞以小石块填实。

块石砌筑时每层石料高度应大致一样，外圈定位行列和镶面石块，应丁顺相间或二顺一丁排列，砌缝宽度不大于 3cm，上下层竖缝错开距离不小于 8cm。

2．加石混凝土和片石混凝土

混凝土中填放片石时应符合以下规定。

（1）埋放石块的数量不宜超过混凝土结构体积的 25%；当设计为片石混凝土砌体时，石块可增加为 50% ~ 60%。

（2）应选用无裂纹、夹层且未被锻烧过的、高度小于 15cm、具有抗冻性能的石块。

（3）石块的抗压强度应不小于 25MPa 及混凝土强度等级；石块应清洗干净，应在捣实的混凝土中埋入一半以上；石块应分布均匀，净距不小于 1cm，距结构侧面和顶面净距不小于 15cm，对于片石混凝土，石块净距不小于 4 ~ 6cm；石块不得挨靠钢筋或预埋体。

3．钢筋混凝土基础

旱地浇筑钢筋混凝土基础，应在对基底及基坑验收完成后尽快绑扎、放置钢筋；在底部放置混凝土垫块，保证钢筋的混凝土净保护层厚度，同时安放墩柱或台身钢筋的预埋部分，保证其定位准确；对全部钢筋进行检查验收，保证其根数、直径、间距、位置满足设计文件和技术规范要求时，即可浇筑混凝土。

拌制好的混凝土运输至现场后，若高差不大，可直接倒入基坑内；若倾卸高度过大，为防止发生离析，应设置串筒或滑槽，槽内焊上减速钢梳，保证混凝土整体均匀运入基坑，用插入式振捣器振捣密实。浇筑应分层进行，但应连续施工，在下层混凝土开始凝结之前，应将上层混凝土灌注捣实完毕。基础全部浇筑完凝结后，要立即覆盖草袋、麻袋、稻草或沙子，并经洒水养生。

养生时间一般普通硅酸盐水泥混凝土为 7 昼夜以上，矿渣水泥、火山灰质水泥或掺用塑化剂的混凝土应为 14 昼夜以上。水中混凝土基础在基坑排水的情况下施工方法与旱地基础相同，只是在混凝土凝固后即可停止排水，也不需要再进行专门的养生工作。

六、基坑回填

基坑回填应满足下列要求。

（1）基坑回填时，其结构的混凝土强度应不低于设计强度的 70%。

（2）填土应水平分层回填压实，每层松铺厚度一般为 30cm，在其含水量接近最佳含水量时压实；填土经碾压、夯实后不得有翻浆、“弹簧”现象；填土施工中，应随时检查土的含水量和密实度。

（3）在覆土线以下的结构必须通过隐蔽工程验收。填土前抽除基坑内积水，清除淤泥及杂物等。

（4）凡淤泥、腐殖土、有机物质超过 5% 的垃圾土、冻土或大石块不得回填，应采用含水量适中的同类亚黏土或砂质黏土。

第三节　钻孔灌注桩基础施工

一、钻孔准备工作

1. 场地准备

钻孔场地的平面尺寸应按桩基设计的平面尺寸、钻机数量和钻机机座平面尺寸、钻机移位要求、施工方法及其他配合施工机具设施布置等情况决定。

场地准备要查明施工场地的水文、地质、地下障碍物的情况，制定详尽的施工方案。旱地应平整坚实；浅水采取围堰筑岛法；深水可搭设施工平台。施工现场或工作平台的高度应高于施工期间可能出现的最高水位 0.5m 以上。

2. 桩位放样

根据设计提供的桩与墩台中心的相对位置，准确放出钻孔灌注桩的桩位中心位置，钉设的中心桩必须采取可靠的栓桩措施。

3. 埋设护筒

（1）护筒的作用

1）固定桩位，并作钻孔导向。保护孔口防止坍塌。

2）隔离地表水，并保持孔内水位（泥浆）高出底下水位或施工水位一定高度，形成静水压力（水头），以保持孔壁。

（2）护筒的要求

1）用钢板或钢筋混凝土制成的护筒，应坚固，轻便耐用，不漏水。

2）护筒的内径应比设计桩径稍大 200 ~ 400mm，长度应根据施工水位决定。

3）护筒顶标高应高出地下水位和施工最高水位 2m，旱地应高出地面 0.3m；护筒应低于施工最低水位 0.1m ~ 0.3m。护筒的入土深度，当河底是黏性土时为 1m ~ 1.5m，砂性土时为 3m ~ 4m。

（3）护筒的埋设

护筒对成孔、成桩的质量有重要影响，埋设时，其平面位置的偏差不得大于 5cm，倾斜度的偏差不得大于 1%。

1）在旱地或岸滩埋设护筒（下埋设）。

在砂类土（粉砂，细、中砂）、沙砾等河床挖埋护筒时，先在桩位处挖出比护筒外径大 80 ~ 100cm 的圆坑。然后在坑底填筑 50cm 左右厚的黏土，分层夯实，以备安设护筒。

在黏土中挖埋时，坑的直径与上述相同，坑底与护筒底相同，坑底应平整。

护筒埋设深度，在黏性土中不少于 1m，在砂性土中不少于 2m。在冰冻地区，护筒应埋入冻土层以下 0.5m。

当桩位处的地面标高与施工水位（或地下水位）的高差为 1.5 ~ 2.0m（视钻孔方法和土层情况而定）时，宜采用填筑法安装护筒。宜先用黏土填筑工作场地，再挖坑埋设护筒。填筑的土台高度应使护筒顶端比施工水位高 1.5 ~ 2.0m。顶面平面尺寸应满足钻孔机具布置的需要，并且便于操作。

2）在水深小于 3m 的浅水处理设护筒（上埋设）。

一般需围堰筑岛。岛面应高出施工水位 0.5 ~ 0.7m。若岛底河床为淤泥或软土，应先挖除，如果挖除量过大，此法就不经济了。宜改用长护筒，用加压、锤击或振动法将护筒沉入河底土层，其刃应尽量插入土层。插入深度，在黏土层不小于 2m，在沙土层不小于 3m。

3）在水深大于 3m 的深水河床安放护筒。

在水深流急的江河，因流速较大（3m/s 以上），可用钢板桩围堰工作平台，如不先设围堰，则钻孔桩基础施工十分困难。为了便于施工，常在墩位处设置围堰，使堰内的水成为静水，其钻孔桩基础在钢板桩围堰内设置工作平台进行。因钢板桩本身很坚固，打入河床后各板块互相扣合成整体，可抵抗水流冲刷和流水撞击。

4．泥浆

（1）泥浆的作用

1）对砂性土地基起稳定和保护孔壁，防止坍塌。

2）泥浆可将钻渣浮起与泥浆一起排出孔外。泥浆可以冷却、润滑钻头。

（2）泥浆的要求

泥浆由水、黏土（膨润土）和添加剂按适当配比配制而成。黏土以水化快、造浆能力强、黏度大的膨润土为好。通常采用塑性指数大于 25，粒径小于 0.005mm，黏粒含量大于 50% 的黏土。

（3）泥浆的制备

泥浆的制备按照钻孔方法的不同采用不同的制备方法：当采用冲击钻孔时，可直接将黏土投入钻孔内，依靠钻头的冲击作用成浆；当采用回转钻机钻孔时，通过泥浆搅拌机成浆，储存在泥浆池内，再用泥浆泵输入钻孔内。

5．钻架与钻机就位

钻架是钻孔、吊放钢筋笼、灌注混凝土的支架。定型旋转钻机和冲击钻机都附有定型钻架。钻架应能承受钻具和其他辅助设备的重量，具有一定的刚度；钻架高度与钢筋骨架分节长度有关，钻架主要受力构件的安全系数不宜小于 3。

在钻进过程中，成孔中心必须对准桩位中心，钻机（架）必须保持平稳，不发生位移、倾斜和沉陷。钻机（架）安装就位时，应详细测量，底座用枕木垫实塞紧，顶端用缆风绳固定平稳，并在钻进过程中经常检查。

二、钻孔施工

1. 钻孔工艺

钻孔工艺与各种成孔设备（方法）使用的土层、孔径、孔深、是否需要泥浆浮悬钻渣、钻土结构的功率大小、施工管理好坏有关。目前钻孔均采用机械成孔，有冲击钻进成孔、冲抓锥钻进成孔和旋转钻进成孔。

（1）冲击钻进成孔

利用钻锥（重 10 ~ 35kN）不断地提锥、落锥反复冲击孔底土层，把土层中泥砂、石块挤向四壁或打破碎渣，钻渣悬浮于泥浆中，利用掏渣筒取出，重复上述过程即为冲击钻进成孔。

冲击钻孔使用的钻锥与土层的种类有关。实心锥适用于漂、卵石、大块石的土层及岩层，空心锥（管锥）适用于其他土层，成孔深度一般不宜大于 50m。

（2）冲抓钻进成孔

用兼有冲击和抓土作用的抓土瓣，通过钻架，由带离合器的卷扬机操纵，靠冲锥自重（10kN ~ 20kN）冲下，使抓土瓣锥尖张开插入土层，然后由带离合器的卷扬机锥头收拢抓土瓣，将土抓出，弃土后继续冲击而成孔。

冲抓成孔适用于黏性土、砂性土及夹有碎卵石的沙砾土层，成孔深度宜小于 30m。

（3）旋转钻进成孔

利用钻具的旋转切削土体钻进，并在钻进的同时使用循环泥浆的方法护壁排渣，继续钻进成孔。钻机按泥浆循环的程序不同分为正循环与反循环两种。

1）正循环回转法。正循环是用泥浆泵将泥浆以一定压力通过空心钻杆顶部，从钻杆底部射出。底部的钻锥在回转时将土搅松成为钻渣，被泥浆悬浮，随着泥浆上升而溢出流至孔外的泥浆池，经过沉淀池中沉淀净化，再循环使用。孔壁靠水头和泥浆保护。因钻渣需靠泥浆浮悬才能随泥浆上升，故对泥浆要求较高。

2）反循环回转法。反循环与正循环程序相反。泥浆由孔外流入孔内，而用真空泵或空气吸泥机将钻渣通过钻杆中心从钻杆顶部吸出，或将泥浆泵随同钻锥一同钻进，从孔底将泥渣吸出孔外。反循环钻杆直径宜大于 127mm，故钻杆内泥水上升较正循环快得多，就是清水也可把钻渣带上钻杆顶端流入泥浆池，净化后循环使用。因泥浆主要起护壁作用，其质量要求可降低，但如果钻深孔或易树塌土层，则仍需用高质量的泥浆。

反循环与正循环相比，具有钻孔进度快 4 ~ 5 倍，需用泥浆料少，转盘所消耗动力较少，清孔时间较快等优点。

2. 钻孔注意事项

（1）钻孔过程中，始终保持孔内外既定的水位差和泥浆浓度，以起到护壁作用，防止班孔。钻孔宜一气呵成，不宜中途停钻以避免坍孔。

（2）钻孔过程中应加强对桩位、成孔情况的检查工作。终孔时应对桩位、孔径、形状、深度、倾斜度及孔底土质等情况进行检查，合格后立即清孔，吊放钢筋笼，灌注混凝土。

（3）在钻孔过程中，应根据土质筹情况控制钻进速度，开钻时均应慢速钻进。

3. 钻孔常见问题和预防处理方法

钻孔常见问题和预防处理方法，见表 5–2。

表 5–2　钻孔常见问题及预防处理方法

常遇问题	产生原因	防治措施及处理方法
坍孔	（1）护筒周围未用黏土填封紧密而漏水，或护筒埋置太浅 （2）未及时向孔内加泥浆，孔内泥浆面低于孔外水位，或孔内出现承压水降低了静水压力，或泥浆密度不够 （3）在流砂、软淤泥、破碎地层、松散砂层进钻，进尺太快或停在一处空转时间太长，转速太快	（1）护筒周围用黏土填封紧密 （2）钻进中及时添加新鲜泥浆，使其高于孔外水位 （3）遇流沙、松散土层时，适当加大泥浆密度，不要使进尺过快、空转时间过长 （4）轻度坍孔，加大泥浆密度和提高水位；严重坍孔，用黏土泥浆投入，待孔壁稳定后采用低速钻进
钻孔偏移（倾斜）	（1）桩架不稳，钻杆导架不垂直，钻机磨损，部件松动，或钻杆弯曲接头不直 （2）土层软硬不均匀 （3）钻机成孔时，遇较大孤石或探头石，或基岩倾斜未处理，或在粒径悬殊的砂、卵石层中钻进，钻头所受阻力不均匀	（1）安装钻机时，要对导杆进行水平和垂直校正，检修钻孔设备 （2）如钻杆弯曲，应及时调换，遇软硬土层应控制进尺，低速钻进 （3）偏斜过大时，填入石子、黏土后重新钻进，控制钻速，慢速提升、下降，往复扫孔纠正 （4）如有探头石，宜用钻机钻透，使用冲孔机时用低锤密击，把石块打碎 （5）倾斜基岩时，投入块石，使表面略平，用锤密打

续表

常遇问题	产生原因	防治措施及处理方法
流砂	（1）孔外水压比孔内大，孔壁松散，使大量流砂涌塞桩底 （2）遇粉砂层，泥浆密度不够，孔壁未形成泥皮	（1）使孔内水压高于孔外水位 0.5m 以上，适当加大泥浆密度 （2）流砂严重时，可抛入碎砖、石、黏土，用锤冲入流砂层，做成泥浆结块，使其成坚厚孔壁，阻止流砂涌入
不进尺	（1）钻头粘满黏土块（糊钻头），排渣不畅，钻头周围堆积土块 （2）钻头合金刀具安装角度不适当，刀具切土过浅，泥浆密度过大，钻头配重过轻	（1）加强排渣，重新安装刀具角度、形状、排列方向；降低泥浆密度，加大配重 （2）糊钻时，可提出钻头，清除泥块后，再施钻
钻孔漏浆	（1）遇到透水性强或有地下水流动的土层 （2）护筒埋设过浅，回填土不密实或护筒接缝不严密，在护筒刃脚或接缝处漏浆 （3）水头过高使孔壁渗透	（1）适当加稠泥浆 （2）倒入黏土慢速转动 （3）在回填土内掺片石、卵石，反复冲击，增强护壁、护筒周围及底部接缝，用土回填密实，适当控制孔内水头高度，不要使压力过大
钢筋笼偏位、变形、上浮	（1）钢筋笼过长，未设加劲箍，刚度不够，造成变形 （2）钢筋笼上未设垫块或耳环控制保护层厚度，或桩孔本身偏斜或偏位 （3）钢筋笼吊放未垂直缓慢放下，而是斜插入孔内 （4）孔底沉渣未清理干净，使钢筋笼达不到设计强度 （5）当混凝土面至钢筋笼底时，混凝土导管埋深不够，混凝土冲击力使钢筋笼被顶托上浮	（1）钢筋过长，应分 2 ~ 3 节制作，分段吊放，分段焊接或设加劲箍加强；在钢筋笼部分主筋上，应每隔一定距离设置混凝土垫块或焊耳环控制保护层厚度 （2）桩孔本身偏斜、偏位应在下，钢筋笼前往复扫孔纠正，孔底沉渣应置换清水或适当密度泥浆清除；浇灌混凝土时，应将钢筋笼固定在孔壁上或压住；混凝土导管应埋入钢筋笼底面以下 1.5m 以上
吊脚桩	（1）清孔后泥浆密度过小，孔壁坍塌或孔底涌进泥浆或未立即灌注混凝土 （2）清渣未净，残留石渣过厚 （3）吊放钢筋骨架导管等物碰撞孔壁，使泥土坍落孔底	（1）做好清孔工作，达到要求立即灌注混凝土 （2）注意泥浆密度和使孔内水位经常保持高于孔外水位 0.5m 以上 （3）施工注意保护孔壁，不让重物碰撞，以免造成孔壁坍塌
黏性土层缩颈、糊钻	由于黏性土层有较强的造浆能力和遇水膨胀的特性，使钻孔易于缩颈，或使黏土附在钻头上，产生抱钻、糊钻现象	（1）除严格控制泥浆的黏度增大外，还应适当向孔内投入部分沙砾，防止糊钻 （2）钻头宜采用带肋骨的钻头，边钻进边上下反复扩孔，防止缩颈、卡钻事故

续表

常遇问题	产生原因	防治措施及处理方法
孔斜	（1）钻进松散地层中遇有较大的圆弧石或探头石，将钻具挤离钻孔中心轴线 （2）钻具由软地层进入陡倾角硬地层，或粒径差别太大的沙砾层钻进时，钻头所受阻力不均匀 （3）钻具导正性差，在超径孔段钻头走偏，以及由于钻机位置发生串动或底座产生局部下沉使其倾斜等	（1）针对地层特征选用优质泥浆，保持孔壁的稳定 （2）防止或减少出现探头石，一旦发现探头石，应暂停钻进，先回填黏土和片石，用锥形钻头将探头石挤压在孔壁内 （3）用冲击钻冲击或将钻机（或钻架）略移向探头石一侧，用十字或一字形冲击钻头猛击，将探头石击碎 （4）如冲击钻也不能击碎探头石，则可用小直径钻头在探头石上钻孔，或在表面放药包爆破
断桩	（1）因首批混凝土多次浇灌不成功，再灌上层出现一层泥夹层而造成断桩 （2）孔壁塌方将导管卡住，强力拔管时，使泥水混入混凝土内或导管接头不良，泥水进入管内 （3）施工时突然下雨，泥浆冲入桩孔 （4）采用排水方法灌注混凝土，或将水抽干，地下水大量进入；将泥浆带入混凝土中造成夹层，另一方面，由于桩身混凝土使用分层振捣，下面的泥浆被振捣到上面，然后再灌入混凝土振捣，两段混凝土间夹杂泥浆，造成分节脱离，出现断层	（1）力争首批混凝土灌注一次成功。钻孔选用较大密度和黏度、胶体率好的泥浆护壁 （2）控制进尺速度，保持孔壁稳定 （3）导管接头应用方丝扣连接，并设橡皮圈密封严密 （4）孔口护筒不宜埋置太浅 （5）下钢筋笼骨架过程中，不使其碰撞孔壁 （6）施工时突然下雨，要争取一次性灌注完毕，灌注桩严重塌方或导管无法拔出形成断桩时，可在一侧补桩 （7）深度不大可挖出，对断桩处作适当处理后，支模重新浇筑混凝土

三、清孔

1．清孔目的

钻孔过程中必有一部分泥浆和钻渣沉于孔底，必须将这些沉积物清除干净，才能使灌注的混凝土与地层或岩层紧密结合，保证桩的设计承载能力。

2．清孔方法

清孔方法有以下三种，见表 5–3。

3．清孔应符合的规定

（1）清孔时，必须保持孔内水头，防止斜孔。

（2）清孔后应对泥浆试样进行性能指标试验。清孔后的沉渣厚度应符合设计要求。设计未规定时，摩擦桩的沉渣厚度不应大于 300mm，端承桩的沉渣厚度不应大于 100mm。

表 5-3　清孔的常用方法

方法	具体操作
掏渣清孔	用掏渣筒或大锅锥掏清孔内粗粒钻渣，适用于冲抓、冲击、简便旋转成孔的摩擦桩
换浆清孔	正、反循环旋转钻机可在钻孔完成后不停钻、不进尺，继续循环换浆清渣直至达到清理泥浆的要求，适用于各类土的摩擦桩
抽浆清孔	用空气吸泥机吸出含钻渣的泥浆而达到清孔。由风管将压缩空气输进排泥管，使泥浆形成密度较小的泥浆空气混合物，在水柱压力下沿排泥管向外排出泥浆和孔底沉渣，同时用水泵向孔内注水，保持水位不变直至喷出清水或沉渣厚度达设计要求为止，适用于孔壁不易坍塌各种钻孔后的柱桩和摩擦桩

四、安放钢筋笼

钢筋笼根据图纸设计尺寸和钻架允许起吊高度，可整节或分节制作，应在清孔前制成，并经检查合格后使用。

安放钢筋笼前需知孔深与孔径，安放时，注意对准桩位中心，轻轻下落，并防止碰撞孔壁。为保证灌注混凝土时钢筋笼四周有足够的保护层，可沿护筒顶面四周悬挂几根钢管，其长度为钢筋笼长度的一半。如保护层为 5cm，则可用直径为 3.8 ~ 4cm 的钢管，或用直径为 10cm 的混凝土设置在钢筋笼的箍筋上，其间距竖向为 2m，径向圆周不得少于 4cm 处。骨架应设置吊环。为了保证骨架起吊时不变形，宜用两点吊，第一吊点设在骨架的下部，第二吊点设在骨架长度的中点到上三分点之间。钢筋骨架下到设计高程后，应在顶部采取相应措施反压，并固定在孔口，防止在混凝土灌注过程中产生上浮，立即灌注水下混凝土。钢筋骨架的顶面与底面标高应符合设计要求，误差不得大于 ±5cm。平面位置、纵横向偏差不得大于 5cm。

五、水下混凝土灌注

1. 灌注方法

导管法的施工过程如图 5-6 所示。

将导管居中插入到离孔底 0.3 ~ 0.4m（不能插入孔底沉积的泥浆中），导管上口接漏斗，在接口处设隔水球，以隔绝混凝土与管内水的接触。在漏斗中储备足够的混凝土，放开隔水球，储备的混凝土通过隔水球向孔底猛落，这时孔内水位聚涨外溢，说明混凝土已灌入孔内。若落下足够数量的混凝土则将导管内水全部压出，并使导管下口埋入孔内混凝土内 1m 深，保证钻孔内的水不可能重新流入导管。随着混凝土不断通过漏斗、导管灌入钻孔钻孔内初期灌注的混凝土及其上面的水泥浆或泥浆不断被顶托升高，相应的不断提升导管和拆除导管，直到钻孔内混凝土灌注完毕。

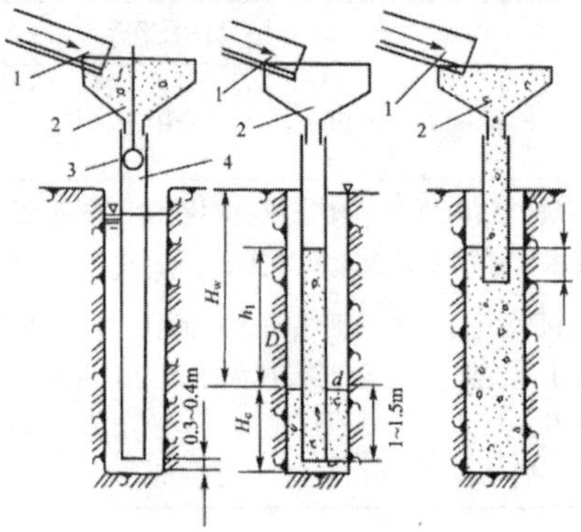

1—通混凝土储料槽；2—漏斗；3—隔水球；4—导管

图 5-6 灌注水下混凝土

导管的分节长度应便于拆装与搬运，一般为 1 ~ 2m，最下面一节导管较长，一般为 3 ~ 4m。导管两端用法兰盘及螺栓连接，并垫橡皮圈以保证接头不漏水。为了首批灌注的混凝土数量能保证将导管内的水全部压出，并满足导管初次埋入深度的需要，计算漏斗的最小容量而确定漏斗的尺寸大小。漏斗和储料槽最小容量 V（m^3）可参照图 5-6 和下式。

$$V = h_1 \times \frac{\pi d^3}{4} + H_c \times \frac{\pi D^2}{4}$$

式中：V——首批混凝土的最小储量或储料斗的容积，m^3；

H_c——导管初次埋深加上开始时导管离孔底的间距，m；

h_1——孔内混凝土高度达时，导管内混凝土柱与导管外水压平衡所需高度，m。

h_1 的计算公式如下：

$$h_1 = \frac{H_w \gamma_w}{\gamma_c}$$

式中：H_w——孔内混凝土面至孔内水面的距离，m；

γ_w——井孔内水或泥浆的密度，t/m^3（取 $2.4t/m^3$）；

γ_c——混凝土拌合物的密度；

D——钻孔桩直径，m；

d——导管直径，m。

漏斗顶端应比桩顶（桩顶在水面以下时应比水面）高出至少 3m，以保证灌注混凝土最后阶段时，管内混凝土需能满足顶出桩管外混凝土及其上的水泥或泥浆重量的需要。

2. 对混凝土材料的要求

水下混凝土常用的强度等级为 C20 ~ C25。为了保证质量，混凝土的配合比应按设计强度的混凝土标号提高 10% ~ 20% 进行设计，混凝土应具有足够的流动性和良好的和易性，坍落度宜在 18cm ~ 22cm 范围内。

水泥的强度等级不应低于 42.5，每立方米混凝土水泥用量不得少于 300kg，水泥的初凝时间不宜小于 2.5h。水灰比宜采用 0.5 ~ 0.6，含砂率宜采用 0.4 ~ 0.5，使混凝土有较好的和易性；为防卡管，石料尽可能采用卵石，适宜粒径为 5 ~ 30mm，最大粒径不应超过 40mm；细骨料宜采用中砂。

3. 灌注水下混凝土时注意的问题

（1）首批灌注混凝土的初凝时间不得早于灌注桩全部混凝土灌注完成时间。首批混凝土的数量应能满足导管埋置深度不小于 1m 和充填导管底部的需要。

（2）提升导管时要保持其轴线竖直和位置居中，逐步提升，拆除导管的动作要快。

（3）为了防止钢筋骨架上浮，当灌注的混凝土顶面距钢筋骨架底部 1m 左右时，应降低混凝土的灌注速度。当混凝土上升到骨架底部 4m 以上时，提升导管，使其底口高于骨架底部 2m 以上再恢复正常的灌注速度。为了确保桩顶质量，灌注的桩顶标高应比设计高出 0.5 ~ 1.0m。待混凝土凝结前，挖除多余的桩头，但应保留 10 ~ 20cm，以待随后修凿，浇筑承台。

（4）灌注应连续灌注，中途停顿时间不得大于 30min，水下混凝土严禁有夹层和松散层。

（5）后续混凝土要徐徐灌入，以免在导管内形成高压气囊，挤出管节间的橡皮垫，而使导管漏水。

（6）在灌注过程中应经常用测深锤或超声波测深，导管的埋置深度宜控制在 2 ~ 6m。防止导管提升过猛，管底提离混凝土面或埋入过浅，而使导管内进水造成断桩夹泥，也要防止导管埋入过深，而造成导管内混凝土压不出或导管被混凝土埋住而不能提升，导致终止灌注而断柱。灌注混凝土快结束时，因导管内混凝土超压力降低，混凝土上升困难可加水稀释泥浆。在拔最后一节导管时，提升必须缓慢，以防止桩顶沉淀的泥浆挤入导管形成泥心。

（7）及时记录混凝土灌注的时间、混凝土面的深度、导管埋深等。灌注中如果发生故障，应及时查明原因，合理确定方案，及时处理。

（8）在灌注混凝土时，每根桩应制作不少于2组的混凝土试件块，桩长20m以上者不少于3组。

4．灌注中常见问题和处理方法

灌注中常见问题和处理方法，见表5–4。

表5–4 灌注中常见问题和处理方法

常见问题	产生原因	防止措施及处理方法
导管进水	（1）首批混凝土储量不足，下落后不能埋没导管底口，以致泥水从底口进人管内 （2）导管接头不严，或接头间的橡胶垫被高压气流冲开，或焊缝破裂，水从接头或巾、流入 （3）测探错误，导管提升过多，使导管底口超出原混凝土面，底面涌入泥水	（1）将导管拔出，将已灌入底的水用空气吸泥机或抓斗清出，换新导管，准备足够储量的混凝土重新灌注 （2）若混凝土面不深，且无地下水，则可开槽挖出，按接桩处理 （3）若混凝土面较深，且有地下水，则按断桩处理，重新设计、补桩或补强
卡管	（1）由于各种原因使混凝土离析，粗集料集中而造成导管堵塞 （2）由于灌注时间持续过长，最初灌注的混凝土已经初凝，增大了管内混凝土下落的阻力，致使混凝土堵在管内	可用长杆冲捣管内混凝土，如果不行，可按照导管进水的处理方法进行处理
灌注混凝土过程中塌孔	可用测深锤测探混凝土面，若达不到原来的深度，相差很多，即证实确为坍孔	用吸泥机吸出坍入孔中的泥土，同时保持或加大水头，如不继续坍孔，可继续灌注。如坍孔仍不停止，宜将导管、钢筋骨架拔出，回填黏土，重新钻孔和灌注
埋管	导管由于埋入混凝土过深或管内外混凝土已初凝，使导管与混凝土间摩阻力过大，造成导管无法拔出	用链式滑车、千斤顶、卷扬机进行试拔，若仍拔不出来，可加力拔断为止，然后按断桩处理
浇短桩头	在灌注将近结束时，浆渣过稠，用测深锤测探以判断浆渣或混凝土面，或由于测深锤太轻，沉不到混凝土表面，发生误测，将导管拔出中止灌注，而造成浇短桩头	若无地下水，则可开挖后做接桩处理；若有地下水，则可接长护筒，并将护筒压至已灌注的混凝土面以下，然后抽水、除渣，按接桩处理
断桩、夹泥	大多是以上各种事故引起的次生结果，此外，由于清孔不彻底或灌注时间过长，首批混凝土已初凝，流动性降低，而续灌的混凝土冲破顶层而上升，因而在两层混凝土中夹有泥浆渣土，形成断桩或夹泥	可用地质钻机钻芯取样，也可用无破损检验方法，检验灌注桩的质量，当有以下情况之一时，应采取压浆补强方法处理 （1）对于柱桩，柱底与基岩之间的夹泥厚度大于5cm以上 （2）桩身混凝土有断桩、夹泥或局部混凝土松散 （3）取芯率小于40%，并有蜂窝、松散、裹浆等情况

第六章 桥梁墩台施工

第一节 混凝土墩台、石砌墩台施工

一、就地浇筑混凝土墩台施工

1. 墩台模板

模板一般用木材、钢料或其他符合设计要求的材料制成。木模重量轻，便于加工成结构物所需要的尺寸和形状，但装拆时易损坏，重复使用次数少。对于大量或定形的混凝土结构物，则多采用钢模板。钢模板的造价较高，但可重复多次使用，且拼装拆卸方便。

模板安装前应对模板尺寸进行检查；安装时要坚实牢固，以免振捣混凝土时引起跑模漏浆；安装位置要符合结构设计要求。有关模板制作与安装的允许偏差见表6–1 和表 6–2。

表 6–1 模板制作的允许偏差（一）

项次	项目		允许偏差 /mm
木模板	（1）模板的长度和宽度		± 5.0
	（2）不刨光模板相邻两板表面高低差		3.0
	（3）刨光模板相邻两板表面高低差		1.0
	（4）平板模板表面最大的局部不平（用 2m 直尺检查）	刨光模板	3.0
		不刨光模板	5.0
	（5）拼合板中木板间的缝隙宽度		2.0
	（6）榫槽嵌接紧密度		2.0
钢模板	（1）外形尺寸	长和宽	0，-1
		肋高	± 5.0
	（2）面板端偏斜		≤ 0.5

续表

项次	项目		允许偏差 /mm
钢模板	（3）连接配件（螺栓、卡子等）的孔眼位置	孔中心与面板的间距	± 0.3
		板端孔中心与面板的间距	0，–0.5
		沿板长、宽方向的孔	± 0.6
	（4）板眼局部不平（用 300mm 长平尺检查）		1.0
	（5）板面和板侧挠度		± 1.0

表 6–2　模板制作的允许偏差（二）

项次	项目		允许偏差 /mm
一	模板高程	基础	± 15
		墩台	± 10
二	模板内部尺寸	基础	± 30
		墩台	± 20
三	轴线偏位	基础	± 15
		墩台	± 10
四	装配式构件支承面的高程		+2，一 5
五	模板相邻两板表面高低差		2
	模板表面平整度（用 2m 直尺检查）		5
六	预埋件中心线位置		3
	预留孔洞中心线位置		10
	预留孔洞截面内部尺寸		+10，0

2．混凝土浇筑施工要求

（1）混凝土的运送

混凝土的水平和垂直运输需要相互配合方式与适用条件见表 6–3。如混凝土的数量大，浇筑振捣速度快时，可采用混凝土的皮带运输机或混凝土的输送泵。皮带运输机速度应不大于 1.0 ~ 1.2m/s，其最大倾角：当混凝土坍落度小于 40mm 时，向上传送为 18°，向下传送为 12°；当混凝土坍落度为 40 ~ 80mm 时，则分别为 15° 与 10°。

表 6–3 混凝土运输相互配合方式及适用条件

水平运输	垂直运输	适用条件		附注
人力混凝土手推车、内燃翻斗车、轻便轨人力推运翻斗车、混凝土吊车	手推车	中、小桥梁，水平运距较近	墩高 H<10m	搭设脚手平台，铺设坡道，用卷扬机拖拉手推车上平台
	轨道爬坡翻斗车		H<10m	搭设脚手平台，铺设坡道用卷扬机拖拉手推车上平台
	皮带输送车		H<10m	倾角不宜超过 15°，速度不超过 1.2m/s；高度不足时，可用两台串联使用
	履带（或轮胎）起重机起吊高度约 20m		10<H<20m	用吊斗输送混凝土
	木制或钢制扒杆		10<H<20m	用吊斗输送混凝土
	墩外井架提升		H>20m	在井架上安装扒杆提升吊斗
	墩内井架提升		H>20m	适用于空心桥墩
	无井架提升		H>20m	适用于滑动模板
轨道牵引输送混凝土车、翻斗车或混凝土吊斗汽车倾卸车、汽车运送混凝土吊斗、内燃翻斗车	履带（或轮胎）起重机起吊高度约 30m	大、中桥梁，水平运距较远	20<H<30m	用吊斗输送混凝土
	塔式吊机		20<H<50m	用吊斗输送混凝土
	墩外井架提升		H<50m	井架可用万能杆件组装
	墩内井架提升		H>50m	适用于空心桥墩
	无井架提升		H>50m	适用于滑动模板
索道吊机		H>50m		–
混凝土输送泵		H<50m		可用于大体积实心墩台

（2）混凝土的灌注速度

为保证灌注质量，混凝土的配制、运送及灌注的速度采用下式计算。

$$V \geqslant Sh/t$$

式中：V——混凝土配料、输送及灌注容许的最小速度，m^3/h；

S——灌注的面积，m^2；

h——灌注层的厚度，m；

t——所用水泥的初凝时间，h。

如混凝土的配制、运送及灌注需较长的时间，则采用下式计算。

$$V \geqslant Sh/(t-t_0)$$

式中：t_0——混凝土的配制、运送及灌注所消耗的时间，h。

混凝土灌注层的厚度 h，可根据使用的捣固方法，按规定数值采用。

墩台是大体积圬工，为避免水化热过高，导致混凝土因内外温差引起裂缝，可采取如下措施。

1）用改善集料级配、降低水灰比、掺加混合材料与外加剂、掺入片石等方法减少水泥用量。采用 C_3A、C_3S 含量小、水化热低的水泥，如大坝水泥、矿渣水泥、粉煤灰水泥、低强度水泥等。

2）减少浇筑层厚度，加快混凝土散热速度。混凝土用料应避免日光暴晒，以降低初始温度。在混凝土内埋设冷却管通水冷却。

当浇筑的平面面积过大，不能在前层混凝土初凝或能重塑前浇筑完成次层混凝土时，为保证结构的整体性，宜分块浇筑。分块时应注意：各分块面积不得小于 $50m^2$；每块高度不宜超过 2m；块与块间的竖向接缝面应与墩台身或基础平截面短边平行，与平截面长边垂直；上下邻层间的竖向接缝应错开位置做成企口，并应按施工接缝处理。混凝土中填放片石时应符合有关规定。

（3）混凝土浇筑

为防止墩台基础第一层混凝土中的水分被基底吸收或基底水分渗入混凝土，对墩台基底处理除应符合天然地基的有关规定外，还应满足以下要求。

1）基底为非黏性土或干土时，应将其湿润。如为过湿土时，应在基底设计高程下夯填一层 10 ~ 15cm 厚片石或碎（卵）石层。

2）基底面为岩石时，应加以润湿，铺一层厚 2 ~ 3cm 水泥砂浆，然后于水泥砂浆凝结前浇筑第一层混凝土。

墩台身钢筋的绑扎应和混凝土的灌注配合进行。在配置第一层垂直钢筋时，应有不同的长度，同一断面的钢筋接头应符合施工规范的规定，水平钢筋的接头，也应内外、上下互相错开。钢筋保护层的净厚度，应符合设计要求。如无设计要求时，则可取墩台身受力钢筋的净保护层不小于 30mm，承台基础受力钢筋的净保护层不小于 35mm。墩台身混凝土宜一次连续灌注，否则应按桥涵施工规范的要求，处理好连接缝。墩台身混凝土未达到终凝前，不得泡水。混凝土墩台的位置及外形尺寸允许偏差见表 6–4。

表 6–4 混凝土、钢筋混凝土基础及墩台允许偏差（mm）

项次	项目	基础	承台	墩台身	柱式墩台	墩台帽
1	端面尺寸	± 50	± 30	± 20	—	± 20
2	垂直或斜坡	—	—	0.2%H	0.3%H ≤ 20	—
3	底面高程	± 50	—	—	—	—
4	顶面高程	± 30	± 20	± 10	± 10	—
5	轴线偏位	25	15	10	10	10
6	预埋件位置	—	—	10	—	—
7	相邻间距	—	—	—	± 15	—
8	平整度	—	—	—	—	—

二、石砌墩台施工

（1）石料、砂浆与脚手架

石砌墩台是用片石、块石及粗料石以水泥砂浆砌筑的，石料与砂浆的规格要符合有关的规定。

（2）墩台砌筑施工要点

砌筑方法：同一层石料及水平灰缝的厚度要均匀一致，每层按水平砌筑，丁顺相间，砌石灰缝互相垂直，灰缝宽度和错缝按见表 6–5。砌石顺序为先角石，再镶面，后填腹。填腹时的分层厚度应与镶面相同。圆端、尖端及转角形砌体的砌石顺序，应自顶点开始，按丁顺排列接砌镶面石。砌筑图如图 6–1 所示，圆端形桥墩的圆端顶点不得有垂直灰缝，砌石应从顶端开始先砌石块图 6–1（a），然后应丁顺相间排列，安砌四周镶面石；尖端桥墩的尖端及转角处不得有垂直灰缝，砌石应从两端开始，先砌石块图 6–1（b），再硇侧面转角，然后丁顺相间排列，安砌四周的镶面石。

表 6–5 浆砌镶面石灰缝规定

种类	灰缝宽 /cm	错缝（层间或行间）/cm	3 块石料相接处空隙 /cm	砌筑行列高度 /cm
粗料石	1.5 ~ 2	≥ 10	1.5 ~ 2	每层石料厚度一致
半细料石	1 ~ 1.5	≥ 10	1 ~ 1.5	每层石料厚度一致
细料石	0.8 ~ 1	≥ 10	0.8 ~ 1	每层石料厚度一致

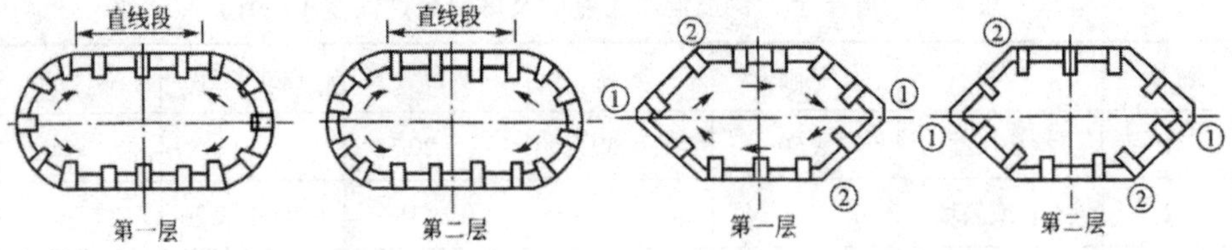

（a）圆端形桥墩的砌筑　　（b）尖端形桥墩的砌筑

图 6–1　桥墩的砌筑示意图

砌体质量应符合以下规定。

1）砌体所有各项材料类别、规格及质量符合要求。

2）砌缝砂浆或小石子混凝土铺填饱满、强度符合要求。砌缝宽度、错缝距离符合规定，勾缝坚固、整齐，深度和形式符合要求。

3）砌筑方法正确。砌体位置、尺寸不超过允许偏差。

墩台砌体位置及外形允许偏差见表 6–6。

表 6–6　墩台砌体位置及外形允许偏差

项次	检查项目	砌体类别	允许偏差 /mm
1	跨径 L_0	$L_0 \leqslant 60m$	± 20
		L_0>60m	± L_0/3000
2	墩台宽度及长度	片石镶面砌体	+40，−10
		块石镶面砌体	+30，−10
		粗料石镶面砌体	+20，−10
3	大面平整度（2m 直尺检查）	片石镶面	30
		块石镶面	20
		粗料石镶面	10
4	竖直度或坡度	片石镶面	0.5%
		块石、粗料石镶面	0.3%
5	墩台顶面高程		± 10
6	轴线偏位		10

三、墩台顶帽施工

墩台顶帽是用以支承桥跨结构的，其位置、高程及垫石表面平整度等，均应符合设计要求，以避免桥跨安装困难，或使顶帽、垫石等出现碎裂或裂缝，影响墩台的正常使用功能与耐久性。墩台顶帽施工的主要工序为：墩台帽放样，墩台帽模板，钢筋和支座垫板的安设。

1. 墩台帽放样

墩台混凝土（或砌石）灌注至离墩台帽 30 ~ 50cm 高度时，即需测出墩台纵横中心线，并开始竖立墩台帽模板，安装锚栓孔或安装预埋支座垫板、绑扎钢筋等。墩台帽放样时，应注意不要以基础中心线作为台帽背墙线，浇筑前应反复核实，以确保墩台帽中心、支座垫石等位置方向与水平高程等不出差错。

2. 墩台帽模板

墩台帽是支撑上部结构的重要部分，其尺寸位置和水平高程的准确度要求较严，浇筑混凝土应从墩台帽下约 30 ~ 50cm 处至墩台帽顶面一次浇筑，以保证墩台帽底有足够厚度的紧密混凝土。如图 6-2 所示混凝土桥墩墩帽模板图，墩帽模板下面的一跟拉杆可利用墩帽下层的分布钢筋，以节省铁件。台帽背墙模板应特别注意纵向支撑或拉条的刚度，防止浇筑混凝土时发生鼓肚，侵占梁端空间。

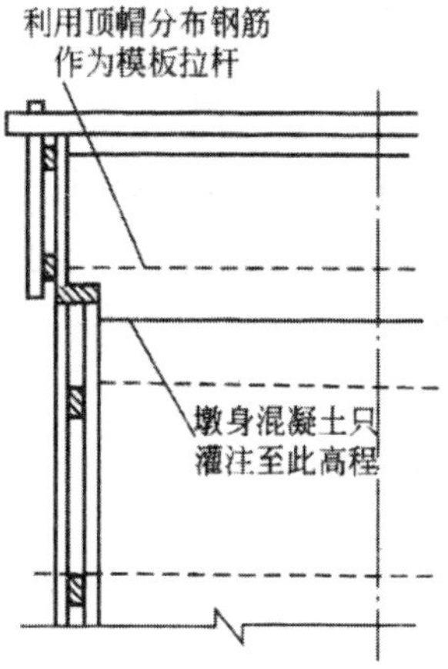

（a）混凝土桥墩墩帽模板

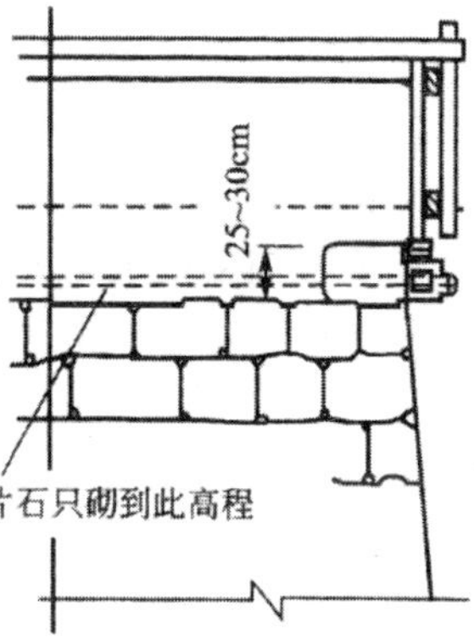

（b）石砌桥墩墩帽模板

图 6-2　桥墩墩帽模板示意图

3. 钢筋和支座垫板的安设

墩台帽上的支座垫板的安设一般采用预埋支座和预留锚栓孔的方法。前者须在绑扎墩台帽和支座垫石钢筋时，将焊有锚固钢筋的钢垫板安设在支座的准确位置上，即将锚固钢筋和墩台帽骨架钢筋焊接固定，同时用木架将钢垫板固定在墩台帽上。此法在施工时垫板位置不易准确，应经常校正。后者须在安装墩台帽模板时，安装好预留孔模板，在绑扎钢筋时注意将锚栓孔位置留出。此法安装支座施工方便，支座垫板位置准确。

第二节　装配式墩台施工

一、砌块式墩台施工

砌块式墩台的施工大体上与石砌墩台相同，只是预制砌块的型式因墩台型式不同有很多变化。例如 1975 年建成的兰溪大桥，主桥身采用预制的素混凝土壳块分层砌筑而成。壳块按平面形状分为Ⅱ字形和Ⅰ字形两大类，再按其砌筑位置和具体尺寸又分为 5 种型号，每种块件等高，均为 35cm，块件单元重力为 0.9 ~ 1.2kN，每砌 3 层为一段落。该桥采用预制砌块建造桥墩，不仅节约混凝土约为 26%，节省木材 $50m^3$ 和大量铁件，而且砌缝整齐，外形美观，更主要的是加快施工速度，避免了洪水对施工的威胁。

二、柱式墩施工

装配式柱式墩系将桥墩分解成若干轻型部件，在工厂或工地集中预制，再运送到现场装配桥梁。其形式有双柱式、排架式、板凳式和刚架式等。施工工序为预制构件、安装连接与混凝土养护等。其中安装连接中的拼装接头是关键工序，既要牢固、安全，又要结构简单便于施工。常用的拼装接头有以下几种形式（见表 6–7）。

表 6–7　常用的拼接接头形式

形式	内容
钢筋锚固接头	构件上预留钢筋或型钢，插入另一构件的预留槽内，或将钢筋互相焊接，再灌注半干硬性混凝土，多用于立柱与顶帽处的连接
承插式接头	将预制构件插入相应的预留孔内，插入长度一般为构件宽度的 1.2 ~ 1.5 倍，底部铺设 2cm 砂浆，四周以半干硬性混凝土填充，常用于立柱与基础的接头连接
扣环式接头	相互连接的构件按预定位置预埋环式钢筋，安装时柱脚先坐落在承台的柱芯上，上下环式钢筋互相错接，扣环间插入 U 形短钢筋焊牢，四周再绑扎钢筋一圈，立模浇筑外围接头混凝土。要求上下扣环预埋位置正确，施工较为复杂
法兰盘接头	在相互连接的构件两端安装法兰盘，连接时用法兰盘连接，要求法兰盘预埋位置必须与构件垂直。接头处可不用混凝土封闭
焊接接头	将预埋在构件中的铁件与另一构件的预埋铁件用电焊连接，外部再用混凝土封闭。这种接头易于调整误差，多用于水平连接杆与立柱的连接

装配式柱式墩台应注意以下几个问题。

（1）墩台柱构件与基础顶面预留环形基座应编号，并检查各个墩台高度是否符合设计要求；基坑口四周与柱边的空隙不得小于 2cm。

（2）墩台柱吊入基坑内就位时，应在纵横方向测量，使柱身垂直度或倾斜度以及平面位置均符合设计要求；对重大、细长的墩柱，需用风缆或撑木固定，方可摘除吊钩。

（3）在墩台柱顶安装盖梁前，应先检查盖梁口预留槽眼位置是否符合设计要求，否则应先修凿。

（4）柱身与盖梁（顶帽）安装完毕并检查符合要求后，可在基坑空隙与盖梁槽眼处灌注稀砂浆，待其硬化后，撤除楔子、支撑或风缆，再在楔子孔中灌填砂浆。

在基础或承台上安装预制混凝土管节、环圈作墩台的外模时，为使混凝土基础与墩台联结牢固，应由基础或承台中伸出钢筋插入管节、环圈中间的现浇混凝土内，插入钢筋的数量和锚固长度应安设计规定或通过计算决定。

三、装配式预应力混凝土墩施工

装配式预应力钢筋混凝土墩分为基础、实体墩身和装配墩身三大部分。装配墩身由基本构件、隔板、顶板及顶帽四种不同形状的构件组成，用高强钢丝穿入预留的上下贯通的孔道内。实体墩身是装配墩身与基础的连接段，其作用是锚固预应力钢筋，调节装配墩身高度及抵御洪水时漂流物的冲击等。

施工工序流程如图 6–3 所示，分成施工准备、构件预制及墩身装配三方面。全过程贯穿着质量检查工作。实体墩身灌注时要按装配构件孔道的相对位置，预留张拉孔道及工作孔构件装配的水平拼装缝采用 M5 水泥砂浆，砂浆厚度为 15mm，便于调整构件水平高程，不使误差积累。安装构件要求确保“平、稳、准、实、通”五个关键，即起吊平、构件顶面平、内外壁砂浆接缝要“抹平”；起吊、降落、松钩要“稳”；构件尺寸、孔道位置、中线及预埋配件位置要“准”；接缝砂浆要“密实”；构件孔道要“畅通”。

张拉预应力的钢丝束分两种，一种是直径为 5mm 的高强度钢丝，用 18ϕ5 锥形锚；另一种用 7ϕ4mm 钢丝线，用 JM12—6 型锚具，采用一次张拉工艺。可以在顶帽上张拉，亦可在实体墩下张拉，两者的利弊比较见表 6–8，一般多在顶帽上张拉。

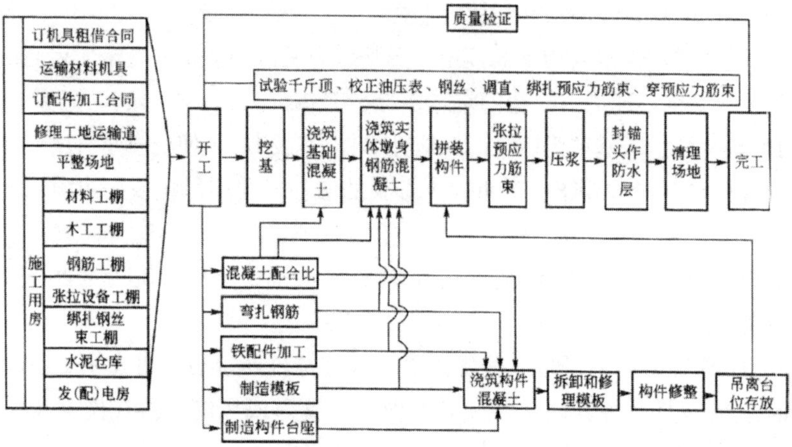

图 6–3　装配式预应力混凝土墩施工工艺流程示意图

表 6–8　顶帽上和墩下张拉比较

顶帽上张拉	实体墩下张拉
1. 高空作业，张拉设备需起吊，人员需在顶帽	1. 地面作业，机土设备搬运方便。但彼此看不见指挥，不如顶帽操作方便
2. 在直线段张拉，不计算曲线管道摩阻损失	2. 必须计算曲线管道摩阻损失
3. 向下垂直安装千斤顶，对中容易	3. 向上斜向安装千斤顶，对中较困难
4. 实体墩开孔小，削弱面积小，无需割断钢筋	4. 实体墩开孔大，增大削弱面积，必须割断钢筋，增加封锚工作量

孔道压浆前先用高压水冲洗。采用纯水泥浆，为了减少水泥浆的收缩及泌水性能，可掺入为水泥质量（0.8 ~ 1.0）/10000 的铝粉。压浆最好由下而上压注。压浆分初压与复压，初压后，约停 1h，待砂浆初凝即进行复压，复压压力可为 0.8 ~ 1Pa，初压压力可小一点。压浆时，若构件上的砂浆接缝全部湿润，说明接缝砂浆空隙中压入了水泥浆，起到了密实接缝的作用。实体墩身的封锚采用与墩身同强度等级的混凝土，同时要采用防水措施。顶帽上的封锚采用钢筋网罩焊在垫板上，单个或多个连在一起，然后用混凝土封锚。

四、无承台大直径钻孔埋入空心桩墩施工

无承台大直径钻孔埋入空心桩墩由预钻孔、预制大直径钢筋混凝土桩墩节、吊拼桩墩节并用预应力后张连接成整体、桩周填石压浆、桩底高压压浆、吊拼墩节、浇筑或组装盖梁等部分组成。它综合了预制桩质量的可靠性、钻孔成桩的工艺简单、

成本低、适应性强等优越性；摒弃了管柱桩技术设备复杂、成本高、不易穿透沙砾层、桩易偏位及钻孔灌注桩桩身质量难以保证等缺陷，集当今桩基先进施工技术之大成。

钻孔埋入空心桩墩（又可称为钻埋空心桩墩）的技术特点如下：

其一，直径大，承载力高。桩径一般大于 2.5m，钻埋空心桩桩径已达 5.0m，沉挖空心桩桩径已达 6.0 ~ 8.0m。由于采用了桩周填石压浆、桩底高压压浆，桩节间通过预应力形成整体，故使桩基承受垂直荷载和水平荷载的能力成倍增加。

其二，无承台、空心截面，节省了围堰工程，减少了桩身混凝土体积，不仅简化了施工工序，而且可将大桥下部结构费用从全桥费用 50% 以上，降至 30% ~ 40%。

其三，施工快速，工期缩短。并由于采用大直径桩，桩数少，多数情况下可以单桩独柱，加之钻机设备的先进与完善，一个枯水季节可完成基础工程；预制桩节、墩节与钻孔平行作业，大大加速了工程进度。

其四，钻埋空心桩墩适用于土质地基；沉挖空心桩适用于松散的砂、砾、漂石和风化岩层。环保效果好，施工少振动、低噪声，城镇区施工对居民干扰少。其五，桩节、墩节预制，桩周、桩底压浆，节间用高强预应力筋连成整体，各项作业技术含量高，桩墩质量完全能得到保障。

五、装配式墩台的允许偏差

构件安装前必须检查其外形和构件的预埋件尺寸和位置，其允许偏差不得超过设计规定；构件安装就位完毕后，经过检查校正符合要求，才允许焊接或浇筑混凝土以固定构件；分段安装的构件继续安装时，必须在先安装的构件固定和受力较大的接头混凝土达到设计要求的强度后方可进行（一般应达到设计强度等级的 70%）；装配式墩台完成时的允许偏差为：

（1）墩台柱埋入基座内的深度和砌块墩、台埋置深度，必须符合设计规定。

（2）墩台倾斜为为墩台高），最大不得超过 20mm。墩台顶面高程 ±10mm；墩、台中线平面位置 ±10mm；相邻墩、台柱间距 ±15mm。

第三节　高桥墩施工

一、滑动模板构造

滑动模板是将模板悬挂在工作平台的周围上，沿着所施工的混凝土结构截面的周界组拼装配，并随着混凝土的灌注由千斤顶带动向上滑升。滑动模板的构造，由于桥墩类型、提升工具的类型不同，模板构造也稍有差异，但其主要部件与功能则大致相同，一般主要由工作平台、内外模板、混凝土平台、工作吊篮和提升设备等组成，如图 6–4 所示。

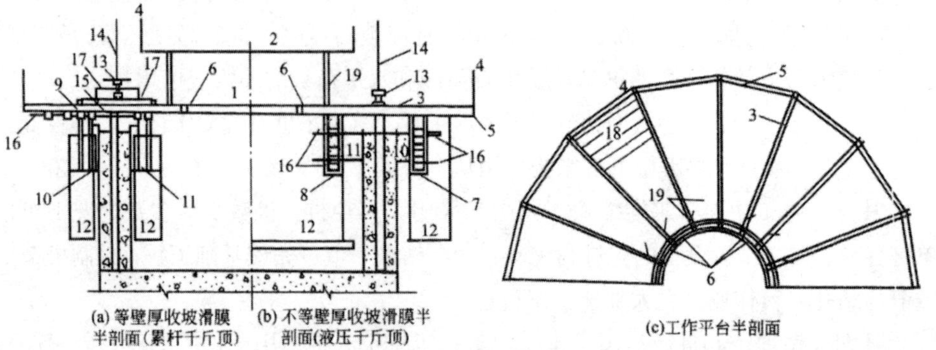

图 6–4　滑动模板构造示意图

1—工作平台；2—混凝土平台；3—射梁；4—栏杆；5—外钢环；6—内钢环；7—外立柱；8—内立柱；9—滚轴；10—外模板；11—内模板；12—吊篮；13—千斤顶；14—顶杆；15—顶杆导管；16—收坡螺杆；17—顶架横梁；18—步板；19 一混凝土立柱

（1）工作平台 1 由外钢环 5、辐射梁 3、内钢环 6、栏杆 4、步板 18 组成，除提供施工操作的场地外，还用它把滑模的其他部分与顶杆 14 相互连接起来，使整个滑模结构支承在顶杆上。可以说，工作平台是整个滑模结构的骨架，因此，应具有足够的强度和刚度。

（2）内外模板 10、11 采用薄钢板制作，用于上、下壁厚相同的直坡空心桥墩的滑模。内外模均通过立柱 7、8 固定在工作平台的辐射梁上。用于上、下壁厚相同的斜坡空心墩的收坡滑模，内外模板仍固定在立柱上，但立柱架（或顶架横梁 17）不是固定在辐射梁上，而是通过滚轴 9 悬挂在辐射梁上，并可利用收坡螺杆 16 沿辐射方向移动立柱架及内外模板位置。用于斜坡式不等壁厚空心墩的收坡滑模，则内外立柱固定在辐射梁上，而在模板与立柱间安装收坡螺杆，以便分别移动内外模板的位置。

（3）混凝土平台 2 由辐射梁、步板栏杆等组成，利用混凝土立柱 19 支承在工作平台的辐射梁上，供堆放及灌注混凝土的施工操作用。

（4）吊篮 12 悬挂在工作平台的辐射梁和内外模板的立柱上，它随着模板的提升而向上移动，供施工人员对刚脱模的混凝土进行表面修饰和养生等施工操作之用。

（5）提升设备由千斤顶 13、顶杆 14、顶杆导管 15 等组成，通过顶升工作平台的辐射梁使整个滑模提升。

二、滑动模板提升工艺

滑动模板提升设备主要有提升千斤顶、支承顶杆及液压控制装置等几部分。下面介绍其提升过程。

（1）螺旋千斤顶提升步骤如图 6-5 所示。

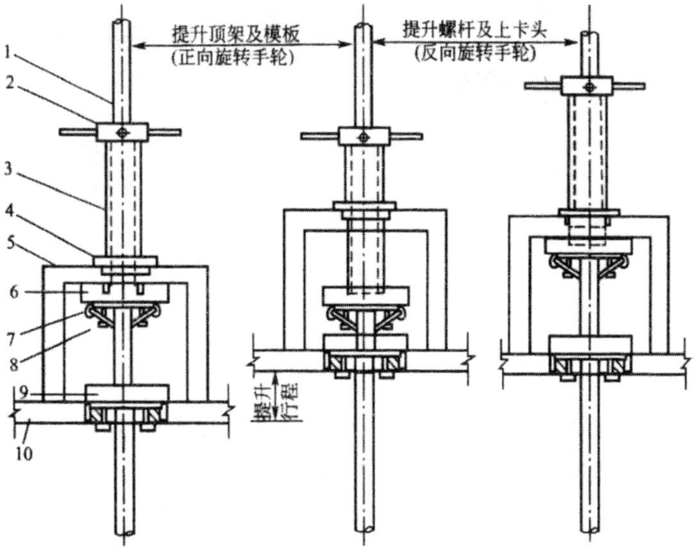

图 6-5　螺旋千斤顶提升步骤示意图

1- 顶杆；2- 手轮；3- 螺杆；4- 订座；5- 顶架上的横梁；6- 上卡头；7- 卡瓦；8- 卡板；9- 下卡头；10- 顶架下横梁

1）转动手轮 2 使螺杆 3 旋转，使千斤顶顶座 4 及顶架上的横梁 5 带动整个滑模徐徐上升。此时，上卡头 6、卡瓦 7、卡板 8 卡住顶杆。而下卡头 9、卡瓦 7、卡板 8 则沿顶杆向上滑行，当滑至与卡瓦接触或螺杆不能再旋转时，即完成一个行程的提升。

2）向相反方向转动手轮，此时、下卡头、卡瓦、卡板卡住顶杆 1，整个滑模处于静止状态。仅上卡头、卡瓦、卡板连同螺杆、手轮沿顶杆向上滑行，至上卡头与顶架上横梁接触或螺杆不能再旋转时为止，即完成整个一个循环。

（2）液压千斤顶提升步骤如图 6-6 所示。

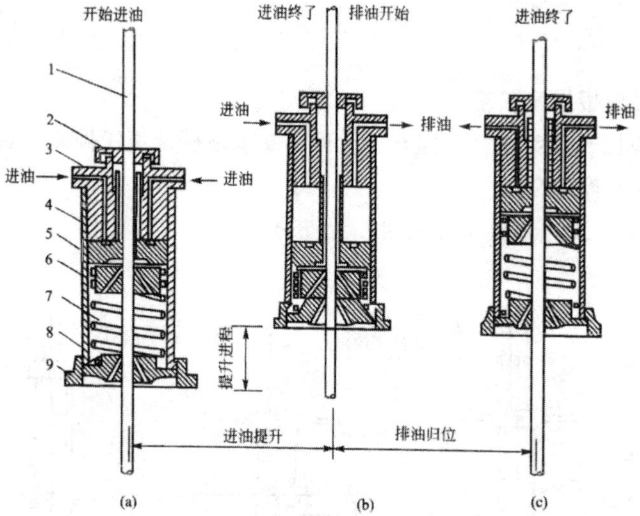

图 6–6　液压千斤顶提升步骤示意图

1—顶杆；2—行程调整帽；3—缸盖；4 一缸筒；5—活塞；6—上卡头；7—排油弹簧；8—下卡头；9—底座

1）进油提升：利用油泵将油压入缸盖 3 与活塞 5 间，在油压作用时，上卡头 6 立即卡紧顶杆 1，使活塞固定于顶杆上图 6–6（a）。随着缸盖与活塞间进油量的增加，使缸盖连同缸筒 4、底座 9 及整个滑模结构一起上升，直至上、下卡头 8 顶紧时图 6–5（b），提升暂停。此时，缸筒内排油弹簧完全处于压缩状态。

2）排油归位：开通回油管路，解除油压。利用排油弹簧 7 推动下卡头使其与顶杆卡紧，同时推动上卡头将油排出缸筒，在千斤顶及整个滑模位置不变的情况下，使活塞回到进油前位置。至此，完成一个提升循环图 6–5（c）。液压前为了使各千斤顶能协同一致地工作，应将油泵与各千斤顶用高压油管连通，由操作台统一集中控制。

提升时，滑模与平台上临时荷载全由支撑顶杆承受。顶杆多用 A3 与 A5 圆钢制作，直径 25mm，A5 圆钢的承载能力约为 12.5kN（A3 则为 10kN）。顶杆一端埋置于墩、台结构的混凝土中，一端穿过千斤顶芯孔，每节长 2.0 ~ 4.0m，用工具式连接或焊接。为了节约钢材使支承顶杆能重复使用，可在顶杆外安上套管，套管随同滑模整个结构一起上升，待施工完毕后，可拔出支承顶杆。

三、滑动模板的设计要点

滑动模板整体结构是混凝土成形的装置，也是施工操作的主要场地，必须具有足够的刚度、稳定性和合理的安全度。为了保证施工质量与安全，滑动模板各组成部件必须按强度和刚度进行设计与验算。

（1）荷载取值

作用在滑动模板整个结构上的荷载有静荷载与活荷载。工作平台、内外模板、混凝土平台、工作吊篮、提升设备、液压管线等重力都属于静荷载；操作人员、施工机具、平台上堆放的材料及半成品等的重力，以及滑升时混凝土与模板间的摩阻力等属于垂直活荷载；向模板内倾倒混凝土产生的冲击力，新浇筑混凝土对模板的侧压力，以及风荷载等属于水平活荷载。具体按有关规范与设计要求分别取值。

（2）确定支撑顶杆和千斤顶的数量

1）支撑顶杆的数量。其最小值 n 按下式计算。

$$n=KP/N$$

式中：P——滑动模板提升时全部静荷载和垂直活荷载；

K——工作条件系数，液压千斤顶取值为 0.8；

N——单根支承顶杆的容许承载能力，按下式取值。

$$N=\phi A[\sigma]$$

式中：ϕ——纵向弯曲系数，可根据长细比大小查表确定；支承顶杆的计算长度应根据不同的施工情况予以决定，如正常提升时，其自由长度 L 取千斤顶上卡头至新浇筑层混凝土底部的距离，并视其上卡头处固结、下端为铰接，所以 $L_0=0.7L$；

A——支承顶杆的截面面积；

$[\sigma]$——支承顶杆的抗压容许应力。

提升过程中支承顶杆实际受力情况比较复杂，其容许承载能力应根据工程实践的经验选用。上述计算确定的支承杆数量，还应根据结构物的平面和局部结构加以适当的调整。

2）千斤顶的数量。液压千斤顶起重力约为 30kN，施工时考虑其他因素后，按 15kN 取值，大体上与支承顶杆的承载能力相同。即一根支承顶杆上安装一台千斤顶，所需千斤顶数量与支承杆数相同。

（3）确定支承顶杆、千斤顶、顶升架和工作平台的布置方案

1）支承顶杆和千斤顶的布置方案。一般有均匀布置、分组集中布置以及分组集中与均匀布置相结合等。在筒壁结构中多采用均匀布置方案，在平面较为复杂的结构中则宜采用分组集中与均匀相结合的布置方案。

千斤顶在布置时，应使各千斤顶所承受的荷载大致相同，以利于同步提升。当

平台上荷载分布不均匀时，荷载较大的区域和摩阻力较大的区段，千斤顶布置的数量要多些。考虑到平台荷载内重外轻，在数量上内侧应较外侧布置多些，以避免顶升架提升时间内倾斜。

2）顶升架的布置方案。应根据结构形式、建筑平面、平台荷载与刚度等进行布置。筒壁结构顶升架可采用均匀布置方案，间距控制在 1.2 ~ 2.5m。

3）工作平台的布置方案。必须保证其结构的整体性与足够的刚度，应根据施工对象的结构特点、荷载大小和分布情况。顶升架和千斤顶的布置要求，以及垂直运输方式等来确定工作平台的布置方案。圆形结构中，工作平台的承重结构、承重桁架或梁宜采用辐射形布置，如此平台的刚度好，作用在各顶升架上的荷载比较均匀。方形结构中，工作平台的承重结构可单向或双向布置，单向布置时，承重梁间应设置水平支承，两端的承重梁应设置垂直支承，以加强平台的结构整体性和稳定性。

（4）模板的设计

包括模板的尺寸的确定和模板的刚度。模板必须具有足够的刚度，才能保证浇筑混凝土和提升过程中，在混凝土侧压力作用力下不发生超过允许的变形值。一般条件下，模板在水平荷载作用下，其支点在力作用方向的变形不应超过 1/1000。作用在模板上的水平荷载主要是新浇筑混凝土的侧压力，此时，模板按简支板计算。因为滑模施工中，模板有一定倾斜度，出模混凝土具有 0.05 ~ 0.25MPa 的强度，所以模板底部的混凝土对模板不存在侧压力。在侧压力作用的高度范围内，模板承受的侧压力图形如图 6–7 所示。

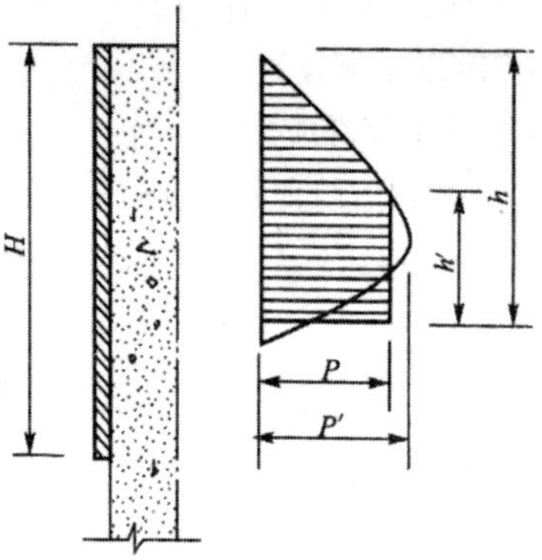

图 6–7　作用在模板上的侧压力计算示意图

新浇筑混凝土的侧压力计算式为：

$$P=1/2rh$$

式中：P——新浇混凝土侧压力的计算最大值，kPa；

r——混凝土的重度，kN/m^3；

h——侧压力的计算作用高度，m，（$h=0.65H \sim 0.70H$，H 为模板高度）。

侧压力的合力为 0.75Ph，合力作用点距模板上口的距离在 3h/5 处。

（5）顶升架与工作平台的设计

顶升架的结构形式，主要是由结构水平截面形状、部位和千斤顶的类型决定的。一般常采用一字形的单横梁式或双横梁式。顶升架承受提升时的全部垂直荷载，以及混凝土与模板的侧压力等水平荷载，其计算内容包括顶升架立柱的净宽 W 和立柱设计。对于等截面结构的滑模工程，净宽 W 为：

$$W=A+2(B+C+D)+E$$

式中：A——结构的截面宽度，m；

B——模板的厚度，m；

C——围圈的宽度，m；

D——支承围圈的支托宽度，m；

E——由于模板的倾斜度要求两侧放宽的尺寸，m。

顶升架的横梁底面与模板顶面间的距离，对于钢筋混凝土结构取值 0.45 ~ 0.50m，主要是为了满足绑扎水平钢筋和预埋件的要求。顶升架的立柱按拉弯构件计算。

工作平台的计算可视其具体受力情况，按常用的结构计算方法验算其强度。

四、滑模浇筑混凝土施工要点

1. 滑模组装

在墩位上就地进行组装时，安装步骤如下。

（1）在基础顶面搭枕木垛，定出桥墩中心线。

（2）在枕木垛上先安装内钢环，并准确定位，再依次安装辐射梁、外钢环、立柱、千斤顶、模板等。

（3）提升整个装置，撤去枕木垛，再将模板落下就位，随后安装余下的设施；内外吊装架待模板滑升至一定高度，及时安装；模板在安装前，表面需涂润滑剂，以减少滑升时的摩阻力；组装完毕后，必须按设计要求及组装质量标准进行全面检查，并及时纠正偏差。

2. 灌注混凝土

滑模宜灌注低流动度或半干硬性混凝土，灌注时应分层、分段对称的进行，分层厚度 20 ~ 30cm 为宜，灌注后混凝土表面距模板上缘宜有不小于 10 ~ 15cm 的距离。混凝土入模时，要均匀分布，应采用插入式振动器捣固，振捣时应避免触及钢筋和模板，振动器插入下一层混凝土的深度不得超过 5cm；脱模时混凝土强度应为 0.2 ~ 0.5MPa，以防在其自重压力下坍塌变形。为此，可根据气温、水泥强度等级实验后掺入一定量的早强剂，以加速提升；脱模后 8h 左右开始养生，用吊在下吊架上的环绕墩身的带小孔的水管来进行。养生水管一般设在距模板下缘 1.8 ~ 2.0m 处效果较好。

3. 提升与收坡

整个桥墩灌注过程可分为初次滑升、正常滑升和最后滑升 3 个阶段。从开始灌注混凝土到模板首次试升为初次滑升阶段。初灌混凝土的高度一般为 60 ~ 70cm，分 3 次灌注，在底层混凝土强度达到 0.2 ~ 0.4MPa 时即可试升。将所有千斤顶同时缓慢起升 5cm，以观察底层混凝土的凝固情况。现场鉴定可用手指按刚脱模的混凝土表面，若基本按不动，但留有指痕，砂浆不沾手，用指甲划过有痕，滑升时能耳闻“沙沙”的摩擦声，这些现象表明混凝土已具有 0.2 ~ 0.4MPa 的强度，可以开始再缓慢提升 20cm 左右。初升后，经全面检查设备，即可进入正常滑升阶段。即每灌注一层混凝土，滑模提升一次，使每次灌注的厚度与每次提升的高度基本一致。在正常气温条件下。提升时间不宜超过 1h。最后滑升阶段是混凝土已经灌注到需要高度，不再继续灌注，但模板尚需继续滑升的阶段。灌完最后一层混凝土后，每隔 1 ~ 2h 将模板提升 5 ~ 10cm，滑动 2 ~ 3 次后即可避免混凝土与模板胶合。滑模提升时应做到垂直、均衡一致，顶架间高差不大于 20mm，顶架横梁水平高差不大于 5mm。并要求三班连续作业，不得随意停工。

4. 接长顶杆、绑扎钢筋

模板每提升至一定高度后，就需要穿插进行接长顶杆、绑扎钢筋等工作。为了不影响提升时间，钢筋接头均应事先配好，并注意将接头错开。对预埋件及预埋的接头钢筋，滑模抽离后，要及时处理，使之外露。

在整个施工过程中，由于工序的改变，或发生意外事故，使混凝土的灌注工作停止较长时间，则需要进行停工处理。例如，每隔 30min 左右稍为提升模板一次，以免黏结；停工时在混凝土表面要插入短钢筋等，以加强新老混凝土的黏结；复工时还需将混凝土表面凿毛，并用水冲走残渣，湿润混凝土表面，灌注一层厚度为 2 ~ 3cm 的 1：1 水泥砂浆，然后再灌注原配合比的混凝土，继续滑模施工。

翻升模板施工与滑动模板施工相似，不同的是支架通过千斤顶支承预埋在墩壁中的预埋件上。待浇筑好的墩身混凝土达到一定强度后，将模板松开，千斤顶上顶，把支架连同模板升到新的位置，模板就位后，再继续浇筑墩身混凝土。如此反复循环，逐节爬升。每次升高约 2m。

翻升模板施工是采用一种特殊钢模板，一般由 3 层模板组成一个基本单元，并配置有随模板升高的混凝土接料工作平台。当浇筑完上层模板的混凝土后，将最下层模板拆除，翻上来拼装成第 4 层模板，以此类推，循环施工。翻升模板也能够用于有坡度的桥墩施工。

第四节　墩台附属工程施工

一、桥台翼墙、锥坡施工要点

（1）锥体填土应按设计高程及坡度填足。砌筑片石厚度不够时再将土挖去。不允许填土不足，临时边砌石边填土。锥坡拉线放样时，坡顶应预先放高约 2 ~ 4cm，使锥坡随同锥体填土沉降后，坡度仍符合设计规定。

（2）锥坡、护坡及拱上等各项填土，宜采用透水性土，不得采用含有泥草、腐殖物或冻土块的土。填土应在接近最佳含水量的情况下分层填筑和夯实，每层厚度不得超过 0.30m，密实度应达到路基规范要求。

（3）在大孔土地区，应检查锥体基底及其附近有无陷穴，并彻底进行处理，保证锥体稳定。干砌片石锥坡，用小石子砂浆勾缝时，应尽可能在片石护坡砌筑完成后间隔一段时间，待锥体基本稳定再进行勾缝，以减少灰缝开裂。

（4）石砌锥坡、护坡和河床铺砌层等工程，必须在坡面或基面夯实、整平后，方可开始铺砌，以保证护坡稳定。

（5）护坡基础与坡角的连接面应与护坡坡度垂直，以防坡角滑走。片石护坡的外露面和坡顶、边口，应选用较大、较平整并略加修凿的块石铺砌。

（6）砌石时拉线要张紧，砌面要平顺，护坡片石背后应按规定做碎石倒滤层，防止锥体土方被水冲蚀变形。护坡与路肩或地面的连接必须平顺，以利排水，并避免背后冲刷或渗透坍塌。

砌体勾缝除设计有规定外，一般可采用凸缝或平缝。浆砌砌体应在砂浆初凝后，覆盖养生 7 ~ 14d。养生期间应避免碰撞、振动和承重。

二、台后填土要求

（1）台后填土应与桥台砌筑协调进行。填土应尽量选用渗水土，如黏土含量较少的沙质土。土的含水量要适量，在北方冰冻地区要防止冻胀。如遇软土地基，为增大土抗力，台后适当长度内的填土可采用石灰土（掺 5% 石灰）。

（2）石砌圬工桥台台背与土接触面应涂抹两道热沥青或用石灰三合土、水泥砂浆胶泥做不透水层作为台后防水处理。

（3）对于梁式桥的轻型桥台台后填土，应在桥面完成后，在两侧平行的进行。台背填土顺路线方向长度，一般应自台身起，底面不小于桥台高度加 2m，顶面不小于 2m。

（4）填土应分层夯实，每层松土厚 20 ~ 30cm，一般应夯 2 ~ 3 遍，夯实后的厚度 15 ~ 20cm，使密实度达到 85% ~ 90%，并做密实度测定。靠近台背处的填土打夯较困难时，可用木棍、拍板打紧捣实，与路基搭接处宜挖成台阶形。

三、台后搭板的施工要点

（1）设置搭板是解决台后错台跳车的重要工程措施，其效果与搭板之下的路堤压缩程度和搭板长度有密切关系。桥头搭板应设置一个较大的纵坡 i_2，若路线纵坡是 i_1，则搭板纵坡应符合 $10\% \leqslant (i_2—i_1) \leqslant 15\%$，以保证在台后长度方向上的沉降分布较均匀，并逐渐减少。搭板末端顶面与路基平齐；搭板前端顶面应留有路面面层的厚度。

（2）对台后填土应有严格的压实要求。应先清理基坑，使其尺寸符合要求。接着进行基底压实，如压路机使用困难可用小型手推式电动振动打夯机压实，并用环刀法测定压实度。基底填筑达到规定高程后，可填筑并压实二灰碎石，一般可用 12 ~ 15t 压路机压实，每层碾 6 ~ 8 遍，分层压实的厚度一般不大于 20cm，对于边角部位可用小型打夯机补压。可在填压达到搭板顶部的高度，压实或通行车辆一段时间后，再挖开浇筑搭板和枕梁。

（3）对上述填筑台后路堤材料有困难时，至少应选用透水性良好的砂性土，或掺用 40% ~ 70% 的沙石料，分层厚度 20 ~ 30cm，压实度不小于 95%。靠近后墙部位（1.5m 宽）可用小型打夯机，也可填筑块片石及级配砂砾石，用振动器振实。用透水性材料填筑时，应以干密度控制施工质量。

（4）台背填筑前应在土基上或某一合适高度设置泄水管或者盲沟，并注意将泄水管或盲沟引出路基之外。

四、台后泄水盲沟施工

（1）地下水较多时，泄水盲沟以片石、碎石或卵石等透水材料砌筑，并按坡度设置，沟底用黏土夯实。盲沟应建在下游方向，出口处应高出一般水位 0.2m。平时无水的干河沟应高出地面 0.3m。

（2）如桥台在挖方内，横向无法排水时，泄水盲沟在平面上可在下游方向的锥体填土内折向桥台前端排水，在平面上呈 L 形。

（3）地下水较大时，盲沟的一般构造如图 6-8 所示。盲沟施工时应注意以下事项。

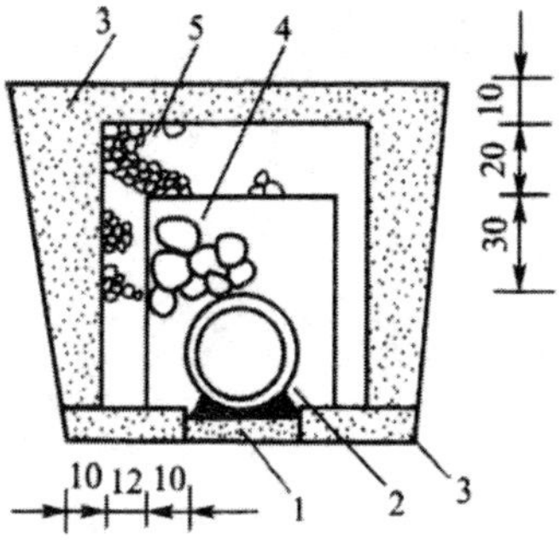

图 6-8　盲沟一般构造示意图

1—渗水管基座；2—渗水管；3—粗砂层；4—粒径 2 ~ cm 卵石；5—粒径小于 2cm 卵石

1）盲沟所用各种填料应洁净、无杂质，含泥量应小于 2%。各层的填料要求层次分明，填筑密实。

2）盲沟滤管基底应用混凝土浇筑，并与滤管密贴；纵坡应均匀，无反向坡；管节应逐节检查，不合格者不得使用。

3）管道安装完毕后，应将管内砂浆残渣、杂物清除干净。

4）盲沟应分段施工，当日下管填料应一次完成。盲沟滤管一般采用无砂混凝土管或有孔混凝土管，也可用短节混凝土管，但应在接头处留 1 ~ 2cm 间隙，供地下水渗入。

五、导流建筑物施工要点

（1）导流建筑物应和路基、桥涵工程综合考虑施工，以避免在导流建筑物范围内取土、弃土破坏排水系统。导流建筑物的填土应达到最佳密度 90% 以上，坡面砌石按照锥体护坡要求办理。若使用漂石时，应采用栽砌法铺砌；若采用混凝土板护面，板间砌缝为 10 ~ 20mm，并用沥青麻筋填塞。

（2）石笼防护基底应铺设垫层，使其大致平整。石笼外层应用较大石块填充，内层则可用较小石块砌密实，装满石块后，用铁丝封口。石笼间应用铁丝连成整体。在水中安置石笼，可用脚手架或船只顺序投放，铺放整齐，笼与笼间的空隙应用石块填满。石笼的构造、形状及尺寸应根据水流及河床的实际情况确定。

（3）抛石防护宜在枯水季节施工。石块应按大小不同规格掺杂抛投，但底部及迎水面宜用较大石块。水下边坡不宜陡于 1：1.5。顶面可预留 10% ~ 20% 的沉落量。

（4）砌筑用石料的抗压强度不得低于 20MPa；砌筑用砂浆标号，在温和及寒冷地区不低于 M5，在严寒地区不低于 M7.5。

第七章　预应力混凝土梁桥施工

第一节　先张法预应力简支梁桥施工

一、先张法及工艺流程

1．先张法

先张法是先将预应力筋在台座上按设计要求的张拉控制应力张拉，然后立模浇筑混凝土，待混凝土强度达到设计标号 75% 后，放松预应力筋。由于钢筋的回缩，通过其与混凝土之间的黏结力，使混凝土得到预应力。

先张法生产可采用台座法或机组流水法，用于工厂内预制定型构件。

先张法的优点：只需夹具，可重复使用，它的锚固是依靠预应力筋与混凝土的黏结力自锚于混凝土中；工艺构造简单，施工方便，成本低。

先张法的缺点：需要专门的张拉台座，一次性投资大；构件中的预应力筋只能直线配筋，适用于长 25m 内的预制构件。

2．先张法施工工艺

先张法制作预应力混凝土构件的基本工艺流程如图 7-1 所示。

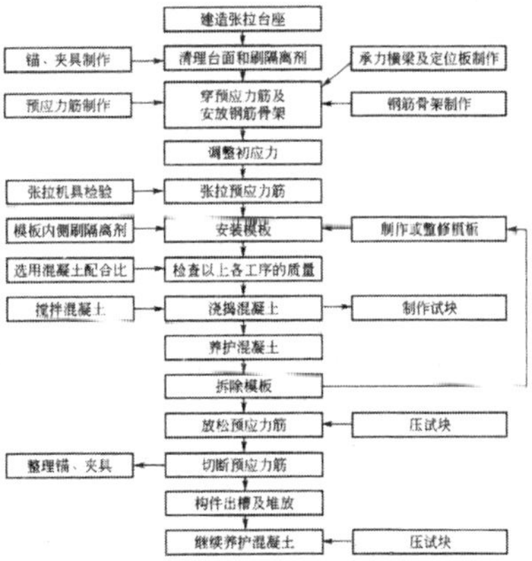

图 7-1　预应力混凝土先张法工艺流程

二、张拉台座

张拉台座由承力支架、横梁、定位钢板和台面等组成，要求有足够强度、刚度与稳定性（其抗倾覆安全系数不小于 1.5，抗滑移系数不小于 1.3），台座长度一般在 50 ~ 100m。

（1）承力支架

承力支架是台座的重要组成部分，要承担全部张拉力，在设计和建造时应保证不变形、不位移、经济、安全和操作方便。目前在桥梁施工中所采用的承力支架多用槽式，这种支架一般能承受 1000kN 以上的张拉力。

（2）台面

台面是制作构件的底模，要求地基不产生非均匀沉陷，底板制作必须坚固、平整、光滑。一般可在夯实平整的地基，浇铺一层素混凝土，并按规定留出伸缩缝。

（3）横梁

横梁是将预应力筋的全部张拉力传给承力支架的两端横向构件，可用型钢或钢筋混凝土制作；并要根据横梁的跨度、张拉力的大小，通过计算确定其断面，以保证其强度、刚度和稳定性；受力后挠度应不大于 2mm，避免受力后产生变形或翘曲。

（4）定位板

定位板是用来固定预应力钢筋位置的，一般都用钢板制作。其厚度必须使承受张拉力后，具有足够的刚度。圆孔位置按照梁体预应力钢筋的设计位置，孔径的大小应略比预应力钢筋大 2 ~ 4mm，以便穿筋。

三、模板与预应力筋制作

1. 模板的制作

模板的制作除满足一般要求外，还有如下要求。

（1）端模预应力筋孔道的位置要准确，安装后与定位板上对应的力筋要求均在一条中心线上。

（2）先张法制作预应力板梁，预应力钢筋放松后板梁压缩量为 1%。左右。为保证梁体外形尺寸，侧模制作要增长 1%。

2. 预应力钢筋的制作

预应力混凝土构件所用的预应力钢筋，种类很多，有直径为 3 ~ 5mm 的高强钢丝、钢绞线、冷拉Ⅲ、Ⅳ级钢筋等。本节仅介绍预应力钢筋的制作工序，它包括下料、对焊、镦粗、冷拉等工序。进场分批验收除检查三证还需按规定检验，每批重量不大于 60t 若按规定抽样试样不合格，则不合格盘报废，另取双倍试样检验不合格项，如再有不合格项，则整批预应力筋报废。

（1）钢筋的下料

预应力钢筋的下料长度如图 7-2 所示，应通过计算。计算时应考虑构件或台座长度、锚夹具长度、千斤顶长度、焊接接头或墩头预留量、冷拉伸长值、弹性回缩值、张拉伸长值和外露长度等因素。

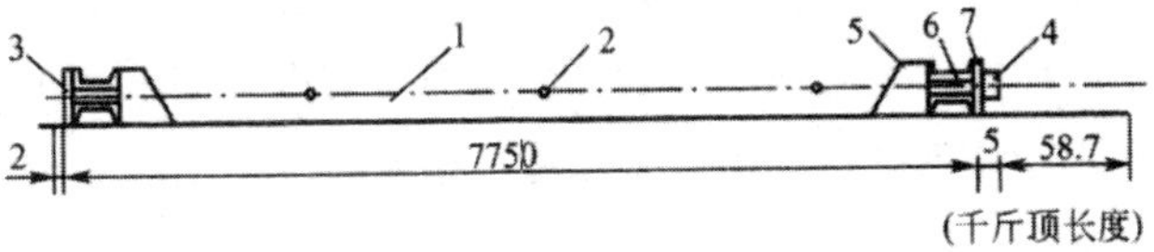

图 7-2 长线台座预应力的钢筋下料长度（单位：cm）

1—预应力筋；2—对焊接头；3—镦粗头；4—夹具；5—台座承力支座；6—横梁；7—定位板

下料长度计算公式（按一端张拉）为：

$$\left.\begin{aligned} L &= \frac{L_0}{1+\delta_1-\delta_2}+n_1 l_1+l_2 \\ L_0 &= L_1+L_2+L_3 \end{aligned}\right\}$$

式中：L——下料长度，cm；

Δ_1——冷拉率（对 L 而言）；

δ_2——钢筋回缩率（对 L 而言）；

n_1——对焊接头的数量；

l_1——每个对焊接头的预留量；

l_2——墩粗头的预留量；

L_0——钢筋的要求长度，cm；

L_1——长线台座的长度（包括横梁、定位板在内），cm；

L_2——夹具长度，cm；

L_3——张拉机具所需的长度（按具体情况决定），cm。

实际下料长度为 8 根 9m 钢筋和 1 根 4.223m 钢筋。

（2）钢筋的对焊

预应力筋切断，宜采用切断机或砂轮锯，不得采用电弧切割。预应力钢筋的接头必须在冷拉前采用对焊，以免冷拉钢筋高温回火后失去冷拉所提高的强度。

普通低合金钢筋的对焊工艺，多采用闪光对焊接。一般闪光对焊工艺有：闪光一预热一闪光焊，和闪光—预热—闪光焊加通电热处理。对焊后应进行热处理，以提高焊接质量。预应力筋有对焊接头时，宜将接头设置在受力较小处，在结构受拉区及在相当于预应力筋 30d 长度（不小于 50cm）范围内，对焊接头的预应力筋截面面积不得超过钢筋总截面积的 25%。

（3）镦粗

制作预应力混凝土构件时，要用夹具和锚具，需耗费一定的优质钢材。因此，为了节约钢材，简化锚固方法，可将预应力钢筋端部做一个大头（即镦粗头），加上开孔的垫板，以代替夹具和锚具。钢筋的镦粗头可以采用电热镦粗；高强钢丝可以采用液压冷镦；冷拔低碳钢丝可以采用冷冲镦粗。冷拉钢筋端头的镦粗及热处理工作应在钢筋冷拉前进行。

钢筋或钢丝的镦粗头制成后，要经过拉力试验，当钢筋或钢丝本身拉断，而镦粗头仍不破坏时，则认为合格；同时外观检查，不得有烧伤、歪斜和裂缝。

（4）钢筋的冷拉

为了提高钢筋的强度和节约钢筋，预应力粗钢筋在使用前一般需要进行冷拉（即在常温下用超过钢筋屈服强度的拉力拉伸钢筋）。

钢筋冷拉按照控制方法可分为“单控”（即控制冷拉伸长率）和“双控”（同时控制应力和冷拉伸长率）两种。目前由于材质不良，即使同一规格钢筋采用相同冷拉伸长率冷拉后建立的屈服强度并不一致；或在同一控制应力下，伸长率又不一致。因此，单按哪一种控制都不能保证质量，最好采用“双控”冷拉，既可保证质量，又可在设计上充分利用钢材强度。采用“双控”冷拉时，应以应力控制为主，伸长率控制为辅。只有在没有测力设备的情况下，采用“单控冷拉”。

关于钢筋的控制应力和冷拉率不应超过规定，见表 7-1。

表 7-1　冷拉钢筋的控制应力和冷拉率

钢筋种类	双控		单控
	控制应力 /MPa	冷拉率 /%	冷拉率 /%
Ⅱ级钢筋	450	≤ 5.5	3.5 ~ 5.5
Ⅲ级钢筋	530	≤ 5.0	3.5 ~ 5.0
Ⅳ级钢筋	750	≤ 4.0	2.5 ~ 4.0

四、预应力筋张拉

先张法预应力钢筋、钢丝和钢绞线的张拉按预应力筋数量、间距和张拉力的大小，采用单根张拉和多根张拉。当采用多根张拉时，必须使它们的初始长度一致，张拉后应力才均匀。为此在张拉前调整初应力，初应力值一般为张拉控制应力值的 10% ~ 15%。

为了减少预应力筋的松弛损失，可采用超张拉的方法进行张拉。超张拉值为张拉控制应力值的105%（即$105\%_{\sigma k}$）。先张法预应力筋张拉程序见表7-2。

表7-2　先张法预应力筋张拉程序

预应力筋种类	张拉程序
钢筋	$0 \to$ 初应力 $\to 105\%_{\sigma K} \xrightarrow{\text{持荷2min}} 90\%_{\sigma K} \to_{\sigma K}$ (锚固)
钢丝、钢绞线	$0 \to$ 初应力 $\to 105\%_{\sigma K} \xrightarrow{\text{持荷2min}} 0 \to_{\sigma K}$ (锚固)

张拉时对钢丝、钢绞线而言，同一构件内断丝数不得超过钢丝总数的1%；对钢筋而言，不允许断筋。

五、混凝土工程

预应力混凝土梁的混凝土工程，除了要选用标号较高而在配料、制备、浇筑、振捣和养护等方面更应严格要求外，基本操作与钢筋混凝土构件中相仿。混凝土可掺入适量的外加剂，但不得掺入氯化钙、氯化钠等氯盐。混凝土的水泥用量不宜超过550kg/m^3；水灰比不超过0.45；坍落度不大于3cm；水、水泥、减水剂用量应准确到±1%；集料用量准确到±2%。此外，在台座内每条生产线上的构件，其混凝土必须一次性浇筑完毕；振捣时，应避免碰击预应力筋，尽量采用侧模振捣工艺。

六、预应力筋放松

当混凝土强度达到设计规定后（当无设计规定，一般应不少于设计标号的75%），可逐渐放松受拉的预应力筋，然后再切割每个梁的端部预应力筋。

预应力筋的放松速度不宜过快。当采用单根放松时，每根预应力筋严禁一次放完，以免最后放松的预应力筋自行崩断。常用的放松方法有以下两种。

（1）千斤顶放松

在台座固定端的承力支架和横梁之间，张拉前预先安放千斤顶如图7-3所示。待混凝土达到规定的放松强度后，两个千斤顶同时回程，放张宜分数次完成，使拉紧的预应力筋徐徐回缩，张拉力被放松。

（2）砂箱放松

使用时从进砂口灌满烘干的沙子，加上压力压紧。待混凝土达到规定的放松强度后，打开出砂口，沙子即慢慢流出，放砂速度应均匀一致；预应力筋随之徐徐回缩，张拉力即被放松。当单根钢筋采用拧松螺母的方法放松时，宜先两侧后中间，分阶段、对称地进行。

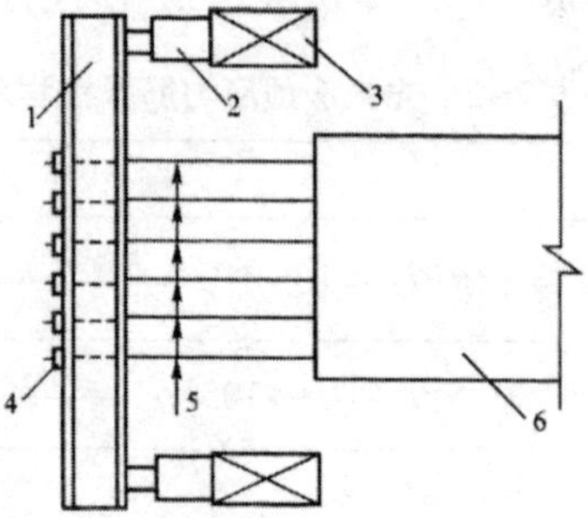

图 7–3　千斤顶放松张拉力的布置

1—横梁；2—千斤顶；3—承力支架；4—夹具；5—钢筋；6—构件

钢筋放张后，可用乙炔一氧气切割，但应采取措施防止烧坏钢筋端部。钢绞线放张后，可用切割、锯断或剪断的方法切断；钢绞线放张后，可用砂轮锯切断。

第二节　后张法预应力简支梁桥施工

一、后张法及工艺流程

1. 后张法

后张法是先制作留有预应力筋孔道的梁体，待混凝土达到设计强度的 75% 后，将预应力筋穿入孔道，并利用构件本身作为张拉台座张拉预应力筋并锚固，然后进行孔道压浆并浇筑封闭锚具的混凝土，混凝土因有锚具传递压力而得到预应力。

后张法的优点是：预应力筋直接在梁体上张拉，不需要专门台座；预应力筋可按设计要求配合弯矩和剪力变化布置成直线形或曲线形；适合于预制或现浇的大型构件。

后张法的缺点是：每一根预应力筋或每一束两头都需要加设锚具，在施工中还增加留孔、穿筋、灌浆和封锚等工序，工艺较复杂，成本高。

后张法制作预应力混凝土构件，一般在施工现场进行，适用于大于 25m 的简支梁或现场浇筑的桥梁上部结构。

2. 后张法施工工艺

预应力混凝土后张法工艺流程如图 7–4 所示。

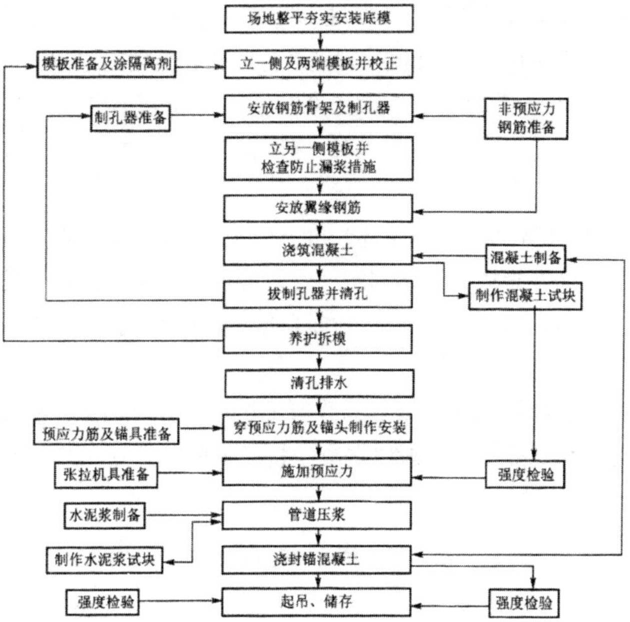

图 7-4 预应力混凝土后张法流程示意图

二、预留孔道

1．制孔器种类

为了在梁体混凝土内形成钢束的管道，应在浇筑混凝土前预先安放制孔器。按制孔的方式可分预埋式制孔器和抽拔式制孔器两类。

预埋式制孔器由预埋铁皮波纹管，管道用薄铁皮卷制组成。经向接头可采用咬口，轴向接头则用点焊，按设计位置，在浇筑混凝土前，直接固定在钢筋骨架上。多用于曲线形的孔道。

抽拔式制孔器有橡胶管制孔器，金属伸缩管制孔器和钢管制孔器。橡胶管制孔器是用橡胶夹两层钢丝编织而成，在管内插入钢筋芯棒，也可在管内充以压力水增加刚度。在直线和曲线孔道中均适用。金属伸缩管制孔器是用金属丝编织成的软管套，内用橡胶封管和钢筋芯棒加劲，并用铁皮管做伸缩管接头。钢管制孔器仅适用于直线形孔道，钢管必须平直，表面光滑，预埋前除锈刷油，两根钢管连接处可用 2mm 厚的铁皮做成两道长约 40cm 套管连接。

2．制孔器安装

（1）安装要求

1）保证预应力筋预留孔道尺寸与位置正确，端部的预埋钢垫板应垂直于孔道中心线。保证预留孔道畅通，芯管的连接处不漏浆。

2）采用定位钢筋固定安装管道，固定各种成孔管道用的定位钢筋的间距，对于钢管不宜大于 1m；对于波纹管不宜大于 0.8m；对于胶管不宜大于 0.5m；对于曲线管道宜适当加密。

（2）安装方法

安装制孔器时，可先将外管沿梁体长度方向顺序穿越各定位钢筋的“井”字网眼，然后在梁中部安装好外管接头，并固定外管，最后穿入钢筋芯棒。外管接头布置在跨中附近，但不宜在同一断面上（同一断面是指顺制孔器长度方向为 1m 的范围内）。

3. 制孔器的抽拔

制孔器的抽拔应在混凝土初凝后与终凝前进行。过早抽拔，混凝土可能塌陷；过迟抽拔，可能拔断制孔器。一般以混凝土抗压强度达到 0.4 ~ 0.8MPa 时为宜。抽拔时间见表 7–3。

表 7–3 抽拔制孔器的时间

环境温度 /℃	>30	30 ~ 20	20 ~ 10	<10
抽拔时间 /h	3	3 ~ 5	5 ~ 8	8 ~ 12

抽拔制孔器的顺序是先抽芯棒，后拔胶管；先拔下层胶管，后拔上层胶管；先拔早浇筑的半根芯管，后拔晚浇筑的半根芯管。

抽芯后，应用通孔器或压水、压气等方法对孔道进行检查，如发现孔道堵塞或有残留物或与邻孔有串通，应及时处理。

三、预应力筋加工及下料

1. 预应力筋加工

后张法预应力混凝土桥梁常用高强碳素钢丝束、钢绞线、冷拉Ⅲ级、Ⅳ级粗钢筋作为预应力筋。对于跨径较小的 T 形梁桥，也可采用冷拔低碳钢丝作为预应力筋。

（1）碳素钢丝束的加工

碳素钢丝束的加工包括下料和编束。编束时可将钢丝对齐后穿入特殊的疏丝板使其排列整齐成束。

（2）粗钢筋的加工

粗钢筋的加工主要包括下料、对焊、墩粗（采用墩台锚具、冷拉等工序）。

（3）钢绞线的加工

钢绞线预应力筋在使用前应进行预拉，以减少钢绞线的构造变形和应力松弛损失，并便于等长控制。钢绞线成束的编扎方法与钢丝束相同。

钢绞线、钢丝束和钢筋的下料，宜采用切割机或砂轮机，不得使用电弧切割下料。

2. 预应力钢丝束的下料

预应力筋的下料长度应根据锚具类型、张拉设备确定，其计算公式为：

$$L=L_0+n(l_1+0.15m)$$

式中：L——下料长度；

L_0——梁的管道长度加两端锚具长度；

l_1——千斤顶支承端到夹具外缘距离；

n——张拉端个数。

四、预应力筋安装与张拉

1. 预应力筋安装

预应力筋安装可在浇筑混凝土之前或之后穿入孔道，对钢绞线可逐根将钢绞线穿入孔道也可以将全部钢绞线编束后整体装入管道中。穿束前应检查锚垫板位置是否准确，孔道内是否畅通，有无水和其他杂物。在混凝土浇筑之前，必须将管道上一切非有意的孔、开口或损坏之处修复，并应检查力筋能否在管道内自由滑动。

2. 预应力筋的张拉

当构件的混凝土强度达到设计强度的75%时，便可对构件的预应力筋进行张拉。

（1）张拉原则

1）对曲线预应力筋或长度不小25m的直线预应力筋，宜在两端同时张拉；对长度小于25m的直线预应力筋，可在一端张拉。

2）张拉时应避免构件呈过大的偏心状态，因此，应对称于构件截面进行张拉，或先张靠近截面重心处的预应力筋，后张拉距截面重心较远处的预应力筋。

（2）张拉程序

后张法预应力筋的张拉程序见表7–4。

表7–4　后张法的张拉程度

预应力钢筋种类		张拉程序
钢筋、钢筋束、钢绞线束		$0 \rightarrow$初应力$\rightarrow 105_{\sigma k} \xrightarrow{持荷5min} \sigma_k$（锚固）
钢丝束	夹片式锚具、推销式锚具	$0 \rightarrow$初应力$\rightarrow 105_{\sigma k} \xrightarrow{持荷5min} \sigma_k$（锚固）
	其他锚具	$0 \rightarrow$初应力$\rightarrow 105_{\sigma k} \xrightarrow{持荷5min} 0 \rightarrow \sigma_k$（锚固）

（3）预应力筋张拉操作方法

预应力筋的张拉操作方法与配用的锚具和千斤顶的类型有关。如张拉钢丝束可配用锥形锚具、锥锚式千斤顶；张拉粗钢筋可配用螺丝端杆锚具、拉杆式千斤顶；张拉精轧螺纹钢筋可配用特制螺帽、穿心式千斤顶；张拉钢绞线束可配 OVM 锚、穿心式千斤顶。其中锥形锚具配锥锚式千斤顶，张拉操作程序为准备工作、初始张拉、正式张拉和顶锚。

后张法预应力筋断丝及滑移，对钢丝、钢绞线而言，同一构件内断丝数不得超过钢丝总数的 1%，每束断丝或滑丝不得大于 1 根；对钢筋而言，不允许滑移或断筋。

预应力筋在张拉控制应力达到稳定后方可锚固。锚固完毕并经检验合格后即可切割端头多余的预应力筋，但应保留 30mm 外露长度。

五、孔道压浆及封锚锚固

为了使孔道内预应力筋不受锈蚀，并与构件混凝土结成整体，保证构件的强度和耐久性，当预应力钢筋张拉完毕后，应尽快进行孔道压浆。

孔道压浆的操作要点如下。

（1）冲洗孔道。压浆前先用清水冲洗孔道，使之湿润，以保持灰浆的流动性，同时要检查灌浆孔，排气孔是否畅通无阻。

（2）确定灰浆配合比。灰浆的配合比应根据孔道形式、灌浆方法、材料性能及设备条件由试验决定。孔道压浆一般宜采用水泥浆，水泥浆的强度应不低于 30MPa。孔道较大时可在水泥浆中掺入适量的细砂。压浆所用水泥宜采用普通硅酸盐水泥，强度等级不宜低于 42.5。水灰比应控制在 0.4 ～ 0.45 之间。水泥浆强度符合设计规定，如无规定不得小于 30MPa。掺入减水剂时，水灰比可减少到 0.35。水泥浆的泌水率最大不超过 3%，拌合后 3h 泌水率宜控制在 2%，泌水应在 24h 内重新全部被浆吸收。通过试验后，水泥浆中可掺入适当膨胀剂，但其自由膨胀率应小于 10%，水泥浆稠度宜控制在 14 ～ 18s 之间。水泥浆自调制至压入孔道的间隔时间不得超过 30 ～ 45min，水泥浆在使用前和压注过程中应连续搅拌。

（3）压浆方法。压浆时，对曲线孔道和竖向孔道应由最低点的压浆孔压入，由最高点的排气孔排气和泌水。压浆顺序宜先压注下层孔道，后压注上层孔道。压浆应缓慢、均匀、连续进行，不得中断，如中间因故停顿时，应立即将已灌入孔道的灰浆用水冲洗干净后重新压浆。压浆时，每一工作班应留取不少于 3 组的 70.7mm × 70.7mm × 70.7mm 立方体试件，标准养护 28d，检查其抗压强度。压浆过程中及压浆后 48h 内结构混凝土温度不得低于 5℃，否则应采取保温措施。当温度高于 35℃时，压浆宜在夜间进行。

封锚锚固：孔道压浆后应立即将锚固端水泥浆冲洗干净，并将端面混凝土凿毛。在绑扎端部钢筋网和安装封锚模板时，要妥善固定，以免浇筑封锚混凝土时，模板走样。封锚混凝土标号应符合设计规定，一般不宜低于构件混凝土标号的80%。封锚混凝土必须严格控制梁体长度。浇筑后1～2h带模养护，脱模后继续洒水养护不少于7d。对于长期外露的锚具，应采取可靠的防锈措施。

第三节　预应力连续梁悬臂和顶推法施工

一、预应力连续梁悬臂施工

悬臂施工法也称为分段施工法。悬臂施工法是以桥墩为中心向两岸对称地逐节悬臂接长的施工方法。

悬臂施工法，充分利用了预应力混凝土能抗拉和承受负弯矩的特性，将设计和施工的要求密切配合在一起而出现的新方法。即它把跨中的最大施工困难移至支点，又用支点的扩大截面来承受施工期间和通车之后的最大弯矩，所以能用较低的造价来修建大跨度的桥梁。

1．适用范围

悬臂施工法应用范围很广，能建造大跨度的悬臂梁、连续梁、刚架桥、斜拉桥等体系的桥梁。为了增加梁体的刚度，它们的横截面几乎都是箱形（单箱或多箱）。

2．施工方法

（1）悬臂浇筑法

悬臂浇筑法采用移动式挂篮作为主要施工设备，以桥墩为中心，对称向两岸利用挂篮浇筑梁段混凝土，每段长2～5m。每浇筑完一对梁段，待混凝土达到规定强度后，张拉预应力束并锚固，再向前移动挂篮，进行下一节段的施工。

挂篮是由底模板、悬挂系统、刚桁架、行走系统、平衡重力及锚固系统、工作平台等组成。挂篮能沿轨道行走，能悬挂在已经完成悬浇施工的悬臂梁段上进行下一梁段施工。由于梁段的模板架设、钢筋绑扎、制孔器安装、混凝土浇筑、预加应力和管道压浆均在挂篮上进行，所以挂篮除具备足够的强度外，还应满足变形小、行走方便、锚固、拆装容易以及各项施工作业的操作要求，必须注意安全设施。

当挂篮就位后，既可在上面进行梁段悬臂浇筑施工的各项作业。

当桥墩宽度较小时，浇筑桥墩两侧的1号梁段，因挂篮拼装场地不足，往往采用托架支撑，然后再在其上安装脚手钢桁架如图7-5（a）所示，供吊设挂篮和浇筑

2号悬臂梁段。待左右两侧的2号梁段浇好后，再延伸刚桁架，并移动挂篮位置至外端，供3号梁段浇筑图7–5（b）。浇筑几段后，将刚桁架分成两半浇筑，后端锚固或压重，以防止倾覆。桥墩两侧梁段其悬臂施工应对称、平衡。平衡偏差不得大于设计要求。

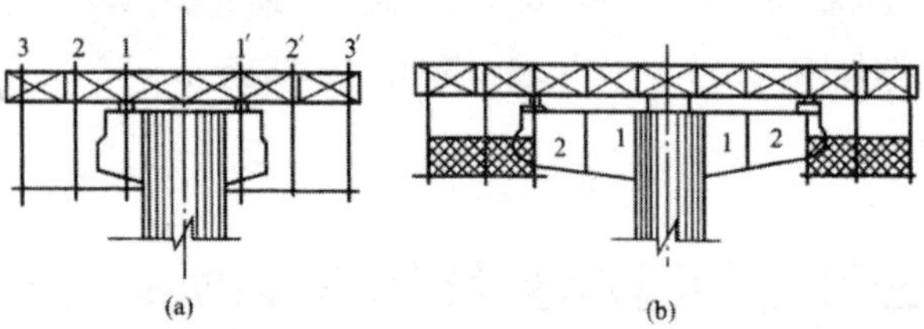

图 7–5　悬臂对称浇筑示意图

悬臂施工时，最重要的问题是悬臂的平衡。保持悬臂在桥墩两侧绝对平衡是不可能的，因此，常采用下列临时措施。

1）用预应力临时固结，完工后解除之，以恢复原来的支承条件。

2）在桥墩两侧加设临时支墩。在墩顶设扇形托架，以达到梁与墩的临时固结

每段混凝土经养护达到设计强度的70%后，再经过孔道检查和修理孔口等工作，即可进行穿束、张拉、压浆和封锚。

（2）悬臂拼装法

悬臂拼装法是利用移动式悬拼吊机将预制梁段起吊至桥位，然后采用环氧树脂和预应力悬臂拼装法施工，包括块件的预制、运输、拼装及合拢。

为了使段与段之间的接缝紧密，可先浇制奇数编号的块件，然后在期间浇筑偶数编号的块件。为了使拼装构件的位置准确，可以在顶板和腹板上设榫头作导向。腹板上的榫头对于增强接缝抗剪能力，防止滑动起到重要作用。

悬臂拼装的顺序是先安装墩顶梁段，再用墩顶上的悬臂刚桁架，同时拼装两侧块件。待拼装几段后，分开导梁，一端支在已拼装的3号块件上，另一端支在岸墩上和支在靠近桥墩的块件上，依次对称拼装其他块件。桥墩两侧应对称拼装，保持平衡。平衡偏差应满足设计要求。

当梁的位置经校正其误差在允许范围后，即可穿束、张拉、使其自成悬臂，如此循环，直至墩顶梁段安装完毕。

二、预应力连续梁顶推施工

顶推施工法是先在后台的路堤上预制箱形梁段，每段约10 ~ 20m长，待预制2 ~ 3段后，在箱梁上、下板内施加能承受施工中变号内力的预应力，然后用水平千斤顶等顶推设备将支承在聚四氟乙烯板与不锈钢板滑道上的箱梁向前推移，推出一

段再接长一段，这样周期性的反复操作直至整段梁浇筑顶推完成。

1．适用范围

跨径 40 ～ 60m 的预应力混凝土桥采用顶推法最适宜。一般来说，3 孔以上较为经济，特别对桥下难以树立支撑的深涧峡谷的桥梁，更显得有利。当跨度更大时，就需要在桥墩间设置临时支墩，顶推速度，当水平千斤顶行程为 1m 时，一个顶推循环需 10 ～ 15min。

由于顶推法的大力发展，使预应力混凝土连续梁得到广泛的应用。

2．顶推法施工方案

当顶推的大梁悬出桥台时，其跨中截面承受负弯矩，所以要将大梁加固，除配置设计荷载所需的预应力筋外，还需要设置临时的预应力筋以承受顶推时引起的弯矩。

为了减少顶推时产生的内力，有以下三种方法。

（1）在跨径中间设临时墩。

（2）在梁前端安装导梁。

（3）梁上设吊索架。

以上方法要结合地理条件、施工难易、桥梁跨径、经济因素等适当选择，一般将（1）法和（2）法、（2）法和（3）法组合施工。其中导梁宜选用变高度的轻型结构，以减轻重量，其长度约为施工跨径的 60% 左右。

3．施工概要

（1）梁段预制

为使梁顺利顶进和适应顶推时截面上力的变化，主梁一般均做成等高度的箱形梁为宜。混凝土浇筑工作可在桥台后方固定场地进行。

梁段的箱形截面大多数呈梯形，箱顶上两侧悬臂悬出相当宽的车道板，腹板有一定斜度，底板宽度则为减少墩而缩窄。

箱梁底板常在拼装场外浇好并与已完成的箱节连在一起成为整体，当梁段滑移出一节，预制好的底板亦随着推移至箱梁两侧腹板模板之间，在这个部位底板下设有中间支柱，以承受内模、腹板和顶板的重量。

腹板外侧模板顶起就位并固定后，即可安装腹板钢筋骨架。腹板内模就位于浇制好的底板上，再安装顶板钢筋和需要的预应力筋并浇筑混凝土。

（2）施工工序

箱梁采用分段浇筑顶推，每预制、顶推一个梁段为一个作业循环，其工艺流程如图 7–6 所示。

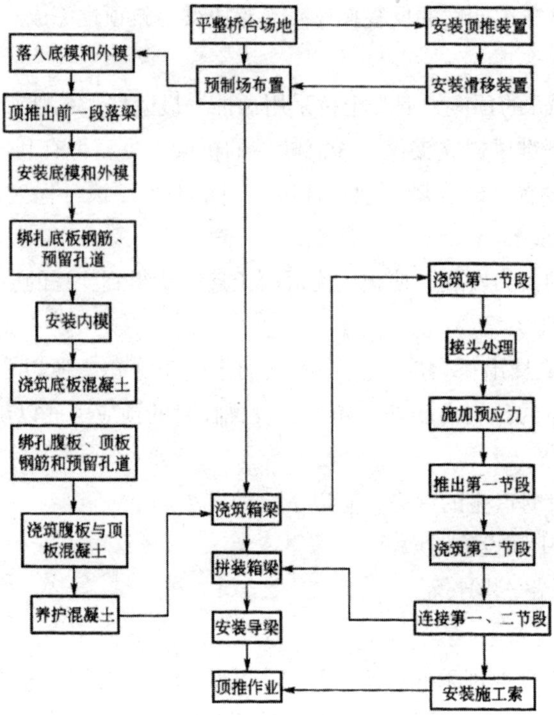

图 7–6 顶推法工艺流程

（3）顶推装置

1）用拉杆的顶推装置

在桥台前面安装一对千斤顶，使其底座靠在桥台上，拉杆一端与千斤顶连接，另一端用一顶推靴固定在箱梁侧壁上。当施加推力时，装在顶推靴上的自动开放的楔子便将装在梁身两侧的拉杆挟住，使梁身随着推力而滑移。

2）水平—垂直千斤顶的装置

其原理与顶推步骤如下。

①先将垂直千斤顶落下，使梁支承于水平千斤顶前端的滑块上。

②开动油泵，水平千斤顶进油，活塞向前推动滑块，利用梁底混凝土与橡胶的摩阻力大于聚四氟乙烯与不锈钢的摩阻力来带动梁体向前移动至最大行程后停止。

③顶起垂直千斤顶，使梁升高，脱离滑块。

④再开动油泵，向水平千斤顶小缸送油，活塞后缩，把滑块退回原处，然后再将垂直千斤顶落下，使梁又支承于滑块上，继续顶进。如此重复，直到整个梁就位。

（4）滑移装置

当顶推装置工作时，梁应支承在滑动支座上，以减少推进阻力，梁才得以向前。

滑动支座的构造由混凝土块、抛光不锈钢板和在其上顺次滑移的聚四氟乙烯滑板所组成。由于梁底可能不平及聚四氟乙烯滑板的厚薄不均，所以在推移中，滑板必须连续跟上，以免影响推进。

在顶推时，应经常检查梁底边线位置，发现偏差时，及时用木楔及聚四氟乙烯板横向导向装置进行纠偏。

（5）落梁就位

全梁顶推到达设计位置后，可用多台千斤顶同时将梁顶起，拆除滑道，安上正式支座，进行落梁就位。落梁温度一般在20℃左右。

第八章　钢筋混凝土简支梁桥施工

第一节　模板与支架

一、模板

1. 模板应符合的要求

（1）一般要求

1）构造和制作力求简单，装拆方便，周转率高。

2）模板接缝紧密，以保证混凝土在振捣器强烈振动下不致漏浆。支架连接件牢靠、不松动，能承受支架以上的各项荷载。

3）保证结构物设计形状、尺寸及各部分相互位置的正确性。具有足够的强度、刚度和稳定性，能可靠地承受在施工过程中可能产生的各项荷载。

（2）设计要求

支架（拱架）、模板的设计要求，重点是验算其强度、变形、稳定性，具体要求见表 8–1。

表 8–1　支架（拱架）、模板的设计要求

项目	设计的主要内容和要求
计算荷载组合	（1）梁、板和拱的底模及支承板、拱与支架等，其计算强度为：1+2+3+4+7；其验算刚度为：1+2+7 （2）缘石、人行道、栏杆、柱、梁、板、拱等的侧模板，其计算强度为：4+5；其验算刚度为：5 （3）基础、墩台等厚大建筑物的侧模板，其计算强度为：5+6；其验算刚度为：5
荷载组合代号说明	1——模板，支架和拱架自重 2——新浇筑混凝土、钢筋混凝土或其他圬工结构物的重力 3——施工人员和施工材料、机具等行走运输或堆放的荷载 4——振捣混凝土时产生的荷载 5——新浇筑混凝土对侧面模板的压力 6——倾倒混凝土时产生水平荷载 7——其他可能产生的荷载，如雪荷载、冬季保温设施荷载等

续表

项目	设计的主要内容和要求
强度和稳定性计算	（1）设于水中的支架，尚应考虑水流压力、流冰压力和船只漂流等冲击力荷载 （2）验算倾覆的稳定系数不得小于 1.3
双曲拱、组合箱形拱支架荷载	如属于就地浇筑，仅考虑承受拱肋重力及施工操作时的附加荷载即可
支架、模板与拱架挠	（1）结构表面外露的模板，挠度为模板构件跨度的 1/400 （2）结构表面隐蔽的模板，挠度为模板构件跨度的 1/250 （3）拱架、支架受载后挠曲的杆件（盖梁、纵梁），其弹性挠度为相应结度的验算、变形限值构自由跨度的 1/400 （4）钢模板的面板变形为 1.5mm；钢模板的钢棱、柱箍变形为 3.0mm

2．模板的种类

（1）木模

木模由模板、肋木、立柱或由模板、直枋、横枋组成。模板厚度通常为 3 ~ 5cm，板宽为 15 ~ 20cm，不得过宽，以免翘曲。肋木、立柱、直枋和横枋尺寸通过计算确定。木模的优点是容易制作。

（2）钢模

钢模大都做成大型块件，一般长 3 ~ 8m，由钢板和加劲骨架焊接组成。通常钢板厚取用 4 ~ 8mm。骨架由水平肋和竖向肋组成，肋由钢板或角钢做成，肋距 500 ~ 800mm。大型钢模块件之间用螺栓或销连接。在梁的下部，常集中布置受力钢筋或预应力索筋，必要时可在钢模板上开设天窗，以便浇筑或振捣混凝土。多次周转使用的钢模，在使用前可用化学方法或机械方法清扫；在浇筑混凝土前，在模板内壁要用脱模剂，以便脱模。钢模的优点是周转次数多，且结实耐用，拼缝严密，能经受强行振捣，浇筑时表面光滑。

二、支架

支架的主要类型有三种：立柱式支架、梁式支架和梁柱结合式支架。

1．立柱式支架

如图 8-1（a）、（b）所示立柱式支架，主要由排架和纵梁等构件组成。其中排架由枕木或桩、立柱和盖梁组成。一般排架间距为 4m，桩的入土深度按施工设计要求设置，但是不能低于 3m。当水深大于 3m 时，桩要采用拉杆加强，还需要在纵梁下布置卸落设备。立柱式支架的特点是构造简单，主要用于城市高架桥或不通航道以及桥墩不高的小跨径桥梁施工。其构造如下。

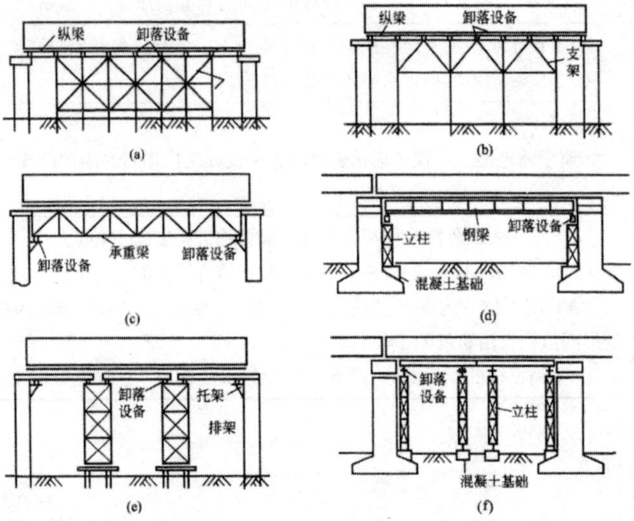

图 8–1　常用支架的主要构造示意图

（1）立柱式支架还可以采用直径为 48mm、壁厚 3.5mm 的钢管搭设，水中支架需要事先设置基础、排架桩，钢管支架在排架上设置。

（2）在城市里现浇高架桥，一般在平整路基上铺设碎石层或沙砾石层，在其上浇筑混凝土作为支架的基础；钢管排架纵、横向密排，下设槽钢支承钢管，钢管间距是根据高架桥的高度及现浇梁的自重、施工荷载的大小而定，一般为 0.4 ~ 0.8m。

（3）钢管主要由扣件接长或者搭接，上端采用可调节的槽形顶托固定纵、横木龙骨，形成立柱式支架。

（4）搭设钢管支架要设置纵、横向水平杆加劲，高架桥较高时还需要加剪刀撑，水平加劲杆与剪刀撑均需要扣件与立柱钢管连成整体。排架顶标高应适当考虑设置预拱度。

（5）方塔式重力支撑脚手架是一种轻型支架，需要采用焊接钢管制成的方塔，上、下均有可调底座和顶托，其高度可由标准架组拼调整，方塔间用连接杆连成整体。通过测试，每个单元塔架子安全承载力约 180kN。该支架装拆方便，用钢量少，通常在高度 5m 以下的支架上使用。塔架需要架设水平加劲及剪刀加劲杆，但是，对高桥和重载桥不适宜。

2. 梁式支架

根据高架桥的跨径不同，梁可采用工字钢、钢板梁或钢桁梁，如图 8–1（c）和

图 8-1（d）所示。一般工字钢用于跨径小于 10m 的情况；钢板梁用于跨径小于 20m 的情况；钢桁梁用于跨径大于 20m 的情况。梁可以支承在墩旁支柱上，也可支承在桥墩上预留的托架或支承在桥墩处的横梁上。

3．梁柱结合式支架

当高架桥较高、跨径较大或必须在支架下设孔通航或排洪时，可采用梁柱结合式支架，如图 8-1（e）和图 8-1（f）所示。梁支承在桥墩、台以及临时支柱或临时墩上，形成多跨的梁柱结合式支架。

三、支架和模板的安装

（1）支架安装前应对各种杆件的质量、尺寸、外观和轴线等进行检查。支架的支承面应抄平。支架宜采用标准化、系列化、通用化的构件拼装，应进行施工图设计，并验算其强度、刚度和稳定性。

（2）支架立柱必须安装在有足够承载力的地基上，立柱底端应设垫木来分布和传递压力，扩大上、下支承点的承载面，以减少支架下沉量和模板变形，保证浇筑混凝土后不发生超过允许的沉降量。

（3）支架结构应满足立模高程的调整要求。按设计高程和施工预拱度立模。

（4）模板连接缝间隙大于 2cm 时，应用灰膏类填缝或贴胶带密封。预应力管道锚具处空隙大时，用海绵泡沫填塞，防止漏浆。

（5）为加强支架纵、横向的刚度和稳定性，立柱在两个互相垂直的方向要设水平撑杆和斜撑，斜撑与水平交角不大于 45°。一般立柱高度在 5m 左右时水平横撑不得少于两道，并应在横撑间加双向剪刀撑（十字撑）。在支架的转角、端头和纵向每 30m 左右均应设剪刀撑。剪刀撑要从顶到底连续布设，最后一对必须落地。

（6）承重部位的支架和模板，必要时应在立模后预压，消除非弹性变形和基础沉降。预压重力相当于以后所浇筑混凝土的重力。当结构分层浇筑混凝土时，预压重力可取浇筑混凝土质量的 80%。

（7）相互连接的模板，木板面要对齐，连接螺栓不要一次锁紧到位，整体检查模板线形，发现偏差及时调整后再锁紧连接螺栓，固定好支撑杆件。

四、施工预拱度计算

1．确定预拱度时应考虑的因素

在支架上浇筑梁式上部构造时、在施工时和卸架后，上部构造要发生一定的下沉和产生一定的挠度。因此，为使上部构造在卸架后能满意地获得设计规定的外形，需在施工时设置一定数值的预拱度。在确定预拱度时应考虑下列因素。

（1）卸架后上部构造本身及一半活载所产生的竖向挠度 δ_1。

（2）支架在荷载作用下的弹性压缩 δ_2。

（3）支架在荷载作用下的非弹性变形 δ_3。

（4）支架基底在荷载作用下的非弹性沉陷 δ_4。

（5）由混凝土收缩及温度变化而引起的挠度 δ_5。

2．预拱度的计算

上部构造和支架的各项变形值之和，即为应设置的预拱度。各项变形值可按下列方法计算和确定。

（1）桥跨结构应设置预拱度，其值等于恒载和半个静活载所产生的竖向挠度而。当恒载和静载产生的挠度不超过跨径的 1/1600 时，可不设预拱度。

（2）对于满布式支架，当其杆件长度为 L、压力为 δ 时，其弹性变形为：

$$\delta_2 = \frac{\delta \cdot L}{E}$$

当支架为桁架等形式时，应按具体情况计算其弹性变形。

（3）支架在每一个接缝处的非弹性变形，在一般情况下，横纹木料接缝为 3mm；顺纹木料接缝为 2mm；木料与金属或木料与圬工的接缝为 1 ~ 2mm；顺纹与横纹木料接缝为 2.5mm。

（4）卸落设备砂筒内砂粒压缩和金属筒变形的非弹性压缩量，根据压力大小、沙子细度模量及筒径、筒高确定。一般 20t 压力砂筒为 4mm；40t 压力砂筒为 6mm；沙子未预先压紧者为 10mm。支架基底的沉陷，可通过试验确定或见表 8–2。

表 8–2　支架基底沉陷 单位：cm

土壤	枕梁	柱	
		当柱上有极限荷载时	柱的支承力未充分利用时
砂土	0.5 ~ 1.0	0.5	0.5
黏土	1.5 ~ 2.0	1.0	0.5

3．预拱度的设置

根据梁的拱度和支架的变形所计算出来的预拱度之和，为预拱度的最高值，应设置在梁的跨梁中点。其他各点的预拱度，应以中间点为最高值，以梁的两端为零，按直线或二次抛物线比例进行分配。

第二节　钢筋工程

一、钢筋加工

1．钢筋的调直

直径 10mm 以下 I 级钢筋常卷成盘形，粗钢筋常弯成“发卡”型或出厂时截成 8 ~ l0m 长，便于运输和储存。

盘形钢筋应先放开，把它截成 30.40m 的长度，然后用人力或电动绞车拉直，拉直时对拉力要注意控制，使任一段的伸长率不超过 1%。也可用钢筋调直机拉直。

粗钢筋可放在工作台上用手锤敲直，亦可用手工扳子或自动机床矫直。整直后，粗钢筋应挺直，无曲折，钢筋中心线的偏差不超过其全长的 1/100。

2．除锈去污

钢筋应用清洁的表面，使钢筋与混凝土间有可靠的黏结力，油渍、漆皮、鳞锈均应在使用前清除干净。除锈工作应尽量利用冷拉和调直工序进行除锈。除锈的方法有人工除锈（钢丝刷、砂盘）、喷砂除锈、钢筋除锈机除诱和酸法除锈。

3．钢筋的画线配料

为了使成型的钢筋，较正确地符合设计要求，下料前进行用料的设计工作称为配料。配料以施工图纸和库存料规格及每一根钢筋的下料长度为依据，将不同直径与不同长度的各号钢筋顺序填制配料单，按表列各种长度及数量进行配料，然后按型号规格分别切断弯制。

钢筋配料注意事项：

（1）对于有接头的钢筋，配料时应注意使接头位置设在内力较小处，并错开布置。对于焊接接头，受拉钢筋接头的截面积在同一截面内不得超过钢筋总截面积的 50%。此处同一截面是指钢筋长度方向 35d 长度范围内，但不得小于 50cm。

（2）对于绑扎搭接接头，其截面积在同一截面内受拉区不得超过钢筋总面积的 25%; 受压区不得超过钢筋总截面积的 50%。此处同一截面是指钢筋搭接长度范围内，绑扎接头的最小搭接长度见表 8-3。

（3）所有接头与钢筋弯曲处应不小于 10d，也不宜位于构件的最大弯矩处。受力钢筋同一截面内，同一根钢筋，只准有一个接头。

表 8-3　绑扎接头的最小搭接长度

混凝土标号	15 号		≥ 20 号	
钢筋种类 受力情况	受拉	受压	受拉	受压
Ⅰ级 5 号钢筋	35d	25d	30d	20d
Ⅱ级钢筋	40d	30d	35d	25d
Ⅲ级钢筋	45d	35d	40d	30d

4. 钢筋切断

钢筋按下料长度下料，钢筋下料切断可用钢筋切断机（直径 40mm 以下的钢筋）及手动液压切断器（直径 16mm 以下的钢筋）。钢筋一般先断长料，后断短料；长料长用，短料短用。切剩的短料可作为电焊接头的绑条使用。

二、钢筋接长（钢筋连接）

钢筋接长的方式有闪光接触对焊、电弧焊、机械连接和绑扎搭接。一般多应用电焊接头，只有在没有焊接条件时，才可用绑扎接头。

1. 连接方式

（1）闪光接触对焊

用闪光接触对焊接长钢筋，其优点是使钢筋传力性能好、省钢材、能电焊各种钢筋，避免了钢筋的拥挤，便于混凝土浇筑。故一般焊接均以采用闪光接触对焊为宜。闪光接触对焊是将夹紧于对焊机钳口内的钢筋，在接通电流时，以不大的压力移近钢筋两头，使其轻微接触。在移近过程中，钢筋端隙向四面喷射火花，钢筋熔融到既定的长度值后，便将钢筋进行快速的顶锻，至此焊接过程结束。

（2）电弧焊

如图 8-2 所示电弧焊焊接过程示意图。一根导线接在被焊钢筋上，另一根导线接在夹有焊条的焊钳上。合上开关，将接触焊件接通电流，此时立即将焊条提起 2 ~ 3mm，产生电弧。由于电弧最高可达 4000℃，能熔化焊条和钢筋，并汇合成一条焊缝，至此焊接过程结束。

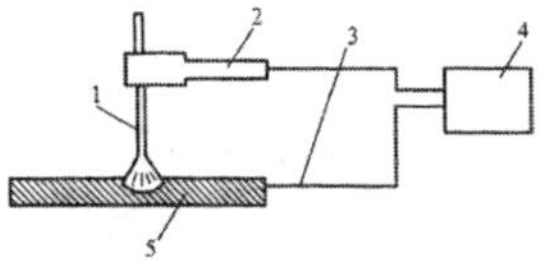

图 8-2　电弧焊接示意图

1—焊条；2—焊钳；3—导线；4—电源；5—被焊金属

（3）机械连接

钢筋机械连接是指通过连接件的机械咬合作用或钢筋端面的承压作用，将一根钢筋中的力传递至另一根钢筋的连接方法。它具有接头质量稳定可靠，不受钢筋化学成分的影响，操作简便，施工速度快，且不受气候条件影响，无污染，无火灾隐患，施工安全等优点。目前推广应用的有套筒挤压连接法（通过挤压机施工），直螺纹连接法和锥螺纹连接法等。

（4）铁丝绑扎搭接

当没有条件采用焊接时，接头可采用铁丝绑扎搭接，绑扎应在钢筋搭接处的两端和中间至少 3 处用铁丝扎紧。其搭接长度见表 8–3。受拉区内 I 级钢筋的接头末端应做弯钩。

对轴心受拉构件的接头及直径大于 25mm 的钢筋均应用焊接，不得采用绑扎接头；冷拔钢丝的接头只能采用绑扎，不得采用焊接接头；冷拉钢筋的焊接接头应在冷拉前焊接。

2. 钢筋骨架的焊接

钢筋骨架的焊接应采用电弧焊，先焊成单片平面骨架，然后再将平面骨架组焊成立体骨架，使骨架有足够刚性和不弯形性，以便吊运。

钢筋在焊接过程中由于温度变化，骨架将会发生翘曲变形，使骨架的形状和尺寸不符合设计要求，同时会在焊缝内产生收缩应力而使焊缝开裂。因此，为了防止施焊过程中骨架的变形，在施工工艺上要采取一定的措施。一般常在电焊工作台上用先点焊后跳焊（即错开焊接的次序）的方法。另外，宜采用双面焊缝使骨架的变形尽可能均匀对称。

钢筋按设计图布置就绪后，各钢筋用点焊固定相对位置，使钢筋骨架各部分不致因施焊时加热膨胀及冷却收缩而变形。

无论是点焊或电弧焊，骨架相邻部位的钢筋不能连续施焊，而应该错开焊接顺序（跳焊）。钢筋骨架焊接顺序宜由中到边对称地向两端进行，先下排钢筋跳焊，再焊上排钢筋。同一部位有多层钢筋时，各条焊缝也不能一次焊好，而要错开施焊。当多层钢筋直径不同时，可先焊两直径相同的，再焊直径不同的。

3. 钢筋弯制成型

钢筋应按设计尺寸和形状用冷弯的方法弯制成型。当弯制的钢筋较少时，可用人工弯筋器在成型台上弯制。

弯制大量钢筋时，宜采用电动弯筋机，能弯制直径 6 ~ 40mm 的钢筋，并可弯成各种角度。

弯制各种钢筋的第一根时，应反复修正，使其与设计尺寸和形状相符，并以此样件作标准，用以检查以后弯起的钢筋。钢筋弯曲成型后，表面不得有裂纹、鳞落或断裂等现象。

三、钢筋安装

在模板内安装钢筋之前，必须详细检查模板各部分的尺寸，检查模板有无歪斜、裂缝及变形尺寸不符之处和各板之间的松动都应在安装钢筋之前予以处理好。

焊接成型的钢筋骨架，安装用一般起重设备吊入模板内即可。

对于绑扎钢筋的安装，应拟定安装顺序。一般的梁肋钢筋，先放箍筋，再放下排主筋，后装上排钢筋。在钢筋安装工作中为了保证达到设计及构造要求，应注意下列几点。

（1）钢筋的接头应按规定要求错开布置。钢筋的交叉点，应用铁丝绑扎结实，必要时可用点焊焊牢。

（2）为保证混凝土保护层厚度，应在钢筋与混凝土间错开（0.7 ~ 1.0m）设水泥浆垫块，不应贯通截面全长。为保证与固定钢筋间的横向净距，两排钢筋间可用混凝土分隔块或短钢筋扎结固定。

（3）除设计有特殊要求外，梁中箍筋应与主筋垂直。箍筋弯钩的叠合处，在梁中应沿梁长方向置于上面并交错布置，在柱中应沿柱高方向交错布置。

第三节　混凝土工程

一、混凝土浇筑前的准备工作

1．检查原材料

检查原材料的具体操作，见表 8–4。

表 8–4　检查原材料

检查项目	具体内容
沙子	混凝土用的沙子，应采用级配合理、质地坚硬、颗粒洁净、粒径小于 5mm 的天然砂，一般应以细度模数 2.5 ~ 3.5 的中、粗沙为宜，砂中有害杂质含量不得超过规范规定
石子	混凝土用的石子，有碎石和卵石两种，要求质地坚硬、有足够强度、表面洁净，针状、片状颗粒以及泥土、杂物等含量不得超过规范规定。粗骨料的最大粒径不得超过结构最小边尺寸的 1/4 和最小钢筋净距的 3/4；在两层或多层密布钢筋结构中，不得超过钢筋最小净距的 1/2，同时最大粒径不得超过 100mm。施工前应对所有的粗骨料进行碱活性检验

续表

检查项目	具体内容
水泥	水泥进场必须有制造厂的水泥品质试验报告等合格证明文件。水泥进场后应按其品种、强度、证明文件以及出厂时间等情况分批进行检查验收，并对水泥进行反复试验。超过出厂日期三个月的水泥，应取样试验，并按其试验结果使用。对受潮的水泥，硬块应筛除并进行试验，根据实际强度使用，一般不得用在结构工程中。已变质的水泥，不得使用。不同品种、强度等级和出厂日期的水泥应分别堆放。堆垛高度不宜超过 10 袋，离地、离墙 30cm。做到先到的先用，严禁混掺使用
水	水中不得含有妨碍水泥正常硬化的有害杂质，不得含有油脂、糖类和游离酸等。pH 值小于 5 的酸性水及含硫酸盐量超过 0.27kg/cm^3 的水不得使用，海水不得用于钢筋混凝土和预应力混凝土结构中。饮用水均可拌制混凝土

2. 检查混凝土配合比

混凝土配合比设计必须满足强度、和易性、耐久性和经济的要求。根据设计的配合比及施工所采用的原材料，在与施工条件相同的情况下，拌和少量混凝土做试块试验，验证混凝土的强度及和易性。

上面所述的配合比均为理论配合比，其中砂、石均为干料，但在施工现场所用的材料均包含一定量的水。因此，在混凝土搅拌前，均需测定砂石的含水率，调整施工配合比。

3. 检查模板与支架

检查模板的尺寸和形状是否正确，接缝是否紧密，支架接头、螺栓、拉杆、撑木等是否牢固，卸落设备是否符合要求。清除模板内的灰屑，并用水冲洗干净；模板内侧需涂刷隔离剂，以利脱模，若是木模还应洒水润湿。

4. 检查钢筋

检查钢筋的数量、尺寸、间距接头位置及保护层厚度是否符合设计要求；钢筋骨架绑扎是否牢固；预埋件和预留孔是否齐全，位置是否正确。并签发隐蔽工程验收单后方可进行浇筑混凝土。

二、混凝土拌和

1. 人工拌和

人工拌和混凝土是在铁板或在不渗水的拌和板上进行。拌和时先将拌和所需的砂料堆正中耙成浅沟，然后将水泥倒入沟中，干拌至颜色一致，再将石子倒入里面加水拌和，反复湿拌若干次到全部颜色一致，石子和水泥砂浆无分离和无不均匀现象为止。

2. 机械拌和

机械拌和混凝土是在搅拌机内进行。混凝土拌和前，应先测定沙石料的含水率，调整配合比，计算配料单，水泥以包为单位。

混凝土拌合时，应先向鼓筒内注入用水量的 2/3，然后按先石子，次水泥，后沙子的上料顺序全部混合料倒入鼓筒，随着将余下的 1/3 水量注入。投入搅拌机的第一盘混凝土材料应适量增加水泥、砂和水或减少石子，以覆盖搅拌筒的内壁而不降低拌合物所需的含浆量。混凝土搅拌中应严格控制水灰比和坍落度，拌和时间一般为 3min 左右，以石子表面包满砂浆，混凝土拌合物均匀、颜色一致为标准，不得有离析和泌水现象。

三、混凝土运输

1. 基本要求

（1）混凝土运输路线应尽量缩短，尽可能减少转运次数。道路应平坦，以保证车辆行驶平稳。

（2）混凝土运输过程中不应发生离析、泌水和水泥浆流失现象。坍落度前后相差不得超过 30%，如有离析现象，必须在浇筑前进行第二次搅拌。第二次搅拌时不得任意加水，可同时加水和水泥以保持原水灰比不变。如第二次搅拌仍不符合要求，则不得使用。运输盛器应严密坚实，要求不漏浆、不吸水，并便于装卸拌合料。

（3）混凝土从加水搅拌，拌和机内卸出，经运输、浇筑直至振捣完毕所需的运输时间不宜超过见表 8–5。

表 8–5　混凝土拌和物运输时间限制

气温 /℃	无搅拌设施运输 /min	有搅拌设施运输 /min
20 ~ 30	30	60
10 ~ 19	45	75
5 ~ 9	60	90

2. 运输工具

一般采用独轮手推车、双轮手推车、窄轨倾斗车、自动倾卸卡车、井字架起吊设备、悬臂起重机、缆索起重机、搅拌运输车和混凝土泵车等。

四、混凝土的浇筑

浇筑前仔细检查支架、模板和钢筋的尺寸，预埋件的位置是否正确，并检查模板的清洁、润滑和紧密程度。

1．允许间隙时间

混凝土浇筑应依照次序，逐层连续浇完，不得任意中断，并应在前层混凝土开始初凝前即将次层混凝土拌和物浇捣完毕。其允许间隙时间以混凝土还未初凝或振捣器尚能顺利插入为准。

2．工作缝的处理

当间歇时间超过规定的数值时，应按工作缝处理，其方法如下。

（1）需待下层混凝土强度达到 2.5MPa 后，方可浇筑后续混凝土。

（2）在浇筑混凝土前，应凿除施工缝处下层混凝土表面的水泥砂浆和松弱层，使坚实混凝土层外露并凿成毛面。

（3）无筋构件的工作缝应加锚固钢筋或石榫，有抗渗要求的施工缝宜做成凹形，凸形或设止水带。

（4）对施工接缝处的混凝土，振捣器离先浇混凝土 5 ~ 10cm，应仔细地加强振捣，使新旧混凝土紧密结合。施工缝的位置宜留置在结构受剪力和弯矩较小且便于施工的部位。

（5）旧混凝土经清理干净后，用水清洗干净并排除积水。垂直接缝应刷一层净水泥浆；水平接缝应铺一层厚为 1 ~ 2cm 的 1：2 水泥砂浆，斜缝可把斜面凿毛呈台阶状，按照前面所说的处理。

3．混凝土浇筑时的分层厚度

每层混凝土的浇筑厚度，应根据拌和能力、运输距离、浇筑速度、气温及振捣器工作能力来决定，一般为 15 ~ 30cm。

4．混凝土的自由倾落高度

为保证混凝土在垂直浇筑过程中不发生离析现象，应遵守下列规定。

（1）浇筑无筋或少筋混凝土时，混凝土拌合物的自由倾落高度不宜超过 2m。当倾落高度超过 2m 时，应用滑槽或串筒输送；当倾落高度超过 10m 时，串筒内应附设减速设备。

（2）浇筑钢筋较密的混凝土时，自由倾落高度最好不超过 30cm。在溜槽串筒的出料口下面，混凝土堆积高度不宜超过 1m。

5．斜层浇筑混凝土的方法

对于大型构造物，每小时的混凝土浇筑量相当大，使混凝土的生产能力很难适应，采用斜层浇筑混凝土的方法，可以减少浇筑层的面积，从而减少每小时的混凝土浇筑量。斜面浇筑混凝土应从低处开始。

6．分成几个单元浇筑混凝土的方法（大体积混凝土浇筑）

对于大型构造物如桥梁墩台，当其截面积超过 100 ~ 150m^2 时，为减少混凝土每小时需要量，可把整体混凝土分成几个单元来浇筑。每个单元面积最好不小于 $50m^2$，其高度不超过 2m，上、下两个单元间的垂直缝应彼此相间、互相错开约 1 ~ 1.5m。

把厚大的混凝土体分成单元，还可以防止墩台表面发生裂缝。大体积混凝土的浇筑应在一天中气温较低时进行。

7. 上部构造混凝土的浇筑

（1）简支梁混凝土的浇筑

浇筑上部构造混凝土可以采用水平分层浇筑法或斜层浇筑法。

整体式简支板梁混凝土的浇筑，宜不间断地一次浇筑完毕。务使整个上部构造浇筑完毕时，其最初浇筑的混凝土强度还不大，并仍有随同支架的沉陷而变形的可塑性。一般采用斜层浇筑法，从两端同时开始，向跨中将梁和行车道板一次浇筑完毕。

简支梁式上部构造混凝土的浇筑也可用水平层浇筑法。在所有钢筋绑扎安装之后，把上部构造分层一次浇筑完毕，浇筑时通过上部钢筋间的缝隙，从上面把混凝土浇入模板内并进行捣实。

（2）悬臂梁、连续梁混凝土的浇筑

混凝土浇筑顺序从跨中向两端墩台进行，在桥墩处（刚性支点）设接缝，待支架稳定后，浇接缝混凝土。

跨径较大的，并且在满布式支架上浇筑简支梁式上部构造，以及在基底刚性不同的支架上浇筑悬臂梁式和连续梁式上部构造，其浇筑方法要选用适当，应不使浇筑的混凝土因支架沉陷不均匀，而发生裂缝。因此，必须按下列方法之一进行浇筑。

1）尽可能加速混凝土的浇筑速度，务使全梁的混凝土浇筑完毕时，其最初浇筑的混凝土的强度还不大，仍有随同支架的沉陷而变形的可塑性。

2）浇筑前预先在支架上加以相当于全部混凝土重量的砂袋等，使其充分变形，浇筑时将预加的荷重逐渐撤去。

3）将梁分成数段，按照适当的顺序分段浇筑。

五、混凝土的振捣

为了使混凝土具有所需要的密实度，从而提高混凝土的强度与耐久性，应采用振捣器进行捣实。

1. 人工振捣

采用人工振捣的混凝土，适用于坍落度大、混凝土数量少或布筋较密的场合，且应按规定分层浇筑。为使混凝土密实，且表面平整、无蜂窝麻面等现象，每层需以捣钎捣实，并沿模板边缘捣边，捣边时要用手锤或木槌轻敲模板外侧，使之抖动。

振捣时应注意均匀，大力振捣不如小力加快振捣更有效。

2. 机械振捣

（1）插入式振捣

用插入式振捣器插入混凝土内部振捣，适用于非薄壁构件的振捣，如实心板、墩台基础和墩台身，捣实效果比较好。振动器插入混凝土时要垂直，不可触及模板和钢筋。振捣时快插慢拔、插点要均匀，可按行列式或交错式进行，两点间距离以1.5倍作用半径为宜。作用半径一般为40 ~ 50cm。振捣上一层的混凝土时振捣器应略插入下层混凝土5 ~ 10cm以消除两层之间的接触面。与侧模应保持5 ~ 10cm的距离，以避免振动棒碰撞模板。

振捣时间以混凝土不再下沉、气泡不再发生、水泥砂浆开始上浮、表面平整为止。插入式振捣器振捣时间约为15 ~ 30s。

延长振捣时间，并不能提高混凝土的质量；相反，过久地振捣，可能使混凝土产生离析，使混凝土发生石子下沉，灰浆上升；过多地振捣所造成的危害比振捣不足更大，尤其对塑性的、稠度较稀的混凝土更为显著。

（2）平板式振捣

系用平板式振捣器放在混凝土浇筑层的表面振捣，适用于混凝土面积较大的振捣，如实心板、空心板的底板和顶板、桥面和基础等。平板式振捣器移位间距，应以使振捣器平板能覆盖已振实部分l0cm左右，振捣时间约为20 ~ 40s。

（3）附着式振捣

系用附着式振捣器安装在模板外部振捣，适用于薄壁构件的振捣，如T形梁等。振捣器的布置与构件厚度有关，当厚度小于15cm时，可两面交错布置；当厚度大于15cm时，应两面对称布置。振捣器布置的间距不应大于它的作用半径。附着式振捣器振捣时间约为40 ~ 60s。这种方法因系借助振动模板以振实混凝土，效果并不理想，且对模板要求很高，故一般只有在钢筋过密而无法采用插入式振捣器时方可采用。

六、混凝土的养护

混凝土中水泥的水化作用过程，就是混凝土凝固、硬化和强度发育过程，为了保证已浇筑的混凝土有适当的硬化条件，并防止天气干燥使混凝土表面产生收缩裂缝，应对新浇筑的混凝土加以润湿养护。混凝土养护主要方法有浇水养护和喷膜养护。

（1）浇水养护

浇水养护是在自然温度条件下（高于5℃），对塑性混凝土，应在浇筑后12h以内；

对于硬性混凝土，应在浇筑后 1 ~ 2h 内，用湿草袋、麻袋、锯末覆盖和洒水养护保持混凝土表面处于湿润状态。混凝土的浇水养护日期，随环境气温而异，在常温下，用普通水泥拌制时，不得少于 7 昼夜；用矾土水泥拌制时，不得少于 3 昼夜；用矿渣水泥，火山灰质水泥或在施工中掺用塑化剂时，不得少于 14 昼夜。干燥炎热天气应适当延长，气温低于 5℃时，不得浇水，但在混凝土表层加以覆盖。

（2）喷膜养护

喷膜养护是混凝土表面喷洒 1 ~ 2 层塑料溶液，待溶液挥发后，在混凝土表面结合成一层塑料薄膜，使混凝土与空气隔绝，使混凝土水分不再蒸发，从而完成水化作用。此养护方法适用于表面较大的混凝土及垂直面混凝土。

七、模板与支架的拆除程序、方法和期限

模板拆除应遵循先支后拆、先拆非承重、后拆承重的顺序，自上而下进行。支架和拱架，应按几个循环卸落，卸落量宜为由小渐大。每一循环中，在横向应同时卸落，在纵向应对称，均衡卸落。

非承重侧模板应在混凝土强度保证其表面及棱角不致因拆模而受损坏时方可拆除，一般抗压强度达到 2.5MPa。

芯模和预留孔道的内模，应在混凝土抗压强度能保证其表面不发生塌陷和裂缝现象时方可抽除。

预应力混凝土结构的承重底模，应在施加预应力后拆除。

拆除立杆（拉杆）时，要特别注意防止失稳，一般最后一道水平横撑杆要与立杆（拉杆）同时拆下。卸落支架时要设专人用仪器观测梁、拱的变形情况并作详细记录。

现浇钢筋混凝土桥落架工作，应从挠度最大处的支架上的落架设备开始向两支点进行。卸落量是开始宜小以后逐渐增大，并要纵向对称、横向一致同时卸落。简支梁、连续梁宜从跨中向支座依次循环卸落；悬臂梁应先卸挂梁及悬臂的支架，再卸无铰跨内的支架；肋板梁等型式的上部构造，应按荷载传递的次序进行。

在拆除模板及其支架以前，应将混凝土立方体进行试压，以确定所达到的强度。混凝土立方体应取自浇筑承重结构的混凝土中，并且应与承重结构处于相同的条件下进行养护。

模板及其支架的拆除期限与混凝土硬化的速度、气温及结构性质有关。钢筋混凝土结构的承重模板、支架和拱架的拆除，见表 8–6。

模板拆除时，应尽量避免对混凝土硬化的震动，已拆除模板的结构，应在混凝土达到设计强度的 100%，才允许承受全部计算荷载。

表 8-6　现浇结构拆除底模时的混凝土强度

结构类型	结构跨度 /m	按设计混凝土强度标准值的百分率 /%
板	≤ 2	50
	2 ~ 8	75
	>8	100
梁、拱	≤ 8	75
	>8	100
悬臂构件	≤ 2	75
	>2	100

八、混凝土的季节性施工措施

1. 混凝土的冬季施工

混凝土的强度发育，与周围的温度有关，当温度低于 15℃时，它的硬化速度减慢；当温度至 0℃以下时，硬化基本停止，虽然在温度回升后，仍能重新进行硬化，但最终强度却被削弱了。所以在冬季条件下进行混凝土施工，要求混凝土强度未达到设计强度的 40% ~ 50% 时不得受冻，需要采取保温措施。

实验证明，当混凝土强度达到设计强度的 70% 时，再受冻就没有影响了，当天气转暖后，混凝土仍可发展到正常的强度。当平均气温连续 5 天低于 5℃或最低气温低于 -3℃时，应按冬季施工法浇筑混凝土。

（1）一般措施

在冬季，减少用水量和增加混凝土拌和时间。改进运输工具，在其周围设置保温装置，减少热量损失。冬季混凝土宜优先选用强度等级在 42.5 级以上的硅酸盐水泥、普通硅酸盐水泥；水灰比一般不应大于 0.45。混凝土运输时间尽量短，要有保温措施。

（2）原材料加热

拌制混凝土应优先采用加热水，水加热温度不宜高于 80℃。在严寒情况下，也可将骨料加热，骨料加热温度不得高于 60℃，拌和时先将水和砂石材料拌合一定时间，再加入水泥一起拌和，避免水泥和热水接触，产生“假凝现象”，拌和时间应延长 50%。

（3）掺早强剂

在混凝土中掺入一定数量的引气剂、减水剂和防冻剂，既可加快提高混凝土的早期强度，又可降低混凝土中水的冰点，从而防止混凝土的早期冻结。

对无筋或少筋的混凝土结构可加入 2% 的氯化钙，对钢筋混凝土结构可加入亚硝酸钠复合剂 0 ~ 1.0%。预应力混凝土禁用含氯盐防冻剂。

（4）提高养护温度

提高养护温度的方法，见表 8–7。

表 8–7　提高养护温度的方法

方法	具体操作
暖棚法	把结构物用棚子盖起来，在棚内生火炉，使温度保持在 10℃左右。暖棚内应保持一定的湿度，湿度不足时，应向混凝土面及模板上洒水
蓄热法（暖瓶法）	在混凝土表面上覆盖稻草、锯末等保温材料，保温不低于 10℃，延迟混凝土热量的散失。此法宜用于不甚寒冷的气候，成本最低，使用简便
蒸汽加热法	把构件放在密闭的养护室内，通以湿热蒸汽加以养护。蒸汽养生以混凝土浇筑后 2h 开始加温，升温速度不得超过 15℃ /h，养护时间为 8 ~ 12h，最高温度不宜超过 80℃，降温速度不得超过 10℃ /h
电热法	在混凝土内埋入钢筋或铅丝，然后通电，使电能变为热能。在养护中控制温度并观测混凝土表面的湿度，出现干燥现象时应停电，并用温水润湿表面

2．混凝土夏季施工

混凝土夏季施工是指浇筑混凝土时的气温高于 30℃。

（1）控制原材料温度

采取遮阴或降温措施，降低混凝土原材料及水温能有效地降低混凝土的温度。实验证明，若水温降低 2℃，则能使混凝土降低 0.5℃，拌制混凝土用水可采用地下水，水泥、砂、石料应遮阴防晒，以降低骨料温度。

（2）掺减水剂

掺加减水剂可以减少水泥用量和提高混凝土的早期强度。减水剂的用量为水泥用量的 3%。

（3）控制操作时间

施工宜在凌晨或夜间进行，运输时尽量缩短时间，运输距离力求最短，减少拌合时间，保证以最短的时间连续浇筑完毕。浇筑现场尽量遮阴，并采取措施降低模板与钢筋的温度。

（4）注意养护

混凝土浇筑完毕后，及时进行表面泌水，并覆盖塑料膜、湿草袋或湿麻袋，采取遮光和挡风措施，洒水养护保持湿润最少 7d。构筑物竖面拆模后用湿麻布外包塑料膜包裹，保湿 7d 以上。

3．混凝土雨季施工

混凝土雨季施工是指在降雨量集中的季节且易对混凝土的质量造成影响时进行

的施工。其主要注意事项如下。

（1）混凝土浇筑完毕后，及时覆盖塑料布。

（2）雷区应设置防雷措施，高耸结构应有防雷设施。露天使用的电器设备要有可靠的防漏电措施。台风区要有防风措施。

（3）施工前检查和疏通现场排水系统。雨后及时清除模板和钢筋上的污物。

九、泵送混凝土施工

1. 泵送混凝土原材料和配合比

（1）泵送混凝土原材料的要求

泵送混凝土原材料的要求，见表 8–8。

表 8–8　泵送混凝土原材料的要求

材料名称	具体要求
水泥	水泥品种对混凝土可泵性有一定影响。一般以采用硅酸盐、普通硅酸盐水泥为宜，均应符合相应标准的规定，一般不用矿渣水泥。采用适当提高砂率、降低坍落度、掺加粉煤灰、提高保水性等技术措施，对降低水泥水化热、防止温差引起裂缝等是有利的
水	拌制泵送混凝土所用的水，应符合国家现行标准的规定
细集料	细集料宜采用中砂。规定通过 0.315mm 筛孔的砂，不应少于 15%
粗集料	为防止混凝土泵送时管道堵塞，必须严格控制粗集料最大粒径与输送管径之比。规定粗集料最大粒径与输送管径之比：泵送高度在 50m 以下时，对碎石不宜大于 1：3，对卵石不宜大于 1：2.5；泵送高度在 50 ~ 100m 时，宜在 1：3 ~ 1：4；泵送高度在 100m 以上时，宜在 1：4 ~ 1：5。粗集料针片状颗粒含量对混凝土可泵性影响很大。当针片状颗粒含量多，石子级配不好时，输送管道弯头处的管壁往往易磨损或泵裂。针片状颗粒一旦横在输送管中，易造成输送管堵塞，因此，规定针片状颗粒含量不宜大于 10%
外掺材料	泵送混凝土中掺用外加剂和粉煤灰（简称“双掺”）对提高混凝土的可泵性十分有利，同时还可节约水泥，但均需符合国家现行相应标准的规定。掺粉煤灰的泵送混凝土配合比设计，必须经过试配确定

（2）泵送混凝土配合比

确定泵送混凝土的配合比时，仍可采取用普通方法施工的混凝土配合比设计方法，故泵送混凝土配合比设计应符合用普通方法施工的混凝土配合比设计所应遵守的规定。只是考虑混凝土拌合物在泵压作用下，由管道输送的特点，在水泥用量、坍落度、砂率等方面予以特殊处理。

1）坍落度。泵送混凝土的坍落度，对不同泵送高度、入泵时混凝土的坍落度，见表 8–9。

表 8–9　不同泵送高度入泵时混凝土坍落度选用值

泵送高度 /m	30 以下	30 ~ 60	60 ~ 100	100 以上
坍落度 /mm	100 ~ 140	140 ~ 160	160 ~ 180	180 ~ 200

2）水灰比。泵送混凝土水灰比过小，混凝土流动阻力急剧上升，泵送极为困难；水灰比过大，混凝土易离析，可泵性差。泵送混凝土的水灰比宜为 0.4 ~ 0.6。

3）砂率。泵送混凝土的砂率宜为 38% ~ 45%。

4）水泥用量。水泥含量是影响管道内输送阻力的主要因素。泵送混凝土最小水泥用量与输送管直径、泵送距离、集料等有关。泵送混凝土的最小水泥用量宜为 300kg/m。

2. 混凝土泵送设备

（1）混凝土泵

混凝土泵是将混凝土拌和物加压并通过管道做水平或垂直连续输送到浇筑工作面的混凝土输送机械，是泵送混凝土施工的主要设备。

混凝土泵按驱动形式主要分为挤压式和活塞式。目前一般采用的是液压活塞式混凝土泵。混凝土泵按其移动方式可分为拖式、固定式、臂架式和车载式等。

（2）输送管道

混凝土泵的输送管有直管、锥形管、弯管和软管等。除软管为橡胶外，其余一般均为钢管。直管管径一般有三种：100mm，125mm，150mm。管道直径可按实际需要和可能，通过变径锥管连接。

3. 施工方法

（1）混凝土的泵送

泵送前应先开机进行空运转，然后泵送适量水以湿润混凝土泵的料斗、活塞及输送管的内壁等直接与混凝土接触部位。经泵送水检查，确认混凝土泵和输送管中无异物，并且接头严密后，应采用下列方法之一润滑混凝土泵和输送管内壁。

1）泵送水泥浆。

2）泵送 1：2 水泥砂浆。

3）泵送与混凝土内除粗集料外的其他成分相同配合比的水泥砂浆。

润滑浆的数量可根据混凝土泵操作说明提供的定额和管道长度来确定。润滑用的水泥浆或水泥砂浆应分散布料，不得集中浇筑在同一处。

开始泵送时，转速以 500 ~ 550r/min 为好，混凝土泵应处于慢速、匀速并随时可反泵的状态。泵送速度，应先慢后快，逐步加速。同时，应观察混凝土泵的压力和各系统的工作情况，待各系统运转顺利后，方可以正常速度进行泵送。

在混凝土泵送过程中，要密切注意观察油压表和各部分的工作状态。泵送中应注意不要使料斗里的混凝土降到20cm以下。料斗内剩料过少，不但会使泵送量减少，还会因吸入空气而造成堵塞。泵送时，每2h更换一次清洗水箱里的水。当混凝土泵送开始后就应连续进行，尽可能不要中途停顿。料斗内的混凝土部分带有离析倾向时，应先搅拌均匀后再压送。

泵送过程中，废弃的和泵送终止时多余的混凝土，应按预先确定的处理方法和场所，及时进行妥善处理。

混凝土泵送即将结束前，应正确计算尚需用的混凝土数量，并应及时告知混凝土搅拌站。泵送完毕时，应将混凝土泵和输送管清洗干净。

（2）泵送混凝土的浇筑

泵送混凝土的浇筑施工，应根据工程结构特点、平面形状和几何尺寸、混凝土供应和泵送设备能力、劳动力和管理能力，以及周围场地大小等条件，预先划分好混凝土浇筑区域。

1）混凝土的浇筑顺序。浇筑泵送混凝土时，为了方便施工，提高工效，缩短浇筑时间，保证浇筑质量，应当确定合理的浇筑次序，并加以严格执行。其注意事项如下。

①当采用输送管输送混凝土时，应由远而近浇筑，可使布料、拆管和移动布料设备等不会影响先浇筑混凝土的质量。

②同一区域的混凝土，应按先竖向结构后水平结构的顺序，分层连续浇筑。

③当不允许留施工缝时，区域之间、上下层之间的混凝土浇筑间歇时间，不得超过混凝土初凝时间。当下层混凝土初凝后，浇筑上层混凝土时，应先按留施工缝的规定处理。

2）混凝土的布料方法如下。

①在浇筑竖向结构混凝土时，布料设备的出口离模板内侧面不应小于50mm且不得向模板内侧面直冲布料，也不得直冲钢筋骨架，以防止混凝土离析。

②浇筑水平结构混凝土时，不得在同一处连续布料，应在2 ~ 3m范围内水平移动布料，且宜垂直于模板布料。

3）混凝土的浇捣的注意事项如下。

①混凝土浇筑分层厚度，宜为300 ~ 500mm。当水平结构的混凝土浇筑厚度超过500mm时，可按1：6 ~ 1：10坡度分层浇筑，且上层混凝土应超前覆盖下层混凝土500mm以上。

②振捣泵送混凝土时，振动器移动间距宜为400mm左右，振捣时间宜为15 ~ 30s，且隔20 ~ 30min后进行第二次复振。

③对于有预留洞、预埋件和钢筋太密的部位，应预先制订技术措施，确保顺利

布料和振捣密实。在浇筑混凝土时，应经常观察，当发现混凝土有不密实等现象时，应立即采取措施予以纠正。对于水平结构的混凝土表面，应适时用木抹子磨平搓毛两遍以上。必要时，还得用铁滚筒压两遍以上，以防止产生收缩裂缝。

第四节　装配式梁桥的施工

一、构件的起吊

装配式桥梁构件在脱底模、移运、吊装时，混凝土的强度一般不低于设计强度的75%，对孔道已压浆的预应力混凝土构件，其孔道水泥浆的强度不应低于设计要求，如无设计规定时，不得低于30MPa。构件的吊环应顺直，吊绳与起吊构件的交角小于60° 时，应设置吊架或扁担，尽可能使吊环垂直受力；吊移板式构件时，不得吊错上、下面，以免构件折断。

1. 吊点位置的选择

钢筋混凝土构件制作时，一般都在设计图纸上规定好吊点位置，预留吊孔或预埋吊环。当设计无规定时，应根据构件配筋情况、外形特征等慎重确定。

（1）细长构件

钢筋混凝土方桩等细长构件中所放的钢筋，一般钢筋对称放于四周。选择吊点时，当正、负弯矩相等时桩所受弯矩最小。否则吊点选择不当会使方桩产生裂缝以至断裂。根据桩长的不同，一般会有三种情况。

1）桩长在 10m 以下时，用单点吊如图 8-3（b）所示。

2）桩长在 11 ~ 16m 时，用双点吊或单点吊图 8-3（a）、图 8-3（b）。

3）桩长在 17m 以上时，用双点吊或四点吊图 8-3（a）、图 8-3（c）。

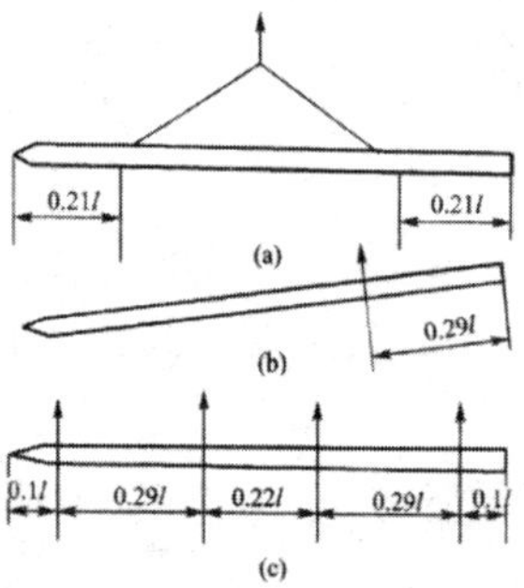

图 8-3　桩的吊点示意图

（2）一般构件

如钢筋混凝土简支梁、板等多采用两点吊。但因钢筋配置并非同方桩一样上下对称，而是上边缘稀少，下边缘密集，所以吊点位置一般均在距支点不远处，以减少起吊时构件吊点处的负弯矩。

（3）厚大构件

尤其是平面尺寸较大的板块（如涵洞盖板），为增大吊运过程中的稳定性，防止翻身，常采用四点吊，吊点沿对角线设于交点处。

2. 构件绑扎

为了节约钢材及起吊方便，构件预制时常在吊点处预留吊孔以代替预埋吊环。构件起吊时，必须用千斤绳来绑扎。此时应注意：

（1）绑扎方式应符合绑扎迅速、起吊安全、脱钩方便的要求；

（2）绑扎处必须位于构件重心之上，防止头重脚轻；

（3）千斤绳与构件棱角接触处，需用橡胶、麻袋或木块隔开，以防止构件棱角损伤和减少千斤绳的磨损。

3. 起吊方法

（1）三角、人字扒杆偏吊法

将手拉葫芦斜挂在扒杆上，偏吊一次，移动一次扒杆，把构件逐步移出后搁在滚移设备上，便可将构件拖移至安装处。

扒杆偏吊法具有设备简单，取材容易，操作方便等优点。对于重量不大的构件如小跨径的T形梁，用这种方法起吊较为适宜。

（2）横向滚移法

把构件从预制底座上抬高后，在构件底面两端装置横向滚移设备，用手拉葫芦牵引，把构件移出底座。

在装置横向滚移设备时，从底座上抬高构件的方法有吊高法和顶高法。吊高法是用小型门架配手拉葫芦把构件从底座吊起，顶高法是用特别的凹形托架配千斤顶把构件从底座顶起。

滚移设备包括走板、滚筒和滚道三部分。走板托在构件底面，与构件一起行走。滚筒放在走板与滚道之间，由于它的滚动而使构件行走。滚筒用硬木或无缝钢管制成。滚道是滚筒的走道，有钢轨滚道和木滚道两种。

（3）龙门吊机法

用专设的龙门吊机把构件从底座上吊起，横移至运输轨道，卸落在运构件的平车上。龙门吊机（也称龙门架）由底座、机架和起重行车3部分组成，运行在专用的轨道上。吊机的运动方向有3个，即荷重上下升降、行车的横向移动和机架的纵向运动。

龙门吊机的结构有钢木组拼和贝雷片组拼两种。钢木组拼龙门吊机，以工字梁为行车梁，以圆木为支柱组成的支架，安装在窄轨平车和方木组成的底座上，可在专用的轨道上运行。贝雷片组拼龙门吊机，是以贝雷片为主要构件，配上少量圆木组成的机架，安装在由平车和方木组成的底座上，也在专用的轨道上运行。

二、构件的运输

（1）纵向滚移法

用滚移设备，以人力或电动绞车牵引，把构件从预制场运往桥位。其设备和操作方法同横向滚移基本相同，不过走板的宽度要适当加宽，以便在走板上装置斜撑，使 T 形梁具有足够的稳定性。

（2）轨道平车运输

把构件吊装在轨道平车上，用电动绞车牵引，运往桥位。轨道平车设有转盘装置，以便装上构件后能在曲线轨道上运行，同时装设制动设备，以便在运行过程中发生情况时刹车。运构件时，牵引的钢丝绳必须挂在后面一辆平车上，或从整根构件的下部缠绕一周后再引向导向轮至绞车。

（3）汽车运输

把构件吊装在拖车或平台拖车上，由汽车牵引，运往桥位。拖车仅能运 10m 以下的预制梁；平台拖车可运 20m 的 T 形梁。一般构件应顺宽度方向侧立放置，并应有防止其倾倒的固定措施，如必须平放时，在吊点处必须设支垫方木；桁架和大梁应顺高度方向竖立放置，如有特制的固定梁，将构件绑扎牢固。当车短而构件长时，外悬部分可能超过允许的外悬长度，应在预制前核算其负弯矩值，必要时在构件预制时，增加抵抗负弯矩的钢筋，以防运输时顶面开裂。运输构件的车辆应低速行驶，尽量避免道路的颠簸。

三、构件的安装

1. 旱地架梁

（1）自行式吊车架梁

临岸或陆地桥墩的简支梁，场内又可设置行车通道的情况下，用自行式吊车（汽车吊车或履带吊车）架设十分方便，如图 8-4（a）所示。此法视吊装重量不同，可采取一台吊车“单吊”（起吊能力为荷载重的 2 ~ 3 倍）或两台吊车“双吊”（每台吊车的起吊能力为荷载重的 0.85 ~ 1.5 倍），其特点是机动性好，架梁速度快。一般吊装能力为 50 ~ 3500kN。

（2）门式吊车架梁

在水深不超过 5m，水流平稳，不通航的中、小河流上，也可以搭设便桥用门式吊车架梁，如图 8-4（b）所示。

（3）摆动排架架梁

用木排架或钢排架作为承力的摆动支点，由牵引绞车和制动绞车控制摆动速度。当预制梁就位后，再用千斤顶落梁就位。此方法适用于小跨径桥梁，如图 8-4（c）所示。

（4）移动支架架梁

对于高度不大的中、小跨径桥梁，当桥下地基良好能设置简易轨道时，可采用木制或钢制的移动支架来架梁，如图 8-4（d）所示。

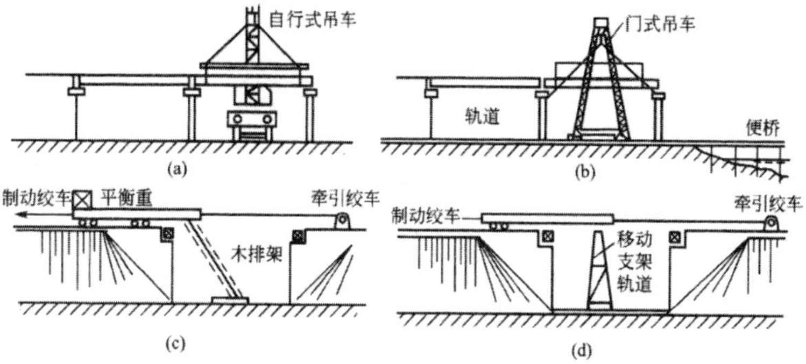

图 8-4　旱地加梁法示意图

2. 水中架梁

由于水流较急、河较深或通航等原因不能采取上述方法时，还可采用下述一些方法架梁。

（1）吊鱼法

适用于重量小于 50kN、小跨径的钢筋混凝土桥。吊鱼法安装是先绞紧前面的牵引绞车，同时放松后面的制动绞车，使梁等速前进。当梁的前端悬空后，就逐渐绞紧扒杆上的吊鱼滑车组，将梁端提起。当梁的前端伸出后，后端上翘、前端低头，这时可绞紧拖拉绞车和吊鱼滑车组，将低头梁端逐渐提起；然后放松制动绞车，梁即前进一步，梁前进后，前端又要低头。再重复上述步骤至梁到达前方墩台为止。

（2）扒杆导梁法

扒杆导梁安装是以扒杆、导梁为主体，配合运梁平车和横移设备使预制梁从导梁上通过桥孔，由扒杆装吊就位。起重量一般为 50 ~ 150kN。

（3）穿式导梁悬吊安装法

穿式导梁悬吊安装，就是在左右两组导梁安置起重行车，用卷扬机将梁悬吊穿过桥孔，再进行落梁、横移、就位。

（4）龙门吊机导梁安装（也可用架桥机安装）

龙门吊机导梁安装是以龙门吊机和导梁为主体，配合运梁平车和蝴蝶架，使预制梁从导梁上通过桥孔，由龙门吊机吊装就位。

（5）跨墩龙门吊机安装

跨墩龙门吊机配合轻便铁轨及运梁平车安装桥跨结构是一种常用的方法，其特点是龙门吊机的柱脚跨过桥面，支承在沿桥长铺设的、筑于河底或栈桥上的轻便铁轨上。

第九章　涵洞施工

第一节　主体工程施工

一、管涵施工

1．涵管的预制和运输

预制混凝土涵管可采用振动制管法、离心法、悬辊法和立式挤压法。鉴于公路工程中涵管一般为外购，故对涵管预制不再进行详细说明，但涵管进场后必须对其质量进行检验。

管节成品的质量检验分为管节尺寸检验和管节强度检验。混凝土管涵质量要求及尺寸允许偏差见表 9–1。

表 9–1　混凝土管涵质置要求和尺寸允许偏差

项目		质置要求或允许偏差	检查方法和数置
管节形状		端面平整并与其轴线垂直，斜交管节端面符合设计要求	目测、用锤心吊线
管节内外侧表面		平直圆滑，如有蜂窝，每处面积不得大于 3cm × 3cm，深度不得超过 1cm，其总面积不得超过全部面积的 1%，并且不得露筋。应修补完善后方准使用	目测，用钢尺丈量
管节尺寸允许偏差 /mm	管节长度	0 ~ –10	沿周边检查 4 处
	内（外）直径	± 10	两端各检查 4 外
	管壁厚度	± 5	两端各检查 4 处

涵管强度试验应按规范要求的方法进行，其抽样数量及合格要求如下。

（1）涵管试验数量应为涵管总数的 1% ~ 2%，且每种孔径的涵管至少要试验 1 个。

（2）如首次抽样试验未能达到试验标准，允许对其余同孔径管节再抽选 2 个重新试验。只有当2个重复试验的管节达到强度要求时，涵管才可验收。在进行大量涵管检验性试验时，是以试验荷载大于或等于裂缝荷载（0.2mm）时还没有出现裂缝者为达到标准。

在北方冬季寒冷、冰冻地区的混凝土的涵管还应进行吸水率试验，要求钢筋混凝土和无筋混凝土涵管的吸水率不得超过干管质量的6%。

管节运输与装卸过程中，应注意下列问题。

（1）在装卸和运输过程中，应小心谨慎。运输途中每个管节底面宜铺以稻草，用木块圆木楔紧，并用绳索捆绑固定，防止管节滚动、相互碰撞破坏。

（2）从车上卸下管节时，应采用起重设备。严禁由汽车上将管节滚下，造成管节破裂。

（3）待运的管节其各项质量应符合前述的质量标准，应特别注意检查待运管节的顶填土高度是否符合设计要求，防止错装、错运。

（4）运输管节的工具，可根据道路情况和设备条件采用汽车、拖拉机拖车，不通公路地段可采用马车。管节的装卸可根据工地条件，使用各种起重设备：龙门吊机、汽车吊和小型起重工具滑车、链滑车等。

2. 管涵施工程序

管涵施工程序的流程图，见图9-1所示。

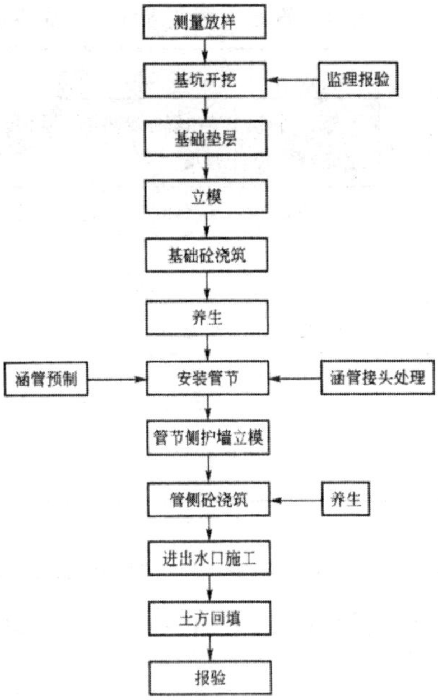

图9-1 管涵施工流程图

管涵分有圬工基础和无圬工基础两种。

（1）有圬工基础管涵施工程序

1）挖基坑并准备修筑管涵基础的材料。

2）砌筑圬工基础或浇筑混凝土基础。

3）安装涵洞管节，修筑涵管出入口端墙、翼墙及涵底（端墙外涵底铺装）。

4）铺设管涵防水层及修整。

5）铺设管涵顶部防水黏土（设计需要时），填筑涵洞缺口填土及修建加固工程。

（2）无圬工基础管涵施工程序

1）挖基坑并准备修筑管涵基础的材料。

2）在捣固夯实的天然土表层或矿砂垫层上修筑管座，截面形状同管节外截面，深度等于管壁厚度。

3）在圆弧管座上铺设垫层的防水层，然后安装管节，管节间接缝宜留 1cm 宽，缝中填防水材料。

4）在管节的下侧再用天然土或砂砾垫层材料作培填料，并捣实至设计高程，并切实保证培填料与管节密贴。再将防水层向上包裹管节，防水层外再铺设粘质土，水平径线以下的部分特别填土，应立即填筑。以免管节下面的砂垫层松散，并保证其与管节密贴。在严寒地区这部分特别填土必须填筑不冻胀土料。

5）修筑管涵出入口端墙、翼墙及两端涵底和整修工作。

（3）涵底陡坡台阶式基础管涵

沟底纵坡很陡时，为防止涵洞基础和管节向下滑移，可采用管节为台阶式的管涵，每段长度一般为 3 ～ 5m，台阶高差一般不超过相邻涵节最小壁厚的 3/4。如坡度较大，可按 2 ～ 3m 分段或加大台阶高度，但不应大于 0.7m，且台阶处的净空高度不应小于 1m。此时在低处的涵顶上应设挡墙，以掩盖可能产生的缝隙。

无圬工基础的陡坡管涵，只可采用管节斜置的办法，斜置的坡度不得大于 5%。

3. 管涵基础修筑

（1）地基土为岩石

管节下采用无圬工基础，管节下挖去风化层或软层后，填筑 0.4m 厚砂垫层；出入口两端墙、翼墙下，在岩石层上用 C15 混凝土作基础，在埋置深度至风化层以下 0.15 ～ 0.25m 并最小等于管壁厚度加 5cm。风化层过深时，可改用片石圬工，最深不大于 1m。管节下为硬岩时，可用混凝土抹成与管节密贴的垫层。

（2）地基土为砾石土、卵石土或砂砾、粗砂、中砂、细砂或匀质黏性土

管节下一般采用无圬工基础，对砾、卵石土先用砂填充地基土空隙并夯实，然后填筑 0.4m 厚砂垫层；对粗、中、细砂地基土表层应夯实；对匀质黏性地基土应做

砂垫层。出入口两端端墙、翼墙的圬工基础埋置深度，设计无规定时为 1m。对于匀质黏性土，负温时的地下水位在冻结深度以上时，出入口两端端墙、翼墙圬工基础埋置深度为 1 ~ 1.5m。当冻结土深度不深时，基础埋深宜等于冻结深度的 0.7 倍，当此值大于 1.5m 时，可采用砂夹卵石在圬工基础下换填至冻结深度的 0.7 倍。

（3）地基土为黏性土

管节下应采用 0.5m 厚的圬工基础，出入口两端端墙、翼墙基础埋置深度为 1 ~ 0.5m；当地下水冻结深度不深时，埋深应等于冻结深度；当冻结深度大于 1.5m 时，可在圬工基础下用砂夹卵石换填至冻结深度。

（4）必须采用有圬工基础的管涵

1）管顶填土高度超过 5m。

2）最大洪水流量时，涵前壅水高度超过 2.5m。

3）河沟经常流水。

4）沼泽地区深度在 2m 以内。沼泽地区淤积物、泥炭等厚度超过 2m 时，应按特别设计的基础施工。

（5）严寒地区的管涵基础施工

常年最冷月份平均气温低于 -15℃的地区称严寒地区。

1）匀质黏性土和一般黏性土的基础均须采用圬工基础。

2）出入口两端端墙、翼墙基础应埋置在冻结线以下 0.25m。

3）一般黏性土地区的地下水位在冻结深度以上时，管节下埋置深度应为 H/8（H 为涵底至路面填土高度），但不得小于 0.5m，也不得超过 1.5m。

（6）基础砂垫层材料

可采用砂、砾石或碎石，但必须注意清除基底植物层。为避免管节承受冒尖石料的集中应力，当使用碎石、卵石作垫层时，要有一定级配或掺入一定数量的砂，并夯捣密实。

（7）软土地区管涵地基处理

管涵地基土如遇到软土，应按软土层厚度分别进行处理。当软土层厚度小于 2m 时，可采取换填土法处理，即将软土层全部挖除，换填当地碎石、卵石、砂夹石、土夹石、砾砂、粗砂、中砂等材料并碾压密实，压实度要求 94% ~ 97%。如采用灰土（石灰土、粉煤灰土）换填，压实度要求 93% ~ 95%，换填土的干密度宜用重型击实试验法确定。碎石或卵石的干密度可取 2.2 ~ 2.4t/m^3。换填层上面再砌筑 0.5m 厚的圬工基础。当软土层超过 2m 时，应按软土层厚度、路堤高度、软土性质作特殊设计处理。

4. 管节安装

管节安装应从下游开始，使接头面向上游；每节涵管应紧贴于垫层或基座上，使涵管受力均匀；所有管节应按正确的轴线和图纸所示坡度敷设。如管壁厚度不同，应使内壁齐平。在敷设过程中，要保持管内清洁无脏物、无多余的砂浆及其他杂物。

管节的安装方法通常有滚动安装法、滚木安装法、压绳下管法、龙门架安装法、吊车安装法等，可根据施工现场实际情况选用。

5. 管涵施工注意事项

（1）有圬工基础的管座混凝土浇筑时应与管座紧密相贴，浆砌块石基础应加做一层混凝土管座，使圆管受力均匀，无圬工基础的圆管基底应夯填密实，并做好弧形管座。

（2）无企口的管节接头采用顶头接缝，应尽量顶紧，缝宽不得大于1cm，严禁因涵身长度不够，将所有接缝宽度加大来凑足涵身长度。管身周围无防水层设计的接缝，须用沥青麻絮或其他具有弹性的不透水材料从内、外侧仔细填塞。设计规定管身外围做防水层的，按前述施工工序施工。

（3）长度较大的管涵设计有沉降缝的，管身沉降缝应与圬工基础的沉降缝位置一致。缝宽为2～3cm，应用沥青麻絮或其他具有弹性的不透水材料，从内、外侧仔细填塞。长度较大、填土较高的管涵应设预拱度。预拱度大小应按设计规定设置。

（4）各管节设预拱度后，管内底面应成平顺圆滑曲线，不得有逆坡。相邻管节如因管壁厚度不一致（在允许偏差内）产生台阶时，应凿平后用水泥环氧砂浆抹补。

二、盖板涵施工

1. 涵洞基础

无论是圬工基础或砂垫层基础，施工前必须先对下卧层地基土进行检查验收。地基土承载力或密实度符合设计要求时，方可进行基础施工。对于软土地基应按照设计规定进行加固处理，符合要求后，方可进行基础施工。

对孔径较宽的盖板涵兼作行人和车辆通道时，其底面应按照设计用圬工加固以承受行人和车辆荷载及磨耗。

2. 钢筋混凝土盖板施工

就地浇筑的盖板：盖板混凝土的现场浇筑施工，应连续进行，尽量避免施工缝；当涵身较长时，可沿涵长方向分段进行，每段应连续一次浇筑完成；施工缝应设在涵身沉降缝处。

装配式盖板：在涵位处路基上或附近择地预制盖板。

预制构件结构的要求如下。

（1）盖板构件预制长度，应根据起重设备和运输能力决定，但应保证结构的稳定性和刚性，一般不小于 1m，但亦不宜太长。

（2）盖板构件可设吊孔，也可于顶面设立吊环。吊环位置、孔径大小和制环用钢筋应符合设计要求，并要求吊钩伸入吊环内和吊装时吊环筋不断裂。安装完毕，吊环筋应锯掉或气割掉。

（3）若采用钢丝绳捆绑起吊可不设吊孔或吊环。

预制构件的模板有木模、土模、钢丝网水泥模板、拼装式模板等。无论采用何种模板都应保证满足规范要求，尤其是有预埋件时，应采取措施，确保预埋件的正确预埋位置。

构件必须在达到设计强度后，经过检查质量和大小符合要求，才能进行搬运。搬运时应注意吊点或支承点的设置，务必使构件在搬运过程中保持平衡、受力合理，确保构件在搬运过程中的安全。

装配式盖板施工和安装注意事项如下。

（1）安装之前应再检查构件尺寸、涵台尺寸和涵台间距离，并核对其高程，调整构件大小位置使与沉降缝重合。

（2）构件砌缝宽度一般为 1cm，拼装每段的砌缝应与设计沉降缝重合。构件可用扒杆、链滑车或汽车吊进行吊装。

第二节　附属工程施工

一、防水层施工

1. 防水层的设置部位

（1）各式钢筋混凝土涵洞（不包括圆管涵）

此类涵洞的洞身及端墙，在基础以上凡被土掩埋部分，均须涂以热沥青两道，每道厚 1mm ~ 1.5mm，不另抹砂浆。

（2）混凝土及石砌涵洞

此类涵洞的洞身、端墙和翼墙的被土掩埋部分，只需将圬工表面凿平，无凹入存水部分，可不设防水层。但北方严寒地区的混凝土结构仍需设防水层。

（3）钢筋混凝土圆管涵

管节接头采用平头对接，接缝中用麻絮浸以热沥青塞满，管节上半部从外往内填塞；下半部从管内向外填塞。管外靠接缝裹以热沥青浸透的防水纸 8 层，宽度

15.2cm。包裹方法：在现场用热沥青逐层黏合在管外壁上接缝处，外面再在全长管外裹以塑性黏土。

（4）钢筋混凝土盖板明涵

此类涵洞的盖板部分表面可先涂抹热沥青两次，再于其上设 2cm 厚的防水水泥砂浆或 4cm ~ 6cm 厚的防水混凝土。其上可按照设计要求进行铺设路面。涵、台身防水层按照上述方法处理。

2．沥青的敷设

沥青可用锅、铁桶等容器以火熬制，或使用电热设备。铁桶装的沥青，应打开桶口小盖，将桶横倒搁置在火炉上，以文火使沥青熔化后，从开口流入熬制用的铁锅或大口铁桶中。熬制用的铁锅或铁桶必须有盖，以便在沥青飞溅或着火时，用以覆盖。熬制处应设在工地下风方向，与一般工作人员、料堆、房屋等保持一定距离，锅内沥青不得超过锅容积的 2/3。熬制中应不断拌和至全部为液态为止。溶化后的沥青应继续加温至 175℃（不得超过 190℃）。熬好的沥青盛在小铁桶中送至工点使用。使用时的热沥青温度宜低于 150℃。涂敷热沥青的圬工表面应先用刷扫净，消除粉屑污泥。涂敷工作宜在干燥温暖（温度不低于 5℃）的天气进行施工。

3．沥青麻絮、油毡、防水纸的浸制方法和质量要求

沥青麻絮（沥青麻布）可采用工厂浸制的成品或在工地用麻絮以热沥青浸制。浸制后的麻絮，表面应呈淡黑色，无孔眼、无破裂和褶皱，撕断面上应呈黑色，不应有显示未浸透的布层。

油毡是用一种特制的纸胎（或其他纤维胎）用软化点低的沥青浸透制成，浸渍石油沥青的称石油毡，浸渍焦油沥青的称焦油沥青油毡。为了防止在储存过程中相互粘着，油毡表面应撒一层云母粉、滑石粉或石棉粉。

防水纸（油纸）是用低软化点的沥青材料浸透原纸做成的，除沥青层较薄，没有撒防黏层外，其他性质与油毡相同。

油毡和防水纸可以从市场上采购，其外观质量应符合如下要求。

（1）油毡和防水纸外表不应有孔眼、断裂、褶皱及边缘撕裂等现象，油毡的表面防黏层应均匀地撒布在油毡表面上。

（2）毡胎或原纸内应吸足油量，表面油质均匀，撕开后的断面应是黑色的，无未浸透的空白纸层或杂质，浸水后不起泡、不翘曲。

（3）气温在 25℃以下时，把油毡卷在 2cm 直径的圆棍上弯曲，不应发生裂缝和防黏层剥落等现象。将油毡加热至 80℃时，不应有防黏层剥落、膨胀及表面层损坏等现象。夏季在高温下不应黏在一起。

铺设油毡和防水纸所用粘贴沥青应和油毡、防水纸有同样的性能。煤沥青油毡

和防水纸必须用煤沥青粘贴。同样，石油沥青油毡及防水纸，也一定要用石油沥青来粘贴，否则，过一段时间油毡和防水纸就会分离。

二、沉降缝施工

1. 沉降缝设置目的

结构物设置沉降缝的目的是避免结构物因荷载或地基承载力不均匀而发生不均匀沉降，产生不规则的多处裂缝，而使结构物破坏。设置沉降缝后，可限定结构物发生整齐、位置固定的裂缝，并可事先在沉降缝处予以处理。如有不均匀沉降，则将其限制在沉降缝处，有利于结构物的安全、稳定和防渗（防止管内水流渗入涵洞基底或路基内，造成土质浸泡松软）。

2. 沉降缝设置的位置和方向

涵洞洞身、洞身与端墙、翼墙、进出水口急流槽交接处必须设置沉降缝，但无圬工基础的圆管涵仅于交接处设置沉降缝，洞身范围不设。具体设置位置视结构物和地基土的情况而定。

（1）洞身沉降缝

一般每隔 4 ~ 6m 设置 1 处，但无基础涵洞仅在洞身涵节与出入口涵节间设置。缝宽一般 3cm，两端与附属工程连接处也各设置 1 处。

（2）其他应设沉降缝处

凡地基土质发生变化、基础埋置深度不一、基础对地基的荷载发生较大变化处、蓝础填挖交界处、采用填石垫高基础交界处，均应设置沉降缝。

（3）岩石地基上的涵洞

凡置于岩石地基上的涵洞，不设沉降缝。

（4）斜交涵洞

斜交涵洞洞口正做的，其沉降缝应与涵洞中心线垂直；斜交涵洞洞口斜做的，沉降缝与路基中心线平行；但拱涵与管涵的沉降缝，一律与涵洞轴线垂直。

3. 沉降缝的施工方法

沉降缝的施工，要求做到使缝两边的构造物能自由沉降，又能严密防止水分渗漏。故沉降缝必须贯穿整个断面（包括基础）。沉降缝具体施工方法如下。

（1）基础部分

可将原基础施工时嵌入的沥青木板或沥青砂板留下，作为防水之用。如基础施工时，不用木板，也可用黏土填入捣实，并在流水面边缘以 1：3 水泥砂浆填塞，深度约为 15cm。

（2）涵身部分

沉降缝外侧以热沥青浸制的麻筋填塞，深度约为5cm，内侧以1：3水泥砂浆填塞，深度约为15cm，视沉降缝处圬工的厚薄而定。可以用沥青麻筋与水泥砂浆填满；如太厚，亦可将中间部分先填以黏土。

（3）沉降缝的施工质量要求

沉降缝端面应整齐、方正，基础和涵身上下不得交错，应贯通，嵌塞物应紧密填实。

（4）保护层

各式有圬工基础涵洞的基础襟边以上，均顺沉降缝周围设置黏土保护层，厚约20cm，顶宽约20cm。对于无圬工基础涵洞，保护层宜使用沥青混凝土或沥青胶砂，厚度10 ~ 20cm。

三、涵洞进出水口

涵洞进出水口工程是指涵洞端墙、翼墙（包括八字墙、锥坡、平行廊墙）以外的部分，如沟底铺砌和其他进出水口处理工程。

1. 平原区的处理工程

涵洞出入口的沟床应整理顺直，与上、下排水系统（天沟、路基边沟、排水沟、取土坑等）的连接应圆顺、稳固，保证流水顺畅，避免损害路堤、村舍、农田、道路等。

2. 山丘区的处理工程

在山丘区的涵洞底纵坡超过5%时，除进行上述整理外，还应对沟床进行干砌或浆砌片石防护。当翼墙以外的沟床坡度较大时，也应铺砌防护。防护长度、砌石宽度、厚度、形状等，应按设计图纸施工。如设计图纸漏列，应按合同规定向业主提出，由业主指定单位作出补充设计。

四、回填土

回填土质量的好坏，不仅关系到涵洞的稳定安全，还关系到其上路基路面的质量。

（1）建成的涵管、圬工达到设计要求的强度后，应及时回填。回填土要切实注意质量，严格按照有关施工规定和设计要求处理。

（2）填土路堤在涵洞每侧不小于两倍孔径的宽度及高出洞顶1m范围内，应采用非膨胀的土从两侧分层仔细夯实。每层厚度10 ~ 20cm，特殊情况亦可用与路堤填料相同的土填筑。管节两侧夯填土的密实度标准，高速公路和一级公路为95%，其他公路为93%。管节顶部其宽度等于管节外径的中间部分填土，其密实度要求与该处路基相同。如为填石路堤，则在管顶以上 1m 的范围内应分 3 层填筑：下层为 20cm 厚的黏土；中层为 50cm 厚的砂卵石；上层为 30cm 厚的小片石或碎石。在两端的上述范围及两侧每侧宽度不小于孔径的两倍范围内，码填片石。

（3）用机械填筑涵洞缺口时，须待涵洞圬工达到容许强度后，涵身两侧应用人工或小型机具对称夯填，高出涵顶至少 1m，然后再用机械填筑。不得从单侧偏推、偏填，使涵洞承受偏压。

（4）冬季施工时，涵洞缺口路堤、涵身两侧及涵顶 1m 内，应用未冻结土填筑。回填缺口时，应将已成路堤土方挖出台阶。

第十章　桥梁养护维修与桥面系施工

第一节　桥梁养护维修

一、桥梁养护维修的概念和分类

桥梁的养护维修是指为保持桥涵及其附属物的正常使用而进行的经常性保养及维修作业，预防和修复桥涵灾害性损坏与提高桥涵质量、服务水平而进行的改造。桥涵的养护按其工程性质、规模大小、技术难易程度应划分为小修保养、中修、大修、改建、专项抢修工程五类（见表 10-1），各类养护工程分别包括下列内容。

表 10-1　桥涵的养护按其工程性质、规模大小、技术难易程度分类

类别	主要内容
小修保养工程	对管养范围内的桥涵及其工程设施进行预防性保养和修补轻微损坏部分使其经常保持完好状态。它通常是由基层管理机构在年度内小修保养定额经费内，按月（旬）排计划，经常进行的工作
中修工程	对管养范围内的桥涵及其工程设施的一般性磨损和局部损坏进行定期的修理加固，恢复原状的小型工程项目。它通常是由基层管理机构按年（季）安排计划并组织实施
大修工程	对管养范围内的桥涵及其工程设施的较大损坏进行周期性的综合修理，以全面恢复到原设计标准；或在原技术等级范围内进行局部改善和个别增建，以逐步提高通行能力的工程项目
改建工程	对桥梁及其工程设施因不适应交通量、载重、泄洪或局部改建需要提高技术等级及重建，或通过改建显著提高其通行能力的较大工程项目
专项抢修工程	当桥涵因水毁等自然灾害及超载、意外事故造成交通中断或者严重影响通行的破坏而采取迅速恢复交通的工程措施

小修保养、中修工程，主要是对危害桥梁正常运营的部分进行修缮。例如桥面照明系统、桥面铺装层、桥面伸缩缝装置、桥面防水设施、桥梁主体结构（如钢筋混凝土桥梁的裂缝等）、桥梁支座、桥梁墩台身及基础、桥梁防护构造等的缺陷，

都会影响桥梁的正常运营及使用年限，严重的甚至会导致桥梁承载能力的降低。因此，在桥梁使用过程中对其进行日常的维修养护是一项非常重要的工作，而这项工作具有普遍性，涵盖了一至五类所有的桥梁，不仅是针对技术状况较好的一至二类桥梁，也针对技术状况较差的三至五类桥梁。大修工程主要针对病害严重、技术状况较差的桥梁，比如三、四类桥梁，所以部分大修工程可归类为加固改造工程。桥梁的加固改造工作重点，往往是针对桥梁的承重结构，但同时也必须对影响桥梁正常使用的部分进行维修整治。桥梁涵洞养护工程分类范围见表 10–2。

表 10–2 桥梁涵洞养护工程分类范围

工程项目	小修保养	中修工程	大修工程	改建工程
桥梁涵洞	保养： （1）清除污泥、积雪、积冰、杂物，保持桥面的清洁 （2）疏通涵管，疏导桥下河槽 （3）伸缩缝养护，泄水孔疏通，钢支座加润滑油，栏杆油漆 （4）桥涵的日常养护 （5）保持隧道内及洞口清洁	（1）修理、更换木桥的较大损坏构件及防腐 （2）修理更换中、小桥支座、伸缩缝及个别构件 （3）大、中型钢桥的全面油漆除锈和各部件的检修 （4）永久性桥墩、台侧墙及桥面的修理和小型桥面的加宽	（1）在原技术等级内加宽、加高大、中型桥梁 （2）改建、增建小型桥梁和技术性简单的中桥 （3）增建、改建较大的河床铺底和永久性调治构造物 （4）吊桥、斜拉桥的修理与个别索的调整更换	（1）提高公路技术等级，加宽、加高大、中型桥梁 （2）改建、增建小型立交桥
	小修： （1）局部修理、更换桥栏杆和修理泄水孔、伸缩缝、支座和桥面的局部轻微损坏 （2）修补墩、台及河床铺底和防护圬工的微小损坏 （3）涵洞进出口的铺砌加固 （4）通道的局部维修和疏通、修理排水沟 （5）清除隧道洞口碎落岩石和修理圬工接缝，处理渗漏水	（5）重建、增建、接长涵洞 （6）桥梁河床铺底或调治构造物的修复和加固 （7）隧道工程局部防护加固 （8）通道的修理与加固 （9）排水设施的更新 （10）各类排水泵站的修理	（5）大桥桥面铺装的更换 （6）大桥支座、伸缩缝的修理更换 （7）通道改建 （8）隧道的通风和照明排水设施的大修或更新 （9）隧道的较大防护、加固工程	（3）增建公路通道 （4）新建渡口的公路接线、码头引线 （5）新建短隧道工程

二、桥梁的养护与维修

1．桥面系的养护与维修

（1）栏杆的养护与维修

应使桥梁栏杆、防撞墙经常保持完好状态，及时清洁、保养，以养防修。桥梁栏杆若有缺损，应及时补齐；若已损坏、缺失，应重新安装；桥梁栏杆柱应竖立正直，若不正、不直，应及时纠偏。伸缩缝处的水平栏杆可以自由伸缩，若不能移动应及时维修或更换。钢筋混凝土栏杆若出现裂缝或剥落，轻者可以用环氧树脂黏结材料灌注封缝修补，严重者要凿除损坏部分，重新修补完整。金属栏杆应经常清刷除锈，要进行一年一次的定期油漆养护，防止油漆麻点、脱皮等病害。桥梁两端导向柱、防撞墙油漆应始终保持鲜明，不清晰的应重新刷漆。人行道块件也应牢固、完整，若出现松动、缺损应及时进行维修或更换。桥面路缘石也应经常保持完好状态，如有缺损应及时维修或更换。

（2）伸缩缝的养护与维修

伸缩装置应平整、直顺、伸缩自如，处于良好的工作状态。有堵塞时应及时清除，出现渗漏、变形、开裂、行车有异常响声、跳车时应及时维修。保养周期每年应两次。

当U形锌铁皮伸缩缝的锌铁皮老化、开裂、断裂时，应拆除可更换为橡胶伸缩缝等；当其软性填料老化脱落时，先清除其缝隙泥土，重新注入新的填缝料；当其铺装层破坏时，应凿除重新铺筑，凿除破损部位应画线切割（或竖凿），清除旧料后再浇筑新面层。

橡胶板式伸缩装置的固定螺栓应每季度保养一次，松动应及时拧紧；橡胶板丢失应及时补上，弹簧（止退）垫不得省略，严重破损的橡胶板，应及时按同型号进行更换。

异型钢类伸缩装置的密封橡胶带（止水带），损坏后应及时更换。密封橡胶带的选择，应满足原设计的规格和性能要求。

当钢板伸缩缝的钢板变形、螺栓脱落、不能正常运行时应及时拆除并更换为新型伸缩缝；当钢板与角钢焊接破裂时，应消除污垢后重新焊牢；当梳齿断裂或出现裂缝后，也要采取焊接方法进行修补。

弹塑体伸缩装置出现脱落、翘起时，应及时清除，并应重新浇筑弹塑体混合料。当槽口沥青混凝土塌陷、严重啃边或附近沥青混凝土平整度超过规范规定时，应清除原弹塑体混合料和周围沥青混凝土，重新摊铺、碾压、并应按新建工艺要求重新安装弹塑体伸缩装置。

伸缩装置出现损坏而无法修复时，宜选用原型号伸缩装置产品进行整体更换。

桥面伸缩缝的维修、更换应在保证质量的基础上，尽量缩短工期、减少对交通的影响。可采取的措施有：全天维修并限制车辆通行；半边施工，半边通行车辆；白天不限制交通，在伸缩缝上设置跨缝盖板，夜间禁止通车进行施工。

（3）桥面排水系统的养护与维修

桥梁桥面的排水设施如有堵塞，应及时地清理、疏通，以养防修。泄水管损坏要及时修补，接头不牢已掉落的要重新安装接上，损坏严重的要予以更换。应及时修理已破裂的引水槽，长度不足的及时接长。当槽口太小，不能满足排水需要时要扩大槽口重新修筑。城市桥梁、立交桥上设置的封闭式排水系统，应定期检查其排水管是否畅通、是否开裂或损坏；系统设施如抽水泵等是否工作正常，应及时疏通、维修或更换。

（4）桥面铺装的养护与维修

应保持桥面清洁完整和有一定的路拱。桥面铺装的维修或修补可采用凿补、黑色路面改建、全部凿除重铺桥面和凹凸不平的修补等方法。

桥面铺装有局部病害时，可将水泥混凝土铺装层的表面凿毛，深度以使骨料露出为准；用清水冲洗干净断面并充分润湿；涂刷上同标号的水泥砂浆（或其他粘结材料）；最后在桥梁承载能力允许范围内，铺筑一层 4 ~ 5cm 厚的水泥混凝土铺装层。

如果桥面铺装有局部损害，桥面平整度较差而主梁承载能力允许的前提下，可采用黑色路面对桥面进行改造。改造时可采用沥青表面处治或沥青细砂罩面。采用沥青细砂时，为了与旧层面更好的结合，应先涂刷黏层油；加铺沥青混凝土时，厚度一般取 2 ~ 3cm。

桥面铺装病害严重时，可考虑全部凿除后重铺。重铺时有两种情况。

1）重新铺装沥青混凝土桥面。重新铺装沥青混凝土前应先凿除已损坏桥面，并对桥面进行检查，老桥面应平整、粗糙、干燥、整洁。桥面横坡应符合要求，不符合时应予处理。铺筑前应洒布粘层沥青、石油沥青，洒布量为 0.3 ~ 0.5L/m^3；沥青混凝土的配合比设计、铺筑、碾压等施工程序，应按现行有关规定进行。

2）重新铺装水泥混凝土桥面。水泥混凝土桥面铺装的厚度应符合设计规定；铺装材料、铺装层结构、混凝土强度、防水层设置等均应符合相关的设计要求；桥面铺装工作必须在对原有桥梁横向联结钢板焊接工作完成之后才可进行，以免后焊的钢板引起桥面水泥混凝土在接缝处发生裂纹；浇筑桥面水泥混凝土前使原有桥面板表面粗糙并清洗干净，按设计要求铺设纵向接缝钢筋网或桥面钢筋网，然后浇筑。水泥混凝土桥面铺装应采取防滑措施，做面宜分两次进行，第二次抹平后，沿横线方向拉毛或采用机具压槽，拉毛和压槽深度应为 1 ~ 2mm。重新铺装若设计为防水混凝土，施工时应按有关规定处理；重新铺装若设计为钢纤维水泥混凝土。

当为因构件连接处不均匀沉陷引起时，桥面可能会凹凸不平，此时可在桥下以液压千斤顶顶升，调整构件连接处的标高，使顶面平齐。

2. 支座的养护与维修

桥梁支座是桥梁的主要传力构件，支座完好对桥梁受力有重要意义，故支座各部分应保持完整、清洁、有效，应每年检查保养一次，冬季应及时清除积雪和冰块，梁跨活动应自由。支座的养护维修所涉及到情况如下。

（1）小跨径桥油毡支座的油毡垫层损坏、掉落、老化，应予更换。

（2）滚动支座滚动面上每年应涂一层润滑油。涂油前，先擦净滚动面。

（3）钢支座应进行除锈防腐，支座各部分除钢辊和滚动面外，其余均应刷漆保护。

（4）固定支座每两年应检查锚栓的牢固程度，支承垫板应平整紧密，及时拧紧接合螺栓。

（5）板式橡胶支座恒载产生的剪切位移应在设计范围内；支座不得产生超过设计要求的压缩变形；支座橡胶保护层不应开裂、变硬、老化，支座各层加劲钢板之间的橡胶外仍应均匀和正常；支撑垫石顶面不应开裂、积水；进行清洁和修补工作时，应防止橡胶支座与油脂接触。

（6）盆式橡胶支座，固定螺栓不得有剪断损坏，应及时拧紧松动的螺母。

（7）球形支座应每年清除尘土、更换润滑油一次。支座地脚螺母不得剪断，橡胶密封圈不得龟裂、老化。支座相对位移应均匀，并记录位移量。支座高度变化不应超过 3mm；应每两年对支座钢件（除不诱钢滑动面外）进行油漆防锈处理。

（8）梁支点承压不均匀时，应进行调整。调整时可采用千斤顶将梁上部顶起，然后移动调整支座的位置。在矫正支座位置以后，降落上部结构时，为避免桥孔结构倾斜，应徐徐下落，并注意千斤顶的工作状态是否均衡，同时调整顶升用木框架的楔子，以保证上部结构能恢复原位。

（9）支座座板翘起，扭曲、断裂、焊缝开裂时应及时修补或更换（若为老式支座，可首先考虑更换为新型支座），更换时可采用上述顶升法。抬高支座时可采用捣筑砂浆，加入钢板垫层或预制钢筋混凝土垫块。

3. 桥跨结构的养护与维修

桥跨结构包括梁、板、拱肋等基本构件。裂缝和钢筋锈蚀是桥跨结构的常见病害，也是养护和维修的主要内容。

（1）裂缝的维修

圬工桥梁、混凝土及钢筋混凝土桥梁均可能存在不同程度的裂缝。为了恢复桥梁结构的整体性，保持其强度、刚度、耐久性，使其更加美观，应对这些裂缝进行针对性的维修。具体处理方法如下。

1）钢筋混凝土桥梁出现未超过允许值的裂缝可采用涂刷水玻璃或环氧树脂的办法，对裂缝进行封闭处理。

2）钢筋混凝土桥梁的裂缝超过允许值或砖、石、混凝土拱桥由于砌体结合不好或受力不均、填土松散、基础沉降等发生较深裂缝时一般采用压力灌浆法来填充裂缝，它通过施加一定的压力，将浆液灌入结构内部裂缝中，以封闭裂缝，恢复并提高结构强度、耐久性。依据灌入材料的不同，灌浆法可分为水泥灌浆法（灌浆材料有：纯水泥、水泥砂浆、水泥黏土、石灰、石灰粘土、石灰水泥）和化学灌浆法（灌浆材料有：环氧树脂类浆液、丙稀酸酯类浆液、水玻璃类浆液、丙烯酰胺类浆液、丙烯酸盐类浆液、聚氨脂类浆液等）。

3）当钢筋混凝土桥梁的裂缝大于 0.4 ~ 0.5mm 时，应将裂缝凿开、刷净，然后立模补以环氧砂浆或高标号水泥砂浆，如果体积较大，可用小石子混凝土予以补强。

（2）桥梁结构钢筋锈蚀的维修钢筋锈蚀的维修步骤如下。

1）凿除松脱、剥离等已损坏部分的混凝土，使钢筋全部露出。

2）用喷砂枪或钢丝刷等对钢筋作除锈处理，并在除锈后及时清除钢筋及混凝土表面上的铁锈与灰尘，必要时在除锈后还应对钢筋进行防锈处理。

3）在清除好的混凝土与钢筋表面涂上环氧胶液等黏结剂，以提高新、老混凝土的黏结力。

4）用新的混凝土或砂浆填补，可采用普通混凝土立模浇筑法、干（湿）式喷浆法等；有时也可用环氧砂浆、环氧混凝土或其他防腐蚀材料来修补。对新喷涂（浇筑）混凝土进行表面处理，以防混凝土表面重新碳化。

4. 桥梁下部结构的养护与维修

桥梁下部结构包括桥墩、桥台和基础。

（1）墩台的养护与维修

1）墩台表面应保持清洁，并及时清除青苔、杂草、荆棘和污秽。

2）当圬工砌体表面部分严重风化和损坏时，应清除损坏部分后用原结构物相同材料补砌，应结合牢固，色泽和质地宜与原砌体一致。

3）圬工砌体表面灰缝脱落时应重新勾缝。

4）当混凝土表面发生侵蚀剥落、蜂窝麻面等病害时，应及时将周围凿毛洗净后做表面防护。当立交桥墩靠近机动车道时，宜在桥墩四周浇筑混凝土护墩。

5）当表面风化剥落深度在 30mm 及以内时，应采用 M10 以上的水泥砂浆修补；当剥落深度超过 30mm，且损坏面积较大时，应增设钢筋网浇筑混凝土层，浇筑混凝土前应清除松浮部分，用水冲洗，并采用锚钉连接。

6）裂缝宽度小于规定限值时，应进行封闭处理；裂缝宽度大于规定限值且小于 0.5mm 时，应灌架；大于 0.5mm 的裂缝应修补。

7）桥台锥坡及八字翼墙在洪水冲击或填土沉落的作用下容易产生变形和勾缝脱落。修复时应夯实填土，常水位以下应采用浆砌片（块）石砌筑，并勾缝。

（2）基础及地基的养护与维修

桥梁的基础及地基应完整、稳定。跨河桥梁上、下游 50 ~ 500m 范围内的河床应稳定，并随时清理河床上的漂浮物和沉积物。不得在河床内建构筑物、挖砂、采石。桥桩和桥梁浅基础的边缘埋设的地下管线、各种窨井、地下构筑物，应经计算后采取加固措施，并应先加固、降水，再施工。

第二节　桥梁加固

一、桥梁加固的概念和分类

桥梁加固是指对有缺陷的桥梁主要承重构件进行补强，改善结构性能，恢复和提高桥梁结构的安全度，提高其承载能力和通过能力，延长桥梁的使用寿命，使整个桥梁结构可满足规定的承载力要求，并满足规定的使用功能需求。桥梁加固一般是针对三至五类桥梁，个别的是针对荷载等级低的桥梁或者是临时需要通过超重车的桥梁。有些时候，加固补强与桥梁拓宽、桥梁抬高等技术改造工程是同时进行的，满足并适应发展了的交通运输的要求。

桥梁主要承重结构的加固补强的根本目的是为了恢复和提高其承载能力，改善其使用性能，防止桥梁结构的安全隐患。桥梁加固补强的方法很多，但是基本上可以划分为两大类：第一类为改变结构体系，调整结构内力、减轻原梁负担；第二类为加大截面尺寸和配筋，加固薄弱构件。

二、桥梁上部结构的加固

1. 梁桥桥跨结构的加固

梁桥桥跨结构的加固方法主要有粘贴钢板加固法、粘贴钢筋加固法、纤维加固法、增大截面加固法、体外预应力加固法、改变结构体系加固法等（见表 10–3）。

表 10–3　梁桥桥跨结构的加固方法

方法	具体操作
粘贴钢筋加固法	粘贴钢筋加固法一般用在桥梁结构抗拉强度不足，受拉部位开裂时。该方法在受拉部位粘贴钢筋，以增强桥梁抗弯部位外纤维的抗拉能力；该方法一般用环氧砂浆来粘贴钢筋（环氧砂浆的厚度以不使钢筋外露为准）；该方法常在原结构上设置一定间距的短钢筋锚杆，以便于施工并使加强钢筋与原结构更好地共同工作
粘贴钢板加固法	粘贴钢板加固法是用环氧树脂系列黏结剂将钢板粘贴在钢筋混凝土结构物的受拉面或其他薄弱部位，使之与原结构物形成整体共同受力，以提高其抗弯、抗剪能力及刚度，改善原结构的钢筋及混凝土的应力状态，限制裂缝的进一步发展，从而提高桥梁的承载能力与耐久性。该加固方法施工简便，不减少桥下净空，可在不影响或少影响正常交通情况下进行梁底粘贴纵向钢板加固
增大截面加固法	增大截面加固法又称为“外包混凝土”加固法，通过增大混凝土构件的截面和配筋，提高构件的强度、刚度、稳定性和抗裂性等。该法可分为单侧、双侧、三侧或四周外包加固。根据加固目的和要求的不同，可以是以增大断面为主的加固；可以是增配钢筋为主的加固；也可以是两种同时采用的加固。以增大断面为主时，为了保证补加混凝土正常工作，亦需适当配置构造钢筋。以增配钢筋为主时，为了保证配筋的正常工作，亦需按钢筋的间距和保护层等构造要求决定适当增大截面尺寸。加固中应将新、旧钢筋焊接，或用锚杆连接补强钢筋和原构件，同时将旧混凝土表面凿毛清洗干净，确保新、旧混凝土良好结合
体外预应力加固法	钢筋混凝土梁式桥存在结构缺陷，尤其是承载力不足或需要提高荷载等级时，即需要对桥梁主要受力结构进行加固时，可考虑在原梁体外受拉区域（梁底与梁两侧）设置预应力筋。通过预应力筋张拉时梁体产生偏心预压力，以此来减小荷载挠度，改善桥梁的受力状况，达到提高桥梁承载能力的目的
纤维加固法	纤维加固法是利用黏结剂将纤维增强复合材料粘贴在混凝土构件表面示。碳纤维布是最常用的一种纤维增强复合材料，它质量轻且厚度薄，具有一定柔度，可在混凝土桥的某些部位灵活粘贴加固。当结构荷载增加时，碳纤维布因与混凝土协调变形而共同受力，从而提高了混凝土构件的抗弯承载力、抗剪承载力以及受压构件的轴向抗压承载力，提高构件的刚度以及延性等。此外可用于控制混凝土构件裂缝宽度的发展，对桥梁起到了加固作用
改变结构体系加固法	不同的结构体系受力特点不同（如简支梁的跨中弯矩比同跨径的连续梁要大得多）。利用这一特点，可通过改变原桥上部结构体系来改善结构受力、提高承载能力，从而达到加固补强的目的

2．换桥桥跨结构的加固

（1）圬工拱桥的加固

砖、石拱桥的加固一般通过拱圈的加固来实现。拱圈可以用增加厚度和横向联结系或设置新加结构的方法来加固。常见加固措施如下。

1）原拱圈下增设拱圈，即紧贴原拱圈下面喷射钢丝网水泥拱圈或浇筑钢筋混凝土新拱圈。

2）原拱圈上增设钢筋混凝土拱圈，即挖开原拱顶填土层直到拱背，洗净、凿毛，加筑新拱圈。加厚拱圈时应考虑墩台受力是否安全。

（2）双曲拱桥的加固

双曲拱桥的加固主要是对拱肋的加强，拱横向系梁的加强以及上部结构填料的调整等，具体方如下。

1）若横向联系不足，可采用加设横向联结系和加固原有的联结构件的方法，如增加横系梁。侧墙发生变形，可更换拱腹填料，拆除侧墙重砌。

2）原有拱圈承载能力不够，可采取粘贴钢板加固拱肋、增大拱肋截面、增设拱肋、调整拱上自重、改变结构体系（如将拱上建筑由实腹式改为空腹式）和扩大横系梁断面的方法进行加固。

3）墩台下沉位移，拱圈及拱上空腹拱等结构严重开裂时，查明原因进行处理。

三、桥梁下部结构的加固

1．墩台的加固

当墩台出现裂缝超过规范限值的较大裂缝时，应查明原因，采取下列措施进行加固。

（1）当石砌圬工出现通缝和错缝时，应拆除部分石料，重新砌筑。

（2）当活动支座失灵造成墩台拉裂时，应修复或更换支座，并维修裂缝。

（3）基础不均匀沉降产生的自下而上的贯通裂缝，应先加固基础，并应根据裂缝发展程度采用灌缝或加箍的方法进行加固。

墩台出现变形应查明原因，采取针对性措施进行加固。

桥台发生水平位移和倾斜，超过设计允许变形时，应分析原因，确定加固方案，可采用减轻荷载加固法，增厚台身加固，支撑过梁加固等（见表 10–4）。

表 10–4　采用的加固方法

方法	主要内容
增厚台身加固法	该方法是在梁式桥台背土压力大，桥台向桥孔方向位移时采用。可挖去台背填土，加厚台身，并注意新、旧混凝土结接牢固
支撑过梁加固法	该方法主要应用于单跨的小跨径桥梁。可在两桥台基础之间建造支承过梁，以防桥台向跨中位移
减轻荷载加固法	该方法是在台背上压力大，桥台有向桥孔方向位移时采用。挖出台背填土后，改换轻质材料回填，减轻桥台台背的负荷，以使桥台稳定

桩柱或墩台的结构强度不足或桩柱有被碰撞折断等损坏应查明原因，进行加固处理。当连续梁桥墩台和拱桥的不均匀沉降值超过设计允许变形时，应查明原因，进行加固处理和调整高程。为防止桥墩被流冰和漂浮物撞击，可在桥墩上游设置菱形破冰体。

2. 基础的加固

（1）扩大基础的加固

扩大基础的加固应根据不同情况的病害采取如下针对性的措施。

1）当基础局部被冲空时，应及时填补冲空部分。当水深大于 3m 时，除应及时填塞冲空部分，还应比基础宽 0.2 ～ 0.4m。

2）基础周围冲空范围较大时，除填补基底被冲空部分外，还应在基础四周加砌防护设施。

3）基础承载力不足，或基础埋置太浅而墩台又是圬工实体式基础时，可采用扩大桥梁基础底面积的加固对策。扩大基础底面积应由地基强度验算确定。当地基强度满足要求而病害仅仅表现为不均匀沉降、变形过大时，采用扩大基础底面积的大小，主要根据地基变形计算来加以确定。在刚性实体式基础周围加石砌圬工或混凝土，以扩大基础的承载面积。

加固时可按下列程序进行。

①在必须加宽的范围内打板桩围堰，若墩台基础土壤不好时，应作必要加固。

②挖出堰内土壤，直挖至必要的深度（注意开挖时墩台的安全）。

③在堰内把水抽干后，铺砌石块（浆砌），或作混凝土基础。

④按照设计要求，在原墩台侧面钻孔并置入锚固钢筋，以使新、老结构更好联结。

⑤立模，浇筑混凝土并养生至设计强度；新、老基础要注意结合牢固。

（2）桩基础的加固

桩基础病害主要是由于基础承载力和稳定性不足，可采用在桩基础的周围补加钻孔桩或打入预制桩或静压加桩，并扩大原承台的方法。使墩台部分荷载传至新桩基，从而提高基础承载力、增加基础稳定性。具体针对性措施如下。

1）对单排架桩式桥墩采用打桩（或灌注桩）加固，若原有桩距较大（4 ～ 5 倍桩径），可在桩间插桩。若原有桩距较小且通航净跨允许缩小时，可在原排架两侧增加桩数，成为三排式的墩桩。当在桩间加桩时，需凿除原盖梁并浇筑新盖梁，将新、旧桩顶联结成一体。此时，要注意检验原盖梁在加桩顶部能否承受与原来方向相反的弯矩，如不能承受，则必须加固原有盖梁或重新浇筑盖梁。加固原有盖梁时，可在盖梁顶部增设钢筋。

2）当桥台垂直承载力不足时，一般可在台前增加一排桩并浇筑盖梁，以分担上部结构传来的压力。打桩（或钻孔灌注）时可利用原有桥面做脚手架，在桥面上开洞插桩。增浇的盖梁单独受力，也可与旧桩联系起来，使新、旧盖梁、新桩与旧桩共同受力。

增补桩基加固墩台基础的优点是不需要抽水筑坝等水下施工作业，且加固效果显著。缺点是需搭设打桩架（或钻孔架）和开凿桥面，对桥头原有架空线路及陆上、水上交通均有一定的影响。

第三节 桥面系施工

一、桥面系

桥面系通常包括桥面铺装、防水与排水系统、桥面伸缩缝、人行道（或安全带）、缘石、栏杆、护栏和照明灯柱等，其一般构造如图 10–1 所示。

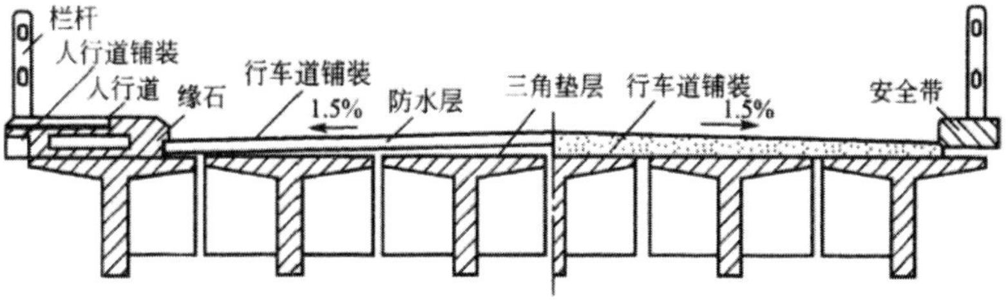

图 10–1 桥面的一般构成示意图

桥面系多属外露部位，直接与外界（包括车辆、行人、大气等）接触，对桥梁的主要结构起保护作用，使桥梁能够正常发挥功能，同时也对行车安全和桥梁的美观起着重要的作用。对于现代高速交通体系的桥梁，更显示出桥面构造的重要性。

桥面系本身对环境的影响十分敏感，属于桥梁工程的薄弱环节。但由于桥面系工程量小、项目繁杂、以及其附属性的地位，往往在设计和施工中得不到应有的重视，从而有可能导致运营过程中产生弊病，影响桥梁的正常使用，增加维修费用，甚至被迫中断交通。因此，必须全面了解桥面系各部件的工作性能，合理选择，认真设计，精心施工。

二、桥面铺装层施工

桥面铺装层的作用是实现桥梁的整体化，使各片主梁共同受力，同时为行车提供平整舒适的行车道面。高等级公路及二、三级公路的桥面铺装层一般为两层，上层为 4 ~ 8cm 沥青混凝土，下层为 8 ~ 10cm 钢筋混凝土。钢筋混凝土能增加桥梁的整体性，沥青混凝土能提高行车的舒适性，同时又能减轻车辆对桥梁的冲击和振动。四级公路或个别三级公路为减少工程造价，直接采用水泥混凝土桥面，也有三级公路在水泥混凝土桥面上铺设一层沥青碎石或沥青表处，所以其结构形式应根据公路等级、交通量大小和荷载等级设计确定。现就水泥钢筋混凝土和沥青混凝土铺装层分别作以介绍。

1. 钢筋混凝土桥面铺装层施工

（1）梁顶高程的测定和调整

预应力混凝土空心板或大梁在预制后存梁期间由于预应力的作用，往往会产生反拱，如果反拱过大就会影响到桥面铺装层的施工，因此设计中对存梁时间、存梁方法都作了一定要求。如果架梁前已发现反拱过大，则应采取降低墩顶高程、减少垫石厚度等方法，以保证铺装层厚度。架梁后对梁顶高程进行测量，测定各跨中线、边线的跨中和墩顶处的高程，分析评价其是否满足规范要求，若偏差过大，则应采取调整桥面高程、改变引线纵坡等方法，以保证铺装层厚度，使桥梁上部结构形成整体。

（2）梁顶处理

为了使现浇混凝土铺装层与梁、板结合成整体，预制梁板时对其顶面进行拉毛处理，有些设计中要求梁顶每隔 50cm，设一条 1 ~ 1.5cm 深齿槽。浇筑前要用清水冲洗梁顶，不能留有灰尘、油渍、污渍等，并使板顶充分湿润。

（3）绑扎布设桥面钢筋网

按设计文件要求，下料制作钢筋网，用混凝土垫块将钢筋网垫起，满足钢筋设计位置及混凝土净保护层的要求。若为低等级公路桥梁，用铺装层厚度调整桥面横坡，横向分布钢筋要做相应弯折，与桥面横坡相一致。在两跨连接处，若为桥面连续，应同时布设桥面连续的构造钢筋；若为伸缩缝，要注意做好伸缩缝的预埋钢筋。

（4）混凝土浇筑

对板顶处理情况、钢筋网布设进行检查，满足设计和规范要求后，即可浇筑混凝土。若设计为防水混凝土，其配合比及施工工艺应满足规范要求。浇筑时由桥一端向另一端推进，连续施工，防止产生施工缝，用平板式振捣器振捣，确保振捣密实。施工结束后注意养护，高温季节应采用草帘覆盖，并定时洒水养生；在桥两端设置隔离设施，防止施工或地方车辆通行，影响混凝土强度。待混凝土强度达到要求强度后，方能开放交通或铺筑上层沥青混凝土。

2．沥青混凝土铺装层施工

桥面沥青混凝土与同等级公路沥青混凝土路面的材料、工艺、施工方法相同，一般与道路路面同时施工。采用拌和厂集中拌和，现场机械摊铺，沥青材料及混合料的各项指标应符合设计和施工规范要求。沥青混合料每日应做抽提试验（包括马歇尔稳定度试验），严格控制各种矿料和沥青用量及各种材料和沥青混合料的加热温度，用胶轮压路机进行碾压成形，碾压温度要符合要求。摊铺后进行质量检测，强度和压实度要合格，厚度允许偏差+10、-5mm，平整度对于高等级公路桥梁IRI（m/km）不超过2.5，均方差不超过1.5mm，其他公路桥梁IRI值不超过42，均方差不超过2.5mm，最大偏差值不超过5mm，横坡不超过 ±0.3%。注意铺装后桥面泄水孔的进水口应略低于桥面铺装层，保证排水顺畅。

三、人行道、栏杆施工

1．防撞护栏施工

边板（梁）预制时应在翼板上按设计位置预埋防撞护栏锚固钢筋，支设护栏模板时应先进行测量放样，确保位置准确。特别是位于曲线上的桥梁，应首先计算出护栏各控制点坐标，用全站仪逐点放样控制，使其满足曲线线形要求。绑扎钢筋时注意预埋防护钢管支撑钢板的固定螺栓，保证其牢固可靠。在有伸缩缝处，防撞护栏应断开，依据选用的伸缩缝形式，安装相应的伸缩装置。混凝土浇筑及养生与其他构件相同。

2．人行道、栏杆施工

人行道、栏杆通常采用预制块件安装施工方法，有些桥的人行道采用整块预制，分中块和端块两种，若为斜交桥其端块还要作特殊设计。预制时要严格按照设计尺寸制模成形，保证强度。大部分桥梁人行道采用分构件预制法，一般分为A挑梁、B挑梁、路缘石、支撑梁、人行道板5部分。A、B挑梁，人行道板为预制构件，路缘石和支撑梁采用现浇施工。注意A挑梁上要留有槽口，保证立柱的安装固定。栏杆的造型多种多样，一般由立柱、扶手、栅栏等几部分组成，均为预制拼装。施工时应注意以下几点。

（1）悬臂式安全带和悬臂式人行道构件必须与主梁横向连接或拱上建筑完成以后才可安装。安全带梁及人行道梁必须安放在未凝固的M20稠水泥砂浆上，并以此来形成人行道顶面设计的横向排水坡。

（2）人行道板必须在人行道梁锚固后才可铺设，对设计无锚固的人行道梁，人行道板的铺设应按照由里向外的次序。

（3）栏杆块件必须在人行道板铺设完毕后才可安装，安装栏杆柱时，必须全桥对直、校平（弯桥、坡桥要求平顺）、竖直后用水泥砂浆填缝固定。

（4）在安装有锚固的人行道梁时，应对焊接认真检查，注意施工安全。为减少路缘石与桥面铺装层中渗水，缘石宜采用现浇混凝土，使其与桥面铺装的底层混凝土结为整体。

3. 灯柱安装

灯柱通常只在城镇设有人行道的桥梁上设置，灯柱的设置位置有两种：一种是设在人行道上；另一种是设在在栏杆立柱上。

第一种布设较为简单，在人行道下布埋管线，按设计位置预设灯柱基座，在基座上安装灯柱、灯饰，连接好线路即可。这种布设方法大方、美观、灯光效果好，适用于人行道较宽（大于 1m）的情况。但灯柱会减小人行道的宽度，影响行人通过，且要求灯柱布置稍高一些，不能影响行车净高。

第二种布设稍麻烦一些，电线在人行道下预埋后，还要在立柱内布设线管通至顶部，因立柱既要承受栏杆上传来的荷载，又要承受灯柱的质量，因此带灯柱的立柱要特殊设计和制作。在立柱顶部还要预设灯柱基座，保证其连接牢固。这种情况一般只适用于安置单火灯柱，灯柱顶部可向桥面内侧弯曲延伸一部分，以保证照明效果。该布置法的优点是灯柱不占人行道空间，桥面开阔，但施工、维修较为困难。

规范要求桥上灯柱应按设计位置安装，必须牢固、线条顺直、整齐美观，灯柱电路必须安全可靠。大型桥梁须配置照明控制配电箱，固定在桥头附近安全场所。

检查验收标准：灯柱顺桥向位置偏差不能超过 100mm；横桥方向偏差不能超过 20mm；顺桥向、横桥向竖直度均不能超过 10mm。

四、伸缩缝及其装置施工

1. 伸缩缝的基本概念及其分类

为适应材料胀缩变形对结构的影响，而在桥梁结构的两端设置的间隙称为伸缩缝。为了使车辆平稳通过桥面并满足桥面变形的需要，在桥面伸缩缝处设置的各种装置统称为伸缩缝装置。

在我国各地使用的伸缩缝种类繁多，按其传力方式及构造特点可以分为对接式、钢质支承式、橡胶组合剪切板式、模数支承式、无缝式共 5 类，亦可依次称为第 1 ~ 5 类伸缩缝。其形式、型号、结构见表 10-5。

2. 伸缩装置的锚固

根据调查，桥梁伸缩缝装置破坏的原因多数与锚固系统有关。锚固系统薄弱，本身就容易破坏；锚固系统范围内的高程控制不严，容易造成跳车，车辆的反复冲击，会导致伸缩装置过早破坏。因此，伸缩缝的锚固系统相当重要。

表 10-5 桥梁伸缩缝装置分类表

类型	型式	种类	说明
对接式	填塞对接式	沥青、木板填塞式	以沥青、木板、麻絮、橡胶等材料填塞缝隙的构造（在任何状态下，都处于压缩状态）
		U 形镀锌铁皮型	
		矩形橡胶条型	
		组合式橡胶条型	
		管形橡胶条型	
	嵌固对接式	W 型	采用不同形状的钢构件将不同形状橡胶条（带）嵌固，以橡胶条（带）的拉压变形吸收梁变位的构造
		SW 型	
		M 型	
		SDII 型	
		PG 型	
		FV 型	
		GNB 型	
		GQF-C 型	
钢质支承式	钢质式	钢梳齿板型	采用面层钢板或梳齿钢板的构造
		钢板叠加型	
橡胶组合剪切板式	板式橡胶式	BF、JB、JH、SC、SB、SG、SEG 型	将橡胶材料与钢件组合，以橡胶的剪切变形吸收梁的伸缩变位，桥面板缝隙支承车轮荷载的构造
		SEJ 型	
		UG 型	
		BSL 型	
		CD 型	
模数支承式	模数式	TS 型	采用异形钢材或钢组焊接与橡胶密封带组合的支承式构造
		J-75 型	
		SSF 型	
		SG 型	
		XF 斜向型	
		GQF-MZL 型	
无缝式	暗缝式	GP 型（桥面连续）	路面施工前安装的伸缩结构
		TST 弹塑体	以路面等变形吸收梁变位
		EPBC 弹塑体	

（1）无缝式（暗缝式）伸缩装置

此类伸缩装置的特点是桥面铺装为整体型，它适用于伸缩量小于 5mm 的桥梁，只能用于桥面是沥青混凝土的情况。

施工要求如下：防水接缝材料应具有较好的抗老化性能，能与壁面强力黏结，适应伸缩变形，恢复性能好，并具有一定强度以抵抗砂石材料的刺破力。塞入物用于防止未固化的接缝材料往下流动，需要有足够的可压缩性能，如泡沫橡胶或聚乙烯泡沫塑料板等，在施工桥面板的现浇层时就把它当作接缝处的模板。

（2）填塞对接式伸缩装置

该类伸缩缝的伸缩体所用材料主要有矩形橡胶条、组合式橡胶条、管形橡胶条、M 形橡胶条，也要采用泡沫塑料板或合成树脂材料等。所用材料要求具有适度的压缩性、恢复性和抗老化性，在气温发生变化时不发生硬化和脆化。

1）填塞对接式桥梁伸缩装置，适用于伸缩量小于 10 ~ 20mm 的桥梁结构。它在安装过程中应注意如下问题。

所采用的伸缩体产品质量要符合有关规定；安装时一定要保证伸缩体在设计的最低温度时，仍处于压缩状态；安装时一定要保证伸缩体与混凝土的可靠黏结——采用胶粘剂；伸缩体一定要低于桥面高程，安装时应保证伸缩体在最大压缩状态下，也不会高出桥面高程。

2）胶粘剂。PG—308 聚氨酯胶粘剂，具有可控制固化时间、黏结牢固的特点，与混凝土相黏结的强度大于 2MPa。使用方法如下。

①配胶：本胶粘剂为双组分，I 型 A、B 两组分比为 100：10（质量比），AB 组分混合，拌和均匀即可使用。

②操作：将接缝处混凝土表面泥土、杂质清除干净，并用钢丝刷一遍，用吹灰机将浮土吹尽，保证结合面干燥。

③涂胶和贴合：涂胶层厚度以不小于 1mm 为宜。

④将伸缩体压缩放入接缝缝隙内。

⑤固化：在常温下，24h 内固化（也可根据需要调整固化时间）。

（3）嵌固对接式伸缩装置

此类形式，如 RG 型、FV 型、GNB 型、SW 型、SD 型、GQF—C 型等，它的特点是将不同形状的橡胶条用不同形状的钢构件嵌固起来，然后通过锚固系统将它们与接缝处的梁体锚固成整体。此类伸缩装置适用于伸缩量小于 60mm 的桥梁结构，即接缝宽度为 20 ~ 80mm。

嵌固对接式伸缩装置的安装步骤如下。

1）首先要处理好伸缩装置接缝处的梁端，因为梁预制时的长度有一定误差，在加上吊装就位时的误差，使伸缩接缝处的梁端参差不齐，故首先要处理好梁端，以有利于伸缩装置的安装。

2）切除桥梁伸缩装置处的桥面铺装，并彻底清理梁端预留槽及预留埋钢筋，槽深不得小于 12cm。

3）用 4 ～ 5 根角铁作定位角铁，将钢构件点焊或用螺栓固定在定位角铁上，一起放入清理好的预留槽内，立好端模（用聚乙烯泡沫塑料片材作端模，可以不拆除），并检查有无漏浆可能。

4）将连接钢筋与梁体预埋牢固焊接，并布置两层钢筋网的钢筋直径为 8mm，网孔为 10cm × 10cm，然后浇筑 C50 混凝土，或 C50 环氧树脂混凝土，浇捣密实并严格养生；当混凝土初凝后，应立即拆除定位角铁，以防止气温变化导致梁体伸缩引起锚固系统的松动。安装密封胶条。

（4）钢质支承式伸缩装置

1）钢形伸缩装置。钢形桥梁伸缩装置的构造是由梳型板、连接件及锚固系统组成，有的钢梳齿型桥梁伸缩装置在梳齿之间填塞有合成橡胶，起防水作用。

2）施工应注意的问题。定位角铁的拆除一定要及时，以保证伸缩装置因温度变化而自由伸缩。也可采用其他方法，把相对的梳齿板固定在两个不同的定位角铁上，让它们连同相应的角铁自由伸缩。

安装施工应仔细进行，防止产生梳齿不平、扭曲及其他变形。安装时一定要将构件固定在定位角铁上，以保证安装精度，要严格控制好梳齿间的槽向间隙。由于伸缩方向性的误差及横向伸缩等原因，在最高温度时，梳齿横向间隙不得小于 5mm。

当构件安装及位置固定好之后，就可着手进行锚固系统的树脂混凝土浇筑。为了锚固系统可靠牢固，必须配备较多的连接钢筋及钢筋网，这给树脂混凝土的浇筑带来不便。因此，浇筑混凝土一定要认真细心，尤其角隅周围的混凝土，一定要捣固密实，千万不可有空洞。在钢梳齿根部可适当钻些 20mm 的小孔，以利于浇筑混凝土时空气的排除。

对于小规模的伸缩装置，由于清扫和维修非常困难，故一般都不作接缝内的排水设施，但此时必须考虑支座的防水及台座排水与及时清扫等，所以它也只能用于跨河流或不怕漏水场地的桥跨结构。这种伸缩装置，在营运中需常养护，及时清除掉梳齿之间灰尘及石子之类的杂物，以保证它的正常使用。对于焊接而成的梳齿形构件，焊缝一定要考虑汽车反复冲击下的疲劳强度。

3）安装时的间隙△ L 控制

△ L= 总伸缩量 – 施工时伸缩量 + 最小间隙（单位 mm，以下同）

也可用如下简化式计算。

①钢梁时：

$$\Delta L = 0.66L - \left[(t+10) \times 0.012L \right] \times 1.1 + 15$$

②预应力混凝土梁时：

$$\Delta L = (0.44 + 0.6\beta)L - \left[(t+5) \times 0.01L \right] \times 1.1 + 15$$

③钢筋混凝土梁时

$$\Delta L = (0.44 + 0.2\beta)L - \left[(t-5) \times 0.01L \right] \times 1.1 + 15$$

式中：L——伸缩区段长，m；

t——安装的温度，℃；

β——徐变、干燥收缩的递减系数，见表 10-6。

表 10-6 β 系数

混凝土的龄期（月）	0.25	0.5	1	3	6	12	24
徐变、干燥收缩的递减系数 β	0.8	0.7	0.6	0.4	0.3	0.2	0.1

（5）组合剪切板式橡胶伸缩装置

1）剪切型板式橡胶伸缩装置。

①构造与安装程序。剪切型板式橡胶伸缩装置，由橡胶伸缩体与锚固系统组成。

②施工注意事项。

桥面施工完成后方可进行伸缩装置的安装工作，以保证桥面与伸缩装置之间的平整度；伸缩装置安装一定要按照安装程序进行，尤其要注意及时拆除定位支架顺桥向的联系角钢；梁端加强角钢下的混凝土一定要饱满密实，不可有空洞，角钢要设排气孔；一定要将伸缩装置的锚固螺栓筋及其他钢筋与预埋筋和桥面钢筋焊为一体，锚固螺栓筋的直径不得小于 18mm。

2）对接组合型板式橡胶伸缩装置。

①构造与安装程序。对接组合型板式橡胶伸缩装置，由上、下开槽的防水表层橡胶体、梳型承托钢板、槽体角钢及锚固系统 4 大部分组成。

②施工注意事项。

桥面施工完成后方可进行伸缩装置的安装工作，以保证桥面与伸缩装置之间的平整度；伸缩装置安装一定要按照安装程序进行；将底板角钢及锚固螺栓固定在定位角铁上时，一定要仔细控制好各部位的尺寸与高程；底板角钢下的混凝土一定要饱满密实，不可有空洞，锚固系统的现浇树脂混凝土厚度不得小于 15cm；一定要将伸缩装置的锚固螺栓筋及其他钢筋与预埋筋和桥面钢筋焊为一体，锚固螺栓筋的直径不得小于 18mm；浇筑 C50 混凝土（或 C50 环氧树脂混凝土）要浇捣密实，严格养生，当混凝土初凝之后，立即拆除定位角铁，以防气温变化造成梁体伸缩而使锚固松动；在吊装大梁时，一定要严格控制梁端的间隙。

（6）无缝式 TST 弹塑体伸缩缝

该伸缩缝是将专用特制的弹塑体材料 TST，加热熔化后灌入经清洗加热的碎石中，形成“TST 碎石桥梁弹性接缝”。由碎石支持车辆荷载，用专用黏合剂保证界面强度。

其适用范围是 −25℃ ~ +60℃温度地区，伸缩量在 50mm 以下的公路桥梁、城市立交桥、高架桥的伸缩接缝。它的特点如下。

1）TST 碎石直接平铺在桥梁接缝处，与前后的桥面和路面铺装形成连续体，桥面平整无缝，行车平稳、舒适、无噪声、振动小，且具有便于维护、清扫、除雪等优点。

2）构造简单，不需装设专门的伸缩构件和在梁端预埋锚固钢筋，施工方便快速，铺装冷却后，即可开放交通。

3）能吸收各方面的变形和振动，且阻尼系数高，对桥梁减震有利，可满足弯桥、坡桥、斜桥、宽桥的纵、横、竖三个方向的伸缩与变形。用于旧桥更换伸缩缝时，可半边施工，不中断交通。

4）接缝与桥面装连成一体，密封防水性好，耐酸碱腐蚀。

该伸缩缝施工步骤为：①切割槽口或拆除旧装置；②清洗烘干；③涂黏合剂；④放置海绵、钢盖板；⑤主层施工；⑥表层施工；⑦振碾；⑧修整。

外观要求：表面 TST 不高于石料面 2mm，表面间断凹陷应小于 35mm，不深于 3mm。一般情况下施工后 1 ~ 3h 即可开放交通。

五、支座施工

1．支座安装的一般要求

（1）支座安装前，应检查产品合格证书中有关技术性能指标，如不符合设计要求时，不得使用。

（2）梁式支座安装部位，支撑垫石，墩台顶面支座安装部位的混凝土要平整、干净。支撑垫石顶面的高程要准确，垫石的高度应考虑支座养护、检查的方便，并应考虑更换支座时顶升梁体的可能性。

（3）支座安装时，应尽量选择气温为年平均气温时进行、同时必须按照设计图样标明的支座中心位置正确就位，并保证支座与上、下部结构之间紧密接触，不得出现脱空。

（4）在同一根梁上，横向设置支座个数不得多于 2 个，也不许把不同规格的支座并排安装，且施工时要确保每个支座均匀受力。上、下部结构支座安装部位预埋钢板的位置、尺寸及平整度必须符合要求。

2．板式橡肢支座的安装

先在支撑垫石上按设计标出支座位置中心线，同时在橡胶支座上也标上中心线，将橡胶支座准确安放在支撑垫石上，要求支座中心线与支座垫石中心线相重合。注意巨型支座短边应平行于顺桥向，圆形支座无须考虑方向性。

支座下设置的支撑垫石，混凝土强度应符合设计要求；顶面要求标高准确，表面平整；在平坡情况下同一片梁两端支撑垫石水平面应尽量处于同一平面，其相对误差不得超过 3mm，避免支座发生偏歪、不均匀受力和脱空现象。当墩台两端标高不同，顺桥向有纵坡时，支座安装方法应按设计规定处理。安装前应将墩台支座支垫处和梁底面清洗干净，除去油垢，用水灰比不大于 0.5 的 1：3 水泥砂浆仔细抹平，使其顶面标高符合设计要求。

普通板式橡胶支座的安装有封闭式与简易式两种。封闭式安装方法即在支座外围采用橡胶围裙把支座封起来，可有效防外界环境对支座的影响。

（1）现浇梁橡胶支座的安装：在浇筑混凝土梁体前，在橡胶支座位置上加设一块比支座平面稍大的支撑钢板，钢板上焊锚固钢筋与梁体相连接。将支撑钢板作为现浇梁底模的一部分，为防止漏浆，可在支撑钢板与模板之间四周空隙处用棉纱、油灰或软木板填塞。按以上方法施工，可使支座上、下表面同梁底钢板、支撑垫石密贴。

（2）为使预制梁橡胶支座的安装落梁准确，可把支座中心线分别延伸到桥梁墩台和梁端立面上，落梁时使两者相吻合，就能较好地控制落梁的准确性。梁板安装必须细致稳妥，使梁板就位准确，与支座密贴，并防止支座产生剪切变形。支座就位不准时，应将梁板重新吊起或用千斤顶顶起后调整，不得用撬杠移动梁板。

3．盆式橡胶支座的安装

盆式橡胶支座顶、底面积大，支座下埋设在桥墩顶的钢垫板面积亦较大，浇筑墩顶混凝土时，必须有特殊设施，使垫板下混凝土能浇筑密实。盆式橡胶支座安装时主要是清除污物和减少损伤，否则容易降低使用寿命，增大摩阻系数。

盆式橡胶支座各部件的组装要求是：在支座底面和顶面（埋设于墩顶和梁底面）的钢垫板必须埋设牢固，垫板与支座间平整密贴，支座四周探测不得有 0.3mm 以上的缝隙；支座中心线，支座平面水平及平整度偏差不大于 2mm；活动支座的聚四氯乙烯板不得有刮伤，撞伤；氯丁橡胶板块密封在钢盆内，安装时应排除空气，保持密封；支座组要保持清洁。

活动支座安装前用丙酮或酒精仔细擦洗各相对滑移面，擦净后在四氯滑板的储油槽内注满硅脂类润滑剂，并注意硅脂保洁；坡道桥注硅脂时应注意防滑。

公路桥梁盆式橡胶支座与上、下部结构的连接，可采用地脚螺栓连接或焊接连接两种方法。

（1）地脚螺栓连接。盆式橡胶支座下面建议设置支撑垫石，同时按支座底板地脚螺栓间距及规格预留地脚螺栓孔，预留孔的直径应不小于地脚螺栓的 3 倍，深度比地脚螺栓长度大 50mm，其外露螺杆的高度不得大于螺母的厚度。在预留螺栓孔内注入环氧树脂砂浆，在初凝前，按中心线安放盆式橡胶支座并保证支座四周高差不大于 2mm，同时从支座的地脚螺栓孔中拧上螺母的地脚螺栓，待完全凝固后拧紧螺母。

（2）焊接连接。GPZ 系列盆式橡胶支座采用焊接连接时，可在支座顶板和底板相应位置处预埋钢板。支座就位后用对称间断方式焊接，以避免焊接时局部温度过高而使支座或预埋钢板变形。焊接时注意防止温度过高对橡胶及聚四氟乙烯板的影响。焊接后要在焊接部位做防锈处理。

安装注意事项如下。

（1）现浇梁的支座安装时，一般将支座整体吊装，固定在设计位置上。

（2）预制梁的支座安装时，支座的上、下座板分先后进行连接，通常是先将支座上座板连接在大梁上，而后根据其位置确定底盆（下座板）在墩台上的位置，最后予以固定。

（3）顶推法连续梁安装时，应先将下座板固定在墩台上，墩台上还应设置临时支座；当主梁顶推完毕，且校正位置后，拆除临时支座，让梁落在支座上。

（4）支座顺桥向的中心线必须与主梁的中心线重合或平行。对于活动支座的安装，一定要注意制作安装时的滑移方向与设计方向一致。对于只允许在一个方向活动的支座，其上、下支座板的导向挡块必须保持平行，其交叉角不得大于 5°，否则将影响其位移性能。

另外，桥梁施工期间，混凝土将由于预应力和温差引起弹性压缩、徐变和伸缩而产生的位移量，因此现浇梁底部预埋的钢板或滑板应根据浇筑时的温度、预应力张拉、混凝土收缩与徐变对梁长的影响，设置相当丁设计支撑中心的预偏值，使桥梁建成后的支座位置能符合设计要求。

4．其他支座安设

对于跨径较小（10m 左右）的钢筋混凝土梁（板）桥，可采用油毡、石棉垫或铅板支座。安设这类支座时应先检查墩台支撑面的平整度和横向坡度是否符合设计要求，否则应修凿平整并以水泥砂浆抹平，再铺垫油毡、石棉垫和铅板。梁（板）就位后，梁（板）与支撑间不得有空隙和翘动现象，否则将发生局部应力集中，使梁（板）受损，也不利于梁（板）的伸缩与滑动。

支座安装检查项目及偏差见表 10–7。

表 10–7　支座安装规定值或允许偏差

<table>
<tr><th colspan="2">检查项目</th><th>规定值或允许偏差</th></tr>
<tr><td colspan="2">支座中心与主梁中线 /mm</td><td>应重合，最大偏差 <2</td></tr>
<tr><td colspan="2">高程</td><td>符合设计要求</td></tr>
<tr><td rowspan="2">支座四角高差 /mm</td><td>承压力≤ 5000kN</td><td><1</td></tr>
<tr><td>承压力 >5000kN</td><td><2</td></tr>
<tr><td colspan="2">支座上、下各部件纵轴线</td><td>必须校对</td></tr>
<tr><td rowspan="4">活动支座</td><td>顺桥向最大位移 /mm</td><td>± 250</td></tr>
<tr><td>双向活动支座横向最大位移 /mm</td><td>± 25</td></tr>
<tr><td>横轴线错位距离 /mm</td><td>根据安装时的温度与年平均最高、最低温差计算确定</td></tr>
<tr><td>支座上、下挡块最大偏差的交叉角 /°</td><td>必须平行，交叉角 <5</td></tr>
</table>

第十一章　市政工程施工项目安全控制与现场管理

第一节　市政工程施工项目安全控制的方法

一、市政工程施工现场的不安全因素

1. 人的不安全因素

人的不安全因素是指影响安全的人的因素，即能够使系统发生故障或发生性能不良的事件的人员个人的不安全因素和违背设计和安全要求的错误行为。人的不安全因素可分为个人的不安全因素和人的不安全行为两个大类。

个人的不安全因素是指人员的心理、生理、能力中所具有不能适应工作、作业岗位要求的影响安全的因素。个人的不安全因素见表 11–1：

表 11–1　个人的不安全因素

类型	内容
生理上的不安全因素	包括视觉、听觉等感觉器官、体能、年龄、疾病等不适合工作或作业岗位要求的影响因素
心理上的不安全因素	是指人在心理上具有影响安全的性格、气质和情绪，如懒散、粗心等
能力上的不安全因素	包括知识技能、应变能力、资格等不能适应工作和作业岗位要求的影响因素

人的不安全行为是指造成事故的人为错误，是人为地使系统发生故障或发生性能不良事件，是违背设计和操作规程的错误行为。不安全行为在施工现场的类型，可分为 13 个大类：

（1）操作失误、忽视安全、忽视警告；

（2）造成安全装置失效；

（3）使用不安全设备；

（4）手代替工具操作；

（5）物体存放不当；

（6）冒险进入危险场所；

（7）攀坐不安全位置；

（8）在起吊物下作业、停留；

（9）在机器运转时进行检查、维修、保养等工作；

（10）有分散注意力行为；

（11）没有正确使用个人防护用品、用具；

（12）不安全装束；

（13）对易燃易爆等危险物品处理错误。

不安全行为产生的主要原因是：系统、组织的原因；思想责任性的原因；工作的原因。其中，工作原因产生不安全行为的影响因素包括：工作知识的不足或工作方法不适当；技能不熟练或经验不充分；作业的速度不适当；工作不当，但又不听或不注意管理提示。

分析事故原因，绝大多数事故不是因技术解决不了造成的，都是违章所致。由于没有安全技术措施，缺乏安全技术措施，不作安全技术交底，安全生产责任制不落实，违章指挥，违章作业造成事故，所以必须重视和防止产生人的不安全因素。

2．物的不安全状态

物的不安全状态是指能导致事故发生的物质条件，包括机械设备等物质或环境所存在的不安全因素。

（1）物的不安全状态的内容

1）物（包括机器、设备、工具、物质等）本身存在的缺陷；

2）防护保险方面的缺陷；

3）物的放置方法的缺陷；

4）作业环境场所的缺陷；

5）外部的和自然界的不安全状态；作业方法导致的物的不安全状态；保护器具信号、标志和个体防护用品的缺陷。

（2）物的不安全状态的类型

防护等装置缺乏或有缺陷；设备、设施、工具、附件有缺陷；个人防护用品用具缺少或有缺陷；施工生产场地环境不良。

3．管理上的不安全因素

管理上的不安全因素，通常也称为管理上的缺陷，也是事故潜在的不安全因素，作为间接的原因共有以下几方面：

（1）技术上的缺陷；

（2）教育上的缺陷；

（3）生理上的缺陷；

（4）心理上的缺陷；

（5）管理工作上的缺陷；教育和社会、历史上的原因造成的缺陷。

二、市政工程施工安全技术措施计划

1．市政工程施工安全技术措施计划基本内容

（1）建设工程施工安全技术措施计划的主要内容包括：工程概况，控制目标，控制程序，组织机构，职责权限，规章制度，资源配置，安全措施，检查评价，奖惩制度等。

（2）编制施工安全技术措施计划时，对于某些特殊情况应考虑：

1）对结构复杂、施工难度大、专业性较强的工程项目，除制定项目总体安全保证计划外，还必须制定单位工程或各专项工程的安全技术措施计划。

2）对高处作业、井下作业等专业性强的作业，电器、压力容器等特殊工种作业，应制定单项安全技术规程，并应对管理人员和操作人员的安全作业资格和身体状况进行检查。

（3）制定和完善施工安全操作规程，编制各施工工种，特别是危险性较大工种的安全施工操作要求，作为规范和检查考核员工安全生产行为的依据。

（4）施工安全技术措施：施工安全技术措施包括安全防护设施的设置和安全预防措施，主要有 17 方面的内容，如防火、防毒、防爆、防洪、防尘、防雷击、防触电、防坍塌、防物体打击、防机械伤害、防起重设备滑落、防高空坠落、防交通事故、防寒、防暑、防疫、防环境污染方面措施。

2．市政工程施工安全技术措施计划的实施

（1）建立安全生产责任制

建立安全生产责任制是施工安全技术措施计划实施的重要保证。安全生产责任制是指企业对项目经理部各级领导、各个部门、各类人员所规定的在他们各自职责范围内对安全生产应负责任的制度。

（2）安全教育培训

1）安全教育培训的内容

安全教育培训的主要内容包括：安全生产思想、安全知识、安全技能、安全规程标准、安全法规、劳动保护、环境保护和典型事例分析。

2）安全教育培训的要求

①广泛开展安全生产的宣传教育，使全体员工真正认识到安全生产的重要性和

必要性，懂得安全生产和文明施工的科学知识，牢固树立“安全第一”的思想，自觉遵守各项安全生产法律法规和规章制度。

②把安全知识、安全技能、设备性能、操作规程、安全法规等作为安全教育培训的主要内容。

③建立经常性的安全教育培训考核制度，考核成绩要记入员工档案。

④电工、电焊工、架子工、司炉工、爆破工、机操工、起重工、机械司机、机动车辆司机等特殊工种工人，除一般安全教育外，还要经过专业安全技能培训，经考试合格持证后，方可独立操作。

⑤采用新技术、新工艺、新设备施工和调换工作岗位时，也要进行安全教育，未经安全教育培训的人员不得上岗操作。

3）施工现场安全教育的主要形式

①新工人“三级安全教育”：三级安全教育是企业必须坚持的安全生产基本教育制度。对新工人，包括新招收的合同工、临时工、农民工、实习和代培人员等，必须进行公司、项目、作业班组三级安全教育（见表 11–2），时间不得少于 40h。经教育考试合格者才准许进入生产岗位；不合格者必须补课、补考。对新工人的三级安全教育情况，要建立档案。新工人工作一个阶段后还应进行重复性的安全再教育；加深安全感性、理性知识的认识。

表 11–2　安全教育的主要形式

形式	具体内容
公司进行安全生产基本知识、法规、法制教育	主要内容是：国家的安全生产、劳动保护、环保方针政策法规；建设工程安全生产法规、技术规定、标准；本单位施工生产安全生产规章制度、安全纪律；本单位安全生产形势、历史上发生的重大事故及应吸取的教训；发生事故后如何抢救伤员、排险、保护现场和及时进行报告
项目进行现场规章制度和遵章守纪教育	主要内容是：本单位、本项目施工生产特点及施工生产安全基本知识；劳动保护和环保管理制度；本单位、本项目安全生产制度、规定及安全注意事项；本工种的安全技术操作规程；机械设备、电气安全及高处作业等安全基本知识；防火、防雷、防尘、防爆知识及紧急情况安全处置和安全疏散知识；防护用品发放标准及防护用具、用品使用的基本知识
班组安全生产教育	主要内容是：必要的安全和环保知识；本班组作业特点及安全操作规程；班组安全活动制度及纪律；爱护和正确使用安全防护装置（设施）及个人劳动防护用品；本岗位易发生事故的不安全因素及其防范对策；本岗位的作业环境及使用的机械设备、工具的安全要求

②变换工种安全教育：凡改变工种或调换工作岗位的工人必须进行变换工种安全教育，变换工种安全教育时间不得少于 4h，教育考核合格后方可上岗。教育内容

包括：新工作岗位或生产班组安全生产概况、工作性质和职责；新工作岗位必要的安全知识、各种机具设备及安全防护设施的性能和作用；新工作岗位、新工种的安全技术操作规程；新工作岗位容易发生的事故及有毒有害的地方；新工作岗位个人防护用品的使用和保管。

③转场安全教育：新转入施工现场的工作必须进行转场安全教育，教育时间不得少于8h，其内容：本工程项目安全生产状况及施工条件；施工现场中危险部位的防护措施及典型 事故案例；本工程项目的安全管理体系、制度。

④特种作业安全教育：从事特种作业的人员必须经过专门的安全技术培训，经考试合格取得上岗操作证后方可独立作业。对于特种作业人员的培训、取证及复审等工作严格执行国家、地方政府的有关规定。

对从事特种作业的人员进行经常性的安全教育，时间为每月一次，每次教育4h，教育内容为：特种作业人员所在岗位的工作特点，可能存在的危险、隐患和安全注意事项；特种作业岗位的安全技术要领及个人防护用品的正确使用方法；本岗位曾发生的事故案例及经验教训。

（3）安全技术交底

安全技术交底是指导工人安全施工的技术措施，是工程项目安全技术方案的具体落实。安全技术交底一般由项目经理部技术管理人员根据分部分项工程的具体要求、特点和危险因素编写，是操作者的指令性文件，因此安全技术交底要具体、明确、针对性强。

1）安全技术交底的实施，应符合以下规定：

①安全交底实行分级交底制度。开工前，项目技术负责人要将工程概况、施工方法、安全技术措施等情况向工地负责人、工长交底，必要时向全体职工进行交底；工长安排班组长工作前，必须进行书面的安全技术交底，两个以上施工队和工种配合时，工长应按工程进度定期或不定期向有关班组长进行交叉作业的安全交底；班组长应每天对工人进行施工要求、作业环境等全方面交底。

②结构复杂的分部分项工程施工前，项目经理、技术负责人应有针对性地进行全面、详细的安全技术交底。

2）安全技术交底的基本要求：

①项目经理部必须实行逐级安全技术交底制度，纵向延伸到班组全体作业人员。

②技术交底必须具体、明确、针对性强。

③技术交底的内容应针对分部分项工程施工中给作业人员带来的潜在隐含危险因素和存在问题。

④应优先采用新的安全技术措施。

⑤应将工程概况、施工方法、施工程序、安全技术措施等向工长、班组长、作业人员进行详细交底。

⑥定期向由两个以上作业队伍和多工种进行交叉施工的作业队伍进行书面交底。保留书面安全技术交底等签字记录。

3）安全技术交底主要内容：

本工程项目的施工作业特点和危险点；针对危险点的具体预防措施；应注意事项；相应的安全操作规程和标准；发生事故后应及时采取的避难和急救措施。

3. 常见市政工程施工安全措施

（1）防止基坑开挖时坍塌、淹埋的安全措施

1）技术要求

①根据土的分类、物理力学性质确定边坡坡度（放坡开挖时），或根据土质、深度确定围护方案（采用围护开挖时）。

②在基坑顶边弃土时，任何情况下，弃土堆坡脚至挖方上边缘的距离不得小于1.2m，堆土高度不得超过 1.5m。

③要做好降水措施，确保基坑开挖期间的稳定。

④机械开挖和人工开挖不支撑基坑时，每次挖方修坡深度不得超过 1m。机械开挖和人工开挖有支撑围护基坑时，要及时做好支撑，按相关要求做好基坑围护。

2）应急措施

①及早发现坍塌和淹埋事故的预兆，及时抢险，避免事故的发生。

②及早发现坍塌和淹埋事故的凶兆，以人身安全为第一要务，及早撤离现场。

③要熟悉各种抢险支护和抢险堵漏方法

（2）人工挖孔灌注桩的适用范围、挖孔工艺安全措施

人工挖孔灌注桩适用于无地下水或少量地下水，且较密实的土层或风化岩层。挖孔时孔内产生空气污染物不得超过现行规定的三级标准浓度限值，否则必须采取通风措施。

挖孔施工应根据地质和水文地质情况，因地制宜，选择的孔壁支护方案需报批，并应经过计算，确保施工安全。

挖孔内须进行爆破时，应专门设计，宜采用浅眼松动爆破法，严格控制炸药用量，并在炮眼加强支护。孔深大于 5m 时，必须采用电雷管引爆。爆破后应先通风排烟15min，并检查无有害气体后方可继续作业。

孔深大于 15m 时，通风比较困难，一般不宜人工挖孔，必须人工挖时，应加强机械通风和安全措施。孔内有较大渗水量时，可能导致孔壁坍塌，故必须加强支护。

挖孔前必须严密制定工艺方案，确定提升方法和安全措施，确定挖掘程序，确

定爆破方案，确定其他安全措施和降排水措施。

（3）掌握隧道掘进施工的安全控制

1）开式和闭式盾构始发推进和到达接收的安全控制要点。盾构进、出洞是盾构法施工的重要环节，涉及工作井洞门形式、盾构内设备的布置、进出洞施工的土体加固方法、防止及减少地面沉降等技术方案。

盾构进、出洞必须要有一个始发的和接收的机座、洞口密封装置、井底运输的调度车场地、井底排水设备、施工人员上下楼梯，必要的工作平台。

盾构基座一般采用钢筋混凝土或钢结构，设置在工作井底板上，用作安装及正确稳妥地搁置盾构，基座具有足够的强度、刚度和精度，基座上的导轨根据隧道设计轴线及施工要求定出平面、高程和坡度，使盾构在出洞时具有正确的导向。

盾构后盾支撑体系必须有足够强度、刚度和整体稳定性，后盾面应垂直于隧道设计轴线，水平孔口应满足施工垂直运输的需要。

工作井洞圈直径与盾构外径存有一定的建筑间隙，为了防止盾构出洞时及施工期间土体从该间隙中流失，在洞圈周围安装橡胶帘布带、圆环板、铰链板等组成的密封装置，并设置注浆孔，作为洞口防水堵漏的预防措施。

2）喷锚暗挖法隧道施工时围岩监控量测的内容和方法。现场监控量测应根据围岩条件、隧道工程规模、支护类型和施工方法等来选择测试项目。

现场监控量测项目分为必测项目（A 类量测）和选测项目（B 类量测）两大类。

①现场监控量测项目

a. 地质和支护情况观察描述。

b. 周边位移，采用各类收敛计量测。

c. 拱顶下沉，采用水平仪、水准尺、钢尺或测杆。

d. 锚杆或锚索内力及抗拔力，使用各类电测锚杆、锚杆测力计及拉拔器。

e. 下沉，使用水平仪和水准尺。

f. 围岩体内位移（洞内设点），采用洞内钻孔中安设单点、多点杆式或钢丝式位移计。

g. 围岩内位移（地表设点），从地面钻孔中安设各类位移计。

h. 围岩压力及两层支护间压力，使用各种类型压力盒。

i. 钢支撑内力及外力，用支柱压力计或测力计。

j. 支护、衬砌内应力、表面和外应力及裂缝量测，使用各类混凝土内应变计、应力计、测缝计及表面应力解除法。

k. 围岩弹性波测试，使用各种声波仪及配套探头。

其中 a ～ d 为必测项目，e ～ k 为选择项目。

做好施工围岩监控量测的关键是保证数据的准确性。

②现场监测的目的

a. 提供监控设计的依据和信息：掌握围岩力学形态的变化和规律；掌握支护的工作状态信息并及时反馈，指导施工作业。

b. 预报和监视险情。

c. 校核地下工程理论计算结果、完善工程类比法。

（4）箱涵顶进穿越结构物的主要安全防护措施

箱涵在穿越铁路、桥涵和管线等结构物时可采取以下安全防护措施：

1）铁路路基下顶进箱涵时，为确保行车与施工安全，必须进行铁道线路加固，并限制行车速度；

2）小型箱涵可用调轨梁、轨束梁加固线路；

3）孔径较大的箱涵可用横梁加盖、纵横梁加固、工字轨束梁及钢板脱壳法，同时应严格控制车速；

4）在土质差、承载力低、土壤含水量高，铁路行车繁忙，不允许限速太多的情况下，可采用低高度施工便梁的方法；箱涵穿越管线时可采用暴露管线和加强施工监测的保护方法。

三、市政工程施工安全检查

1. 安全检查的目的

（1）预防伤亡事故或把事故发生率降下来，把伤亡事故频率和经济损失降到低于社会允许的范围及国际同行业的先进水平。

（2）不断改善生产条件和作业环境，达到最佳安全状态。由于安全隐患是与生产同时存在的，因此危及劳动者的不安全因素也同时存在，事故的原因也是复杂和多方面的。为此，必须通过安全检查对施工（生产）中存在的不安全因素进行预测、预报和预防。

2. 安全生产检查的意义

（1）通过检查，可以发现施工（生产）中的不安全（人的不安全行为和物的不安全状态）问题，从而采取对策，消除不安全因素，保障安全生产。

（2）利用安全生产检查，进一步宣传、贯彻、落实党和国家安全生产方针、政策和各项安全生产规章制度。

（3）安全检查实质也是一次群众性的安全教育。通过检查，增强领导和群众安全意识，纠正违章指挥、违章作业，提高安全生产的自觉性和责任感。

（4）通过检查可以互相学习，总结经验，取长补短，有利于进一步促进安全生产工作。通过安全生产检查，了解安全生产状态，为分析安全生产形势，研究加强安全管理提供信息和依据。

3．安全检查的形式

（1）主管部门（包括中央、省、市级建设行政主管部门）对下属单位进行的安全检查。这类检查，能对本行业的特点、共性和主要问题进行检查，并有针对性、调查性，也有批评性。同时通过检查总结，扩大（积累）安全生产经验，对基层推动作用较大。

（2）定期安全检查。企业内部必须建立定期分级安全检查制度，由于企业规模、内部建制等不同，要求也不能千篇一律。一般中型以上的企业（公司），每季度组织一次安全检查；工程处（项目部、附属厂）每月或每周组织一次安全检查。每次安全检查应由单位领导或总工程师（技术领导）带队，有工会、安全、动力设备、保卫等部门派人参加。这种制度性的定期检查内容，属全面性和考核性的检查。

（3）专业性安全检查。专业安全检查应由企业有关业务部门组织有关人员对某项专业（如垂直提升机、脚手架、电气、塔吊、压力容器、防尘防毒等）的安全问题或在施工（生产）中存在的普遍性安全问题进行单项检查。这类检查专业性强，也可结合单方面评比进行，参加专业安全检查的人员，主要有专业技术人员、懂行的安全技术人员和有实际操作、维修能力的工作人员。

（4）经常性的安全检查。在施工（生产）过程中进行经常性的预防检查。能及时发现隐患，消除隐患，保证施工（生产）的正常进行，通常包括：

1）班组进行班前、班后岗位安全检查；

2）各级安全员及安全值班人员日常巡回安全检查；

3）各级管理人员在检查生产同时检查安全。

（5）季节性及节假日前后安全检查。季节性安全检查是针对气候特点（如冬季、夏季、雨季、风季等）可能给施工（生产）带来危害而组织的安全检查。节假曰（特别是重大节日，如元旦、劳动节、国庆节）前、后防止职工纪律松懈、思想麻痹等进行的检查。检查应由单位领导组织有关部门人员进行。节日加班，更要重视对加班人员的安全教育，同时认真检查安全防范措施的落实。

（6）施工现场还要经常进行自检、互检和交接检查（见表 11–3）。

表 11–3　施工现场的检查

形式	内容
自检	班组作业前、后对自身所处的环境和工作程序进行安全检查，可随时消除安全隐患
互检	班组之间开展的安全检查。可以做到互相监督、共同遵章守纪

续表

形式	内容
交接检查	上道工序完毕，交给下道工序使用前，应由工地负责人组织工长、安全员、班组及其他有关人员参加，进行安全检查或验收，确认无误或合格，方能交给下道工序使用。如脚手架、井字架与龙门架、塔吊等，在使用前，都要经过交接检查

4．安全检查的主要内容

安全检查的主要内容，见表 11–4。

表 11–4　安全检查的内容

检查项目	具体内容
查思想	主要检查企业的领导和职工对安全生产工作的认识
查管理	主要检查工程的安全生产管理是否有效。主要内容包括：安全生产责任制，安全技术措施计划，安全组织机构，安全保证措施，安全技术交底，安全教育，持证上岗，安全设施，安全标识，操作规程，违规行为，安全记录等
查隐患	主要检查作业现场是否符合安全文明生产的要求
查事故处理	对安全事故的处理应达到查明事故原因、明确责任并对责任者作出处理、明确和落实整改措施等要求。同时还应检查对伤亡事故是否及时报告、认真调查、严肃处理

安全检查的重点是违章指挥和违章作业。安全检查后应编制安全检查报告，说明已达标项目，未达标项目，存在问题，原因分析，纠正和预防措施。

5．安全检查的注意事项

（1）安全检查要深入基层，紧紧依靠职工，坚持领导与群众相结合的原则，组织好检查工作。

（2）建立检查的领导组织机构，配备适当的检查力量，挑选具有较高技术业务水平人员参加。

（3）做好检查的各项准备工作，包括思想、业务知识、法规政策和检查设备、奖金的准备。

（4）明确检查的目的和要求。既要严格要求，又要防止一刀切，要从实际出发，分清主、次矛盾，力求实效。

（5）建立检查档案。结合安全检查表的实施，逐步建立健全检查档案，收集基本的数据，掌握基本安全状况，为及时消除隐患提供数据，同时也为以后的职业健康安全检查奠定基础。

（6）在制定安全检查表时，应根据用途和目的具体确定安全检查表的种类。安全检查表的主要种类有：公司安全检查表；项目部安全检查表；班组及岗位安全检查表；专业安全检查表等。制定安全检查表要在安全技术部门的指导下，充分依靠职工来进行。初步制定出来的检查表，要经过群众的讨论，反复试行，再加以修订，最后由安全技术部门审定后方可使用。把自查与互查有机结合起来，基层以自检为主，企业内相应部门间互相检查，取长补短，相互学习和借鉴。

（7）坚持查改结合。检查不是目的，只是一种手段，整改才是最终目的。发现问题，要及时采取切实有效的防范措施。

第二节　市政工程施工项目安全事故的处理

一、伤亡事故的定义与分类

1. 伤亡事故的定义

事故是指人们在进行有目的的活动过程中，发生了违背人们意愿的不幸事件，使有目的的行动暂时或永久地停止。伤亡事故是指职工在劳动生产过程中发生的人身伤害、急性中毒事故。

2. 伤亡事故分类

（1）按事故产生的原因分类

按照我国相关标准规定，职业伤害事故分为 20 类：

1）物体打击：指落物、滚石、锤击、碎裂、崩块、砸伤等造成的人身伤害，不包括因爆炸而引起的物体打击。

2）车辆伤害：指被车辆挤、压、撞和车辆倾覆等造成的人身伤害。

3）机械伤害：指被机械设备或工具绞、碾、碰、割、戳等造成的人身伤害，不包括车辆、起重设备引起的伤害。

4）起重伤害：指从事各种起重作业时发生的机械伤害事故，不包括上下驾驶室时发生的坠落伤害，起重设备引起的触电及检修时制动失灵造成的伤害。

5）触电：由于电流经过人体导致的生理伤害，包括雷击伤害。

6）淹溺：由于水或液体大量从口、鼻进入肺内，导致呼吸道阻塞，发生急性缺氧而窒息死亡。

7）灼烫：指火焰引起的烧伤、高温物体引起的烫伤、强酸或强碱引起的灼伤、放射线引起的皮肤损伤，不包括电烧伤及火灾事故引起的烧伤。

8）火灾：在火灾时造成的人体烧伤、窒息、中毒等。

9）高处坠落：由于危险势能差引起的伤害，包括从架子、屋架上坠落以及平地坠入坑内等。

10）坍塌：指建筑物、堆置物倒塌以及土石塌方等引起的事故伤害。

11）冒顶片帮：指矿井作业面、巷道侧壁由于支护不当、压力过大造成的坍塌（片帮）以及顶板垮落（冒顶）事故。

12）透水：指从矿山、地下开采或其他坑道作业时，有压地下水意外大量涌入而造成的伤亡事故。

13）放炮：指由于放炮作业引起的伤亡事故。

14）火药爆炸：指在火药的生产、运输、储藏过程中发生的爆炸事故。

15）瓦斯爆炸：指可燃气体、瓦斯、煤粉与空气混合，接触火源时引起的化学爆炸事故。

16）锅炉爆炸：指锅炉由于内部压力超出炉壁的承受能力而引起的物理性爆炸事故。

17）容器爆炸：指压力容器内部压力超出容器壁所能承受的压力引起的物理爆炸，容器内部可燃气体泄漏与周围空气混合遇火源而发生的化学爆炸。

18）其他爆炸：化学爆炸、炉膛、钢水包爆炸等。

19）中毒和窒息：指煤气、油气、沥青、化学、一氧化碳中毒等。

20）其他伤害：包括扭伤、跌伤、冻伤、野兽咬伤等。

（2）按事故后果严重程度分类

伤亡事故按事故后果严重程度分类，见表 11–5。

表 11–5　伤亡事故按事故后果严重程度分类

事故类型	内容
轻伤事故	造成职工肢体或某些器官功能性器质性轻度损伤，表现为劳动能力轻度或暂时丧失的伤害，一般每个受伤人员休息 1 个工作日以上，105 个工作日以下
重伤事故	一般指受伤人员肢体残缺或视觉、听觉等器官受到严重损伤，能引起人体长期存在功能障碍或劳动能力有重大损失的伤害，或者造成每个受伤人员损失 105 工作日以上的失能伤害
死亡事故	一次事故中死亡职工 1 ~ 2 人的事故
重大伤亡事故	一次事故中死亡 3 人以上（含 3 人）的事故
特大伤亡事故	一次死亡 10 人以上（含 10 人）的事故
急性中毒事故	指生产性毒物一次或短期内通过人的呼吸道、皮肤或消化道大量进入人体内，使人体在短时间内发生病变，导致职工立即中断工作，并须进行急救或死亡的事故，急性中毒的特点是发病快，一般不超过 1 个工作日，有的毒物因毒性有一定的潜伏期，可在下班后数小时发病

二、市政工程施工安全事故的处理程序

发生伤亡事故后，负伤人员或最先发现事故的人应立即报告领导。企业对受伤人员歇工满 1 个工作日以上的事故，应填写伤亡事故登记表并及时上报。

企业发生伤亡和重大伤亡事故，必须立即将事故概况（包括伤亡人数、发生事故的时间、地点、原因）等，用快速方法分别报告企业主管部门、行业安全管理部门和当地公安部门、人民检察院。发生重大伤亡事故，各有关部门接到报告后应立即转报各自的上级主管部门。

对于事故的调查处理，必须坚持“事故原因不清不放过，事故责任者和群众没受到教育不放过，没有防范措施不放过，事故责任人和责任领导不处理不放过”的“四不放过”原则，按照下列步骤进行：

1. 迅速抢救伤员并保护好事故现场

事故发生后，现场人员不要惊慌失措，要有组织、听指挥，首先抢救伤员和排除险情，制止事故蔓延扩大，同时，为了事故调查分析需要，保护好事故现场，确因抢救伤员和排险，而必须移动现场物品时，应作出标识。因为事故现场是提供有关物证的主要场所，是调查事故原因不可缺少的客观条件。要求现场各种物件的位置、颜色、形状及其物理、化学性质等尽可能保持事故结束的原来状态。必须采取一切可能的措施，防止人为或自然因素的破坏。

2. 组织调查

接到事故报告后的单位领导，应立即赶赴现场组织抢救，并迅速组织调查组开展调查。轻伤、重伤事故，由企业负责人或其指定人员组织生产、技术、安全等部门及工会组成事故调查组，进行调查；伤亡事故，由企业主管部门会同企业所在地区的行政安全部门、公安部门、工会组成事故调查组，进行调查。重大死亡事故，按照企业的隶属关系，由省、自治区、直辖市企业主管部门或者国务院有关主管部门会同同级行政安全管理部门组成事故调查组，进行调查。应邀请人民检察院参加，还可邀请有关专业技术人员参加。与发生事故有直接利害关系的人员不得参加调查组。

3. 现场勘察

在事故发生后，调查组应速到现场进行勘察。现场勘察是技术性很强的工作，涉及广泛的科技知识和实践经验，对事故的现场勘察必须及时、全面、准确、客观。现场勘察的主要内容有：

（1）现场笔录

发生事故的时间、地点、气象等；现场勘察人员姓名、单位、职务；现场勘察起止时间、勘察过程；能量失散所造成的破坏情况、状态、程度等；设备损坏或异

常情况及事故前后的位置；事故发生前劳动组合、现场人员的位置和行动；散落情况；重要物证的特征、位置及检验情况等。

（2）现场拍照

1）方位拍照，能反映事故现场在周围环境中的位置；

2）全面拍照，能反映事故现场各部分之间的联系；

3）中心拍照，反映事故现场中心情况；

4）细目拍照，提示事故直接原因的痕迹物、致害物等；

5）人体拍照，反映伤亡者主要受伤和造成死亡伤害部位。

（3）现场绘图

1）建筑物平面图、剖面图；

2）事故时人员位置及活动图；

3）破坏物立体图或展开图；

4）涉及范围图；

5）设备或工、器具构造简图等。

4. 分析事故原因

（1）通过全面的调查，查明事故经过，弄清造成事故的原因，包括人、物、生产管理和技术管理等方面的问题，经过认真、客观、全面、细致、准确的分析，确定事故的性质和责任。

（2）事故分析步骤，首先整理和仔细阅读调查材料，对受伤部位、受伤性质、起因物、致害物、伤害方法、不安全状态和不安全行为等七项内容进行分析，确定直接原因、间接原因和事故责任者。

（3）分析事故原因，应根据调查所确认事实，从直接原因入手，逐步深入到间接原因。通过对直接原因和间接原因的分析，确定事故中的直接责任者和领导责任，再根据其在事故发生过程中的作用，确定主要责任者。

（4）事故性质类别

事故性质的类别，见表 11-6。

表 11-6　事故性质的类别

事故类别	内容
责任事故	就是由于人的过失造成的事故
非责任事故	即由于人们不能预见或不可抗力的自然条件变化所造成的事故，或是在技术改造、发明创造、科学试验活动中，由于科学技术条件的限制发生的无法预料的事故。但是，对于能够预见并可以采取措施加以避免的伤亡事故，或没有经过认真研究解决技术问题而造成的事故，不能包括在内

续表

事故类别	内容
破坏性事故	即为达到既定目的而故意制造的事故。对已确定为破坏性事故的，应由公安机关认真追查破案，依法处理

5．制定预防措施

根据对事故原因分析，制定防止类似事故再次发性的预防措施。同时，根据事故后果和事故责任应负的责任提出处理意见。对于重大未遂事故不可掉以轻心，也应严肃认真按上述要求查找原因，分清责任，严肃处理。

6．写出调查报告

调查组应着重把事故发生的经过、原因、责任分析和处理意见以及本次事故的教训和改进工作的建议等写成报告，经调奄组全体人员签字后报批。如调查组内部意见有分歧，应在弄清事实的基础上，对照法律法规进行研究，统一认识。

对于个别同志仍持有不同意见的允许保留，并在签字时写明自己的意见。

7．事故的审理和结案

（1）事故调查处理结论，应经有关机关审批后，方可结案。伤亡事故处理工作应当在 90 日内结案，特殊情况不得超过 180 日。

（2）事故案件的审批权限，同企业的隶属关系及人事管理权限一致。

（3）对事故责任的处理，应根据其情节轻重和损失大小，确定主要责任，次要责任，重要责任，一般责任，还是领导责任等，按规定给予处分。要把事故调查处理的文件、图纸、照片、资料等记录长期完整地保存起来。

8．员工伤亡事故登记记录

员工重伤、死亡事故调查报告书，现场勘察资料（记录、图纸、照片）；技术鉴定和试验报告；物证、人证调查材料；医疗部门对伤亡者的诊断结论及影印件；事故调查组人员的姓名、职务，并应逐个签字；企业或其主管部门对该事故所作的结案报告；受处理人员的检查材料；有关部门对事故的结案批复等。

第三节　市政工程施工项目现场管理

一、施工现场管理的概念和意义

1．施工现场管理概念

（1）施工现场的概念

施工现场是指从事工程项目建设活动经批准占用的施工场地。它既包括红线以内占用的建筑用地和施工用地，又包括红线以外现场附近经批准占用的临时施工用地。

（2）施工现场管理的概念

施工现场管理是指对施工现场内的施工活动及空间所进行的管理活动。即对施工场地和空间进行科学安排、合理使用、临设维护、作业协调、清理整顿等，并与各种环境保持协调统一的关系，使一切在该施工场地从事施工活动的单位和个人严格遵守建设部颁发的《建设工程施工现场管理规定》所做管理工作的总称。

2. 施工现场管理的意义

（1）施工现场管理是施工活动正常有序进行的基本保证

在市政工程施工中，施工现场是大量的劳动力、材料、设备、机具、资金、信息汇集地。这些生产要素能否按计划、有序的畅通流动，涉及项目施工生产活动能否正常进行，而施工现场管理正是人流、物流、财流、信息流畅通的基本保证。

（2）施工现场管理是施工活动各专业管理的连接纽带

在市政工程施工中，施工现场涉及多项专业管理工作。它们之间相互影响，相互制约，相互联系。因此，对各专业管理工作既要按合理分工独立分头进行，又要密切协作共同管理。能否提高各专业管理的技术经济效果，取决于施工现场管理的好坏。

（3）施工现场管理是施工企业体现实力获取社会信誉的展示窗口

在市政工程施工中，施工现场管理是一项科学的、综合的系统管理工作。施工企业的施工管理能力、精神面貌、企业文化等都通过施工现场来展现。企业创建的一个文明的施工现场，会产生重要的效益，会赢得良好的社会信誉，会获得更大的生存和发展空间。

（4）施工现场管理是施工活动各主体贯彻执行有关法规的集中体现

在市政施工中，从事施工活动各主体对施工现场和管理不仅仅是一个单纯的工程管理问题，也是一个严肃的社会管理问题。它涉及许多城市管理和社会管理法规，如城市规划、地产开发、节能节水、环保环卫、市容绿化、消防保卫、交通运输、文物保护、劳动保障、居民安全、人防建设、精神文明等。这就要求施工现场管理成为集中贯彻执行有关法规的管理，体现执法、守法、护法。

（5）施工现场管理是建设体制改革和施工企业实施创新的重要阵地

在市政工程施工中，国家的建设体制经历着历史性的重大改革和发展，经历着从计划经济向市场经济过渡的机制转换，经历着加入 WTO 与国际接轨的进程，这一切都要通过深化改革来求得发展。对于施工企业，在被推进市场经济后，更要实施观念创新、管理创新、技术创新、制度创新等创新工程的改革。而每项改革的试行、推广，成果的取得，必然都通过施工现场进行，反映检验效果和提供重要保证。

二、施工现场管理的内容与基本要求

1．施工现场管理的内容

（1）合理规划施工用地。

（2）做好施工总平面设计。施工总平面设计是现场管理的重要内容和依据，是施工组织设计的组成部分。施工总平面应科学布置临时设施、大型机械、料场、仓库、构件堆场、消防设施、道路及进出口、加工场地、水电管线、周转用地等，体现出文明、科学、安全、环保的施工理念，有利于节约成本、方便施工。

（3）适时调整施工现场总平面布置。施工阶段不同，对现场布置的需求也会有变化，因而应随时根据新的需要调整现场布置。

（4）对施工现场的使用要有检查。检查是为加强现场管理，也为适时调整现场布置提供依据。

（5）建立文明的施工现场。以科学有序的施工布局和管理，保证施工文明安全、环境得到保护、维持交通畅通、文物得到保存以及良好的场容与卫生，以促进工程质量，提高企业信誉。

2．现场管理的基本要求

（1）现场门口应设立企业标志。施工企业的项目经理负责场容、文明形象管理的总体部署，各分包人应在总包项目经理的指导和协调下，做好分区管理划分并严格分工负责。

（2）项目经理部应在门口公示以下标牌：

1）工程概况牌：工程规模、性质、用途、结构形式、建设单位、设计单位、监理单位、施工单位的名称和施工的起止日期；

2）安全纪律牌；

3）防火须知牌；

4）安全无重大事故计时牌；

5）安全生产、文明施工牌；

6）施工总平面图；

7）施工项目经理部组织及主要管理人员名单图。

三、施工现场管理措施和方法

1. 组织管理措施

（1）健全管理组织

施工现场应成立以项目经理为组长，主管生产副经理、技术负责人、施工工长，以及生产、技术、质量、安全、消防、保卫、环保、行政等管理人员为成员的文明施工管理组织。施工现场分包单位应服从总包单位的统一管理，接受总包单位的监督与检查，负责本单位的文明施工。

（2）健全管理制度

1）个人岗位责任制。文明施工管理应按专业、岗位、区域等分片包干，分别建立岗位责任制度。

2）经济责任制。把文明施工列入单位经济承包责任制中，一同“包”、“保”、检查与考核。

3）检查制度。工地每月至少组织两次综合检查，要按专业、标准全面检查，按规定填写表格，算出结果，制表张榜公布。施工现场文明施工检查是一项经常性的管理工作，可采取综合检查与专业检查相结合、定期检查与随时抽查相结合、集体检查与个人检查相结合等方法。

4）奖惩制度。文明施工管理实行奖惩制度，要制定奖、惩细则，坚持奖、惩兑现。

5）各项专业管理制度。施工现场实行持证上岗制度。进入现场作业的所有机械操作人员、架子工、司炉工、起重工、爆破工、电工、焊工等特殊工种施工人员，都必须持证上岗。

6）文明施工是一项综合性的管理工作。因此，除文明施工综合管理制度外，还应建立健全质量、安全、消防、保卫、机械、场容、卫生、料具、环保、民工管理制度。定期安全检查的周期，施工项目自检宜控制在10～15天。班组必须进行日检。季节性、专业性安全检查，按规定要求确定日程。

（3）健全管理资料

1）上级关于文明施工的标准、规定、法律等资料应齐全。

2）施工组织设计（方案）中应有质量、安全、保卫、消防、环境保护技术措施和对文明施工、环境卫生、材料节约等的管理要求，并有施工各阶段施工现场的平面布置图和季节性施工方案。

3）施工现场应有施工日志。施工日志中应有文明施工内容。

4）文明施工自检资料应完整，填写内容符合要求，签字手续齐全。文明施工教育、培训、考核记录均应有计划、有资料。文明施工活动应有记录，如会议记录、检查记录等。

5）应有施工管理各方面专业资料。

（4）积极推广应用新技术、新工艺、新设备和现代化管理方法

文明施工是现代工业生产本身的客观要求，广泛应用新技术、新设备、新材料是实现现代化施工的必由之路，它为文明施工创造了条件，打下了基础。在有条件的地方应尽量采用工厂化生产；广泛应用新的装饰、防水等材料；改革施工工艺，减少现场湿作业、手工作业和劳动强度；并应用电子计算机和闭路电视监控系统提高机械化水平和工厂化生产的比重，努力实现施工现代化，使文明施工达到新的更高水平。

2. 现场场容管理措施

（1）开展“5S”活动

“5S”活动是指对施工现场各生产要素（主要是物的要素）所处状态不断地进行整理、整顿、清扫、清洁和保养。由于这五个词语日文词汇的罗马拼音的第一个字母都是“S”，所以简称“5S”。

“5S”活动，在日本和西方国家企业中广泛实行，它是符合现代化大生产特点的一种科学的管理方法，是提高职工素质、实现文明施工的五项有效措施与手段。开展“5S”活动，要特别注意调动全体职工的积极性，自觉管理、自我实施、自我控制，贯穿施工全过程和全现场，由职工自己动手，创造一个整齐、清洁、方便、安全和标准化的施工环境。开展“5S”活动，必须领导重视，加强组织，严格管理；要将“5S”活动纳入岗位责任制，并按照文明施工标准检查、评比与考核；坚持 PDCA 循环，不断提高施工现场的“5S”水平。

（2）合理定置

合理定置是指把全工地施工期间所需要的物在空间上合理布置，实现人与物、人与场所、物与场所、物与物之间的最佳结合，使施工现场秩序化、标准化、规范化，体现文明施工水平。它是现场管理的一项重要内容，是实现文明施工的一项重要措施，是谋求改善施工现场环境的一个科学的管理办法。

（3）目视管理

目视管理是一种符合建筑业现代化施工要求和生理及心理需要的科学管理方式，它是现场管理的一项内容，是搞好文明施工、安全生产的一项重要措施。

1）目视管理就是用眼睛看的管理，也可称为“看得见的管理”。它是利用形象直观、色彩适宜的各种视觉感知信息来组织现场施工生产活动，达到提高劳动生产率、保证工程质量、降低工程成本的目的，

2）目视管理是一种形象直观、简便适用、透明度高，便于职工自主管理、自我

控制，科学组织生产的有效管理方式。这种管理方式可以贯穿于施工现场管理的各个领域之中，具有其他方式不可替代的作用。

四、市政工程施工现场环境保护

1．实行环保目标责任制

把环保指标以责任书的形式层层分解到有关单位和个人，列入承包合同和岗位责任制，建立一个懂行善管的环保监控体系。项目经理是环保工作的第一责任人，是施工现场环境保护自我监控体系的领导者和责任者，要把环保政绩作为考核项目经理的一项重要内容。

2．加强检查和监控工作

要加强对施工现场粉尘、噪声、废气的检查、监测和控制工作。要与文明施工现场管理一起检查、考核、奖罚，及时采取措施消除粉尘、废气和污水的污染。

3．保护和改善施工现场的环境

一方面施工单位要采取有效措施控制人为噪声、粉尘的污染和烟尘、污水、噪声污染；另一方面，建设单位应该负责协调外部关系，同当地居委会、村委会、办事处、派出所、居民、施工单位、环保部门加强联系，要做好宣传教育工作，认真对待来信来访，凡能解决的问题，立即解决，一时不能解决的扰民问题，也要说明情况，求得谅解并限期解决。

4．要有技术措施，严格执行国家法律法规

在编制施工组织设计时，必须有环境保护的技术措施。在施工现场平面布置和组织施工过程中要执行国家、地区、行政和企业有关防治空气污染、水源污染、噪声污染等环境保护的法律法规和规章制度。

5．采取措施防止大气污染

（1）施工现场垃圾渣土要及时清理出现场。

（2）施工现场道路应硬化，有条件的可利用永久性道路，并指定专人定期清扫，形成制度，防止扬尘。

（3）袋装水泥、白灰、粉煤灰等易飞扬的细颗粒粉状材料，应在库内存放。室外临时露天存放时，必须下垫上盖，严密遮盖防止扬尘。散装水泥、粉煤灰、白灰等细颗粒粉状材料，应存放在固定容器（散装罐）内，没有固定容器时应设封闭式库存放，并具备可靠的防扬尘措施。运输水泥、粉煤灰、白灰等细颗粒粉状材料时，要采取遮盖措施，防止沿途遗洒、扬尘。卸运时，应采取措施，以减少扬尘。

（4）车辆不带泥沙出现场措施。可在大门口铺一段石子，定期过筛清理；做一段水沟冲刷车轮。

（5）除设有符合规定的装置外，禁止在施工现场焚烧油毡、橡胶、塑料、皮革、树叶、枯草、各种包装材料等以及其他会产生有毒、有害烟尘和恶臭气体的物质。

（6）机动车都要安装 PCV 阀，对那些尾气排放超标的车辆要安装净化消声器，确保不冒黑烟。

（7）工地茶炉、大灶、锅炉，尽量采用消烟除尘型。

（8）工地搅拌站除尘是治理的重点。有条件的要修建集中搅拌站，由计算机控制进料、搅拌、输送全过程，在进料仓上方安装除尘器，可使水泥、沙、石中的粉尘降低 99% 以上。采用现代化先进设备是解决工地粉尘污染的根本途径。拆除旧有建筑物时，应适当洒水，防止扬尘。

6. 防止水源污染措施

（1）禁止将有毒有害废弃物作土方回填。

（2）施工现场搅拌站废水以及现场产生的污水须经沉淀池沉淀后再排人城市污水管道或河流。最好将沉淀水用于工地洒水降尘或采取措施回收利用，上述污水未经处理不得直接排入城市污水管道或河流中。

（3）现场存放油料，必须对库房地面进行防渗处理，如采用防渗混凝土地面、铺油毡等。使用时要采取措施，防止油料跑、冒、滴、漏，污染水体。

（4）施工现场的临时食堂，污水排放时可设置简易有效的隔油池，定期掏出油和杂物，防止污染。

（5）工地临时厕所及化粪池应采取防渗漏措施。中心城市施工现场的临时厕所可采取水冲式厕所，蹲坑上加盖，并有防蝇、灭蛆措施，防止污染水体和环境。

7. 防止噪声污染措施

（1）严格控制人为噪声，进人施工现场不得高声喊叫、无故甩打模板、乱吹哨，限制高音喇叭的使用，最大限度地减少噪声扰民。

（2）凡在人口稠密区进行强器械声作业时，须严格控制作业时间。一般晚上 10 点到次日早上 6 点之间停止强噪声作业。确系特殊情况必须昼夜施工时，应办理夜间施工许可证，并尽量采取降低噪声措施，会同建设单位与当地居委会、村委会或当地居民协调，出安民告示，求得群众谅解。

（3）在传播途径上控制噪声。采取吸声、隔声、隔振和阻尼等声学处理的方法来降低噪声（见表 11–7）。

表 11-7　在传播途径上控制噪声的方法

方法	内容
吸声	吸声是利用吸声材料（如玻璃棉、矿渣棉、毛毡、泡沫塑料、吸声砖、木丝板、干蔗板等）和吸声结构（如穿孔共振吸声结构、微穿孔板吸声结构、薄板共振吸声结构等）吸收通过的声音，减少室内噪声的反射来降低噪声
隔振	隔振就是防止振动能量从振动源传播出去。隔振装置主要包括金属弹簧、隔振器、隔振垫（如剪切橡胶、气垫）等。常用的材料还有软木、矿渣棉、玻璃纤维等
隔声	隔声是把发声的物体、场所用隔声材料（如砖、钢筋混凝土、钢板、厚木板、矿棉板等）封闭起来与周围隔绝。常用的隔声结构有隔声间、隔声机罩、隔声屏等。有单层隔声和双层隔声两种结构
阻尼	阻尼是用内摩擦损耗大的一些材料来消耗金属板的振动能量并变成热能散失掉，从而抵制金属板的弯曲振动，使辐射噪声大幅度减少。常用的阻尼材料有沥青、软橡胶和其他高分子涂料等

第十二章　市政工程施工项目技术资料管理

第一节　市政工程施工项目技术资料管理基础

一、市政工程施工技术资料的主要内容

所谓建设工程资料就是对工程建设过程及结果的书面记录，市政工程施工技术资料应包括以下内容：

1．施工技术准备

施工组织设计，技术交底，图纸会审记录，施工预算的编制和审查。

2．施工现场准备

工程定位测量资料，工程定位测量复核记录，导线点、水准点测量复核记录，工程轴线、定位桩、高程测量复核记录，施工安全措施，施工环保措施。

3．设计变更、洽商记录

设计变更通知单，洽商记录。

4．原材料、成品、半成品、构配件、设备出厂质量合格证及试验报告

砂、石、砌块、水泥、钢筋（材）、石灰、沥青、涂料、混凝土外加剂、防水材料、胶粘材料、防腐保温材料、焊接材料等试验汇总表、质量合格证书和出厂检（试）验报告及现场复试报告，混凝土预制构件、管材、管件、钢结构构件等出厂合格证、相应的施工技术资料、试验汇总表，厂站工程的成套设备、预应力张拉设备、各类地下管线井室设施、产品等出厂合格证书和安装使用说明、汇总表，设备开箱记录。

5．施工试验记录

（1）砂浆、混凝土试块强度、钢筋（材）焊接、填土、路基强度试验等汇总表；

（2）道路压实度、强度试验记录：回填土、路床压实度试验及土质的最大干密度和最佳含水量试验报告，石灰类、水泥类、二灰类无机混合料基层的标准击实试验报告，道路基层混合料强度试验记录，道路面层压实度试验记录；

（3）混凝土试块强度试验记录：混凝土配合比通知单，混凝土试块强度试验报告，混凝土试块抗渗、抗冻试验报告，混凝土试块强度统计、评定记录；

（4）砂浆试块强度试验记录：砂浆配合比通知单，砂浆试块强度试验报告，砂浆试块强度统计、评定记录；

（5）钢筋（材）连接试验报告；钢管、钢结构安装及焊缝处理外观质量检查记录；桩基础试（检）验报告；工程物资选样送审记录、进场报验记录；进场物资批次汇总记录。

6. 施工记录

（1）地基与基槽验收记录：地基钎探记录及钎探位置图，地基与基槽验收记录，地基处理记录及示意图；

（2）桩基施工记录：桩基位置平面示意图，打桩记录，钻孔桩钻进记录及成孔质量检查记录，钻孔（挖孔）桩混凝土浇灌记录；

（3）构件设备安装和调试记录：钢筋混凝土预制构件、钢结构等吊装记录，厂（场）、站工程大型设备安装调试记录；

（4）预应力张拉记录：预应力张拉记录表，预应力张拉孔道压浆记录，孔位示意图；

（5）沉井工程下沉观测记录；混凝土浇灌记录；管道、箱涵等工程项目推进记录；构筑物沉降观测记录；施工测温记录；

（6）预制安装水池壁板缠绕钢丝应力测定记录；

（7）预检记录：模板预检记录，大型构件和设备安装预检记录，设备安装位置检查记录，管道安装检查记录，补偿器冷拉及安装情况记录，支（吊）架位置、各部位连接方式等检查记录，供水、供热、供气管道吹（冲）洗记录，保温、防腐、油漆等施工检查记录；

（8）隐蔽工程检查（验收）记录；

（9）工程质量检查评定记录：检验批质量验收记录、分项工程质量验收记录、分部工程质量评定记录、单位工程质量竣工验收记录。

（10）功能性试验记录：道路工程的弯沉试验记录，桥梁工程的动、静载试验记录，无压力管道的严密性试验、压力管道的强度试验、严密试验、通球试验等记录，水池满水试验、消化池气密性试验记录，电气绝缘电阻、接地电阻测试记录，电气照明、动力试运行记录，供热管网、燃气管网等试运行记录，燃气储罐总体试验记录，电信、宽带网等试运行记录；

（11）质量事故及处理记录：工程质量事故报告，工程质量事故处理记录；

（12）竣工测量资料：建筑物、构筑物竣工测量记录及测量示意图，地下管线工程竣工测量记录。

7．竣工图

市政基础设施工程竣工图包括：道路，桥梁，广场，隧道，铁路，公路，水运，地下铁道等轨道交通，地下人防，水利防灾，排水、供水、供热、供气、电力、电信等地下管道，高压架空输电线，污水处理、垃圾处理处置，场、厂、站工程等 15 大类文件。

8．竣工验收文件

包括：工程竣工总结，竣工验收记录，财务文件，声像、缩微、电子档案（见表 12–1）。

表 12–1　竣工验收文件的内容

名称	主要内容
工程竣工总结	工程概况表，工程竣工总结
竣工验收记录	由建设单位委托长期进行的工程沉降观测记录；单位工程质量评定表及报验单，竣工验收证明书，竣工验收报告，竣工验收备案表（包括各专项验收认可文件），工程质量保修书
财务文件	决算文件，交付使用财产总表和财产明细表
声像、微缩、电子档案	工程照片，录音、录像材料，微缩品，光盘，磁盘

二、市政工程施工技术资料的重要性

1．市政施工技术资料是工程质量的客观见证

市政工程的建设过程，就是质量的形成过程。工程质量的形成是一个系统的过程，包括决策质量、设计质量、施工质量和竣工验收质量，对工程的质量都有着直接影响。工程质量在形成过程中应有相应的技术资料作为见证，现举例如下：

（1）市政道路、市政桥梁、市政排水管渠都是由若干材料、半成品、成品、构件及管件组成的。这些个体质量的好坏直接影响一条道路、一座桥梁、一条管渠的实体质量。因此，这些个体如水泥、钢筋、砂、石及砖等质量必须合格。证明个体质量合格的依据是生产厂家的出厂合格证的试验报告以及现场随机检验的检验报告等资料，这些资料则是这些个体质量合格的见证。

（2）开工前，施工单位应会同建设单位、监理工程师确认构成建设项目的单位工程、分部工程、分项工程和检验批，作为施工质量检验验收的基础。做好检验批、分项、分部、单位工程的验收记录是对整个实体质量的见证。

（3）实体质量的设计是施工质量的前提，按图施工，满足设计要求，才能保证实体质量。充分熟悉图纸，进行图纸会审和设计交底，是保证设计质量的重要措施。

图纸会审记录、设计交底记录及设计变更、洽商记录等资料，是实体设计质量的见证。

（4）要确保工程实体质量，除精心设计外，还要精心施工和科学管理。市政施工企业的项目经理部的技术工人和管理人员必须按施工规范进行施工，按标准检验评定工序、部位质量，科学管理，确保工程质量。施工组织设计、各工序技术交底记录、施工日志、预检记录、隐蔽检查验收记录、测量复核记录、沉降观测记录等资料，既是施工现场所有人员工作质量的见证，也是工程实体质量的形成过程中的见证。

（5）市政道路水泥混凝土面层，市政混凝土或钢筋混凝土排水管渠，市政钢筋混凝土桥梁或石拱桥，其混凝土强度和砂浆强度必须满足设计要求和规范规定，才能保证其承载力和使用功能。混凝土抗压强度试验报告、砂浆强度试验报告、混凝土或砂浆强度综合评定资料是混凝土强度、砂浆强度的见证。

（6）市政排水管渠的渗水量不得超过标准规定的允许渗水量，排水管道强度必须达到设计要求，才能保证其使用功能。闭水试验记录和注水试验记录等资料则是市政排水管渠使用功能的见证。

（7）市政道路的路基开挖或回填，土质的密实度必须符合标准规定。垫层和基层的强度和密实度必须符合设计要求和规范规定。密实度检验报告、混凝土或砂浆强度综合评定资料是混凝土强度和砂浆强度的见证。

（8）市政桥梁竣工后，其整体质量，即承载力、刚度和抗裂性能，必须达到设计规定的荷载等级。桥梁的静载和动载试验记录则是桥梁整体质量的见证。

（9）市政工程竣工验收，由建设单位组织勘察、设计、监理、施工单位及有关专家组成验收组对实体质量进行检查，质量控制资料、安全与主要功能的检测资料、观感质量检验资料是验收单位工程质量的依据。

因此，可以判定施工技术资料是工程实体质量在形成过程中和定形后的客观见证。

2. 市政施工技术资料是城市建设及管理的依据之一

标准的市政技术资料是城市建设档案的重要组成部分，是市政工程进行维修、管理、使用、改建和扩建的依据。现举例如下：

市政道路工程竣工验收交付使用一定期限后，由于施工时存在的质量隐患和养护措施不得力等原因，如沥青类路面出现裂缝、松散、油包、泛油、坑槽、脱皮等质量缺陷；水泥混凝土路面出现裂缝、错台、拱起、剥落、局部沉陷等质量缺陷，为保证和改善路面的承载力、刚度、耐久性，保持和改善路面的平整度、粗糙度，使行车安全舒适，必须对产生上述缺陷的路面进行维修和补强。对路面进行维修和补强时，必须查阅该工程的技术资料档案，从中了解原水泥混凝土路面混凝土的强度等级及原材料配合比技术资料，了解沥青类路面的沥青种类、混合料的配合比等技术参数，采取的维修和补强措施才能保证原路面的承载力和车辆的行驶功能。

市政排水管渠在使用过程中一旦堵塞，或过一段时期需要改建或扩建，必须查阅原工程技术资料档案的隐蔽工程记录和竣工图。隐蔽记录中有原排水管的管底高程，管的种类，管径、管顶至地面的高度，管的平基、管座、稳管、接口抹带数据，有沟渠高程，几何尺寸．盖板的厚度，渠顶盖板面层至地面高度等数据。竣工图记录管渠在城市道路的位置、走向。当然，也可以从检查井下去观察检查，但仅能观察到管径及几何尺寸等外观现象，不及查阅隐蔽工程记录和竣工图全面、详细。如果没有市政排水管渠竣工图和隐蔽工程记录，若干年后，在地面修建房屋或进行市政基础设施建设就会出问题。

市政桥梁在使用一定时期后，因地基不均匀沉降，在桥面或其他部位出现严重裂缝，必须进行治理；要解决桥面车行道、人行道需要拓宽等有关质量和使用功能等问题，必须查阅有关桥基土质承载力、基础类型及强度、结构构件的隐蔽记录及强度等技术资料，才能有效地进行处理。

三、市政工程施工技术资料档案的编制

建设工程档案是指：在工程建设活动中直接形成的具有归档保存价值的文字、图表、声像等各种形式的历史记录，也可简称工程档案。施工技术资料档案管理主要分为搜集、整理、归档、验收与移交等不可分割的阶段。

1．搜集

在施工过程中，检验批是最小的质量单元，应以评定检验批质量为核心，对检验批质量进行控制，应及时、全面搜集见证检验批质量的技术资料。如城镇道路水泥混凝土面层检验批，应搜集水泥合格证及检验报告，粗细骨料合格证及检测报告、钢筋隐蔽验收记录、钢筋合格试及机械性能试验报告，混凝土强度试块抗压及抗折试验报告，水泥混凝土面层检验批质量验收记录等资料。所搜集的施工技术资料应及时、全面、真实，不得弄虚作假。施工技术资料搜集阶段是整理阶段的基础。

2．整理

在施工过程中，既要以评定检验批质量为核心，又要分门别类地整理施工技术资料。以检验批为核心，即对检验批质量进行控制，应及时、全面整理见证检验批质量的技术资料。如城镇道路的路基分部，应整理该分部所含土方路基、石方路基、路基处理、路肩等分项所含检验批质量验收记录以及路基填方及路床压实度试验报告等资料。所谓分门别类整理，即按施工技术资料划分类别进行整理，如施工试验报告类技术资料，应归类按顺序整理，该类包括压实度试验资料（填上压实资料、道路各结构层及面层压实度资料），钢筋物理性能试验资料、钢筋焊接等资料；又如施工记录技术资料，该类包括地基与基槽验收记录、桩基施工记录、结构吊装施工记录、现场施加预应力记录、混凝土浇筑记录、沉降观测记录、冬期测温施工记录、测量复核及预检记录、隐蔽验收记录等应归为一类。整理时，要注意该类的系统性及该类所属小类的独立性整理。

3. 归档

施工技术资料全面、系统整理后，要以评定单位工程质量为核心，按有关规定归档，作单位工程实体质量的见证。归档的顺序如下：

（1）编写案卷封面

案卷封面是以格式概要介绍案卷内容的表格，统一用70g以上白色书写纸制作。

（2）确定目录

应根据单位工程搜集整理的应有、实有的施工技术资料编制目录。目录是单位工程施工技术资料的明细表，它对保管和使用案卷有重要作用。目录应与案卷内容相符，置于卷首。目录的横格内容见表12-2：

表 12-2 目录的横格内容

项目	主要内容
序号	按案卷所含资料排列先后顺序用阿拉伯数字从1依次填写
资料名称	也称文件标题，按系统整理归档的实有资料填写
页数	填写每项资料的张数
页次（页码）	填写每项资料首页上标注的页号

（3）资料排列顺序

1）工程概况表；

2）工程质量竣工核定证书；

3）工程质量鉴定表；

4）市政工程外观评分表；

5）市政工程实测实量评定表；

6）市政工程质保资料评分表；

7）施工组织设计（或施工方案）；

8）图纸会审、技术交底记录；

9）原材料、半成品、成品出厂质量证明和试验报告；

10）施工试验报告；

11）施工记录；

12）测量复核及预检记录；

13）隐蔽工程验收记录；

14）工程质量检验评定资料；

15）使用功能试验记录；

16）设计变更、洽商记录；

17）竣工图。

1）项是单位工程简介；2）～6）项是单位工程质量等级评定、核定资料；7）～17）项是单位工程实体质量见证资料。7）～17）项为大项，每大项应用单页纸写明名称。大项包括的小项，按实有资料排列在大项之下。如8）项为大项，其包含的图纸会审记录、设计交底记录、施工组织设计交底记录、工序交底记录等小项，依次排列在大项之下。各大项及其包括的小项资料均要在目录中确定页次及页数，且要相应地在各页资料上填写页次。单面资料页次写在右下角，双面资料，正面写在右下角，背面写在左下角。图纸折叠后，一律写在右下角。

（4）案卷的装订

1）案卷规格：案卷采用统一的装具和规范尺寸，可采用硬壳卷皮和卷盒，其尺寸为310mm（高）×220mm（宽）；案卷内软皮尺寸为297mm（高）×210mm（宽）。

2）图纸折叠方式应按“手风琴风箱式”，并显示图标，竣工图章盖在外面右下角。

3）装订：文字材料和竣工图须装订成册。文字材料（资料）或图纸采用硬壳卷夹时加封面和封底。有卷盒时，文字材料和图纸应用棉线三孔左侧装订成册，订结打在背后，要求整齐、美观、牢固，便于保管和使用。

4．技术资料档案的验收与移交

1）工程竣工验收前，建设单位应组织督促施工单位检查施工技术资料的质量，不符合要求，限期修改、补齐，直至重做。

2）市政工程竣工验收的同时，须有城建档案部门对单位工程的档案资料进行验收，档案资料完整、准确，才能归档。

3）单位工程竣工验收后，施工单位按协议规定的时间，移交给建设单位，最迟不得超过三个月。

4）资料档案，一般要求一式三份，由建设单位、施工单位、城建档案馆分别存档。

5）建设单位应将工程竣工档案原件移交给城建档案馆归档。移交时要办理移交手续，填写市政工程竣工档案移交证明表，并由双方单位负责人或建设单位移交人和城建档案馆验收负责人签章。

第二节　市政工程施工项目主要技术资料的编制要求

一、施工组织设计

市政单位工程的施工组织设计的具体内容和编制方法简要概述如下：

1. 工程概况

（1）工程特点

依据设计文件进行叙述。

（2）建设地点特征

包括位置、气温、冬雨季时间、主导风向、风力和地震烈度，并依据勘察资料对地形地貌、工程地质和地下水位等进行简述。

（3）施工条件

包括“三通一平”情况、材料及预制加工品的供应情况，施工单位的机械、运输、劳动力和项目部的管理情况。

2. 施工准备工作计划

单位工程开工前，可根据施工具体需求和要求，编制施工准备工作计划。具体项目有以下几项。

（1）技术准备

1）熟悉会审图纸；

2）编制和审定施工组织设计；

3）编制施工预算；

4）各种加工半成品技术的准备和计划；新技术试验项目制定。

（2）现场准备

1）测量放线；

2）拆除障碍物；

3）场地平整；

4）临时道路和临时供水、供电、供热管线的敷设；

5）有关生产、生活临时设施的搭设；水平和垂直运输设备的搭设。

3. 施工进度计划

编制施工进度计划表或施工网络计划图。

4. 施工方案和施工方法

（1）施工方案的选择

施工方案和施工方法的拟定，应在拟定的几个可行的施工方案中突出主要矛盾进行分析比较，选用最优方案。

选用施工方案应着重解决两个问题：

1）确定总的施工程序。按基建程序办事，必须做好施工准备工作才能开工。一般应遵守先地下、后地上，先主体、后围护，先结构、后装修的原则；

2）确定施工流向。

（2）分项工程施工方法的选择

依据工程特点，选择切实可行、经济合理的施工方法。

5. 各项资源需要量计划

（1）材料需要量计划；

（2）劳动力需要量计划；

（3）构件和加工半成品需要量计划；

（4）施工机具需要量计划；运输计划。

6. 施工平面图

施工平面图一般用1：200 ~ 1：500的比例绘制，其内容包括：

（1）地上一切建筑物、构筑物及地下管线；

（2）测量放线标桩、地形等高线、土方取弃场地；

（3）起重机轨道和运行路线；

（4）材料、加工半成品、构件和机具堆场；

（5）生产、生活用临时设施（包括搅拌站、钢筋棚、木工棚、仓库、办公室、供水供电线路和道路）；安全、防火设施。

7. 主要技术组织措施

根据单位工程特点和施工条件，制定以下具体措施：

（1）保证工程质量措施；

（2）保证施工安全措施；

（3）保证施工进度措施；

（4）冬雨期施工措施；

（5）降低成本措施；

（6）提高劳动生产率措施；节约材料措施；文明施工措施。

8. 技术经济指标

技术经济指标是单位工程施工组织设计的最后效果，应在编制相应的技术组织措施计划的基础上进行计算。主要有以下几项指标：

（1）工期指标（与相应工期定额相比）；

（2）劳动生产率指标；

（3）质量、安全指标；

（4）降低成本率；

（5）主要工种工程机械化程度；三大材料节约指标。

尽管各单位工程施工组织设计的内容千差万别，但其编制内容及方法应遵循上述八个方面的要求。

施工组织设计或施工方案应由施工企业技术负责人审核其内容的完整性、合理性及可行性，并在施工组织设计审批表上签署意见。施工组织设计或施工方案涉及工期、质量、材料、设备采购等与建设单位有直接利害关系的内容，因此，在企业技术负责人审核后，应报建设单位或监理单位审查，并签署审查意见。

二、图纸会审、技术交底记录

1．设计交底记录

设计单位应在工程开工前，向施工单位、建设单位、监理单位进行设计交底。设计交底的内容是说明设计意图，解释设计文件。

设计单位可按单位工程进行设计交底，对关键部位和重要结构，也可进行单独交底。设计交底前，施工单位、监理单位及有关部门，尤其是施工单位应熟悉设计文件，对设计文件中存在的问题和疑问做好记录，在设计交底时向设计单位提出，由设计单位解答。

设计单位说明设计文件，解释设计文件、施工单位及有关单位提出的问题，设计的解答均应写在设计交底记录内。各单位有关人员在审阅交底记录真实、准确后，均应签字，签字手续齐全。

设计交底记录的格式见表 12–3。

表 12–3　设计交底记录

设计单位		交底图纸名称	
施工单位		监理单位	
建设单位		工程质量监督负责	
其他有关单位		交底日期	
交底内容及程序 1. 设计单位对施工图全面交底，说明设计意图，解释设计文件： 2. 施工单位质疑提问； 3. 设计单位解答； 4. 各有关单位就其职责及图纸存在的问题发言。			

2. 图纸会审记录

图纸会审是在工程正式开工前，由建设单位组织，设计、监理、施工、监督等部门参加对施工图设计进行会审。会审的目的一是使施工单位和各参建单位熟悉设计图纸，了解工程特点和设计意图，找出需要解决的技术难题，并制定解决方案；二是为了解决图纸中存在的问题，减少图纸的差错，将图纸中的质量隐患消灭在萌芽之中。

图纸会审一般先由设计单位进行设计交底，然后各单位相关技术人员进行图纸会审，对提出的问题应记录准确、详细，并由专人负责协调整理，并打印成文，经参与会审的各方确认无误后，签字盖章方为有效。

3. 施工组织设计交底记录

施工组织设计交底，也是技术交底的一项内容。项目经理部技术负责人既编制单位工程的施工组织设计，又要进行交底。施工组织设计交底的对象是项目经理部各工种班组长、施工员、质检员、材料员和安全员。

施工组织设计交底的内容虽然是施工组织设计，但交底人既要把施工组织设计中涉及各类管理人员和各工种的施工任务、质量、安全、工期要求，责任分解到人，又要规定各类管理人员之间、各工种之间协调配合，顺利实施施工组织设计的各项措施，共同完成质量、工期、安全、定额等项指标。

因此，施工组织设计交底可说是施工管理的一项技术措施，施工组织设计交底十分必要，并且要有交底记录，签字手续齐全。

4. 工序技术交底记录

市政工程的重要工序和关键部位都应进行工序施工技术交底。

工序施工技术由项目部技术负责人进行交底，交底至各班组长和直接操作人员。工序技术交底应有交底记录。交底方式有两种：一是技术负责人口头交底，接受交底人作记录；二是技术负责人将写好（打印）的交底记录交给接受交底人，技术负责人再进行讲解。第二种方法比第一种方法效果好。

不论采用何种交底方式，工序技术交底的内容均应包括：原材料及其使用质量要求、工艺流程、操作规程、质量检验标准等。工序技术交底是预控和保证工序质量的技术措施，认真实施交底记录的内容，是这一技术措施的体现。

三、原材料、半成品、成品出厂质量合格证和试（检）验报告

原材料、半成品和成品的质量必须合格，并应有出厂质量合格证明或试验单。需采取技术处理措施时，应满足有关规范、标准规定，并经有关技术负责人批准后（有批准手续）方可使用。

凡使用新材料、新产品、新工艺、新技术的，应有鉴定证明或生产许可证，并要有产品质量标准、使用说明和工艺要求，使用前，应按其质量标准进行检验。

1. 水泥

（1）水泥应有生产厂家的出厂质量证明书和试验报告（内容包括厂名、品种、标号、生产日期和试验编号）。

（2）使用前必须进行复试。

（3）水泥复试项目：抗压强度、抗折强度和安定性、凝结时间等。

（4）水泥采用快速试验者，仍以标准养护 28 天强度为准。

（5）水泥试验单要有试验结论，水泥质量有问题时，在可使用条件下，应注明允许使用的工程项目部位和不影响该部位的质量要求。

（6）混凝土试配单、混凝土试块试验报告单上注明的水泥品种、标号、试验编号应与水泥出厂证明或复验单上的内容一致。

2. 钢筋

（1）钢筋应有出厂质量证明书和试验报告单，并按有关标准的规定制取试样作机械性能试验。

（2）进口钢筋，应有机械性能试验、化学分析报告和可焊性试验报告。

（3）集中加工的钢筋，应有由加工单位出具的出厂证明及钢筋出厂合格证明和钢筋试验单。

（4）预应力混凝土所用高强钢丝、钢绞线应逐批作好外观检验记录，并按有关规定抽样作结构性能试验。钢筋试验单的项目应填写齐全，要有试验结论，第一次试验有问题须加倍取样，合格后两次试验报告要同时保留。

3. 钢结构使用的钢材配件

（1）必须有质量证明书，并应符合设计文件的要求，如对质量有疑义时，必须按规范进行力学性能试验和化学成分检验。

（2）钢结构件出厂时制造单位应提交下列技术文件：

产品质量证明；钢结构施工图，有设计变更的，应有变更洽商文件，并在图中标注修改部位；所用钢材及其连接的质量证明和试验报告；新材料、新工艺试验鉴定资料；发运构件清单。

4. 焊条

（1）焊条应有出厂合格证。

（2）需进行烘焙的应有烘焙记录。

5. 砖、砌块

（1）应有出厂质量证明书。

（2）用于承重结构或对其材质有怀疑时应进行复试（必试项目为强度）。

6. 砂、石

（1）市政工程所使用的砂石根据产地、品种规格、批量，按有关规范取样进行试验。

（2）砂、石试验结果不符合质量标准的，原则上不应使用，采取技术措施进行处理后，应有复试报告，并有审批手续。

7. 混凝土外加剂

混凝土外加剂必须有生产厂家的质量证明。内容包括：厂名、品种、质量、出厂日期、性能和使用说明。使用前，外加剂必须经过试验，符合要求后方可使用。

8. 防水材料

（1）油毡应有出厂质量证明书，内容包括：品种、标号等各项技术指标，并应抽样检验，检验内容为不透水性、拉力、柔度和需热度。

（2）沥青：应有沥青的出产地、品种、标号和报告单，必须试验的项目为针人度、软化点和延伸度。

（3）新型防水材料的性能必须符合设计要求，应有产品鉴定书、生产许可证、出厂合格证、质量标准和施工工艺要求，并有抽样复验记录。

9. 防腐、绝缘、保温材料

该类材料应有标明该产品质量指标，使用性能的出厂质量证明书。

10. 生石灰

无论袋装生石灰或散装生石灰进场后均应按批量取样，试验石灰的氧化钙和氯化镁含量。

11. 粉煤灰石灰砂烁、石灰土

（1）每批粉煤灰石灰砂烁、石灰土进场，生产厂家应向施工单位提供出厂合格证明。若供料期超过 10 天，生产厂家每 10 天提供一次出厂合格证明。

（2）路拌要有以下试验资料：

粉煤灰石灰砂砾配合比实测数据（粉煤灰、石灰含量）；粉煤灰石灰砂砾的活性氧化物含量；粉煤灰石灰砂砾出厂含水量；粉煤灰石灰砂砾颗粒筛析结果；粉煤灰石灰砂砾抗压强度（7 天、28 天）。

12. 浙青混合料

沥青拌合厂应按规格、品种、批量向施工单位提供出厂合格证，合格证应包括如下内容：

（1）沥青混凝土类型（矿料级配及沥青规格用量）；

（2）稳定度；

（3）流值；

（4）空隙率（饱水率）；

（5）饱和度；

（6）标准密度。

或者按下列内容提供：

（1）沥青混凝土类型（矿料级配及沥青规格用量）；

（2）10℃劈裂抗拉强度；

（3）10℃劈裂抗拉垂直变形；

（4）试件饱和率；标准密度。

13. 管材、管件、设备、配件

（1）各种管材、管件、设备、配件都应有出厂合格证。合格证的内容应能说明该产品符合国家规范和设计要求。

（2）钢管、钢管件在使用前应按设计要求核对其规格、材质、型号并作好检查记录。

（3）各种金属管及管件在安装使用前应按现行标准进行外观检查并作好检查记录。

（4）弯头、异径管、三通、法兰、盲板、补偿器及紧固件等需按现行标准进行规格、尺寸的检查并作好检查记录。

（5）各种阀门在安装使用前应按现行标准进行强度和严密性试验并作好检验记录。

14. 预应力混凝土设备检验资料

（1）应有预应力锚头、夹片、顶塞等出厂合格证明及硬度试验记录。

（2）采用金属波纹管成孔时应有波纹管的质量合格证明及现场检验记录。

（3）有由法定计量检测单位对张拉设备、油泵、千斤顶、压力表进行鉴定的记录。

15. 混凝土预制构件技术质量资料

（1）钢筋混凝土结构预制构件：作为主体结构使用的梁、板、墩、柱等构件，生产厂家应提供下列技术资料：

构件混凝土强度资料；预应力张拉记录；施工图纸。有设计变更的应有变更洽商文件，并在图中注明修改部位；用钢筋和其他材料的质量证明书和试验报告；构件质量评定资料。

（2）施工单位应根据出厂合格证明依照现行验收标准逐件检查验收，并填写验收记录。

（3）一般混凝土预制构件，如道牙（侧石）、方砖、栏杆、地梁、防撞墩等，生产厂家应提供合格证明，内容包括：混凝土强度及按有关规定进行抽检的技术资料。

四、施工试验报告

施工试验报告是施工过程中为检验施工质量必须进行的试验工作。

1. 压实度试验资料

（1）填土压实资料

1）有按土质种类做的最大干密度与最佳含水量试验（击实试验）报告；

2）有按质量检验评定标准分层、分段取样的工地土壤压实度试验记录；

3）石灰土、石灰粉煤灰石灰砂砾、石灰土稳定碎石、水泥稳定土等半刚性道路基层，有 7 天、28 天无侧限抗压强度试验报告。

（2）道路路基、基层压实度资料

1）土路床、石灰土、粉煤灰石灰砂砾、水泥稳定砂砾、水泥稳定土、石灰土稳定碎石，有按重型击实标准的试验报告（有特殊情况时，土路床可采用轻型击实标准）；

2）有按质量检验评定标准分层、分段的压实度试验记录。

（3）道路面层压实度资料

1）有沥青厂提供的标准密度资料；

2）有按资料检验评定标准分层、分段的工地压实度资料。

2. 水泥混凝土抗压强度试验资料

（1）凡结构工程混凝土应有试配申请单和实验室签发的配合比通知单；施工中如材料有变化时，应有修改配合比的试验资料。

（2）混凝土抗压、抗折强度试验资料。

1）应有按规范规定组数的 28 天标养试块抗压强度；

2）有按检验评定标准进行强度统计评定的资料（水泥混凝土路面需要抗折强度试验报告）；

3）现浇结构混凝土及冬期施工混凝土均应有同条件养护试块抗压强度试验报告作为拆模、张拉、施加临时荷载、检验抗冻能力等的依据；

4）如果强度未能达到设计要求而采取实物钻芯取样试压时，应有钻芯试压报告和原试块强度试验报告；如果强度达不到设计要求，请设计人员验算时，应有设计人员签署的验算资料和处理意见，并附上原抗压试块试验报告资料。

（3）混凝土耐久性试验资料。凡设计有抗渗、抗冻要求的混凝土除必须有抗压强度试验报告外，还应有按有关规定组数的抗渗、抗冻试验报告单。

（4）使用商品混凝土，应以现场制作的标准养护 28 天的试块抗压强度作为评定混凝土强度的依据（抗折、抗渗、抗冻都以现场试件为准），并应在试块强度试验单上注明商品混凝土生产单位名称、合同编号。

3．砂浆试块强度试验

（1）砌筑用砂浆必须有按部位规定组数的强度试验报告，砌筑主要结构部位的配合比由实验室试验确定。有砂浆配比通知单。

（2）砂浆标号以标准养护龄期 28 天的试块抗压试验结果为准。

（3）有砂浆强度评定资料。

（4）预应力混凝土孔道压浆每一工作班留取不少于 3 组的 70.7mm × 70.7mm × 70.7mm 立方体试块，其中一组作为标准养护 28 天的强度资料，其余二组作为移运和吊装时强度参考值资料。凡砂浆试块强度达不到设计要求的应有鉴定处理意见，并经设计部门签认，质量监督部门同意。

4．钢筋焊接试验资料

工程开工或每批钢筋正式焊接之前，应进行现场条件下钢筋焊接性能试验，内容应包括焊工编号、钢筋型号、规格、焊接方法、焊条类型、规格，并对抗弯、抗拉结果有明确结论。

5．钢管及其他设备、容器焊接试验资料

（1）正式焊接前进行现场条件下的焊接性能试验，留取试验报告，内容包括：焊工编号、母材种类、型号、规格，焊条类型、规格，焊接方法，焊后抗拉、弯试验结果，并有明确结论。

（2）焊缝按有关规定取样做焊接物理性能试验。焊缝按设计及有关规范规定作超声波或 X 射线探伤检查。

五、施工记录

1．地基与基础验槽记录

（1）验槽记录内容

1）土质情况。检查槽壁土层分布情况及走向是否符合地质勘察报告提供的持力层，是否挖到老土层。老土层的颜色是否均匀，土的坚硬程度是否一致，有没有局部过度松软或坚硬地方，有没有局部含水量异常现象等，检查钎探记录。

2）槽基几何尺寸。

3）槽底标高。

4）局部异常处理。施工中遇到坟穴、地窖、地道、橡皮土等局部异常现象时，应将其所在位置、深度、特征及处理方法进行描述，并附图说明。

5）验槽复验。如验槽中存在的问题须按工程洽商的内容进行复验，应有复验意见，符合要求后有关单位代表应签证。

地基与基础验槽后，须检查是否与地质勘察报告相符，是否达到设计图纸的要求。建设单位、监理单位、勘察单位、设计单位、施工单位共同在记录上签证。质量监督部门监督验槽的程序和签证手续是否符合有关法规的要求。

（2）地基验槽记录表

地基验槽记录表内容及格式见表 12–4。

表 12–4　地基验槽记录表

<table>
<tr><td>工程名称</td><td></td><td>建设单位</td><td></td></tr>
<tr><td>坑（槽）轴线位置</td><td></td><td>监理单位</td><td></td></tr>
<tr><td>开挖时间</td><td></td><td>施工单位</td><td></td></tr>
<tr><td>验槽时间</td><td></td><td>设计单位</td><td></td></tr>
<tr><td colspan="2">检查内容及检查情况</td><td colspan="2">附图或说明</td></tr>
<tr><td>土质情况
槽底标高
坑（槽）几何尺寸
地下水情况
其他异常情况</td><td></td><td colspan="2" rowspan="3"></td></tr>
<tr><td>初验结论</td><td></td></tr>
<tr><td>复验结论</td><td></td></tr>
</table>

施工员：　质检员：　记录：年 月 日

2. 桩基记录

市政桥梁工程的桩基和市政排水泵站的桩基，应根据设计桩基的种类，搜集桩基记录资料，才能评定桩基质量，确保桩基质量。桩基记录资料包括以下内容：

（1）打桩记录表；

（2）钻孔桩记录汇总表；

（3）钻孔桩（或挖孔桩）钻进记录；

（4）钻孔桩成孔质量检查记录；钻孔桩水下混凝土灌注记录；各种桩基记录都应附有标明桩位的平面图。

3. 结构吊装施工记录

钢结构桥梁的钢结构构件、预制钢筋混凝土大型构件和排水泵站、加工厂等大型设备在吊装前，施工单位应根据场地环境、交通条件、构件大小及吊装设备等具体情况，制定切实可行的结构吊装方案，按吊装方案吊装施工，有结构吊装施工记录。结构吊装记录的内容见表 12–5 。

表 12-5 结构吊装记录

<table>
<tr><td colspan="2">工程名称</td><td colspan="2"></td><td colspan="2">构件名称</td><td colspan="3"></td></tr>
<tr><td colspan="2">使用部位</td><td colspan="2"></td><td colspan="2">吊装日期</td><td colspan="3"></td></tr>
<tr><td colspan="2">坐标位置</td><td colspan="2"></td><td colspan="2">安装检查</td><td colspan="3"></td></tr>
<tr><td>跨</td><td>轴线</td><td>桩号</td><td>搁置尺寸</td><td>接头（点）处理</td><td>固定方法</td><td>标高复测</td><td>尺寸检查</td><td>外观检查</td></tr>
<tr><td></td><td></td><td></td><td></td><td></td><td></td><td></td><td></td><td></td></tr>
<tr><td></td><td></td><td></td><td></td><td></td><td></td><td></td><td></td><td></td></tr>
<tr><td>附图</td><td colspan="8"></td></tr>
</table>

记录人：

厂、站大型设备吊装施工记录包括：

（1）设备安装设计文件；

（2）设备出厂合格证情况，包括设备名称、型号、安装位置、连接方法、允许偏差和实际偏差等。

4．混凝土施工记录

混凝土施工记录，是对混凝土质量进行控制的记录，凡 C20 强度等级以上的混凝土，每个工作班记录均应填写浇筑记录，填写要真实、及时，不得弄虚作假。

5．沉降观测记录

设计要求进行沉降观测的，必须进行沉降观测。

进行沉降观测的水准点、水准基点、观测点布置，沉降观测的仪器、水准测量方法、沉降观测的次数和时间，应符合有关规定和设计要求。

6．冬期施工测温记录

对水泥混凝土、砌体工程砂浆、钢管焊接、钢筋冷拉、沥青混凝土等冬期施工应按有关规定作好测温记录。

冬期施工的测温，包括天气温度，原材料温度，混凝土、砂浆搅拌出口温度、浇筑温度、养护温度，测温点布置图、测温日期、测温人员签字，记录内容项目、子目应齐全。

7．测量复核及预检记录

测量复核及预检记录：测量复核指施工前对轴线、标高等测量标志的复测，以防止发生测量返工事故；预检是指每分项工程在其质量评定之前预先检查把关，预检是预防质量事故、保证工程质量的重要措施。

（1）构筑物（桥梁、道路、排水管道、水池等）位置线、现场标准水准点应有由施工现场专项技术负责人签署的测量复核原始记录。

（2）基础尺寸线包括基础轴线、断面尺寸、标高（槽底标高、垫层标高）应有测量复核原始记录。

（3）主要结构的模板，包括几何尺寸、轴线、标高、预埋件预留孔位置、模板牢固性和模板清理等应作预检记录。

（4）桥梁下部结构的轴线、高程及上部结构安装前的支座位置、高程、规格等均应作预检记录。测量复核及预检应在项目实施前，由施工项目负责人组织施工人员、测量人员、质检人员参加，必要时设计人员参加。

8. 隐蔽检查验收记录

隐蔽项目是指为下道工序施工所隐蔽的工程项目。隐蔽项目在隐蔽前必须进行质量检查，由施工项目负责人组织施工人员、质检人员，并请建设单位代表和监理人员参加，必要时请设计人员参加。隐蔽项目检查验收后，应及时填写隐蔽检查验收记录，检查意见应具体，需复检的要办理复检手续，填写复检日期，并由复检人作出结论。

9. 使用功能试验记录

使用功能试验是对市政工程在交付使用之前进行实际使用功能检查。使用功能试验按有关标准进行，并须邀请建设单位（或监理单位）、设计单位、设施管理单位参加，试验合格后作试验记录，由各方签字，手续完备。

六、工程质量检验评定资料

1. 各工序施工完毕后应按照市政工程质量检验评定标准进行质量评定，及时填写工序质量评定表，检查项目、实测项目填写齐全，签字手续完备。

2. 部位工程完成后及时汇总各工序质量评定表，填写部位质量评定表，计算部位合格率，签字手续完备。

3. 单位工程完成后，及时汇总各部位质量评定表，由施工主要技术负责人签字，加盖单位印章作为竣工验收和质量监督部门核定质量等级的依据之一。

七、设计变更、洽商记录

设计变更、洽商记录是设计施工图补充和修改的记载，应在变更施工前办理，内容应明确、具体，必要时应附图。

1. 设计变更、洽商记录的基本要求

（1）有关设计变更的洽商，应由设计单位、施工单位和建设单位（或监理单位）三方代表签证，有关经济洽商可由施工单位和建设单位两方代表签证；由经办人签证，不得委托他人签字，如建设单位委托一方代签，应有建设单位委托证明；

（2）洽商记录签证后不得随意涂改或删除；

（3）洽商原件应存档，相同工程合用一个洽商记录时，可用复印件存档，并注明原件存放处；

（4）分包工程的设计变更洽商，由工程总包单位统一办理洽商手续；

（5）洽商记录和设计变更通知应按签订日期先后顺序编号；

（6）设计变更通知与相应的洽商记录应同时归档；洽商应及时办理，不得事后补办、补签。

2. 设计变更通知、洽商记录格式

设计变更通知，各设计单位出具的格式不相同，只要求其内容明确、具体，必要时有附图说明就行。

八、竣工图

1. 编制竣工图的依据

编制工程竣工图必须以一定的技术图纸和技术文件材料为依据，这些技术图纸和技术文件材料主要包括：

（1）设计施工图：指建设单位提供的作为工程施工依据的全部施工图纸；

（2）图纸会审记录；

（3）设计变更通知单；

（4）技术要求核定单；

（5）隐蔽工程验收记录；

（6）质量事故报告及处理记录；建（构）筑物的定位测量资料。

2. 编制工程竣工图的基本原则

（1）凡是在施工过程中设计变更较多的，特别是基础、结构、管线等隐蔽部位变更较多的，应重新绘制竣工图。

（2）凡是施工中只有少量变更的，可以在设计施工图上直接进行修改，然后加盖“竣工图”标志章作为竣工图。

（3）凡是在施工过程中完全按照原设计图纸施工的，可以在原设计图上加盖“竣工图”标志章作为竣工图。

3. 编制竣工图的要求

（1）竣工图的编制工作，必须以施工单位为主，由工程技术人员负责绘制，设计部门绘制的竣工图，必须由施工单位签认。

（2）竣工图的编制工作，应在施工过程中，结合工程进度编制。

（3）竣工图幅面上反映的图形、尺寸、结构、材质等内容，必须同施工后的建筑物、构筑物等一致，即图物一致。

（4）在原施工图上进行修改补充的，只能杠改，不准涂改，以保持图面清洁；图上的名词、代号等要符合国家有关法律、法规标准。

（5）利用施工图改绘成竣工图必须注明改绘依据，标注位置合理。

（6）在使用施工蓝图编制竣工图时，必须使用新蓝图，做到图面线条清晰、字迹工整、反差良好。每一张竣工图均须由施工单位加盖“竣工图”标志章，并由编制人和审核人签字，每卷竣工图由施工技术负责人审核签字或盖章方可生效。“竣工图”章加盖在标题上方或左方，原施工蓝图的封面、图纸目录与要加盖竣工图章的其他位置。

参考文献

[1] 朱峰 . 公路工程施工 [M] . 机械工业出版社，2010.

[2] 韦立林 . 公路工程施工阶段的环保管理和措施 [J] . 公路工程，2001，26（3）：92–93.

[3] 唐春梅 . 新形势下公路工程施工技术管理 [J] . 建材与装饰，2013（27）：213–214.

[4] 耿小华 . 论公路工程施工管理的重要性及管理要点分析 [J] . 城市建设理论研究：电子版，2014（29）：304–304.

[5] 杜玉林 . 公路工程施工 [M] . 西南交通大学出版社，2010.

[6] 孙大权 . 公路工程施工方法与实例 [M] . 人民交通出版社，2003.

[7] 赵芃，黄欣 . 浅谈公路工程施工技术管理 [J] . 中小企业管理与科技旬刊，2011（5）：256–256.

[8] 肖建平 . 桥梁工程施工 [M] . 机械工业出版社，2007.

[9] 涂兵 . 桥梁工程施工 [M] . 高等教育出版社，2005.

[10] 苟涌泉 . 论桥梁工程施工质量管理 [J] . 中国新技术新产品，2010（8）：116–117.

[11] 冷桂生，吴六英 . 公路桥梁工程施工中伸缩缝施工技术剖析 [J] . 江西建材，2015（22）：191–191.

[12] 沙智慧 . 混凝土施工技术在道路桥梁工程施工中的应用研究 [J] . 城市道桥与防洪，2015（4）：127–128.

[13] 阮文易 . 谈项目施工管理中的“四大控制” [J] . 工程质量，2007（1）：13–15.

[14] 樊建明 . 浅析建筑工程项目施工管理 [J] . 甘肃科技纵横，2008，37（6）：126–126.

[15] 侯清耀 . 工程建设项目施工管理精细化研究 [D] . 青岛理工大学，2014.

[16] 宋杰 . 工程项目施工管理的创新策略 [J] . 科学技术创新，2011（26）：251–251.

［17］邓铁军．工程建设项目管理［M］．武汉理工大学出版社，2002.
［18］饶勃．工程项目管理与总承包［M］．中国建筑工业出版社，2005.
［19］丛培经．实用工程项目管理手册［M］．中国建筑工业出版社，2005.
［20］刘向敬，刘兆新．浅谈建设项目施工管理的重点及方法［J］．工程管理学报，2003（1）：45-46.

“兵头将尾”的客户中心管理

客户中心积极心理学

Customer Center Positive Psychology

石泉 著

成都时代出版社

图书在版编目（CIP）数据

客户中心积极心理学/ 石泉著.-- 成都：成都时代出版社，2018.2

ISBN 978-7-5464-2048-6

Ⅰ. ①客… Ⅱ. ①石… Ⅲ. ①心理学－通俗读物 Ⅳ. ①B84-49

中国版本图书馆CIP 数据核字(2018) 第022365 号

客户中心积极心理学
KEHU ZHONGXIN JIJI XINLIXUE
石泉 著

出 品 人　石碧川
责任编辑　蒋雪梅
责任校对　李茜蕾
装帧设计　风入松文化
责任印制　唐莹莹

出版发行　成都时代出版社
电　　话　(028) 86742352（编辑部）
　　　　　(028) 86615182（发行部）
网　　址　www.chengdusd.com
印　　刷　北京人教方成彩色印刷有限公司
规　　格　170mm × 240mm
印　　张　18.25
字　　数　330 千
版　　次　2018 年 2 月第 1 版
印　　次　2018 年 2 月第 1 次印刷
书　　号　ISBN 978-7-5464-2048-6
定　　价　38.00 元

自　序

2017年是普通的一年，但对我来说，却有着非常的意义。

在这一年的年初，我离开了服务16年的中国移动，在一片诧异的目光中为自己人生的下半场选择了一条不同的路——我要在中国传播积极心理学，我要去做一个心理学培训师，我要为这个世界的美好而努力！

我与心理学结缘于2008年 ，在前一年我第一次竞聘部门的副总经理没能成功。那时我已经担任客户中心的业务运营管理室经理多年，有着敏锐的洞察力和扎实的客户中心运营管理能力，自认为已经是客户服务领域的专家，竞聘失败让我突然迷失了方向。一次偶然的机缘有人向我推荐了NLP，抱着试试看的心态开始接触与心理学相关的知识，如，李中莹老师、黄启团老师的课程，在向郝滨老师学习催眠时他的一句话打动了我：成长是人一辈子的事。

从此我以“个人成长”为人生目标，并在天涯论坛上发了一个名为“我的思考与成长”的帖子，记录自己思考与成长的轨迹（持续更新了8年，直到2017年被封号）。工作中我开始从管事转向管人，并从2010年起开始担任客户中心的副总经理。我认为对员工的责任是管理者的最大责任，我一直在思考一个问题：怎样影响员工，让每个人都有一个更好的未来。

2015年，我通过了美国太平洋研究院的《对卓越的投资》课程辅导员资格认证，开始在公司内部讲授这门心理学领域的课程，学员的反馈让我感觉心理学似乎是我一直在思考的问题的解决方案。我开始学习更多的心理学方面的知识，如，心理咨询师资格考试材料、哈佛《幸福课》、塞利格曼的幸福五部曲等等，我意识到“积极心理学”正是我在寻觅的解决方案。当我欣喜地看到一些人因为我的课程而有了改变时，我开始考虑将传播积极心理学作为我新的人生目标，尝试去影响更多的人，并把这作为我的梦想。

积极心理学关注两个方面：一是提高心理的免疫力和复原力，也就是力求减少心理问题或尽快康复；二是找到并实现自己的目标和理想，使人生更加丰盈蓬勃。塞利格曼提出积极心理学的梦想，即所谓“登月计划”——全世界的成人中，有51%的人可以在2051年实现蓬勃人生。他说，“积极心理学不仅是帮助人们笑得更多，感到更满意、更满足，还能带来更高的生产力、更多的健康，以及一个和平的世界。”

我认为这个梦想足够大，足可以把我的梦想也融合进去，我愿意为积极心理学的梦想而贡献自己的力量。在2017年，为了这个梦想，我离开了中国移动，放弃了安稳，选择了未知。我要在我想改变的地方改变我自己，尽我可能地影响我周围的一切，用我自己的方式参与这个积极心理学的“登月计划”。

这本书，就是我实现这个梦想的起点。

实现这个梦想的过程，是一个用生命影响生命的旅程。我期待有更多人能同路而行，能够一起“做到更好”，一起传播积极心理学，一起让这个世界更美好。

积极心理学

积极心理学是心理学领域的一场革命，也是人类社会发展史中的一个新里程碑，是一门从积极角度研究传统心理学领域的新兴学科。积极心理学由美国心理学会主席马丁·塞利格曼(Martin E.P. Seligman)在2001年创建，他也因而被称为“积极心理学之父”。积极心理学有别于传统的心理疾病模式，从关注问题人群转为关注正常人群，帮助人们发现自身的潜力，帮助人们构筑生命的美好，帮助人们实现人生的价值，并通过这种方式将心理问题在前端化解。

在《持续的幸福》中塞利格曼认为积极心理学的目标是使人生更加丰盈蓬勃。并提出了幸福2.0的5个元素，PERMA：

积极情绪（Positive Emotion）：也就是我们感受到的愉悦、狂喜、入迷、温暖、舒适等。在此基础上的人生称为“愉悦的人生”（Pleasant Life）。

投入（Engagement）：与心流（Flow，见专栏4-1）有关，指的是完全沉浸在一项吸引人的活动中，时间好像停止，自我意识消失。以此为目标的人生称为“投入的人生”（Engaged Life）。当处于心流状态中时，我们人、物合一。塞利格曼认为，由于心流需要集中全部的注意力，因此它动用了我们全部的认知和情感资源，让我们无暇思考和感觉。体验心流没有捷径，需要投入你最强的优势和才能。

人际关系（Relationships）：有人曾要求积极心理学的创始人之一的克里斯托弗·彼得森，用两个字来描述积极心理学是讲什么的，他说：“他人”。积极很少见于孤独。他人是人生低潮最好和最可靠的解药，科学家发现，在我们测试过的所有的方法中，帮助别人是提升幸福感最可靠的方法。

意义（Meaning）：指归属于和致力于某样你认为超越自我的东西。“有意义的人生”（Meaningful life）意味着归属于某些超越你自身的东西，并为之奋斗。意义有主观成分，但这里的意义不是单纯的主观感受。从历史、逻辑和一致性的角度出发冷静、客观地做出的评判，很可能与主观的判断不同。如林肯非常忧郁，也许在绝望的时候，他会认为自己的人生毫无意义，但我们认为他的人生充满意义。

成就（Accomplishment）：其短暂的形式是成就，长期的形式是“成就人生”，即把成就作为终极追求的人生。这表明了积极心理学的任务是描述人们追求幸福的实际方法，而非规定这些方法。因此这不等于是推荐“成就人生”，或是建议你放弃自己追求幸福的路径而去追求成就，而是为了更好地描述在无强迫的自由状态下，人类会选择追求什么。

严格来说积极心理学并没有开辟心理学的一个新的研究领域，而是研究方向的转变，转为研究人类的正向心理。积极心理学使心理问题的解决走向前端，从治疗走向预防，这也成就了心理学走出“象牙塔”，开始被大众所接受。

客户中心与积极心理学

对于客户服务行业的从业者来说，一方面面临着绩效、单调、繁忙等工作压力；另一方面还需要付出情绪劳动（指与客户交往时需要表现出符合组织要求的情绪，当员工需要表现出来的情绪和真实情绪不同时，会出现情绪失调，可能对员工造成重大伤害），并且这种情绪劳动随着人工智能的发展在不断强化。调研数据显示，客服行业属于压力最大的行业之一。

对于客户中心的基层管理者来说，一方面，具备解决自己和员工心理问题的能力非常重要；另一方面，通常缺乏结合客户中心管理的系统知识体系，难以实现更有效的管理。

对于客户中心来说，一方面是在劳动密集型的行业背景下，迫切地需要通过文化来提高团队的凝聚力，固化行为习惯，降低管理难度，提高管理效能；另一方面，需要通过完成业绩、实现目标来展现自己的价值。

解决这些问题正是这本书的目标。本书以积极心理学为根基，以管理心理学、认知心理学、情商和行为科学方面的最新研究成果为依据，以实用为出发点，让读者系统地掌握心理学相关领域的知识和工具，并通过客户中心的文化和指标管理来实现落地；通过对自我的觉察和管理，对他人的觉察和管理，实现组织中的人际关系协调，产生团队共鸣，挖掘并提高团队成员的潜能，提升组织的管理水平，最终达成组织目标。

本书由“职场情绪与压力的管理”“客户中心实用管理心理学”“客服管理中的情商领导力”和“客户中心文化及指标管理”四部分组成。

第一部分：职场情绪与压力的管理。

今天，人们生活和工作的压力大，不顺心的事情多，但又找不到缓解压力的正确方式，导致心理问题越来越普遍、越来越严重。统计显示：大约12%的男性和20%的女性都会在人生的某个阶段患上抑郁症，同一时间有5%的人处于抑郁状态，超过90%的人处于心理亚健康状态。

心理问题有两个特点：一是较难发现，发现后很多人会选择性逃避；二是治疗的代价高，需要较长的时间和较高的费用，甚至伴随终生。两千多年前的《黄帝内经》针对疾病为我们提出了解决方案：“上医治未病，中医治欲病，下医治已病”。心理问题的解决也是要走向前端，从治疗走向预防，积极心理学正是解决方案之一。

这一部分由三个单元组成：第一单元是要认识到自己有潜力，包括管理情绪与压力的能力，找到阻碍潜力发挥出来的因素，并愿意将潜力发挥出来；第二单元是通过理解大脑的结构，进而认识情绪与压力；第三单元是阐述有效管理情绪与压力的方法。

第二部分：客户中心实用管理心理学。

管理心理学也称组织行为学，其主要任务是探索改进管理工作的心理依据，寻求激励人心理和行为的各种途径和方法，以最大限度地调动人的积极性、创造性，提高劳动生产率。其研究重点是组织管理中具体的社会心理现象，以及个体、群体、组织在管理过程中的具体心理活动的规律性。

客户中心的中基层管理者，多数来自本中心的业务骨干，他们对管理工作的认知主要来源于学习、借鉴他人经验和自身的经验积累，很少系统地接受过管理能力的培养，导致管理过程中的行为缺乏正确的理论支撑和系统的方法，领导效能不高。现在，越来越多的企业意识到，不懂组织中人的心理，不懂组织中人的行为，就难以驾驭组织，无法使组织中的人乐于并能够积极地为组织效力。

这一部分由三个单元组成：第四单元阐述人的动机和如何据此采取更有效的激励措施；第五单元阐述通过团队合作来达成组织的目标；第六单元阐述在领导过程中领导者的几个关键能力。

第三部分：客服管理中的情商领导力。

习近平主席在天津考察时，问村官杨代显"情商重要还是智商重要？"杨代显回答"都重要"。习近平说，做实际工作情商很重要，更多需要的是做群众工作和解决问题能力，也就是适应社会能力。

无数的实例证明，一个人在事业上是否能成功，情商比智商重要很多。想要出类拔萃，除了要拥有足够的专业知识及技能，更需要培养优秀的情商。同时，情商高也会带来良好的人际关系，在日常工作中不可或缺。

情商起源于1990年，心理学家萨洛韦和梅耶共同发表了关于"情绪智力"概念的

第一篇论文。1995年，丹尼尔·戈尔曼出版了其经典著作《情商》，伴随着这本书，情商概念开始在全世界范围传播，他因而被称为“情商之父”。

情商领导力就是通过情商来施加影响的领导力。在组织中，高情商把卓越的领导者从普通的领导者中区分开来，他们善于以富有魅力的领导方式，帮助团队成员正确面对压力，处理工作中的负面情绪，调动员工的积极性和创造性，从而让管理变得更加轻松有效。

在《情商，决定你人生高度的领导情商》中，戈尔曼将情商简化为自我意识、自我管理、社会意识和人际关系管理四大模块。

第一个模块“自我意识”，这是情商领导力的基础，自我意识意味着深刻理解自己的情感、优劣势、能力、价值观和动机等，明了自己的目标和选择目标的原因，面临选择时能够快速地进行恰当的决策，并具备灵活性。自我意识较强的人有明确的价值观，对自己的能力和优劣势有清晰的认知，总能选择使自己产生更强烈动机的目标去努力，充分发挥出自己的潜力，能够意识到自己的情感和情绪变化，让情感为我所用。

第二个模块“自我管理”，源于自我意识，是领导者实现目标所需的关键能力。只有我们充分了解了自己，有了清晰的自我意识，我们才有可能进行自我管理，才知道要从哪方面入手进行自我管理。能够有效地进行自我管理的人，也会和其他人一样出现负面情绪或者情绪冲动，但区别在于他们有方法管理情绪，甚至加以利用。

第三个模块“社会意识”，主要包括同理心和组织意识两个方面的能力。同埋心指不用他人诉说，我们就能够体会到他人的真实想法和感受；组织意识是指能够真实地理解组织的愿景、价值观、权力、文化和潜规则。

以上三个方面结合为最后一个模块“人际关系管理”，可以简单理解为处理他人的情感，这要求领导者首先要意识到并管理好自己的情感，通过同理心来理解他人的情感。

情商的前两个模块的内容分散在本书的前六个单元中，第三个模块在第七单元中阐述，第四个模块在第八单元中阐述。

第四部分：客户中心文化及指标管理。

播种一种观念，培育一种行为，从而收获一种结果。

对于一个人来说，要获得某个结果，可以通过单次的行为改变甚至强压来获得，但通常不能持续；对于一个组织来说，要达成某个目标，可以通过短时的突击或者强制要求来达成，但同样不可持续。

对个人来说，要实现蓬勃的人生，就要不断地养成习惯，直到养成习惯本身成为一种习惯；对组织来说，要提高管理效率和实现多赢的目标，就要通过不断强化核心习惯并逐渐扩散，直到通过文化的方式变成组织“流淌的血液”。

第九单元阐述了客户中心的文化和如何将文化落地，以及如何养成习惯；第十单元阐述了客户中心的指标和数据分析，以及如何制定目标和实现目标。

阅读建议

你可以以你喜欢或者习惯的方式阅读本书，如：通读、细读、选读、休闲读……等等。

本书阐述的内容，也许不能和你现在的情况一一对应，但一定会有你感兴趣的部分。

阅读本书能扩充或强化你原有的知识，这会让你对一些事、物有一个全新的“态度”，但如果没有行动的跟进，“态度”会很快地退回到原点附近。如果你希望自己的生活或工作有所改变，建议你在本书里挑一个自己的兴趣点去尝试，试用本书提供的方法将其付诸实践，在实践的过程中通过与价值观的连接来强化“态度”，不断重复，直到变成“习惯”，之后再选择新的兴趣点。

目录

第一部分 职场情绪与压力的管理

第一单元 潜力与自我效能

我没有看到过更使人振奋的事实了，人类无疑是有能力来有意识地提高自我生命的。

——卢梭

梦幻1英里

从上个世纪初开始，无数人梦想着完成这个看似不可能完成的目标，即4分钟内跑完1英里。1945年，瑞典人根德尔·哈格跑出4分01秒4的成绩。8年过去了，依旧没有人如此接近这个目标。

直到1954年，4分钟以内跑完1英里，一直被认为是不可能的。事实上医生论证了4分钟跑1英里，超越了人类能力的极限。生理学家进行实验，从科学上证明了人类能力极限：跑1英里，不可能少于4分钟。运动员也印证了医生和科学家是对的，1英里跑4分钟2秒，4分钟1秒，但没有运动员能跑进4分钟。

罗杰·班尼斯特，当时还是牛津大学医学院学生，发誓自己要成为第一个突破4分钟极限的人。班尼斯特利用自己掌握的医学知识独自训练着，刻意地远离那些控制着这项运动的教练和经纪人。1953年，他已将自己的成绩提升至4分03秒。最终，他将自己的脉搏降低到每分钟50下，这样他的每一下心脏搏动都能提供足够的能量，因此当他在跑步的极限状态时，

脉搏的增加能够为他带来巨大的能量供给，避免精疲力竭。

多少年来，这个“梦幻1英里”已经被田径教练和医生进行了无数次的科学研究。他们认为最理想的状态是在华氏68度的气温条件下进行，没有风，赛道应该是坚硬干燥的土地。周围应该有热情的观众来提高士气。第一个四分之一段应该跑得最慢，而最后一段应该跑得最快。

但是班尼斯特打破了所有的这些理论。1954年5月6日，牛津，刮着寒风，而一整天的寒风也让观众寥寥，只有1500个观众来到现场。下午的阵雨则让煤渣跑道潮湿。班尼斯特和他的另外两位队友一起参加了比赛。

按照计划，克里斯·布拉什尔为班尼斯特领跑，但班尼斯特跑得太快了，第一个四分之一段就跑出了57秒9，接着以1分58秒2打破了半程纪录。此时，布拉什尔精疲力竭，退出了比赛，然后，克里斯·查特维继续领跑，让班尼斯特一直跟着自己的步伐。最后300码，班尼斯特开始冲刺。他的步伐越来越大，头向后仰着，脖子成弓形，他不停地跑着，似乎完全失去了意识。

当他冲过终点线时，比赛现场的广播员激动地说道：“新纪录诞生了！这是欧洲纪录！也是世界纪录！时间为3分59秒04！”此时，班尼斯特恢复了意识，但暂时处于色盲状态，他的脉搏达到了每分钟155下，并且过了三个小时才恢复正常。

这轰动一时，登上了全世界的头版头条。“科学遭到挑战”“医生遭到挑战”“不可能成为可能”，它成为梦想1英里。

自从开始1英里跑计时，数十年来，没有人突破4分钟界限，那被认为是不可能的，但在1954年5月6日，班尼斯特做到了。六周后，澳大利亚跑手John Landy，1英里跑了3分57秒9。1955年，37名跑手在4分钟内跑完1英里。1956年，超过300名跑手突破4分钟。

50年后，班尼斯特凭借这一史无前例的成就被国际田联授予终生成就奖。田联主席拉米·迪亚克回顾当时自己亲眼目睹这一激动人心的时刻时说道：“毫无疑问，这次比赛所带来的戏剧性、激动和公众关注程度奠定了现代田径运动的发展基础。这是田径运动的历史转折点，就从这一刻开始，田径运动受到了关注。直到今天，全世界依旧激动于这个成就。”

“用3分59秒4的成绩跑完1英里曾经被认为是不可能突破的障碍，但班尼斯特让自己成为了人类突破自身极限的永恒象征。”

班尼斯特在解释自己为什么要跑步时说道："我们跑步是因为我们享受跑步的感觉，这几乎是情不自禁的。社会和工作给我们强加越多的限制，那么跑步就越能让我们感受到一种情感的释放，对自由的向往。人类的精神就是永不服输的精神。"

1.1 认识自己的潜力

人的能力和力量分为表现出来的和没有表现出来的两种，没有表现出来的就是潜力。

潜力是内在的没有发挥出来的能力和力量，也就是人类原本具备却没有开发、表现出来的或者忘了使用的能力和力量。

每个人都带着成为天才人物的潜力来到人世，也带着幸福、健康、喜悦的种子。人脑与生俱来就有记忆、学习与创造的巨大能力，你的大脑也一样，而且你的能力比你所能够想象的还要大得多。

人类的大脑内部有数以千亿的神经细胞，然而人对自身的研究还只是冰山一角，人脑的运作机制令人敬畏，难以捉摸。

很多时候，不是我们做不到，而是我们认为我们做不到，于是我们就真的做不到了。

我们要接受一个观念：**只要我愿意，我可以具备更多的我想具备的能力，做更多的我想做的事。**

催眠状态下的潜力

催眠是人的评判机制被绕过，并且建立起选择性思考的意识状态。

一位运动员在测力计上测试握力，发现读数是 100 磅。无论怎么努力、给多大的压力，他都无法使测力计上的指针超过 100 磅。但在催眠状态下，催眠师对他说，"你非常非常的强壮，你有生以来从来没有这样有力过。你要比以前强壮很多。你自己都为你这么强壮而感到惊讶。"他再在测力计上测试，这一次，他轻而易举就把指针"逼"到了 125 磅处。

人体钢板，是常见的一个催眠演示。催眠师将被催眠者催眠成一块"钢板"，把肩和小腿分别放在椅子上，在中部全部悬空的情况下，人体如钢板一样直挺坚硬，在身体上还可以站个一百多斤的成人。

还有很多催眠的案例，如口吃的人在催眠下可以流利地说话，车祸后不能行走的人在催眠下可以走路了，等等。人在清醒的情况下无法做到的事，在催眠下可以做到。这是催眠师告诉他，他有这个能力，并引导他付诸实施、顺利完成。对旁观者来说，催眠师似乎有一种魔力，然而事实并非如此。实际上，这种能力或力量始终都存在被催眠者的内心，只不过由于不知道自己身上有这种潜力，从而无法运用罢了。由于大脑中存在“不能”做某事的信念，潜力被封闭了起来，被抑制了。

由于认识不到这一点，他们陷入了自我催眠，认为自己无法完成这件事。与其说是被催眠师催眠了，不如说是催眠师解除了他们的自我催眠。

紧急情况下的潜力

故事：抬起汽车

一位农夫在谷仓前面注视着一辆轻型卡车快速地开过他的土地。他 14 岁的儿子正开着这辆车，由于年纪还小，他还不够资格考驾驶执照，但是他对汽车很着迷——似乎他已经能够操纵一辆车子，因此农夫就准许他在农场里开这客货两用车，但是不准去外面的路上开。

突然间，农夫眼看着汽车翻到了水沟里，他大为惊慌，急忙跑到出事地点。他看到沟里有水，而他的儿子被压在车子下面，躺在那里，只有头的一部分露出水面。

这位农夫并不高大，根据报纸上所说，他只有 170 厘米高，70 公斤重。

但是他毫不犹豫地跳进水沟，把双手伸到车下，把车子抬了起来，空间足以让另一位跑来援助的工人把那失去知觉的孩子从下面拽出来。

当地的医生很快赶来了，给男孩检查一遍，只有一点皮肉伤，需要治疗，其他毫无损伤。

这个时候，农夫却开始觉得奇怪，刚才他去抬车子的时候根本没有停下来想一想自己是不是抬得动，出于好奇，他就又试一次，结果根本就抬不动那辆车子。

有很多类似的在紧急情况下人超常发挥的案例，如母亲搬起汽车来救被压在车下的孩子，“托举哥”的新闻，发生灾难时父母为了救孩子用身体支撑起一片空间让孩子活下去等。人在紧急情况下所能发挥出来的能力远远超过了自己处在正常情况时的能力。在紧急的情况下，人不会考虑自己的能力范围，也就是没有对自己的能力进行正常的评估就开始做了，于是发挥出了自己想象不到的能力。

正常情况下，我们在做一件事之前，要对自己的能力进行清晰的、客观的评估，但这些评估的结果很多是“我不能”做某件事，实际上这样的评估阻碍了我们潜力的发挥。

正常情况下的潜力

电影《永不放弃》有这样一个片段：在训练场上，当所有队员们都对接下来要面对的对手感到没有信心的时候，教练喊出了大块头的队长，让他做“死亡爬行”（一种训练：一个人背着另一个人，双膝不能着地向前爬行）。大块头队长自己订的目标是 30 码，但教练要他挑战 50 码，并且要他保证一定要尽力。教练拿出一条头巾蒙住了队长的眼睛，告诉他是担心他爬到 40 码的时候就开始骄傲，导致自己停下来。挑战过程中，队长自己也不知道自己爬了多远，只是觉得累了，想休息一下。手很痛，背上的队友像一座山一样压得他筋疲力尽，已经没有力气了。但是教练一直在鼓励他不要放弃，要他不要忘了要用尽全力去完成挑战的承诺，并提示他目标越来越近了。当队长爬完最后一步，精疲力竭地趴倒在地的时候，他问教练“一定有 50 码了吧？”教练摘下他的头巾让他看，他已经爬到了底线（超过 100 码）。

队长对自己的定位只是 30 码，当教练给他的目标是 50 码的时候，已经是一种极大的挑战，但是，当他愿意拼尽全力并蒙上眼睛，在教练的鼓励下，不精疲力竭决不停止的时候，竟然能够爬行 100 码。

我们经常对自己做的所谓“客观的”评估，究竟是 30 码，50 码，还是 100 码？

我们都有超出自己能想象的巨大的潜力，只是我们太清醒了，太客观了，因此我们认为自己只能做某些事情，只能在某些条件下做事情，只能把事情做到某个程度。

我们在浪费着我们的潜力，也在挥霍着我们的人生。

如实地评估一下你的潜力，你可以做更多的事情，做得更好，你的人生可以更成功。

你的潜力超乎你想象。

1.2 阻碍潜力发挥的因素

现在，你可以想象一个你熟悉的人（任何人都可以，当然，想象自己也可以），你认为他没有发挥出最佳水平，你认为他不够成功，你认为他有潜力但没有发挥出来，原因会是什么？图表 1–1 中的黑箱里面会是什么？

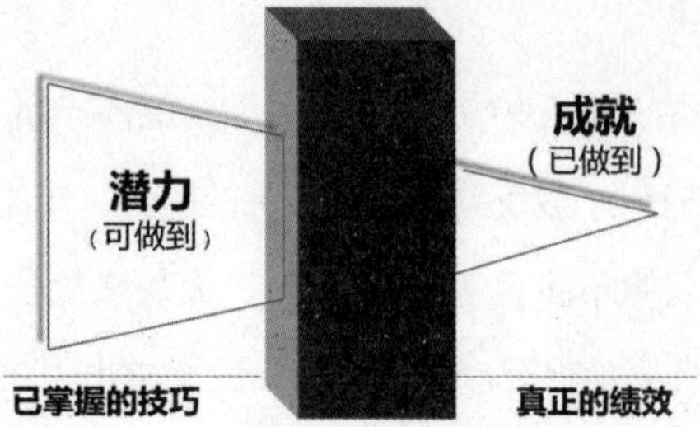

图表 1–1 潜力黑箱

你的答案可能是：努力、环境、运气、领导、家庭、信心、兴趣、老师等等。

我们可以把阻碍一个人潜力发挥出来的因素分为两类：内部的和外部的。

内部的是自己可以控制的，如努力、信心、兴趣等，这类的因素的特点是自己可以控制，是我们应该重点关注的，是如果我们愿意，自己可以改变的。

外部的是自己控制不住的，如环境、领导、运气、家庭、老师等，这类因素我们只可以影响甚至影响都影响不到，不受你的控制，这类的因素知道就好了。

在本书中，我们只研究内部的因素。

成功的秘密。这是一个经研究证实的秘密，多年来对不同文化、不同地域、不同年龄的成功人士进行了研究，发现成功的秘密是乐观、热情和勤奋。纵观历史，你很难找到哪个成功人士是不具备这三个品质的：乐观，有信念，坚信自己能做好，坚信自己能成功；热情，热爱自己从事的事业；并且勤奋工作。

—— 塔尔·沙哈尔《幸福课》

真正阻碍着我们潜力发挥出来的因素可以归结为三个：信念、热情和勤奋。这三个因素都是“软”的因素，是我们自己可以控制的，自己可以改变的。

信念、热情和勤奋

信念即认为是事实或者必将成为事实，是对事物的判断，是坚信不疑的想法。

沙哈尔在谈到第一个成功的品质时用的是乐观，我认为信念更贴切一些。乐观容易让人想到顺利，而忽视过程中的困难，这样的乐观很可能是暂时的；信念是相信自己可以成功，同时要看到过程中的困难，要持久得多，相比乐观也更符合我们的思考习惯。因此，这里用信念来替代乐观。

专栏 1–1：信念对人的影响

信念对于疾病扮演着极其重要的角色，甚至于比治疗本身还要重要。哈佛大学的亨利比彻博士做了广泛的研究，说明了很多时候不是药物使病体康复，而是病人的信念。

他的一项打破传统观念的实验，是以一百个医学院学生为对象，共分为二组，每一组各 50 人。第一组人分配了红色胶囊包装的兴奋剂，第二组人则分配了蓝色胶囊包装的镇定剂。虽然是这么说，可是实际上，胶囊里面的药粉却调了包，但学生们不知道。结果两组学生的反应都如先前所以为的那样，吃了红色胶囊的一组很兴奋，吃了蓝色胶囊的一组则很平静，由此可见他们的信念压制住了身体在药物作用下的化学反应。比彻博士因此推论，药物的功效不仅要看药性，同时还要看病人是否相信药物的药效。

这就是诺曼·卡曾斯所说的："吃药打针不是绝对需要，但康复的信念不能没有。"

卡曾斯在《一个病理的剖析》一书中，还讲了一则信念强烈影响我们生理反应的故事。这个故事发生在洛杉矶市的蒙特利公园橄榄球队员身上。当时有几位队员出现食物中毒的现象，经推断可能是汽水有问题，因为这些人都是在喝了汽水之后才发现有异样的。随之喇叭开始广播，警告人们别去买贩卖机里的饮料，因为有人病了，同时还描述了发病的症状。立刻整个观众席都发生了恐慌，有人开始反胃、有人昏厥，甚至于有些只是经过贩卖机而什么都没有买的人都觉得不对劲了。那天救护车飞驰于球场和医院之间忙着载运病人，后来经过证实贩卖机和汽水没有问题，奇怪的是先前的病人竟然都不药而愈了。

由这个例子可以看出信念可以使人在前一刻得病，而后一刻又不药而愈，更有资料显示信念还会影响我们的免疫系统。重要的是信念不仅能促使我们采取行动，相反地也会削弱我们行动的念头。有时候我们的信念会使我们在某一方面无力，却又在另一方面得力，比如说这个信念能使我们敢于唱歌、跳舞，却又不敢开车、演讲，像这种只限于单方面的信念，我们可称之为专门性信念，与之相对的适用在各方面的信念便可称之为普及性信念。

普及性信念会影响到我们生活的每一个层面，例如自我的肯定、对别人的看法、工作观、人生观、时间和金钱的使用，等等。你可以想象这样的信念其强度及范围着实会影响我们整个人生。

耶鲁大学研究人员曾经做过一项经典研究，对一群中年人跟踪20年。那些中年时对变老持积极态度的人，比那些持消极态度的人，平均多活了7.6年。

贾米森在1997年做了一项很有趣的研究，她在新学期开始之前，去到由同一名老师负责的两个班。只告诉其中一个班，说这位老师受到从前学生的极大好评，她作为心理学家，给这名老师极高的评价，然后她离开了。学年结束时，情况如何？首先，干预组给这名老师的评价，高于对照组，而且学生对课业，付出更多时间，成绩比对照组好，因为他们相信（他们被欺骗相信），这位老师的水平比实际情况高。换言之，学生看到老师身上的潜力，学生们表现得更好。这与老师无关，老师没有更好的表现，但当学生有更高的期望时，当他们相信自己的老师时，他们的表现就更好了。

热情指人参与活动或对待别人所表现出来的热烈、积极、主动、友好的情感或态度。热情可以是从兴趣、信仰、使命感、责任感等中产生。

假如没有热情，世界上任何伟大的事业都不会成功。

——黑格尔

我们常说“兴趣是最好的老师”，就是因为在有兴趣的情况下，人们会更投入地去做一件事，可以持续更久，遇到困难时反而可以激起斗志，愿意为克服困难而更加努力，投入更多的时间和资源，甚至放弃自己本来拥有的、在意的一些东西。

故事：巴赫的热情

约翰·塞巴斯蒂安·巴赫于1685年3月21日出生于今日德国中部的爱森纳赫，童年时代的巴赫对音乐有着无限痴迷。因为父亲早逝，家境清贫，巴赫只能跟着兄长接受教育。

有个极出名的故事便是描写小时候的他：说他的哥哥不让他接触乔治伯姆、布克斯特胡德、帕赫贝尔等人的曲谱，于是巴赫偷偷地打开收藏曲谱的箱子，取出乐谱在月光下抄录，然后再偷偷将曲谱放回箱子里，巴赫因此视力大为降低。

为了学习音乐，巴赫在十五岁那年步行两百多英里到吕内堡的圣米歇尔教堂的拉丁学校学习，并参与教堂的音乐活动。在那里，巴赫一边参加教堂的合唱团赚取微薄的生活费，一边贪婪地学习演奏技巧。

正是在兴趣和热情的推动下，巴赫成为了巴洛克时代著名的音乐家，被称为“西方音乐之父”。

有热情的人会更加自信、更加从容地面对一切。

勤奋是认认真真，努力干好一件事情，不怕吃苦，踏实工作。

勤奋，不仅包括身体上的勤奋，还包括精神上的勤奋。身体上的勤奋我们可以逼迫自己或者别人，但精神上的勤奋一定是自愿的，也是更高层次的勤奋。

人们眼中的天才之所以卓越非凡，并非天资超人一等，而是付出了持续不断的努力。一万小时的锤炼是任何人从平凡变成世界级大师的必要条件。

——格拉德威尔《异类》

英国神经学家丹尼尔 列维京（Daniel Levitin）认为，人类脑部确实需要这么长的时间，去理解和吸收一种知识或者技能，然后才能达到大师级水平。顶尖的运动员、音乐家、棋手，需要花一万小时，才能让一项技艺臻至完美。

达·芬奇，当初从师学艺就是从练习画一只只鸡蛋开始的。他日复一日，年复一年，变换着不同角度、不同光线，不断地练习，为画画打下了扎实的基本功，这才有了后来的世界名画《蒙娜丽莎》《最后的晚餐》。

飞人刘翔，我们只看见他在赛场上的风驰电掣、一骑绝尘，可是为了在赛场上十几秒的辉煌，他从 7 岁开始，苦练了 19 年，不知跑了多少个十多秒，汗水流了多少，经历了多少挫折和失败，才换来了赛场上的冠军。

写出《明朝那些事儿》的当年明月，5 岁时开始看历史，《上下五千年》他 11 岁之前读了 7 遍，11 岁后开始看《二十四史》《资治通鉴》，然后是《明实录》《清实录》《明史纪事本末》《明通鉴》《明汇典》和《纲目三编》。他陆陆续续看了 15 年，大概总共看了 6000 多万字的史料，每天都要学习两小时。所以在海关工作的他，才能白天当公务员，晚上化身网络作家，在电脑前码字。

信念、热情和勤奋的关系

成功是信念、热情和勤奋三者共同作用的结果，缺一不可。如果缺失，那么成功不可持续。对班尼斯特来说，他坚信自己能够跑进 4 分钟，为了避免受当时主流观念的影响，他独自进行训练；他喜欢跑步，享受着跑步的感觉；而且他进行的是非常刻苦的训练。

我认为信念、热情和勤奋的影响比例大概是 50：30：20。在这三个要素中，勤奋是最显性的，热情其次，信念是隐性的，最不容易被发现。

在三者的关系中，存在着一些误区。

误区一：忽视信念

因为信念是隐性的，最容易被忽视。

当我们看到自己的孩子学习有问题时，最容易找到的是那个显性的要素——“勤奋”，我们会批评他不够用功，会告诫他要努力，会要求他投入更多的时间在差距较大的科目上，会给他安排补课。所有这些都在强迫他身体上的“勤奋”，因为我们根本没有找到问题到底出在哪里，所以最终的结果往往是越补越差。好一些的家长会考虑兴趣的问题，找到孩子最感兴趣的点在哪里，去培养孩子的兴趣。其实孩子最大的问题很可能是那个隐藏得最深的“信念”问题，他不相信自己可以学好这门功课，甚至不相信自己可以成绩优秀，不相信自己会有美好的未来。

案例：踢毽子的孩子

有个孩子成绩不好，父母想了很多办法都没有起色。

后来爸爸发现孩子对踢毽子很喜欢，于是就找到了一个把踢毽子做为特长来发展的学校，把儿子转了过去。孩子在新学校如鱼得水，踢毽子非常好，在全校都很有名气。

孩子的成绩也逐渐好转。

当孩子的信念出了问题时，他的努力仅仅是身体上的勤奋，甚至他是在用身体上的勤奋来补救父母的期望，这反而加深了他自己“做不好”这个信念，他处于螺旋形下降的旋涡中。这时他需要父母真正的帮助，需要外力把他拉出旋涡，而不是把他在旋涡里推得更深。

孩子补课应该怎么补？有人说应该补他最强的那门功课，通过让这门功课成为同学中最棒的来带动其他功课的提高。这里补的就是信念。

当你的孩子有问题时，请仔细地思考一下应该怎么办，问题究竟出在哪里，别被表面的现象掩盖掉问题的实质；当你的下属绩效不达标，时请仔细观察、思考究竟该怎么办；当你没有达到预期时，请内省自己，究竟是哪个因素需要改进。

最大的自我相信，自己能改变和完善自己，这个信心就足以让他们心想事成。

——马丁·塞利格曼《认识自己，接纳自己》

误区二：只关注信念

相信自己能做好这个“信念”因素远比另外两个重要，但并不是只要相信自己能做好就行了，这是另外一个误区。

在《幸福课》中，沙哈尔反对过度强调信念作用的自助运动。如认为成功的秘密就是“吸引力法则”，即，你的生活是被你吸引过来的。无论你想象什么，无论你相信什么，只要你思考，只要你相信，就会获得富足，无论是精神的富足，还是物质的富足。

这些理念一直有着巨大吸引力，这些理念鼓舞人心。但是这有问题。如班尼斯特的故事，他在 3 分 59 秒跑完了 1 英里，6 周后 John Landy 将这一成绩缩短到 3 分 57 秒，一年后 37 名运动员都能跑到 4 分内了，其中有一定奥妙。一旦他们相信能办到，就有可能实现，但问题是自助运动只强调了某个真相，并将这个真相过分鼓吹。某种意义上我们的精神的确能创造现实，但是这并非全部，我们创造了现实，还会受到外界或者内在的某些因素的影响。所以这只是等式的一半，而这些自助书籍，传达的信息往往言过其实，效果甚微，甚至可能会造成灾难性的后果。

如有这样一个事例（《潜意识的力量》约瑟夫·墨菲，光明日报出版社，P18）：某个女大学生，圣诞之夜，她打算前往水牛城和家人一起过节。她路过一个奢侈品商店，对其中一款西班牙的皮革挎包心动不已，眼神中流露出无比的向往。可是一看价格标签，她不得不大喘一口气，劝说自己：“这么昂贵的皮包，我可买不起。”不过她想起了在课堂上学到的有关知识，于是重新告诉自己：“千万不要让负面的想法变成现实，一定要开始正面的想法，让奇迹在你的生命中发生。”

她看看橱窗后面的商品，开始对自己说：“那个包是属于我的，我在精神上接受了它，我的潜意识已经看到了我获得它的那一幕。”

为了送她前往水牛城，当天晚上，她的未婚夫请她到餐厅共进晚餐。席间，未婚夫拿出了一个包装精美的礼物。她屏住呼吸，开始拆掉礼物的包装。多么神奇，礼物竟然和那个让她心动的皮包一模一样！她让自己的内心充满了对这款皮包的期待，并让这个想法深入到潜意识之中，接下来的事情就是潜意识令人惊奇的发生作用了。

类似的故事充斥在自助运动的书籍中，这带来了很大的问题。

一切因我而变，一切都由吸引力法则决定，这种说法短期内能让你坚定信念，获得幸福感，但是长期来看，该怎么看待那些没有被你吸引来的事例呢？这些没有被吸引来的事例只会让人感到挫败、内疚、不快乐，离成功越来越远。因为如果我真的相信一切都由思考决定，这种想法就会成为我的思维习惯，只要有信心，金钱就会滚滚而来，爱情就会降临于我。这抹杀了勤奋、坚韧不拔以及失败的作用，而它们也是成功的因素。

最怕的就是，比你还优秀的人，过着比你更努力的生活。

——佚名

此外，吸引力法则也无法解释灾难和困难，如对在“9 · 11”、地震或者车祸中丧生或者遭受痛苦的人们来说，吸引力法则该怎么解释呢？是他们的信念带给他们灾难吗？

信念，热情，还是勤奋？我们的问题出在哪里？我们应该从哪个方面改进？对照自己的理想，诚实地问问自己，这是一件需要你自己为自己经常要做的事。

1.3 自我效能

斯坦福大学的心理学家阿尔伯特 · 班杜拉（Albert Bandura，新行为主义的主要代表人物之一，社会学习理论的创始人，认知理论之父）在他的研究中发现了积极思维的力量，并提出了自我效能（self-efficacy）理论。自我效能在 20 世纪 70 年代首次提出，20 世纪末已经成为教育界的一个关键理念，被广泛应用于医疗保健、管理、运动以及诸如发展中国家的艾滋病等看起来极为棘手的社会问题等领域。它同时也是 21 世纪初横扫心理健康领域的“积极心理学”的主要特征。

自我效能是指个体对自己是否有能力在某个领域有效完成任务、实现某个目标的信念。简单地说就是自己对自己能力的预期。

心理学上较严格的定义是这样的：自我效能是指个体应对或处理内外环境的效能和有效性，它包括一系列的自我效能现象，其中最为核心也最具有实践意义的就是自我效能感。自我效能感，指个体对自己能否在一定水平上完成某一活动所具有的能力判断、信念或主体自我把握与感受。

在本书中不严格区分“自我效能”和“自我效能感”这两个概念，将自我效能定义为对自己能力的信念。

自我效能与一个人的个人能力水平相关，但并不代表个人真实的能力水平。对于一个人来说，在不同领域的自我效能是不同的。自我效能是人的自我意象（见第二单元）的重要组成部分。

自我效能就是一种信念，是我们对自己能力的信念，直接决定了我们是否可以最终成功。

自我效能标志着人们对自己的、产生特定水准的、能够影响自己生活事件的能力的信念。自我效能决定了人们如何感受、如何思考、如何自我激励以及如何行为。自我效能决定了员工对自己工作能力的判断，积极、适当的自我效能感使员工认为自己有能力胜任所承担的工作，由此员工将持有积极的、进取的工作态度；而当员工的自我效能比较低，认为无法胜任工作，那么他将对工作产生消极回避的想法，工作积极性将大打折扣。

自我效能对生活有着强烈的引导作用，因为我们一般会去做那些我们相信自己会做好的事情，不愿去做那些我们认为自己做不好的事情。根据班杜拉的理论，在我们的任何一个领域，自我效能都决定着对行动结果的预期。如果我们预期行动会成功，那么我们就有动力去行动；如果我们预期行动不会成功，那么我们就没有动力去行动。

自我效能影响人们对生活的选择，动机水平，工作的质量，对逆境的适应力，对压力和沮丧的抵抗力。相信自己有能力的人，会充满信心，在生活的不同领域都表现出色。

认为自己自我效能高的人，与认为自己自我效能低的人的想法和感觉完全不同，他们创造自己的未来，而不是简单地梦想。

——阿尔伯特·班杜拉

自我效能决定着对行为结果的预期，这种预期决定着行为表现，行为表现进而导致某些结果，结果会强化在类似领域的自我效能，从而再对之后的行为表现产生影响。

自我效能的来源与训练方法

自我效能有以下四种来源，与来源分别对应的也有四种训练方法来提高自我效能。

（1）亲历的成败经验

这是学习者的亲身经验，对自我效能有着最主要的影响。成功的经验会提高人的自我效能感，多次失败的经验会降低人的自我效能感。不断成功会使人建立起稳定的自我效能感，这种自我效能感不会因一时的挫折而降低，而且还会泛化到类似的情境中去。

由于一些非能力因素会制约活动质量的高低，所以，人们在评价自我效能时，往往要同时斟酌能力因素与非能力因素对于自己行为成败的作用。因此，除能力因素外，一些非能力因素，如活动任务的难度、个人努力的程度、外力援助的多少等都会或多或少地影响着自我效能的建立。如果任务很难，或者没有什么外力援助，这时的成功会增强自我效能感，而这时的失败不会降低自我效能感。如果任务简单，或者外力援助较多，这时即使成功也不会增强自我效能感，倘若失败就会降低自我效能感。

(2) 替代性经验

这是学习者通过观察示范者的行为而获得的间接经验，它对自我效能的形成也具有重要影响。当一个人看到与自己的水平差不多的示范者取得了成功，就会增强自我效能，认为自己也能完成同样的任务；看到与自己的能力不相上下的示范者遭遇了失败，就会降低自我效能感，觉得自己也不会有取得成功的希望。

这种观察学习对于自我效能的影响，是通过两种认知过程实现的。一种是社会比较的过程，学习者采用与示范者比较的方式，参考其表现以判断自身的效能。另一种是提供信息的过程，学习者可以从示范者的表现中学到有效的解决问题的策略或方法，了解解决问题的条件，这些都会对自我效能产生一定的影响。在观察学习过程中，影响观察学习的一些因素，都可能对自我效能的建立产生作用。

(3) 言语说服

这是试图凭借说服性的建议、劝告、解释或引导，来改变人们自我效能感的一种方法。由于使用简便，它成为一种极为常用的方法。然而，依靠这种方法形成的自我效能不持久，一旦面临令人困惑或难于处理的情境时，就会迅速消失。研究结果表明，缺乏体验基础的言语说服，在形成自我效能方面的效果是脆弱的，人们对说服者的意见是否接受，往往要随说服者的身份和可信度而转移。此外，如果言语说服与个人的直接经验不一致，也不大可能产生说服效果。

(4) 情绪与生理的影响

一个人的情绪状态与生理状态也会影响自我效能的水平。

积极的心理状态能激发观察、自我调节、自我反思等认知加工过程，这些加工能增强他们的个人控制感和信心；相反，消极的心理状态往往让人感到绝望、无助和悲观，进而导致自我怀疑和效能降低。身体健康与自我效能的关系也同样如此。良好的健康状况对一个人的认知和情绪状态，包括对自我效能的信念与期望都有积极影响；相反，疾病、疲劳和身体不适则有消极影响，当一个人有严重的生理疾病时，他的自我效能甚至会降低到零。

(5) 综合作用

心理学家舒恩克以数学成绩极差的小学高年级学生为对象，对自我效能进行了研究。

他为这些学生安排了一个星期的训练，在每次训练中他先让儿童分别学习数学的自学教材，然后由榜样演示如何解题。榜样在解题时一面算一面大声地说出正确的解题过程，最后再让学生自己解题。在学生自己解题之前，他让儿童把所有的题看一遍，并判断一下他们能有多大把握来解每一道题，以此来了解学生解题的自我效能感。结果发现，经过训练，儿童的自我效能感逐渐得到增强，与之相应，儿童解题的正确性和遇到难题时的坚持性也得到了提高。

自身的实践对自我效能的提高作用最大，而四个方面的综合作用对自我效能的提高效果最好。例如韧性自我效能的形成，可以来自本人坚持不懈克服障碍、实现目标的成功经验，也可以来自观看别人坚持不懈地克服障碍、实现目标的过程。如果有人对我们说坚持下去就会成功，还给我们适度的挑战，让我们体验到坚持就是胜利，那么我们的韧性自我效能就会提高。这是不断加强自己信念的手段，特别是当我们在努力克服困难时。最后，在身体好、心情好的时候坚持不懈地努力，我们更有可能相信自己会成功；而每一次的成功又会带来新的成功。

故事：销售经理的“欺骗”

一位经理曾经讲述他怎样“欺骗”自己的一位推销员，使对方表现得到改进。尽管这种策略和做法是否合适需要思考，但其结果令人神往、引人深思。这位推销员当时情绪非常低落，天天按照经理指定的客户一家一家跑，但每天晚上回来时都两手空空。她的自我意象很快便萎缩成只有一根钉的尖部那么大，而经理也意识到需要开一服某种强有力的、立竿见影的“药方”——要么就解雇她。

接下来的那个晚上，他着手“暗箱操作”，策划了两件上门推销任务，两件任务背靠背。他让她去自己的朋友家推销，早在当天下午，他就与朋友一起造假，给了他们买公司产品的钱，这样，当晚上她来推销的时候，只要用预先给的钱进行买卖就行了。她赶到第一家之后，开始怯生生地把产品介绍完毕，却发现与往常不同，“客户”作出了迅速反应，欣然接受了她的报价。对方积极的反馈帮助她对推销任务充满了信心，她的介绍结束时，已经感到浑身温暖、非常快乐。她结束了推销，走的时候留下了签名的订单，并将300美元装进了自己的手提公文包。到第二家“客户”推销时，一切都按照事先安排有条不紊地进行，“客户”的表现近乎完美。又是一张300美元的支票到手。

在接下来4个晚上，她完成了8项推销任务，送出了6张订单。到该月底，她完成了全月任务的70%，挣得了她进公司以来最多的月收入（尽管其中一小部分是她的销售经理从自己钱包里偷偷拿出来的！），甚至在公司的推销比赛中赢得了“周末度假”的机会。正如他所说，“一颗新星在冉冉升起。”

——《心理控制方法》麦克斯威尔·马尔茨，湖南文艺出版社，P211

作为客户中心的管理者，我们是否经常在为员工寻找、创造类似的提高自我效能的机遇呢？有时候，可能我们的些许努力就是在改变一个人的一生。

1.4 自行负责

提高自我效能的核心是要自行负责。

自行负责是自己对自己行为的结果负责，能够确认并愿意承担自己在其中的责任。

人总是期待自己身边一切都很顺利，当出现和自己想象的不一致时，就会感觉不舒服，就会产生情绪，就会寻找原因。如果原因是自己的，就有动力自己想办法去解决；如果不是自己的原因，那么大脑就不会失去平衡，自己没有责任，也就不会产生解决问题的动力了。

自行负责是可以培养的。父母有时候要给孩子设下“陷阱”，让他跌落下去，再通过他自己的努力爬出来。比如父母看到前面有台阶时不提醒他，等他摔倒后和他一起找原因，通过这个过程让他认识到跌倒是他自己的责任。很多家长的处理方式是反的，孩子跌倒了反而主动帮他找外部的原因，如地不平，我帮你打桌子，这不是在帮孩子，而是在害他。孩子有父母在身边，发生再大的问题都有父母可以帮忙解决，但总有一天他要走出去，走向社会，离开父母的视线，这时他在父母身边学习到的能力可以帮助他更好地处理他所遇到的那些需要独立处理的问题。

自行负责要从小培养。婴儿通过用脚踢挂在床边的旋转玩具（注意是非电动的，是那种不踢就不会动的），引起玩具转动，或者用手摇铃产生声音，由此感觉到他能够使一件事情发生，产生兴奋，同时他也在为发生的事情负责；幼儿吃饭时喜欢自己用手抓，很多父母会阻止，因为会弄得到处都是，于是小朋友吃饭的时间越来越长，有些甚至要追着满地跑来喂饭；上幼儿园的孩子和小学生的书包经常是在家长的肩膀上，到了学校门口才背到自己的肩膀上。如果连吃饭、背书包这些明显是孩子自己应该负责任的事情他都没能负起责任来，那么长大以后他也很难有能力、有意愿承担起更大的责任。

自行负责要从小事培养。当一个人可以对自己身边发生的小事自行负责时，才有可能在当他面对人生的重要时刻时处理得更好、更平稳。

这种不让孩子自行负责而由父母替代承担的做法是自行负责的一个误区；自行负责的另外一个误区是把责任推给孩子，父母自己不承担任何责任。

我们对自己负有管理责任。责任里面有两个自行负责：一个是对方的自行负责；一个是自己的自行负责。

当一个人刚开始做一件事时，会不熟悉，会犯错，有时会胆怯，还不具备承担起做这件事情的能力，这时父母或管理者要负起责任来。但这个负起责任是指让孩子或被管理者能够承担起责任的责任，如小孩子刚学写字，不知道该怎么握笔，姿势该是什么样子的，父母就要教他，监督他，直到姿势正确。这里的教和监督都是要他自己具备这个能力，是以他能够自己承担起这个责任为出发点的；刚上小学学习习惯的培养也是这样，很多教育专家说低年级学习习惯很重要，父母要更多的陪伴就是这个原因，父母最初的陪伴是为了以后的不陪伴。很多家长简单地将责任推给孩子，告诉孩子该怎么怎么办，甚至责备孩子："我都和你说过很多遍了，怎么记不住呢？"这不是在培养孩子的自行负责，反而是父母不负责任的表现。不负责任的父母是很难培养出能够自行负责的孩子的。

班杜拉在研究中发现，人们对于行为成败的归因方式，会直接影响自我效能的评价。

归因

一个人看到朋友拍出了一张非常好的照片，往往会说：你的设备太好了！

看到朋友拍出一张很一般的照片会说：你的技术还有待提高，如果是我会换这个角度。

自己拍出一张好照片时会想：我的技术真是不错，这照片太完美了！

如果拍出一张不怎么好的照片会想：我的设备过时了，看来我需要买台更高级的单反了。

归因，指个体根据有关信息、线索对自己和他人的行为原因进行推测与判断的过程。

归因不仅是一种心理过程，而且也是人类的一种普遍需要。每一个人都可以被看成是业余的社会心理学家，都有一套从其经验中归纳出来的关于行为原因与行为之间的联系的看法和观念。

美国心理学家朱利安·罗特（Julian Bernard Rotter）发表了一篇论文，介绍了控制点的概念。在罗特看来，人类能够被分为两个基本类别：那些相信控制点在自己身上的人和那些认为自己受到身外力量如运气、命运、或者无法抗拒的他人所控制的人。

第一个群体被称为内控者，他们的控制点在个体的内部。内控者相信个人生活中多数事情的结果取决于个体在做这些事情时的努力程度，所以这种人相信自己能够对事情的发展与结果进行控制，他们是自己命运的主宰。他们往往能取得更大的成就，对改善自我命运的能力感到乐观，能抛弃一些糟糕的习惯。他们相信意志力量，并积极思考，愿意自行负责，他们决心控制自己的生活，无论好坏。

第二个群体被称为外控者，他们的控制点在个体的外部。外控者认为个体生活中多数事情的结果是由个人不能控制的各种外部力量的作用造成的，他们相信社会的安排，相信命运和机遇等因素决定了自己的状况，认为个人的努力无济于事。这种人倾向于放弃对自己生活的责任，不愿意自行负责，他们把自己看作环境的受害者和命运的玩物。

罗特发现某些群体中往往集中了大量内控者，而另外一些群体中往往表现出外控者的社会心理特征。比如，犹太人往往是内控者，日本人比美国人更可能是外控者。这些文化差异显示控制点或许能作为文化传统的一部分有意无意地传承下去。

你是怎么认为的？人们常常是自己命运的主宰者，还是环境的牺牲品？他们是自己的生活的编剧、导演，还是自己处境的俘虏？是谁在掌控你的命运？是谁在控制你的行为？

我们在多大程度上感觉被控制取决于我们如何解释挫折。

内控者面对挫折时，相信自己是主宰者，会从自己身上找原因，认为自己能够发挥作用，认为未来会有所改善。面对困境，能付出更多努力，加大工作的投入。如果内控者被喝醉酒的司机撞到，他们会责怪自己本来应该更多警惕车轮，应该更早地觉察到醉汉开车过来，并赶紧躲开他才是。

外控者面对挫折时，常常认为自己是受害者，将糟糕的学习成绩归因于自己无法控制的因素，如老师、教材或者考试题目太变态。如果他们没有得到好的绩效，他们会解释这是客户的原因造成的，是公司的考核不够公平，是自己的领导偏心，唯独不会从自己身上找原因。

这种外控型的心态一旦成为一个人的稳定心态，那么这种人的人生轨迹常常表现为以下三种：第一是把自己完全交给命运，不采取任何主动的行为，过一种消极的通常也是很悲惨的生活；第二是把自己完全投身于某一个人或组织的怀抱，自己不加任何选择地听命于这个人或组织;第三是表现为一种反社会的叛逆、反抗心态，由于自己一无所有、无能为力，所以对一切都不负责任地加以破坏。

外控者更容易对自己的工作不满，出勤率差，对工作的投入相对较低。

内控者则倾向于把组织的成绩归因于自己的作为，故工作中容易产生较高投入。一方面，内控者倾向于采取积极行动改变不满的现状，故易辞职，另谋高就；但另一方面，内控者表现较出色，容易得到精神上的满足，在公平的环境中，会有较好的人际关系，容易获得提拔。

内控者并不是要将所有的错误都归为自己的原因，任何人能够承担的责任都是有限的，无限放大自己的责任会使人出现心理问题，但要分清哪些是自己的原因，承担该承担的责任。

人们对他人的归因中往往存在错误或偏见。比如，尽管我们在评价他人的行为时有充分的证据支持，我们总是倾向于低估外部因素的影响而高估内部或个人因素的影响。

这种归因错误或偏见可以解释下面这种情况：当销售人员的业绩不佳时，销售经理倾向于将其归因于懒惰而不是客观外界条件的影响；当孩子的成绩不好时，父母会将其归因于孩子的不勤奋而不是其他原因；当丈夫没带好孩子导致孩子生病时，妻子会将孩子生病的全部责任归因于丈夫的错误而不是孩子自身原因和环境的影响，当然更不可能有自己的原因了。

先天因素重要还是后天因素重要，这是影响人们自我效能的另一个因素，也是心理学上争论最多也是最激烈的问题之一。

先天和后天

一天，一个年轻人问小利斯神，“是先天因素重要，还是后天因素重要？”

“当然是先天因素重要了。”小利斯神不假思索地回答道。

“为什么呢？”年轻人又问。

“因为它决定你今生是一个人，或者是一只猴子。”小利斯神笑道。

行为主义主张环境决定论，否认生理和遗传对心理的作用，忽视刺激反应之间人的主体性因素的作用，把人看成是一架被动的刺激——反应的机器，认为只要给定适宜的环境刺激，就可以塑造人的相应的行为反应，并认为只要知道人的反应，就可以推知他所受到的环境刺激，把环境特别是社会环境看做是人的行为的决定力量。行为主义心理学创始人华生有一个著名的论断:给我一打健康婴儿，让我在可以完全控制的环境里去培育，我能使任何一个婴儿变成任何一种人物。

只要肯努力，每一种情绪状态、每一种人格特质都可以得到改进。这种“人是完全可以改变”的思想笼罩着上世纪 80 年代之前的心理学界，是行为主义的主要观点之一。当时的心理学家认为，只要肯下决心去改，只要可以重塑环境，人都可以变得更好。坏行为是坏环境造成的，假如城市的犯罪率提高了，就改善城市的不良的社会环境，以减少犯罪；假如人更愚蠢了，校正的方式是普及教育。

但是在 20 世纪 80 年代，双生子和养子的人格研究开始出现，环境决定论一败涂地，再无东山再起的可能。同卵双胞胎的心理特质比异卵双胞胎更相像，被人收养的孩子的人格特质更像亲生父母而不像养父母。一对同卵双胞胎无论爱哭还是爱笑，只要有一个具有某种情绪个性，另一个也必然差不多；但假如是一对异卵双胞胎，那么两个人具有相同情绪特质的可能性就会处于一种机会水平。这类研究报告已经有上百篇，并且都显示出同一结论：大约 50% 的人格特质是由基因决定的。但是高遗传性并不代表不可改变，有些遗传特质（如，性取向、体重）是较难改变的，而其他遗传特质（如，悲观、恐惧）则是可以改变的。

天才是百分之一的灵感加上百分之九十九的汗水，当然，没有那百分之一的灵感，世界上所有的汗水加在一起也只不过是汗水而已！

——托马斯·爱迪生

明尼苏达州的双胞胎研究，是两个杰出的心理学家 Lykken 和 Tellegen 做的，这个研究是关于基因的重要性与教育相比，它对性格的影响多大。

同卵双胞胎，他们拥有相同的基因谱。研究那些被分开抚养、在完全不同的环境里长大的同卵双胞胎。心理学家对这种情况的双胞胎进行了研究，发现了一个明显的现象：这些双胞胎极其相似，有时相似之处非常惊人，像有一组双胞胎，他们在不同的国家长大，直到 37 岁才知道对方的存在，但他们娶了名字相同的妻子，喝同一种啤酒，为自己的孩子取相同的名字。这些相似之处令人难以置信。

让心理学家更感兴趣的是，他们的个性非常相似。这些双胞胎的幸福和快乐水平非常相似，即使他们在完全不同的环境中长大。Lykken 和 Tellegen 发表了一篇在上世纪 80 年代非常有影响力的论文，论文题为“幸福是一种随机现象”。论文用以下这句话作结尾：“想变得更快乐，和想变高一样徒劳，只会适得其反”。

真的是这样吗？

对同卵双胞胎的研究关注于其中基因到底有多大影响，基因并不能解释全部的差异，只能解释大概 50% 的差异。

其中一个例外是这样的：

同卵双胞胎在同一个家庭中长大，他们的父亲对他们及他们的母亲都很暴力，他经常酗酒、吸毒，双胞胎经历了非常可怕的童年。这对双胞胎在这个家庭中长大，后来他们离开了家。在他们三十岁时，一个正在对双胞胎进行研究的心理学家拜访了他们。

他先去找了双胞胎里的第一个，他看到的是这个孩子结婚了，虐待家人，经常酗酒、吸毒。心理学家终于找到他，在一个他清醒的时刻对他说：“怎么了？你在干什么？发生了什么？”那个孩子知道，这心理学家在做关于基因的作用，以及成长环境的作用的研究，他说：“你认识我父亲，你知道我经历了怎样的童年，你还想让我变成怎么样呢？”那个知道成长环境的作用的心理学家耸了耸肩，然后他去找了双胞胎里的第二个。

第二个孩子，也是三十岁。心理学家走进他家，不敢相信自己的眼睛，这个家庭如此和谐，如此平静。爱，充盈在他和他妻子以及他孩子之间。他事业有成，家庭美满。心理学家后来过了段时间再去找他，因为这可能只是个巧合，也许他只是装出来的。但不是，这是真的，事业有成，家庭美满。心理学家找到这孩子，难以置信地问："为什么？"这个孩子也知道心理学家的研究内容，他说："什么为什么？你认识我父亲的，你知道我是怎么长大的，你知道他对我们做了什么，你还想让我变成怎么样呢？你知道他对我们的伤害有多深，你还想让我变成他那样吗？"

同样的经历，同卵双胞胎，同样的基因，因为迥然相异的诠释，最终产生了截然不同的结果。一个延续了他儿时的地狱，另一个则创造了天堂，都是因为诠释的不同。应该怎么做，我别无选择，我就是这样长大的，那就是榜样，被动的受害者说；另一个则是，我不要变成这样，我不要像我父亲那样，这是主动的创造者（《幸福课》塔尔·沙哈尔）。

坏消息是你的幸福感有一半是由基因决定的，好消息是还有一半的掌控权在你手里。

——马丁·塞利格曼《真实的幸福》

你在哪些方面会有成就，基因起到了一半甚至超过一半的作用，你无法改变你的基因。但是造物主是相对公平的，你不是在所有的方面都具有巨大的潜力，也不是在所有的方面都不行。你总是在某些方面潜力大些，在某些方面潜力小些，你可以从三个方面着手去做：

一是要发现你的优势。相关的方法也有很多，如塞利格曼在宾夕法尼亚大学提供了发现你突出优势的测试（www.authentichappiness.sas.upenn.edu），有兴趣可以去上网测试一下。但要留意大部分测试都存在一个误区，就是可以发现优势，同时忽略了你可能的潜力，一时不具备的能力并不代表终生不具备，发现自己的潜力不是测试能够解决的，要勇敢的多尝试。如我一直不知道自己有讲课的潜力，在读研究生时眼热于同宿舍的同学经常去讲课"捞外快"，让他也帮我推荐一下。我去了一家职业学校讲计算机基本知识，很简单的课程，我又是计算机专业的研究生，但我讲了一次就再也不去了，完全超出了我那时的舒适区。工作后有一次中心要求室经理要与班组挂靠管理，入组时短短的几分钟讲话也曾让我汗流浃背。但随着讲的多了我发现自己居然很喜欢讲课，并毅然决然地选择了讲课作为自己的后半生职业。

二是要对自己的优势有信心，就是要有自我效能感。这会对你的能力能否发挥出来有极大的影响。你一定是相信自己的写作技巧能够提高才下决心去提高写作技巧，否则没有尝试的道理。如果你相信自己四肢不协调，那么试图去打篮球就不太可能。我们对自己能力的信念影响着我们对自己可能性的认知，进而影响着我们的实际成就。并且，这不仅仅在于你是否认为自己已经拥有某种能力，而是你是否认为自己能够获得这个能力。

三是你要去实践这个能力，而不是空想。当我坐在某处想着如何写这一章节时，会不断地有新想法涌入我的大脑，但它们永远也只是想法，只有当我坐在电脑前，把想法变成屏幕上的字，并不断地修改，才能最终成为一个章节。人们的很多想法都最终受阻于行动，是因为这些想法都只是“想法”，只是真的想过而已。

在你不擅长的领域，如果你想自己有所成就，可以从信念、热情和勤奋三个方面着手。你要坚信：在你想自己改变的方面，你具备着让改变发生的能力。此外你需要在这个领域树立一个目标，并制定计划（目标和计划见第十单元）。

尽管基因十分重要，但是基因本身绝不能单独绝定我们的任何一个特点。我们在某方面的能力会达到什么程度由基因注定，而我们真正做什么则由我们自己决定。

我们的先天因素决定了我们在某方面的高度，而后天的选择才最终决定着自己人生的高度!

自我指导

当我们需要学习新东西，遇到新问题时，要想办法解决，这时往往需要“指导”，需要人来帮我们想办法，拿主意。我们通常所说的“指导”都是来自于外部的，来自于他人，但最好的“指导”是来自于自己，也就是“自我指导”。

依靠他人来处理和解决问题是大脑的第一选择，大脑是高效运作的，如果它认为不需要思考就可以解决问题，就不会主动地去想办法，没有比不劳而作更高效的了。但是当我们遇到新问题时，我们身边不一定总能够找到合适的指导者，另一方面我们认为的合适的指导者可能也会出现错误，导致错误的结果。作为一个对自己的人生自行负责的人来说，我们需要自我指导。

自我指导是把自己视为自己学习、处理事务过程的责任人和管理者。自我指导整合了自我管理和自我监控。

每个父母、教师和管理者的重要责任是：让对方能够脱离开自己对他的激励（见第四单元）和指导，独自去面对他自己的人生。从另一个角度来说，就是革自己的命，要逐渐地从别人的人生中退出。

从被管理者的角度来说，需要是为了不再需要。

我们要成为自己的教练和良师，自己激励自己的内心，自己指导自己的生活，自己创造自己的未来!

1.5 单元小结

我们都有超出自己想象的巨大的潜力，很多时候，不是我们做不到，而是我们认为我们做不到，于是我们就真的做不到。

真正阻碍着我们潜力发挥出来的因素可以归结为三个：信念、热情和勤奋。这三个因素都是“软”的因素，是我们自己可以控制的，自己可以改变的。

自我效能就是一种信念，是我们对自己能力的信念，直接决定了我们是否可以最终成功。自我效能与一个人的个人能力水平相关，但并不代表真实的能力水平。对于同一个人来说，在不同领域的自我效能是不同的。

我们要对自己的变化和成长自行负责，要相信控制点在自己身上，要进行自我激励和自我指导。先天因素决定了我们在某方面的高度，而后天的选择才最终决定着自己人生的高度。

第二单元 认识情绪与压力

若我们永远无法参透大脑机制这一神奇的系统是如何运作的，怎能希望某一天摆脱体内的动物性本性呢?

——亨利·拉勃希特

张飞遇害

却说张飞在阆中，闻知关公被东吴所害，旦夕号泣，血湿衣襟。诸将以酒解劝，酒醉，怒气愈加。帐上帐下，但有犯者即鞭挞之；多有鞭死者。每日望南切齿睁目怒恨，放声痛哭不已。

……

次日，先主整兵要行。……共兵七十五万，择定章武元年七月丙寅日出师。

却说张飞回到阆中，下令军中；限三日内制办白旗白甲，三军挂孝伐吴。次日，帐下两员末将范疆、张达，入帐告曰："白旗白甲，一时无措，须宽限方可。飞大怒曰："吾急欲报仇，恨不明日便到逆贼之境，汝安敢违我将令!"叱武士缚于树上，各鞭背五十。鞭毕，以手指之曰："来日俱要完备!若违了限，即杀汝二人示众!"打得二人满口出血。回到营中商议，范疆曰："今日受了刑责，着我等如何办得?其人性暴如火，倘来日不完，你我皆被杀矣!"张达曰："比如他杀我，不如我杀他。"疆曰："怎奈不得近前。"达曰："我两个若不当死，则他醉于床上；若是当死，则他不醉。"二人商议停当。

却说张飞在帐中，神思昏乱，动止恍惚，乃问部将曰："吾今心惊肉颤，坐卧不安，此何意也？"部将答曰："此是君侯思念关公，以致如此。"飞令人将酒来，与部将同饮，不觉大醉，卧于帐中。范、张二贼，探知消息，初更时分，各藏短刀，密入帐中，诈言欲禀机密重事，直至床前。原来张飞每睡不合眼；当夜寝于帐中，二贼见他须竖目张，本不敢动手。因闻鼻息如雷，方敢近前，以短刀刺入飞腹。飞大叫一声而亡。时年五十五岁。

——《三国演义》第 81 回

2.1 大脑的结构

情绪与压力都是大脑的产物，认识情绪与压力要先从认识大脑开始。

人和动物的区别有各种说法，大脑无疑是人和动物的重要区别之一。

在人体的器官中，大脑管控着其他所有的器官的运作，因此毫无疑问，大脑是人体最重要的器官。脑死亡也是临床上死亡的判断标准。

人的大脑

每个人都有大脑，大脑又如此重要，但你对自己的大脑了解多少呢？

专栏 2–1：关于大脑的一些说法

如能把大脑的活动转换成电能，相当于一只 20 瓦灯泡的功率。

根据神经学家的部分测量，人脑的神经细胞回路比今天全世界的电话网络还要复杂 1400 多倍。

每一秒钟，人的大脑中进行着 10 万种不同的化学反应。

人体 5 种感觉器官不断接受的信息中，仅有 1% 的信息经过大脑处理。

大脑神经细胞间最快的神经冲动传导速度为 400 多公里 / 小时。

大脑的四周包着一层含有静脉和动脉的薄膜，这层薄膜里充满了感觉神经。但是大脑本身却没有感觉，即使将脑子一切为二，人也不会感到疼痛。

人的大脑平均为人体总体重的 2%，但它需要使用全身所用氧气的 25%，相比之下肾脏只需 12%，心脏只需 7%。

人体内有 45 英里的神经。

人的大脑细胞数超过全世界人口总数 2 倍多，每天可处理 8600 万条信息，其记忆贮存的信息超过任何一台电子计算机。

大脑的功能非常让人振奋，我们可以把大脑比作一台超级计算机，但是我们却没有这台计算机的使用说明书，就像守着一座“金矿”而不自知，或者不知道该如何去挖掘这座“金矿”。

大脑在生理上的结构包括端脑（即通常所说的大脑，由左右两半球组成，对人类来说是脑的最大部分，是控制运动、产生感觉及实现高级脑功能的高级神经中枢）、小脑（身体平衡与动作协调）、间脑（感觉信息整合、激素调节、自主神经调节和肌张力调节）和脑干（脑的最古老的部分，维持生命基本活动）。

三脑理论学说

长期以来，人的大脑对人类来说一直是一个谜一样的存在，尽管近年来借助核磁共振技术的发展，人类对脑的认知有了长足的进展，但总体来说人类对于脑的认知还远远不够。关于脑的功能结构有各种说法，其中美国神经学专家保罗·麦克里恩提出的“三脑理论学说”能较好地解释脑和人的情绪与压力之间的关系。

三脑理论学说认为人类颅腔内的脑并非只有一个，而是三个，见图表 2–1。这三个脑作为人类进化不同阶段的产物，按照出现顺序依次覆盖在已有的脑层之上，如同考古遗址一样，保罗称其为“人脑的三位一体”构造，分别为爬行脑、哺乳脑和智脑。麦克里恩认为这三个脑的运行机制就像“三台互联的生物电脑，各自拥有独立的智能、主体性、时空感与记忆”，每个脑通过神经与其他两个相连，但各自作为独立的系统分别运行，各司其职。

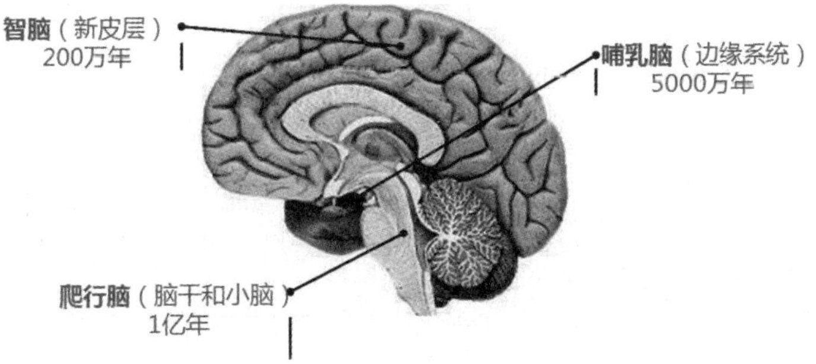

图表 2–1 三脑理论结构

下面分别对这三个脑进行说明。

爬行脑：包括脑干和小脑，位于大脑的最里层，是最先出现的脑成分，进化时间上亿年，这是我们和其他动物共有的大脑结构。无论是地球上最古老的爬行动物，还是直立行走的人类，都拥有爬行脑。对于爬行动物来说，脑干和小脑对物种行为起着控制作用，因此，当感到恐惧时，爬行脑就会被激活，自动作出战斗、逃跑或静止的反应。 在爬行动物脑的操控下，人与蛇、蜥蜴有着相同的行为模式：呆板、偏执、冲动、敏感、一成不变等，如同“在记忆里烙下了祖先们在蛮荒时代的生存印记”，无休止地复制着相同的行为方式，不会从以前的错误中学习教训。这个大脑控制着身体的肌肉、平衡与自动机能，诸如呼吸与心跳。大脑的这个部分一直保持活跃状态，即使在深度睡眠中也不会休息。

当我们的生命或躯体遇到危险时，当我们需要迅速反应时，爬行脑会让我们能迅速对刺激作出反应，这种反应的速度非常快，远远快于我们的意识。比如，当你的手伸向火炉时，在你的意识发现火炉是烫的之前，爬行脑已经调动肌肉把手迅速抽回来了。尽管爬行脑能够迅速反应以保证身体安全，但它有时候也会犯错误，会混淆假想的威胁和现实的危险。当假想或真实的危险刺激爬行脑时，爬行脑都会迅速夺取身体的控制权，同时作出战斗、逃跑或静止的动作，来保证身体的安全。

在生活、学习和工作中，爬行脑能很好地保障我们的身体安全，但它只有确认了身体没有危险，才会允许做出某些重大改变，而这往往会错过最佳的时机或阻碍变化的发生，甚至会阻碍你获得想要的东西。当我们被他人指责时，爬行脑很可能因为感觉到了威胁，选择呆滞或者逃避来自我保护，屏蔽掉对方反馈中对我们有帮助的信息，也错过了成长的机会。

当我们严厉地批评他人时，也可能会触发对方爬行脑的这种保护机制，导致没有效果甚至引发冲突。

哺乳脑：又称情绪脑，包括脑的边缘系统（麦克里恩第一次创造了“边缘系统”这个词，用来指代大脑中间的部分，见专栏），如海马体、杏仁核、脑垂体和下丘体等，进化时间5000万年。与大部分尤其是进化早期的哺乳动物脑相对应。这个脑负责掌控我们的情绪、记忆和社会性的关系。如麦克里恩所说，情感系统一向是爱恨分明的，一件事物要么“宜人”要么“不宜”，没有中间状态。在进化的过程中，正是依赖这种简单的“趋利避害”原则，才能在生存得到保证的同时，让种族得以延续，让自己生活得更好。

当哺乳脑受到弱电流的刺激时，多种情绪（恐惧、欢乐、愤怒、愉悦、痛苦等等）便会滋生。虽然各类情绪在特定位置存留的时间很短暂，但整个边缘系统却似乎是孕育情绪、注意力以及情感记忆的主要温床。它帮助人类判断事物的基本价值（例如，你对某物是持肯定还是否定态度）和特别之处（例如，什么吸引了你的注意力），还有助于人类感知不确定性因素，进行一些创造性活动。

爬行脑和情绪脑经过漫长的协作，它们已经发展到可以密切配合的程度，两者共同连接身体意识和情绪意识，提供了主动记忆和当下意识。情绪脑会把过去学到的东西与当下体会到的东西结合起来，但不会考虑将来，不会看到长远的影响。

情绪脑的运作有以下三个特点：

第一，它反思记忆的方式是由内而外的。当你投入某个记忆时，你就踏进了过去的某个时刻，重新体会当时的感觉，重新经历那个事件，就像往事重演一样。

第二，它喜欢让事物维持原样。当你感到对变化的抵制时，就是情绪脑在控制你的思想。当组织处于某项变革的初始阶段时，几乎所有的人都倾向于抵制而不是拥抱变革。

第三，它考虑问题的方式是“是”或“否”，“对”或“错”，“黑”或“白”，没有灰色地带或中间地带。当人们处于争吵中时，情绪导致双方最在意的都是“我是对的，你是错的”，没有其他可能，也就导致争吵的持续和升级。

情绪脑最关注的是群体、家庭或部落的生存。由于这个原因，当一个人与组织成员共同朝着整体的幸福努力时，情绪脑会发挥到最佳水平。无疑，团队的管理者能够多大程度上通过情绪来引发团队共鸣，决定着团队的氛围和业绩。

专栏 2-2：边缘系统

1878 年法国解剖学家 P. 布罗卡提出“大边缘叶”的概念，用以指扣带回、海马回及其附近与嗅觉功能有关的大脑皮层。1937 年 J.W. 帕佩茨提出，在组织学上从海马到乳头体，经丘脑前核、扣带回再返回海马构成了“边缘环路”，这个环路与协调情绪等高级功能有关。帕佩茨的理论引起了学者们的重视，也推动了以后的研究工作。由于环路内的联系复杂、密切，保罗·麦克莱恩于 1952 年进一步提出“边缘系统”这个概念。

边缘系统所包括的大脑部位相当广泛 ，如梨状皮层、内嗅区、眶回、扣带回、胼胝体下回、海马回、脑岛、颞极、杏仁核群、隔区、视前区、下丘脑、海马以及乳头体都属于边缘系统。边缘系统的主要部分环绕大脑两半球内侧形成一个闭合的环，故此得名。边缘系统内部互相连接，与神经系统其他部分也有广泛的联系。

边缘系统参与感觉、内脏活动的调节并与情绪、行为、学习和记忆等心理活动密切相关。

损伤猴、猫、狗等动物的杏仁前核、海马、视交叉前区、穹窿、嗅结节及隔区，可使动物出现“假怒”反应或“愤怒的行为”。也有研究证明，如果只将扣带回损坏而不伤及大脑新皮层，常使动物的情绪反应减弱或不易出现。发怒的阈值升高，出现一种“社会性的淡漠”或是“失缺恐惧”的症状。这时，动物对于平常必须躲避的有害刺激，表现得无动于衷。

切除猫的杏仁核之后，出现与情绪反应有关的性功能亢进、性反应增强。切除猕猴的杏仁核，可使其行为在群居生活中由统治者的地位变为从属者的地位。临床研究表明，损伤边缘系统较为广泛的区域之后，病人极易发怒，在社交场合表现出强烈的情绪反应。这和利用动物所获得的实验结果也很相近。

研究者曾将电极埋在下丘脑以及边缘系统的其他部位，而将控制刺激的开关安装在实验箱内，使动物能够自己操纵，进行“自我刺激”。结果发现，动物的这种自我刺激有时每小时竟达 5000 次之多，如果不加干预，它可能持续到出现衰竭。引起自我刺激最有效的区域为下丘脑后部，即乳头体前区，其次为中脑被盖部分、隔区、内侧前脑束等边缘系统部位。

虽然边缘系统中许多部位的活动都能影响或产生情绪反应，但就整个系统而言，则难以定出某种情绪反应活动的中枢代表区的严格位置。在大多数情况下，各种情绪代表区在边缘系统内部有广泛的重叠范围。

情绪脑关注的是当下，而真正将人和其他动物区分开来的是可以关注未来的新皮层。情绪脑与新皮层有着千丝万缕的深入连接，联合操控着脑的高级功能的发挥，任何一方都无法独立垄断人脑运行。

智脑：即新皮层，端脑，就是我们通常所说的大脑或理性脑。它几乎将左右脑半球全部囊括在内，还包括了一些皮层下的神经元组群，进化时间 200 万年。新皮层对应的是灵长类哺乳动物脑，人类当然包括在内。正是它所具有的高阶认知功能，令人类从动物群体中脱颖而出。麦克里恩将新皮层称作是“发明创造之母，抽象思维之父”。人类大脑中，新皮层占据了整个脑容量的三分之二，而其他动物种类虽然也有新皮质，但是相对来说很小，少有甚至没有褶皱。睡眠时新皮层处于休息状态。

尤瓦尔·赫拉利在《人类简史》中对“为什么智人能最终占据食物链的顶端”这个问题解释道：只有智人能够表达关于从来没有看过、碰过、耳闻过的事物，而且讲得煞有其事。只有智人能够谈论一些不太可能的事物，相信一些不太可能的事情。“虚构”这件事的重点不只在于让人类能够拥有想象，更重要的是可以“一起”想象，编织出种种共同虚构的故事。不管是《圣经》的《创世纪》，还是澳大利亚原住民的“梦世记”，甚至连现代所谓的国家，其实都是一种想象。这样虚构故事赋予智人前所未有的能力，让我们得以集结大批人力，灵活合作。

新皮层分为左右两个半球，就是为人们所熟知的的左右脑。左侧的脑皮质控制着身体的右侧，右侧的脑皮质控制着身体的左侧。并且，右脑更多地决定了人的空间感、抽象思维、音乐感与艺术性，而左脑则更多控制着人的线性逻辑、理性思考与言语能力。

智脑的运作有以下两个特点：

第一，它是图像定向的。做成一件事情之前，必须在自己的大脑中先看到它。就像我们都是先有设计图纸才能建房子一样，我们只有在大脑里真正看到想要的成果，才有可能将这个成果变成现实。这也是我们通常所的“结果导向”。

第二，它不接受否定词。也就是大脑的注意力法则：你越注意什么，什么就变得越清晰。即使你想否定它，你也会越否定越清晰。比如让你不要去想一头粉红色的大象，你的头脑中一定会出现一头粉红色大象的样子，而且越不要想，图像越清晰。

对于人类的这三个脑来说，越早进化完成的脑其速度越快，效率越高，在关键时刻越能够获得掌控权。比如当我们面对突然冲过来的汽车时，爬行脑会立刻调动身体的肌肉产生躲避的动作，之后情绪脑会有“后怕”等情绪，最后智脑开始分析原因，采取进一步的行为。当我们处于激烈的情绪之中时，人脑的理性分析停止了，让自己平息下来变得更加困难，这是由于此时我们处于情绪脑的掌控下。在上面的例子中，如果情绪非常强烈，就可能屏蔽掉智脑的分析，开始通过争吵等方式来解决冲突。在争吵的过程中，智脑反而开始为争吵提供信息，以证明自己是对的。

现代科学认为杏仁核是掌握情绪的部分，杏仁核的反应速度是 15 毫秒，而大脑皮层的反应速度慢得多，是 100 毫秒。而且当杏仁核进行着激烈的情绪反应时，会阻断大脑皮层的反应。

2.2 意识和潜意识

通常，我们把大脑在心理上的结构区分为意识和潜意识两部分。

什么是意识呢？在清醒的状态下，我们知道自己在看到什么、听到什么、想到什么、做了什么，也知道自己现在是一种什么样的状态，是渴了、饿了，是舒服、是愉快、还是悲伤，能够支配自己的行动，去达成一定的目标。所有这些心理活动，包括对外界的觉察、对自身内部状态的觉察以及对这些心理活动内容和自身行为的评价，都是对意识现象的描述。

意识就是在觉醒状态下的觉察，或者说是觉知。意识即包括对外界事物的觉知，也包括对自身内部状态的觉知。

潜意识是指人类心理活动中，不能认知或没有认知到的部分，是人们“已经发生但并未达到意识状态的心理活动过程”。或者简单说，人的心理活动除了意识都是潜意识的。

列纳德　蒙洛迪诺在《潜意识》中进行了这样的描述：过去人们对潜意识有着很多的猜测和思考，大脑就像是一个黑箱，它的工作原理人们无法理解。近些年，由于新兴仪器（如核磁共振等）的出现，我们对潜意识的思考有了革命性的改变。我们可以在大脑形成感知和感情时用仪器进行监测和观察，我们可以测量单个神经细胞的电流输出，我们可以绘制形成思维的神经活动地图，这种基于新技术和研究测量方法的现代观念的潜意识常被称为“新潜意识”，以此来区分于弗洛伊德所普及的潜意识的概念。在新潜意识概念中，心理程序（mental process）被认为是在潜意识中运作的，因为大脑的构造使它们无法被意识所触及，而并不是出于像压抑（repression，为避免一些痛苦或者危险的想法进入意识层，将这些想法推到潜意识层的过程，这是弗洛伊德一派的观点）等说法所谓的动力。

我们是无法觉察潜意识的（觉察到的就是意识了），或者说我们本来是不知道的，但它影响意识体验的方式却是最基本的——我们如何看待自己和他人，如何看待我们生活中日常活动的意义，我们所做出的关乎生死的快速判断和决定能力（如躲避汽车），以及我们本能体验中所采取的行动（如避开某人）。潜意识所完成的工作是人类生存和进化过程中不可或缺的一部分。

发生在我们身上林林总总的事情，都有其潜意识因素存在。潜意识在日常生活中似乎发挥的作用很小，然而，事实是，潜意识正是我们理性思维的隐形根源。

——卡尔·荣格

意识和潜意识的关系

“冰山”理论

所谓“冰山”理论，就是浩瀚的大海上浮现壮丽的冰山，只有很少一部分露在海面上可以被看到，而大部分都沉在海中，是隐藏的，是肉眼看不到的。

“冰山”理论描述了意识和潜意识关系的两个方面：一是意识是显性的，潜意识是隐性的；二是在两者的比例上，意识占比很少，潜意识占比非常大。

人的感觉系统每秒都在向大脑传递着1100万比特的信息，但是我们能够处理的信息（意识）实际上大约只有16至50比特。人类的进化提供给人类潜意识这个工具，帮助我们处理汹涌的信息流。我们的生理感知、每天做的决定、判断看起来似乎毫不费劲儿，但实际上，潜意识帮我们处理了绝大部分信息。例如我们可以轻易地识别出别人对我们说的语音信息，有着容错能力，听不清的还可以自动补全，但对于电脑来说，这个过程实现起来异常艰难，尤其是对模糊音、丢失音、错误音等的处理能力。据估计，我们只能察觉5%的感觉信息（这个估计属于比较乐观的估计了，很多人认为意识的占比不足1%），而其余的都游离在我们的意识之外，并在我们的生活中产生着巨大的影响，这也让大脑减少资源的消耗，让生命的延续成为可能。

“两列火车”理论

“两列火车”理论由英国生物学家、心理学家威廉·卡朋特（William Carpenter）提出：“两股完全不同的精神活动，就像两列并行的火车，一个是意识，而另一个是潜意识。”“自主的，更是潜意识的行动，潜意识已经大张旗鼓地潜入了头脑的运作过程中。”

查尔斯·皮尔斯（Charles Peirce）发现了一个用实验测试潜意识感知的方法，由心理学家E.H.韦伯（E.H.Weber）所发明。韦伯将小物体放在实验对象的皮肤上，每次放一个，每个的重量都有差别，目的是测试实验对象能够感知到的最小的重量差异。皮尔斯和他的学生约瑟夫·贾斯特罗（Joseph Jastrow）进行了类似的实验（两人互为对方的实验对象）。很明显，他们是无法感知到重量的差异的，但他们还是要求对方尽量给出一个猜测，并为自己猜测结果的可信程度打分，最高为 3 分，最低为 0 分。两个人给几乎所有的猜测的打分都是 0。然而，尽管他们很没有信心，但超过 60% 的猜测都是正确的，大大出人意料。随后，皮尔斯和贾斯特罗又做了一些类似的实验，比如比较光亮度略有差异的平面，并得到了相同的结论：虽然人们的意识没有足够确切的信息，做不出相应判断，但是人们可以通过猜测得出正确的答案。作为该领域的首个科学论证，这一实例证明了潜意识具有某些意识所不具备的知识和能力。

现在，我们知道“两列火车”实际上更像是两个完全不同的铁路系统，如中国的高铁系统和普通铁路系统。意识和潜意识各由无数庞大烦杂的线路组成，而且这两个铁路系统也在不同的地方通过多种方式多次连接（铁路系统的共用站或者不共站但通过其他交通方式连接）。

“两列火车”理论描述了意识和潜意识关系的另外两个方面：两者是并行的；两者是相互连接的。

人类的精神世界远比卡朋特最初构想的要复杂得多，但是我们正在努力解译并绘制出全部的线路图。

“我”和“我的超级计算机”理论

综合“冰山”理论和“两列火车”理论，我认为意识和潜意识的关系更像是“我”和“我的超级计算机”。

“我的超级计算机”是指潜意识。对于超级计算机来说，主要是两个方面的能力：一是海量的存储能力［存储系统是指计算机中由存放程序和数据的各种存储设备、控制部件及管理信息调度的设备（硬件）和算法（软件）所组成的系统］。二是超强的程序处理能力（程序是为了告诉计算机如何完成一个具体的任务而编写的，电脑能够理解的一串指令，如 QQ、Word 和美图等）。

人的潜意识也可以分为两个方面的功能，即：存储和程序。对于生物来说，程序的目的是帮它“活下来”，对动物来说就是寻找食物和住所、逃避或战胜敌人和危险，以及繁衍生息以确保物种生存。对人类来说，程序的目的就不仅仅是生存和延续基因，还需要得到情感和精神上的满足，帮助他们获得解决问题的方案、发明创造、吟诗作赋、经营企业、买卖商品、探索新领域、获得安宁、形成优良品性或者在生活中取得更多成功。这些目的最终都与“活下来”紧密相连，或者说，这能使我们以更好的品质“活下来”。

潜意识的存储内容主要包括经历与情绪、自我意象、态度和习惯、“真理”和信念等四个方面；程序主要包括身体运作、远离痛苦、追寻奖励、保持心理平衡等四种类型。

意识和潜意识的关系与功能如图表 2–2 所示。

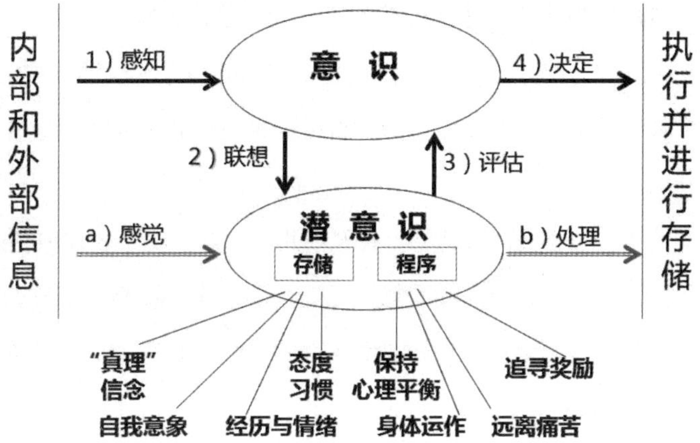

图表 2–2 意识和潜意识

“我”是指意识，或者叫做“意识我”，是“我的超级计算机”的所有者和操作者（注意我并不是唯一的操作者，其他人可以通过暗示等方式来进行影响从而达到操作的目的）。这里的“我”并不是程序员或者计算机的设计者，只是一个操作者，也就是只能按照设计者给的规则对计算机进行操作，不能更改计算机的运作程序。对于很多人来说，并不知道自己有这样一台超级计算机，而且人类还远远不具备搞清楚这台超级计算机是如何设计出来的知识，甚至也不了解它的具体工作机制，但我们可以尝试写一份它的使用说明书。

就像我们不需要知道电视的工作和设计原理，只需要会操作它一样，对于普通用户来说，我们并不需要知道计算机是如何设计的，工作原理是什么，如何编程让它为我们服务，我们真正需要的只是一本使用说明书，知道它能为我们做什么，如何让它明白我们想要它做什么，如何让它听我们的。

接下来我们将阐述这本大脑的使用说明书，让“我”能够熟练地操作这台“我的超级计算机”，让它更好地为我们服务，从而实现我们真正想要的更加丰盈蓬勃的人生。

意识的过程

我们的思维是意识所控制的，思维过程包括感知、联想、评估和决定四个环节。潜意识类似的过程是程序化的，不应该叫做思维。

人类用大脑来诠释自己器官所接收的信号，称为：感知。

我们能够感知是因为我们身体上的每一个器官（包括感觉、生殖与体内的器官）都是外在世界和身体信号的“接收器”，只要是它范围内的信号，经过某种的刺激，器官就能将其接收，并转换成为感觉信号，再经由自身的神经网路传输到大脑中进行处理，这就是感觉。

我们一直都在自动化地进行着感知，甚至婴儿出生前在母亲的体内就能感知到压力、温度和声音。出生之后，就有了更多的感觉：视觉、听觉、嗅觉、味觉、皮肤感觉、平衡觉、运动觉、内脏感觉和痛觉，直到死亡。在我们生命中的每分每秒，我们都在自动化地感觉着周围的事物和体内的环境。

我们能够收到的感觉信号非常多，但大部分都由潜意识帮我们进行了处理，只有潜意识认为我们有必要知道的才传递给意识，于是我们就感知到了。我们所感知的东西，都是在大脑作用下完成的。大脑对刺激信号进行解读与破译，并产生各种感知。这一感觉的变化，就是人的大脑对外在事物的一种主观反映。例如你走进一间坐了很多人的大会议室，你可能只会看到你熟悉的人、你敌对的人和你的领导等，其他的人都只是眼睛看见了而已。或者说你的潜意识都看到了，但它只让你看到了它认为你会感兴趣的很少的一部分。

感知之后是联想。

联想就是大脑自动地把我们的感知与我们已经储存在潜意识中的相关内容联系起来。也就是会问我们自己：“我以前见过这种情况吗？”

在联想过程中，近因效应（是指当人们识记一系列事物时，对末尾部分项目的记忆效果优于中间部分项目的现象）会发挥主要作用，也就是会根据最近的一次发生的情况对这一次进行判断，最近发生的事件的影响系数最大。对于大脑来说，这是进化的必然结果，这是最经济的做法，所耗费的资源最少。试想一下，如果每一次都从最初接触的一次开始，把每次相似的经历都联想到，所要耗费的精力可想而知，不可行也不现实，而且也会给下一步的评估带来麻烦。

如果没有找到类似的存储内容，以前从来没有发生过，大脑会寻找最类似的经历，或者寻找其他人相同、相似的经历，将这些结合在一起进行下一步的评估。

中国有句古话：好借好还，再借不难。每次借钱之后及时归还，那下次再借钱就不困难了，甚至以后可以借更多的钱，但第一次借钱给一个人时的评估都是慎重的。

联想后会进行评估。

评估就是评价估量。

我们的大脑会自动地根据从潜意识中联想到的信息对我们的感知进行评估。评估就好像是问自己："这件事的结果会怎么样？是会给我带来好处，还是会带来问题？需要投入多少精力去做？"

大脑的评估就是将收益和付出做比较，给出一个大概的得分。这里的收益是综合性的，如在做一件领导分配给的工作时，收益就不仅包括你的直接收入，还会包括领导对你的印象、你可以不必换工作、同事如何看你这个人和你未来可能的收益等。

对于没有类似经历的事件评估是谨慎的，对于有过相同经历的事件评估则顺畅得多，给的分数也更高。这就是你可以借更多的钱给一个经常找你借钱并及时还款的人的原因。你的大脑给了他一个高分，与银行给我们的信用评分类似。

评估的过程像是讨价还价，卖家说要 90 块，买家说给 50，中间所有的价格都是可能的评估结果。

吃完饭，我和儿子确定什么时候弹钢琴。

我说，"5 分钟之后 7 点整开始弹钢琴，可以吗？"

他说，"太快了，我还要玩一会儿！ 15 分钟。"

"6 分钟。"

"10 分钟。"

"好的，10 分钟，你看表，10 分钟之后是 7 点 05 分，你要准时哟。"

"嗯。"

对于小朋友来说，由于还没有什么经验，也不成熟，他们的判断往往是非此即彼，非白即黑。但随着人逐渐成长，会意识到在黑和白之间存在着各种深浅的灰色，在此和彼之间存在着诸多的可能，这也是智慧的象征。

当你可以看到越来越多的灰色时，你的选择就多了，你就是在不断地成长，你更有智慧了。

决定是作出主张。

这是根据评估的结果决定做还是不做，要花费多少精力和资源去做。

评估的结果一定是大于零才会决定做，否则就不做。评估的收益与付出之间的差值越大，做的决定就越坚决，执行起来动力越足。

由于对那些没有过往经验的事件不能产生直接的联想，评估时也更谨慎，这就造成了我们最终做的决定往往不是根据自己“能做什么”，而是根据自己“做过什么”来做出的。我们潜意识里面存储的过往经历是我们的宝库，但如果我们不小心，它们很可能成为我们充分发挥自己潜力的障碍。

我们每一次思维的过程除了产生当次的结果外，随着我们做某件事情的重复，这个思维的过程会逐渐熟练，我们也会逐渐地交给潜意识去完成，变成了“自动化”的过程，也就是形成了我们的“态度和习惯”。

新闻：一位小镇老太太的遭遇

据了解，这位老太太的老家是粤西的一个沿海小县城，虽然临近海洋，但在广东仍属于经济欠发达地区。像老太太这种上了年纪留守在小镇的人群，信息相对闭塞，自然成了伪 P2P 最称心的目标。

老人称自己信错了人才会把钱投进去，她回忆，2015 年春节，在深圳打工了近十年的侄子回来不停给她推荐一款名为“农村宝”的理财产品，宣称年化收益高达 25% 至 32%。一万块钱一天可以拿到 9 块钱的利息，利息每天到账，本金 30 天后可以随时取出来。

她第一次听到“惠卡世纪”这个公司名字。这是一家当时成立不满两年的 P2P 公司，总部位于深圳，主要业务之一便是面向农村的互联网金融。据官网上的介绍，“农村宝”是其拳头产品。

经受不住诱惑，一开始她投了 1000 元，后来慢慢地再投 1 万、2 万，到了“出事”前，总共投入 18 万元，这是这位小镇老人的养老钱。

起初，每月的利息还能如期发放，但很快，不利的消息接踵而来。

2015 年年底，惠卡世纪另一款理财产品“脱贫宝”刚上线 5 天，即有网友发帖称“朋友投资脱贫宝被骗”。两天后，又有一篇疑似为该公司前员工的网友发帖称公司发工资困难。

而2016年2月之后，情况急转直下，公司接连几日发布公告称，要锁定投资者的本金，30天才能提现，继而转为48天，再变为60天，直至要等90天。

当时她和全国各地的投资者都曾奔赴深圳，要求提现，但最终空手而归。2016年2月24日，该公司微信公号发布一则奇葩公告，“恳请党和国家接受惠卡世纪投靠和庇护，让惠卡世纪变为国家控股企业”。公司CEO何正松还为此立下了军令状，称“变为国企之后，在2023年12月31日前为祖国将惠卡打造成为营销及服务网络机构遍及全球80%以上国家各大城市的世界100强科技及服务企业”。这篇公告在当时震惊了互联网金融圈。

然而几天后，深圳警方查封了惠卡世纪。警方通报称，该公司以高额回报为噱头向社会不特定对象吸收资金，来自广东、北京、江苏等10多个省市的3万多名投资者被骗3亿多元。

——《投资界》2017年2月3日

上面是一个典型的“庞氏骗局”案例。大多数人第一次都是看到别人能够产生收益，自己开始试试看，投入不多的钱看看怎么样（第一次就投入全部身家的非常少见），结果也按时拿到了收益。后面再次想投入时就会联想到之前的经历，有“按时付息”的经验，评估时给了一个高分，决定投入更多的钱。再之后想要借钱增加投入时，联想、评估和决定就更顺畅了，最后骗局破灭，导致倾家荡产，负债累累。

做重大的决策尤其是重大的投资决策前，我们要对照思维的过程思考一下，你的近因效应在起多大的作用，你需要当做第一次做一样进行评估，做出更谨慎的决定，这样做的才是决策，也就是按照一定方法做出的决定。当然，你要知道“天上不会掉馅儿饼”，对于每个人都能参与的投资（指不存在信息不对称），如果利率超过银行贷款利率一倍以上，明显就是“陷阱”而不是“馅饼”。

对于日常事务，你已经重复很多次了，大脑开始出现自动化的反应，也需要定期的，就像是第一次做一样进行梳理，消除由于近因效应所造成的僵化影响。

意识的联想是要到潜意识的存储中去寻找相关信息，下面我们来探讨潜意识的存储功能。

经历与情绪

经历是你所看到的、听到的和发生在你身上的事情，情绪是伴随着这件事情的情感体验。

计算机会如实地记录下我们传送给它的信息，在我们大多数人的观念中，大脑也是这样：潜意识像是一个存储在计算机硬盘里的影音库，它会准确且完整地记录下我们经历过或者感知到的每一件事，并且伴随着对事件的情绪体验。如果我们想不起来了，那是因为我们不知道放在什么地方（大脑只是进行了存储，却没有为我们提供一份索引），或者硬盘的某些扇区发生了损坏。

弗洛伊德在19世纪90年代就开始探索记忆，他认为，记忆是可以被丢失或扭曲的，这些变化源自我们内心的欲望、恐惧以及冲突所造成的压力。

痛苦或是充满威胁的记忆会被某种心理保护机制阻挡在我们的意识之外，但是这会让我们行为失去理性，并且经常是以一种自我毁灭的方式表现出来。

——弗洛伊德

弗洛伊德相信所有事情的真相都被我们的潜意识记录在案，在丢失或扭曲之后，都仍然完整地存在我们的大脑中。精神分析的关键就是：用梦境以及其他潜意识的证据来揭露真相，而这些真相能够让我们了解自己的行为，并且消除自我毁灭的倾向。

事实上，我们的记忆经常出错。据统计，在美国，在用于侦查的队列指认中，目击者所作出的指认中有大约20%–30%的比例是错误的。警察知道这些指认是错误的，因为他们知道被指认的是他们安插进来的“清白的人”。虽然这种情况下，错误的指认并不会让“清白的人”卷入麻烦之中，但是当目击者指认的人和警察猜测的一样时，警察和法庭认为指认是可靠的。一个叫做“清白计划”的组织发现，依靠DNA检验得到清白的人中，75%都是因为不准确的目击者指认而含冤入狱的。而“队列指认”现在依然是警察确定嫌犯的主要手段之一。

对于目击者来说，他看见了一个人的长相恰好符合他所记忆的大部分“特征”，他就用眼前所见这张脸去填补记忆中的罪犯脸部的细节特征，当被要求反复重述事件时，都是一次次加固了对伪造的细节的记忆。当我们被要求多次重建一份记忆时，我们每次都会加强这份记忆，以至于最后，我们记得的是我们的“记忆”，但我们以为那是原本的事实（《潜意识》列纳德　蒙洛迪诺，中国青年出版社，P60）。

心理学家做了很多实验来检验记忆的准确性，结果显示记忆会出现错误。

研究：对“挑战者”号爆炸的记忆

1986 年 1 月 28 日“挑战者”号航天飞机升空 77 秒后爆炸，7 名宇航员遇难。

第二天，认知心理学之父乌尔里克　奈塞尔（Ulric Gustav Neisser）询问一组学生，他们第一次听到这个消息的时候是什么情形，所有被询问的学生都写下了清晰的记录。大约三年之后，他让 44 个依然在校的学生再次填写了同样的问卷。在所有的这些回忆录里，没有一份与当年写的完全吻合，大约四分之一的学生写下的是完全错误的。在爆炸发生后，有 21% 的被试者表明他们最先是在电视上看到的，但半年后，这个比例增加到了 45%。这个比例增长可能是因为电视是人们获取新闻的主要媒介并且电视会重复播放新闻。

举个例子来说，一个学生说是在她的宗教课堂上从几个同班同学那里听到的消息，后来记忆变成了“我在寝室房间里与我的室友一起看电视，这个消息突然出现在了下方的滚动新闻里，我们被震惊得完全说不出话了”。

比这些记忆扭曲更具戏剧性的是学生们对他们原本记录的反应。很多学生都坚持后来回忆的这份记录才是更为准确的。他们很不情愿接受自己最初对这个事件的描述，尽管这些都是他们手写的。一个学生说道：“是的，这是我的笔迹——但我认为这个事情完全是以另外一个方式发生的！”

——《认知心理学》E.Bruce Goldstein，中国轻工业出版社，P275

那么我们是不是常常犯错，但却固执己见、毫不怀疑呢？

德国心理学家雨果·蒙斯特博格（Hugo Munsterberg）在《站在证人席上，关于心理学以及罪行的论文》中发表了他对记忆的看法：第一，人们对事件的大致情形具有良好的记忆，但是关于事件发生的细节却只有糟糕的记忆；第二，当人们被迫去回忆那些不记得的细节时，哪怕意图是无比真诚的，或者多么努力地去回忆准确的细节，往往都会在不经意间通过捏造事实来填补缺失的细节;第三，人们总是会相信他们自己捏造的记忆。

这是对记忆缺失和失真的原因及机制的描述。而且，现在人们认为这些缺失和失真，是潜意识在我们的意识毫无觉察的情况下操控的。潜意识的这种操控是事件所伴随着的情绪导致的，我们在后面的“保持心理平衡”中会进行阐述。

潜意识的记忆功能还存在着另外一个现象，即：垃圾进垃圾出。

垃圾进垃圾出（GIGO，garbage in，garbage out）是计算机科学和数学中很常见的概念，输出质量是由输入质量决定的。举例来说，如果一个数学方程表达不当，答案就不太可能正确。同样地，如果不正确的数据输入到一个程序，输出的基本上也是无用信息。

我们的潜意识所存储的信息，有些本来是正确的，但存储的过程中出现了错误，导致记忆的错误，如前面所讲述的对事件的记忆。还有一些信息本来就是错误的，或者是对我们有害的，这些信息也存储到我们的潜意识中，如对知识的错误理解，与配偶争吵，父母离异等。

这种情况我们可以借用 GIGO 概念，输入的信息对我们来说是垃圾，那么最终依靠这些数据产生的输出也一定是垃圾。我们需要定期地对存储在我们大脑中的垃圾信息进行清理，这些垃圾信息存储得多了，很可能会导致人的心理问题。心理咨询很大程度上就是心理咨询师和来访者一起清理潜意识中所存储的垃圾。

案例：对偏头痛的治疗

一个二十多岁的年轻人，偏头痛多年，在多家医院进行了很多检查都无法查出原因，最后抱着试试看的心态来求助心理咨询师。

心理咨询师对他进行催眠，逐渐回溯他的记忆，确定他上大学时就有偏头痛。再向前回溯读高中时偶尔有偏头痛，初中刚入学时是没有这种症状的。最终，找到了读初中时的一次经历：一天，他骑自行车回家，从一个同学家的阳台下路过，他的同学看到他时叫了他的名字，并向他扔了一个塑料瓶，差一点砸到他的头，他当时没有理会，骑着自行车直接回家了。过了一段时间后他开始间歇性偏头痛，并且越来越严重。

治疗的方案是在催眠的状态下，重演那段经历，当他同学向他扔塑料瓶后，他转头骂回他的同学。重复多次后他的偏头痛逐渐好了。

这些信息之所以会成为垃圾，很大程度上取决于输入时我们对信息的解释而不是信息本身，解释的具体方法我们将在下一单元进行阐述。

自我意象

《我是谁》是成龙在 1998 年主演的一部电影，他在影片中扮演突击队员杰克，在执行任务返回途中被人陷害，飞机失事，头部受到重创，对曾经发生的一切完全失去了记忆，他不知道自己是谁，经历诸多波折后找到了真相，也知道了自己的真实身份，最终找回了自己。

“我是谁？”是哲学的经典问题之一。不同的人有不同的答案，也有很多人不知道该如何回答，或者没有认真考虑过这个问题。

现实中，如果我们不知道自己是谁会感到恐慌，就像电影中的杰克一样。正常情况下我们在意识层面上知道自己是谁，知道自己的名字、身份、喜好等等，但很少有人留意过我们还有一个潜意识的“我是谁”。我们的潜意识认为自己是什么样子的，只有对自己潜意识中“我是谁”有清晰的认知，才能让自己的意识和潜意识保持一致，使自己的行为更顺畅，这也是我们为什么是今天这个样子的原因。

我认为哲学上所问的“我是谁”，应该是潜意识中的“我是谁”，也就是潜意识中所存储的自我意象。

自我意象是我们自己对“我是什么样的人”的看法，它是在我们的自我看法基础上形成的。

无论你是否曾经想过，每个人的潜意识中都有一幅描绘自己的“图像”，也就是自我意象，它不仅包括你的样子，还包括你是什么样的人，你擅长什么，不擅长什么，你在什么情况下感到舒适，你对自己的能力和价值的感觉等等。对我们的意识来说，这幅“图像”可能模糊、朦胧、看不清晰，甚至根本无法辨认出它的样子。但自我意象确实就在那里，默默地始终控制着你的行动、感受、举止和能力，确保这一起都和你的自我意象相符。

我极力认为，现代心理学最重要的发现是对自我意象的揭示。

——迈克斯威尔·马尔茨

自我意象就像是一个设置好的自动导航系统，它会自动地引导你向已经设置好的方向前进，直到最终到达。如果有了偏差，你就会感到不舒服，潜意识中的程序会自动地将差异消除。

例如一架从广州飞往北京的飞机，在起飞前飞行员会设置好自动导航系统的目的地（就像设定了明确的自我意象），在飞行的过程中，飞行员根本不需要干涉飞机的驾驶，它是自动飞行的。中途如果遇到了雷区需要绕行，那么飞行员不会取消自动导航系统的设定，而是通过手动强压方向舵来调整航线，绕过雷区之后自动导航系统继续接管，直到到达北京。我们潜意识中的自我意象也是这样，就像飞行员的手动操作一样，我们可以通过意识暂时地压迫它发生改变，但最终还是要被它接管，回到它认为应该的样子。

有的人嘴上经常挂着要“减肥”，而自我意象中其实认为自己是“胖”的，总是无法真正地减肥成功，无论她怎样有意识地想方设法与“胖”的自我意象对抗都是徒劳，有时减了几斤，但总是很快地找到借口放弃减肥，回到自我意象中“胖”的水平；有的人认为自己是“穷人”，就算是中了几百万的彩票也很快恢复到“穷人”的状态；有的人认为自己“数学学不好”，有时偶尔会取得个好成绩，下一次就又回到应有的水平；有的人认为自己是个“倒霉蛋”，那坏运气就总跟着他。我们都无法长时间超越和逃避自我意象，暂时的逃避都逃不脱最终的反弹。

我们对自己的看法大多数都是根据我们过往的经历和情绪、我们的成功和失败、我们的荣誉和耻辱以及别人对我们的反应（尤其是童年时代），无意识地逐渐形成的。根据这些看法，我们便在心理层面构建了一个关于“自我”的“图像”。一但某种针对自己的想法或信念进入了这幅图像，它就会成为我们自我意象的一部分，这是一个逐渐的过程。对于已经形成的自我意象，我们根本不会去质疑它是否正确，而是始终要按照它的样子去行动，它就是我们的“真理”。

“真理”和信念

综述：民主党和共和党

20 世纪 80 年代末，大多数民主党人认为：在共和党总统里根的任期内，通货膨胀加剧了。而事实上通货膨胀降低了。

2010 年，大多数共和党人认为：在奥巴马的任期内，税负增加了。事实上多数美国人的税负减少了。

调查显示，31% 的共和党人和 11% 的民主党人认为奥巴马总统是穆斯林。实际上他不是。

在奥巴马总统的出生证明公布之前，43% 的共和党人和 9% 的民主党人认为他并非在美国出生。

——《社会心理学》戴·迈尔斯，人民邮电出版社，P77

因党派不同，对同一件事的认知有着巨大的差异，这不仅仅在美国的政治中存在，在全世界的政治中都存在；这不仅仅是在政治中存在，在我们生活中也有大量的类似现象。

在人们之间发生争论时，因为立场与价值观不同，看同一问题的角度不同，争论的双方都认为自己掌握的是真理，而对方说的是错误的。

真理即客观事物及其规律在人的头脑中的正确反映。从客观上来说，是符合现实情况的看法，也就是说一个人的看法与现实存在相一致；从主观上来说，是指一个人的看法符合他所感知到的情况。

客观上的真理受制于人类的认知水平。历史上人类曾认为地球是平的，向哪个方向出发最后只能原路返回，人们不能环游世界。人们曾认为地球是宇宙的中心，太阳围绕着地球运动，甚至烧死了坚持“日心说”的布鲁诺。第一单元提到过，在上世纪 50 年代以前，人们认为不能在 4 分钟内跑完 1 英里，于是运动员们也就不断地证明这个是真理，直到班尼斯特打破这个观念。应该说，客观的真理不断演进、迭代的过程就是人类不断向前探索、发展的过程。

主观上的真理是人们在争论时所说的“真理”，这个“真理”只符合人们自己感知的情况，是自己认为的事实。在我们每个人的“真理”的“大口袋”里面都有各种“真理”，我们根据自己的愿意，挑选出与我们的价值观、感知一致的“真理”出来，并理所当然地认为这些是“真正的真理”。

如对于“该不该化妆”这个问题，支持的人认为：化妆是对他人的尊重，或者爱美之心人皆有之；不支持的人认为：天然的才是最美的，或者用来买化妆品的钱买些啥都好。

图表 2–3 是一些看起来对立的观点，不同的人选择不同的观点，甚至同一个人也会在不同的环境下选择不同的观点：

这边是正确的？	还是这边更正确？
亲兄弟，不分彼此	亲兄弟，明算账
未雨绸缪	车到山前必有路
机不可失失不再来	三思而后行
人多手杂会坏事	人多力量大
要埋头苦干	要抬头看路
防人之心不可无	要信任他人

图表 2–3 哪个更正确

这些观点看起来都有道理，是“对”还是“错”取决于人们在当时情境下的选择。很多情况下，本无“对”与“错”之分，只是人们自己刻意地加以区分，以此来强调自己掌握的是“真理”。

如前所述,信念即认为是事实或者必将成为事实的对事物的判断,是坚信不疑的想法。人们往往在事情发生之前已经有了关于事情的信念，在事情的发生过程中和发生后根据自己的信念选择性地对信息进行筛选，进行判断，甚至主观臆想一些证据出来，最后的结果证明自己的判断是绝对正确的，这样我们才能保持心理的平衡。

一旦你形成了某种信念，它就会影响你对其他所有相关信息的知觉。一旦你将某个国家视为敌人，你就倾向于将其模棱两可的行为诠释为表示敌意。

——罗伯特·杰维斯

在迈尔斯的《社会心理学》中有这样一个案例：1951 年，普林斯顿大学和达特茅斯大学之间的橄榄球赛是两校历史上最不光彩的比赛，成了常青藤名校的一个污点。比赛中普林斯顿的一位全美最佳球员被对手扑倒在地,层层压住,最后因鼻子受伤而被迫退场。接着便是一场激烈的拳脚大战，双方都有严重的“伤亡”。

比赛后不久，心理学家在两个学校的校园里为一些学生重放比赛的录像。他们要求学生们以观察者的身份注意每一次摩擦，并确定是哪一方的犯规。但是学生们无法将对各自学校的忠诚弃之不顾，普林斯顿大学的学生所认定的对方犯规次数竟是达特茅斯大学的学生认定的己方犯规次数的两倍。

客观现实的确存在，但我们观察客观现实时总是带着承载了自己的“真理”和信念的有色眼镜。

有一个笑话是这样的：婆婆和邻居说：我那个媳妇，好吃懒做，睡到中午，家务也不做，还让我儿子煮东西送到房间，真是太过分了。邻居问她：你女儿嫁得还不错吧? 婆婆说：对啊，过得很幸福呢! 大家都对她很好，也不用做家务，假日到处去玩，经常睡到中午，女婿还会煮东西送到房间!

同样一件事，由于当事人和自己的关系不同，有了完全相反的解释。当老师看到一个好学生在考试时左看右看，会认为这个学生在思考问题；当看到一个差学生东张西望时，会不自觉地留意他是否会作弊。

我们是先有对某人或某事的“真理”和信念,之后才对感知到的信息进行选择和解释,解释的结果证明我们的“真理”和信念是正确的。但这些“真理”仅仅掌握在我们自己的“手中”而已。

当我们对一件事、一个人有了一个消极的信念后，我们要抱着这个信念可能是错误的想法，寻找相反的、积极的证据，尝试从对方的角度多思考一下。这个思考的过程会让我们产生刺痛感，感觉会不舒服，但这是对我们有益的刺痛。如果我们能够提前认知到这个过程可能会产生刺痛的感觉，大脑就会认为这是正常的，就更容易接受，这个刺痛的感觉就会被削弱。

中国历史上的唐太宗和魏征是一对被广为传颂的君臣。魏征常常在朝堂上刁难唐太宗，让他下不了台，据说唐太宗几次怒气冲冲地回到后宫对长孙皇后说，我要杀了他！但都忍住了，之后魏征进谏如故，“思竭其用、知无不言”，从不畏龙颜之怒。由是，君臣合璧，相得益彰，开创了大唐“贞观之治”的辉煌盛世。魏征死后，太宗如丧考妣，恸哭长叹，说出了那段千古名言：以铜为镜，可以正衣冠；以古为镜，可以知兴替；以人为镜，可以明得失……魏征殂逝，遂亡一镜矣。

很多领导喜欢奉承、听话的下属，因为这样会感觉舒服，但没有了刺痛感也就不会向前发展，只能原地踏步甚至退步。

王小波在一篇文章里讲述过这样一个故事：中亚古国花剌子模有一古怪的风俗，凡是给君王带来好消息的信使，就会得到提升，给君王带来坏消息的人则会被送去喂老虎。于是将帅出征在外，凡麾下将士有功，就派他们给君王送好消息，以使他们得到提升；有罪，则派去送坏消息，顺便给国王的老虎送去食物。我们很容易发现，花刺子模的君王有一种近似天真的品性，以为奖励带来好消息的人，就能鼓励好消息的到来，处死带来坏消息的人，就能根绝坏消息。

这样的君王实在太可恨了，对吗？可是，我们并不知道，其实我们自己也是这样荒唐的君王，不愿意听到真正的真理。

真正的对我们有益的“真理”和信念不会顺畅地进入我们的大脑，甚至最先进入我们大脑的往往是消极的信念。如果我们想让我们的潜力发挥出来，想让自己有一个更加丰富精彩的人生，我们就要更深刻地领悟到这一点，主动去寻找那些会刺痛我们的证据，不断地修正自己大脑中存储的那些只属于我们自己的“真理”和信念。

潜意识所存储的态度和习惯将在第九单元进行阐述，我们接下来看看潜意识的程序功能。潜意识所运行的程序主要包括身体运作、远离痛苦、追寻奖励、保持心理平衡。其中身体运作是维持身体的正常运作，对出现的问题及时进行修复或向意识示警。心理学认为远离痛苦和追寻快乐是一种动物性本能，即我们平时所说的趋利避害。追寻快乐更确切的理解是追寻可能的快乐，我们称之为追寻奖励。

追寻奖励

综述：手机导致的事故

手机控频频出事的新闻屡见报端：有父母玩手机对小孩疏于照顾，致使小孩意外身亡的；有开车打手机出车祸的；有走路玩手机导致摔伤的……

2017年1月3日，咸阳，海泉湾温泉世界，母亲背对着浅水池看手机，一名4岁男童在戏水池内溺亡。

2015年，郑州，2岁孩童玩耍时被一辆刚从车位里开出的白色SUV碾压，孩子当场抢救无效，离开了这个世界！目击者称：孩子出事前母亲正在玩手机，一瞬间，孩子跑到了车右前轮位置。

2016年3月28日，北京，站在路边的陈先生遇到了边开车边看手机的司机高某，高某驾车将陈先生撞伤致死，并导致其他两辆车在事故中发生损坏。高某被控交通肇事罪，在石景山区法院受审，法院当庭一审判处高某有期徒刑1年6个月。

2017年3月3日，北京，一名40多岁的女子从地铁雍和宫站B口进站，边下楼梯边看手机，突然看到东四十条方向列车进站，女子着急赶车，不小心踩空，摔在地上不能动弹。

2016年8月，上海，一名26岁男子，疑似在花坛边玩手机，无意中头卡进了花坛的栏杆里，不幸死亡。

……

玩手机除了会引发各种事故，还消耗掉了我们大量的时间，同时对视力、颈椎、人际关系等产生不良影响。

近些年，随着智能终端的普及、微信和手游的渗透率不断提高（2017年第二季度，微信月活跃客户数达到9.63亿），很多人被腾讯所俘获，成了低头族。

为什么我们会无法控制地成了低头族？除了打电话，手机给我们带来的究竟还有什么？我们还有救吗？我们可以怎么做？

1953年，加拿大麦吉的两位年轻科学家詹姆斯·奥尔兹（James Olds）和彼得·米尔纳（Peter Milner）发现了一只令人困惑的小白鼠。他们将一个电极植入到小白鼠的脑袋里，通过它来刺

激小白鼠大脑的某个区域。以往的科研发现，这个区域能够让小白鼠产生恐惧的反应，小白鼠很讨厌这样的电击，它们会尽力去避免。但奥尔兹和米尔纳的小白鼠恰恰相反，它不停地回到笼子的角落里，那个它曾经受电击的地方，想再次被电击

——(《自控力》凯利·麦格尼格尔，印刷工业出版社，P115)。

他们无法理解小白鼠的这个行为，进行了相反的测试：每当小白鼠移动远离那个角落时，他们就对小白鼠进行电击。小白鼠很快明白了，在短短的几分钟内，它就跑到笼子的另外一个角落。他们很快发现，只要他们用电击来“奖励”小白鼠，它就会向某个方向移动，就像一个被他们所操纵的木偶。

是其他研究人员出错了吗，还是他们的小白鼠是个怪胎?

后来他们发现，植入过程中出现了失误：把电极插在了错误的位置上。这使他们无意中发现了大脑中一个受刺激会产生强烈快感的区域，他们将这一区域称为“快感中心”。

发现“快感中心”后，他们便开始测试刺激这块区域会带来多大的快感。他们把禁食 24 小时的小白鼠放在一根短管的中间，管道两头都有食物。通常情况下，小白鼠会跑到管道的一头开始吃东西，但如果小白鼠之前受到了电击，它便会待在原地，一动不动。和一份食物比较起来，它更愿意等待可能出现的另一次电击。

如果有可能，小白鼠是否会自己寻求电击?他们放置了一根杠杆，当杠杆被按压时，小白鼠就会被电击。小白鼠一旦发现了杠杆的作用，就会每 5 秒电击自己一下。获得刺激的小白鼠毫不满足，会一直不停地按压杠杆，直到力竭而亡。

如果小白鼠发现自我折磨能够刺激大脑，那么它们就能忍受这种折磨。奥尔兹把杠杆放在一张电网的两端，这样小白鼠每次按压一次杠杆，要跑到另外一端去接受电击，实验发现小白鼠很乐意在电网上跑来跑去，直到它们烧焦的爪子无法继续跑为止。

两位科学家确信，只有一件事能产生这样的行为，那就是极乐的感觉。

科学家很快发现，这个实验对人类有相同的结果。美国杜兰大学的罗伯特 希斯(Robert Heath) 在病人大脑中的这个“快感中心”植入电极，并交给他们 个控制盒。病人的表现和小白鼠如出一辙，他们平均每分钟会电击自己 40 次，就算在感觉很饿的情况下，仍然不愿意停下电击去吃东西。在切断电极的时候，有的病人提出了强烈的抗议，有人继续按了 200 多下按钮。

与小白鼠不同的是，人可以对自我刺激的感觉进行描述。有位病人这样说，那“令人非常沮丧”，虽然他“经常性地，有时近乎疯狂地按按钮”，但他一直没能得到满足感。自我刺激让他觉得焦虑不安，而不是幸福快乐。他看起来像是身患强迫症的人，而不是体验快乐的人。

实验似乎更像是这样：小白鼠选择刺激自己，是因为大脑告诉它们，只要再按一次杠杆，奇妙的事情就会发生。

奥尔兹和米尔纳发现的不是快感中心，而是被称为“奖励系统”的东西。奖励系统是大脑最原始的动力系统的一部分，这也是潜意识的追寻奖励的功能。这个系统驱使我们采取行动和消耗能量。这就是为什么小白鼠不断地为寻求刺激而跑向不同的角落，也是为什么小白鼠宁愿放弃食物或烧焦爪子也要去接受刺激，也是病人选择不断地按按钮电击自己，也是我们变成低头族的原因。每当这个区域受到刺激时，大脑就会说：“再来一次，这会让你感觉良好！”每次刺激都会让大脑要去寻求更多的刺激，但刺激本身却不能带来满足感。

奖励系统是怎么驱使我们行动的呢？

当大脑发现可以获得奖励的机会时，它就会释放出一种叫做多巴胺的神经递质。

专栏 2-3：多巴胺

多巴胺 (Dopamine)，它正式的化学名称为 4-(2- 乙胺基) 苯 -1,2- 二酚，简称“DA”。多巴胺是一种脑内分泌物，属于神经递质，用来帮助细胞传送脉冲，可影响一个人的情绪。这种脑内分泌物主要负责大脑的情欲、感觉，将兴奋及开心的信息传递，也与上瘾有关。阿尔维德·卡尔森 (Arvid Carlsson) 因为确定多巴胺为脑内信息传递者的角色使他获得了 2000 年诺贝尔生理学或医学奖。

多巴胺并不能产生快乐的感觉，所产生的感觉更像是一种激励。让我们觉得警醒、清醒、着迷。大脑找到的是即将得到快乐的感觉，并且愿意为这个“快乐”而付出努力。

2001 年，斯坦福的布莱恩·克努森 (Brain Knutson) 证明了多巴胺会促使人们期待得到奖励，但不能感觉到获得奖励时的快乐。他在实验中扫描被试者的大脑，让被试者看到屏幕上的某个符号时就期待自己能赢钱。想要赢钱的话，他们需要按一个按钮，以便获得奖励。只要这个符号一出现，大脑中释放多巴胺的“奖励系统”就会发生反应，被试者摁下按钮，得到了他的奖励。但当被试者真的赢了钱时，大脑中的这个区域反

而安静了下来，大脑中的另一个区域产生了赢钱的快感。这证明了，多巴胺感受到的是期待，控制的是行动，而不是快乐

——(《自控力》凯利·麦格尼格尔，印刷工业出版社，P120)

微信这样的社交软件无意中激活了我们的奖励系统，我们认为自己可能会收到一个让我们惊喜、快乐、微笑的新消息，我们就不停地打开手机，点开看一下微信的新信息，刷新一下朋友圈，就像得了强迫症一样不断地低头使用自己的手机。

而游戏的设计者是有意识地控制着人的奖励系统，让玩家上钩，“升级”、“过关”和“战胜对手”随时可能出现，游戏就这样激发了人的兴趣，这也是人很难戒掉游戏的原因。研究显示，电子游戏的刺激和使用苯丙胺（一种中枢兴奋药及抗抑郁症药）时产生的多巴胺一样多。

不是每个人都会对游戏着迷，但对于那些意志力不够坚定的人尤其是青少年来说，游戏和毒品一样令人上瘾。2014 年 4 月 29 日,36 岁男子许某来到徐州市区某网吧打游戏，连续玩网游 19 个小时，猝死在座位上。这和实验室中力竭而亡的小白鼠没有本质的区别。

我们可以尝试将“无聊”的事情“多巴胺化”，甚至可以用奖励承诺来克服不良嗜好，如在戒酒和戒毒中最有效的干预疗法“鱼缸法”，通过药物检测的病人有机会从鱼缸中抽出一张写着金额的纸条，一半的纸上从 1 美元到 20 美元不等，另一半的纸上写着“继续努力”，只有一张纸上是 100 美元。在一项调研中显示：83% 可能拿到“鱼缸奖励”的病人坚持了整整 12 周的治疗，而没有“鱼缸奖励”的病人只有 20% 坚持了下来（《自控力》凯利·麦格尼格尔，印刷工业出版社，P130)。

当你理解了所谓的“奖励”到底给自己什么感觉时，你就能做出更明智的决定，也就知道应该怎么真正地“奖励”自己了。

奥尔兹和米尔纳将奖励系统错误地定义为“快感中心”，正是犯了我们都会犯的错误，即误认为我们想要做的事一定是会给我们带来快乐的事。通过观察自己的关注点，观察自己最常关注的东西，觉察自己一直想满足的欲望和愿意去做的工作，甚至是折磨自己的东西，我们就能发现自己真正想要的东西究竟是什么。

奖励的承诺很有力量，它让我们继续追求那些不会带给我们快乐的东西，会让我们消费那些不会带来满足感，甚至会带来更多痛苦的东西，即使你经历的和原本承诺的并不相符，它也不会释放“停下来”的信号。但是当人们注意到奖励的承诺只不过是假象时，“魔咒”就解除了。如果你能让你的大脑一边期待着奖励，一边真切地感受到现实的状况，感受到你自己真正想要的东西并不是你期待的东西，那么它就会逐渐地调整它的期望值。

例如：觉察到购物不能给自己带来真正的快乐，就会选择不带钱去购物中心，对于想购买的东西选择第二天再来；放慢了吃东西的速度，胖子就会发现食物看起来、闻上去要比吃起来好得多，从而减少摄取量，同时减少了焦虑感；对比看电视、刷微信和陪伴孩子等这些日常事物哪一个更重要之后，你就会选择对你的未来产生更大影响的事项。

凯利在《自控力》中说：有了奖励的承诺，我们就可能屈服于诱惑；没有奖励的承诺，我们就会失去动力。我们真正需要做的是要区分那些让我们生活有意义的真正奖励，和那些让我们分散精力、上瘾的虚假奖励。

区分这两种奖励，并不容易。但如果我们了解了大脑的工作原理，如果能记住那只不停按杠杆最后力竭而亡的小白鼠，那么当我们在受到诱惑的时候就可能有更清晰的选择。

如果在玩儿游戏和刷微信时无法意识到你是在屈服于诱惑，那么在之后或者每天找个时间想一想这些体验给自己带来的究竟是什么感觉，是不是自己真正需要的，想一想那只被电焦了爪子的小白鼠，你就会逐渐降低下一次被类似的诱惑所吸引的可能。

保持心理平衡

舞蹈演员在舞台上飞快地旋转，而身体却不会倾倒；体操运动员一连翻几个筋斗，却能稳稳落地；如果我们不注意被石头绊着时，我们会自动地立刻纠正身体的姿势，不让自己轻易摔倒。有些人坐船或乘车时会恶心、呕吐，感到天旋地转，而另一些人却什么事情也没有。为了使身体在运动中保持平衡，脑通过一些平衡觉的感受器及时觉察身体各部位所处的位置，并通过神经自动地调整相应部位使之不至于倾倒。在调节平衡过程中，会有很多器官协调配合，如肌肉、关节、韧带、眼睛等，但是最重要的是内耳的前庭器官。当机体进行旋转、直线变速运动时，或头的位置与重力方向的关系发生变化时，前庭器官的感觉细胞受到刺激，引起相应的神经冲动，大脑再根据传来的信息，作出适宜的反应，来保持身体的平衡。当前庭器官的功能遭到破坏或者过于敏感时，人们常常会出现眩晕、恶心、呕吐、皮肤苍白等症状。当大脑不能及时或无法做出适宜的反应时，身体会失去平衡而摔倒。对于身体的平衡能力来说，不同的人在相同的情况下有差别，同一个人在不同的情况下也有差别。

看到有人摔倒了，你会想把他扶起来（现实中很多人会选择不扶，但你会有是否要把他扶起来的思考，只是思考的结果是不扶）；家里有客人要来，你会把家里收拾得格外干净些；当有人指出你的错误时，你会寻找出错的理由。有些人面对困难会想办法克服，有些人则很容易被困难放倒，在塞利格曼的习得性无助的实验中，有 1/3 的被试者永不放弃躲避，但也有 1/8 的被试者从一开始就放弃，根本不做任何努力就马上投降。和保持身体上的平衡类似，人要保持心理上的平衡，而且更迫切。暂时的心理不平衡，人会通过自行恢复的能力及时进行恢复，长期的巨大的心理不平衡往往需要借助外力的帮助，求助于心理咨询是可行的方法之一。

保持心理平衡就是保持人内心世界的和谐状态，它既是思维正常运作的保障，也是心理动力的源泉之一。同时人的心理平衡状况，对人体健康有很大的影响。

在我们的大脑中，对自己已知的事物都存储着一幅“事情应该是怎么样的”图像，当我们现实中的图像与大脑中这幅图像一致时，我们会感觉到平和，心理处于平衡状态；当我们现实中的图像与大脑中这幅图像不一致时，心理的平衡就被打破了，会产生情绪，促使我们去恢复平衡。

大脑中关于某一方面的图像不是只有一个，而是一个在不太大的范围内的连续图像，要注意两个方面：一是范围太小时图像虽然会更清晰，但同时这个图像与现实的图像难以吻合，大脑经常处于不平衡状态，人会感觉很累；二是范围太大时图像会模糊，与现实图像的吻合范围同时变大，大脑多处于平衡状态，人会觉得一切都好，失去目标和追求，生活容易失去意义。太小和太大之间有着诸多的可能，我们要找到对于自己来说关于某一方面的合适的具体的图像范围。

现实的图像与大脑中的图像对比会有图表 2-4 中的四种情况：

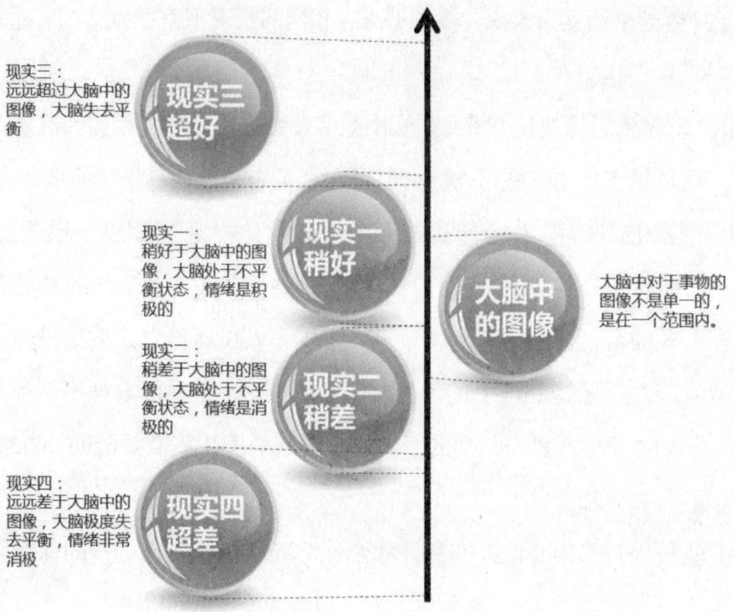

图表 2—4 现实图像与大脑图像对比

现实一的图像是略好于大脑中的图像，产生积极的情绪，这是一个非常好的状态。如果自己在事务中有决定权，现实图像非常清晰，会调节大脑中的图像向这个现实图像靠近，逐渐被替换成这个现实图像，实现自己的进步；如果没有决定权，在竞争关系下会有嫉妒心态产生，但由于积极的情绪，适当的嫉妒会对自己的状态有促进作用。

现实二的图像是略差于大脑中的图像，会有焦虑等消极的情绪，但处于可控范围内。对自己的事务来说，大脑会感到不平衡并产生动力，促使现实的图像向大脑的图像靠近；对于不可控的事务，大脑的不平衡会表现为沉默、生气、说教等行为，或者转向寻求外力对当事者进行惩罚。

现实三的图像是远远超过了大脑中的图像，心理失衡。对于自己可控的事务来说，人会有不相信的感觉，除非有信念上的改变，否则会很快回到正常的水平；对于外部事务，如有竞争关系会导致极度嫉妒心态，会想办法将对方拉回现实。

现实四的图像是远远落后于大脑中的图像。对于自己可控的事务来说，心理严重失衡，可能会产生更大的动力，但也有很多人在长期压抑下产生心理问题；对于非自己可控的事务会发怒，寻求外力对自己认为的责任方进行惩罚。

当大脑中的图像是涉及自己时，就有了自我意象。当自我意象与现实的图像不一致时，会产生动力使两个图像吻合。

父母在孩子拖拉、哭闹、考试成绩不好等状况下，由于孩子的现实表现的图像（即现实二或现实四的图像）与自己大脑中的图像（好孩子的图像）有着或多或少的差异，会有生气、发怒、焦虑、说教甚至是打骂等情绪或行为。妻子对丈夫开车的路线、快慢、停走节奏等会有自己的看法（大脑图像），如果丈夫的做法（现实图像）与自己想的不一致，就会叨唠、发怒甚至随意开车门进行替换，可能导致类似“八达岭野生动物园老虎吃人事件”这样的悲惨结果。

大脑的表现犹如一台超级计算机，它的程序功能一直在追求高效。当出现心理不平衡时，它会倾向于通过最省力的办法来处理，这个办法就是“说教”“抱怨”“指责”，只要它做了这些动作，它就会在现实的图像上加上一些砝码，对它来说新的平衡就出现了。这就是父母经常对孩子进行说教，管理者经常批评员工，夫妻互相抱怨的原因。

我们都希望,光是“说一说”或者“想一想”就可以让现实的图像与大脑中的图像一致，可惜往往事与愿违，原有的不一致依然存在，一个新的不一致反而产生了——大脑中去纠正了和现实没有纠正成功的不一致，导致大脑处于更加不平衡的状态，陷入恶性循环中不能自拔。

对于自己在其中起主导作用的事务，我们的目标图像，要尽量清晰、准确，这样当出现差距时，心理的不平衡会给你动力去补足这个差距。

对于自己在其中不能发挥主导作用的事务，大脑中图像的范围要尽量大些，这样当你看到自己配偶、孩子、同事或陌生人的现实表现时，两者的差距不会那么大，心理会经常处于相对平衡的状态。只有在自己的心理经常处于平衡状态时，才能有动力在自己想要的领域投入更多的精力，影响身边人一起做出改变。

2.3 压力

张飞因关羽被东吴所杀，长期处于悲愤状态，鞭打士卒，又因为范疆、张达二将请求宽限几天准备白衣白甲，鞭打两人还威胁要砍头，结果在睡梦中被两人杀死。范疆、张达带张飞的头投奔东吴，东吴惧怕刘备来打，将两人送回西蜀，最终两人被张苞凌迟处死。

我们都听说过太多的类似案例：从著名运动员赛场上的失控，到屡见报端的“路怒症”；从激烈争吵的夫妻，到失手打死自己骨肉的父母；从因职场中的不公导致的愤怒，到长期抑郁导致的自杀。我们自己也有类似的情绪失控体验，失控之后往往是深深的自责，“我怎么可能这么做呢？真不知道我当时是怎么想的？”

导致负面情绪的一个重要诱因就是压力。心理学上的压力是这样一个动态过程：个体面临着自己重视和渴望的机遇、要求或资源，但对于自己是否能够获得或满足却无法确定。

想象一下这样的场景，大约10万年前，我们的一个祖先——智人正在东非的大草原上寻找食物，突然看到前面一头正在游荡的狮子，出于本能，他停止了手头的一切活动，全神贯注地盯着这头猛兽。

当时他的生理反应是这样的：狮子先通过眼睛进入脑中的杏仁体，也就是他的警报系统。警报系统得到这个信息后，立刻拉响了警报，向大脑和身体发出一系列的信号，让人体产生应激反应：肾上腺会释放出压力荷尔蒙，以脂肪和糖的形式存储的能量会进入血管；呼吸系统肺吸入更多的空气，为血液提供更多的氧气；心跳开始加速，保证将能量迅速地运到肌肉；消化系统减慢甚至停止活动，以减轻能量消耗；瞳孔开始放大，以获得更多的环境信息。所有这一切都是让身体随时准备战斗或逃命。

在身体进入应激反应的时候，脑的警报系统还要让大脑做的就是：将注意力和感知集中在狮子身上，集中在周边的环境上，确保此时不会为其他东西和想法分心，同时阻断大脑控制冲动的前额皮质发挥作用，也就是让智人更冲动，无论是战斗还是逃跑，都更坚决。

我们很容易理解，只有在遇到猛兽时应激反应最强大的智人才能更好地存活下来，并把他们的基因遗传给我们。

与祖先相比，我们今天所处的世界发生了翻天覆地的变化，我们不再被猛兽威胁生命，但我们应激反应的方式没有改变。据IDC研究所表明，我们现在两天就可以获得过去两百年才能收集到的信息。我们现在一天中接受到的刺激，比生活在中世纪的人们一辈子经历的还要多，并且这个刺激的数量还在不断地增加。本世纪以来，互联网和移动互联网的蓬勃发展，带给人们更加丰富多彩的生活的同时，也带来了生活节奏的加快，世界每分每秒都在发生着变化，我们也拥有了越来越多的需求，越来越多的欲望和越来越多的规定——在这些因素的影响下，我们的压力也越来越大。无论是被领导否定，被孩子的成绩所困扰，还是被路上的车辆所惊吓，尽管与我们祖先所遇到的情境早已千差万别，但我们还在用祖先所遗传下来的，早已不合时宜的方式进行着应激反应。

专栏 2–4：压力科学的起源

1936 年，加拿大内分泌专家汉斯·塞利向小白鼠身上注射了荷尔蒙。他希望通过观察发生在小白鼠身上的变化来辨识荷尔蒙的作用。结果很悲催，小白鼠们染上了出血性溃疡。它们肾上腺肿大，而胸腺、脾和淋巴结等免疫系统器官都缩小了。它们生病了。

但这是荷尔蒙造成的吗？塞利开始进行控制实验，给一些小白鼠注射盐水，另一些注射荷尔蒙。所有的老鼠都表现了相同的症状。他又实验了注射其他提取物，老鼠们也都生病了。他注射任何东西，老鼠们都会生病，而且症状相同。

最后，塞利灵光一闪：老鼠们生病不是因为被注射的东西，而是注射的过程。被针扎会让老鼠自然地生病。

塞利发现他可以通过让老鼠遭受任何不舒服的体验而制造出同样的症状：将其暴露在极冷或极热的环境中，强制其运动不允许休息，噪声不间断骚扰等。48 小时内，老鼠们肌肉紧张，消化道溃疡，然后免疫系统失灵。接着，它们死掉了。

塞利选择用“压力”指他对小白鼠做的事情（他对老鼠施加了压力），又指它们的身体如何应对（压力反应）。压力科学诞生了。

作为医生，塞利曾经观察过许多身体没一个好地方的患者。他们被诊断患上了某种疾病，但有其他的症状——没胃口、高烧、疲倦透支——这些症状不是那种疾病的典型表现。病人看起来被拖垮了，毫无斗志。

塞利认为，压力是身体对施加在它之上的任何要求的反应。

塞利把适应压力的过程分为三个阶段：

一是警觉阶段，此阶段发现了事件并引起警觉，同时准备战斗。在警觉阶段，交感神经支配肾上腺分泌肾上腺素和副肾上腺素，这些激素促进新陈代谢，释放储存的能量，于是呼吸、心跳加速，汗腺加快分泌，血压、体温升高等等。

二是搏斗阶段，此阶段全力投入对事件的应对，或消除压力、或适应压力，抑或退却。在搏斗阶段，生理和生化指标在表面上回复正常，外在行为平复，但这是一种表面现象，是一种被控制状态；个体内在的生理和心理资源被大量消耗；由于调控压力而大量消耗能量，所以个体变得敏感、脆弱，即使是日常微小的困扰都可能引发个体的强烈情绪反应。例如，孩子的哭闹、家里来客人、接听电话、家庭成员小小的意见分歧，都可使其大发雷霆。

三是衰竭阶段，此阶段消耗大量的生理和心理资源，最后"精疲力尽"。如果进入衰竭阶段后，外在压力源基本消失，或个体的适应性已经形成，那么经过相当时间的休整和养息，仍能康复。如果压力源仍在，个体仍不能适应，那么，一个能量资源已经耗尽而仍处在压力下的人，就会发生危险，疾病和死亡都可能发生。

——《自控力，和压力做朋友》凯利·麦格尼格尔，北京联合出版公司，P54–56

对现代人来说，其实并不是单一的压力增大了，而是会产生压力的刺激增多了，人长期处于持续的，各种应激源产生的压力下，我们的压力应对系统开始疲劳，弹性减弱，本来可以轻松应对的压力甚至本来都不算什么的压力变得应对困难，情绪也越来越难以控制。

图表 2–5 的压力模型表明，导致压力的压力源有两大类：环境因素和个人因素。

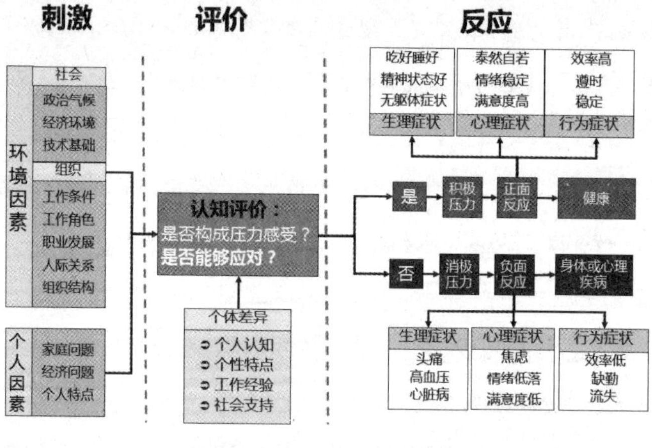

图表 2–5 压力模型

需要注意的是，压力是累加的，也就是说，每个持续的没有消除的压力源都会增加个体的压力程度。有时候也许某个压力本身并不重要，但当它叠加到已有的压力上时，可能它就成了“压死骆驼的最后一根稻草”。因此，当评估压力时，不能单独评估某项压力，而是要综合来看。

压力对一个人来说，是否是压力，以及压力的大小，不仅取决于刺激本身，更重要的是个体对压力的评估。有些人在压力重重的环境中可以生机勃勃，有些人面对同样的环境却萎靡不振。影响个体对压力评估的关键因素有以下个体性差异：个人认知、个性特点、工作经验和社会支持。

在客户中心，员工对压力的反应是基于他们对事件的认知，而不是基于事件本身。如对一个客户投诉这样一个事件的认知，有员工认为是客户不讲道理或者是公司的错误，也有员工认为是自己的一个成长的机会，让自己增加了一种应对新投诉类型的本领。

有些员工容易感受到客户投诉的压力，甚至应对每个投诉都毛手毛脚；有些员工则将投诉看成平常事。这一方面取决于员工的个性特点，另一方面取决于他们的工作经验。团队和上级对员工的支持，也就是融洽的人际关系能够对压力起到缓和的作用，减轻负面影响。

压力会以各种形式表现出来，通常对压力的反应形式可以归纳为三大类：生理症状、心理症状和行为症状。

生理症状这是最早被关注的压力表现形式，如：新陈代谢紊乱、心跳和呼吸加快、血压升高等，研究表明，过大的压力会导致免疫系统的下降。当客户中心的整体压力较大时，员工的病假会增多。心理症状的表现形式可以是：紧张、易怒、拖拉等，并引发相应的情绪。例如当应对相互冲突的要求时，如一方面要求质量提升，另一方面还要求工作量的提升时，员工的压力就会出现。行为症状是指具体的行为表现，如缺勤、离职、睡眠障碍等，并可能向周围“散发”负面情绪。客户中心有一个明显的与压力正相关指标就是离职率，每当压力持续较大时，员工的离职率就会升高。

研究表明，适当的压力有助于提升我们的表现水平。耶克斯－多德森定律（Yerkes–Dodson Law）反应了压力与表现之间的倒 U 型关系。耶克斯－多德森定律描述了三种主要的心理状态：空闲、心流和疲惫（心流见专栏 4–1），分别对应于压力的三类刺激区域：低刺激区、最佳刺激区和高刺激区。每种状态对个体能力表现起到重要作用，这里的能力包括工作、学习和竞技在内的任何领域的技能水平。空闲和疲惫状态时表现水平低下，心流状态时表现水平优异。

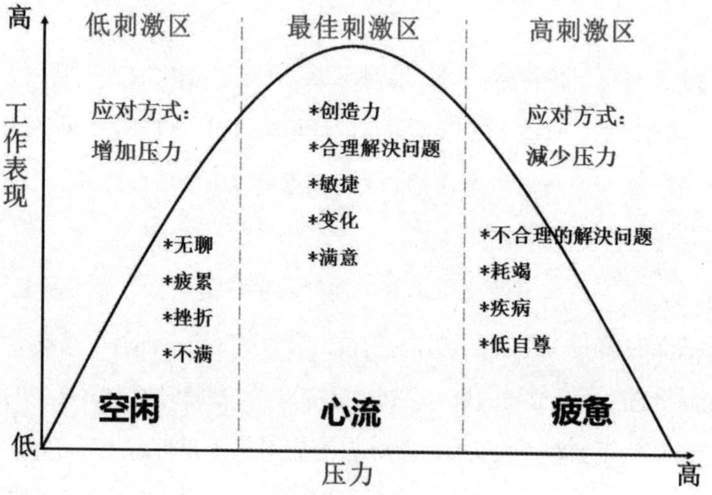

图表 2—6 压力与表现的关系

空闲状态几乎不能分泌出应激荷尔蒙，表现由此受到影响，但在空闲状态下，压力越大，表现越好。如果我们获得更多的激励和投入感，"良性压力" 促使我们进入最佳表现状态，进入心流的状态，此时，我们可以导入积极情绪，精力充沛地完成当前任务，感到喜悦和幸福。如果任务难度过大，我们承受的压力太大，就会筋疲力尽，此时应激荷尔蒙水平升高，人会进入失控状态，认知能力降低，最终影响能力表现。

压力往往会带来情绪反应，但情绪并不都是由压力所引发的。

2.4 情绪

什么是情绪呢？

情绪是人对客观事物的态度的体验，是人脑对客观事物和主体需要之间关系的反映。

简单的说，情绪就是一种强烈的情感，直接指向某人或某物。

情绪具有三个特点：强烈性、指向性和时效性。强烈性是指可能会导致人丧失或部分丧失正常的认知功能，看起来像是失去对自己的控制；指向性，是有针对性地对人（如领导赞扬你某件事处理得当会让你对领导感到满意）或对事（如与一个刁蛮的客户沟通会让你对沟通感到心烦）；时效性是指情绪会存在一段时间，过了之后很快恢复平常的状态，一般不会影响你的正常生活。

但是如果情绪没有及时进行有效的管理，就会转化为心境而在较长时间存在。心境不具有指向性，心境会促使下一个类似的情绪更强烈，更容易发生，也就是通常说的人处于情绪化状态之中。长期处于某种心境中会造成心理问题，需要进行心理咨询甚至要找专业的心理医生进行医治。

情绪的一个来源是压力，压力会带来情绪反应，促使我们采取更积极、更有力度的行动方案，就像我们的一个智人祖先在非洲大草原上遇到了狮子，情绪会促使他在逃跑和战斗时都更坚决，调动身体的全部潜能来支持自己的决定。

情绪的另一个来源是我们内心对一件事应该是什么样子的图像和现实中的图像不一致所引发。比如一个 CSR（Customer Service Reports,）认为某个投诉是客户的无理取闹，而组长却认为她应对方式有待改进，就会产生消极的情绪；回到家认为孩子应该已经完成了作业，却发现孩子还没有开始做，消极的情绪就开始叠加；通常老公都是10点前回来，今天11点才到家，负面情绪的积累就可能导致最终的爆发。反之亦然，当实际的画面超出自己内心的画面时会产生积极的情绪。如意外地得到领导的一次拍肩膀鼓励等。

已知的情绪有几十种之多，如快乐、愤怒、惊讶、厌恶、失望、害怕等，关于情绪的分类也有多种划分方法，很难达成一致，也有研究者认为，分出基本的情绪毫无意义。很多人认同下列六种基本且普遍的情绪：快乐、惊奇、害怕、悲伤、愤怒和厌恶，在这个分类里，越临近的情绪越可能被混淆。我认为可以更简单地将情绪按照它的取向进行分类为积极情绪和消极情绪。积极情绪如快乐和感激，表达的是正向的评价和情感，消极的情绪则相反。情绪不会是中性的，中性的感觉也不是情绪或者说是没有情绪。

塞利格曼在《真实的幸福》中，将积极情绪分成三类：与过去有关的、与现在有关的和与未来有关的。与过去有关的主要包括满意、满足、充实、骄傲和安详。与现在有关的可以分成两类：即时的快感和长久的欣慰。快感包括生理上的和精神上的，欣慰和快感的区别在于，欣慰要有沉浸，即产生心流。与未来有关的包括乐观、希望、信心、信仰和信任。

消极情绪是指在某种具体行为中，由外因或内因影响而产生的不利于你继续完成工作或者正常思考的情感。消极情绪包括忧愁、悲伤、愤怒、紧张、焦虑、痛苦、恐惧、憎恨等。消极情绪的产生是因人因时因事而异的，产生的原因可能有：对“应激源”产生的反应；在工作、学习或生活中遭受了挫折；受到了他人的挖苦或讽刺；莫名其妙的情绪低落等。

专栏 2–5：情绪的意义

从对人的作用，或者从“人生的意义”这个角度去看，情绪有些少为人知的意义：

第一，情绪是生命不可分割的一部分。一个正常的人是必然有情绪的。不仅如此，没有某些情绪的人，其实是有缺憾、不完整的人，其人生不是有欠缺，就是极其痛苦。

第二，情绪绝对诚实可靠和正确。除非我们内在的信念、价值观系统有所改变，否则，对同样的事物我们会自然有同样的情绪反应。

第三，情绪从来都不是问题。情绪就像身体不适一样，它只是症状而已，可是绝大部分人都把情绪看作是问题。情绪只是告所我们生命中有些事情出现了，需要我们进行处理。

第四，情绪教导了我们在事情中该有所学习有所收获。人生中出现的每一件事都是让我们学习怎样使人生变得有更好的机会。情绪的出现，正是保证我们有学习的动力。每份情绪都有其意义和价值，不是给予我们一个信号，便是给予我们一份力量，甚至两者兼有。

第五，情绪应该为我们服务，而不应成为我们的主人。情绪，如果能妥善运用，是可以使人生变得更好的。可惜的是有很多人都陷入了迷惘苦恼中，不能自拔，成了自己情绪的奴隶，而不是自己情绪的主人。

第六，情绪是经验记忆的必需部分。在大脑所摄入的资料储存为记忆的过程中，情绪决定了这些资料的意义，感觉深刻的资料被存储得更牢固，对潜意识影响更深，更容易被意识回想起来。感觉是编码的前提，也是记忆储存的必需部分。

第七，情绪是我们的能力。你会发觉所有的能力都是一份感觉，一份在内心里的感觉。就算有理论、技能和其他的资源去帮助你，使用这些资源的原动力仍是内心里的感觉。没有这份感觉，我们就算具备了知识技能也不愿去做，或者不会做好。

——《重塑心灵》李中莹，世界图书出版社，P237

情绪的第一个作用是放大和增强我们的动机，就像在我们与狮子的搏斗或者逃跑时更坚决一样，当客户表现出满意时，我们就有了积极情绪，后续提供的服务就会相应的表现得更好；当客户表现出不满意时，我们就有了消极情绪，如果不注意，后续提供的服务可能会相应地表现得更差。

情绪的第二个作用是信号的功能。对内是行动的信号，提醒我们某件事情可能出了问题，心理感到不舒服，督促我们做些什么来纠正画面的偏差；对外是表达自己目前的感受，提醒他人给予我们关注或帮助。

作为信号，情绪往往是短暂的，而且也必须是短暂的，只有这样，人体才能为下一次的警报做好准备。但现实中，很多人的情绪是持续的，即进入到一种消极情境之中，这些情绪之所以持续不断，是我们处于消极情绪的旋涡之中，一个消极的情绪跟着另一个消极情绪出现，情绪开始泛化，最终失去了自拔的能力。

社会学家阿里·霍克希尔德（Arlie Hochschild）提出了"情绪劳动"的概念，指员工在工作过程中与人交往时要表现出符合组织要求的情绪。包含情绪劳动的工作具有以下特征：需要经常地面对面或口对口地公众交流；需要员工创造另一个人的心理状态（如使他们高兴、舒适、放松、放心等）；要求员工对自己的心理活动有一定程度的控制。

显然，客户中心的工作符合这些特征。为客户提供优质服务会压力重重，特别是当员工的个人心理状态与客户不同步的时候。每个人都有情绪低落的时候，但很不幸的是，有时正在与我们沟通的客户情绪低落，甚至"蛮不讲理"，有时我们还要同时面对着时间紧、任务重、考核压力大的重复性工作，有时还要加上一个苛刻的上级。

但不管面对什么情况，客户服务的工作都要求员工保持笑容，以积极情绪面对客户。当员工需要表现出来的情绪与他的真实情绪不同时，真正的挑战便出现了。这种不一致被称为情绪失调，会对员工造成重大的伤害。如果把自己的消极情绪封闭起来的话，最终会导致情绪衰减和情绪倦怠。因此在客户服务工作中，情绪的管理异常重要。

适当的情绪对我们是有益的，可以让我们表现得更好，哪怕是消极情绪。在适度的消极情绪下，我们更善于从具体信息中发现有益的内容，让自己更有动力去纠正图像的偏差，更容易得到别人的帮助。我们不是要让自己没有情绪，那只是把自己变成了一台机器，我们要做的是有效地管理自己的情绪，让情绪处于自己可控范围内。那么，该如何对情绪进行管理呢?

下一单元，我们将探讨如何有效管理我们的情绪与压力。

2.5 单元小结

三脑理论学说认为人类颅腔内的脑并非只有一个，而是三个，分别为爬行脑、哺乳脑和智脑。爬行脑负责安全，哺乳脑负责情绪，智脑负责理性思维和创造。

意识和潜意识就像是“我”和“我的超级计算机”，意识负责操作，潜意识负责存储信息和执行固定的程序。

思维过程包括感知、联想、评估和决定四个环节，联想环节要注意近因效应的影响，评估环节要注意灰度的选择。

我们的自我意象控制着我们的行为，自我意象是可以改变的；我们的潜意识会记住任何事和伴随的情感体验，但记忆会被重新编辑并存储；潜意识的“真理”和信念是人们自己的，只符合自己感知的情况，是自己认为的事实。

奖励系统是大脑最原始的动力系统的一部分，也是潜意识的追寻奖励的功能。有了奖励的承诺，我们就可能屈服于诱惑；没有奖励的承诺，我们就会失去动力；保持心理平衡就是保持人们内心世界的和谐状态，它既是思维正常运作的保障，也是心理动力的源泉之一，保持心理平衡比取得成就更重要。

压力对一个人来说是否是压力，以及压力的大小，不仅取决于刺激本身，更重要的是个体对压力的评估。适当的压力有助于提升我们的表现水平。

情绪的一个来源是压力，另一个来源是我们内心对一件事应该是什么样子的图像和现实中的图像不一致所引发。情绪可以放大和增强我们的动机，还可以起到信号的作用。

第三单元 管理情绪与压力的方法

你要控制自己的情绪，否则你的情绪便控制了你。

——大仲马

闹心的一天

卡斯丁早上起床后洗漱，随手将自己高档手表放在了洗漱台边；妻子看到了手表，怕被水淋湿了，就拿过去放在了餐桌上；儿子起床后到餐桌上拿面包时，不小心将手表碰到地上摔坏了。

卡斯丁心疼自己的手表，就照儿子的屁股揍了一顿，然后黑着脸骂了妻子一通。妻子不服气，说是怕水把手表打湿了，卡斯丁说他的手表是防水的。

于是二人猛烈地争吵起来，一气之下卡斯丁早餐也没有吃，直接开车去了公司，快到公司时突然记起忘了拿公文包，于是立刻转回家。

可是家中没人，妻子上班去了，儿子上学去了。卡斯丁的钥匙留在公文包里，他进不了门，只好打电话向妻子要钥匙。

妻子急急忙忙地往家赶时，撞翻了路边水果摊，摊主拉住她不让她走，要她赔偿，她不得不赔了一笔钱才脱身。

待打开门拿到公文包后，卡斯丁已经迟到了 15 分钟，挨了上司一顿严厉批评，卡斯丁的

心情坏到了极点。下班前又因一件小事，跟同事吵了一架。

妻子也因早退被扣了当月的全勤奖；儿子这天参加棒球赛，原本夺冠在望，却因心情不好发挥不佳，第一局就被淘汰了。

这个故事被用于解释费斯丁格法则（来自网络，未能找到原出处）。手表摔坏是一个事件，后面一系列事件都是手表摔坏这一事件产生的结果。但试想一下，卡斯丁在手表摔坏后，假如换一种反应，比如，他抚慰儿子："不要紧，儿子，手表摔坏了我拿去修修就好了。"这样儿子高兴，妻子也高兴，他本身心情也好，那么随后的一切就不会发生了。费斯丁格法则也被称为 10/90 法则，即生活中的事件只有 10% 是你不能决定的，而另外 90% 则是由你对所发生的事情如何反应决定。由于卡斯丁没有很好地掌控那 90%，才导致了这一天成为了"闹心的一天"。

3.1 ABC 合理情绪疗法

美国著名心理学家阿尔伯特 · 艾利斯（Albert Ellis）创建了著名的认知行为疗法（即 ABC 模型）来解释前面这类事件。就是认为激发事件 A（Activating event ）只是引发情绪和行为后果 C（Consequence）的间接原因，而引起后果 C 的直接原因则是个体对激发事件 A 的认知和评价而产生的信念 B（Belief），即人的消极情绪和行为障碍结果（C），不是由于某一激发事件（A）直接引发的，而是由于经受这一事件的个体对它不正确的认知和评价所产生的错误信念（B）所直接引起。错误信念也称为非理性信念。如果对事件 A 的解释变成了 B1，那么，事件 A 所引发的情绪和行为后果相应的就变成了 C1（见图表 3–1）。

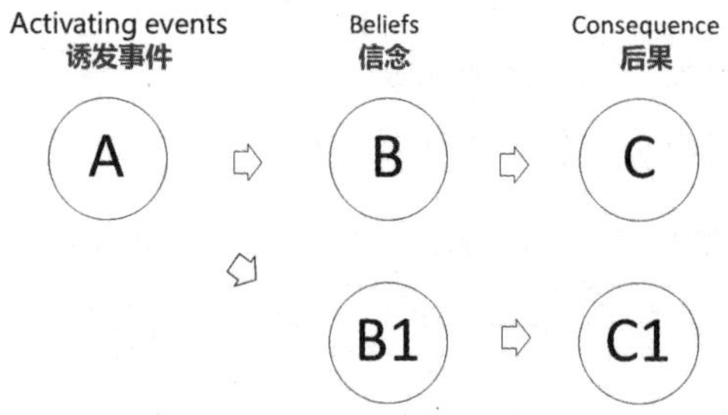

图表 3–1 ABC 模型

想象一下:你早上上班,在大门口遇到一位同事,他没有和你打招呼。这时,你可能会想:他对你有看法了,因为最近他听到了关于你的一些谣言。这样想着,你可能就会非常伤心,发誓以后再也不理他了。如果你最初是这样诠释这一事件的,那么你可以考虑重新诠释一下,换个角度去想:他一定是在思考什么事情,太专注了以至于没有看到你,因此,你最好主动和他打招呼,问问他最近情况怎么样,有没有什么事情需要你协助。如果你这样做了,并得到了他的积极回应,那么你就会感觉好了很多,你们之间的关系可能还会加深。

ABC 模型强调 B 的重要作用,认为 A 只是造成 C 的间接原因,B 才是情绪和行为反应的直接原因。相同的事件(A),由于诠释(B)的不同,导致结果(C)的不同。

ABC 模型在很多的涉及情绪与压力管理的心理学书籍和培训中都会讲到,但很多人反馈说"知道"但"没用"。我认为没有实际的训练是一方面,毕竟作为心理咨询行业的一个重要工具要反复训练才有可能在实际中应用;另一方面是通常的讲述中往往遗漏了一些要点。

要点一是 ABC 模型的重要性。ABC 模型是在不断循环的,每一个 C 都是自己的一个新的 A,通过自己的解释 B,再形成一个新的 C,这样进行着自体循环;同时每一个 C 又可能都是他人的一个 A,通过他人的解释 B,再形成一个 C,这个 C 又是对自己和他人的新的 A,这样进行着体外循环。如前面例子中卡斯丁与妻子斗嘴,就是两人不断地将对方的回应 C,看成新的 A,双方都据此再次进行解释 B,又有了自己的新的 C,这是一个不断循环、升级的过程。

我们就像处于一场无声电影中,每个人都在不断地撰写着自己的台词,每一句台词又影响着下一刻所发生的事件,这些事件有自己的,也有关系他人的,我们相互影响着。积极的解释,可以让我们很快忘掉那些不愉快,也带动着周边人的情绪走向积极;消极的解释,很可能让自己滑入更深的深渊,也让周围人的情绪走向负面。

要点二是一个难点。即其中的 B 是自动化思维,是潜意识的,是大脑在无意识下自动进行的,来源于过去的经历。当大脑认为应该的图像和现实中的图像不一致时就会引发失衡,跟着会自动进行纠正。对于大脑来说,最省力的方式就是能够指责他人,将事件的原因归因于外,双方都归因于对方,最终的结果就是不断升级。如果只能归因于己,就会不断地问自己为什么,自责,无法挣脱负面情绪的困扰。

应对自动化思维的方式就是要意识到自动化思维的存在,不断训练才有可能改变。

这个自动化思维的过程就是自我谈话的过程（见下一小节）。

该怎么训练呢？这就是要点三，对A进行解释的方法。

沙哈尔在哈佛《幸福课》中提到了一个PPP的方法，我在该方法的基础上进行了一些修改，用于对A进行解释，从而更有效地进行情绪与压力的管理。

PPP工具

PPP即三个以P打头的英文单词。

第一个P是Permission，“接受”。包括三个方面：

首先就是接受自己，准许自己为“人”。如果我经历了困难，遇到了挫折，第一步就是给自己许可，也就是说接受这样的自己，我不是完美的，我会出现一些问题，会经历一些挫折，有些事情没能处理好，这是正常的。我过去某些事没有能够处理好，是我当时不够成熟，能力上还有欠缺，但已经过去了，我无条件地接受自己，准许自己为“人”。如果某些事确实是自己做错了，并给他人造成了伤害，要选择通过自己可以接受的方式为自己的行为道歉（可接受的方式包括不道歉，可以通过其他方式去补偿，这取决于自己的内心是否可以接受）。

第二是要接受他人。我周围的一些人对我或者对某事有各种看法，不受我控制，可能对他来说是对的，他有他的想法，他有他的动机，我接受他与我不同这个事实，但不必接受他的观点和行为。有些人可能会对我感到失望，不要在意，这是他的问题，不是我的，这样我才能自己主宰自己的命运，不受他人的影响。

第三是接受环境。接受现实，它已经发生了，我对此什么也做不了，太阳要落山，天要下雨，这个世界上有很多事情是我无法控制的，我能够改变的只有我对它的诠释，不被环境所控制，要考虑的是如何利用好环境。

“接受”可以让我们从焦虑过渡到平静，从而让自己有力量去改正，有能力做出更好的选择，自己掌控自己的人生。在接受的基础上，我们就可以进行重建了，做出更积极的选择。

第二个P是Positive，“积极”，是从积极的角度对事件进行诠释。包括三个方面：

首先是工具。这是佛家的观点：“一切经历都是成长的工具”。《西游记》中去西天取经的四人组所经历的九九八十一难，其实就像小朋友在学校里学习的1+1=2，只是帮助小朋友最终成才的工具，从佛的角度看就是让人成长的工具。想象一下在打游戏的过程中，无外乎就是打怪、过关、升级，打游戏因此带给人们快乐。我们所遇到的困境都可以看成是人生中的一个个怪物，等着我们去打败它，然后我们过关、升级，成为更好的自己。挖掘每一段经历，其中有什么闪光点，其中有什么成长的机会，从中学到了什么。比如对我来说，如果经历了困境，可以用佛的眼光或者游戏的心态来看待，这可以帮助我更好地了解自己、了解他人，成为一个更好的心理学家、成为一个更好的讲师，等等。

第二是当作机会。找出失败中的闪光点，挖掘其中的机会。每一次失意都可以看成是对自己的提醒，提醒自己和他人的关系。比如爱迪生发明灯泡的时候，失败了 8000 多次，有人讥讽他说："你失败了 8000 多次，真了不起！"爱迪生却坦然地说："先生，你错了，我只不过是证明了 7600 多种材料不适合作灯丝而已。"比如我是个讲师，那么每一次失意都可以作为一个案例在课堂上分享。

第三是分心，将注意力转向别处。有时执着于分析每个情感、感觉和想法，是有害的，反复思考并不一定有帮助。有时候是因为我们能力的限制，例如要推一个大铁球到山上去，但我的能力只能推到半山腰，球就会滚下去，我再推到半上腰，再滚下来……，不断的重复用同一个方法无助于问题的解决，只会不断强化我们不断失败的神经回路。对于暂时还没有办法解决的事情，最好的方法就是当消极的想法或者负面的情绪出现时，将我们的注意力转到别处，比如听听音乐、跑跑步、和别人聊聊这件事或者别的事。这和逃避是很不一样的，这并不是说"好吧，我一辈子不要再碰这种事了"。这只是因为某种情绪或者想法反复出现，我一直都在徒劳地抗争，这个负面的神经通路在我脑海中太强烈了，对我有害无益，不如说，"让我继续前进吧，让我去听首好歌，让我去跑个步，过一段时间再尝试或者找他人帮忙看看。"

对事件进行解释的另一个障碍是将感觉泛化，把一件事情上的失败看成是一直的持续失败，看成是每件事情都失败，甚至上升到人格的维度："我就是个失败的人"。这是由于我们的大脑需要及时地将事情进行归纳，从而为未来做好准备，但在这种情况下所进行的归纳是不恰当的。

第三个 P 是 Perspective，"透视"，是指重新认真地看待这件事，包括三个维度。

专栏 3–1：解释风格

塞利格曼在《活出最乐观的自己》中认为解释风格有三个维度：永久性、普遍性和人格化。

本书参考了这三个维度的说法，用来阐述第三个 P（透视），但解释略有不同，尤其是人格化维度。我认为人格化的维度不是“归因给自己还是归因给他人和环境”，而是认为自己是什么样的人，也就是形成并不断被强化的自我意象的过程。

如塞利格曼所说，“不归因给自己”而“归因给他人和环境”，对有抑郁的人来说是正确的做法。但对正常人来说，应该多归因给自己，少归因给环境和他人。每个人，都应该根据情境的不同和自己当时的状况，在两者之间选择一个灰度。

时间维度包括永久性和暂时性两种诠释风格。比如，人们可以相信发生在自己身上的坏事是永久的，坏事永远会影响着自己的生活，也可以认为坏事是暂时的，不会对自己的生活产生重大的影响。又如，人们可以相信发生在自己身上的成功是暂时的，是侥幸，以后不会这样了，也可以相信成功是经常在自己身上发生的。每个人在遇到困境时都会感到挫折，产生无助感，但时间维度决定了一个人遇到逆境后会放弃多久。对厄运做永久性诠释的人会有长期的无助，而对厄运做暂时性诠释的人很快就能恢复。

空间维度包括普遍性和特定性两种诠释风格。比如，人们可以相信发生在他身上的坏事使他以往的努力都付之东流，认为自己做什么都不行，是全方位的，也可以认为坏事只代表他在这个方面有了问题，但在其他方面还是很好的，坏事的发生有其特殊的原因。又如，对成功的诠释可以是只有这一件事成功，其他都是不成功的，也可以是这只是自己成功事件中的一件。具有普遍性诠释风格会在许多不同的情景中造成无助，而特定性的诠释风格只会在某些问题领域内造成无助。

人格化维度是认为自己是什么样的人，是自尊的表现，包括我是成功者和我是失败者两种诠释风格。有人失败时认为自己就是个失败的人，这次失败只是又一次证明了自己的判断；也有人失败时认为这次是有原因的，不能证明自己是个失败者。成功时有人认为这次是偶然的，自己本质上还是个失败者；也有人认为成功是必然的，自己就是一个成功者。

首先是时间维度。某件事的失利不会导致你一直都在这件事情上失利，这次语文没考好不意味着你永远语文都考不好，不代表你学不好语文。有一个 10/10/10 法则值得推荐，就是分别从 10 分钟后、10 个月后和 10 年后看这件事，体会一下自己的感受，看看是否还值得为之伤神？想一想你今天是否还在意你上小学时和某个同学吵过的架？可能你都不记得那个让你生了几天气的同学的名字和样子，那么现在发生的不开心的事情你认为你会记住多长时间呢？当你退了休，让孙子坐在膝盖上，会和他说起某年某月，你所经历过的这件非常不开心的事情吗？生活中我们为之伤神的事都是小事。要不为小事伤神，就是要问自己，我在10分钟后的感觉是什么？可能还很沮丧。10个月后的感觉是怎么样的？可能还有些不快。10年之后的感觉呢？基本不记得有过这回事了。或者更久……从长远来看，它真的很重要吗？它真的值得我去担心、焦虑吗？值得我为之沮丧、为之痛苦吗？它会在我终老时仍然让我耿耿于怀吗？通常情况下都不会。或者是想象一下自己已经做到了很高的职位，你会向你的下属怎样讲述这段经历呢？或者你在写一本自己的回忆录，你会在书中描述这段经历吗？会怎么描述呢？

第二是空间维度。一件事的失败，一件事的不如意并不代表事事不如意，只是以目前的能力水平或者因为错失了某些机会造成了这件事的不合意，不会影响到做其他的事情。比如一次语文没有考好，并不代表数学也不能考好。

第三是人格化维度。一次的失败不能代表我是个失败者，一次的不开心也不代表我是不幸福的，一次的语文考试没考好不代表我笨，不代表我的未来没有前途。

举一个例子：某天早上，公司系统出现故障，影响客户使用公司产品，造成损失，客户投诉时火气很大，一个新入职的CSR处理不得当，导致被连带投诉。

CSR接下来的一天可能是这样的：这是公司的错，系统老是出故障，影响了客户；这个客户太刁蛮了，培训时培训老师也没有告诉我怎么处理这种问题，真糟糕；回家的路上越想越郁闷，不小心撞到了别人，和人大吵了一架；回到家里做饭时不小心打碎了一个碗，开始愤怒：连个碗都烦我；又想到昨晚小孩子的作业拖到很晚，夜里自己也没有休息好，恨不得把孩子拖过来再揍一顿；心里开始想最近事事不顺，每件事都让我烦心，我是不是有问题了？以后可怎么办呢？这份工作好像不适合我，我是不是不该选择这份工作？

也可以用PPP的工具来对这一事件进行解释：

第一个P，我没有处理好投诉，我接受这件事，接受自己，以后我会努力；公司的系统最近经常出问题，可是这个我暂时控制不了，等有一天我当了老总，一定要运维部门改善系统，避免对客户造成这么大的影响，或者在这方面我有个好的建议给到公司，看看是否行得通；有些客户脾气不好，尤其是当有了损失的时候，希望他以后和气些，怒则伤肝。

第二个 P，这次经历是对我的历练，每个发怒的客户或者系统问题都是一个个怪兽，等着我去打败，过关，最终升级成为优秀的 CSR ；我要向班长和投诉处理员请教，遇到类似的问题更好的处理方案是什么，以后遇到类似的问题我就可以处理好了；今晚要去练一下瑜伽，让自己放松一下。

第三个 P，作为刚刚入职的新员工，我的业务知识掌握得非常牢，每个人都会有类似的经历;这只是个案，下一个电话我可以处理好，这是小事，很快就过去了，等我当了领导，我会笑着和大家讲述刚入职时的这件事；这不能证明我是不称职的 CSR，相反，我发现了自己的不足，会更快地学习并成为优秀的 CSR。

直接训练自己在情绪来临时进行有效的管理是一件非常困难的事情，因此更有效的方式是培养事后分析和理解每段情绪经历的来龙去脉的能力，通过应用 PPP 的工具来对过往的经历重新进行解释。PPP 的工具就像是一种药丸，你要经常定期服用。也就是说每当你经历一次困境，就应用三个 P，应用得越多，生效就越快。需要经常练习，最终养成习惯，改变自己的自动化思维，才能有效地管理好自己的情绪。

我们的自动化思维是通过自我谈话来进行的。

3.2 自我谈话

有人问古希腊哲学家安提斯泰尼：你从哲学中获得了什么呢?他回答说，同自己谈话的能力。

正是这种能力的获得，人的思想和情感才有了往高尚和纯粹境界提升的可能。

美国太平洋研究院的创始人路　　泰斯说，如果在他临终时留给子孙一样东西，那就是“自我谈话”。

理解这个概念，我们要从人的思维方法谈起。

我们要对自己的思维方法负责，我们的思维方法，决定了潜意识里所形成的每一个信念，决定了我们的未来，还决定着我们周边的环境。对人类来说，思维是决定自己能否发挥出与生俱来的潜力的关键。

自我谈话，实际上就是人的思维。人的思维有三维，通常人们意识不到自己的思维，人类借助语言进行思维，是这样一个过程：首先想到一个词语，接着词语会触发图像，第三维也是最有力量的维度，伴随着情绪和感受。例如我们想到“柠檬”这个词，接着会触发柠檬的样子，最后我们的嘴巴里就有了酸酸的感觉，也就是“柠檬”这个词最终触发了酸酸的情感体验。这三个维度的思维过程，词语、图像和感受也叫做自我谈话。

自我谈话就是自己对自己的谈话。

我们通常意识不到自己在不停地自己对自己进行自我谈话，而事实上我们不止有时在做对外的有声讲话——这个我们很容易意识到，更多的是在进行无声的、对内的自我谈话，这个我们经常意识不到。

在他人对你说话的同时，你的自我谈话的速度是有声的3倍，有时甚至是6倍。也就是说，在听到一个观点时，你的大脑产生了3–6个观点，这些观点可能与正在谈论的相关，也可能不相关。

研究表明人每天有5万多个想法，这些想法中的每一个想法都在你大脑中的神经细胞中被记录下来。不是仅仅记录你的每一个经历，而是纪录对经历的每一个看法和伴随着经历的情感感受。同时，人类大脑具备自动完型功能，会添加进去自己想象的情节，并把这些都当成真的，最终以大脑认为的“完整”的方式记录下这段经历。

如果一个CSR在上班时被组长批评，虽然只经历了一次，但在回家的路上她会回想这段经历，而且会想得更多。在储存这些新的想法时，大脑会自动地进行完型，想象细节，补足当时没有注意到的如：组长的表情、语气、想法和周边同事的看法等等，并添进情感色彩。她每回想一次，就犹如又经历一遍，不需要真实的经历，只需要回想一遍，其效果与又经历了一遍是一样的。对CSR来说，这个回想的过程往往是很多次，也就是说对她来说就像被批评了很多次一样。如果她处于消极的情绪状态之中，每一次的回想都比前一次的体验更深。这也是我们通常说的越想越气的原因。

我们的潜意识里有自己对自己是什么样的人的看法，有对质量和对绩效所设定的标准，有对自己能够达到什么样的标准的看法，这些我们称为自我意象。如前所述，自我意象就是自己对自己是什么样的人的看法。

我们是通过自我谈话来形成自我意象的，这非常重要。因为一旦形成你自己认为的，你是怎样一个人的看法，这就会成为你内心对自己的标准，大脑开始据此进行调节，你的自我谈话就会告诉你，你在某一个领域有多么擅长，有着巨大的潜力，还是你在这个领域非常不擅长，没办法、没能力做好。大脑不是自我调节在你真正的自我潜力上，而是调节在你信念的水平上，调解在你的自我意象上。

自我谈话，它可以是对自己的鼓励，可以是对自己的提醒，可以是对自己的反思，可以是对自己的安慰。可以看做是一种本我的回归，是与真我的沟通。

一个组织中也有自己的自我谈话，有集体的信念，一般会集体地按照集体意象行事。如一个团队每个月的绩效，内部是否和睦，上级对这个团队的看法等等，这都会导致团队中的每个人按照这个集体意象而行为。

觉察和评估自我谈话

人类天生消极，这是进化而来的。我们的祖先一定是那些时刻关注着环境中的危险，因担心未来的风险而储藏更多食物的智人，否则他们在那些艰苦的环境中就无法活下来，他们把这种消极的基因遗传给了我们。我们在成长的过程中从父母和老师那里得到的也是关注消极，如把玩具到处扔，没穿好衣服，考试时的错题，这些消极的信息被过度的强化，导致我们也具有了消极思维。工作后经常被领导指责工作上的问题，关注可能给自己带来负面影响的行为，这都进一步强化了我们的消极思维。

对于大部分人来说，我们是自动地进行着自我谈话，也就是说，是被消极的自我谈话所控制着。这样我们的信念就是不相信自己具备某方面的潜力，不相信自己可以在某个领域有所作为，不相信自己有个很好的未来。这些信念是我们自我意象的一部分，潜意识自动地将我们的行为调节在这样的标准上。

如果想不被自我谈话所控制，首先要意识到自己的自我谈话。你可以现在就觉察一下你的自我谈话，觉察一下你在读这句话时的自我谈话是什么。也许是这段话很有道理；也许是这段文字很难理解；也许是我突然听到了什么声音；也许是我今天中午要和谁一起吃饭，等等。

不难发现，自己每天都在不自觉地在心中和自己说许多话，那个内心的自己，正是最了解你的人，是你最亲密的朋友。因此，若要找出：是什么阻碍了你前进，是什么影响了你的成功，是什么改变了你的人生，你那位朋友最清楚。

意识到自己的自我谈话之后要对自我谈话进行评估。看看下面这个评分坐标（图表3–2），对自己的自我谈话进行打分，非常积极是10分，非常消极是0分。你给自己刚才意识到的自我谈话打多少分呢？这个分数与你的期待一致吗？如果不一致就要改变自己的自我谈话，使之向更积极的方向发展。当你意识到自己的自我谈话让你感觉有难以施展的限制时，或是令你变得被动，变得消极时，你就要做出改变，去换一个能带给你正面能量的想法。还记得 ABC 中的 B 吗？换一种解释，就会得到一个不一样的结果。

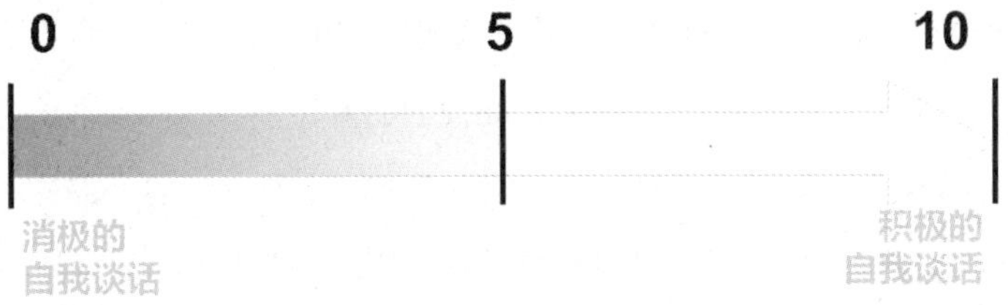

图表 3–2 评估自我谈话

给予许可

自我意象的形成依赖于自我谈话，我们的信念依存于我们对自己的看法。当我们还是，婴儿或者学童时，我们不懂得这些，我们会经常遇到别人对我们不正确的评价。大人会对我们进行评价：是否活泼，是否受欢迎，是否有前途，是否协调。他们不断地评价我们，由于不懂，我们接受了他们的评价，给了他们评价我们的许可，同意他们关于我们的看法，形成了我们的自我意象。

自我意象不是他人告诉你的“你是什么样的人”，虽然他人可以告诉你“你是什么样的人”，但你可以自行负责地拒绝或否认，如有人对你说：你怎么这么笨呀！你可以说：胡说八道，如果你是这样认为的，我看你更笨。事实上这些评价你的人的智商是否高不一定，但情商肯定不高，否则他们就不会这么说了。

我儿子暑假学篮球，我给他报了上午的两次课。上了几次课后老师对我说这样不合理，对小朋友来说上课时间太长了，比较累。我认为对小朋友来说，只要喜欢就好。结果晚上儿子就对我说，这样他太累了。其实，前面几次都好好的，他没说过累，现在老师说这样对他来说太累他也就太累了。后来我和老师说调整一节课到下午，和一些大一点儿的孩子一起上，老师说他会跟不上，我坚持要去试一试。等我带他去上下午的篮球课时，他在校门外就开始和我讲数，那些大孩子的课他会跟不上，最后在我的鼓励下同意去试一下。结果呢，以后就愉快地和这些大孩子们一起上篮球课了。在他不知道和大孩子一起上课是什么感觉时，他接受了老师给的看法和观点，并把这些作为自我意象的一部分，指导他自己的行为。

我们给了我们尊敬的人，长者、领导、老师有太多的权力，让他们评价我们，我们接受了他们对我们的评价，使之成为自我意象的一部分。我们用自我谈话来同意这些看法，这些看法才会成为自我意象的一部分。对于他人对我们的看法，你可以不接受，你可以拒绝，这全在于你的自我谈话。一旦你专注在他们的看法上，一旦你同意这些看法，通过自我谈话给了他们许可，这些看法和观点就会成为你的自我意象的一部分。之后不需要再次经历，只要回想就够了，这些看法就会自动地、不断地强化你的自我意象。

但是，他们可能给了你错误的评价。他们并无歹意，只是基于他们认为的自己所知道的事实，他们不懂得这样做会对你有什么样的影响，所以我们自己要对这些评价进行鉴别，只接受那些正面的，对于负面的要具有批判的态度，使他人给我们的评价对自我意象的影响始终是正面的。

谦虚

那么受到别人赞扬时怎么办呢？“你是我从来没见过的最优秀、最聪明、最能干的人。”这会起作用吗？只有你接受才会起作用。如果你开始质疑对方：“你有什么目的？”赞扬就不起作用了。赞扬只有你对赞扬者信赖的情况下才会起作用。孩子是否接受你的赞扬呢？如果他们不认同自己得到的赞扬，就不会起作用，越是肯定他们，他们越是不认同自己，特别是在他们自我意象非常消极的情况下。他们会这样说：不、不，我不是那样的，这次是偶然的。

人们都有保持心理平衡的需要，当收到的信息与自己的自我意象不一致时，会导致心理不平衡，导致他们不接受收到的信息，这时别人很难通过赞扬帮助他们，除非他们自己认为得到这样的赞扬是自己应得的。

我们都受到过要谦虚的教育，但我们往往简单地认为肯定自己是不谦虚的表现，把否定自己的成绩当成了谦虚。

谦虚是指虚心，不夸大自己的能力或价值；没有虚夸或自负。

一件事做得很好时，要感谢帮助你的人，更重要的是要同时在脑子里用自我谈话肯定自己。在内心中肯定，从而提高自我意象，不能等待领导、老师、同事来肯定自己，也许他们不经常来，也许他们看不到，也许我们还要等待太久。这是进行自我激励和自我指导的过程。要学会先在脑子里肯定自己，用自我谈话肯定自己：是的，我行，我做得很棒。不能在内心肯定自己就不能提高自我意象，这是我们必须亲自去做的事，这会加速提高自己的自我意象。

要不出声的肯定，如果说出来“是的，我确实很棒”，他人往往会认为：你太自大了，太不谦虚了！

赞扬他人时要说出声，但赞扬自己时要不出声，但要更热烈。有太多人轻易地放过了自己的成绩，放过了赞扬自己的时机。

当你说：这不值得一提，这和我无关。当你这样说，这样想时，大脑会将这些当真，认为不值得一提。还记得吗？你的潜意识会逐字逐句地记录自己的想法，并在此基础上形成你的自我意象。

因此真正的谦虚是：真诚地感谢别人对自己的赞扬；公开地肯定和感谢别人给予自己的帮助；默默地肯定自己做出的贡献。

积极的自我谈话

研究表明，成功的人会使成功产生成功。一遍又一遍地回顾自己的成功，这是用自我谈话来提高自我意象的过程。不断地回顾失败会不断地降低我们的自我意象，同样是通过自我谈话来完成这一过程的。

球队比赛后，教练会组织大家一起看录像，看比赛过程中所犯的错误，一遍一遍地指出球员的错误所在，直到真正地记住为止。我们的大脑是通过图像来思维的，当教练越多地描述他看到的你的错处，你想你会记住什么？是错处！告诉你越多次，你记得会越清楚，没记住？再重复。

小朋友把玩具和衣服扔得满地都是，父母会一遍一遍地说他，你不要这样做了，再这样做我揍你。等过了一天，玩具和衣服依然满地都是。父母在不断地向小朋友强调一个玩具和衣服满地都是的画面，小朋友就按照这个画面去做了，否则就会心理不平衡。越是反复地告诉他错在哪里，他越会更清晰地记住犯错时的那个画面。你可以回顾一下自己小时候如何被父母对待，或者你曾经如何对待自己的孩子。

人的行为会与大脑中的图像保持一致，你会像“你认为的你”那样行动，你会自动地、顺畅地、自然地行动，而不是被控制地行动。

也许你现在就想重新对待孩子，重新对待下属，重新对待自己身边的某个人，这时不要有负罪感。还记得我们讲过的PPP方法吗？首先要接受自己，这是我们能够不断完善自我的基础。过去我们已经尽了自己最大的努力，做了自己能够做到的，以后我们会做到更好。你现在认识到，要停止挑剔、讽刺、挖苦别人的做法，要停止告诉自己，我这是怎么了？要消除自己脑子里的这些消极想法。

现在先让意识注意到自己的自我谈话，然后判断这些自我谈话是否积极，是否与自己的目标一致，是否会对自己的未来产生积极的影响，尝试用积极的自我谈话替代那些消极的自我谈话，最后就会形成习惯在潜意识中这么做，这是关键的关键，所有的核心就是要控制好自我谈话，它能决定你所有的标准，形成你所有的信念，构成你的自我意象。

你的自我谈话会谈论自己的收入、爱心、勇敢、是否有思想、你未来的能力等等，在重复你的自我谈话时，你要么是在保持原样，要么是在降低或者提高你的自我意象。

这也意味着你现在的想法在决定着你的未来，大脑要保持心理平衡的需要会要求你的表现与内心的图像相一致，否则就会产生情绪，会产生动力去消除这个不一致。

如果你的自我谈话总是描述你自己、你的组织中的问题，如果你的自我谈话老是说自己不好，身体差，收入不高，生活差，描绘你的人际关系糟糕，这些都是在给自己树立消极的图像，潜意识就会像你的描述那样去行为，从而使你不想要的情况发生。你会移向你认为的自己，无论是好还是不好。

世界上优秀的赛车手都训练自己在自己的车失控，眼看就快要撞上墙时，立刻看向自己想去的方向；小孩子学骑自行车，路上遇到石头，想避开石头，眼睛却盯着石头，死死地把住方向，结果撞上了石头。

生活中，如果你有了问题，要问自己如果没有这个问题会怎么样，如果问题解决了会怎么样，把这个图像作为你的目标。

还记得思维的图像维度吗？图像和语言、词语相关，当遇到石头时应该怎么做呢？要看向自己想要的方向，这也是你生活的方法，这也是你训练自我谈话的方法，也是你辅导他人的方法，也是你领导团队的方法。控制自己的自动化思维，控制自己的自我谈话，帮助他人也这么做。集注于你想要的，而不是不想要的，在这个过程中，遇到问题怎么办呢？

正念是控制自己自动化思维的有效方法之一。

3.3 正念与冥想

现代人的生活非常忙碌，常常是在做着一件事时已经在想着下一件事，大脑中经常想着过去和未来，把当前的时间抵押给了对过去的懊悔和对未来的承诺。有了智能手机这个“分心利器”后，情况更加恶化了：常常是一家人一起吃饭，各拿各的手机刷微信；一边陪孩子，一边看着手机傻笑；开着会议，忍不住去看看朋友圈里谁又晒了什么图（还记得那只宁愿烧焦爪子也要追寻奖励的小白鼠吗？）。

例如：当你洗盘子的时候，会想尽快把盘子洗干净以便继续下一件事情，以致于无法专心洗盘子。可能会希望有一段休息时间，想象着来上一杯茶，感受那份惬意和从容。但是，如果你突然发现有一只盘子没有洗干净，那么你可能会感到非常烦躁，因为这只盘子阻挠了你尽快完成任务的计划。最后你洗完了所有的盘子，总算可以坐下来喝一杯茶了，但是你的思维却仍然被各种各样的计划和目标占据着。因此，即便在喝着茶的时候，你很可能已经在想着下一步应该做什么（浏览一下邮件，看看有什么新闻，还有什么重要的工作要做等）。当你回过神来的时候，突然发现手中的茶杯已经空了。我刚才喝了吗？我肯定喝了，但我不记得了。你错过了那杯在洗盘子时渴望的茶和渴望的休息，正如你错过了洗盘子时的所有感官体验：水的质感，刷洗盘子的声响，泡沫的模样。

人们说，我们在寻找的是生命的意义。我不认为那是我们真正在寻找的，我认为我们在寻找的是活着的体验。

——《神话的力量》约瑟夫·坎贝尔

佛说，如果你不能从洗碗这件事体验到人生的意义，那么你永远也不会明白人生的意义。我以前一直以为是要在洗碗时设定不同的目标，如速度、质量等，后来才逐渐明悟，佛说的其实是觉察、体验当下，即正念。

什么是正念

正念（Mindfulness）本是佛家的一种古老的修行方式，是从坐禅、冥想、参悟等发展而来，是一种自我调节的方法。正念在20世纪七八十年代被西方心理学界所注意，由乔·卡巴金（Jon Kabat–Zinn）、西格尔（Segal）等学者进行研究，渐渐改良和整合为当代心理治疗中最重要的概念和技术之一。

卡巴金将正念定义为是一种精神训练的方法。正念强调的是有意识的觉察、将注意力集中于当下，以及对当下的一切观念都不作评判。因此，正念就是有目的的、有意识的，关注、觉察当下的一切，而对当下的一切又都不作任何判断、任何分析、任何反应，只是单纯地觉察它、注意它。

正念能帮助我们从通常自动化的、又无知无觉的“睡眠状态”中清醒过来，从而能触及生活中所有自觉和不自觉的可能性，改善人们的情绪与压力，对人们的心理问题起到很好的疏通作用。在现代心理学中，正念被发展成为了一种系统的心理疗法，即正念疗法。所谓正念疗法，就是以“正念”为基础的心理疗法。目前较为成熟的正念疗法包括正念减压疗法（Mindfulness-based Stress Reduction）、正念认知疗法（Mindfulness-based Cognitive Therapy）、辩证行为疗法（Dialectical Behavioral Therapy）和接纳与承诺疗法（Acceptance and Commitment Therapy）。正念疗法被广泛应用于治疗和缓解焦虑、抑郁、强迫、冲动等情绪心理问题，在人格障碍、成瘾、饮食障碍、人际沟通、冲动控制等方面的治疗中也有大量应用。

卡巴金在《正念，此刻是一枝花》中这样说：忽视当下而期冀未曾到来的时刻，这种痼习会直接导致我们对自己身处的生命之网缺乏自觉。这其中包括对我们自己的心灵缺乏自觉、不够理解，还包括意识不到心灵对我们的感知和行为产生的影响。它会严重限制我们对此的理解：作为人，到底意味着什么；人与人之间、人与周围的世界之间彼此是怎样关联的。在精神层面，这些最基本的追问一直是宗教的探讨主题。……当我们真正以开放的方式来集中注意力，不受制于个人的喜恶，不为个人看法和偏见所左右，摆脱了个人的臆断和期望，这个时候，新的希望才会出现，我们才会有机会将自己从蒙昧的桎梏中解放出来。

故事：修行

行者问老和尚：“您得道前，做什么？”

老和尚说：“砍柴、担水、做饭。”

行者问：“那得道后呢？”

老和尚说：“砍柴、担水、做饭。”

行者又问："那何谓得道？"

老和尚回答说："得道前，砍柴时惦记着挑水，挑水时惦记着做饭，做饭时惦记着砍柴；得道后砍柴即砍柴，担水即担水，做饭即做饭。"

人很少能够真正的和自己在一起，很少能够体验当下，这已经不仅仅是注意力、自控力等能力不断减弱的问题，研究表明这也是近些年抑郁症患者不断增加、加重和年轻化的重要原因之一。正念训练正是能够有效改善这些症状的方法之一。

正念的作用包括以下几个方面：第一，帮助人们有效地控制注意力，保持对当前任务的专注，并在注意力分散的时候让注意力重新回到当前任务上；第二，提升身体觉知能力，帮助人们更加清楚身体对日常生活中可能出现的各种压力的反应，从而有效地应对可能出现的梗塞（Choking，如当运动员在比赛中面对巨大压力，心态发生改变，思维出现紊乱，进而影响比赛成绩，发挥失常）；第三，面对逆境、挫折或情绪起伏时，能够不去对这些刺激进行评判和反应，从而能够解决之前固有的自动化情绪反应模式带来的负面影响；第四，能够让人们不以自我为中心来觉知当下的活动，从"无我"的角度来客观地觉知持续的变化，藉此帮助人们从胜负、得失、好坏等概念中解脱出来。

正念训练

正念训练的目的，就是要时刻保持一种警觉性，强调通过练习，发展对当下事实的不加判断的注意能力。这些当下事实包括外部刺激和内部心理体验，也就是说意识到内、外部事件进入意识之中，但是不对其进行任何评价判断（好、坏、对、错、有用、无用等），个体只是被告知观察和描述这些经验，并且接受它们的存在，但是不对其进行判断和控制。

正念觉察是不加评判如实地接纳情绪、欲望等，而不是先告诉自己哪些是不好的，我拒绝接受它。你认为它不好并且拒绝承认这种机制本身就是带有强烈的个人评判。正念是接纳——不做评判——以平等心观察，目的是要还原一个更真实的你，不是强行制造一个没有感官和情绪的你。

正念训练的方法之一是从日常活动着手进行，如：洗碗、吃饭、刷牙、走路等，也就是说当你在做一件事时，你的大脑就在这件事上。开始时大脑会不断地开小差儿，没关系，当你发现时告诉大脑：你已经知道它在提醒你关注的事情，然后回到你正在做的事情上来。这种注意力从分散到集中的过程本身就是提升注意力的训练过程。

专栏 3–2：葡萄干正念练习

(1) 拿起：

** 首先，拿起一粒葡萄干，把它放在手掌上或者夹在拇指与其他手指之间。*

** 注意观察它，想象自己是从火星来的，以前从来没有见过这个物体。*

(2) 观察：

** 从容地观察，仔细地全神贯注地盯着这粒葡萄干。*

** 让你的眼睛探索它的每一个细节，关注突出的特点，比如色泽，凹陷的坑，褶皱和凸起，以及其他不同寻常的特征。*

(3) 触碰：

** 把葡萄干拿在指间把玩，感受它的质地，还可以闭上眼睛以增强触觉的灵敏度。*

(4) 闻：

** 把葡萄干放在鼻子下面，在每次吸气的时候吸入它散发出来的芳香，注意在你闻的时候，嘴巴和胃有没有产生任何有趣的感觉。*

(5) 放入口中：

** 现在慢慢地把葡萄干放到嘴唇边，注意手和手臂如何准确地知道要把它放在什么位置。轻轻地把它放到嘴里面，不要咀嚼，首先注意一下它是如何进入嘴巴的。用几分钟体验一下它在嘴里面的感觉，用舌头去探索。*

(6) 品尝：

** 当你准备好咀嚼它的时候，注意一下应该如何以及从哪里开始咀嚼。然后，有意识地咬一到两下，看看会发生什么，体会随着你的每一次咀嚼它所产生的味道的变化。不要吞咽下去，注意嘴巴里面纯粹的味道和质地，并且时刻留心，随着葡萄干这个物体本身的变化，它的味道和质地会有什么样的改变。*

(7) 吞咽：

** 当你认为可以吞咽下葡萄干的时候，看看自己能不能在第一时间觉察到吞咽意，即使只是你吞咽之前经验性的意向。*

(8) 接下来：

** 最后，看看葡萄干进入你的胃之后，还剩下什么感觉。然后体会一下在完成了这次*

全神贯注的品尝练习之后，全身有什么感觉。

——《改善情绪的正念疗法》马克·威廉姆斯等，中国人民大学出版社，P42

专栏中的葡萄干正念练习是正念训练的方法之一。冥想是正念训练的另一种方式。

冥想

冥想来自印度，本来是和瑜伽结合在一起的。瑜伽者通过冥想来与心灵沟通，并超脱物质欲念，和原始动因直接沟通。冥想可以脱离开瑜伽而单独进行，冥想的方式也有多种，本书只介绍简单的呼吸冥想，通过练习冥想，即可帮助人们告别负面情绪，重新掌控生活。

我们正在研究正念减压疗法的有效性……运用冥想练习可以减少焦虑，通过认知重建可以纠正消极信息，这样的练习和治疗可以让来访者变得更加积极。

——菲利普·津巴多

冥想（meditation）是一种改变意识的形式，它通过获得深度的宁静状态而增强自我知识和良好状态。

科学家认为，大脑是可塑的，可以改变的，改变的方法之一就是冥想。

研究：冥想效果

卡巴金的研究中有两组人，两组人都想做冥想。

他让第一组等候，他说，名额满了，你们将在四个月后参加这个冥想班。

第二组开始冥想练习，他们的练习就是每天冥想 45 分钟，周末时他们会聚在一起学习一些技巧，但在工作日时，他们就自己安排每天冥想 45 分钟。

然后与参考组对比，参考组就是那个等待参加冥想班的第一组。测量焦虑程度，对比参考组，那些平均每天 45 分钟，冥想了 8 周的人的焦虑程度大大降低了。研究他们的快乐程度、积极的情绪，他们更快乐了，心情更好了。

但关键还在后头，他说，这还不够，“自我报告可能产生安慰剂效应”，随后他有了新的发现。

他研究他们的左、右前额皮层比例，仅仅 8 周之后，那些冥想的人就出现显著的变化。

这是一个惊人的结果：仅仅8周的练习，这些每天有规律地冥想45分钟的人，左前额皮层的比例变大了（快乐的人通常更活跃的地方是左前额皮层；不快乐的人更活跃的地方是右前额皮层，所以这个比例是测量快乐的一个“客观”手段），冥想改变了他们大脑的机能，使得他们更容易感染积极情绪，对痛苦的抵抗力更强。

卡巴金还做了另一个研究，他给两组人都注射了感冒病毒，他想观测的是，他们体内的抗体会有什么反应。结果发现冥想者的免疫反应比那些没有冥想的人强了很多。

——《幸福课》塔尔·沙哈尔

冥想的效果是显著的。如何学习冥想呢？

对冥想初学者的一些建议如下：

（1）每天10分钟冥想，当做是纯粹的休息时间。

（2）你可以将冥想与日常生活中的某个场景结合起来，从而让冥想变得更简单。比如，有些人喜欢在睡前冥想，脑海中就会形成先冥想，再睡觉的习惯，不仅容易操作，还可以发挥冥想在帮助睡眠方面的良好效果。也有人喜欢用冥想代替午休，都是可行的。

（3）姿势的选择：任何让你感到放松的姿势，都是可行的。无论是坐下来，双腿垂直，肩背部放松，抑或是睡前躺在床上，只要有全身非常放松的感觉，都是可行的姿势。

（4）方法：关注自己的呼吸，5秒钟吸气，5秒钟呼气，用这样的节拍开始引导自己的呼吸节奏慢下来，心率也会紧接着慢下来。下面的专栏是沙哈尔提供的冥想引导语，你也可以到网上去寻找其他更适合自己的。

（5）如果你感到比较难以专注，可以选择高质量的冥想引导词，来帮助你进入冥想的状态。音乐和语音的节奏，会帮助你放慢呼吸的节奏，且引导你的意识进入更加专注的状态。

（6）记录自己的冥想感受，你将会看到自己的进步。

专栏3–3：冥想引导语

请尽可能舒服地坐在座位上。后背挺直，如果背靠着椅子更舒服的话，就靠吧。把脖子尽量挺直。上半身形成一条直线，把脚尽量舒服地放在地板上，如果觉得交叉着腿不舒服的，就放下来。可以把你的手放在腿上，也可以合起来，你觉得舒服就行。在冥想的过程中，你可以随时调整你的姿势。

请闭上你的眼睛。

不管你的注意力在哪里，都把它集中在你的呼吸上，深深地吸进腹部，然后慢慢地、轻轻地呼出来，深吸一口气，慢慢地、轻轻地呼出来，重复几次，如果你的精神分散了，慢慢把它集中回呼吸上就行了。

一边呼吸一边转移你的注意力，转移到你的身体上，你的脚、小腿、大腿、手腕、腹部、背部，扫描你的全身，你的胸膛、脖子、头，找出你身体觉得微微紧张的地方，比其他部位更紧张的地方，没有其他部位那么放松的地方，不管是哪个身体部位，把你的注意力转移到上面，觉察不适，觉察这股紧张感，觉察它，接受它。

继续一边深呼吸，一边觉察这个身体部位，看看这多有趣，你哪个部位有这样的一个感觉，每呼吸一次就接受它。你的感觉，没有对错之分，这只是一种感觉，继续深呼吸，吸到那个部位，再从那个部位呼出来，只需观察它，接受它，与它同在，继续与那个身体部位同在，一边呼吸，一边感受这种感觉，不管是什么感觉，感受它。然后轻轻地把注意力从那个部位移开，轻轻地，因为你已经接受它了。

你要回到呼吸上，用你的呼吸洗涤整个身体，从你的灵魂开始，从下到上一直到你的头，每次呼吸，平静加深了，接受加深了，存在加深了，体验、感受这股轻松感，因接受带来的轻松，自然状态下的轻松。

再深吸一口气，慢慢地轻轻地呼出来，吸完下一口气，慢慢地睁开你的眼睛。

——《幸福课》塔尔·沙哈尔

管理情绪与压力的另一个方法是运动。

3.4 运动

和我们的祖先要去打猎、采集才能让自己生存下去不同，当今的社会，生活越来越方便，例如，大部分人都不再为吃而劳作，甚至开始不用做饭，也不再去餐厅，电话也不用打了，通过手机屏幕就可以在家里吃到想吃的东西。对大脑来说，“不做而得”符合它高效运作的要求，运动早已经被很多人排除在日程表之外了。

我们的祖先和我们过着不一样的生活，他们靠自己的双手，来获得食物，生活在大地上，还未受到过黄金与宝石的诱惑。

——塞内加

为什么要运动

我们都知道运动会让我们更健康，包括降低各种疾病的风险，降低血压，改善新陈代谢，增强免疫系统等等。运动对心理有作用吗？比如，治疗抑郁症最常见的方法是心理治疗或者药物治疗，但心理学家已经发现，锻炼是第三种方法，而且对很多人来说，效果更好。

研究：运动与抑郁

詹姆斯·布鲁门索（James Blumenthal）以及他在杜克大学医学院的同事在1999年共同完成了一个具有里程碑意义的研究，这个研究被称为“微笑”（SMILE），即“标准医疗干预和长期运动”（Standard Medical Intervention and Longterm Exercise）的缩写。

他们找了156个抑郁症患者，将他们随机分成三组：第一组是锻炼组，第二组是服药组，第三组是既服药又锻炼组。所服用的药物是通用的抗抑郁药，所做的运动是中等强度的有氧运动，慢跑或走路，一周三次，每次半个小时。

对这三组人，锻炼组，服药组，服药加锻炼组，跟踪调查了16周。结果如何呢？这三组中的每一组，四个月后都有50%左右的人情况有所好转，按照美国精神病诊断标准不再被诊断为抑郁症，另外有13%的人症状减轻，但仍没有完全恢复。各组没有显著区别，唯一的区别是，那个只锻炼的组，需要更长一点儿的时间来治好抑郁症。在服药的情况下，一般约一到两个星期，50%左右受试者的抑郁症就会得到治疗，而仅仅锻炼的组，他们花了差不多一个月。但一个月后，一旦出现了好转，就没有什么区别了。

这项研究结束后第6个月，他们对被试者进行了调研，发现运动的长期效果比药物要好。运动组中大约有30%的人仍有抑郁症状，服药组的比例是52%，而联合组的比例则是55%。

而那些在研究初期已经进入好转的患者中，服药组有38%的人又有了抑郁症的症状，既服药又锻炼的组复发率为31%，仅仅锻炼的组的复发率为3%，差距相当明显。

布鲁门索认为这个研究的重要结论是：运动的效果更持久，能够经常运动的病人抑郁症

复发率较低。

研究小组起初假设运动兼吃药组应该会有相加或相乘效果，结果恰恰相反，这组患者复发率却相当高，大概是因为运动组的病人较主动去改善病情。布鲁门索说，服药是被动的疗法，服药削弱了运动赋予病人的“自我掌控感”，而只运动的病人也许对病情较有“自我掌握”感，随着病情改善，也有较大的成就感。“一旦做运动的病人感觉病情有进步，他们会更喜欢运动，越运动他们感觉越好，产生治疗的‘良性循环’。”

不过，研究小组提醒大家：不要把运动当作提振情绪、驱赶抑郁沮丧的万能药，因为实验对象并不包括精神症状异常严重，甚至有自杀倾向或近乎发疯的病人。此外运动也不是对所有人都有效。

——《运动改造大脑》约翰·瑞迪、埃里克·哈格曼，浙江人民出版社，P112–114

美国心理学家威廉·摩根也做过一项研究，实验表明：以最大摄氧量的60%为最小强度，进行20–30分钟的锻炼，每周进行3次体育锻炼，人们的抑郁情绪就会得到很好的改善。

《英国运动医学杂志》的一篇文章指出，德国柏林自由大学的医生在至少9个月的时间里，追踪曾患重度抑郁症的5名中年男性和7名妇女，发现药物对这些患者的疗效相当有限，甚至是无效的。后来，研究人员要求这些患者每天在跑步机上运动30分钟，并且在10天的运动期间，逐渐增加运动量。同时，他们评估患者情绪状况的变化。结果10天以后，有6名患者表示抑郁情绪已大为改善，其中的5个人之前接受过药物治疗，但情况并未好转。

生理学研究表明，锻炼可以驱散抑郁状态下释放的激素、糖和脂肪，提高肾上腺分泌儿茶酚胺的能力，起到降低抑郁的作用。锻炼可以给予中枢神经以良好的刺激，神经细胞经常受到刺激和兴奋，可减缓退化和萎缩的过程，起到防止脑细胞衰退的作用。锻炼可使机体释放一种称为“β–内啡肽”的脑化学物质，它不仅能改善人体中枢神经的高度调节能力，还能提高机体对有害刺激的耐受力，从而令人镇静和感到快乐。同时，系统的锻炼可以改善脑部的血液循环，增加糖类的供给，最大限度地提高氧运输能力，通过提高能量的供给，使人精力旺盛。

此外，许多体育活动如球类运动，是团队共同进行的，运动时有相互配合、相互帮助，运动后有相互交流（运动总是一个好的、正向的沟通话题），这种良好的社交活动，以及随之而来的归属感和集体荣誉感，对于抑郁症的预防和康复都产生很好的效应。

运动是一种在短期和长期都有效的抗抑郁的方式。虽然所有人都可以在运动中减少抑郁情绪，但是在运动开始阶段，它对身体或心理上不健康的人更为有效。在所有年龄段的人群中，越年长的人运动对抑郁的作用越大。运动在抗抑郁方面对男女都同样有效。散步和慢跑都是最为常见的运动形式，但是实践证明，所有的有氧和无氧运动在减轻抑郁症方面都是有效的。

无论是个人报告还是总体研究都一再证明运动在临床治疗抑郁症上起到的作用。其他研究表明，运动同样在对各种类型的焦虑、自尊问题、减肥、成瘾治疗中有着重要功效。

现实生活中，许多患抑郁症的人都有一种力不从心的虚弱感，会觉得全身无力，不仅做事提不起精神，甚至连煮饭、刷牙这些简单的日常行为都会觉得十分艰难。而运动可以消耗身体热量，改善体能，增加自我掌控感，这种“满血复活”的良好感受令患者重拾信心，改善抑郁症状。

当今心理学的问题在于我们关注的大多是脖子以上，而真正发生在我们身上的问题都在脖子以下。

——马丁·塞利格曼

研究表明，推动人类社会进步的梦想、计划和创造能力恰好与大脑中负责支配运动的区域重叠，《运动改造大脑》的作者约翰·瑞迪认为运动最关键的作用是强健或改善大脑。

布鲁门索和他的同事是这样描述运动与药物之间区别的：系统锻炼的积极心理效果之一，是形成了自我控制并增强了自尊。

换句话说，锻炼确定了个人对自我能力的认同，更有力量面对各种压力的挑战，有效地管理各种情绪。它改变了自我意象，证明你可以做到更好。这个逻辑与我们的社会重视影响个人品质的习惯完全吻合。不管你是对抗抑郁症、想要减肥、或是创造重要的工作，你的自我认同、自我效能和自我价值，决定了你在任何一个领域能走多远。

要如何运动

运动要养成习惯，沙哈尔在《幸福课》中给出了以下建议可供参考。

第一，要选择合适的锻炼。

首先是时间上的适度。沙哈尔推荐是每两天一次，每次 30 分钟到 1 小时。关键是要听从你身体的需要。如果你的感觉超出了正常的范围，赶快停止；如果肌肉开始酸痛，停下来。宁可少做也不要过度。聆听你身体的需求，可以戴个心率监控器，锻炼要保持在最高心率的 70% 左右（最高心率是 220 减自己的年龄）。

其次是方式上的合适。这个建议看上去是多此一举，但实际上很多人所选择的运动并不是他自己最喜欢的，而是他觉得这样做是最有效的。而像这样机械般的做着自己并不喜欢的运动，是不可能坚持多久的。永远要记得，锻炼身体的方法有很多种，我们应该选择自己喜欢的锻炼模式。如果你喜欢游泳的话，可以经常去附近的游泳池游泳而不必逼自己去慢跑；如果你喜欢看电视的话，也可以把跑步机放到电视机前，边看电视边锻炼。你需要做的是尝试不同的运动方式，并找出其中你最喜欢的一种。从广义上说，任何能让自己离开椅子并出汗的方式都是锻炼。

第二，恢复很重要。

锻炼一定要张弛有度，量力而行。过度的运动容易受伤，而且事实证明，好的成绩往往是休息后获得的。

恢复的重要性可以从一个马拉松的事例来说明。男子马拉松第一次跑进 2 小时 10 分，是 1967 年 12 月 3 日，澳大利亚人克莱顿（Derek Clayton）在日本福冈跑出 2 小时 9 分 36 秒。他是世界最好的长跑运动员之一，但从来没有成为真正的第一。他身高 1.88 米，最大心率、最大血液溶氧量不是很高，但是他的优势在于他是最勤奋的一个，他每周跑一百多英里，非常努力。由于他过度刻苦，有一次受了很严重的伤，整整一个月不能跑步，当时他正在准备日本马拉松赛事。在比赛一周之前，他开始可以慢慢地跑。他说要将这次马拉松作为一次训练，作为下一次马拉松比赛训练的一部分。他去参加了比赛，结果打破了世界纪录。他继续努力训练，两年之后再次训练过度，受伤，又一次无法跑步。随后去参加了比利时马拉松比赛，结果又打破了世界纪录：2 小时 8 分 33 秒。从这以后，教练和运动员们开始明白适可而止的重要性、适当休息的重要性、恢复的重要性，也就是说过犹不及。

第三，要认识到开始时是痛苦的。

要循序渐进。不要幻想从来没有运动习惯的你能一下子接受高强度的运动量，这只会打击你的士气，甚至使肌肉受伤。记着循序渐进这个原则，刚开始的第一个星期可以仅仅是运动三天，每天短短的几分钟到十分钟就够了。第二或第三个星期就慢慢增加运动量，慢慢增加到每次运动一刻钟或半小时，每星期运动四天。

分开时段锻炼，完全没有必要一次性地完成一天的健身计划。很多人都喜欢量少形式多的健身模式，把每天的健身计划分成不同时间去完成。譬如对于 45 分钟的慢跑，分三次每次 15 分钟总比一次跑完 45 分钟的效果要好。

找个健身伙伴。一个人进行锻炼往往不会坚持多久，可能某个时刻你想不锻炼就不锻炼了。但如果和朋友约定了健身计划后，你就不会那么容易动摇了。因此找个健身伙伴很重要，可以约朋友一起去慢跑，或者是与朋友找个时间每星期都去打乒乓球，等等。同样道理，参加一些健身班，如瑜珈或健身操的培训班，都能让自己坚持锻炼下去。

采用多种方式。要养成锻炼身体的习惯，除了有健身计划外，我们还可以在日常生活中多活动身体，减少使用那些方便的现代化产品。譬如回家的时候不乘电梯而改爬楼梯；上班的时候把车停远一点好让自己能走多一段路程；把电视的遥控收起来，每次换台的时候都自己走到电视机前。

当我们认识到“运动在开始时是会出现痛苦的”这个事实之后，在出现痛苦时大脑就知道这些痛苦是正常的，会减轻心理阻碍。一旦度过了这个痛苦时期，障碍就不复存在了，相反，运动会让大脑产生“上瘾”的感觉。

运动也是一种习惯，关于如何养成习惯我们将在第九单元中进行阐述。习惯的养成并非易事，涉及到态度的转变、行为的持续和相关知识的学习，并且最重要的是不断的重复。

3.5 最重要的是认知

这一单元我们首先阐述了ABC，其中的关键是如何对 A 进行解释 (B)；要通过我们的自我谈话来改变自动化思维，改变对事件的解释；接着谈到正念与冥想，是要关注当下，要和自己在一起；还讲了运动，运动可以建立身体和大脑之间的连接，有益于身心健康。所有这一切都是在尝试改变我们原有的认知。同一件事情，大脑会有完全不同的认知。有对过去的认知，有对现在的认知，也有对未来的认知，这些认知决定了我们的现在，也必将决定我们的未来。

我们对世界的感知，部分依赖于对客观事物的感觉，另一部分……可能是更重要的一部分，来自于我们的思维。

——威廉·詹姆斯

改变认知，也就改变着我们的现在和未来。

第一个需要改变的认知就是对情绪与压力的认知。只有正确地认知情绪与压力才能对它们进行有效的管理。

凯利·麦格尼格尔是斯坦福大学心理学教授，她的有关压力管理的 TED（Technology，Entertainment，Design）演讲视频，点击量远超千万，是 TED 创办以来点击率最高的视频之一。

她在《自控力，和压力做朋友》中探讨了对压力的认知模式如何影响压力管理的效果。她指出压力对于个人适应困难处境，基本都是正向影响。但是人们一直认为压力有害，其实正是由于“压力有害”的观点导致人们对压力厌恶甚至恐慌，进而造成了压力管理的失效。

她在研究中发现，人们对压力管理错误的认知，导致了压力管理的无效，限制了人们潜力的发挥。人们对压力的印象往往是负面的，完全忽视了压力的积极意义，而通常所谓的压力管理就是避开压力，却不解决根本问题。如果你想实现有效的压力管理，就要合理地评估压力，正视压力的积极作用，培养正向的压力思维模式。只有这样，才能驾驭压力，在困境中实现转折和飞跃。

研究：压力有害吗?

1998 年，3 万名美国成年人接受了一项关于过去一年他们承受压力状况的调查。调查中包括这样一个问题：你认为压力有碍健康吗?

8 年后，研究人员对参与者进行了跟踪调查。结果和人们的预期相一致：较高的压力提高了 43% 的死亡风险。但是提高的死亡风险，只影响了那些相信压力对健康有害的人。那些报告承受了较高压力，但不认为压力有害的受访者，并不容易死亡。实际上，他们是调查中死亡风险最低的，甚至低于那些报告自己只承受了较低压力的人。

研究人员用宽泛的多种因素试图解释这个结果，如性别、年龄、教育状况、收入、婚姻、抽烟、运动等，都无法解释为什么压力信念结合压力水平与死亡率之间会存在强相关性。

研究人员得出结论，杀人的并不是压力，而是压力加上认为压力有害的信念做的孽。研究人员估计，“相信压力有害”可能是美国第十五大导致死亡的原因，比皮肤癌、艾滋病和自杀夺取的生命还要多。

——《自控力，和压力做朋友》凯利·麦格尼格尔，北京联合出版公司，P2

凯利认为：只有当你认为压力有害的时候，压力才有害。

对情绪的认知与之类似。当消极的情绪出现时，如果我们对它们的感觉是厌恶的（指对情绪的感觉是厌恶的，不是情绪本身是厌恶情绪），潜意识中远离痛苦的程序便开始运作。身体就会像准备逃跑或战斗那样紧张起来，大脑开始采取一些它认为适当的机制来摆脱这个厌恶情绪，注意力开始集中于它，对与它无关的信息进行了屏蔽，能量被大量消耗，我们的反应是退缩的，选择越来越少，逐渐地进入到这个厌恶情绪所形成的旋涡中无法自拔。

从小我们就被告知，某些情绪是不好的，要尽力去控制，甚至有些父母认为任何情绪都是不对的，人不该有情绪。也有些事件带给了我们异常的痛苦，如亲人的过世、被当众羞辱等等，不愿意去面对，通常会选择逃避，也就是“埋”得更深，但这只是让潜意识记得更牢，总有一天它们会自动的以其他更猛烈的方式让你意识到它们的存在。还记得我们前面谈到过的那头粉红色的大象吗？大脑不接受否定词，逃避意味着强化。相反，如果我们选择接受这份不快，接受自己的负面情绪，这些记忆和情绪反而自然地淡化了。

当我们把某些情绪当成必须打倒、消灭、击败的敌人时，我们也把自己推入了一个深深的旋涡中。当我们处于旋涡中时，记忆中的那些同类型的负面记忆会伴随着情绪不断地涌现，直到把我们推向旋涡的更深处。

我们要接受自己的情绪，情绪是大脑通知我们的信号，它没有对与错，没有好与坏，接受它，我们才能不被它所困扰，才能有能力去发现造成情绪的原因，才能去改变自己的现在和未来。

另外一个需要明确的认知是对自己的过去、现在和未来的认知。

刘慈欣的《三体》代表了中国科幻小说的新高度，书中描写了多维空间。一般认为第四维就是时间，人类一直痴迷于能够穿梭于不同的时间，因此有了各种科幻、穿越的小说和电影。如果我们真的能够想去到哪个时间就能去到哪个时间，那一定可以帮我们实现很多梦想。能够回到昨天去努力学习一下今天考试的题目，去到明天看看彩票开的是什么号码，想想都让人开心，可惜，这只能是想想。

人的身体无法穿越时间，但人的大脑具备这种穿越的能力，而且乐此不疲，只不过这种穿越是一直在过去、现在和未来之间跳跃性的自发进行的。我们经常会回忆起过去的开心事，给自己造成伤害的人或者某个娱乐八卦事件，也会构想自己未来的美梦，担心被领导批评或者想下一顿饭和谁去吃。请注意，这些都是我们在现在这个时刻正在做的。

对过去进行回顾、总结和归纳，可以让我们更有能力面对今天的挑战；对未来进行规划、预判和梦想，可以让我们更从容地面对生活中各种事件并创造更多的可能。这种能力是人类能够生存下来，最终战胜其他生物，站到了食物链顶端的重要原因之一。动物也具备一定的汲取教训的能力，但大多是机械性的，缺少变通，只是一种简单的趋利避害的动物性本能。有些动物也会为度过寒冷的冬天储备粮食，但那是不经过思考的自动自发性行为，是固化的遗传结果。

对过去进行经验总结和对未来进行创造的能力不仅让人类能够生存下来，让人类的生活彻底摆脱了靠天吃饭的困境，也让人类能够生活得更好。对美好生活的向往是人类共同的期盼，人类也习惯于使用这种能力来达到这个目的。

人类这种能力，就是当遇到问题或者不如意时，能不断地去分析、寻找背后的原因、构想各种可能，再进行适当的选择。不断缩小现实图像和理想图像之间的距离，最终促成问题的解决。如果没能达到自己满意的结果，就反复地思考。每个人都有过通过使用这种能力而取得某项成绩的经历，这种能力也是我们接受的教育所着重培养的，是我们在组织中领导所期盼的，是我们在生活中所引以为傲的。

这种能力被称为思维的解决问题模式，即行动模式（Doing Mode），是一种达成目标和解决问题的通用方法，是人类特有的本领。这种模式不仅帮助我们管理日常的生活琐事，帮助我们应对工作中的任务，也使人类在改造外部世界的过程中取得了宏伟的成就。从长城的建造，到桥梁和高铁的工程技术，到科学上的攻关克难，再到人类的上天下海，所有这些成就都有赖于这种解决问题模式。

这种模式，曾经在过去帮助我们解决过很多问题，甚至创造过奇迹，因此当再次遇到问题时，我们深信，通过这种反复思考，可以帮助我们解决眼前的问题。而且相信，如果不这样做，情况会变得越来越糟糕。但实际上，有时正是这种思考模式使我们越来越糟，深陷旋涡中无法自拔。这时这种思考模式不是在解决问题，反而正是问题本身。

特别是，当我们习惯性地将这种模式应用于解决我们内心世界的问题时。我们总是在不停地进行自我谈话，产生着各种念头，比如：我突然发觉我现在不太开心。这个念头会让大脑产生失去平衡的感觉，被意识所注意，开始按照习惯性的行动模式运作起来，关注“现实的不开心”和“理想的应该开心”之间的差距。开始在想象中进行时空穿越，到过去去寻找“不开心”这个问题的根源，预期这个问题不解决会对未来造成的痛苦和影响，努力提醒自己避免现实的不开心。在这个寻觅的过程中不断激起过往失败的记忆和对未来的恐惧，不开心逐渐恶化，开始自责，被负面情绪所控制。思维始终处于解决问题模式，无法解决就继续挖掘、寻觅，内心更加执着于“找到问题的根源并解决它”，思维开始泛化。开始不断地质问自己：为什么我会这样？为什么我总是陷入困境？为什么我要承受这种痛苦？

解决问题的行动模式能够让我们生存下来，从而生活更好，但生存不是生活。生活的本质是感受当下，不论是痛苦还是快乐，都接受，都去感受，即正念，也称为存在模式（Being Mode）。

世界上只有一种真正的英雄主义，那就是在认清生活的真相后依然热爱生活。

——罗曼·罗兰

存在模式可以给我们一种不同的生活方式，那就是热爱自己的生活，去理解情绪、压力，去感知当下。

如果你感到沮丧和自责，那是因为你活在过去；如果你感到担忧和焦虑，那是因为你活在未来；只有当你感到满足，开心和平和时，你才是活在当下。

这并不是说我们不应该回顾过去和计划未来，只是当我们回顾过去和计划未来时，要觉察到我们此刻是在回顾过去和计划未来，并且要应用恰当的方式。对于过往的经历，要避免对它们的无法释怀和沉迷，我们可以通过 PPP 的方法对其进行重新解释，潜意识存储的是宝藏还是垃圾，取决于我们如何去解释和利用它们。对于未来，我们要避免恐惧和诱惑，要对照自己的价值观找到自己真正在意的，树立积极的目标，去实现它（见第四单元和第十单元内容）。

我们的今天是由我们过去所做的选择而决定的，我们今天的选择同样在决定着我们的未来。是快乐，还是悲伤？是幸福，还是抑郁？是实现自己的价值，还是怀才不遇？这都取决于你的认知和所作出的选择。这一切都是你自己决定的。

3.6 单元小结

ABC 模型强调 B 的重要作用，认为 A 只是造成 C 的间接原因，B 才是情绪和行为反应的直接原因。可以用 PPP 的方法对 A 进行解释，从而得到不同的 C。

我们经常在大脑中进行着自我谈话，自我谈话不断地强化着我们的自我意象。我们要用积极的自我谈话，为自己创造更新更好的自我意象。对他人的评价，要自行负责地决定接受或拒绝，经常回顾自己的成功，使成功产生成功。

正念是有意识地觉察，将注意力集中于当下，对当下的观念不作评判。正念能帮助我们从自动化的、不知不觉的状态中清醒过来，从而能触及生活中的各种可能性，改善情绪与压力。冥想是一种通过关注呼吸的方式进行的正念。

运动不仅可以强健我们的身体，还能强健我们的大脑，从而有效地应对情绪与压力。

认知决定着我们的现在和未来。情绪与压力不是有害的，接受它们可以让我们从中受益。对过去可以通过 PPP 的方法对其重新解释，使潜意识的存储成为我们的宝藏；对未来要对照自己的价值观找到自己真正在意的，树立积极的目标，去实现它；活在当下会让我们更富足。

第二部分 客户中心实用管理心理学

第四单元 激发员工的积极性

如果我们不为自己努力，我们靠谁？

如果我们只为自己努力，我们成了什么？

如果我们现在还不明白，我们要等到何时？

——犹太典籍《塔木德》

三个建筑工

一个人看到有三个建筑工人在一起垒墙，一个人唉声叹气，一个人挥汗如雨，还有一个一边干活还一边哼着快乐的小曲，于是很好奇地去分别问他们：你们在做什么？

第一个人没好气地说：走开，没看到我正忙着垒墙吗？

第二个说：我在建一座房子。

第三个人兴奋地说：我在建一座教堂！

对于第一个人来说，他想的是要赚钱，养家糊口。

对于第二个人来说，他知道自己垒墙的目的是建房子，有了钱以外的目标。

对于第三个人来说，他垒墙是为了建教堂，建教堂是为了让上帝可以住在旁边，保佑这附近的人。垒墙的目的不再是为了自己,他能想象出教堂建好后,这里人们的快乐生活。

4.1 动机及动机理论

不同的人在做同一件事时的想法有区别，做事的动力不同，造成行为结果不同。动力来自于动机。动机通过情绪来发挥作用，在实现目标的过程中，大脑追寻奖励的程序会不断提醒我们实现目标之后的快乐。在遇到困难时，动机产生合适的情绪帮助我们克服困难，渡过难关，实现目标。当然，也可能发生相反的过程，这取决于对实现目标后会获得的快乐程度的评估。

动机是引起个体活动，维持并促使活动朝向某一目标进行的心理动力。

简单来说，人的行为活动都有它背后的原因，动机就是这些行为活动的原因。动机不能直接进行观察，但可以根据个体的行为表现进行推测。动机水平因人而异，对于同一个个体来说又因时而异。

美国耶鲁大学的心理学家艾美（Amy Wrzesniewski）对上千名员工的研究发现，人们的工作动机可以归类为三种：

第一种，是把工作看成工作，就是从这里拿钱过日子的，明天说不定就拜拜了，工作只为了钱。他们的动力是每个月末的工资，工作是我不得不做的事，它是琐事，我别无选择。他们期待什么呢? 没有什么，他们只是在期待星期五，期待法定假日。

第二种，是把工作看成职业，这是我的职业，我要有职业精神，干一天要像干一天的样子，工作不仅仅是为了钱，有了钱以外的目标。薪酬和晋升通常是他们的动力，不断地升职，工作就像赛跑，跑到第一名，期待着更多的权利，更强的力量，更多的钱，更高的成就。要从助教到讲师，到副教授，到教授，到终生教授，到各种荣誉，一直有追求。

第三种，把工作看成事业与使命，我做这个工作，是要为人类带来幸福的，工作有了“意义”，有了使命感，是为了他人，钱不再重要，他的眼光也开始放得更长远。他们的动力来自于工作本身，是一种自我和谐的目标，是自我和谐的奋斗过程。

做同样一件事时，动机的不同造成了人的心理动力有了巨大的差异，人的大脑通过对“付出”和“收益”进行对比来决定动力的方向和大小。在本单元开头的小故事中，三个人的“付出”是相同的，但对于第一个人来说，他的“付出”大于他的“收益”，他的“收益”只有钱，因此他感觉是被迫的干活，动力小，甚至是反向的；第二个人，他的“付出”和他的“收益”基本是等同的，他的“收益”有了钱以外的东西，动力是正向的，大小适中，会促进目标尽快达成；第三个人，他的“收益”是为了他人，是无限大，远远大于了“付出”，甚至不再与“收益”进行比较，他的工作开始有了“意义”，动力是正向的无限大，会促进目标的更好达成。

我们看看不同的人在这三种动机下可能有的想法：

一个清洁工，发现地上有一堆垃圾。只为了钱的人会想：怎么这么倒霉，赚这么一点儿钱真不容易。但为了避免扣工资，我还是把这堆垃圾收走吧。把工作看成职业的人会想：有事情做了，我的任务是保持这里的整洁，我要完成工作，尽快收走这堆垃圾并把这里清洁干净。为了让人们生活在美好的、感觉舒畅的环境中的人会想：我要尽快把这里清洁干净，不要让人感觉不舒服；这里出现垃圾的原因是什么，可以避免吗?

一个教师，班里出现了一个打架的孩子。为了谋生的教师会想：怎么又摊上了这样的学生?要家长来领他回去，别烦我。把教书看成职业的人会想：这个学生有问题了，我要想想用什么办法才能解决。以教书育人为目的的教师会想：我要仔细想想问题的原因是什么，我怎样才能尽快地帮帮他，怎样做才能避免他以后犯类似的错误呢?

一个 CSR，遇到了一个来投诉的客户。为了谋生的 CSR 会想：这些客户也太不讲道理了，真倒霉，怎么又被我碰到了；为了职业发展的 CSR 会想：我要谨慎了，要尽可能地解决客户的问题，避免这个客户投诉到我身上；为了让客户享受公司产品的 CSR 会想：我们给客户造成不便了，这和我们的初衷相违背，我要看看怎么尽快帮客户解决问题，同时还要看看出问题的原因是什么，该如何避免类似的情况再次发生呢?

研究显示，同样的工作，在这三种不同的动机下，想法不同，行为不同，最终得到的结果也大不相同。有事业和使命动机的人得到的回报会最多、工作更加努力和持久，成就也更大。

动机是管理心理学最主要的研究课题之一，原因之一就是尽管很多人对工作没有感到不满意，但对工作投入的情况非常不乐观。盖洛普在 2012 年针对 15 万名专、兼职员工开展的“美国职场报告”的调研结果显示：只有 30% 的员工在工作中积极投入且备受鼓舞；大约 52% 的员工出工不出力，在工作中缺乏积极性；18% 的员工完全没有积极性。这 18% 的员工导致了价值 5,500 亿美元的损失。另一项调查显示，有近 25% 的人声称自己每天浪费的时间有 30–60 分钟之多，浪费的时间通常是在上网或和同事闲聊。其他国家也有类似的情况，盖洛普调查显示，只有 15% 的德国人认为自己对工作很投入。

工作不够投入，薪酬无疑是问题之一，但薪酬一定不是唯一的问题，甚至不是最主要的问题。人们工作的动机究竟是什么呢?

关于动机的理论非常多,早期的动机理论是在 20 世纪 50 年代所诞生的四种,分别是:马斯洛的需求层次理论（认为每个人内心都存在五种层次的需求：生理需求、安全需求、社会需求、尊重需求和自我实现需求）、麦格雷戈的 X 和 Y 理论（提出了两种截然不同的人性假设：一种基本上是消极的，称为 X 理论；另一种基本上是积极的，称为 Y 理论）、赫兹伯格的双因素理论（又称激励 – 保健理论，提出了一种二维连续体："满意"的对立面是"没有满意","不满意"的对立面是"没有不满意"。把管理质量、薪酬水平、公司政策、工作环境、与他人的关系和工作稳定性这些因素概括为保健因素；将与工作本身相关的或是与工作直接结果相关的因素，如晋升机会、个人成长机会、认可、职责和成就称为激励因素）和麦克利兰的需求理论（主要关注三种需求：成就、权力和归属）。

早期的动机理论有些只是假设，经不起严格推敲，缺乏研究支持，有些测量非常困难。而当代的动机理论都有大量的证据支持，尤其是对人的工作动机进行了解读。

当代的动机理论包括以下七种：自我决定理论（人们享受他们对自己行动的掌控感，因此当一些能让自己乐在其中的任务，变成了一种义务而非自主选择的活动时，动机就会受到破坏）、工作投入理论（驱动员工绩效的是一些更深层次的东西，包括：工作的特征和所能获取的资源；个人价值观与组织价值观的匹配度；激励员工产生使命感）、目标设置理论（人们有为实现目标而工作的意愿，个体的目标引导着他们的行动。可以带来高绩效的目标有以下特征：明确而具体；有困难但被接受的目标和在实现目标的过程中有反馈）、自我效能理论（见第一单元）、强化理论（这是行为主义的观点，认为强化塑造行为，不考虑个体内部状态，不关注具体是什么因素激发了行为，但提供了强有力的工具来分析是什么控制了行为）、公正理论（员工会将他们从工作中获得的与他们在工作中投入的进行比较，会将自己的投入产出比与他人的投入产出进行比较，根据比较的结果产生不同的动机水平，进而采取不同的行为和策略）和期望理论（当员工相信努力会带来良好的绩效评估，良好的绩效评估会带来组织奖励，而这些奖励可以满足员工的个人目标时，就更有动力付出更多努力）。

斯蒂芬·罗宾斯（Stephen Robbins）和蒂莫西·贾奇（Timothy Judge）认为这些理论没有一种是单独行之有效的，而是相辅相成的，他们将这些理论进行了整合（《组织行为学》斯蒂芬·罗宾斯、蒂莫西·贾奇，中国人民大学出版社，P184），见图表4–1。

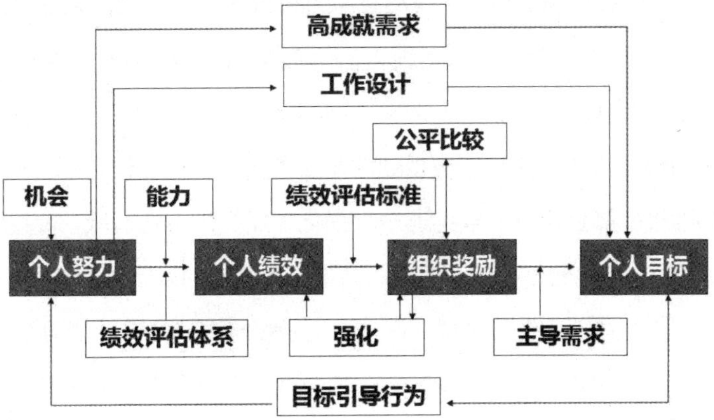

图表4–1 整合的动机理论

它的基本框架来自期望理论模型，即个人努力会带来良好的个人绩效，良好的个人绩效会带来组织奖励，这些奖励可以满足员工的个人目标。同时，这些联系又受一些因素的影响：个人的努力程度会受到机会和目标完成情况的影响；个体的绩效水平不仅取决于他的努力程度，还取决于他是否具备完成工作所需要的能力以及他对组织的绩效评估体系是否公平的认知；如果个体认为自己是根据绩效标准（而不是别的因素，如亲疏、资历等）受到奖励的，那么绩效——奖励关系就会加强；个体得到的奖励只有在他认为是与其他人比较是公平的情况下才最有效；当个体从组织所获得的奖励是与个人需求相一致时，他的个人目标对他来说就会更有意义，动机水平也会得到加强。

此外，还存在两个不经过绩效和奖励，直接从个人努力到个人目标的动机路径。一个路径是通过工作设计来达成的，这方面的研究表明，工作要素的组合方式会提高或者降低员工的努力程度，这些要素包括技能多样性、任务完整性、任务重要性、工作自主性和恰当反馈等。另一个路径是属于高成就需求者，他们找到了非组织提供的激励，对他们来说，只要他们从事的工作能体现个人的成就需求，他们就会产生完成工作的动力，本单元前面所阐述的利他动机就是其中的一种。

下面以一个 CSR 的工作动机情况来对整合的动机理论进行说明。当组织出现变动时，比如班组重组，有些人将其看成机会，会更加努力地工作，有些人则可能担心新班组的人际关系，努力的意愿开始降低。如果她具备做好工作的能力，在客观的绩效评估体系下，并通过自己的努力得到好绩效时，工作的意愿会得到加强；反之，无论是自己不够努力，认为绩效评估不公平，还是缺乏相关的能力，只要得到的绩效不好，工作的意愿都会削弱，动机降低。工作绩效好时，并根据绩效标准（如多劳多得）得到了组织的奖励，并且她认为与其他和她相似的人比较来说，她得到的是公平的时候，工作意愿会得到加强，同时绩效水平和奖励水平都会在未来得到进一步强化，反之则不断衰减。奖励，尤其是当她喜欢旅行，而组织的奖励包括旅行套餐时，会增强她工作的目标，工作动机得到加强。目标的实现会进一步让她努力做得更好，每一通电话都能做好的这种能力会逐渐成为习惯，进一步保障个人目标的实现。如果这个 CSR 喜欢工作的某个特征，如上班时间、上班地点、工作氛围等，或者她能够在这份工作中为未来的职业生涯存贮有价值的能力（如人脉、沟通技巧、团队能力等），或者她乐于助人，能从为他人的服务中感悟到更多的意义，那么会对绩效和奖励的关注变弱，自身就具备了做好工作的动力。

整合后的动机理论涉及的因素比较多，这里从动机的倾向性入手，对动机进行分类，用动机倾向模型来简化对动机的理解，当然实际工作中对员工进行动机分析，采取合适的管理手段还是需要根据这些动机理论，不断寻找更合适的措施。在客户中心的管理中，尤其是涉及到对人的管理中，永远都不会是一劳永逸的，而是要不断地进行调整以应对各种变化。

4.2 动机的类型及转换

如前所述，不同的人在相同的情境下有不同的动机，同一个人在不同的情境下也会有不同的动机，但我们可以根据动机的倾向性对动机进行简单的分类，通过觉察自己和他人的动机类型，进行适当的转换，实现对动机进行有效管理。

在这里用横坐标代表积极和消极两种倾向，用纵坐标代表内在（内生）和外在（外来）两种激励来源，用四个象限将动机分为四种类型，分别是内激励动机、外激励动机、被迫性动机和抑制性动机，见图表 4–2。

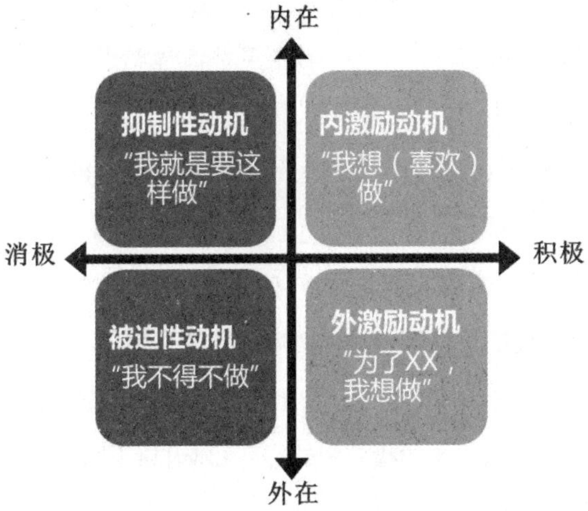

图表 4–2 动机倾向模型

被迫性动机

我们知道如果让人按照一定的方式去做某事，过了一段时间后，经过不断的重复，他们就会适应并养成习惯，会很自然地一直这样做下去。比如让小孩子按时完成作业、自己每天锻炼、要求员工增加一个新的技能等等，我们用威胁、纪律、引诱等方式来达到这些目的，这类的方法有时是有效的，有时效果不明显，有时阶段有效但不能持续。

当我们用手推一个人时，他会产生一个反作用力，大脑也会这样，当它感觉到一件事情是被人强迫去做的时候，它原有的平衡状态就被打破了。我们在第二单元提到过，大脑要维持自身的心理平衡，当一个不平衡出现时，它就会自动地恢复平衡，它就会产生一个反作用力，开始思考是否可以不这样做，寻找可以不这样做的信息。这可能会造成争辩，表达不这样做的理由，如果最终还是不得不这样做，那么它会通过恼怒、消极怠工、降低效率、传播负面情绪等方式来维持自己的心理平衡。

我们将这种情绪下的动机称为被迫性动机。被迫性动机就是使用体力、心理或道德上的力量来控制能自由做决定的人的行动时，被控制人的心理动机。这种动机是消极的，会对要从事的事情产生阻碍。

当一个人处于被迫性动机的控制下时，其内心往往浮现这样一个语句，即“我不得不做（某事），否则就会（发生什么后果）”。在我们的组织里，在我们的团队里，在我们的家庭里，在我们内心是不是经常浮现出这样的句子？当我们不得不做某事，不得不按照某种方式，不得不按照某种要求，不得不按照某些流程做事，不得不听领导讲话时，出于对不这样做的后果的恐惧，如被人看不起、绩效不合格、丧失工作岗位、丢失升职机会、无法养家糊口甚至是身体上的惩罚，我们实际上就是在逼迫自己这样做，而大脑最不喜欢处于这种状态。

处于被迫性动机下，一方面是我们会不自主地采取被动的自我保护行为：如磨洋工、拖延、回避等，导致不能把我们的全部潜力发挥出来，就像有人抱住了我们的大腿，尽管看起来身体在做向前跑的动作，但跑不快；另一方面即使我们最终完成了工作，达成了目标，也不会有成功感，人会处于消极的情感中，大脑开始不断地想办法要逃离这种状态，行为不能持续或处于不稳定状态。

被外部的力量强迫和被自己强迫的结果是一样的。如果我们告诉我们自己，不得不学习、不得不上班、不得不减肥、不得不戒烟、不得不储蓄，无论是不得不做什么事情，无论是任何时候，只要我们这个“不得不”的念头在内心浮现出来，我们的大脑就会通过采取各种显性或隐性的回避行为，来尽力恢复平衡。

如果我们不仔细觉察，我们不会意识到在我们的工作中、生活中有这么多的“不得不”做的事情。当我们觉察到这些“不得不”做的事情时，我们也会相信这些都是真正的“不得不”做的事情。但真的是这样吗？

“我不得不上班”“不得不为客户提供服务”“不得不处理员工的问题”“不得不参加会议”，听起来这些都是“不得不”做的事情，但作为人类，这些“不得不”让我们忽视了自己的潜力。我们是有选择权的，这也是我们和动物的本质区别之一。动物无法自由地选择自己的生活，但人不同，我们可以选择自己的生活方式，选择自己的工作方式。比如我们可以选择不生孩子，生了孩子之后可以选择不养，可以选择养育他们的方式，也可以选择不工作，可以选择在哪里工作，可以选择做什么工作，只是我们要接受这样选择的后果。有一种说法很有道理，人只有一件不能选择、不得不做的事，那就是“死亡”。

怎么解决这个问题呢？我们可以通过让人产生积极的动机来实现。一种方法是给予刺激，这些刺激让我们从“不得不”中解放出来，从第三象限到了第四象限，也就是从被迫性动机变成了外激励动机。

外激励动机

外激励动机就是通过外部刺激而产生的心理动机。

外激励动机是一种积极的动机，会促进我们努力，寻找可以利用的资源，挖掘自己的潜力，逐渐地接近目标并最终实现目标。外部的刺激即可以是别人给的，如钱、职位、荣誉、尊重、表扬等，也可以是自己给的，如奖励自己去购物、旅行、休息等。

我们很容易理解，工作可能是为了获得报酬，为了生活得更好，也可能是为了获得社会地位，为了得到他人的尊重，这些都会让我们工作的意愿更强，动力更足。这时，内心经常浮现的语句是“为了得到（某物），我想做（或我想怎么做）”，大脑开始有了目标。一旦我们将一个清晰目标写入大脑，如果要得到的东西（物质的或精神的）和现实得到的之间存在差异，就会让大脑产生不平衡，开始自动去寻求资源，挖掘潜力以缩小这个差异，逐渐恢复平衡。如果这个目标不够清晰，不够吸引，或者感知到在实现目标的过程中难度太大，实际付出的比最终会得到的多，这个失衡就会通过放弃目标来得到恢复。

当实现了目标之后，大脑的平衡就恢复了，再次做同样的事情时，目标与现实之间的差异变小了甚至不见了，这可以解释为什么当我们重复做某事，或者已经到了某个职位，我们的动力会逐渐衰减，这个现象也称为边际递减效应。例如我们第一次达到一个收入水平时会非常兴奋，随着我们每个月都是同样的收入，收入的吸引力不见了，我们会认为理所当然，不愿意为了这个收入投入更多的精力，动力逐渐消失了。当我们刚开始从事一个职业或者得到了一个新的岗位时，会很有干劲儿，随着时间的推移，会转而产生职业倦怠。

自己给自己设置的奖励类似，同样存在开始时动机增强，之后的重复导致衰减的状况。可以通过自己不断变换奖励的方式保持动机的强度，但是，大脑会认为这些奖励本来就是自己的，因此通常这种方式的动机水平没有从外部获得奖励产生的水平高。

外激励动机有其缺陷，产生积极动机的另一种方式是找到做一件事对自己的意义。

内激励动机

内激励动机是由内在的、积极的刺激所产生的动机。

内激励动机是一种内在的积极性动机，可能会在内心浮现的语句是“我想（喜欢）做”，也可能是没有浮现什么语句，就是这样去做了。有些情况下能够找到一个喜欢的原因，这是被意识到的需求，如兴趣、爱恋等；也有些是没有原因的，就是想做，是潜意识的，如意义、使命、信仰等。这两种状态下的动机对象没有严格的区分，对同一动机对象也可以在意识和无意识两种状态间相互转换。如爱恋一个人可以从开始意识到有好感，到忘我的程度，也可能因为某些原因又回到友情甚至仇视的状态。

内激励动机水平也有强弱之分，例如同是喜欢运动，有人会偶尔运动，当遇到坏天气或者因某事耽搁时会取消运动，甚至动机逐渐消失，不再运动；也有人会持续运动，不论发生了什么事，都会想办法保持，极其特殊的情况下会过后补偿。一般来说，当处于可以被意识到的状态时，动机水平偏弱，当处于潜意识状态时，动机水平较强。

强烈的内激励动机水平会产生心流。

专栏 4-1：心流

心流是由匈牙利心理学家米哈里　希斯赞特米哈伊（Mihaly Csikszentmihalyi）所提出。

心流（Mental Flow）是一种将个体注意力完全投注在某活动上的感觉；心流产生时同时会有高度的兴奋及充实感。

你感觉自己完完全全在为这件事情本身而努力，就连自身也都因此显得很遥远。时光飞逝，你觉得自己的每一个动作、每一个想法都如行云流水一般发生、发展。你觉得自己全神贯注，所有的能力被发挥到极致。

——米哈里 · 希斯赞特米哈伊

心流产生时有七个特征：

1．完全沉浸。注意力高度集中，你感觉对自己正在做的事情充满热情。

2．感到狂喜（Ecstasy）。你觉得自己从日常现实的琐事中脱离出来，进入另一种现实状态中，类似于宗教人士在宗教场所所感受到的喜悦，或普通人在剧院、影院等所感受到的喜悦。

3．内心清晰。你知道什么是需要被完成的，以及目前为止自己做得怎么样。你了解自己的目标，并且清楚地认识到，要消除当下与目标之间的差距，还需要做什么样的努力。

4．力所能及。你知道尽管这件事情可能存在挑战，但仍然是自己所能胜任的。

5．平静感。毫不担心自己，甚至丧失自我觉察，连自己的基本生理需求都无法意识到，例如，有些人在全神贯注地写作、演奏、打游戏时，会进入一种废寝忘食的忘我状态。

6. 时光飞逝。由于全身心地投入在当下的事情中，时间便在不知不觉中飞速流逝，比如专心致志地做某件事情时，猛然抬头发现窗外早已从白天到黑夜。

7. 内在动力。你觉得自己做这件事情源于内心的渴望和对该目标的认同。并且，一种“心流”的状态又能帮助你完成这件事情、实现该目标。例如，一些作家在创作过程中，对于新作品的渴望，令他们进入一种“忘我”的境界，而这种境界又使得他们的创作充满了创造力。

需要强调的是，以上描述都来自于人们对自己处于“心流”时的感受的回忆和总结，对于心流的感受无法被正处于其中的人所描述。

心流更多时候是一种在回溯中才能被意识到的状态，而这正是因为，处于心流中的人，投入而忘我，甚至丧失了对自我意识、感官，乃至周围时空的觉察力。评估是否进入了心流状态，最重要的两个标志是：感觉不到时间和感觉不到自我。这种评估一定是事后的，而不是正处在心流状态中。

所以，当你太过刻意地想要去寻找它时，可能不仅会破坏可能出现的心流，还会适得其反。

米哈里·希斯赞特米哈伊提出使心流发生的活动有以下特征：

1. 我们倾向去从事的活动。

2. 我们会专注一致的活动。

3. 有清楚目标的活动。

4. 有立即回馈的活动。

5. 我们对这项活动有主控感。

6. 在从事活动时我们的忧虑感消失。

7. 主观的时间感改变——例如可以从事很长的时间而感觉不到时间的流逝。

8. 存在不断被克服的障碍。我们对于所从事的活动是力所能及的，且具有一定挑战性，我们可以通过不断练习来增加克服障碍的能力。

心流产生时以上项目不必同时全部存在。

容易产生心流的活动如：对抗性运动、打游戏或赌博、艺术家在创作中、小朋友在看动画片或玩玩具、战士在战斗中等。

我认为除了以上这类短期（一般是几个小时以内）的心流体验外，还有一种长期的心流体验，就是人在一段时间内专注于某件事，有明确的动机和目标时，如爱恋、作家的创作、新入职某公司等。

在塞利格曼提出的幸福 2.0 的 5 个元素中，投入是与心流有直接相关的元素。塞利格曼认为，由于心流会集中全部的注意力，因此它动用了我们全部的认知和情感资源，让我们无暇思考和感觉。体验心流没有捷径，需要投入你最强的优势和才能。

最后一类动机是一种较难被意识到的消极动机。

抑制性动机

抑制性动机是由于自己内在的某些限制性认知而产生的动机，可以表现为外在的行为或内在的思维方式。

在这种动机下，内心经常浮现这样的语句，“我就是要这样做”，往往意识不到不这样做的后果，只是要按照自己想要的方式去做，自己看不到其他的可能性。

这是一种内在的消极性动机，这种动机会使人僵化，失去灵活性，僵化地拒绝任何与自己认为的模式有偏差的行为。夫妻间常常因为存在这样的动机，发生争吵，严重的甚至导致分道扬镳，如洗衣服的方式、叠衣服的方法、房间卫生状况、吃饭时嘴巴的动静、牙膏盖儿盖还是不盖等，看起来都是小事，但后果很严重。

同时这类动机往往很顽固，一般是从婴幼儿时期开始，在被教养的经历中逐渐积累而形成，个人的生活习惯尤其是小时候的生活习惯是另一个来源，这会形成人对卫生、节约、时间、快乐等问题的不同看法。比如家里要不要请保姆，老人和年轻人的看法往往截然不同，是由于各自小时候的生活环境造成的；是不是要每天洗澡，南方人和北方人的看法不同；化妆还是不化妆，化什么样的妆，不同的人有不同的想法。

严重的消极性动机会表现为心理问题，即强迫症，如不停地洗手，不停地检查门窗是否关好等，需要通过心理咨询来解决。

这些抑制性动机对人来说就是一些信念，信念一旦形成，我们会不加思索地按照这种方式去思考、去行动，对大脑来说这样无疑是高效的，但当情况有了变化时，就很难适应，还会找各种理由来为自己的行为辩护。

人在抑制性动机下不仅自己要这样做，还会要求别人也这样做，这会破坏人与人之间的关系和团队协作。当有明显的抑制性动机的人成为领导时，情况会更糟，他们按照自己的标准去要求团队里的每一个人，会设置一些无关紧要的硬性规定来作为团队规范，如有些对细节要求严格的领导甚至会对员工每天去几次卫生间、每次多长时间也做出明确规定。

案例：我的抑制性动机

一次，我带儿子到一个针对小朋友的职业体验场所去玩儿，买了票可以进去随便体验各种职业四个小时。

对于我来说，花了钱，要尽量地让儿子多玩儿几个项目才划算，所以进去后我就经常提醒儿子玩过这个项目后要赶快选择，尽快跑到即将开始的另外一个项目去，美其名曰做好计划。这样奔波几次后，他开始不耐烦了，甚至会在项目外的一些免费体验的地方停下来，看一下，玩儿一会，这使我也开始不高兴了。

我带他去玩儿本来是为了让他快乐，但由于我存在“高性价比”的抑制性动机：在费用和时间一定的情况下，要多玩儿几个项目才会带来更高的性价比，因而忽略了最初的动机，被这个抑制性动机所控制，导致双方都不开心。

抑制性动机是内在的，很难察觉，但几乎在我们的每一次不快，在我们与他人发生的每一次冲突中都默默地宣示着自己的存在。我们可以尝试对冲突进行复盘，进行自省，来发觉自己的抑制性动机，通过觉察自己真正想要的，寻找其他可能的应对方式，这样我们就可以更快地意识自己的抑制性动机，让自己有更多的选择。很多时候，发觉就是改变的开始。

当我们处于他人的抑制性动机之下时，我们可能无力反抗，实际上就是处于自己的被迫性动机之下，我们不得不做某事，即使按照对方的要求做了，我们也会“记账”，以便在可能的情况下进行反击，一旦到了可以“要账”的时候，会有以下三种方式：

第一种方式是触犯对方的限制区。对于熟悉的人，无论是同事、家人还是朋友，我们很清楚地知道对方在意什么，不喜欢什么，当找到机会时我们会尝试通过触犯限制区的方式去报复对方。

第二种方式是拒绝合作。我们可以找出各种理由不配合，没有时间，没有资源，没有人手……，尤其是当下次我们掌握主动时，会通过显性或隐性的方式进行报复，以给对方设置障碍为目标来安排。

第三种方式是讽刺和贬低。针对对方的弱点或当对方失意时，会开那些看起来像是善意的玩笑，比如会嘲笑对方身体胖，挖苦对方穿衣品位，甚至对方的择偶条件……极尽讽刺、挖苦、打击之能。

通过这些方式“要账”之后，我们的内心开始平衡起来，只不过这种平衡都是以造成对方的不平衡为代价的，下一次会面临对方的“要账”。

当一个团队长期处于被迫性动机或抑制性动机的状态下，团队的氛围消沉，团队的合作被破坏殆尽，就像一盘散沙，团队的成员各做各的，有能力的成员想的是如何快速逃离这里。出现这种情况是团队领导者的责任。

动机的转化

被迫性动机、外激励动机和内激励动机三种动机间可以相互转化。

被迫性动机可以通过给予物质或精神的刺激转化为外激励动机，通过找到兴趣或意义，也就是通过改变态度，产生新的信念的方式转化为内激励动机；外激励动机本身会存在边际递减的效果，单纯的外激励动机往往会随着时间的推移自动地转化为被迫性动机；外激励动机可以通过在做的过程中改变和强化态度的方式向内激励动机转化；内激励动机本身就是一种信念，在这个过程中态度和信念的改变就会导致动机向外激励动机的转化，并很快地转化为被迫性动机。

故事：朱元璋普法

《大诰》是朱元璋采集一万多个罪犯的案例，将其犯罪过程、处罚方式编写成册，广泛散发的普法读本。

朱元璋正确地认识到，要老百姓去背那些条文是不可能的，而这些案例生动具体、个个有名有姓，老百姓吃完饭可以当休闲读物来看，就如同今天我们喜欢看侦探故事一样。更重要的是，里面还详细记述了对这些犯人所使用的各种酷刑，如用铁刷子刮皮、抽肠、剐皮等特殊行为术，足可以让人把刚吃进去的东西再吐出来，然后发誓这辈子不犯法。

但问题还是存在的，因为当时的人们文化程度普遍不高。文盲占人口的大多数，没有希望工程，读过小学(私塾)的已经很不错了。大家在电视上经常可以看到，城门口贴着一张告示，一个人读，无数人听，并不是因为读的那个人口才好，而是由于大家都不识字，这是符合客

观事实的，老百姓素质低，即使是通俗的案例也很难普及。

朱元璋用一个匪夷所思的办法解决了这个难题。

他的办法具体操作如下：比如张三犯了罪，应该处以刑罚，县官已经定罪，下一步本来应该是该坐牢的去坐牢，该流放的流放，但差役却不忙，他们还要办一件事，那就是把张三押到他自己的家中，去找一样东西，找什么呢？

就是这本《大诰》，如果找到了，那就恭喜张三了，如果本来判的流放，就不用去了，回牢房坐牢，如果是杀头的罪，那就能捡一条命。

反之，家里没有这本书，那就完蛋了，如果张三被判为流放罪，差役就会先恭喜他省了一笔交通费，然后拉出去咔嚓掉他的脑袋。

——《明朝那些事儿》当年明月

动机转化的方向和动机的强度取决于激励的方式。

作为领导者，掌握了一定的权力，也具有了相关的责任，要根据员工的动机状况进行激励，以引导员工动机从消极转为积极，进而改变员工的行为。

4.3 激励和激励的类型

故事：老人与孩子

有个老人，退休以后很想安静，于是在郊外找了一间带有篱笆墙的房子住下来，希望度过一段安静的晚年生活。

可是，这安静的生活没有过多久，就被一群小孩子给打破了。附近的一群孩子经常跑到这个老人住的院子的篱笆墙外面，手持小石子，盯着老人房子的窗户，往窗户的玻璃上扔，看谁扔得准。于是，老人在屋子里就得经常听着着叮叮当当的响声。老人是个喜好安静的人，被这群孩子吵得不得安宁，就出去训斥这群孩子，孩子们就跑了，但是老头一回屋子，孩子们就又来捣乱。如此不断反复。

后来，老人想了个方法——

这一天，老人从房子里走出来对那些孩子们说："你们过来，不用跑了。我这几天已经开始习惯你们扔石子的声音了，没有声音我反而不习惯了。这样吧，为了鼓励你们以后能够每

天都能够坚持来扔石子，我给你们一人1元钱，你们每天都过来扔石子，好不好？”

孩子们一听当然很高兴，不但有得玩，竟然还有钱拿，于是扔得更起劲了。

过了几天后，老人出来准备给孩子们付钱之前说：“这段时间我经济有些紧张，从今天开始，我每天只能给你们五角钱了！”孩子们一听，有些不太开心了——怎么开始降价了呢？于是不再那么投入地扔小石子了。

又过了几天，老人这次对那些孩子们说：“实在不好意思，我现在经济更紧张了，实在没有钱了，以后再不能给你们钱了，但我希望你们以后还能够继续坚持过来扔小石子，好吗？”

孩子们本来就有些不那么开心了，这次一听连那五毛钱都没有了，抱怨了一句：“不给钱，谁还给你扔啊？没门儿！”立刻就走了，再也没有回来扔石子了。

老人这个做法是怎样取得成功的呢？

本来，小孩子们扔小石子是出于一种游戏的乐趣，是一种内激励动机驱动孩子们来这样做。而老人用的方法是成功地将孩子们本来的内激励动机——快乐，成功地转移到了外激励动机——金钱奖励。而逐渐的，一旦外激励刺激缩减或者取消时，孩子们的动力也就消失了。

究竟什么是激励？什么样的激励才是我们需要的呢？

激励是指持续地激发人的动机和内在动力，使其心理过程始终保持在激奋的状态中，鼓励人朝着所期望的目标采取行动的心理过程。

根据激励来源进行划分，激励可以区分为内激励与外激励两种基本类型。

所谓外激励，是指由外酬引发的、与工作任务本身无直接关系的激励。外酬是指工作任务完成之后或在工作场所以外所获得的满足感，它与工作任务不是同步的。如果一个人欣然从事一项又脏又累、枯燥无味、别人都不愿干的工作时，或当别人都已下班回家，只有他甘愿留下来加班时，他所得到的激励可能多源于外酬的刺激。即，他之所以留下来，纯粹是为了干完这些任务后，将会得到一定的外酬，如加班费、奖金、其他额外补贴或领导的认可等，他对完成任务的态度是例行公事，一旦外酬消失，积极性也就荡然无存。

一个使你不能提升自己幸福层次的影响因素是“幸福的跑步机”(hedonic treadmill)，它使你很快就适应了好事情，然后认为那是理所当然的，不再心存感激。当你收集到越来越多珍奇之物，职位越爬越高时，你的预期也越来越高，过去的努力带给你的名望和财富不能再为你带来幸福，你必须拥有更多、更好的，否则就感觉不到幸福。但是一旦达到那个层次，很快你又适应了，又必须去追逐更多、更好的，如此循环下去，你永远也幸福不起来。很不幸

的是，有许多证据证明了这个“跑步机”的确存在。

——马丁·塞利格曼《真实的幸福》

外激励就像“幸福跑步机”，同样的激励效果会边际递减，需要不断地增加激励总量才能保持激励的程度；而激励总量大多数情况下是不可能持续增加的，因此由外酬引发的外激励是难以持久的。

所谓内激励，是指由内酬引发的、源自于工作本身，是对内心的激励。内酬是指工作任务本身的刺激，即在工作进行过程中所获得的满足感，它与工作任务是同步的，即俗话说的“乐在其中”。例如，一个学生，当他解出了一道难题时，他的欢欣鼓舞之情并非源于老师所给的优良成绩，而是攻克难关、掌握知识的欢乐。如果工作能让人们发挥其所长，喜欢这种工作，那么工作本身就是激励，它能较持久地维持人的动机水平。内酬所引发的内激励，会产生一种持久性的作用。内激励与成功三要素中的“热情”直接相关，也与塞利格曼“幸福五要素”中的“投入”相关。

内激励与外激励有本质区别。从管理的角度来说，外激励是必不可少的，但只有在内激励上同时投入，才能从根本上调动员工的积极性；而单靠外激励是不全面的，也是不可持续的。所以只有将物质激励与精神激励，以及根据人的自然需要与社会需要结合起来，才能取得最大的激励效果。

内激励很难从外部获得，并且有些内激励是非常脆弱的，很容易由于外激励的介入而消失。

现实中，类似前面故事中老人的做法有很多——

小孩子刚出生的时候对世界充满了好奇，而好奇心也是促进一个人学习的有效驱动力（内激励），几乎每个小孩子在小的时候都是爱学习的。但为什么慢慢地随着孩子年龄增大，学习的动力却渐渐地减弱呢？很多孩子的家长，为了鼓励孩子好好学习，制定了一些“奖励措施”：如果你考试成绩好，妈妈就给你买什么礼物，或者暑期旅游等等。本来孩子学习就是自己的事情，他们也能够不断地从学习成长中获得成就感和乐趣的，却不知不觉地被父母的奖励措施引导到为获得那些奖励而努力学习。

心理学家吕克·莱珀、大卫·格林和理查德·尼斯比特观察了一组3–5岁学前儿童玩耍的情况。他们想知道孩子们在自由玩耍的时间里，何时会在一堆玩具中选择拿起一套马克笔，以及能坚持画画多长时间。接下来他们向一部分孩子宣布用马克笔画画有可能让他们赢得“优秀小玩家”的奖励。结果不出所料，被提供奖励可能性的孩子们花了更长时间用马克笔画画。你可能觉得奖励是增强动力的好方法——这样想有一定的道理。

不过真正有趣的事在几周后发生了。他们在回访时发现，那些获奖的孩子在没有奖励的前提下对画画不再感兴趣了。他们对画画的内在动力被奖励破坏了——马克笔变成了得奖的工具。也就是说，他们的行为在某种程度上被奖励控制了。而那些从未被奖励过的孩子依然如以往一样想画就画，为画而画。他们的内在动力完好无损——玩马克笔依旧是他们自己的选择。

但是没有预期的奖励和不与表现相关的奖励都是有效的。因此学前班儿童们在得到惊喜奖励（如画画之后宣布给奖励），或无论选择玩什么都得到奖励时，他们对马克笔的天生喜好不会受到损害。类似于“干得好！”的口头奖励也不会起到反作用。这里的关键是当事人理解奖励意味着什么——如果奖励是针对成就，则会增加个体的内激励动机；如果奖励是为了控制当事人，而且他相信是奖励导致他的努力，那么就会降低个体的内在兴趣。

自我激励是自己对自己的激励，不仅仅包括内激励，自己对自己的外激励也属于自我激励。如每当自己完成一次 5 公里的跑步后，奖励自己一杯咖啡；当自己实现自己年度的目标后，奖励自己一次旅行；当自己通过某个重要的考试后，奖励自己一件平时舍不得买的衣服。人的大脑像个小孩子，适时适当的奖励可以让它下次做得更出色，但这类的奖励不要不断地加码，随着行为的重复，大脑会形成习惯，虽然奖励的边际效应递减，但习惯的力量远远超出了这个递减效应，甚至最后不再需要这个奖励。

你无法激励任何人，除非你能帮助对方更好地学会自我激励。也就是说，真正能够激励自己的，本质上一定只有你自己！

组织中激励如何发挥作用，取决于领导者和组织如何去做。

4.4 客户中心激励实践

对客户中心来说，一方面属于情绪劳动，而且工作相对单调重复，容易产生各种消极情绪；另一方人员密集，产生的情绪容易扩散。因此更要通过多种激励手段的组合，让员工产生积极的情绪，这既是对员工负责，也是对组织负责。

有以下几种方式可以在客户中心的管理实践中参考。

工作重塑

如前所述，工作要素的组合方式会提高或者降低员工的努力程度，领导者可以分别从工作特质的五个要素（技能多样性、任务完整性、任务重要性、工作自主性和恰当反馈）中的一个或多个着手去重新设计员工的工作。对于客户中心来说，员工每天都在做重复性的工作，实际运营中有以下的几种方式可供参考：

第一种，工作轮换。客户中心通常的做法是将主要的几种技能进行复合，如呼入技能、呼出技能和文字客服的复合，这个复合可以结合员工的选择和员工在该技能上的表现综合考虑，并制定规范来执行，确保公平。也可以考虑其他岗位与一线岗位的互动体验，但对于客户中心来说非一线岗位较少，可以根据绩效来作为体验轮换的依据来操作。工作轮换也有缺点，主要是培训费用高、给原有团队带来干扰、主管要额外花费精力进行管理。

第二种，工作丰富化。包括角色的丰富化、关系的丰富化和意义的丰富化。角色丰富化是在自己的团队中的各种角色间进行轮换（团队角色参考第五单元）。关系丰富化包括三个方面，一是与客户建立联系，定期邀请客户走进客户中心，通过客户的嘴来认识到自己工作的价值；二是建立各类兴趣小组和社团，让员工和与自己有共同爱好的同事建立关系；三是与直接上级的关系，有客户中要求所有的管理者与自己的直接下属每两个星期面对面沟通一次，时间为15分钟以上，沟通的内容包括工作进度，需要什么帮助或者其他下属认为需要讨论的东西。意义的丰富化，一方面是要员工认知到自己的工作对客户的意义，另一方面是要让员工确实觉得他们今天在客户中心的工作是在为他们未来的职业生涯打下坚实的基础，是在增加他们可以存储的价值，包括个人能力和个人品牌两个方面。

第三种，工作自主性。通过让员工选择工作的时间、地点、方式等来满足员工的个性需求。如，弹性工作时间、远程办公，电脑开机画面和上班服装等，甚至简单的二选一也会给员工一种满足感。尽管对于客户中心来说，排班都是根据话务来决定的，但是由于人多，这就为根据员工的需求和绩效水平，适当地调整排班带来了可能。比如，可以安排固定时间的班次、固定晚班的班次等等。

员工参与

员工参与可以减少员工的消极动机，增加积极动机。当员工可以自己决定如何工作，增加他们对其工作的自主权和控制程度，知道如果自己绩效好可以有更多选择时，就会更有积极性。对于一些本来没有任何选择的状况，也可以通过增加员工在决策过程中的参与程度，开放更多的信息，让员工认知到为什么要这样做来增加他们积极性。员工参与必然会促进他们的生产效率的提升，工作满意度的提高，进而提高客户的满意度。

对于一些不与绩效挂钩的福利选择，要尽可能采用让员工自己可以进行选择的方案。如某客户中心的员工保险是在一定额度内让员工自己选择不同的保险范围，有只给自己的，有包括自己和配偶的，也有包括自己和孩子的。

对于团队也是如此。如果团队对他们的工作有更多的掌控感，团队的士气和业绩一定会得到提高。

正向激励和负向激励结合

正向激励是对人的行为进行正向强化，使人以一种愉快的心情继续其行为，并进一步调动其积极性，一般会产生外激励动机或内激励动机；负向激励则是对人的行为进行负向的强化，采用批评、责怪、处罚等强制性、威胁性的方式，杜绝某类行为的发生，员工会产生被迫性动机。

人们对正向激励和负向激励的看法正在发生重大变化，作为两种相辅相成的激励类型，它们从不同的侧面对人的行为起强化作用。正、负激励是互为保障的，且在不同情况下激励的作用程度和效果不同。只有正激励和负激励相辅相成，形成一种良好的风范，才能够使整个群体的行为导向更积极、更富有生气。过度强调正向激励的作用而忽视负向激励的约束作用，与过分注重负向激励的威慑力，不注重发挥正向激励的积极效应一样，都是不正确的、片面的管理方法，不利于团队能力的有效发挥。

正向激励可以极大地鼓舞员工的士气，并起到榜样的作用。而负向激励，是控制员工行为的一条隐性“止步线”，超过这条线，员工必将受到惩罚。正向激励和负向激励的作用很容易理解，但实际操作中却较难达到协调的效果。执行过程中有以下几点需要注意。

第一，规范要制定在前，确保对标准和方案没有异议，执行时要坚决和及时，确保公平。对已经发生的事情进行奖励和惩罚的效果通常都不好（非物质的奖励可以在事后做，但要注意不能剥夺对方的掌控感），奖励和惩罚都要公开，只有少数人知道的激励会失去它的价值，甚至会被团队成员鄙视，产生相反的效果。要确保奖励的是正确的行为，员工做正确的事就应当受到奖励，不要考虑结果如何。当不断地奖励正确的行为时，最终一定会产生正确的结果。

第二，以正向激励为主，负向激励为辅。正向激励可以物质和精神奖励相结合，对于团队领导者来说，正向激励要涉及到每一个成员，精神奖励要随时用；负向激励尽量少用。客户中心可以设立年度性大奖，表彰年度在某方面有杰出贡献的员工，激励当事人的同时也为员工树立榜样。

第三，正向激励需要多变化，负向激励要少变化。不变的正向激励可能会造成边际递减的效果，变化可以有效缓解这种递减。负向激励相反，经常变化会让员工无所是从，徒增记忆成本，本身也会增加反面效果。

第四，多给员工选择。如果可能，正向激励和负向激励都可以提前让员工自行选择，如现在很流行的没有达成业绩的自选方案：暴走、戒烟、剃光头等

第五，加强沟通。正向激励和负向激励都不是目的，强化或纠正员工的行为才是，行为需要态度配合才会得到强化或改变，恰当的沟通反馈有利于态度的强化和转变。

竞争激励

我每周会跑步 3–4 次，每次 5 公里，都是一个人去附近的公园里环湖跑，我跑得最快的一次是参加公司的 5 公里比赛，成绩大大的超出了我平时一个人跑的水平，而且不觉得累。自己在公园跑步时，每当我遇到其他在跑步的人，都会不由自己主地跑快些。

我们可以回想一下自己在某个方面最好的成绩是在什么情况下取得的，与身体、精神状态有关，还有一个因素就是处于竞争状态。竞争是一种动物性的本能：要得到更多更好的食物，要把自己的基因更多地遗传下去。

在组织中，可以是团队间的捉对竞争，可以是团队内成员间的相互竞争，还可以是员工自己和自己的竞争（过往的成绩或确定的目标）。有竞争，相当于建立了一个动态的目标，竞争伙伴间的每个人都在尝试不断缩小这个动态目标与现实之间的差距，从而恢复自己的心理平衡。

竞争状态是外激励动机在发生作用，就是“为了超过 ××，我要更努力，更快（好）些”。

看看下面的案例，可以对竞争在组织中的作用有更清晰的理解。

案例：起死回生的钢铁厂

这是美国一家濒临倒闭的钢铁厂，在频繁更换几任总经理，花费了巨大的财力人力物力后，对于如何挽救钢铁厂使它免于破产，大家已经黔驴技穷、一筹莫展，员工士气涣散，唯一能做的事情就是等着工厂宣布破产清算。

新到任的总经理似乎也拿不出什么好的办法来，但他却在几次员工会议上发现了一个现象——公司的每次决策制度公布时，大家似乎都不愿意提出反对意见，管理者说什么就是什么，以前怎么做就接着怎么做，会议总是死气沉沉。

因此这位总经理果断做出了一个决定：以后会议，不分层级，每个人都有平等发言的权利；如果发现问题，谁提出解决方案并且没有人能够驳倒他，他就是这个方案项目的负责人，公司给予相应的权限和奖励。

新制度出台后，以往静悄悄的会议逐渐出现了热烈的场面，大家踊跃发言，争相对别人的提案进行反驳，有时为争论某个观点，争论者面红耳赤，甚至大打出手，但在走出会议室之前，都会达成一个解决问题的共识，不管是同意还是反对，都要统一按照达成的共识去做。

过了一段时间后，奇迹出现了！这家钢铁厂逐步走出困境，起死回生，甚至在几年后进入了美国最优秀的四大钢铁厂之列。

团队间和团队内部的竞争有利于团队的发展和获得更好的业绩，在竞争中员工可以获得能力的提升。但这仅限于良性的竞争，无论是团队间还是团队成员间通过相互下绊子、撤梯子等恶性竞争手段，都会产生不和谐的人际关系，最终在影响团队业绩的同时损害到团队中每个人的未来。

综合使用激励方法

管理中，不会有一种激励方法可以一劳永逸的使用，需要领导者根据实际情况和员工的具体需求，将多种激励方法综合使用，才能达到激励的效果。

案例：布置景观

某客户中心为了美化环境，打算在院子里建两座花坛景观，于是，从园艺公司订了800

盆盆花。第二天，景观的铁架和800盆盆花都运到了公司的院里，但是由于与园艺公司的沟通出了问题，负责搬运的将盆花卸下车后却不负责摆放，反复协商一直没有结果。园区物业要求必须尽快处理这些花，园艺公司不肯来摆放，钱已经花了，又不能把花扔掉，处理办法只有一个——自己摆放盆花。可无故增加员工的工作量，而且是这种又脏又累的活，强行摊派，员工必然不满，而后很可能把这种负面情绪带给客户。

最后商议出了一个办法：找刚下早班下午没有班次的几个班组在吃完午饭后开了一个非正式会议——各抒己见，设计盆花景观怎么摆放。大家的参与热情都很高，有建议摆成字的，也有建议摆成企业标识的等等。按事前商定好的计划，两位副总把大家的意见引导成两套方案：一个支持A套方案，另一个则支持B套方案。两套方案各有拥护者，而后根据员工的选择分成两队，就具体方案进行讨论。说干就干，两支队伍按照制定的计划开始搭建各自的盆花景观，中心领导也亲自上阵，大家更是干劲十足。

工作完成得非常顺利。完工后，员工们纷纷在自己的"作品"前拍照留念，中心工会为领导和员工准备了丰盛的聚餐，皆大欢喜。因为这两座盆花景观是大家的作品与劳动成果，工作之余员工们经常去保养这些花。

在这个案例中应用了多种激励方法：首先是进行了工作重塑，本来找人来布置景观这件事，通过一系列的设计变成了员工来布置；其次，景观是员工自己参与设计的，把自己的设想亲手变为现实是每个人都有的冲动，这样一来，把苦差事转化为了一种有趣的参与活动；第三，领导者参与其中，对员工是有效的精神激励；第四，盆花的摆放有两个方案，计划也是要摆两座花山，此时又产生了战胜对手的竞争性动力。最终达到了目标：工作内容没变（摆盆花），但员工的想法变了（不认为是苦差事，而是有趣的活动），工作的动力、效率、质量都发生了改变。员工干劲足，兴趣大，因为参与了规划和设计，在实施时对工作也都清晰明确。

如何让激励对员工发生作用，产生积极动机，对组织来说非常重要。如果员工认为他们的个性得到了认可，能够有更多的参与和选择权，是在从事适合自己的工作，同时可以为未来积累能力，他们就有动力并且能够发挥出自己的最好水平。这无疑是一个对客户、对员工自身和对组织三赢的结果。

4.5 单元小结

动机是引起个体活动，维持并促使活动朝向某一目标进行的心理动力。工作动机可以分为三类：把工作看成工作、看成职业和看成事业与使命。

动机理论有多种，涉及的因素比较多。实际工作中要对员工进行动机分析，根据这些动机理论，不断寻找更合适的措施。

通过积极和消极两种倾向，内在和外在两种来源，可以将动机分为四种类型：内激励动机、外激励动机、被迫性动机和抑制性动机。被迫性动机、外激励动机和内激励动机三种动机可以相互转化，转化的方向和动机本身的强度取决于激励的方式；抑制性动机需要通过对事件复盘来觉察。

激励有内激励和外激励之分，分别产生内激励动机和外激励动机。最好的激励是自我激励。

客户中心实践中常用的激励方式有：工作重塑、员工参与、正负激励结合和竞争激励，激励方式综合使用效果更好。

第五单元 团队管理

有一个人和你合作，胜过有三个人为你工作。

——艾森豪威尔

童话与神话

1992年对丹麦队来说绝对是幸运的，毕竟他们是在开赛前两个星期，才以替补的身份获得了决赛圈入场券——赛前由于南斯拉夫爆发战争，参赛资格被取消，丹麦队幸运入替，最终缔造了“丹麦童话”。

中场大将劳德鲁普缺席，首场小组赛与英格兰互交白卷，让很多球迷觉得丹麦队就是陪太子读书的角色。但小组赛最后一场比赛中，丹麦队爆冷击败了普拉蒂尼率领的法国队，收获半决赛参战资格。而在半决赛中，他们又是凭借幸运女神的眷顾，通过点球大战淘汰了拥有一众欧洲顶级球星组成的荷兰队，成功晋级决赛。

在决赛中，延森为丹麦队首开纪录，而后维尔福特为球队拉开比分差距。尽管德国队在丢球之后，不断猛攻，但丹麦队还是凭借舒梅切尔的出色发挥，最终举起了冠军奖杯。

2004年，希腊队夺得欧洲杯，续写了“ 希腊神话 ”。

一支被认为普普通通的球队偶尔赢得一两场比赛是可能的，但在强队如云的欧洲夺得欧洲杯，就一定有其不普通的因素。

对于1992年的丹麦队和2004年的希腊队来说，实力、运气、轻装上阵都不足以作为他们可以夺冠的理由，天时、地利、人和也不占优势甚至还处于劣势，唯一占优的应该是团队合作。有人总结他们成功的原因有三个：

第一，领导者重视并坚持真正的团队协作；

第二，队内没有球星，球员之间致力于对方的成功；

第三，领导者对球员的能力深信不疑并且对球员提供强有力的支持，无论球队身处顺境还是逆境。

5.1 理解团队

团队与群体

团队已经成为当代组织中最常提起的概念之一。我之前在企业做面试官时，也发现大多数应聘者都会在个人评价上有一个“有团队精神”的条目。那么究竟什么是团队呢?

谈到团队，首先要区分团队和群体的概念(这里采用罗宾斯的说法)。

群体是为实现特定目标，而组合在一起并形成互动和相互依赖关系的两个或多个个体。

群体成员共享信息，作出决策，帮助每个成员更好地担负起自己的责任。群体并不一定要完成集体任务，群体的绩效水平主要是每个群体成员的个人贡献之和。与之相反：

团队是为了实现某一目标，而由相互协作的个体所组成的正式群体。

团队成员通过个体的努力会产生团队绩效远远大于个体绩效之和；团队可以看成是群体的子集，成员间的互动赋予团队存在的意义。

尽管团队和群体经常容易被混为一谈，但它们之间有着根本性的区别，汇总为以下六点：

(1) 在领导方面。作为群体应该有明确的领导人；团队就不一定，尤其是当团队发展到成熟阶段，成员会共享决策权。

(2) 目标方面。群体的目标必须跟组织保持一致，但团队除了这点之外，还可以产生自己的目标。

(3) 协作方面。协作性是群体和团队最根本的差异，群体的协作性可能是中等程度的，有时成员还有些消极，有些对立；而在团队中，是一种积极的、齐心协力的氛围。

(4) 责任方面。群体的领导者要负很大责任，而团队中除了领导者要负责之外，每一个团队的成员也要负责，还要相互作用，共同负责。

(5) 技能方面。群体成员的技能可能是不同的，也可能是相同的，而团队成员的技能是相互补充的，把不同知识、技能和经验的人综合在一起，形成角色互补，从而达到整个团队的有效组合。

(6) 结果方面。群体的绩效最大是每一个个体的绩效相加之和，而团队的绩效是由成员共同合作完成的，大于每一个个体绩效相加之和。

对于组织来说，团队提供了一种潜在的可能性：在不增加投入的情况下，提高产出水平。但团队的运作并非易事，并不一定会产生积极的协同效应。要达到团队的效果，一方面要花时间，另一方面要有决心。人们往往没有意识到，建设团队不仅是一项极其重要的投资，而且是极其巨大的投资。

大多数情况下，组织只是将原来的群体通通换了称呼，改叫团队，这并不能产生协同提高绩效的目标。客户中心的班组严格来说是群体而不是团队，但我们可以通过学习团队的运作机制来提高班组的绩效。

团队提高绩效

故事：科学家的自述

2002 年诺贝尔奖获得者丹尼尔·卡尼曼 (Dainel Kahneman) 这样描述他的一段经历。

1969 年的春天，我和耶路撒冷希伯来大学的年轻同事特维尔斯基在午餐时碰了个面，并分享了我们不断发生的错误判断。我们对人类知觉的研究就是从那时开始的。

我对我们以前的合作很满意，不过这次更神奇。特维尔斯基非常聪明，也十分风趣。我们能在长达几小时的踏实工作中保持愉快的气氛。他工作时总是带着自信和优雅的气质，令人高兴的是，我现在的想法也与这些特征联系在一起。当我们合作写出第一篇论文的时候，我非常清楚，它比我之前自己写的那篇要好得多。

我们所有的想法都是共存的。我们在一起完成了合作项目几乎全部的工作，包括设计问卷和撰写论文。我们的原则是把每一个分歧都讨论到解决，而且直到彼此都满意为止。

我们合作的最大乐趣——可能这就是合作成功所在——来自于我们能够详尽地描述出彼此刚刚产生的想法：如果我表达了一个未成型的看法，我知道，特维尔斯基一定会明白，甚至可能比我自己都要更明白些。而且如果这个看法有什么优点，他都非常清楚。

我和特维尔斯基共同分享了合作的神奇，一只能下金蛋的鸡——我们联合的心智胜过我们各自分离的心智。我们是一个团队，而且这种关系已经持续了十年以上。我们获得诺贝尔奖就源于那是我们紧密合作的成果。

团队可以提高绩效的第一个原因是人多时所拥有的知识和所觉察的范围更大了，"三个臭皮匠，顶个诸葛亮"，说的就是这个现象。

卡耐基－梅隆大学的罗伯特　凯利询问不同公司的员工一个相同的问题："你的头脑中所存储的知识有多少是与工作相关的？"在《如何成为工作中的明星》一书中，他说，对于这个问题，1986 年，人们的回答是 75%，到了 1997 年，这个比例却降到了 15%–20%，在某些公司中，这个比例甚至降到了 10%。

毋庸置疑，人们整体的知识获取增多了，据 IDC 研究所表明，我们现在两天就可以获得过去两百年才能收集到的信息，并且这个速度还在加快。但在某个细分的专业领域，相对于该领域的知识总体来说是变少了，这时，相对于孤军奋战，团队合作能产生更好的决策与业绩。

有人做过这样一项研究，让大学生共同学习一门新的课程，在最终考试中，他们先各自做一部分试题，交卷后，再共同做另外一部分试题。研究人员针对数百个不同的群体进行这个实验，结果表明，尽管这些群体只是为了实验而临时组建的，群体得分大多数时候都会高于优秀个人的最高得分。

剑桥大学商学院对这一课题进行了进一步的研究。他们成立了 120 个模拟管理团队，让他们对一项模拟商业活动做决策。其中有些团队完全由高智商的成员组成，令人奇怪的是，这样的团队往往没能发挥出队员的个人优势，决策水平反而不如一些由普通队员组成的团队。这是为什么呢？研究人员观察这些小组的运作过程，发现了原因：高智商队员浪费了大量的时间进行争辩。

高智商小组的另一个问题是，所有的成员都选择同一类型的任务——那些被他们认为是有挑战的部分，想凭自己的能力进行分析解决，以证明自己的能力和价值。而对那些完成决策所必须的，但没有挑战性的任务，如，搜集和交换信息、计划与进展沟通等少有关注。

这就像是一支全明星球队打不过一支普通球队一样。对美国一家大型财务公司的 60 个

工作团队的研究中发现，对团队绩效影响最大的是成员之间的互动与相互协作，也包括团队与外部的互动和协作。

独行者步疾，结伴者行远！

——非洲格言

团队中大家相互协调配合就能提高群体智慧，这种协调配合进入最佳状态后，其结果不只是每个成员工作效益的简单相加，可能是成倍的增加，一个人的表现和才能会刺激另一个人的表现和才能，最终每个成员的才能都被调动了起来，并发挥出最佳水平。这种协调配合取决于是否调动了团队成员彼此间的情感因素，情感因素可以看做是团队成员之间的黏合剂和纽带。

我们可以将物理学中的共振现象引入过来，用以说明团队的这种状态。当两个人或多个人的情感状态相似或感觉相似时，他们就会产生共振，团队中情感的共振我们称之为“团队共鸣”。

专栏 5–1：**共振现象**

18 世纪中叶，法国一座 102 米长的大桥上有一队士兵经过。当他们在指挥官的口令下迈着整齐的步伐过桥时，桥梁突然断裂，造成 226 名官兵和行人丧生。究其原因是共振造成的。因为大队士兵迈正步走的频率正好与大桥的固有频率一致，使桥的振动加强，当它的振幅达到最大以至超过桥梁的抗压力时，桥就断了。

鉴于成队士兵正步走过桥时容易造成桥的共振，后来各国都规定大队人马过桥，要便步通过。

团队共鸣是一种有效的集体力量，可在人们之间得到不断的加强，会赋予一件平凡的工作更大的意义（你可以通过回顾一下夫妻间或父母与子女间那些有意义的事来确认这一点）。它可以提高工作效率，激发人们产生创造性思维，促使人们增强团队凝聚力，即使在面对巨大的变化和不确定性时，也依然能保持斗志，促使所有人朝着共同的目标前进。

我们继续认知团队中的角色，这里的角色不是指具体的工作岗位，而是作为一个团队运作所需要的功能角色，这些角色对于不同的团队来说是相似的。

团队中的角色

团队角色是指一个人在团队中某一岗位上应该有的行为模式。目前主流的团队角色理论有两个，一个是马杰里森和麦卡恩的团队角色理论，另外一个是贝尔滨的团队角色理论。

结合两个理论的特色，我认为以下的八种角色对客户中心的团队来说是比较合适的，你的团队中可以拥有下面这些所有的角色，也可以只有其中的几种，或者还有其他这里没有列举出来的角色。重要的是要在你的团队中有角色，一方面是可以进行更有效的团队合作与管理，另一方面是角色对团队的成员来说是一种激励，同时可以为他们未来的发展提供锻炼的机会并存储能力。

领导者

在客户中心，这个角色通常是被任命或临时指派的，在有些情况下也可以由团队成员推选产生。领导者肩负着团队的日常管理工作，领导团队成功履行团队职责，完成团队任务。除权威之外，更有一种个性的感召力，在人际交往中能很快发现成员的优势，培养成员的能力，激发员工的动机，并在实现目标的过程中妥善运用。领导者还要有开阔的视野。

凝聚者

凝聚者是团队中最积极的成员。他们善于与人打交道，善解人意，关心他人，处事灵活。很容易把自己同化到群体中去，容易适应环境。凝聚者是群体中最和谐的人，对任何人都没有威胁，在团队总发挥着“润滑剂”的作用，因而也最受欢迎。

监督者

监督者负责检测和报告团队进展情况，包括成员的参与情况、专注情况、团队关系情况、创新情况等，是个严肃、谨慎、理智，天生就不会过分热情，也不易情绪化的角色。在外人看来监督者都是冷冰冰的、乏味的甚至是苛刻的，他们与群体保持一定的距离，在团队中最不受欢迎。监督者有很强的批判能力，作决定时思前想后，会综合考虑各方面因素才谨慎决策。好的监督者很少出错。

信息者

信息者一方面是要能够从周围的环境中获取与团队相关的信息，另一方面要对团队的活动或事件做好记录，留下“团队记忆”，以确保所有成员的观点和理念以及团队的决策结果都能够被找到。信息者经常表现出高度热情，是一个反映敏捷、性格外向的角色。

他们的强项是与人交往，信息者是天生的交流家，喜欢聚会与交友，在交往中获取信息并加深友谊。他们对外界环境十分敏感，能最早感受到变化。

推进者

推进者负责将团队的目标和决策落实到位，不同的目标和任务可以有不同的推进者。他们说干就干，办事效率高，自发性强而明确，有高度的工作热情和成就感。遇到困难时，他们总能找到解决办法。推进者大都性格外向且干劲儿十足，喜欢挑战他人，好争辩，而且一心想取胜，但往往缺乏人际间的相互理解，是一个具有竞争性的角色。意志坚定、过分自信的推进者对于任何失望或失败都反应强烈。

创新者

创新者为团队的发展和完善出谋划策。创新者拥有高度的创造力，思路开阔，观念新，富有想象力，是“点子型的人才”。他们爱出主意，是否高明则另当别论，其想法有时十分偏激或脱离实际。他们不受条条框框约束，不拘小节，难守规则。他们大多性格内向，喜欢独立思考，以奇异的方式工作，可能不善于与那些气场不同的人交流。

培训者

培训者是客户中心团队特有的角色，主要负责知识在团队内的传播。知识面广而丰富，熟悉企业及其产品和业务，能够深入浅出地分析问题，找到原因并迅速给出解决方案。他们性格开朗，善于交流和沟通，乐于助人，有亲和力，能快速拉近与听众的距离。他们能够根据听者的特征和实际情况因材施教。

技术专家

在客户中心的团队中，技术专家最主要的职责是对 CSR 所使用的支撑系统熟练掌握，并乐于找到和分享更快捷的使用方式，解决其他 CSR 在使用过程中的问题。专家是具有奉献精神的人，因拥有专业知识和技能而自豪，愿意在自己擅长的领域投入更多精力。

对于团队来说，每一个角色都很重要，没有完美的个人，但通过团队角色的配合，团队可以成为完美的团队。团队的角色可以根据个人意愿和领导者的把握进行定期的调整和轮换，一个人可以承担多个角色，一个角色也可以同时由多个人承担。

理解了团队之后，我们接着要看看团队是如何构建和发展的。

5.2 团队构建与发展

布鲁斯·塔克曼(Bruce Tuckman)的团队发展阶段模型是团队构建与发展方面的主流观点，可以被用来辨识这一过程中的关键性因素，并对团队的历史发展进行解释。该观点认为团队发展的五个阶段是：组建期(Forming)、激荡期(Storming)、规范期(Norming)、执行期(Performing) 和休整期(Adjourning)。

这个模型更像是研究性的观点，结合客户中心的管理实践，我认为罗茜 巴哈尔休尔森(Roxi Bahar Hewertson) 在她的《四维领导力》中提出的的团队动态阶梯模型在团队管理中更实用。我在她的模型基础上进行了部分修改，见图表 5–1。

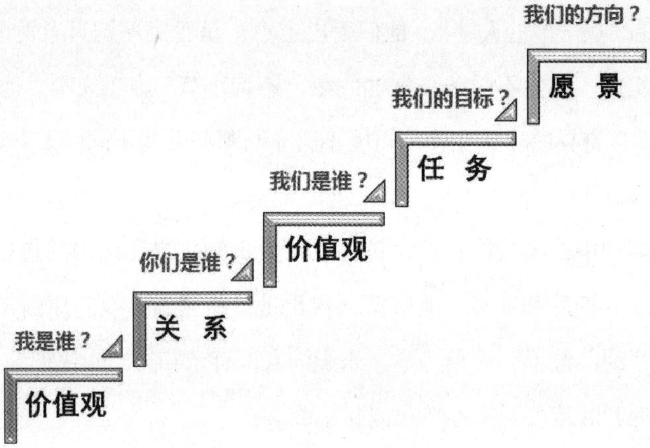

图表 5–1 团队动态阶梯模型

罗茜这样解释："团队动态阶梯模型是一个不太严格地依据美国心理学家马斯洛的需求层次的模型。马斯洛的理论认为，人类的心理是否健康是可以预测的，依据是能不能以特定的先后次序满足人类内心固有的需求。这个模型关注的焦点既有团队，也有团队中的个人。"

对于大多数团队来说，是从第四级——"我们的目标" 开始的，那也是团队成立的原因。我们来逐个关注其中的各个阶梯。

(1) 个人价值观。这是对自己的认知，这里要问的问题是"在团队里我是谁？" 我属于那个团队吗？我可以发挥或者将会发挥什么影响？我将扮演什么角色？我可以做出怎样的贡献？加入这个团队与我的价值观是否相符？这是团队的第一个阶梯，对于每个团队成员来说，这也是他们进入团队的第一步。这些问题必须得到满意的回答，否则再向前迈的步子将会犹豫，会直接导致团队的失效。我们每个人都有心理和情绪上的安全需求，这正是这一阶梯的作用。

专栏 5–2：价值观

价值观对人们自身行为的定向和调节起着非常重要的作用。价值观决定人的自我认知，它直接影响和决定着一个人的理想、信念、生活目标和追求方向的性质。价值观的作用大致体现在以下两个方面：

(1) 价值观对动机有导向的作用。人们行为的动机受价值观的支配和制约，价值观对动机有重要影响，在同样的客观条件下，具有不同价值观的人，其动机模式不同，产生的行为也不相同。动机的大小和方向受价值观的支配，只有那些经过价值判断被认为是可取的，才能转换为行为的动机，并以此为目标引导人们的行为。

(2) 价值观反映人们的认知和需求状况。价值观是人们对客观世界及行为结果的评价和看法，因而，它从某个方面反映了人们的人生观和世界观，反映了人的主观认知世界。价值观往往是隐性的，通过对两个或多个不同选择的比较可以让人对自己的价值观有更清晰的认知。如，是事业重要还是家庭重要？可以假设当处于两者二选一的情况下，仔细思考看看自己会选择哪一个，被选择的就是自己的价值观（可以通过关注微信订阅号“做到更好”，回复“价值观”，获取发现自己价值观的方法）。

(3) 人际关系。这是对他人的认知，这里要问的问题是“在团队里，你们是谁？”这里的“你们”包括团队内的所有成员。我们需要了解团队里其他成员，知道他们能否承担起他们的责任，完成他们的任务；当自己遇到困难时，是否可以敞开心扉与他们沟通；当团队中有冲突时，能否及时得到化解；是否可以信任他们，在自己和他们之间能建立和谐的团队关系。

(4) 我们的价值观。这是对团队身份的认知，包括对“作为一个团队，我们是谁？”以及“我们怎么表明我们是一个团队？”两个问题的回答。人是社会化动物，处于群居状态，为自己的群体欢呼，战斗，甚至牺牲生命。我们的社会同一性，即“我们”的概念，能强化自

我概念和自豪感，尤其是当感到“我们”具有优越状态时。对“我们是谁的”的定义同时也暗示了我们不是谁，心理学的实验表明，就算是把人们随机地临时分组都会产生“我们”的概念，希望“我们”看起来好于“他们”，如临时的沙滩排球队、随机分配在一个缆车车厢的人们等等。

(5) 我们的任务。这是对团队目标的认知，这里要问的问题是“我们的目标是什么？”团队的目标应该是具体的，是团队成员发挥个人能力，贡献力量，努力要达成的任务，也是团队组建起来的原因。同时完成了任务和目标，也意味着我们可以得到回报。在团队的发展过程中，随着内部和外部环境的变化，团队的目标是可以进行调整的。

(6) 我们的愿景。这是对未来的前景和发展方向的概述，是梦想，这里要问的问题是“我们的方向是什么？”愿景是团队努力的方向，是一直存在的，愿景通常不会轻易调整。当一个团队完成了任务之后，会面临是否解散的问题，愿景决定了他们是否还有存在的必要。

专栏 5–3：愿景

愿景原指希望看到的情景。

组织的愿景是由组织内部的成员所制订，借由团队讨论，获得组织一致的共识，形成大家愿意全力以赴的未来方向。

愿景管理是结合个人价值观与组织目的，透过开发愿景、瞄准愿景、落实愿景的三部曲，建立团队，迈向组织成功，促使组织力量极大化发挥。

愿景是描绘企业期望成为什么样子的一幅图景，从广义上讲，就是企业最终想实现什么。因此，愿景宣言清晰地描述了企业的理想状况，使企业的未来更加具体化。换言之，愿景指明了企业在未来想要前进的方向。愿景是一幅充满激情的“巨大的画面”，帮助企业员工意识到在企业中他们应该去做的事情。如果企业的愿景简单、积极并充满感情，人们就能够意识到他们将要做什么，但是一个好的愿景也会给人以压力和挑战。

愿景也并非一定要是出色的创新想法，其实有些最棒的愿景并不创新。有效的愿景总是具有一个几乎可说是相当普通的特性，通常愿景中的想法都已是众所周知的。那些想法的组合或形式也许颇为新颖，但也并非一定是新颖的。

愿景的关键不在于原创性，而在于能为客户、股东、员工这些重要相关方带来多大的利益，以及是否可以将愿景轻易转化成实在的竞争策略。不好的愿景容易忽视某个相关方的合理需

要和权利，例如，把员工置于顾客或股东之上。

对于客户中心的团队来说，任务是一直存在的，或者说一个目标达成后立刻就有新的目标。一般理解，企业有愿景，团队的愿景往往和企业的愿景相一致。我认为团队愿景也可以和企业的不同，目的比“正确”更重要，愿景能不能激发团队的动力比愿景“是什么”更重要，对客户中心来说尤其如此。对客户中心的班组这样的团队来说，愿景可以是自己喜欢的、有兴趣的方向，不一定甚至大部分不必要与公司的相一致。但作为组织的一员，要认同组织的愿景。

如前所述，团队往往是从第四个阶梯开始的，团队建设需要我们将剩下的四个阶梯补齐。如果只有第四个阶梯，就像建房子我们只建立第四层，便成了“空中楼阁”，或者像我们将地基打在了沙滩上，根基不稳。更关键的是，团队运作的情况，取决于每个成员的情况和状态。如果团队成员不适合这个团队，或者相互间不信任，团队内氛围很差，团队的结果可想而知。

团队动态阶梯模型可能是而且通常是动态的，这取决于当时的情境。我们也可能同时处于多个阶梯上，团队也可能随时加入新成员或者有新的变故发生，这时团队就应该返回第一个阶梯处重新开始建设。

再次强调，前三个阶梯并不是浪费时间，这样做的目的是要最大限度地激发团队成员的潜力和热情，这是打造高绩效团队所必须的步骤，不能忽略。

团队往往是从目标和任务开始的，那么团队目标与个人目标是什么关系呢？

5.3 个人目标与团队目标

一个组织必须有明确的、既定的目标。目标不确定，或者混淆了不同的目标，都必然会导致管理的混乱。任何管理活动都必须把制定目标作为首要任务。

寻求一致的目标

团队的目标与组织的目标是一致的，大多数情况下团队目标是组织给定的，往往在团队设立之初就已经存在了。换句话说，为什么要成立这个团队就是这个团队的目标。但团队的目标不应该是唯一的，作为团队来说，在与组织目标协调一致的基础上，应该建立自己的团队目标。

对于客户中心来说，团队目标与组织目标应该是一致的，每年要随着组织的目标进行调整，有时还会阶段性进行调整。团队中的每个成员也应该有与团队目标一致的，结合自身状况的，并会阶段地进行调整的个人目标。

组织目标、团队目标和个人目标，三个目标一致才能形成合力，否则就会出现内耗，注意这里是一致而不是一样。

图表 5–2 展示了团队目标和个人目标之间的三种关系。

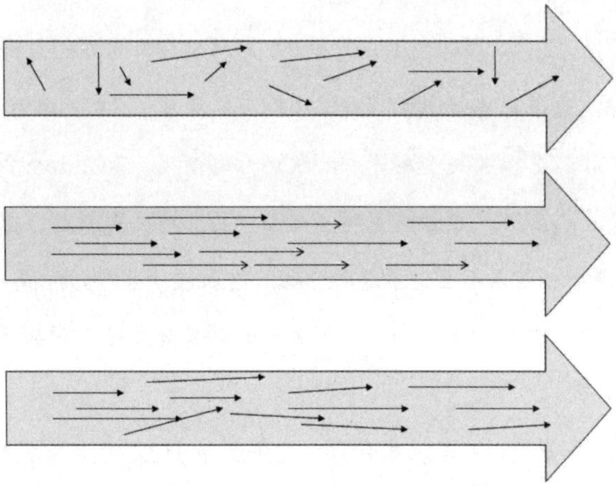

图表 5–2 团队目标与个人目标

第一种关系是大部分个人目标与团队目标是一致的。有个别是相同的，少部分不一致甚至相反，这也是大部分团队的状况，在这种情况下，有内耗产生，有些成员处于拖后腿的状态，影响团队整体士气，进而影响到团队成员。

第二种关系是个人目标与团队目标完全相同。这种团队的效果最好，但一般只在军队战斗中或某些组织的初创阶段出现，在大多数组织中并不现实，泯灭了人的个性，人似乎变成了机器，并不是一个好的选择。

第三种关系是个人目标与团队目标一致但不是相同的，这是各级目标的理想状态。这种状态下，个人目标与团队目标一致，而又尊重了成员的个性和需求，成员间的氛围和谐，能够极大地激发成员的潜力和动机。这样的状态有利于达成团队的目标。

在团队中，每个成员的个性需求都必须被尊重，并在此基础上找到一个与组织要求相一致的团队目标。一个球队的教练想让球员努力打球，他想说服球员为学校、为上帝、为教练都不行，他问球员们打球的原因，有的说为上大学，为登报纸，为找女朋友，为快乐……，最终他发现了球队共同的目标：赢球。赢了球可以让每个球员都实现自己的目标，可以上更好的大学，可以更经常登上报纸，让女朋友更开心，自己更快乐，等等。

如果找不到这样相一致的团队目标或个人目标怎么办？作为团队的领导者可以尝试引导员工多从自身的长远利益去思考，多从可以存储的价值的角度去思考，进而去寻找个人目标。如果员工确实认为自己的目标与团队目标无法达成一致，那么早些离开，去寻找更适合自己的团队（或组织）是更好的选择。

明确个人责任

我们的团队目标是要与组织目标和个人目标相一致，一旦我们明确了团队目标之后，接着要做的是要明确团队成员在实现这个目标过程中的个人责任，否则这个团队目标就是空中楼阁。也就是说，只有每个成员都承担了自己的责任，并对他人负责，最终才能实现团队目标，而团队目标和个人目标是一致的，个人目标也就跟着实现了。

员工能力与责任的提高，是企业成功之源。

——IBM 公司

作为团队的领导者，在带领团队实现团队目标的时候，首先要做的就是要明确自己的目标，确定自己的责任，把自己的目标和责任在团队内公开，接受监督。然后需要用同样的方式明确每个成员的责任，每个人的责任也包括对其他人的支持与承诺。可以采用让成员在团队内自己宣布，这样会激发每个人承担责任、完成目标的勇气和信心。甚至可以采用签订承诺书的方式进一步强化目标和责任。当每个成员都这样做以后，团队的斗志和氛围就会被彻底激发起来，当团队遇到困难或某个成员遇到困难时，大家可以齐心协力，互相帮助，共同走出困境。

明确每个人的责任非常重要，还记得我们前面谈到的团队角色吗？这里的责任也包括团队角色所赋予的责任，谁负责监督，谁负责协调，谁负责收集信息，谁负责鼓舞士气，谁负责培训，等等。

个人的责任明确是实现团队目标的开始，团队领导者还要通过多种激励措施来促使成员能够承担起自己的责任，有持续改进自己行为的意愿，共同实现团队的使命。

组织应该尊重个人的目标，鼓励并帮助他们寻找、发现并实现自己的目标。个人目标可能是工资福利，也可能是学习成长，可能是技术的，也可能是职业的。一个有技术背景的人，想提高自己的人际关系能力，希望做业务，这个要求不难满足。如果能将工作同个人的目标结合，那将极大地调动个人的积极性。实践证明，这种双赢的做法，比起要求奉献，要求牺牲个人利益或强调以组织和集体利益为重，更能激发人们的工作热情。领导者应当善于发现个人目标和组织目标的共同点，将它们协调起来。

不论是组织目标、团队目标，还是个人目标，都要符合 SMART 原则（见第十单元）。

5.4 团队决策

作为人，我们每天都在做出数百到数千次决策，从什么时候起床到穿什么衣服，从中午吃什么到和谁一起吃，从晚上读书还是看电视到如何度过周末假期，有些决策我们能够意识到，但大多数我们意识不到。有些决策对我们异常重要，却没有投入足够的精力去做；有些决策看起来不怎么重要，却让我们左右为难。有一种很有道理的说法：我们的今天是我们过去的决策所决定的，我们今天决策在决定我们的未来。

在我们的个人决策中，有些是涉及团队的。

对于大多数团队来说，并没有明确的团队决策的方法和流程，处于一种相对模糊的状态。当我们意识到团队决策这个概念之后，我们会很容易理解团队决策的重要性。

要实现团队的目标，不仅仅是要团队成员的行为朝向同一个目标，还要让团队中每一个成员贡献出创造性思维：一方面当个人的想法、意见得以展示时，会带来满足感，有利于激发人的动机，同时还能促进思考，也是个人能力逐渐积累的过程；另一方面是团队中每个成员可以从不同的方向看问题，问题的展示更全面，更有利于想到具有创造性的点子，使团队决策更科学。否则，一些复杂的问题，往往涉及到目标的多重性、时间的动态性和状态的不确定性，单个人的能力很难驾驭。

为了保证团队决策的创造性，提高决策质量，管理中发展了一系列改善决策的方法。

决策的通用原则

综合来说，下面三个通用的原则可以让决策更科学：

原则一是要建立反对派。就是在决策中，要有几个人持反对观点，就像辩论一样。当没有人支持反对的观点就指定几个人做反对派（或称蓝军部队），这些人哪怕心里是支持的，但在决策时他们的任务也是想方设法列举反对的理由，这样可以让大家看到更全面的观点，做出更合理的决策。

原则二是时间透视。就是我们前面讲的 PPP 工具中所提到的 10/10/10 法则，只不过这里我们不是对过去进行解释，是对未来进行决策。思考 10 分钟后，你怎么看这个决策？10 个月后，你对这个决策有何想法？10 年之后，你还有什么想法？从时间维度看，一方面可以更有勇气去做某事，比如要不要向某个自己倾慕的女生表白？可以从这三个时间维度去考虑，如果被接受当然好，如果没有被接受，10 分钟后会比较难过，10 个月后可能见到她时会比较难堪，10 年后，自己应该也成立了家庭，表白没成功这件事不重要了，甚至还可能成为一段美好的回忆，能长时间带给自己勇气；另一方面可以从更长远利益的角度进行决策，充分考虑决策可能带来的影响，比如要不要去学英语，10 分钟之后有些兴趣，10 个月后感到困难，10 年之后已经全面掌握，就像说英语已经成为自己的一部分一样。

原则三是与价值观比较。当团队的各方面利益发生矛盾时，决策会变得异常困难，通过与价值观比较，也就是问问自己，听从内心的召唤，选择哪个，放弃哪个，就会容易了。

当你知道你的价值观是什么时，决策就不是件难事。

——罗伊·迪士尼

在团队决策中，由于团队成员心理相互作用的影响，易屈从于权威或大多数人意见，形成所谓的“群体思维”。群体思维削弱了团队的批判精神和创造力，损害了决策的质量。为了弥补这些缺陷，一些管理工具孕育而生，人们熟知的头脑风暴法是较为典型的一个。

头脑风暴法

头脑风暴法出自“头脑风暴”一词。所谓头脑风暴（Brain-storming）最早是精神病理学上的用语，指精神病患者的精神错乱状态而言的，如今转为无限制的自由联想和讨论，其目的在于产生新观念或激发创新设想。

头脑风暴法应遵守如下原则：

(1) 不评判原则。禁止批评和评论，也不要自谦。对别人提出的任何想法都不能批判、不得阻拦。即使自己认为是幼稚的、错误的，甚至是荒诞离奇的设想，亦不得予以驳斥。而且也不允许自我批判。在心理上调动每一个与会者的积极性，彻底防止出现一些“扼杀性语句”和“自我扼杀语句”。诸如：“这根本行不通”“你这想法太陈旧了”“这是不可能的”“这不符合某某定律”，以及“我提一个不成熟的看法”“我有一个不一定行得通的想法”等语句，都禁止在会议上出现。只有这样，与会者才可能在充分放松的心境下，在别人设想的激励下，集中全部精力开拓自己的思路。

(2) 自由畅想原则。欢迎各抒己见，自由鸣放，创造一种自由、活跃的气氛，激发参加者提出各种荒诞的想法，使与会者思想放松，这是智力激励法的关键。主张独立思考，不允许私下交谈，以免干扰别人思维。

(3) 以量求质原则。追求数量，此时不考虑想法是否合理，想法越多，产生好想法的可能性越大，这是获得高质量创造性想法的前提条件。

(4) 搭车改善原则。鼓励基于他人的想法扩充并完善。除提出自己的意见外，鼓励参加者对他人已经提出的设想进行补充、改进和综合，强调相互启发、相互补充和相互完善，或将几个人的若干想法综合起来提出新的设想等。

头脑风暴法说起来非常容易，但做起来较难，尤其是第二条原则。要非常小心的是，尽管没有语言性的评价，但非语言性的暗示总是存在的，这会打击其他“疯狂想法”。主持人要起到关键作用，要鼓励成员发挥想象，发表想法时无等级之分，还要创造一种非正式的环境。

头脑风暴后，应当将产出的信息系统化地加以整理，看看哪些想法有利用的价值。名义小组法就是一个非常有用的处理方式。

名义小组法

名义小组法（Nominal Group Process，NGP）是指在决策过程中对群体成员的讨论或人际沟通加以限制，以保证群体成员都是独立思考的。像召开传统会议一样，群体成员都出席会议，但群体成员首先要进行各自的个体决策。

具体方法是，在问题提出之后，采取以下四个步骤：

(1) 独立思考。成员集合成一个群体，但在进行任何讨论之前，每个成员独立地写下他对问题的可能的解决方案的想法，可以有多个想法，这些想法可能来自头脑风暴或其他渠道；

(2) 次序发表。经过一段独立思考后（一般 10–20 分钟），每个成员按轮次将自己写下来的想法向大家阐述（即每轮每个人都只说一个，不断循环），直到每个人的想法都表达完并记录下来为止，通常可以将这些想法都记在一张大纸或黑板上。在这个阶段，想法只是被记录下来，在所有的想法都记录下来之前不进行讨论；

(3) 解释讨论。团队开始解释或充实每一个想法，以便把每个想法搞清楚，讨论是否可行；

(4) 投票排序。每个成员独立地把各种想法排出次序，最后以不记名投票的方式对各种想法进行排序，可能需要数论投票才能筛选出最终方案或者应该采取的优先措施。

名义小组法的优点：

名义小组法的主要优点在于，使成员正式开会但不限制每个人的独立思考，而传统的会议方式往往做不到这一点。

并不是团队所有事项都要通过上面这些方式进行决策，对于一些简单的，不太重要的事项可以采用简单的方式进行，如通过下面的拇指规则进行决策。

拇指规则

(1) 拇指朝上，代表赞成；

(2) 拇指朝两边，代表有想法或忧虑；

(3) 拇指朝下，代表不同意；

(4) 举起手，表明在我的问题没有得到明确回答前，无法决定。

对于举起手的，要对他的问题给予明确的回答并确认，对于拇指朝下的和拇指朝向两边的要确认他们在想什么，可以问一下："我们要改变些什么，你才能赞成？"，对于拇指规则不能决定的，根据实际情况和规则决定是否采用少数服从多数的原则或者通过其他方式重新决策。

此外作为团队的领导者，必要时要承担起责任来，承担必要的风险，以消除不必要的官僚主义和管理瓶颈。有时候，不承担任何风险是组织最大的风险。

5.5 单元小结

团队可以看成是群体的子集，成员间通过互动协作使团队的业绩远远大于个体之和。没有完美的个人，但有完美的团队。

客户中心的团队中一般有八个角色，这些角色可以根据个人意愿和领导者的把握进行定期的调整和轮换，一个人可以承担多个角色，一个角色也可以同时由多个人承担。

团队的动态阶梯模型包括五个阶梯，可能是而且通常是动态的，我们也可能同时处于多个阶梯上，团队也可能随时加入新成员或者有新的变故发生，这时团队就应该返回第一个阶梯处重新开始建设。

组织目标、团队目标和个人目标，三个目标一致才能形成合力，要一致而不是一样。确定团队目标后要明确团队成员在实现这个目标过程中的个人责任。

决策的三个通用原则可以让决策更科学，根据团队要决策的内容选择使用头脑风暴法、名义小组法或拇指规则等决策方法。

第六单元 领导型管理者的关键能力

悲观者抱怨风向

乐观者期待风儿转向

而领导者则会调整风帆

——约翰·麦克斯韦尔

谁该被换掉?

在一次部门内部会议上,部门经理正在就业绩毫无起色而严厉地斥责员工。

“我难以容忍你们这么糟糕的销售成绩,也听够了你们的各种各样的借口。”他说,“要是你们实在完不成任务,有很多人正在排队等着抓住这样的机会替换你们,把你们卖不出去的产品卖出去。”

接着,他转向一个曾经在学校运动队里踢过联赛的新员工,“要是一只球队老不赢球,会怎么处理?把球员换掉,对不对?”

沉默了几秒钟,这位新员工才回答道:“事实上,领导,如果一只球队老不赢球,都是教练被换掉。”

6.1 两种管理者

当我们被组织任命为某个职位后，我们就具有了相应的管理职能，成了管理者。在客户中心我们经常可以看到或听到这样的案例：一个业绩优秀的 CSR 被任命为班组长，一段时间后，这个班组人心涣散，员工不愿意跟随他干，甚至经常被举报，业绩一塌糊涂；另一个业绩一般的 CSR 被任命为班组长，所带的班组氛围和谐，得到员工的支持，业绩蒸蒸日上；还有一些人，尽管没有被任命为班组长，但在班组中处于核心地位，"一呼百应"，团队的成员愿意追随他。

要搞清楚这些现象的原因，我们首先要理解管理者和领导者这两个概念。

管理者与领导者

我们从中国历史上的两个著名人物谈起：

一个是诸葛亮，他有着高超的智商，善用谋略，鞠躬尽瘁死而后已的精神令后人敬佩，并被民间神化成智慧的化身。然而蜀国是三国中最早灭亡的国家，这与诸葛亮一生经营蜀国的轨迹与方式是分不开的。

最能体现诸葛亮智慧的是他料事如神，经常给下属锦囊，有时甚至还不止一个，就是大家常说的锦囊妙计，"遇到困难或到了哪里之后，打开锦囊，依计行事。"下属只是机械地按照他的布置行事，即没有能动性，也不知道为什么这样做，下属没有历练和成长的机会，后来有了"蜀中无大将廖化作先锋"的说法。事必躬亲，据说二十军棍以上的处罚要他亲自过问，最终积劳成疾。六出祁山，每次都有不成功的正当理由，不从自身找原因，蜀国的国力却消耗一空。

有人归纳了诸葛亮的失败之处有以下五点：一、架空刘禅；二、穷兵黩武；三、不培养人；四、事必亲躬；五、自省不足。

另一个是刘邦，百度百科上这样说：刘邦出身农家，为人豁达大度，不事生产。但他最终统一了天下。刘邦曾这样评价自己："夫运筹帷幄之中，决胜千里之外，吾不如子房；镇国家，抚百姓，给饷馈，不绝粮道，吾不如萧何；连百万之众，战必胜，攻必取，吾不如韩信。三者皆人杰，吾能用之，此吾所以取天下者也。"简单地说，就是我谋不如张良，文不如萧何，武不如韩信，但我能让有能力的人为我所用，因此我成功了。

我们说，诸葛亮是典型的管理者，却被放在了领导的位置上，而刘邦则是领导者。

按照《现代汉语词典》的解释，管理就是负责某项工作使它顺利进行，而领导则是率领并引导大家朝着一定方向前进。也就是说，管理是要正确地做事情，而领导是要做正确的事情。被誉为“领导力第一大师”的哈佛商学院教授约翰·科特说：“管理者试图控制事物，甚至控制人，但领导者却努力解放人与能量。”

管理者是指在组织中从事管理活动、担负管理职能的人，即担负对他人的工作进行计划、组织、领导和控制等工作，以期实现组织目标的人。

管理者是被任命的，他们拥有合法的权力进行奖励和处罚，其影响力来自于他们所处的职位和组织所赋予的正式权力；领导者则可以是任命的，也可以是从一个群体中自然或选举产生的，领导者可以不运用正式权力而以自身影响力和魅力来影响他人的活动。

雷莫·W. 纽尔密(Raimo W.Nurmi)认为：“一名管理者是否可称为领导者，与他如何来诠释他的角色有关。通常，那些成功的人士都把自己看成是领导者，而不仅仅是管理者。”“管理意味着完成、主持工作或者承担责任以及指挥等，而领导者则是影响和指明方向、方针、行为和观念。”“经理人员可以通过任命的方式产生，但是经理人员的领导地位必须在自己的工作中树立。”

管理者和领导者的差别可以总结为：管理者关注提高日常管理工作的效率，而领导者通过在变化中规划远景和引领他人来体现其影响力。

以下是一个简单的类比：和平时期的军队，只要各层级都有良好的管理，加上集中的有效的领导，军队就可以正常运转。然而，作战时期的军队，要想在瞬息万变的战场上生存下去并完成任务，每个层级都要有称职的领导。

任何组织，都处于变化之中，因此必须既有领导又有管理。只有领导而没有管理，则组织的意图和目的往往很难实现，甚至导致组织一团糟，进而危及到它的生存；如果只有管理而没有领导，组织就无法适应变化的环境，无法发挥人的能动性，同样会引发生存危机。约翰·科特广为流传的名言“取得成功的方法是75%～80%靠领导，其余20%～25%靠管理”，道出了领导和管理在促成组织成功中的微妙关系。

现实中，并非所有的管理者都是领导者，也并非所有的领导者都是管理者。为了使论述对组织更有实践意义，在本书中收窄了领导者的范围，认为领导者首先是管理者。

领导者是通过影响他人来实现目标的管理者。

领导者的职责是用他人能够成长为什么样的人来鼓舞和激励他人，并且使他人释放激情，努力争取成为那样的人。

——大卫·格根

根据管理者是否同时是个领导者，我们将管理者区分为领导型管理者和操作型管理者。

领导型管理者和操作型管理者

简单的说，操作型管理者就是传统的管理者，侧重于管事；领导型管理者，是在传统管理者的基础上，增加了领导者的能力，即不仅仅是管事，还要引领人。对于领导型管理者来说，“人”和“事”并重，随着职位的提高，“人”的范围没有变，而“事”的范围由具体的“事”逐渐转变为引领“方向”，即由实转虚（在本书中，通常“领导者”即指“领导型管理者”）。

成功地领导一个团队所需要的能力，与作为团队成员取得优异成绩所需要的能力是不一样的，两者的付出、回报和影响也截然不同。

对于刚刚走上管理岗位的大部分人来说，有着正确地做事的经验，参考岗位的职责要求，可以快速地进入角色，但在如何引领人和引领方向上，却没有什么经验与技能。我就曾经是在这种状态下走上管理岗位的，走了很多弯路。这就像是一个优秀的球员，被指定出任球队的教练。有时还可能有更糟糕的情况——出任的不是自己原来所在的球队，甚至不是原来的球类，这时带领球队赢得比赛看起来就像是一件不可能完成的任务。

领导者需要不断学习与实践。世界上很少有天生的领导者，而且就算是这样的人，无一例外都在不断地学习，以适应新的变化。

通过以下 4 个方面的能力可以把领导型管理者与操作型管理者区分开来：

(1) 前瞻力。

领导型管理者的前瞻能力，首先就是要结合团队和团队所处的实际环境和可能的变化情况，与团队成员共同确定出明确的、鼓舞人心的愿景，明确团队未来的有画面感的方向，并把这个愿景“推销”给全体成员。其次要根据愿景来组织人力和资源，梳理和完善流程，制定阶段的目标和计划，明确每个成员的责任和目标，以确保愿景的实现。最后要提前预见环境和团队成员需求的变化情况并及时进行调整。

前瞻力也就是战略能力,是选择做正确的事的能力,这种能力是领导者最重要的能力,但很难通过学习来培养，要在实践中学习，而且在一定程度上是一种天分。

故事：沙漠中的选择

一伙人开车勇闯大沙漠，结果车子抛锚了，车里坐着四个家伙，其中有两个当场就懵了。其中一个拿出罗盘、指南针、地图，一通研究。

最后一个装备好了帽子、围巾、鞋子、饮用水，在后座咔咔一通活动筋骨，顺便还涂了防晒霜。撂下一句,“ 我走了，找绿洲去。”就出发了。

车上这仨人一把没拽住他，让他跑了。五分钟后，摆弄地图那哥们说，绿洲的方向应该是反方向啊。下车再找那个奔跑哥，已经只能看到沙漠巨日下的一个小黑点。这哥们儿连同那两个同伴，大声疾呼：“ 你快回来，你一人承受不来啊。 ”

而奔跑哥以为大家和他告别呢，还销魂地挥了挥手。 想不到这就是永别。

这个去找绿洲的哥们儿，他的行动力，体现在战术层面的勤奋上，但是他在战略层面败得一塌涂地。结果就是生死两茫茫。

而那个罗盘哥呢，虽然没有那么快地做决断，看起来，行动力也没有那么霹雳雷霆，但他却是一个战略层面的高手。

雷军说过,“你不要用战术上的勤奋掩盖战略上的懒惰。”

(2) 影响力。

影响力是用一种他人所乐于接受的方式，使他人的思想和行为自行改变的能力。

领导型管理者的影响力不仅表现在团队的内部，还表现在团队外部，即与团队有联系的合作伙伴甚至竞争对手身上。在影响力发挥作用的过程中，情商起了重要的作用。

(3) 教导力。

是指领导者带人育人的能力，包括教练、授权和激励等。领导者要本着培养人成为领导者的心态去培养人。教练和授权将在本单元进行阐述，激励见第四单元。

(4) 变革力。

是领导者不断建立新秩序，引领团队开创新局面的能力。领导者只有不断突破自我，才有可能带领团队不断突破。

关于领导者要具备哪些能力有很多种说法，也有多种模型，以上几种能力只是我认为作为领导者必备的能力，具备了这些能力的管理者就是领导型管理者。

对有些人来说，这些能力是与生俱来的，对大多数人来说是需要后天通过不断的练习来得到。但与习惯不同，这些能力并不是一但具备就永远不变的，一方面环境会变化，人也会变化，不同时期会有不同的要求；另一方面人会有惰性，一旦达成目标，就失去了努力的动力，如“逆水行舟，不进则退”。所以领导者要终身学习，这个过程并非易事，很多时候是孤独的，甚至不被人理解，领导者要勇于克服惰性，不断地自我激励和自我指导。

另外一个需要关注的是领导者的领导风格。

领导者在影响别人时，会采用不同的行为模式达到目的。

领导风格

领导风格就是领导者在习惯化的领导方式中所表现出的种种特点。领导风格是在个人的长期经历、领导实践中逐渐形成的，并在领导实践中自觉或不自觉地、稳定地起着作用，具有较强的个性化色彩。每一位领导者都有其与工作环境、经历和个性相联系的，并与其他领导者相区别的风格。

根据戈尔曼的研究，领导风格可以分为六种，每一种领导风格都源于情商的不同组成部分。

领导风格的对比见图表 6–1（《情商，实践版》丹尼尔·戈尔曼，中信出版社，P67）。

领导风格	共鸣方式	对组织氛围的影	适用情形
权威型	激励员工朝着共同目标奋斗	最积极	由于变革需要新的愿景，或需要明确的方向
教练型	把个人需求与团队目标联系起来	非常积极	帮助员工对团队做出更大的贡献
亲和型	通过人际联系创造和谐	积极	弥补团队裂痕，顺境时进行动员或加强联系
民主型	重视员工意见，通过参与提高投入程	积极	建立信任或共识，或从团队成员出获得有价值的意
领头型	制定有难度和令人振奋的目标	由于运用不当通常非常消极	促使积极能够的团队提供高质量的成果
高压型	危机时提供明确方向，减少恐慌	由于运用不当通常非常消极	危机时，或改组之初

图表 6–1 领导风格

专栏 6-1：六种领导风格

(1) 权威型

权威型领导是最有效率的一种，可以全方位促使团队氛围发生变化。权威型领导高瞻远瞩，会把宏大的愿景分解为个体的目标任务，并制定工作标准，能用清晰的目标激励员工，让团队成员清楚地认知自身与愿景之间的联系，明了自己工作的重要性及工作的原因，能够动员大家为之而努力。进行业绩评估的标准是看起来是否有利于组织愿景的实现，并让所有人都清楚成功的标准和奖励的标准。允许员工自由创新，尝试各种方法，共同承担可衡量的风险。

情商基础：自信、移情能力、改变激励方式。

适用情形：几乎所有的情形。

不适用情形：有个别情况下不宜使用，比如当与一个领导人在一起工作的是一个由各种专家组成的团队时，或者是一些比他更有经验的同事时。

(2) 教练型

教练型领导发展人才以备将来之需。他会帮助员工们确定自身的独特性优势和关键性缺点，并且将这些与他们的个人志向和职业上的进取心联系起来。鼓励员工树立长远发展目标，帮助他们制订明确的实施计划。教练型领导非常擅长给大家分配任务，与员工达成协议，使他们明确在实施发展计划过程中的角色和义务，提供意见和建议。为了给员工提供长远的发展机会，往往不惜忍受短期的失败。在六种领导风格中，教练型领导是最不常见的。

情商基础：利他、同理心、自我意识。

适用情形：当人们"做好准备"时，这种领导风格最有效。比如，当员工已经知道了自己的弱点并且希望提高自己的绩效时，员工意识到需要培养新的能力以进行自我提高时。

不适用的情形：当员工拒绝学习或者拒绝改变自己的工作方式时。

(3) 亲和型

这种领导风格以人为中心，"员工为先"，注重个体及其情绪超过目标和任务。亲和型领导追求的是员工满意以及团队的和谐，通过建立情感联系获取员工的忠诚。会通过沟通分享想法，表露自身情感，相互鼓励，提高团队灵活性，赢得彼此信任。认可员工的工作业绩，着重培养员工的归属感。

情商基础：同理心、建立人际关系、沟通。

适用情形：是一种不受时间约束的好方法。下列情况下尤其应该使用，例如：需要努力

建立和谐的团队氛围、增强团队士气、改善员工之间的交流，以及恢复员工之间的信任等。

不适用的情形：它不宜单独使用。由于这种领导风格千篇一律地对员工进行表扬，所以它可能会给那些绩效较差的员工提供错误的导向，可能会认为在这个组织之中平凡是可以容忍的。对于复杂的任务，员工需要清晰的指引，亲和型领导可能会使员工失去方向感。

(4) 民主型

这种领导方式愿意花时间听取意见，争取民意，与员工建立信任、尊重和承诺关系。允许员工对自己的任务、目标以及工作方式保留发言权，从而提高灵活性和责任感，可以保持员工的士气高涨，同时员工对可以做什么、什么不能做有清晰的认识。

情商基础：协调合作、团队领导、沟通。

适用情形：当一个领导人对组织发展的最佳方向不明确，且需要听取一些能干的员工的意见，甚至需要他们的指导时。即使已经有了很好的愿景，运用民主型领导风格，也可以从员工中得到一些新的思想来帮助实施这个愿景。

不适用的情形：这种领导风格最让人头疼的一个问题就是它会导致无数的会议，很难让大家达成一致意见，甚至会加剧冲突，所以在危机时刻不应使用。

(5) 领头型

领头型领导会树立极高的绩效标准并且自己会带头做榜样。这种领导在做事情时总是强迫自己以更高质量、更快速度完成工作，而且他们还要求周围的每一个人也能够像他们一样。对表现不佳的员工明察秋毫，严格要求，对无法达标的员工会迅速调换。可能他自己心里清楚工作规则，但很少明确表述出来，甚至认为明确表述是不恰当的，很少反馈。员工无法清晰自己的目标与业绩，需要不断揣测领导者的想法，造成灵活性和责任感的缺失，工作投入程度不高。

情商基础：责任心、成就动机、开创精神。

适用情形：当一个组织所有员工都能够进行自我激励、具有很强的能力，并且几乎不需要任何指导或者协调时，这种领导方式往往能够发挥极大的作用。

不适用的情形：不应单独使用。领头型领导人对完美的过度要求会使很多员工有被压垮的感觉，对团队氛围可能起到破坏作用，士气因而低落。

(6) 高压型

高压型的领导在大多数情况下效率最低。这种领导风格自上而下的极端决策方式扼杀了

一切可能的创新。员工感到不被尊重，不愿意提出自己的想法，责任感缺失，无法发挥主观能动性，甚至有怨恨心理。损害员工的内激励动机。在这种风格的领导下，员工大部分处于被迫性动机下，不愿意工作甚至随时准备走人。

情商基础：成就动机、开创精神、自我控制。

适用情形：在采用高压型领导风格时必须谨慎，只有在绝对需要的情况下才可以使用，诸如一个组织正处于转型期或者危险正在迫近时。

不适用的情形：如果一个领导人在危机已经过去之后，还仅仅依赖于高压型领导风格或者继续使用这种风格，就会导致员工士气低落，员工感觉受到漠视。这带来的长期影响将是毁灭性的。

研究表明，领导者的领导风格越多越好。掌握了四种或者更多领导风格的领导者——尤其是权威型、教练型、亲和型以及民主型领导风格——往往会营造出更好的工作氛围并取得更好的绩效。领导者要熟练地在不同情境下使用不同的领导风格，而不是机械地按照列表转换，这需要不断地学习和训练。

对于有些领导者来说，掌握这么多种领导风格可能一时有困难，那么可以通过挑选那些具备自己所欠缺的领导风格的人来作为自己的搭档，赋予他们责任，与自己形成互补，同时也可以在实践中向他们学习。

对于领导型管理者来说，他们的价值观、方向感、领导风格和管理能力可能千差万别，但一定不是自己一个人在努力，这就需要对他人施加影响，以赢得他人的支持与追随。

6.2 影响力

领导力即影响力。

——约翰·麦克斯维尔

按照影响力通常的划分方式，有两种类型的影响力，一种是权力性影响力，另一种是非权力性影响力。

权力性影响力又称为强制影响力，它主要源于法律、职位、考核和武力等等。权力性影响力对人的影响带有强迫性、不可抗拒性，它是通过外推力的方式发挥其作用。在这种方式作用下，人会产生被迫性动机，一般来说权力性影响力对人的心理和行为的激励是有限的，但可以通过改变实施过程中的方式来增强激励效果。

与权力性影响力相反的另一种影响力是非权力性影响力，又称非强制性影响力，它有两个来源，一个来源是领导者个人的人格魅力，使被领导者被感召，产生对领导者的信赖，称为内在影响力；另一个来源是领导者的暗示，即被领导者不知不觉中接受了领导者的要求，称为间接影响力。

在现代组织中，这三种影响力要结合在一起应用。

每个人都有影响力，但每个人的影响力千差万别，这种差别首先体现在内在影响力上。

内在影响力

领导型管理者通过其内在的影响力，赢得团队成员的支持与拥护，并且使组织、团队和团队成员都取得良好绩效。要成为一个优秀的领导者，必须先充分实现自我发展，然后才能带领团队成员发展，最终实现与团队的共同成长。

作为领导者，组织赋予了某个岗位的职责和管理下属的权力，可以对下属提出要求。提出要求很容易，但下属会更关注领导者如何去做，而不是仅仅听领导者如何说。也就是说领导者要言行一致，对自己的要求要比对下属的要求更严格。

故事：甘地与糖

一个女人像很多人一样，来寻求甘地的帮助。她带着儿子长途赶来，拜见了甘地，说，“我长途赶来，因为我儿子有个问题，他吃太多的糖，希望你能告诉他别吃太多糖，因为糖会损害他的健康和牙齿，他会听你的，他很崇拜你。”

甘地看着她说，“夫人，你能一个月后再来吗？”她不明白为什么，但还是听了他的话，因为他是甘地。

她离开，长途返回，一个月后又来，再次与甘地见面，她对甘地说，“一个月前我来过。”

甘地说，“是的，我记得。”

她说，“你能告诉我儿子，不要吃糖过多吗？”

甘地听了，注视着那个孩子说，“孩子，不要再吃太多的糖了。”

那个女人很困惑，鼓起勇气说，“非常感谢，我肯定他不会再吃那么多糖了，但为什么一个月前在我长途赶来的时候你不告诉他？”

甘地说，"夫人，因为一个月前，我也吃糖太多。"

内在影响力的来源中，品格因素是第一位的因素。

品格因素是指领导者的道德品质、人格、作风等，它集中反映在领导者的言行之中，是构成领导者非权力性影响力的前提因素。如果一个领导者具有优良的品格，如公正、信念、毅力、进取等等，会使下属产生一种发自内心的敬佩感，会产生号召力，吸引下属去效仿。"其身正，不令而行；其身不正，虽令不行"。领导者的个人价值观会吸引具有同类价值观取向的人，从而产生团队凝聚力，增加对团队的认同感和归属感。同时，领导者的人格和价值观还会潜移默化地影响团队成员，形成默认的共同行为标准。

第二个因素是能力。

能力是一个人综合素质的体现，它表现为科学决策能力、协调组织能力、语言表达能力等。而要提高综合能力，必须靠知识的铺垫并升华。当一个领导者具备比较完整的知识体系，并在实践中表现出较强的综合能力，带给下属的是一种希望，使其产生一种敬佩感。这种敬佩感就像心理磁场一样吸引下属自觉自愿地接受领导的思想和行为方式，从内心对他产生认同感和尊重感。

第三是情感因素。

情感因素是指领导者平易近人、和蔼可亲、体贴和关心下属，能够使下属产生亲切感的影响因素。一个成功的领导者，不仅要立之以德、展之以才，还要动之以情、以情感人。情感是顺利开展工作的润滑剂。

领导者的内在影响力来自于自身的发展。"成长是人一辈子的事。"自我修炼永远是第一要务，这方面有很多专业的书籍和培训，如史蒂芬　柯维博士的《高效能人士的七个习惯》。

一个领导者，如果有优良的品格，超强的能力和情感表现力，就会在组织或团队里产生一种与权力无关的服从和忠诚。如：领导者平时谦和待人，尊重下属的人格，主动为下属排忧解难，让下属感受到团队的温暖，下属就会对你产生信赖感、归属感、顺从感，形成强大的吸引力和影响力。即使你在工作中出现了失误或遇到了困难，下属也会真诚体谅，并热心帮助，同舟共济，共渡难关。

内在影响力能使下属产生发自内心的尊敬、信赖与敬佩，并主动地跟随领导者去实现目标。只有当领导者有受人敬佩的品格、令人佩服的能力，又拥有良好的情感因素，才能给人以感染力、影响力，才能上下一心地朝着共同的目标奋进。

权力影响力

权力是组织所赋予的，领导者有了权力才能支配下属，实现领导功能。拥有了权力就拥有了一定的影响力，但在现实生活中我们经常可以发现，同一种职务，同一种权力，在不同的领导者手中，发挥的作用差别巨大，甚至无法同日而语。

这是由于领导者使用权力的策略不同所造成的。

人们都不想被强迫地去做一件事，也就是不想被管理。我们在第四单元阐述了人在被强迫去做一件事时会产生“被迫性动机”，在这种动机下，人会消极抵抗，没有成就感，表现不稳定。在实际的管理中，把要做的工作和要完成的目标直接布置给下属，是不可避免的，但我们可以选择布置的方式。

研究表明，以下几种方式可以增强员工对任务的接受程度。

方式一：产生“自主权”感觉

尝试让员工觉得他们有个人控制的空间，这样能增加他们的“自主权”，减少被控制的感觉。

相对于被强迫，人们喜欢有选择，哪怕这只是“二选一”，或者是在被给出的两个“烂苹果”中选一个好的。比如小朋友回家后，可以让他选择是先练琴还是先做作业，两个选择都达到了父母的目的，但对小朋友来说就有了选择权，选择之后去做就会更情愿，感觉是在自己控制自己的行为。

很多时候，目标是固定的，但实现目标的过程是可以选择的，这也会带来有“选择”的感觉。比如客户中心某一天需要员工加班，可以通过给出几个时间段让员工自行选择从而使员工产生“自主权”的感觉，这比直接安排让员工几点到几点加班好得多。

当员工认为自己拥有选择时，他们不仅更有动力，还能更轻松平和，认为处于自己的掌控之中，而不是被控制，绩效也会更高。但需要注意，如果是经常要做的事情，选择多往往无法养成习惯，习惯比选择更重要。

方式二：参与决定的过程

当员工参与了目标的制定和流程规范的出台过程，就可以理解目标背后的原因，流程背后的真相，以及为什么这个目标对团队来说很重要，为什么我们的团队要追求这个目标，为什么流程要这样走。员工一旦了解目标的价值，就会产生为目标努力的动力，还会向其他团队成员进行解释和动员。客户中心的规章制度、考核规范等的制定，最好通过成立专项小组来开展，并最终通过员工代表大会的形式表决执行。

方式三：建立契约

契约通常是以书面形式承诺的行为约定，其中的行为是目标导向的，是公开的约定，并由双方签名使之生效。有时候我们要做一件事的动力不足，但通过签约的行动会使目标升值。违约一般会让人窘迫，所以没有人希望自己违约，都会尽力避免因此而导致团队的其他成员认为自己是靠不住的人。某客户中心每年都采用这种方式让全体员工签订年度目标契约，并召开大会当众签署，承诺目标，这种做法值得推荐。

研究：口头承诺

研究者的助手在沙滩上随机选择一人作为实验的受试者。然后在离受试者两米开外的地方铺上一块沙滩浴巾，助手躺在浴巾上，用收音机听了一会儿音乐便站起身，离开浴巾到海边去散步。过了一会儿，研究者假装成小偷，走过来拿起收音机，试着把它带走。在正常情况下，由于受试者可能会受到伤害，不愿冒险去阻止小偷。这一“偷窃”实验上演了 20 次，20 位不同受试者中出手阻止的只有 4 位。

但只要稍加调整，同样的过程再重演 20 次，结果就彻底改观了。在后面的 20 次重演里，助手在离开浴巾之前请受试者“帮忙看一下我的东西”，所有受试者都答应了。20 个受试者中有 19 个主动阻止了偷窃行为，要求对方给出解释，甚至出手拦住小偷。

有些口头的承诺也有类似书面契约的效果，尤其是当众承诺，这是把自己放在公众面前让大家监督。有一次我和几个下属说我在跑步，那时候我跑步并不规律，过了几个月，和一个下属聊天时突然被问到跑步的情况，我只好如实回答，“在跑，但不太规律。”从那以后，我就开始给自己制定计划，有规律地跑步了。

使用权力来布置任务、制定目标不是目的，能够让员工在完成任务、实现目标的过程中发挥出自己的潜力，并感受快乐才是，这取决于领导者的策略，即如何通过权力影响力来用好权力。

间接影响力

我们在第二单元阐述了意识和潜意识的关系，我们每天的决定有 95% 以上是由潜意识做出的。潜意识是我们的好伙伴，它随时都在工作，能注意到更多的细节，比意识的能力大得多。

我们对目标的追求大部分是潜意识的，也就是说，我们很少停下来想自己正在试图达到某个目标，而是直接行动了。作为领导者，无论是在工作中，还是在家庭中，抑或是在生活中，都希望拥有这种能力：将目标直接“写入”他人的潜意识中，而不需要采用命令、要求，这种方式就是暗示，即间接影响力。

我们所接触的所有东西都对我们有暗示的作用，只是我们大都意识不到，暗示是通过潜意识在发挥着作用。一个 CSR 在某个月绩效取得好成绩，可能是被与成就相关的字词所触动，可能是被身边某个绩效突破的同事所激发，也可能是被自己孩子努力学习的决心所鼓舞，也可能是要被一个故事所唤醒。

研究表明，间接影响力可以通过以下几种方式发挥作用。

方式一：环境

关于环境对人的影响有两个著名的研究，一个是菲利普·津巴多的斯坦福监狱实验，另一个是下面这个。

研究：回到过去

哈佛大学心理学家埃伦·兰格（Ellen J.Langer）在 1979 年做过一个实验。

在匹兹堡的一个老修道院里，朗格教授和学生精心搭建了一个“时空胶囊”，这个地方被布置得与 20 年前一模一样。他们邀请了 16 位老人，年龄都在七八十岁，8 人一组，让他们在这里生活一个星期。

这一个星期里，这些老人都沉浸在 1959 年的环境里，他们听上世纪 50 年代的音乐，看 50 年代的电影和情景喜剧，读 50 年代的报纸和杂志，讨论卡斯特罗在古巴的军事行动，美国第一次发射人造卫星。

他们都被要求更加积极的生活，比如一起布置餐桌，收拾碗筷。没有人帮他们穿衣服，或者扶着他们走路。唯一的区别是，实验组的言行举止必须遵循“现在时”——他们必须努力让自己生活在 1959 年，而控制组用的是“过去时”—用怀旧的方式谈论和回忆 1959 年发生的事情。

实验结果是，两组老人的身体素质都有了明显改善。他们刚出现在朗格的办公室时，大都是家人陪着来的，老态龙钟，步履蹒跚。一个星期后，他们的视力、听力、记忆力都有了明显的提高，血压降低了，平均体重增加了 3 磅，步态、体力和握力也都有了明显的改善。

不过，相比之下，实验组，即“生活在 1959 年”的老人进步更加惊人，他们的关节更加柔韧，指骨间的距离（人越老，骨骼间空隙变得越小，指骨变得更紧）变长，手脚更加敏捷，在智力测试中得分更高，有几个老人甚至玩起了橄榄球。他们变得更快乐，变得更加自立，更少依懒他人。

类似的研究还有很多，比如穿上宇航服能让人在视力测验中提高视力水平，与年老相关的词汇如拐杖、老花镜等会让人行动更迟缓等等。

环境中能对人产生暗示作用的有物品、词汇、场所等。如对于一个想锻炼身体的人来说，球拍、健壮的人、运动服、健身口号、健身房等都可以起到暗示的作用，激发人想去健身的动机。这也可以说明在客户中心的场地里挂上各种标语口号是有效果的，将优秀员工的照片张贴上墙是可以起到激励作用的。

方式二：换框

换框法是 NLP 的工具之一。

所有的事情本身没有任何意义，所有的意义都是人加上去的，既然意义是人加上去的，那么，一件事：

可以有其他意义，也可以有更多意义；

可以有不好的意义，也可以有好的意义。

故事：人生的意义

一位年轻人慕名从远方而来，请智问大师指示人生的意义。大师感于他的诚意，便向他说：“你想知道人生的意义吗？很好。”在地上随便拿起一块大石头，问年轻人：“它有什么用？”年轻人回答：“石头可以做纸镇，切割肉类，建造房屋，可以……哦，还可以脚底按摩！”

大师说：“对了！就是这样！宇宙间存在的每一样事物，都有它的角色和价值。污泥虽然外表肮脏，但没有污泥就长不出清丽脱俗的莲花。你看见美丽的鲜花凋谢，会感到悲哀。然而，当你把鲜花的凋谢看成树即将结出美味果子的必经过程，你就会看到这个过程的美感。”

每当人们要做某事之前，都会问自己（通过潜意识的自我谈话进行）这类的问题：“这是什么样的机会？”“我的动机是什么？”领导者可以通过问问题的方式来框定下属的答案。

例如用“完成这件任务你能获得什么？”这类问题来向下属暗示要“努力争取”“要有创新”，用“做不好这件任务会对你产生什么影响？”这类问题向下属暗示要“小心谨慎”“防止失败”，用“这个月的绩效将在全中心进行排名”来向 CSR 暗示要有“好的表现”“避免出错”，以及用“每个人这个月的绩效将和上个月相比，评出最佳进步奖”来向 CSR 暗示要关注“进步”和“能力的发展”。

用换框法也可以暗示人的情绪水平，如向一个老人问“您这辈子最自豪的事情是什么？”会调出他积极的情绪；问“您这辈子有什么感到遗憾的事情吗？”会引出他消极的情绪。

相比简单的二选一，换框法能为人们自主选择提供一个更成熟的时机和情境，同时不会让人感到被压迫，从而有效地避免强制性带来的危害。

方式三：榜样

当我们看到别人（尤其是和我们有很多共同点或者有说服力的人）追求某个目标，努力做某事，并最终取得成功，会对我们产生感染力。这是一种情绪传染，会唤醒我们内心的力量：“我也能这样做，也能取得类似的成功。”这就是榜样的力量。

毫无疑问，领导者对于自己的下属来说就是一个现成的榜样，人们会看到领导者如何去做，来决定自己该如何去做。父母对孩子来说是最好的榜样，当他看到一个经常读书、热爱生活、充满朝气的父母，他才能清晰地知道自己应该怎么做。当他听到父母说要努力读书，要锻炼身体，要与人为善，但看到的是一个整天看手机、打麻将、满是抱怨的父母时，他的选择显而易见。

榜样也可以是不认识的人，只要人们认为这个人对他是有吸引力的就可以。

心理学家霍尔沃森对大学生进行了相关的实验，效果显著（《成功，动机与目标》海蒂·格兰特·霍尔沃森，译林出版社，P144）。

在利哈伊大学一堂初级心理学课上，让干预组的 30 名学生填写一份问卷，问卷中掺杂了三篇著名心理学家的传记故事。每个故事都突出努力、坚韧及求知欲在心理学家成功路上的重要性。其中一篇如下：

阿尔弗雷德·阿德勒于 1870 年 2 月 7 日在奥地利维也纳出生。他对当今的心理疗法以及对心理疾病的认识做出了极大的贡献。他从整体角度看人，而不把人当作一系列欲望和本能的总和，从而改变了心理学理论的本质。有趣的是，阿德勒的学术生涯并不是一帆风顺的。他最爱把自己童年里发生的一件事告诉那些学习有困难的孩子们。曾有一位老师建议阿德勒的父亲带阿德勒找个鞋匠做学徒，因为阿德勒肯定无法毕业——对学校没有兴趣的阿德勒数学不及格。阿德勒决定让老师看看他的厉害：在短时间内，他的数学成绩成为了全班第一，以后他对学习的投入再也没有动摇过。

在这篇小传里，阿德勒从一个无药可救的学童，通过坚定的意志和不懈的努力，最终成为心理学史上最重要的人物之一。

对照组的学生拿到同样的试卷,但没有这三篇著名心理学家的故事。一个学期结束后，干预组的学生不但更看重进步，还实实在在地拿到了更好的成绩，比对照组要高出 1/3，也就是 B+ 与 A- 的差距。

同样的实验也在化学课上进行（只是把心理学家的故事换成了化学家的故事），在全体大学生中进行了克服困难的能力实验（把故事换成了一个在跌宕起伏中成功的利哈伊大学学生），都取得了类似的结果，学生们更相信努力的重要性，更自信，而且成绩更好了。

榜样是那些能使人产生共鸣的人，并且最好是他们知道并佩服的人。可以是领袖，可以是科学家，可以是身边熟悉的人，当然也可以是领导者本身，领导者所处的位置决定了他就是激发下属潜力，产生共鸣的合适人选，尽管他们都不大会觉察到这种影响究竟是怎么发生的。

在运用间接影响力的过程中，有两点需要注意：第一，请确定这个暗示对你和对方的意义是相同的。如对学化学的学生讲心理学家的故事效果就没有讲化学家的故事更有效果。第二，你只能激发对方认为积极的目标。暗示只在对方认为那是符合他的价值观，对他是好事时才有效果。如对某个富二代暗示“节俭”就很难起作用，暗示“创业”就可能会起作用。

所有的现代教育和培训只能帮助学习者学习到某个观念或技能，而无法替代实际工作带来的体验，而领导者恰恰可以通过教练的方式来给下属带来这种实际体验。

6.3 教练

教练就是教练者运用教练技术帮助他人通过学习获得成长从而达成目标的一种活动。

教练技术是一门通过完善心智模式来发挥潜能，提升效率的管理技术。教练通过一系列有方向性、有策略性的过程，洞察被教练者的心态，令被教练者向内挖掘潜能，向外发现可能性，从而有效达到目标。

它的核心内容是：教练以中立的身份，通过聆听、发问等教练技巧洞察被教练者的心态，从而区分其行为是否有效，并给予直接的反馈，使其洞悉自己、及时调整心态、清晰目标、激发潜能，以最佳状态去创造成果。

专栏 6-2：教练技术

教练的提法最早由英文 Coach 翻译过来，Coach 是马车的意思，马车不能告诉当事人去哪里，但当事人（被教练者）可以告诉马车你要去哪里，马车可以协助你到那里。也就是说，教练不会告诉你去哪里，教练是个工具。

20 世纪 70 年代，一位美国网球教练添　高维（W.Timothy　Galway）发现，当运动员按照教练的建议去做，他们的表现反而没有什么提升；而当他没有强调运动员的错误、没有提供建议，只问一些开放性的问题时，运动员的表现很快便有明显的改善。事实上，假如运动员能够放松，大脑里有优良表现的景象和感觉，容许身体去跟随大脑里的景象和感觉的推动，运动员的表现就出现改善了。

添·高维在《网球的内在诀窍》中描述，运动员的内心有这样的竞赛：潜意识里想做优良表现的部分，与另外一个紧张、怀疑自己、责怪自己和注意力分散的部分在竞赛。后面的部分使得运动员无法做到优良表现，即使他内在拥有做得到的能力。添·高维的理论引起了 AT&T 公司的兴趣，AT&T 公司要求添·高维为公司的市场销售人员上了一堂网球课，随后与他一起探讨如何改变企业文化。AT&T 公司副总裁说："我们如果再不改变，不能打破竞争对手的垄断的话，我们将在通信行业里无法生存！"面对这样大的一个课题，添·高维坦诚地表示自己对企业内部管理一无所知，但他答应可以把销售人员当作运动员来看，可以把公司的客户当作网球来对待。结果，奇迹出现了，课堂结束后，他发现经理们的笔记本上找不到和网球有关的字眼，反倒写满了密密麻麻的企业管理的内容。原来，AT&T 的管理者们已经将运动场上的教练方式转移到企业管理上来。于是，一种崭新的管理技术——企业教练诞生了！教练技术随着被 AT&T、IBM、通用电器、苹果电脑、可口可乐、南加州大学、福特、日本丰田等巨型企业及高校的导入，迅速风行欧美，添·高维声誉日隆，被誉为企业教练的先驱。

在组织中，领导者所处的位置决定了他可以是天然的教练。在培养员工的过程中应用教练技术，有助于打造出组织、团队和员工个人的核心竞争力。教练技术的应用也是将操作型管理者和领导型管理者区隔开的重要能力之一。

图表 6–2 展示了操作型管理者和领导型管理者在实现目标的过程中的区别。

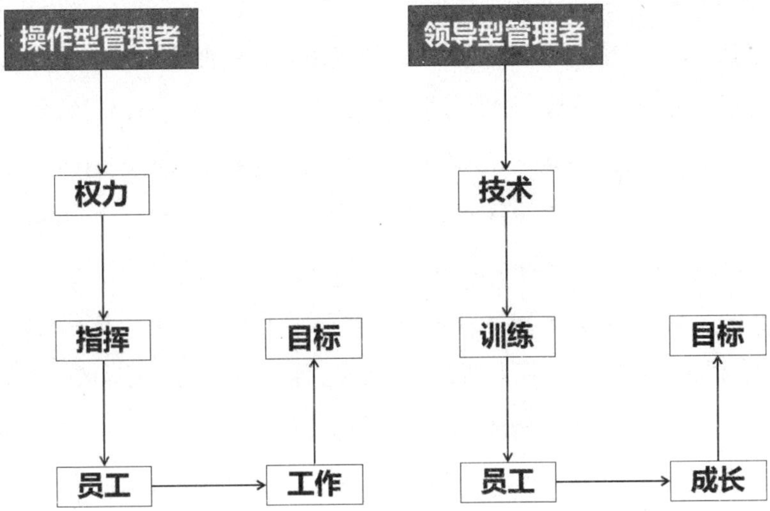

图表 6–2 两种管理者实现目标的过程

可以看出：

操作型管理者在管理中应用权力指挥员工，进行工作并实现目标。在这一过程中，目标是管理者的，是组织的，与员工的关系不大，当管理者使用权力去指挥时，必然面临员工自然的反作用力，员工处于被迫性动机之下，工作的意愿不强，最终实现目标的状况可想而知。

而领导型管理者在管理中是应用教练技术对员工进行训练。在这一过程中，目标是管理者和员工双方的，训练的过程是以成就员工为目的，关注员工的成长，员工是主动的，处于内激励动机下，工作意愿高，最终会顺畅地达成共同的目标。

实践中，教练技术可以通过教练五步曲来实施。

教练五步曲

教练的过程就是一个谈话的过程，有以下五个步骤。

第一步：接纳

接纳是指接纳当事人，教练要接纳的是人的情绪和正面动机，不一定要接受他的行为。每个行为的背后都有其正面的动机，行为可能错了，但动机没错。把自己觉察到的情绪和动机反馈给对方，如果不能精准把握对方的情绪，可以采用概括的形式，如“我看到你不开心”“你能做到这个程度也很不容易”等。

心理学认为，一个人永远不可能和一个不接纳他的人进行有效的交流。事情的结果已经产生，不管我们如何懊悔、抱怨和指责都不可能改变结果，所以对结果我们要接受。同时，对造成这个结果的直接责任人我们也要接纳。但要注意区分：我们并不需要接受他错误的行为，但不能因为某个行为而拒绝这人。当我们接纳这个人，并被对方感受到被接纳后，才可能进行接下来的有效沟通。

这一步的关键是要让对方感觉到没有被指责，在这种安全的情况下，他才会更客观地陈述，否则他的陈述中就会因夹杂着各种理由、假设和想当然而导致失真。客观的陈述有助于我们掌握相对真实的信息；在他陈述的过程中，同时也给他一个宣泄情绪、整理思路的氛围和机会。情绪如果得不到疏导，就会在工作或生活中的其他地方寻找出路。它并不会消失，只是存储了起来，在某个情境下会自动地冒出来，造成更有破坏性的后果。

被教练者在进行陈述时，教练要认真倾听，避免破坏亲和感。 常用语言模式：

“能描述一下事情发生的过程吗？”“你能回顾一下当时的细节吗？”“当时的情况是怎样的？”“我可以多知道一些吗？”

要求：1）是开放式的问话；2）不带有任何评判色彩；3）避免使用“为什么？”“怎么搞的？”“不会吧？！”“你负了什么责任？”等刺激对方，以致于产生防护意识的词句。

第二步：调焦

调焦就是调节对方的注意力，使其从过去转向未来，从关注失去的东西转向得到的东西，增加对方的能量。如果问：“为什么搞成这样呢？”焦点一下子就去到了问题上，对方开始找借口，力图证明自己是对的，双方的关系开始转为对抗。如果问：“你觉得还有什么办法补救？”焦点一下子就落在了方法上。要使对方找到他从过去的经验中学到了什么或得到了什么，可以参考第三单元中 PPP 工具。

调焦还要进一步挖掘出对方真正的需求。往往人们第一时间想到、说出的东西不是自己真正想要的，只是浮于表面上最容易拿到而已。如领导要求每周要多开一次例会，其实他真正需要的并不是多开一次会，他真正需要的可能是通过开会得到更多的信息，最终加强对团队工作的掌控力度。只有让对方找出自己真正的需求，才能为下一步探索解决方案并采取有效行动打下正确的基础。

常用语言模式："假如我可以满足你的任何愿望，你想要什么？""如果有可能，你希望得到什么？"

要求：把焦点放在你想要的，而不是你不想要的。当一个人把注意力放在缺点上，他的缺点会越来越明显；当一个人把注意力放在强项上，他的强项就会得到发挥。

第三步：探索

探索是和对方一起从各个角度找到可行的方法，之后不断地进行放大。

可以从四个角度进行探索：

首先是过去相关的成功案例。每个人都曾有过成功，这是待挖掘的宝藏。"在当时是怎么做到？""是否可以用到现在的情境中？"

其次是从想到的一个方法逐渐进行放大。"还有呢？""除了这个还有呢？""假如还有的话，是什么？"

第三是从相关方的角度去思考。"假如你现在就是你的那个同事，你认为他（即被教练方，我）要怎么处理这件事你会更满意（更有创意）？"

相关方角度和下面的榜样法可以使用"空椅子技术"中的"他人对话式"进行。

专栏 6–3：空椅子技术

"空椅子技术"，是格式塔流派常用的一种技术，是使来访者的内射外显的方式之一，是完形疗法中著名而有影响、简便易行的技术。目的就是帮助当事人全面觉察发生在自己周围的事情，分析体验自己和他人的情感，帮助他们朝着统一、整体、坦诚以及更富生命力的存在迈进。

空椅子技术分为三种形式：倾述宣泄式、自我对话式和他人对话式。

倾述宣泄式。这种形式一般只需要一张椅子，把这张椅子放在来访者的面前，假定某人坐在这张椅子上。来访者把自己内心想要对他说却没来得及说或者不想当面说的话，表达出来，从而使内心趋于平和。

自我对话式。就是在自我存在冲突的两个部分之间展开对话，假如来访者内心有很大的冲突，又不知道如何解决，就用两张空椅子分别代表两个部分，来访者坐在一张椅子上，扮演自己的某一部分，转而坐在另外一张椅子上，就扮演自己的另一部分，依次"相互”对话，从而达到内心的整合。

他人对话式。用于自己与他人之间的对话。用两张椅子分别代表自己和他人，坐到一张椅子上面时，就扮演自己；坐在另一张椅子上时，就扮演他人。两者展开对话，从而可以站在他人的角度考虑问题，去理解他人，为自己找到更多的可能。

第四是榜样法。从无关的，但有经验的，是“被教练者”所钦佩的第三方的角度去思考。“如果是这个人（被教练者认为在这个领域让他感到佩服的人），会怎么处理这件事？”

要求：相信当事人是解决他自己的问题的专家，不可越俎代庖；教练者如果是直接主管，即使确认自己可以给出解决问题的更好方法，也要在问话的最后给出，通过语言模式：“我朋友也曾经遇到过这样的问题，当时他是这样处理，我不知道是不是也适合你……”“我在想，如果是这样……，是不是也会有效果呢？”，转化成当事人自己的方法。

第四步：选择

选择是总结被教练者在上一步探索过程中所想到的全部方法，让其从中选择他认为最可行的方法，并让他自己给予确认。

人只会为自己选择的事情负责任！当我们去要求一个人做一件事时，对他来说，那是一件“不得不做”的事，这时被迫性动机起主导作用，他的反应是抵触，甚至反抗。在管理中如果发生这种状况，只会耗费掉大量的能量，降低工作效率。所以，在这一步里，教练者让被教练者自己做一个选择。当一个人做出了选择，他就会愿意为他的选择负起责任。

常用语言模式：“你认为刚才探讨的方法中，哪些是最有效的呢？”“在你看来，那个办法最棒？”

要求：让当事人说出自己的选择，切忌越俎代庖，迫不及待地替当事人决定。

第五步：行动承诺

用承诺的方式来强化被教练者行动的意愿。

当一个人向自己和另外一个人同时做出承诺时，他通常会为这个承诺采取行动。在这里，教练需要做的推动并不是给他压力，因为如果由教练施加压力，往往会产生反作用力。在物理学中有一条定理：作用力等于反作用力。作用力越大，反作用力也越大。教练所要做的是让被教练者自己给自己施加压力。

最好的方法是通过独特的语言模式，让当事人作出承诺。常用的语言模式是以下这四个连续语句：

“你具体会怎么做？”

“我怎么知道你做到了？”

“如果做到了，你会如何奖励自己？”

“如果做不到，你怎么办？”

教练的心态

人的大脑要对接触过的人或事物产生态度，这样当我们再次接触这个或者类似的人或事物时会依据存储的这个态度进行判断，无疑这会让大脑运行更高效。

对于管理者来说，所教练的人和所面对的具体事件，都是自己的下属或者日常工作中的事务，则不可避免地，在教练之前对人或事就有了自己的判断，即态度。这种带着既成的态度会影响信息的收集，并影响被教练者的态度，会成为教练过程中的障碍。

教练要从态度中抽身，进入抽离位置，放弃自己的所有假设和推断，放弃控制的念头，就像是在看一场电影。没有了态度的阻隔，教练过程中信息的流动才是顺畅的，双方的思维处于共享状态，这样才能有助于最终实现双方的目标。

教练的另外一个需要避免的心态是比较。人不可避免地经常将周围的人与自己进行比较，比较会产生心理的变化，可能是不如对方产生追赶的动力，也可能是比对方强产生心理的优势。

比较的心理很难去除，只有当认为双方差距非常大时才会消失，比如马云远远比我有钱，我就不会和他比较钱多钱少，但如果我看到马云踢足球时我就会评判他踢球的水平，“对很多球的处理还不如我”。

要将双方都看成完整的人，即每个人都具有优势，也有不足，每个人都是独特的。教练要做的只是应用教练技术，将被教练者内在的潜力释放出来，因为对方自身已经拥有成功所需要的所有资源。

教练必然在某方面会强于被教练者，在有些方面不如被教练者，这不会影响教练的结果。正如韩愈《师说》中所讲：“是故弟子不必不如师，师不必贤于弟子。”

故事：游泳教练是“旱鸭子”

美国奥林匹克游泳队教练谢曼·查尤尔，在美国体育界和奥林匹克大家庭中，以及世界泳坛，不仅是权威教练，而且也是一个为奥林匹克事业作出过巨大贡献的著名人物。

查尤尔在大学读书时是一个体育活动的积极分子，还是美式足球和田径两个项目的校队队员，获得过心理学学位。大学毕业后，他当过飞行员、教师和中学校长，后来当上了游泳队教练。

查尤尔从事游泳运动的训练和教学工作后，为美国和一些国家培养了不少世界级游泳巨星(如大名鼎鼎的“飞鱼”施皮茨就出自他的门下)。他培养的这些得意门生，在奥运会游泳比赛和世界游泳大赛上，先后74次打破奥运会游泳纪录和62次打破世界游泳纪录；创造过80次美国游泳纪录；夺得了16枚奥运会游泳项目金牌。

在一次奥运会上，美国游泳队取得了突出成绩，队员们兴高采烈，把他们的恩师查尤尔团团围住，后来索性把他抬了起来，不住地向天上抛。嬉闹中，不知是哪位调皮鬼出了个“坏主意”，把查尤尔抛进了游泳池。

他在水中拼命地挣扎，队员们在池边哈哈大笑。过了一会儿，查尤尔快没反应了——原来这样一位培养出许许多多“水上蛟龙”的游泳教练，成天与游泳池打交道的运动家，竟是一位“不识水性”的“旱鸭子”！队员们一看大事不妙，于是迅速跃入池中，抱起了奄奄一息的查尤尔。从此以后，谢曼·查尤尔是个“旱鸭子”的新闻就传开了。

此后，每当看到本队即将获胜时，他就会悄悄地溜走。

应用教练技术培养人不是万能的，适合在被教练者有能力却没有认识到自己有能力时使用；有些时候，尤其是对某个领域的新人来说，需要更基础的、也就是通常理解的教练，即教和练。

肯·布兰佳在《知道做到》中阐述了进行教和练的跟进学习系统，即：

“告知——演示——尝试——表扬我的进步或进行修正”

→“告知——演示——尝试——表扬我的进步或进行修正”

→“告知——演示——尝试——表扬我的进步或进行修正”

→ ……

这是一个不断重复的过程，直到当事人能够自己独立地、正确地做到。“表扬我的进步或进行修正”即建设性反馈，见第八单元。

管理者通过教练技术，让下属认知到自己所具有的潜力或具备某方面的能力之后，就要考虑如何通过对下属授权来让这些能力在工作中发挥出来，在实践中进一步巩固这些能力。

6.4 授权

《三国志》中描述诸葛亮“政事无巨细，咸决於亮”，最终导致的结果是蜀国无人可用，诸葛亮自己也积劳成疾，“出师未捷身先死，长使英雄泪满襟”。

这是典型的不授权给下属的结果。

如果一个管理者感到时间不够用，往往是自己的时间管理有待改进。授权是时间管理的重要手段之一，是一项基本的管理技能。

授权是管理者通过为员工提供更多的自主权，以达成组织目标的过程。

授权，是一种多赢的行为。对员工来说，一方面可以得到锻炼的机会，发挥出自己的潜力；另一方面，授权本身就是一种激励行为，能提高团队的凝聚力和战斗力。对领导者自身来说，授权为解放自己提供了可能，让自己有时间去思考团队的方向和目标。对组织来说，授权可以提高灵活性，提高工作效率、降低运营成本，为客户提供更便捷的服务。

故事：希尔顿的用人之道

旅店大王唐拉德·希尔顿21岁的时候，他父亲把一家旅店的经理职位交给了他，同时转让给他部分股权。

在此后的两年里，他学着处理各种各样的业务，学习如何衡量信用，如何与各行业有经验的老顾客交易，以及如何在紧要场合保持心平气和。这期间积累的宝贵的经验，促成了他日后的成功。

然而，这期间有一件事令小希尔顿非常恼火，就是父亲经常干预。父亲总是不能完全信任他，一方面是因为父亲觉得他还太年轻，另一方面是因为事业尚未稳固，经不起可能的失误所带来的重大打击。

也许是因为亲历了有职无权、处处受制约之苦，所以当希尔顿独立经营酒店时，总是慎之又慎地选拔人才，但只要一下决定，就给予其全权，他只是在一旁观察自己的选择是对是错。这样，被选中的人也有机会证明自己。

在希尔顿的旅馆王国之中，许多高级职员都是从基层逐步提拔上来的。由于他们都有丰

富的经验，所以经营管理非常出色。希尔顿对于提升的每一个人都十分信任，放手让他们在各自的工作中发挥聪明才智，大胆负责地工作。

如果他们之中有人犯了错误，他常常单独把他们叫到办公室，先鼓励安慰一番，告诉他们："当年我在工作中犯过更大的错误，你这点小错误算不得什么，凡是干工作的人，都难免会出错的。"然后，他再帮他们客观地分析错误的原因，并一同研究解决问题的办法。

他之所以对下属犯错采取宽容的态度，是因为他认为，只要企业的高层领导，特别是总经理和董事会的决策是正确的，员工犯些小错误是不会影响大局的。如果一味地指责，反而会打击员工的积极性，从根本上动摇企业的根基。

在希尔顿的管理下，员工们努力工作，一起报答他的知遇之恩。而希尔顿也凭借这种管理方法，成就了自己的商业帝国。

尽管授权是多赢的行为，但实际工作中，授权并没能发挥出应有的作用。下面是一些常见的状况：

"哪敢授权呀！盯着做还做不好呢！唉！现在的年轻人呀。"这样的管理者缺乏信心，质疑下属的能力，又不愿意花时间去培养。

"你授权给下面，他们不知道该怎么做，不知道做成什么样。到头来，做得一塌糊涂，不符合要求，最后还得自己亲自做。劳民伤财，还不如不授权呢。"这是管理者存在效率假想，认为自己完成会更快、更好，与其花半个小时向下属讲解、示范，不如自己花10分钟做好。但关键问题是，这会造成工作只能永远由自己做，下属永远也不会做，意识不到指导下属掌握新技能才能最终解放自己。

"如果授权，他们会不会不服我的管理？等翅膀硬了，我就被取代了。"这种管理者害怕挑战，不愿下属表现更好，害怕威胁到自己的地位，本质上是对自己没有信心。

……

授权的障碍主要包括两个方面：第一，授权并不是只要了解和掌握授权方式就能够顺利进行，许多组织的管理者和员工都非常清楚授权的意义和方法，但还是无法恰当地授权。究其原因，授权意味着权力与利益的重新分配，在某种程度上，授权会使既有权力的掌握者和既得利益者感到失落。并且授权是对个人能力的考验，需要由组织的体系架构进行保障，而组织中的人员配备和结构特征都有可能导致授权障碍。第二，授权是否有效，能否真正发挥作用，还会受到很多因素的制约。其中以管理者的心态影响最为突出，有两类管理者类型是不利于工作的：一是权力主义者，喜欢控制一切，不喜欢下属超越，一旦没有工作干，就会惶惶不可终日；二是技术专家心态，以掌握某一项技术为荣，认为自己做可能更快。对自己的管理角色的定位不准确，忘记自己应该做的是计划、组织、协调、领导和控制，而不是把精力分散到一些具体的事情上。

对于不授权的管理者来说，授权是件可怕的事，他总有各种理由，最终结果是多输的局面。无疑，授权可能会给组织带来风险，而这种风险需要授权者来承担，在“自己做”掌控全局和“授权”带来风险的比较中，人往往选择前者，但授权的好处远远超过员工偶尔犯错所带来的损失，是多赢替代多输，关键是要考虑该如何授权。

授权的方法

首先，要对被授权对象进行考量。被授权对象应该在品行方面信得过，有积极热情的态度，敢于付出，敢于承担责任，同时具备相应的能力。授权给错误的人，无异于一场灾难，不仅会让那位员工垂头丧气，还可能会影响到团队的每一个人，这就要求我们有识别员工的洞察力并进行有针对性的培养。

其次，授权要明确三个要素。

要素一：明确的任务。

在将一件任务授权给员工之前，领导者应对工作任务有宏观的认知，只有这样，才能根据任务的要求将任务授权给合适的人来完成。

授权者必须让被授权者明确无误地理解任务目标，说明授权范围和权限，任务截止日期和验收标准，以及期望的成果。目标要尽可能量化，切实可行。实践表明：在授权时，要采取征询、启发、诱导等方式，让下属参与目标制定。至于完成任务的方式、方法、步骤，则由下属自行决定。这样做可极大调动员工的工作热情，其效果要远远好于命令式的授权。

要素二：明确的权力。

授权意味着权力结构的转变和组织资源的重新整合，因此授权时必须给被授权者全面的调用人、财、物、信息等的权利。要弄清楚完成这项任务的条件是什么，涉及哪些部门、人员，这些条件中哪些是被授权者可自已创造的，哪些需要由授权者协调——向相关部门、人员下达授权通告，明确需要他们配合的事项。

但这种下放权力，并不是彻底的放任不管，而是在授权范围内任由下属自由地发挥，但大方向要由授权者把握。

要素三：明确的责任。

责任与权力是对等的，有责任没有权力，会浇灭员工的热情，长此以往，会导致员工的离心离德；反过来，光有权力没有责任，员工就可能滥用权力，这既会加大管理难度甚至会造成灾难，也是对员工的不负责。要明确对被授权者有哪些要求，需要他定期汇报什么内容，这样就可以对任务进展情况有全面的了解，也杜绝了对方滥用权力。

第三，授权时，双方要进行深入的沟通。要强调积极的一面，强调对被授权者的认可和信心，激发他的热情；要鼓励被授权者按照自己的方式去做，让员工有更多的自主意识。

最后，授权后要有及时的评估和监督。领导者应该掌握项目的时间进度，在项目进程中，根据时间进度表及时听取被授权者的报告，确认关键节点的进度并进行评估，共同探讨具体困难，并及时进行必要的调整。授权之后，如果没有做好监督工作，就像放风筝没有注意自己手中的线一样，导致风筝无法飞得更高或直接落地。

授权是一门艺术。要在掌握方法的基础上，根据任务的大小、范围、期限等实际情况把握授权的尺度，同时也需要根据每个人的能力和倾向做不同的授权。

6.5 领导变革

今天，没有哪家公司处于特别稳定的环境之中，即使那些看起来处于市场支配地位的公司也是如此。在中国的手机市场上，仅仅一年时间，三星的份额变得几近可以忽略，苹果的份额也岌岌可危，当年纵横天下的“中华酷联”只剩下华为一家。曾经响当当的世界级企业如柯达、诺基亚、东芝，破产的破产，被收购的被收购。

这是一个变化迅猛的世界。从移动互联到万物互联；从各种的识别（如语音、语义、人脸和情绪等）到各种的无人（无人仓库、无人驾驶、无人超市和无人医院等）；从知道我想什么（如购物推荐）到比我想得更好（如 AlphaGo）。据预测，2025 年，基因技术将成为常规医疗手段；2028 年，一半以上工作岗位将被智能机器人取代；2030 年，人类将登陆火星。

变化的世界，既有机会，更有挑战。今天的管理者一定要认识到“不变革就灭亡”。

并不是最强大的物种能够生存下来，也不是最聪明的物种能够生存下来，而是最适应变革的物种能够生存下来。

——查尔斯·达尔文

领导者要领导组织的变革，这是一件必然的事情。这件事关系到组织的生死存亡，做得好，将引领组织步入辉煌；做得不好，组织将走向没落。然而，一个令人痛苦的真相是：大约 70% 的变革，最终都是失败的。

对于领导者来说，既要具有前瞻力，能够根据环境的变化和组织的状况抓住机遇，寻找变革的方向；又要具有领导变革的能力，明晰变革的阻力，应用合适的方法，引领员工通过成功的变革实现组织的不断发展。

变革的阻力

对个体和组织来说，现状具有一种近乎离奇的强大束缚力。我们嘴上会说我们非常开明，开放地面对各种新理念，拥抱变革，但是现实中很难做到。

故事：攻克坏血病

西方大航海时期困扰远洋航海的坏血病，曾经造成数百万计的水手和被贩运的奴隶死亡。

坏血病是一种可怕的疾病。它的特征是皮下出血、极度疲倦、便秘、关节疼痛、肌肉变软等。此外牙齿松动，牙床腐烂，这让咀嚼变得极端痛苦，直到无法进行，病患们还会发出难以容忍的恶臭。

人们很早的时候就发现了坏血病的医治方法，但一直选择性忽视了它。

1497 年，葡萄牙航海家达·伽马发现绕过非洲到达印度的航线。他的 160 名船员中，有 100 多人死于坏血病，其中一些人登陆后吃了一些橙子就得到短暂的恢复。

1553 年，法国探险家卡笛尔启程前往纽芬兰。103 名船员中有几十人患上了坏血病，当魁北克的印第安人前来救助时，他们已经奄奄一息。印第安人只是给了船员一些树皮和松针融合而成的液体，就把他们从生死线上拉了回来。

在英国海军中，大多数人相信那些懒惰的或做事不力的船员最容易得这种病。其他人认为坏血病会在密集的人群中传播。理查德·霍金斯爵士事无巨细地描述了 1593 年他在航行中

爆发坏血病的细节，同时也包括柑橘的疗效，然而他并没有将这一水果放到他的补给清单里。

英国的海军医生詹姆斯·林德（1716–1794）在长期的工作中，了解了许多热带疾病，也开始关注海军卫生健康。他发现这种病多发生在远征探险之时，且都因为食物单调，没有新鲜水果和蔬菜，由此相信此病系饮食所致，通过饮食疗法是可以治愈的。1747 年林德在船上做了一个著名的实验：12 个严重的坏血病海员，大家都吃完全相同的食物，唯一不同的是当时传说可以治疗坏血病的“药方”——两个病人每天吃两个橘子和一个柠檬，另两人喝苹果汁，其他人是喝稀硫酸、酸醋、海水，或是一些其他当时人认为可治坏血病的药物。6 天之后，只有吃柑橘水果的两人好转，其他人病情不变。1754 年和 1757 年，林德在《论坏血病》与《保护海员健康的最有效的方法》等论文中，介绍了他的饮食疗法。但是林德的研究在当时并没有得到重视。原因是水果之所以能治坏血病，是因为水果含维生素 C，所以必须在水果新鲜的条件下，林德的方法才有效，而新鲜蔬果受当时的技术所限难以保存。1758 年，他出任哈斯拉海军医院负责人，又建议海军当局采用柑橘类作为海上规定饮食中的一种主要成分，但由于当时的海军将领趋于保守，并没有认真采纳此法，因此改进甚慢。所以，林德的贡献只是在理论上发现了对付坏血病的方法，他的主张没有付诸实践。

真正在实践上攻克坏血病难关的人是詹姆斯·库克（1728 – 1779）船长，他非常重视海员的健康，特别注意卫生问题。他规定把保持船上的整洁作为纪律的一部分，坚持所有人员每周至少要换两次衣服，擦洗一次身体，定时用木柴烟熏船板，往甲板下面的木质部分洒上醋。他也特别重视预防坏血病。库克相信，坏血病的发生和缺少新鲜蔬菜和水果有关，所以他出航的时候，除了带传统的海员食物之外，他还带了大量的麦芽、泡菜与由柠檬和柑橘做成的糖浆。每到一个地方，他都要求船员上岸购买新鲜蔬果。为了保证健康，库克要求人人都要吃新鲜蔬果，对于不愿吃的就强迫他们吃，甚至鞭打，逼他们吃。结果坏血病得到了控制。

后来，英国皇室表彰了库克船长在探险新大陆上的丰功伟绩，然而对于他的坏血病报告，海军方面仍然不予重视。直到他去世十几年之后，海军才正式规定，为了预防坏血病，海员每天必须服用定量的柠檬汁。从此英国海军中坏血病病例大幅降低，英国海军战力倍增，在 1797 年击败西班牙舰队，缔造了日不落帝国。

坏血病在海军得到了解决，但是在商船上没有解决，因为商业部没这么做。英国商业部在 1865 年才规定商船上的海员也必须每天服用柠檬汁。

人们通常抗拒变革，主要有以下几个方面的原因：

首先是心态。人不喜欢被迫地去做一件事，在被要求变革时会产生被迫性动机。当一个创意不是自己所提出的，即使这个创意能够给他们带来利益，大多数人还是情不自禁地产生抵触情绪。相比于像一颗螺丝钉一样被拧来拧去，人们更喜欢有掌控感，做自己行动的主人。

其次是舒适区。人们喜欢待在自己的舒适区，在这个区域里，每个人都会觉得舒服、放松、稳定、有安全感。在舒适区里，可以按习惯的方法思考、分析和解决问题，对熟悉的事物有一种亲切感，当前的状态越舒适，人们变革的意愿越差。一旦走出这个区域，人们就会感到别扭、不舒服，或者不习惯。例如，习惯了右手刷牙的人，让他用左手刷牙，他会很不舒服。变革就是让人们走出舒适区，会打破我们原有的习惯方式，迫使我们重新思考，甚至要将过去已经习惯的做法通通废掉。

故事：瑞士手表

20世纪40年代，瑞士手表在世界上独领风骚。50年代后期，有人向瑞士手表行业推荐电子手表。但瑞士人却认为他们已经拥有了世界上最先进的手表和最优秀的手表制造工匠，于是电子手表的发明被日本精工拿到。

1940年，瑞士手表占有全球市场的80%，今天电子手表占有全球手表市场的80%以上。

直到今天，类似的故事还在不断地上演，并且永不停息。

第三是对未知的恐慌。变革是用未知的模糊性和不确定性代替已知。要过一条不知深浅的河流，会让我们忧心忡忡。即使面对已知的问题，对未知的恐惧会导致人们逃避变革，就如维吉尼亚·萨提亚所说：“人们宁愿选择确定的痛苦，也不愿选择痛苦的不确定性。”

第四是个人利益因素。变革成功是给组织带来收益，但员工关注的往往是个人得失。当面对变化时，人们会问的往往是：“这会给我带来什么影响？”变革是一种利益的重新分配，有人收益，也有人受损，如果员工担心变革会导致他们的收益水平不能达到之前的水平，甚至岗位会被取代，那么这种担忧会导致他们坚决地反对变革或者不作为。变革还需要投入重新学习的成本和时间等，这些都需要员工的额外投入。重新进行投入与收益的比较，当投入大于收益时，变革的阻力就产生了。

例如当某客户中心进行技能融合时（技能是指接的话务种类，技能融合是指从原来的接一种或少数几种话务，增加到接多种甚至全台所有种类话务），尽管对于中心来说，效率会提升，但对员工来说，工作压力变大了，要耗费时间去接受培训，要学习新的技能，如果没有相应的收益伴随这一过程，员工的心理一定是对抗性的，变革的效果就会大打折扣。

变革的阻力不一定是公开的，公开的阻力相对容易处理，如抱怨、消极怠工等。一些隐藏的或延后的变革阻力会更加难处理，甚至会导致变革的失败。这些阻力非常微妙，而且难以识别，如员工忠诚度降低、工作积极性下降、出错率上升、遵时率下降等。有些延后的阻力可能会与其他风险累积成为压垮组织的最后一根稻草。

变革的方法

通常来说，人们在以下三种情况下会想要改变：第一，他们太痛苦，要逃避痛苦的动机促使他们想要改变现状；第二，他们已经学了足够多关于变革的知识，对变革的付出与收益，以及应该如何变革都有了足够的认知，趋利的动机促使他们想要变；第三，掌握了变革所需要的技能，变革已经是水到渠成的一件事，他们能够改变了。

变革首先是领导者的带头作用。一方面领导者自身要拥抱变革，杰出的领导者一定会以身作则，而不是只停留在嘴上，员工是看领导者怎么做，而不是光听他们怎么说；另一方面领导者要在日常的管理中营造变革的氛围，引领员工参与变革。

故事：立木取信

公元前361年，秦国的新君秦孝公即位，他下决心发奋图强，首先决定要搜罗人才。他下了一道命令，说："不论是秦国人或者外国人，谁要是能想办法使秦国富强起来的，就封他做官。"

秦孝公这样一号召，果然吸引了不少有才干的人。有一个卫国的贵族公孙鞅（即商鞅），在卫国得不到重用，跑到秦国，托人引见，得到秦孝公的接见。

商鞅对秦孝公说："一个国家要富强，必须注意农业，奖励将士；要打算把国家治好，必须有赏有罚。有赏有罚，朝廷有了威信，一切改革也就容易进行了。"

秦孝公完全同意商鞅的主张，封商鞅为左庶长主导秦国的变法。

商鞅起草了变法的法令，但是怕老百姓不信任他，不按照新法令去做，于是叫人在都

城的南门竖了一根三丈高的木头，下命令说："谁能把这根木头扛到北门去的，就赏十两金子。"

不一会，南门口围了一大堆人，大家议论纷纷。有的说："这根木头谁都拿得动，哪儿用得着十两赏金？"有的说："这大概是左庶长成心开玩笑吧。"

大伙儿你瞧我，我瞧你，就是没有一个敢上去扛木头。

商鞅知道老百姓还不相信他下的命令，就把赏金提到五十两。没有想到赏金越高，看热闹的人越觉得不近情理，仍旧没人敢去扛。

正在大伙儿议论纷纷的时候，人群中有一个人跑出来，说："我来试试。"他把木头扛起来就走，一直搬到北门。

商鞅立刻赏给扛木头的人五十两黄澄澄的金子，一分也没少。

这件事立即传了开去，一下子轰动了秦国。老百姓说："左庶长的命令不含糊。"

其次，变革需要有正确的方法。

库尔特·勒温(Kurt Lewin)认为，成功的组织变革应该遵循以下三个步骤：解冻现状、移动到新状态、重新冻结新变革以使之持久。

哈佛商学院的约翰·科特(John Kotter)总结了变革中常见的错误，如：没有形成一种需要变革的紧迫感；没有创建一个联盟来管理变革过程；没有形成一种变革愿景；没有对愿景进行有效的宣传；没有扫除阻止愿景实现的障碍；没有提供可实现的短期目标；没有将变革融入组织文化中；过早宣布变革成功。

科特在勒温的三步骤模型的基础上，创建了八个连续的步骤来解决这些问题，其中前四个步骤对应勒温的"解冻"阶段，第五至第七个步骤对应"移动"阶段，最后一个步骤对应"重新解冻"。这个模型被称为约翰·科特变革管理八步法，为变革管理提供了用来成功推行变革的具体指导方法(《领导变革》约翰·科特，机械工业出版社)。

这八个步骤包括——

步骤一：树立紧迫感

当组织内部逐渐产生对变革的强烈诉求时，变革将更容易发生。所以，推动变革的第一步就是在组织内部创造变革的紧迫感，让员工切实感受到所面临的痛苦与紧迫。创造紧迫感不只是简单地向员工公示下滑的销售业绩或严峻的竞争态势，变革的领导者应该在组织内部会议上开诚布公地向员工介绍变革的驱动因素，探讨如果不变革可能会有怎样的后果。当人们理解了为什么要变革、并开始更多地谈论问题的解决方案时，变革的紧迫感将会自然产生。

本阶段的关键工作：

识别组织面对的潜在威胁，通过场景描述来帮助员工理解不变革会有怎样的后果；

与员工坦诚地沟通，调动大家的积极性充分讨论和思考；

从客户、外部利益相关人和行业相关人士那里获取支持，增强说服力。

步骤二：组建领导团队

成功的变革离不开一支强有力的变革领导团队。团队中的成员未必是组织中职位较高的人，也可以从那些积极寻求变革同时又具有高影响力的管理者及员工中选出合适的人员。他们的影响力可能来源于职位本身，也可能来源于他们丰富的经验或良好的人际关系。当变革领导团队正式组建之后，将围绕变革项目的目标紧密协作。

本阶段的关键工作：

在组织中找到真正的“领导者”以及核心的利益相关人；

与这些关键人士沟通，尽可能获得他们的支持及“真心的”承诺；

组建变革领导团队，促进团队凝聚力的形成；

检核团队构成，确保团队成员来自不同的部门，且覆盖了不同的职位层级。

步骤三：设计愿景

在变革项目的实施初期，变革的领导者们对于如何传达变革的目标和意义，可能存在各种不同的想法。需要将这些好的想法整合在一起，形成一个组织的变革愿景。这个愿景必须清晰、简短、有力，能够帮助人们迅速理解为什么要变革，并激励人们为了变革目标的最终达成，切实采取行动。

本阶段的关键工作：

确定变革项目的核心价值，形成变革的愿景描述，确保变革愿景能在一分钟之内清晰陈述；

制定实现愿景的计划。

步骤四：沟通变革愿景

在形成了变革愿景之后，能否有效地传达，是决定变革项目成功与否的关键。为使变革愿景的传递区别于组织日常工作中传达的各种其他讯息，必须通过有力的方式、借助各种合适的场合，反复向员工传达变革愿景，使之深入人心。

更重要的是，领导者要身体力行，用变革愿景来指导自己的日常工作，解决发生的问题。如果组织希望员工以实际行为的转变来拥抱变革，那么变革的领导者应该先让大家看到自己的行动以及对变革深信不疑的态度。

本阶段的关键工作：

时常谈论变革愿景，解答员工的疑问，缓解他们的顾虑；

运用变革愿景来指导组织各方面的工作：从培训到日常管理，从绩效反馈到专项激励；

作为变革的领导者，改变自己的行为，树立榜样。

步骤五：移除变革障碍

当进展到这一步时，意味着变革领导团队已与组织的各个层级进行了持续沟通。顺利的话，员工已经开始为变革目标而努力，并期待着取得如变革愿景中所描绘的收益。

但与此同时，是否也有一些人正在抵制变革？组织的一些现有流程或制度是否阻碍了变革的进一步推进？应时刻关注变革过程中可能存在的阻碍因素，并采取措施移除这些阻碍，以保持人们对变革的信心，确保变革按照计划推进。

本阶段的关键工作：

查看组织的架构、相关岗位的职责描述、绩效考核标准、薪资结构，确保它们与变革愿景相吻合；

鼓励冒险和非传统的观念、活动和行为，对积极推动变革的人员给予认可和鼓励；

识别那些抵制变革的人，帮助他们理解为什么要变革，明确组织对他们的要求；

采取措施快速移除变革障碍。

步骤六：积累短期胜利

变革领导团队要设法在变革项目的早期就创造一些切实可见的成果，没有什么比分享胜利的果实更能激励人心了。这样做还能够吸引抵制者参与到变革中来，部分消除他们的负面影响。

变革目标的达成通常需要花费几个月甚至数年的时间。变革领导团队在为最终目标努力的同时，还要在变革的进程中，设定一些切实可行的短期目标。每当达成一个短期目标时，即向人们展现变革的成效，从而激励人们朝着下一个目标继续努力。

本阶段的关键工作：

寻找一些不需要获得强烈反对者的支持即能实现的短期目标，另外，对资源投入的要求也不要太大；

全面分析所制定的短期目标，确保能够顺利达成，因为如在项目早期就遭遇失败，会影响人们对变革的信心；

公开表彰、奖励那些对达成短期目标做出贡献的人。

步骤七：促进变革深入

变革要取得真正的成功，将涉及诸如流程、制度等更深层次的变化，需要将变革融入到组织文化之中。因此，取得变革的早期胜利，仅仅只是有了一个好的开端。为了取得最终的胜利，变革领导团队必须进行持续的跟进与完善。

本阶段的关键工作：

在每取得一次短期胜利后，分析成功因素，探寻仍然需要改善的方面；

设定目标，持续保持人们对变革的动力，充分利用人们日益增长的对变革的信任，改变所有与变革愿景不匹配的制度、结构和政策；

聘用、提拔和培养能够实施变革愿景的人；

通过引进外部变革顾问、招募新的变革团队成员等方式，获得持续推进变革的新思路。

步骤八：成果融入文化

为了进一步固化变革成果，还需要做出持续的努力，将变革融入到组织文化之中，使得组织日常运营的方方面面都能与变革愿景保持协调一致。当然，赢得领导者及员工对变革的持续支持也十分关键。否则，变革将可能退回原点。

本阶段的关键工作：

抓住一切合适的机会，谈论变革取得的进展，分享和传播变革中和变革后的故事；

在招聘和培训新员工时，将变革的理念体现在其中；

表彰那些在变革团队中发挥核心作用的人，确保他们所做的贡献得到公司大众的认可。

最后，创建学习型组织来管理变革。

变化是持续的，组织需要持续的进行变革，创建学习型组织是积极主动管理变革的有效方法。

学习型组织是一个能熟练地创造、获取和传递知识的组织，同时也要善于修正自身的行为，以适应新的知识和见解。 当今世界上所有的组织，不论遵循什么理论进行管理，主要有两种类型，一类是等级权力控制型，另一类是非等级权力控制型，即学习型组织。

学习型组织这一概念主要来自于管理学者彼得·圣吉，在其著作《学习型组织的艺术与实践》中提出了学习型组织所需的五项修炼。

专栏 6–4：学习型组织的五项修炼

1. 系统思考

系统思考就是整体与动态思考。钱学森对系统的定义为：由相互作用和相互依赖的若干组成部分结合成的具有特定功能的有机整体，而且这个系统本身又是它从属的一个更大系统的组成部分。系统思考的艺术在于看到复杂的、引发变化的背后结构，因此系统思考绝非忽视复杂性，而是要把许多杂乱的片段结合成前后一贯的故事。

系统思考的两个关键点：一是系统的观点与动态的观点。二是相互联系的观点。系统思考理论强调认识系统主要在于认识系统的结构，不应被表象所迷惑，即应处理问题背后的、动态的复杂原因。

2. 自我超越

自我超越是胜过自己的意思，是指极度自我实现，达到自我高峰。实现自我超越的关键在于学会如何兼顾个人的愿景和清晰的现状。在这个过程中，我们内心会产生一种“创造性张力”。就其本质而言，“张力”就是寻求解决办法，解决这种张力最理想的方法是让现实更接近于我们的愿望，就好像用一根橡皮筋绑住了愿景和现状的两端一样。

这项修炼的核心信念是：没有人能够提高他人的自我超越能力。我们只能创造适当的条件来鼓励和支持人们提高他们的自我实现能力。

3. 心智模式

心智模式指根深蒂固于每个人或组织之中的思想方式和行为模式，它影响人们或组织如何理解这个世界，决定着如何行动。心智模式往往是潜意识的，一般很难被测试或被检验。这项修炼的任务是揭示心智模式，了解它对我们生活的影响，通过创立新的心智模式更好地与环境相处。

改善心智模式的两项重要技能是反思（放慢我们的思考过程，以便能更警觉到心智模式如何形成）和探询（让我们公开分享观点并且能更了解对方假设的对话）。

4. 建立愿景

见专栏5–3：愿景。

5. 团队学习

团队学习的修炼要求组织学习的基本单位是团队而非个人。员工的合力如何通过有效的整体合作，取长补短融汇成强劲的组织力量，如何将个人的卓越形成组织的卓越，如何使组织的智商高于个人的智商，这是团队学习所要达到的目的。团队学习是发展团体成员整体合作与实现共同目标能力的过程，是通过开放型的交流，发现问题、互相学习、取长补短达到共同目的的过程。

团队学习最有效的方式是通过两种交谈形式：深度汇谈和技巧性谈话。

深度汇谈是在所有对话者参与的同时，挖掘共同分享的意义，从而在群体和个体中，获得新的理解和共识的交流活动过程。深度汇谈并不是去分析解剖事物，也不是去赢得争论，或者去交换意见，而是一种集体参与和分享。戴维·伯姆在他的《对话》一书中提到，深度汇谈有三个必要的基本条件：首先，所有参与者必须将他们的思维假定悬挂在面前，也就是要说出自己内心深处对该问题的真实的想法，以便不断地接受询问和观察；其次，参与者必须视彼此为学习伙伴；第三，对话的早期阶段必须有一位"辅导者"来掌握深度汇谈的精义与架构。

技巧性谈话与深度汇谈最主要的区别是两者的目的不同。深度汇谈的目的是超越每个人的理解力，是探索、发现和洞察事物；技巧性谈话的目的就是要达成某种结果，要做出选择，团队或许会讨论一些新的问题，或许在成员间建立更深层次的共同意义，集中思考永远是其中的目的之一。

团队学习的目的是为了激发群体的智慧。这种团队最能体现团队工作方式的特点，它为实现组织的扁平化，为提高组织对变化的应变能力，奠定了重要的基础。

——《第五项修炼，实践篇》彼得·圣吉，东方出版社

大多数组织进行的是单环学习，当它们发现错误时，纠正过程依赖于常规和当前的政策。而学习型组织进行的是双环学习，它们通过调整或修正目标、政策和规范来纠正错误。双环学习对组织中根深蒂固的观念、流程和规范提出质疑，有利于人们对问题提出截然不同的解决办法并不断完善。

学习型组织可以随时应对不断变化的环境，主动积极地进行变革，并能够引领所在

行业或领域的不断向前发展。

6.6 单元小结

有两种类型的管理者。操作型管理者就是传统的管理者，侧重于管事；领导型管理者，是在传统管理者的基础上，增加了领导者的能力，即不仅仅是管事，还要引领人。领导型管理者的关键能力是前瞻力、影响力、教导力和变革力。

影响力包括内在影响力、权力影响力和间接影响力。在管理中，这三种影响力要结合起来应用。

教练技术是一门通过完善心智模式来发挥潜能、提升效率的管理技术，要通过教练五步曲来实施，即：接纳、调焦、探索、选择和行动承诺。

授权是管理者通过为员工提供更多的自主权，以达成组织目标的过程。授权是一种多赢的行为，但要根据任务的大小、范围、期限等实际情况把握尺度，同时也需要根据被授权者的能力进行授权。

变革是组织的常态，但由于存在各种阻力，经常导致变革失败。参照变革的八个步骤开展组织的变革能有效地规避变革的风险。通过建立学习型组织可以让组织能更好地应对环境的变化。

第三部分　客服管理中的情商领导力

第七单元　用同理心理解他人

我们应该仔细观察别人，并且尽可能体会他们的感受，直到对他们的同情转化成我们自己的感受。

——康斯坦丁·斯坦尼斯拉夫斯基

组长的选择

一天，一个 CSR 被客户投诉，心情很不好，被组长发现了。

组长的应对方式可能如下：

第一种：这有什么呀，很正常，不要那么脆弱嘛！一定是你做得还不够好。

第二种：具体怎么回事啊？客户怎么说你了呀？你怎么回答的呀？你怎么这么回答呢？你要 XX 回答就好了。

第三种：别在意了，犯不着跟他们计较，别气到自己。

第四种：我们的工作就是这样，客户投诉常常会有的，要学会看开一些，世上没有绝对完美的事。

第五种：遇到这种事，心情肯定好不了，你心里一定很憋屈。

无疑，最后一种方式更容易被 CSR 所接受。往往这么一句直入人心的话，就能勾出 CSR 更多的牢骚。组长只需静静地当一个听众，待她发泄完了，痛快了，再补一句第三种或第四种

方式的话。这时CSR可能会改变想法：其实吧，也没多大事儿。客户受到了损失，来投诉是正常的，我还有进步的空间，下一次我一定可以处理好。

其实，当我们处于强烈的负面情绪时，并不需要什么大道理，也不需要具体建议，更不需要对比他人成功的案例。第一需要仅仅是倾诉，俗称“倒垃圾”。对方只需要认同我的情绪，然后做一个聆听者，等我一吐为快发泄完了，大部分负面情绪就得到了缓解。最后再听到一两句暖心的话或者得到一个拥抱，负面情绪也就彻底转化成正面情绪了。

看起来很简单，会让人感到很舒服，但不是每个人都具有这种转化的能力。这个过程中所需要的能力就是同理心。

7.1 同理心

情商领导力就是通过情商来施加影响的领导力。

如果我们想要影响他人，那么首先要做的就是要做好自己，我们要认知自我，要进行自我管理，这是我们影响他人的前提。在做好自己的基础上，要影响他人首先要理解他人，尤其是要理解他人的情感，也就是要具备同理心。

同理心（empathy），就是进入并了解他人的内心世界，并将这种了解传达给他人的一种技术与能力。又叫做换位思考、神入、共情，即透过自己对自己的认识来认识他人。这里的共情就是心理咨询中所说的共情。

在上世纪20年代，美国心理学家爱德华·铁钦纳（Edward Titchener）首度使用同理心一词，指的是行为模仿。同理心一词源自希腊文empatheia（神入），原来是美学理论家用以形容理解他人主观经验的能力。铁钦纳认为同理心源自身体模仿他人的痛苦，从而引发相同痛苦的感受。

在现代社会中，分工越来越细，没有人可以一个人独自地生活下去。在工作中，也更多地依靠团队协作来完成任务。人与人之间的连接更加紧密，但每个人都是独特的，有着自己的想法、观点和经历，对同一问题的看法也因此有着或大或小的差异，甚至会引发冲突。在人际交往中发生的问题，只要你坚持设身处地、将心比心，尽量了解并重视他人的想法，就比较容易找到解决问题的途径。尤其在发生冲突或误解时，当事人如果能够把自己放在对方的情境中想一想，也许就可以理解对方的立场和初衷，最终求同存异、消除误会。

同理心的概念是新的，但它并不是什么新的想法，早在两千多年前，孔子就说过："己所不欲，勿施于人。"西方文化中的"黄金法则"："你们愿意人怎样待你们，你们也要怎样待人。"这都是同理心的表现。可以从两个方面来理解同理心：一方面自己不喜欢或不愿意接受的东西不要强加给他人；另一方面，应该根据自己的喜好推测他人可能的喜好，并与他人分享自己的观点。

人与人之间的冲突往往起源于彼此的误解，或是一方咄咄逼人，或是一方抹不开面子，或是情绪过于激动，或是过于固执己见……其实这都是可以避免的，应用同理心可以有效地缓解这些状况。简单来说，同理心就是将心比心。想象自己在同样的时间、同样的地点经历同样的事件，会怎么做，会怎么想，会有什么样的感受。处理人与人之间的关系没有现成的流程可以依赖，只能以关心为出发点，为双方都留下空间，设想对方所想要、所需求的是什么，设想对方愿意做的是什么，以及他们的感受、他们愿意过的生活。不过，人与人之间只是关心是不够的，还需要爱，需要对对方所处的情境感同身受。有了同理心，我们将不会处处挑剔对方，抱怨、责怪、嘲笑、讥讽就会大大减少；取而代之的是赞赏、鼓励、谅解、扶持。这样，自己周边的人际关系才能和谐，在别人需要时自己会很乐于提供帮助，在自己需要的时候也能得到别人的帮助。

现实生活中常说："人同此心，心同此理。"强调的也是同理心。不管是在日常工作还是生活中，具备同理心的人，都是善于体察他人意愿、乐于理解和帮助他人的人。这样的人一般都会受到大家的欢迎，也会赢得大家的信任。不管是东方文化还是西方文化，都把同理心作为一种思维方式和道德标准，很少有人从个人发展与成功的角度去阐述同理心的重要性。而事实上，同理心既是人际交往的基础，也是个人发展与成功的基石。社会学家发现，同理心是人的社会化的一个重要环节，而人的社会化则是一个人发展与成功的前提。

同理心对于个人的发展极为重要。它体现在一个人一旦具备了同理心，就更容易获得他人的信任，而所有的人际关系都是建立在信任的基础上的。这里所谈的"信任"不是指对个人能力方面的信任（例如，相信自己的下属能把某项工作做好），而是指对人格的信任（例如，让下属相信自己可以体谅他，相信在自己面前不必刻意设防或掩盖他的缺点与错误）。从这个意义上说：没有同理心就没有彼此之间的信任，没有信任也就没有和谐的人际交往，也就不可能在分工协作的现代化社会中取得成功。

信任是比爱更好的赞美。

——乔治·麦克唐纳·弗雷泽

信任关系来源于同理心。要让对方感受到自己的同理心，并以此证明自己是值得信任的，这是一个长期的不断深化的过程——你对他人越真诚，越善于倾听、体谅、尊重和宽容，对方也就会越真诚和相信你。如此继续下去形成一个良性循环后，最终产生信任。

同理心不仅是为了理解他人，也是为了让他人理解自己。同理心并不是要一味地迎合他人的情感，而是要理解和尊重他人的情感。在处理问题或做出决定时，充分考虑到对方的情感以及这种情感可能引起的行为和后果。这样，自己的决定和行为，尤其是当这些行为可能给对方带来损失时，才会得到对方的谅解，甚至得到对方的合作与支持。

拥有同理心，亲密关系才能得以建立；反之，当传送与接收同理心的神经线路处于断路状态时，关系就会逐渐疏远。当一个人发现周围的人总是不断地亏待自己，对自己的感觉不闻不问时，他将不再努力尝试与人建立关系，也就关闭了自己的同理心感知。可想而知，其后果将是他开始去伤害别人，以生气或暴力的方式作为情绪的出口。对于没有接收过他人对自己的同理心的人，其脑部对同理心没有经验，也没有记忆，也就无法让他人能有被同理的感觉。

7.2 觉察他人

人际交往过程中，能够体会他人的情绪和想法、理解他人的立场和感受，并站在他人的角度思考和处理问题，这样自己的人际关系才能和谐，并最终达成双赢的结果。

但在现实的世界中，人们习惯于隐藏自己的真实情感，倾向于表现出符合社会要求的行为和情感，这就更需要同理心这种觉察他人情感的能力。如当一个人对某个同事不满时，如果将这种情感直接地用语言表达出来，必然得到对方对等的不满，并可能引发争吵。为了避免这样的后果，人们一般不会将这种不满用语言表达出来，甚至还会说些满意的、恭维的话以换取和睦或某些利益。但这种不满一定会通过非语言的线索表现出来，管理者察觉到这些线索就可以进行有效的调解或者在工作中进行规避，甚至利用。

人们很少用语言表达自己的内心感受，但会通过声调、面部表情和肢体语言表现出来，察觉到这种微妙信息的能力依赖于一些更基本的要素，主要包括自我察觉能力和自我管理。如果我们不能察觉自己的情绪状态或者要避免某种情绪，就会选择性地理解他人，也就无法真正地理解他人的情感世界。

俄国著名导演康斯坦丁·斯坦尼斯拉夫斯基认为，演员在表演时应该回忆与剧本情境类似的经历，这样才能唤起真实的情感。这些回忆不一定局限于自己的亲身经历，也可以是他人的经历，前提是他们的经历在演员的内心引发了同理心。研究表明，当我们回答“你感觉如何”时和听到别人询问“她感觉如何”时，也就是说，体会自己的感受和他人的感受时，大脑的神经系统的活动是一样的。

研究：同理心的大脑反射区

德国神经科学家塔尼亚·辛格（Tania Singer）进行过相关的研究。她对情侣进行功能磁共振成像（FMRI），让一方在看到另一方遭受电击时接受大脑扫描，此时观看一方的大脑激活区域与真正受到电击时另一方大脑激活的区域是一致的。

《情商，实践版》丹尼尔·戈尔曼，中信出版社，P141

另一位神经生理学家贾科莫·里佐拉蒂（Giacomo Rizzolatti）发现，我们的大脑不仅对疼痛和动作引发感受，还感受纯粹的情感。当里佐拉蒂及其同事给实验对象播放某人脸上有厌恶表情的视频时，实验对象大脑中先前闻到恶臭时被激活的一些神经元被再次激活。从认知和情感角度来说，我们就是在“感受”他人的感受。

只有将自己的情绪搁置一边，或者处于放空的状态，我们才能顺利地接收到他人的情感信号。我们所接收到的感知信号在大脑中是逐级传送的，而不是直接就传入到我们的智脑中。当我们有情绪时，这些信号就会与我们的情绪结合在一起，进行了加工和过滤，之后才传入智脑。当我们处于自己的强烈情感中时，我们很难留意到他人的情绪，导致自己忽视他人的细微信息，而这些细微信息正是察觉他人情感的关键。

语言是以智脑为主导的行为模式，而其他非语言的声调、面部表情和肢体语言是情绪脑在起主导作用。人可以理智地掩盖语言的表述，但无法掩盖非语言的细微行为。在三脑理论学说中，当发生冲突时，越低级的大脑越能掌控大脑。也就是说，如果语言和非语言所表达的内容出现了矛盾，那么非语言所表达的是真实，而语言表达的是理性的，是被智脑根据环境要求加工过的。如果我们只是关注了对方的语言，那么可能与对方的真实情感南辕北辙。研究表明，有 90% 以上的情绪信息是非语言的。

人藏不住任何秘密。如果人们双唇紧闭，人们的指尖就会代替热烈的交谈向他人传达信息，泄露秘密的力量从任何渠道都能找到自己的出路。

——佛洛伊德

具有同理心的人，不用他人诉说，就能体会到对方的真实的想法和感受。人们用语言表达出来的情绪很少，更多的依靠语调、面部表情、姿势和其他身体语言，持续向他人发送感受信号，但人们理解这些信号的能力却大相径庭。有时，人们的语言表达的意思并不一定是真实的，如：我说我不紧张，但如果你看到我两腿发颤，额头冒汗，表情僵硬，听到我的声音发抖，那么其实我是紧张的。如果你只能从我的语言表达上认为我不紧张，就不能察觉到我的真正状态，当然也就无法给予我适当的关注和帮助了。

他人的情绪对我们来说具有信号作用，是在向我们传递他的状态。情绪如果没有被人觉察，那么这个信号作用就失灵了。当我们察觉到他人的情绪之后，就会据此调整自己的行为。如果我们察觉到一个同事心情不好，就尽量不会打扰他或者尝试提供合适的帮助；如果察觉到一个客户对我们的服务感到满意，我们推荐公司的产品就更可能成交；如果察觉到领导今天心情好，就可以多去沟通最近关于自己岗位或者待遇的一些想法。

我们都曾感受到善解人意的同事或朋友的同理心，我们都曾因为冷酷无情的上司或老师缺乏同理心而感到难以接受。但在大多数组织中，同理心没有得到应有的重视。

7.3 管理中的同理心

案例：工厂关闭了

这是两家公司关闭部分工厂时的情况，看看他们是如何对待自己的员工的。

在美国通用电气公司，职员们在被裁员前两年就会得到通知，说工厂将要关闭，公司会裁员，公司将尽力为他们介绍并帮助他们寻找其他工作；而另一家公司，在工厂关闭前一周才通知大家，并且他们毫不关心员工如何选择下一份工作。

结果怎么样呢？大约一年后，大多数之前是通用电气公司的员工都说他们找到了好工作，93% 的人感谢公司为自己提供了合理的过渡期，而另一家公司只有 3% 的人说他们找到了一份

好工作。通用电气公司的做法赢得的是一片好评，而另一家公司留下的只有怨恨和骂名。

——《情商，影响你一生的工作情商》丹尼尔·戈尔曼 中信出版社 P153

有人认为，如果在管理过程中顾及所有人的感受，就会造成“心太软”的现象，那么将很难做出艰难的抉择，比如上面案例中提到的裁员。

在管理中有同理心并不是不做这样的艰难决定，而是如何应用同理心去和员工进行沟通，是要真切理解员工的感受，是让员工感受到他们的情感已经被公司所感知，之后以此为依据，适当地调整行动方案。有时候在衡量过对员工的影响后，可能会决定向员工提供更多信息，这就是“同理心”的表现。如果因此而改变原本的做法或者打消初衷，并不代表被同化，而是对人的体谅和尊重。

案例：2008 年联想裁员

一位员工写的裁员感想：《公司不是家》

今天，恐怕是联想历史上规模最大的一次大裁员。我们部门 9 个人，今天送走了 3 个，还有 3 个要转岗，剩下 3 个。整个研究院走了 30 多人，转岗 20 多人。这是我经历的第二次所谓战略性调整，有很多感触，却又好像什么都堵在心里，说不出来。干脆简单记录下这段往事，提醒自己。

昨天晚上，研究院秘密召开紧急会议。有 20 多位“责任经理”参加，我才清楚了整个裁员过程。6 日启动计划，7 日讨论名单，8 日提交名单，9—10 日 HR 审核，并办理手续，11 日面谈。整个过程一气呵成。

今天就是面谈日。在 B 座一层的两个小会议室。进去的人，领导首先肯定他过去的成绩，然后解释战略裁员的意思，然后告知支付的补偿金数额，然后递上所有已经办好的材料，然后让他在解除劳动关系合同上签字。平均每个人 20 分钟。被裁的员工事先都完全不知情。在面谈之前，他们的一切手续公司都已经办完，等他们被叫到会议室的同时，邮箱、人力地图、IC 卡全部被注销，当他们知道消息以后，两个小时之内必须离开公司。所有这一切，都是在高度保密的过程中进行。

……

我在联想的这三年，亲眼见到联想从全面扩张，到全面收缩的全过程。当年提出的口号是：高科技的联想，服务的联想，国际化的联想。现在，高科技仅剩下关联应用，而且还不知道能不能成功。代表服务的IT服务群组被划归为C类业务，自身难保了。软件设计中心也即将和联想没有任何关系了。联想四面出击，却伤痕累累。是谁的错？是领导的错！包括FM365在内，这些方向都是看好的，都是挣大钱的，但为什么联想会失败？我不想在这里深究，但只是觉得，领导犯下的错，只有我们普通员工来承担。

……

柳传志在回应时这样说：

在《公司不是家》这篇文章里，提到了战略性调整是由于领导的错，却要普通员工负责任的问题。我看到这个观点时，停下来作了思考。我想，他说的是对的。这次，有一部分员工被裁和领导的决策失误有关，和战略制定的失误是有关的。这是非常沉痛的事。所以，我们应该向因此而被裁的员工诚恳地说“对不起”。

从员工的角度看，错是领导造成的，后果却要员工承担。从领导的角度看，是不得不这样做。这是缺乏同理心的表现。管理者要早一些道歉，让员工看到领导承担了责任。站在员工的角度去感受，提供必要的支持，帮助员工渡过难关，这不仅仅是为了被裁的员工，更是让留下来的员工能够更心安地工作，集注于公司的未来发展上。

同理心不是为了取悦他人，也不是要和大家“一个鼻孔出气”，而是要与周围的人感同身受。在运用知识提高公司业绩水平的同时，还要通过同理心激发团队成员的个人能力，产生团队共鸣，共同创造更佳业绩。

管理中对同理心通常有以下这两种错误的理解。

一种是认为心理分析就是同理心。本世纪以来，在塞利格曼当选为美国心理学会会长之后，心理学开始走出大学和研究所这些象牙塔，逐渐被大众所了解和接受。很多管理者，在接触了心理学后，开始尝试探索员工的心理状态，通过了解人的过往经历分析人的性格特征，使用流行的心理学理论分析造成目前问题的原因。但这样专注于分析问题的起因，往往忽视了问题该怎么解决。心理分析表面上看来像是同理心，实际上不是。使用心理分析的管理者往往在工作中业绩平平，而优秀的管理者则是善于倾听他人的谈话，通过非语言的觉察理解对方的情感，并最终提出对方更能接受的建议。优秀的管理者不会勉强分析问题产生的原因。

另一种是认为感同身受地考虑对方的情况，就等同于接受对方的观点、支持对方的做法。理解他人的看法、观点和情感首先是一种认知，是否接受他人的看法和观点则要根据具体情况而定，但一定要接纳对方的情感。如，当员工要求涨薪时，不是要即刻做出让步满足员工的要求，而是要认真倾听员工要求涨薪的原因和主张，接纳员工的动机与情感。在沟通中要讲究技巧，表现出让员工感受到被理解。即使是必须做出艰难的决定，也要表现出为对方着想的态度，让对方了解实际情况，也可以向对方建议可以达到涨薪要求的各种可能方式，减少对方的不满。

同理心与领导力

同理心已经成为领导力的特别重要的因素，有以下三个原因：一是团队合作的需要；二是留住人才的需要；三是理解客户的需要。同理心是建立在自我觉察和自我管理基础之上的，但这并不是要表现出没有情绪，而是要恰当地表达情绪。有的父母要孩子不准哭，不准发脾气，这是在抑制孩子的情绪，是不恰当的，对孩子有害。当领导者遭遇个人的不幸，面对被人责怪，或面对没有完成业绩的员工时，他也会有情绪，但经过自我管理之后，这些情绪就会以更合理的方式，在更合理的时间被释放出来。这样的情绪释放对管理者说更有益，同时也降低了对自己造成后续伤害的可能性。

当领导者了解了他人的观点和情感后，就可以使自己的言行和情绪的表达更恰当，从而根据实际情况给对方以恰当的回应。具有同理心的领导者总是善于认知并满足员工与客户的需求，看上去平易近人，愿意并善于倾听他人的心声，抓住人们真正关心的问题，充分利用可以利用的资源给予对方积极的回应，这也是培养并留住人才的关键。客户中心的领导者，在日常的管理中，既要明了公司和所在部门的要求、资源和文化，也要能够理解和体恤员工与客户的感受，只有周全理解和综合考虑各种因素，才能迅速而明智地做出每一个决策，最终带领团队创造出更佳业绩。

7.4 同理心的几个要点

我们从以下几个方面来更全面地理解同理心。

同理心与同情心的关系

同理心不等同于同情心，同情心是指对他人的遭遇感到同情，但并没有体会到和他人一样的感受。

就像一个人掉进了黑暗的地洞里，他在底部喊：“我被困住了，出不去，这里好黑，我好害怕！”具有同情心的人会趴在洞口说：“这真是太糟糕了，别害怕，你会出来的。”而有同理心的人会让对方感觉自己也进入了洞里，在他身边说：“我知道这里是什么样子了，我也在这里，你并不孤单。”无疑这会给在洞里的人带来不同的心理感受。

同情心往往给对方造成“我不如你”的感觉，会让人感到不舒服，这种同情心是俯视的，对方被放在了相对劣势的位置上，还要被迫认同这一点，甚至不接受就意味着“不识抬举”。

用一个比喻就是，同情心就如同看电影，把自己带入了电影，为电影中的人落泪、揪心，但实际上并不会有什么风险，所以态度总是有所保留。同理心就如同穿越小说中人物的重生或夺舍，你就是他，“你”在“他”的身体里，你的所作所为开始有了风险，你自己要为结局负责，是真正感同身受的。

同理心是可培养的

缺乏同理心无法表达关怀、理解，对人际关系有致命影响，但同理心并不是天生的，是可以培养的。

一方面同理心来自孩童时是否得到他人的同理心关怀，被抚养的经历导致成年后同理心的水平存在差异；另一方面可以自己通过有目的的训练来培养同理心。

缺失同理心的表现

同理心缺失会有两种表现形式：一种是误解他人的情绪，或者对他人的情绪做出机械式的、不合时宜的反应，或者对别人漠不关心；另一种是总以相同的反应回应他人，而不是把对方当作有个性的个体对待。

一般来说，缺少同理心的人的人际关系会比较差，可以交心的朋友不多。

同理心泛滥

无疑，同理心可以帮助我们判断他人的情绪，理解他人，带来更好的人际关系，与他人协同完成任务，但在使用同理心的过程也可能对自己产生较严重的影响，即存在同理心泛滥现象。

我们知道，演员在表演一个角色过程中要“入戏”，即对角色有同理心，这样观众观看作品时才会有真实感。看一些“老戏骨”的表演能让我们与剧情同步地感到兴奋、悲伤或者快乐等情感；而一些“小鲜肉”的“抠图”表演无论如何也不会让人有这种感觉。但演员不光要学会“入戏”，还要学会“出戏”，即演的过程中有同理心，演完之后要从角色中抽离出来，回归自我。这个“出戏”很多时候并不容易，有些演员拍完一部作品后很长时间沉浸在角色中无法自拔，甚至影响终生。

我现在就在学怎么做人，怎么做张曼玉，不然有一天我连自己本来是谁，都不知道了。

——张曼玉

作为心理咨询师，在咨询过程中需要与来访者“共情”，不可避免地会受到来访者负面情绪的影响，可能无法及时抽离出来，因此心理咨询师都需要督导来帮助自己进行这个抽离。

同理心尤其是在同理心训练初期，是高负荷认知活动，与同时记忆超多信息、在喧闹环境中保持专注一样，要消耗大量的认知资源。持续投入同理心，可能引发疲劳，或演变成长期、慢性的职业倦怠。一项对临终关怀机构护士的研究显示，疲劳的症状主要是心理上的：焦虑、创伤感、生命诉求感，以及过度的同理心，即为他人利益牺牲了自己的需求（而不仅仅是体会他人的感受）。对同理心要求高的工作很容易让人产生巨大的心理资源消耗，如，CSR 在工作中需要对焦躁的客户产生同理心。这时领导者必须理解员工的感受和想法，帮助他们找到工作的意义，从而有效地激励他们，缓解他们可能的心理问题。

一个人在同一段时间内，同理心是有限的，这意味着我们给伴侣的同理心越多，给父母的越少；给父母的越多，给孩子的越少；给同事的越多，给家人的越少。我们理解他人的意愿和能付出的努力都是有限的。

此外，同理心要量力而行。要不断积蓄自己的能量，在保证自己有足够能量的情况下才能更好地理解他人、帮助他人，否则自己可能成了他人的负担。

同理心的等级

同理心涉及两个方面：第一个方面是认知，就是我们可以从对方的角度看问题，理解对方所说的，这属于智脑的认知。第二个方面是情绪，我与你感同身受，这属于情绪脑的认知。

根据人们对这两个方面的掌握程度，可以将同理心分为四个等级：

第一级：漠视他人的观点和感受。

这是同理心的最低层次，或者说根本没有同理心。不注意对方语言和行为的表达；很少从他人的角度思考问题，做事情不考虑到他人的感受；沟通时讲客套话，无法引起对方的共鸣，对方也不愿意将自己的真实想法说出来；不愿意倾听；安排事务几乎不考虑下属的需要。

第二级：理解他人的观点，但漠视感受。

对对方所谈论的内容和问题有反应，着重问题的解决，但会忽视对方的真实感受。很多领导会就事论事，不关注人，理性思考问题，更多地强调权威性，给人冷冰冰的感觉，就是这一级的表现。比如当员工绩效不好时，关注存在什么问题，只讨论如何提高、改进，而没有觉察到员工的低落情绪，给予及时的安慰。也有人经常说，“我这个人性子直，有话直说。”听起来是坦坦荡荡，其实是同理心处于这一等级。

第三级：理解他人的观点，也理解他人的感受。

在这一层次，能够站在对方的角度考虑问题，想对方之所想，急对方之所急；能够使人不知不觉地将内心的想法，感受说出来；能够让人觉得被理解，被包容；能够用心倾听；在安排事务时，尽量照顾到对方的需要，并愿意做出调整。组织中的一些“知心大姐”往往处于这一等级，大家愿意将心里话找他们说出来，能够得到他们情感上的理解。

第四级：完全了解对方的内容和感受，而且比对方更深入。这个深入一般是挖掘对方内心的渴望、信念或意义。

这是同理心的最高层次。人们往往不能清晰地认知自己，例如当一个人说想争取更好的绩效时，其实是想要好绩效背后的东西，可能是被人认可，可能是更好的生活，也可能是自我追求更高标准等等。处于这个层次的人能够比对方更深入地理解他自己，能够领悟对方所有的音调、字眼、表情、语速和肢体语言等，可以根据这些线索进行重组，发问，并把感受反馈给对方，帮助对方更好地了解自己。这一等级会有较高的同理心表达能力。

阅读下面的例子，体会不同等级同理心存在的差别。

案例：同理心等级

下属对上司说：“领导，看来今天晚上我无法完成这个报告了。”

让我们先要辨识一下下属可能的感受，这不仅仅是要通过这句话来觉察，更重要的是通过互动过程中的非语言信息，如表情、语调、肢体语言等来判断，下属可能处于以下哪种情感中：

第一，他很无奈；

第二，他很无助；

第三，他怕批评；

第四，他忐忑不安；

第五，他在找借口，并不是不能完成，而是晚上不想加班；

第六，他希望有机会向上司解释一下不能完成的理由；

第七，他需要帮助。

接下来，作为管理者应该如何做出反馈呢？当管理者处于不同的同理心等级时会有不同的反应。

处于第一等级：指责他"你一早干什么去啦！"这时他会有一种很委屈的感受。

处于第二等级：给他建议："这个报告明天早上一定要，你自己去想办法吧。"

处于第三等级：辨别出他的情感，把他重要的感受反馈出来。有一种以不变应万变的方式就是"哦，是吗"，代表的意思是，我已经做好了倾听的准备，你说吧。

处于第四等级："哦，这个报告确实有点难，正因为这样我才交给你写。"当你听完之后是什么感觉？是否有一种"士为知己者死"的感觉？

7.5 同理心训练

自我意识和自我管理是提高同理心的基础，只有在管理好自己情绪的基础上探讨如何提高同理心才有意义。同理心训练包括辨识感受和同理心表达两个步骤。

辨识感受

以下三种方法可以提高辨识感受的能力。

(1) 学习察觉非语言线索

保罗·艾克曼是研究面部表情的专家，也是美剧《别对我说谎》的科学家原型。非语言线索往往会泄露人们的真实情感，专家通过这种线索可以识破谎言，从而破案。他的《情绪的解析》是这方面的专业书籍，也有相关的培训，通过这些训练，我们可以更好地觉察他人的面部情绪。

图表 7-1 是一些常见的非语言线索的通用解读，可以自行研究体会。

非语言线索	表达的情绪与意图
目光接触	友好、诚挚、自信、肯定
目光回避	焦虑不安、被动、害怕、紧张
抬一下眉毛	怀疑、吃惊
扬起眉毛	反感、气愤、不赞成
咬嘴唇	紧张、害怕、焦虑
眯眼睛	不同意、反感、生气
鼓起鼻孔	气愤、沮丧
微笑	满足、理解、鼓励
摇头	不同意、震惊、不相信
打呵欠	厌倦
拍背	鼓励、祝贺、安慰
挠头	困惑、不相信
绞紧双手	紧张、焦急、害怕
交臂抱在胸前	气愤、不同意、自卫、好斗、自我封闭
用脚点击地面	紧张、不耐烦
四肢抖动	紧张、焦虑、恐惧
身体前倾	感兴趣、专心、紧张
坐姿端正	自信、肯定
坐得笔直	自信、果断、紧张
驼背坐着	缺乏安全感、消极、焦虑
没精打采地坐着	厌烦、轻松自在
在座位上挪来挪	焦躁不安、厌烦
坐在座位的边缘	焦虑、紧张、有理解力的
摇椅子	厌倦、自以为是、紧张

图表 7–1 非语言线索解读

(2) 同理心的自我训练。

可以通过在观看影视作品时关掉声音的的方法来自我训练，通过言语的表情和肢体语言猜测演员要表达的情感，之后进行验证。

心理学家罗伯特·罗森塔尔及其学生对人类非语言信息的理解能力进行了一项研究。他设计了旨在测试同理心的非语言敏感性测验(Profile Of Nonverbal Sensitivity,PONS)，让人拍下一位年轻女性表达各种感受的系列录像，比如厌恶或母爱等，后来又增加了妒忌、愤怒、请求原谅、表达感激以及引诱等的画面。经过精心剪辑，录像的每一组画面的一种或多种非语言传播渠道都被系统地屏蔽了，比如把面部表情之外的其他线索全部去除，或者画面只展示肢体动作，同时也抹掉画面的声音，因此受测者只能根据某一特定的非语言线索来辨别录像中人物的情绪。

研究者测试了美国及其他 18 个国家的 7000 位人士。能够根据非语言线索理解情绪的好处包括：更善于调节情绪，更受人欢迎，更加外向，同时还更加敏感。一般而言，女性的同理心强于男性。在为时 45 分钟的测试中，表现有所改善的人——说明他们拥有学习同理心的天赋——与异性的关系更加亲密(《情商，为什么情商比智商更重要》丹尼尔·卡尔曼，中信出版社，P112–113）。

自我训练还可以通过观察、感觉他人（熟悉的或不熟悉的都可以）的方式进行。

（3）换位感受。

故事："行不通"

有一次我陪领导去某市公司调研对客服热线的需求，地市公司的同事提出了一个在我看来十分不合理的想法，我当场回应说我们之前做过类似的尝试，结果证明这样行不通。

领导在会后告诉我，我的看法是没问题的，但说的方式可以换一换。如"你说的有道理，我们回去后会研究你的建议。"这样给对方的感觉会好得多，当你下一次有问题需要对方协助时，对方也会更愿意提供帮助。

我们常常说要换位思考，事实上做起来并不容易。比换位思考更高一步的是换位感受，是站在对方的立场、角度上去感受，当我们要感受他人时，我们已经形成的或者根据自己的经验快速形成的态度，就成了我们的"拦路虎"。一旦我们对一个人有了自己的态度时，我们的大脑会倾向于寻找支持这一态度的信息，对相反的信息会设置盲点，我们就无法意识到这些对立的信息了。因此，换位感受要从认识自己的态度开始，让自己站在对方的态度上看问题，寻找支持对方的观点，也就是逆态度支持的方法。

逆态度支持（Counter Attitudinal Advocacy，CAA），即站在对方的立场（这个立场可能与你的不同）来支持或表达某个观点。CAA 要求，你作为一个倾听者要确保不以自己的观点和态度来决定所持立场，即：要持相反立场。

例如：你的一个下属感觉公司不关心员工，你本可以立即反驳，告诉员工公司在关心员工方面做了哪些工作，采取了哪些措施等，但这样回应的效果往往不佳。如果使用逆态度支持的方法，你要先克制住自己想要表达的欲望，先在心里重述员工的话和他的感受并记在心里，包括员工陈述的事实和情绪都要记住。之后，你用自己的话，把员工要表达的意思客观地重新陈述出来，例如，"你看到一个同事生了大病，而公司没有给员工买足够的保险，所以你感觉公司不够关心员工，是吗？"然后，询问员工你的理解是否正确。如果不正确或不准确，再重新陈述，直到你认为两者吻合为止。

研究：解释相反的观点

查尔斯·洛德等人调查学生们对两种假想的研究结果的评价。其中一项研究支持死刑具有威慑力量的观点，而另一项研究的结果是反对死刑。

这些学生们本来一半支持死刑，另一半反对死刑。研究结果发现：支持和反对死刑的学生都比较容易接受与他们观点相同的证据，而极力批评和反对与自己观点相悖的证据。即使同一证据同时拥有两种观点也不会降低学生们对自己信念的支持，反而起到了促进作用。

在重复实验时，增加了两种实验条件。第二种条件是，要求被试“尽可能客观无偏见”地评价事件。结果表明，这条指导语无效。不管是那些死刑支持者还是反对者，这条指导语条件下的被试与那些无指导语条件下的被试一样存在偏见。第三种条件，他们要求被试从相反的角度思考问题，问自己：“假如我是一个持相反观点的人，我是否会在这个研究中同意那些与我不同的观点，从而得出相同的结论呢？”当从相反的角度考虑这些问题后，这些被试不再那么偏颇地固执己见了。

——《社会心理学》戴维·迈尔斯，人民邮电出版社，P80–83

逆态度支持不仅仅可以让对方更愿意说出感受，还会使你在真正听懂之前，能心态平和，客观地倾听对方的诉说，而不是仅凭对方的只言片语就做出回应或与之争辩。

逆态度支持还会影响对方，会使对方更加认真地对待你的意见。当人们说出一个观点时，本来等待听到消极反应，正在收集信息准备随时做出反击，以证明自己观点的正确，但却收到了被认可的积极反馈时，心态大多会开始发生变化，从防御变为开放，这时就更能够接受你的意见，双方关系也会更加融洽。当收到积极反馈时，有些人甚至会想，“我是不是掉进某个陷阱里了？”但这无疑有助于双方进行更深层次的信息交流和沟通。

通过重述和换位感受，你的倾听将更加有效，并消除了一些固有的态度。这是一种解决问题的精准方法。站在对方的角度思考问题，感受对方的感受，发现更多的信息，思考新的可能，无疑会减少偏见，消除分歧，为解决问题和影响他人奠定坚实的基础。

当我们处于某个情境中时，很难使用逆态度支持，要想有效地使用这个工具，最开始的方式是要自己预先演练。可以是团队中的几个人对都会面对的共性问题进行讨论，如客户投诉的问题、与家人的争吵、教育小孩子等，也可以是自己对工作中已经发生的或预期会发生的问题的演练，如与上级、下级、同级之间的意见不一致。先从对方的角度去看，寻找支持对方态度的信息，从对方的角度去感受。

同理心表达

当我们理解了他人的感受后，就要通过对方认可的方式让对方觉察到我们的感受。

同理心表达有几个要点需要注意：首先，要让对方觉察到自己的积极关注，这里强调的是要让对方觉察到。当然，没有积极的关注就不可能真正地感受到对方的感受。其次，简单的同理心表达方式是把读到的对方感受用自己的语言说出来，伴随肢体、表情等非语言方式的使用。第三，要根据对方的特征，并要把握好表达的时机。最后，要不断验证所表达的感受和方式是否准确，得到反馈后要及时修正。

尽管同理心不是天生的，是可以通过后天的努力来获得的，但是同理心的学习和应用不能一蹴而就，需要不断的练习，这是一个过程，甚至是伴随一生的过程。尼古拉斯·艾普利在《心智》一书中建议，如果我们想要理解他人，最好直接和他们交谈，而非想象他们的感受。

以下是一个同理心模拟练习。也可以挖掘自己工作、生活中的实际案例或者影视作品中的案例，通过事后复盘的方式进行演练，逐渐从事后同理心扩展到真正的事中同理心。

练习：同理心训练。

假设你是一个三岁小孩子的父母，你的孩子生病了需要打吊针，针管插在孩子的胳膊上，孩子一直哭着，这时，你怎么样让孩子不哭呢？下列有你常用的方法吗？

1. 别哭了，医院的人都被你吵得受不了了。

2. 来，抱一抱，听话，不哭了，一会儿给你买玩具。

3. 你再哭，病就好不了了，要住院。

4. 你不哭，我就带你去吃你最爱吃的麦当劳好不好。

5. 你一直哭，一会儿大灰狼来了吃掉你。

……

讨论一下，你会怎么做？

同理心对话模拟：

1. 打针是有点儿痛哟！

2. 你很想不打针是吗？

3. 你很想把这个滴管拿掉是吗？

4. 你害怕会打很久，是吗？

5. 我去问问医生，看能不能不打针。

作为团队的领导者，指导和帮助员工进步是一种教练行为，是领导者必备的技能。

要想使给予对方的建议能起到自己想要的作用，就要具备同理心，当然前提是对自己情绪的察觉，对自己情绪的有效管理。

能够觉察并管理自己的情绪，能够用同理心觉察他人的情绪之后，就可以尝试管理他人的情绪了。

7.6 单元小结

同理心就是进入并了解他人的内心世界，并将这种了解传达给他人的一种技术与能力。同理心不仅是为了理解他人，也是为了让他人理解自己，从而产生相互的信任，进而形成和谐的人际关系。

人们很少用语言表达自己的内心感受，但会通过声调、面部表情和肢体语言表现出来。先觉察自己，有效地管理自己，才能觉察他人。

管理中的同理心不是为了取悦员工，而是要通过同理心理解员工感受，进一步激发员工的个人能力，产生团队共鸣，共同创造更佳业绩。

根据人们对理性和情绪这两个认知能力的掌握程度，可以将同理心分为四个等级。

可以通过辨识感受和同理心表达这两个方面训练提高同理心，逆态度支持是其中的一个有效工具。同理心是通过事后复盘和不断练习来提高的，循序渐进，就会在沟通中具备更多同理心。这是一个过程。

第八单元 客户中心的人际关系管理

一些能力超常的人之所以没有成为优秀的领导者，一个重要原因是他们没能与同事融洽地合作。

——李·艾柯卡

明星员工

贝尔实验室位于普林斯顿附近，是世界著名的科学研究机构。

在实验室工作的都是高智商的工程师和科学家，但在实验室里，有些人表现异常杰出，有些人表现仅仅处于平均水平。

罗伯特·凯利和珍妮特·卡普兰对这种情况进行了研究，研究结果发表在《哈佛商业评论》上。

他们选择了贝尔实验室的一个部门，该部门的任务是研发和设计控制电话系统的电子开关。这是电子工程中非常复杂、要求很高的一部分。这项工作任何人单枪匹马都无法胜任，必须借助他人的专业技能才能完成。

他们让经理人和员工提名了10%—15%的工程师作为明星工程师，将明星工程师与其他工程师进行比较。最惊人的发现是这两个群体只存在很细微的差别。结论只能是：根据个

体的学业状况和智商都无法准确地预测他们的工作成果。

研究者通过访谈发现，关键的差异在于明星工程师为了完成任务所运用的内在策略和人际策略。最重要的策略之一是与一群关键人物保持融洽的关系。明星工程师工作顺利的原因在于，他们花时间与关键人物发展良好的人际关系，而关键人物在临时性特设团队中能为解决问题或处理危机提供关键的服务。一个中层员工谈起他被一个技术问题难住了，他不辞劳苦地召集了不同的技术高手，开始他的号召没有得到回应，电子邮件没人回复，他白白浪费了宝贵的时间。而明星工程师很少遇到这种情况，他们在需要别人帮忙之前就已经建立了可靠的关系网。一旦他们需要别人的建议，明星工程师总是能够获得较快的回应。

8.1 人际关系的力量

情商的自我意识、自我管理和社会意识三个模块结合为最后一个模块，这最后一个模块也是情商的评价标志：人际关系管理能力。人际关系管理可以简单地理解为处理他人的情感，这要求领导者首先要意识到并管理好自己的情感，并通过同理心来理解他人的情感。

人际关系是人与人在相互交往过程中所形成的心理关系。人与人交往关系包括亲属关系、朋友关系、同学关系、师生关系、雇佣关系、战友关系、同事及领导与被领导关系等。

良好的人际关系可以实现人与人相互间的顺畅交流与支持，对一个人的工作、生活和学习都是有益的；相反，不和谐、紧张、消极、敌对的人际关系会产生心理压力，对一个人的工作、生活和学习都是有害的。社会心理学的研究表明，良好的人际关系是一个人心理正常发展、个性保持健康和生活具有幸福感的重要条件之一。

研究：人际关系是基本需求

一位心理学家在 1959 年做了一项关于人对人际关系需求的研究。

他特别设计了一个封闭的房间，里面只有一张桌子、一把椅子、一张床、一个马桶和一盏灯，除了这些基本的生活用品外，没有其他物品，没有报纸、电话，并且不准写信，也不

准其他人进入。一日三餐都有人送来，但是不和里面的人接触。

参加实验的人可以得到非常优厚的报酬，而且生活的时间越长报酬越多。

有5名大学生参加这个实验，在他们之中，最短的一个人忍耐了20分钟就不愿忍受了，主动要求放弃实验，有3个人生活了两天，最长的人在房间里面住了八天。

这个生活了八天的人出来以后说："假如再让我在里面忍受1分钟，我都会发疯的。"

组织中的人际关系，对组织生产、运作和管理活动有重大的影响，表现在以下几个方面：人际关系影响工作绩效和员工的满意度，良好的人际关系是群体凝聚力的基础；人际关系影响员工的身心健康，良好的人际关系是保证员工身心健康的重要条件；人际关系影响员工的自我发展和自我完善。

对组织来说，良性的人际关系才能保证目标的实现，如果没有良好的沟通，员工都是独自在工作，甚至会相互间"扯后腿"，组织就会不断地接近"死亡"的边缘。反之，良好的人际关系可以帮助员工相互支持，共同面对困难，贡献自己的信息与能力，帮助组织走出困境。

案例：福特公司的人际关系

这是美国福特汽车公司新泽西的一家分工厂，过去曾因管理混乱，而差点倒闭。后来总公司派去了一位很能干的人物，在他到任后的第三天，就发现了问题的症结：偌大的厂房里，一道道流水线如同一道道屏障隔断了工人们之间的直接交流；机器的轰鸣声，试车线上滚动轴发出的噪音使人们关于工作的信息交流越发难以实现。

由于工厂濒临倒闭，过去的领导一个劲地要生产任务，而将大家一同聚餐、厂外共同娱乐时间压缩到了最低线。所有这些，使得员工们彼此谈心、交往的机会微乎其微，工厂的凄凉景象很快使他们工作的热情大减，人际关系的冷漠也使员工本来很坏的心情雪上加霜。组织内出现了混乱，人们口角不断，不必要的争议也开始增多，有的人干脆就破罐破摔，工厂的情势每况愈下，只好到总部去搬救兵。

总部派来的新任管理者在敏锐地觉察到这一问题的根本之后，果断地决定以后员工的午餐费由厂里负担，希望所有的人都能留下来聚餐，共渡难关。在员工看来，工厂可能到了最后关头，需要大干一番了，所以心甘情愿地努力工作。其实，这位经理的真实意图就在于给员工们一个互相沟通了解的机会，以建立信任空间，使组织的人际关系有所改观。

在每天中午大家就餐时，经理还亲自在食堂的一角架起了烤肉架，免费为每位员工烤肉。

一番的辛苦没有白费，在那段日子，员工们餐桌上谈论的话题都是有关组织未来走向的问题，大家纷纷献计献策，并就工作中的问题主动拿出来讨论，寻求最佳的解决途径。

这位经理的决定是有相当风险的。他冒着成本增加的危险拯救了企业不良的人际关系，使所有的成员又都回到了一个和谐的氛围中去了。尽管机器的噪音还在，但已经挡不住人们内心深处的交流了。两个月后，企业业绩触底反弹，5 个月后，企业奇迹般地开始赢利了。

这个企业至今还保持着这一传统，中午的午餐大家欢聚一堂，由经理亲自派送烤肉。

调查显示，在通常情况下，由于缺乏技术、技能而被炒鱿鱼的比例，很少超过 12%，其他的失业者，都是由于其他的原因而失业的。非自愿失业通常是价值观冲突或人际关系技能很弱（裁员或破产除外）的结果。

现代社会分工越来越细，我们已经很难独自完成一项工作，当涉及他人时，就涉及到了人际关系。技术的发展，社会智能化水平的不断提升导致人们生活节奏更快了，同时人们也变得更没有耐心，手机和耳机比较彻底地屏蔽了人的感官，占有了大部分时间，人类在与机器的交往中获得更丰富的生活的同时，反而更加孤独，人际交往能力变弱。

对于客户中心来说，一方面需要不断地和客户打交道，并要在公司内部通过沟通来寻求客户问题的解决方案；同时客户中心人多、大团队的特点意味着需要更强的人际关系管理能力。

一个人事业的成功，15% 靠自身的努力，而 85% 取决于良好的人际关系

——戴尔·卡耐基

能力强的领导者可以与广泛的人群产生共鸣，找到大家的共同点，建立融洽的关系；为人们提供目标感，可以让大家为共同的使命兴奋不已。这时，“共同使命”成为人们内心深处最重视的东西，也将成为他们工作中最强大的动力，在面对充满变化、越来越复杂的工作环境时，可以更好地发挥团队协作的优势。

有一点可以确信，对于任何人来说，人际关系总是存在改进的空间。

人际关系管理主要包括激励（第四单元）、影响（第六单元）、冲突与变革（本单元和第六单元）和团队合作（第五单元）四个方面的能力。所有这些能力都要通过沟通来表现。

8.2 沟通

管理学中有一个著名的双70%定理,即管理者的70%以上的时间用在了沟通上;可是,管理中的70%以上的障碍都是在沟通中产生的。

管理就是沟通、沟通再沟通。

——杰克·韦尔奇

沟通是人与人之间、人与群体之间、群体与群体之间信息、思想与情感传递和反馈的过程,以求分享信息、思想达成一致或情感的协调。

专栏 8-1:沟通的种类

在沟通过程中,根据沟通符号的种类分别有语言沟通和非语言沟通,语言沟通又包括书面沟通与口头沟通;

根据是否是结构性和系统性的,沟通分为正式沟通和非正式沟通;

根据在群体或组织中沟通传递的方向分为自上而下沟通、自下而上沟通和平行沟通;

根据沟通中的互动性分为单向沟通与双向沟通;

从发送者和接收者的角度而言,包括自我沟通、人际沟通与群体沟通。

在团队或组织中,沟通有四种功能:控制,激励,情绪表达和信息分享。同一次沟通中,往往具备不止一项功能。

沟通可以控制员工的行为。员工们必须遵守组织中的权力等级和正式指导方针,比如他们首先要与上级交流工作方面的困难,要按照工作程序工作,要遵守公司的政策法规等等,通过沟通可以实现这种控制功能。另外,非正式沟通也控制着员工的行为。如,团队中的一些成员孤立业绩表现好的员工,如果听之任之,就会抑制大多数员工的工作表现。对告密者的冷嘲热讽,会抑制问题的暴露。

在沟通中明确告诉员工做什么、如何做、没有达到标准时应如何改进,可以激励员工努力工作。物质激励需要通过沟通来强化其作用,而精神激励本身就是管理者通过沟通来完成的。

团队是员工主要的社交场所之一,员工通过团队内的沟通来表达自己的挫折感和满足感。

因此，沟通提供了一种释放情感的情绪表达机制，并满足了员工的社交需要。

沟通可以为个体和群体提供决策所需要的信息，使决策者能够确定并评估各种备选方案。

沟通增加了相互信任。于是，人们实现共同利益的期望有了保障。

案例：沟通的重要性

罗宾·道斯设计了一个实验来研究沟通的重要性。

在这个实验里，7个陌生人组成一个小组，每个人会得到6美元。

可以选择保留这6美元或是将它捐献出去。如果一个人选择捐献，则实验者会将它翻倍并均分给其他6个人。每个人都不知道他人的选择。如果7个人都选择捐献，那么每人可以得到12美元；如果只有一个人选择保留而其他人都选择捐献，那么他就能得到18美元；如果不幸只有一个人选择捐献，而其他人都选择保留，那么他什么都得不到。很明显，对于群体来说，合作是最有利的行为，但是也需要个人的牺牲、需要互相信任，而且有一定的风险。

道斯的实验结果表明，如果实验参与者没有进行沟通，大约只有30%的人会选择捐献；而在讨论之后，这一数字上升到80%。

（《组织行为学》斯蒂芬·罗宾斯、蒂莫西·贾奇，中国人民大学出版社，P282）

通必须包括两个方面，既要传达意图，还要理解意图。在理想的情况下，人们的想法被完整无误地传递，接收者和传送者的头脑中会出现相同的画面，但这种理想的完美沟通并不存在，沟通中一定存在着各种失真。

沟通的障碍

完美的沟通是要在发送者和接收者的头脑中出现相同的画面，这个画面首先由发送者进行编码，然后通过某种媒介（渠道）传送给接收者，再由接收者将收到的信息解码。

图表8–1描述了沟通过程模型（《组织行为学》斯蒂芬·罗宾斯、蒂莫西·贾奇，中国人民大学出版社，P268）。这个模型包括八个关键部分：(1) 发送者；(2) 编码；(3) 信息；(4) 渠道；(5) 解码；(6) 接收者；(7) 噪声；(8) 反馈。

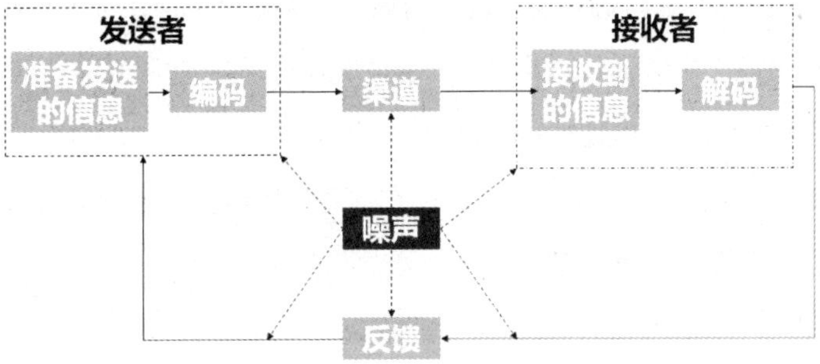

图表 8–1 沟通过程模型

沟通过程是发送者把头脑中的想法进行编码（将其意义符号化，编成一定的语言符号或其他非语言符号）从而生产信息，经由发送者所选择的渠道（沟通信息所要经过的路线，即信息在发送——接收之间得以传递的手段或媒介物，在组织中有正式渠道和非正式渠道）传递给接收者，由接收者进行解码（将符号化的信息还原为想法并理解其意义）。反馈是对信息发送是否成功以及传送是否符合原本意图进行核实，它被用来确定信息是否被正确理解。噪声指阻止理解和准确解释信息的障碍，或者说是妨碍信息沟通的任何因素，它几乎存在于信息沟通的全过程。

在沟通的过程中，发送者、接收者都会因为自身的原因和噪声的干扰而导致失真，不同的渠道有不同的特点，并且渠道也会受到噪声的干扰。

沟通的方式没有对错之分，但沟通的效果却有好坏之别。沟通的效果取决于对方的回应，因此沟通中，如果期望的回应没有出现，就不要用同样的方式反复强调自己说得对，而是要不断地变换沟通方式，直到期望的回应出现。

有一个说法认为沟通的效果来自于三个方面——

文字意义：7%；

语音语调：38%；

肢体语言：55%；

尽管这个说法饱受争议，我也认为具体数字可能不准确，但这个看法应该是成立的。即在沟通中：身体语言最重要，语音语调其次，文字意义最不重要。这个看法也可以用“脑的三位一体”理论进行解释：肢体语言由爬行脑产生，给人“安全”还是“威胁”的基本判断，这是进一步沟通的基础，在防御状态下进行沟通的效果肯定不佳；语音语调由情绪脑产生，决定了双方是否可以产生情感上的共鸣，产生共鸣时沟通会更顺畅；文字意义由智脑产生，理性的讲道理是它的专长，但往往在沟通中作用不大。

完美的沟通是不存在的，沟通中必然存在这各种障碍。沟通的障碍可以划分为三类因素：内部因素、环境因素和心理因素。

内部因素包括沟通能力和选择性两个方面。

每个人的沟通能力不同。人与人的沟通包括四种基本技能，即听、说、读、写。人的技能一定会存在差异，尤其是如何听。我们可以找到如何演讲的课程，老师会教我们怎样读书和怎样写作，但没有人教我们如何倾听。人听的能力是天生的，但倾听不是，听和倾听完全是两回事。

对于发送者来说，有很多的选择，包括会选择将哪些信息进行编码。如，基于隐私和个人目的，没有人想把自己所知道的全部信息都让对方知道；又如，会想当然地认为对方本来已经了解某些信息，因而忽略对这些信息的编码；可以选择编码的方式以及传送信息的渠道。对于接收者来说，可以选择解码的方式和对哪些信息进行解码，也就是会对一些信息进行选择性过滤。对双方来说，有些选择是有意的，也有一些选择是潜意识的，并受到自身情绪、压力和身体状态的影响。

环境因素包括噪声和信息超载两个方面。

我们处于环境中，环境总有噪声，宁静当被人意识到时也应被看做一种“噪声”。也就是说，除非处于心流状态（专栏 4–1），发送者和接收者总是处于噪声中，有意或无意识地被噪声所影响。噪声可以来源于外，如机器轰鸣、鸟叫、其他人的出现等，也可以来源于内，如大脑中突然冒出的想法、身体疼痛等。不管噪声来自哪里，都会使我们分神，进而影响沟通的效果。噪声还影响着承载沟通的渠道，造成信息的衰减甚至丢失。

专栏 8–2：用电子邮件进行沟通

电子邮件作为组织中最常用的沟通方式，有其不足。

(1) 错误解读信息的风险。纽约大学的一个研究小组发现，我们在解读电子邮件所传达的意图和语气时，正确率只有 50%，但大多数人会极大地高估自己传达和解读明确信息的能力。如果你要发送一则重要的信息，务必在发送前重读一遍以确保表达清晰无误。还要注意你的

语气，标题要直截了当，尽量简短。

(2) 信息被公开的不良影响。2017 年 4 月美联航打人事件后，执行官 Oscar 在一封写给员工的内部邮件中，表示他坚定地支持机组的处理方法。这封邮件被公开后引起了轩然大波，舆论一边倒地声讨美联航。

(3) 有限的情绪表达。研究表明，缺乏视觉和声音信号，意味着一些积极情绪信息（如表扬）的表达效果，可能比信息发送者想要表达的效果平淡。另外，电子邮件这种沟通方式对发送者可能有一种松绑效应，由于看不到接收者的表情，人们往往无法抑制自己某些情绪的表达冲动，发送者会在电子邮件中说一些不会在面对面沟通时说出的话。当别人发来让你感到愤怒的邮件时，请保持冷静，尽量不要针锋相对，试着从对方的角度来看这些信息。

(4) 过量。电子邮件以一对多的特点，对组织中的很多人造成困扰，每天都为此花费大量时间。处理电子邮件似乎成了一项重要工作。

——《组织行为学》斯蒂芬　罗宾斯、蒂莫西　贾奇，中国人民大学出版社，P278

人处理信息的能力是有限的。当需要处理的信息超过我们的信息加工能力时，就会出现信息超载。当处于信息超载状态时，个体和组织都无法对全部信息进行分类和利用，就会筛选、忽略、跳过或遗漏信息，或者只进行简单处理。这一方面要领导者从整个组织的角度定期审视信息的状态，另一方面每个人都需要更有效地进行自己的时间管理。

心理因素包括信念固着和自我保护两个方面，心理因素与人的大脑运作机制有关。

信念固着现象是指人们一旦对某项事物建立了某种信念，尤其是已经为它建立了一个理论支持体系，那么就很难再打破他的这一信念，即使出现了相反的证据与信息，他们也往往视而不见。我们越是极力想证明我们的理论和解释是正确的，我们就会对挑战自己信念的信息越封闭。一旦我们确信一个被指控的人犯了罪，或者我们看好的某一股票会上涨，那么，我们就会为维护我们的理由和结论而回击各种挑战，我们就成了自己思维模式的囚徒，无法正确对待外界的信息和他人的看法。

在沟通中，当发送者与接收者所持的信念不一致时，双方都可能出现信念固着现象，彼此对对方的信息进行屏蔽，或者在听到对方信息的同时不断寻找其中的漏洞，组织自己反击的证据和语言，沟通变成“沟”而“不通”。

例如有一个 CSR，一心想向客户推销一款高档手机，他不厌其烦地向客户介绍这款高档手机那些令人耳目一新的功能，以及现在购买有什么样的优惠等等，唯独忽略了客户的诉求只是想为老人买一部便宜手机，最终当然无法达成交易，甚至会引发客户的不满。

这样的沟通会阻碍双方接收全面的信息并影响人际关系，可以通过第七单元中的逆态度支持工具来避免这种情况。即先持对方的观点或与自己相反的观点，从而动摇我们已经固着的看法和信念，使自己看到的信息更全面。

另一个心理因素是自我保护。人的大脑不仅要保护自己不受伤，控制身体去及时躲避各种危险，还要“保护”自己的内心感受，避免他人对我们产生愚蠢、幼稚、自私等负面认知，这个“保护”的过程通过在大脑中预设谈话内容来进行。我们会自以为是地勾勒谈话的进程，然后设定我们应该听到什么，如何反驳，而这一切只是假设，是通过自我谈话来完成的。

故事：愚蠢的千斤顶

一个人在乡村路上驱车狂奔，突然砰的一声，轮胎爆了。他从车上下来看了看，却束手无策，因为他没有千斤顶。

他在心里自言自语道：“嗯，我得步行到最近的农场借个千斤顶。”他看到远处的灯光，又对自己说：“嘿嘿，我太幸运了，农户的房子就在那儿，我只要敲敲门，然后告诉他我遇到麻烦了，求他借我一个千斤顶。”他一定会说：“没有问题，自己去拿吧，别忘了还回来。”

他往前走了没多远，突然那屋子里的灯熄了。他对自己说：“他一定是睡觉了，如果我打扰他，可能需要给他一些钱，否则他可能不会把他的千斤顶借给我。”我会对他说：“好吧，咱们都是乡邻，我给你1美元。”但他也许会说：“就一个美元就想把我从温暖的被窝里弄出来？要么给我5美元，要么到别处去借千斤顶。”

当他终于到了农户家时，他很兴奋，进了院门便开始嚷嚷：“5美元，没有问题。我给你5美元，但你不能再多要一分钱了。一个可怜的家伙的车坏了，他只是需要一个千斤顶，别再想从我这儿要到别的东西了，你这个家伙。”

到了门口，他使劲儿愤怒地敲门。农夫的脑袋从窗户里伸出来，大声地喊道：“你是谁？你想要干什么？”那家伙停止了敲门，也大声地喊道：“你还有你那愚蠢的千斤顶！你应该知道你该怎么做！”

这个故事非常好地说明了自我保护。这个人由于害怕被伤害或遭遇尴尬，先在自己的大

脑中自编自导了一个“剧情”，还根据情况的变化和自己的想象不断地调整“剧情”，这是典型的自我保护。

——(《客服圣经》保罗 · 蒂姆，机械工业出版社，P70)

许多人并不是本着理解对方的意图来倾听；他们听对方说话，只是为了怎么回答对方。

——史蒂芬 · 柯维

当我们在沟通之前和沟通过程中，往往会不断猜想对方会怎么样，假设对方会怎么反应，对方说什么倒好像变得不重要了。而正确的程序应该是，在沟通前和沟通过程中，先别假设对方有什么意图，要说什么，先听对方把话说完，确认自己理解了再决定自己的想法。这样的沟通才会有效。

沟通中的障碍可以通过训练来改善，良好的沟通是一种能力，能力总是需要通过训练来形成习惯。接下来我们探讨沟通的方法。

有效沟通的方法

在一次有效的沟通中，除了要克服沟通中的障碍外，还有以下三个方面需要注意。

明确目标

每一次沟通都要有两个方面的目标。一个是这一次沟通的目标：分享信息、就某事达成一致意见或交流情感；另一个是在每一次沟通中都潜在的目标：加强人际关系。就沟通的目标来看，每一次沟通都应该是双赢的。

既然目标是双赢的，我们在沟通中就一定要理解对方的想法、对方的利益和对方的诉求。能够满足的要在自己有能力的情况下根据实际情况给予满足；不能满足的要明确地把原因告知对方，取得相互理解，最终达成一致才能结束沟通，否则应该暂时搁置或安排下一次的沟通。在整个沟通中，我们一定要关注沟通的另外一个目标，即，要加强我们之间的人际关系。

用心倾听

倾听是接受语言和非语言信息、确定其含义并对此进行反应的过程。倾听属于有效沟通的核心技能。

倾听不仅仅是要用耳朵来听诉说者的言辞，还需要一个人全身心地去感受对方在谈话过程中所表达的言语信息和非言语信息。狭义的倾听是指凭借听觉器官接收言语信息，进而通过思维活动达到认知、理解的全过程；广义的倾听包括文字交流等各种方式。

听，貌似简单，其实大有学问，我们观察一下繁体的“聽”字来进行理解。把“聽”拆分为“耳王”“十四”“一心”三个部分。

图表 8–2“听”的繁体字

“耳王”。既然是听，最重要的器官无疑是耳朵，所以听的要义就是以耳为王，带着耳朵来，把倾听放在第一位。

“十四”。其中的“四”可以看成“目”，也就是眼睛。听不光用耳朵，还要用眼睛。对方的眼神、表情、肢体语言，都包含着丰富的信息，是与对方提供的资料或实物相配合的。这里的“十”不是确指，而是多的意思，即要全面、多角度、全方位地观察。

“一心”。要达到沟通的目的，收到最佳的效果，必须要用心，而且要一心一意。是用心去听讲，用心去观察，用心去提问，用心去思考。

倾听不但要用耳去听，还要用眼去看，用心去悟。这三个部分是有效倾听的三个技巧：

第一，少说多听。如果在沟通中不能在对方还没有表达完之前让自己“闭嘴”，那么就不是一个良好的倾听者，接收的信息不全面，沟通也不会顺畅。

人类专心倾听是有生理性障碍的。当我们听别人讲话的时候，“倾听”要求说与听同步，但大多数人的语速是每分钟 100–160 个字，而听的能力是说的语速的 3–6 倍，两者并不同步，因此，听者的潜意识就会自动地填补这些空当，会不由自主地想一些或关注一些无关的事情，甚至粗暴地打断对方，改听为说。

给自己设立一个目标，来提升听的比例。在一个有效的沟通中，听和说的比例应当是2：1或3：1。在沟通的过程中，一定要控制自己，在确认对方已经说完之前，不要急于问"你是什么意思？"或者"你为什么这么说？"

第二，用脸去听。在沟通的过程中，面部表情是最能表达信息接收状况的。在倾听时，不仅仅要用耳朵，还要学会用身体的其他部位倾听。在对方讲话时，你能直视对方，说明你是真正在倾听。对方可以读到你的眼睛和面部表情向对方所传递的丰富信息，听还是没听，听懂了还是没懂。通过目光的交流，当讲话的一方注意到听的一方在用心听时，自然能够更有动力、更顺畅地表达他的意图，进一步阐述他发现的疑问并进行交流。这样，沟通的双方就形成了一个良性的"沟通环"。

第三，用心去听。一方面用心倾听才能确保自己的注意力集中，避免大脑去关注一些其他的事情来填补说和听的速度差别造成的空当。另一方面用心才能听出对方的"弦外之音""言外之意"。人们的语言表达往往很肤浅，或者会本能地规避某些内容，或者忘了说，或者他本来也不很清楚，所以只听到对方所讲的，就无法觉察被他的话语"遗漏"的某些情感和需求。

恰当反馈

反馈是沟通的过程中或沟通结束时的一个关键环节，不少人在沟通过程中不注意、不重视或者忽略了反馈，结果沟通效果打了折扣。在沟通中双方都以为对方听懂了自己的意思，可是实际操作过程中却与自己原来的意思大相径庭。其实，在双方沟通时，多问一句"您说的是不是这个意思……""请您再说一下，好吗？"问题自然就解决了。

沟通中需要恰当的反馈以提高沟通效果。恰当的反馈还包括沟通过程中不断给予对方适时的回应，以鼓励对方说出更多的信息和感受。

在管理中或日常生活中，对他人的行为、表现，我们可能会给予评价，这个交互过程也称为反馈，这里的反馈本身就是一个沟通过程。

8.3 建设性反馈

反馈又称回馈，是现代科学技术的基本概念之一。在控制论中，反馈指将系统的输出返回到输入端并以某种方式改变系统的输入，进而影响系统功能的过程，即将输出量通过恰当的检测装置返回到输入端并与输入量进行比较的过程。

想象一下我们通过水龙头接半杯水的过程。我们的眼睛会一直关注水杯中水位的上升，心中一直在评价“目标水位和实际水位的差距”。正是我们心中的这种评价在引发我们另外一只手的动作，调整水龙头开关的位置。起初的时候，目标水位和实际水位之间的差距很大，我们会把水龙头开到较大的位置，让水的流速较快；随着目标水位和实际水位的差距逐渐缩小，我们会逐渐调小水龙头的开关，让水的流速慢些，这两个水位间差距缩小的速度也会放慢，直到我们看到这个差距为零，彻底关掉水龙头，达到我们的目标。

在这个过程中，眼睛通过观察得到目标和实际水位之间差距的信息，大脑接受这个信息的过程就是反馈，我们会根据反馈信息调整自己的动作。有时候我们不能自己观察到这个信息，或者我们观察到的信息不全面，就需要其他人来告知我们这个差距，来得到这个反馈信息，这是一个接收外在反馈的过程。

心理学借用这一概念，以说明人们对自己过往工作、学习、表现情况的了解，而这种了解又对自己接下来的行为起到了强化作用，从而促使自己更加努力的过程。

反馈是对未来行为能起到修正或强化作用的感官信息或心理信息。

在团队中，反馈是重要的，团队成员根据反馈来了解自己的工作是否符合要求，是否需要调整、加强甚至转变。没有反馈，人们有时就一头雾水，不知道怎么与他人相处，也不知道其他人对自己的期望，不知道自己努力的方向，人们开始变得没有动力。

研究：反馈的影响

研究人员曾进行过一项研究，研究的内容是工作中信息反馈对员工自信心的影响。

在研究中，人们进行场景模拟，以创造性的方式讨论并解决问题，研究中将学生们分成三组，对其中一组学生的工作情况进行表扬，对另一组提出批评，剩下的一组不闻不问。研究结果发现，没有得到任何信息反馈的学生其自信心遭受的打击与那些挨批评的学生一样。

研究报告提醒人们：“如果组织让员工得不到有关工作情况的具体信息反馈，也许就会在不知不觉中挫伤了员工的士气。”

——《情商，影响你一生的工作情商》丹尼尔·戈尔曼，中信出版社，P156

我们把能够起到正向作用，达到提供反馈者目的的反馈称为建设性反馈。

建设性反馈的正向作用有以下四个方面：一是让对方看到自身盲点；二是反映现状，让对方清晰目前的位置；三是认识到需要学习和提高的地方；四是通过沟通，加强彼此间的关系。

建设性反馈可以使人产生更优秀的表现，而不恰当的反馈或者没有反馈是人们表现不佳的最普遍原因之一。

建设性反馈的难点

尽管提供反馈者大都认为自己是出于好意，但反馈不一定都能产生正向的作用和好的结果。事实上，大多数反馈是无效的，甚至起了反向作用。

建设性反馈是困难的，首先就是提供反馈一方的心态要摆正。

对于提供反馈的一方来说，一定要明确建设性反馈是利他的，是要帮助对方，如果自己提供的反馈对方不接受，就要换一种方式或停止反馈，而不是嘴上说："我这都是为了你好。"强迫对方接受。

现实中，父母给孩子的反馈，妻子给丈夫的反馈，领导给下属的反馈往往都是强制性的。当对方不认同时就会不耐烦、恶语相向或者动用其他手段来强迫对方接受。这只是看起来像反馈，实际上是在满足自己的意愿，希望他人按照自己指出的方式行事，这不是建设性的反馈，不是利他行为，而是利己行为。

潜意识中是这样一个隐性的比较心态在作怪：我发现了一个问题，我看到了你没看到的信息，我是有价值的，我比你有能力。一家银行的高管说："在这里，有人以提供信息反馈来显示高人一等的优越感，全然不考虑接受信息者的感受。他们这样做对人没有任何帮助，纯属戏弄。这样的人需要提高自己的同理心能力。"

如果我们真正地想帮助对方，一定要用对方接受的方式，而不是我们自己想用的方式。如果对方不愿意接受我们的反馈，甚至引发争吵，那一定不是建设性反馈，提供反馈的一方要负主要责任，要首先找自己的原因，调整自己的心态。

调整好自己的心态后，还要通过正确的反馈方法继续进行反馈。

如果反馈只是简单地提供一些对方不知道或者没有意识到的信息是容易的，如提醒对方的东西掉在了地上，衣服上有一个扣子没有扣好或者某段文字中有个笔误等，这时只需要稍稍留意一下自己的态度，避免被对方认为是嘲笑即可。

大多数情况下给他人恰当的建设性反馈是件困难的事情，要找到正确的方法并不断地练习。在这个过程中，用同理心理解对方是基础。

在表现好或表现不好时，人们都需要通过建设性反馈来强化或调整行为。在表现不好时提供的建设性反馈即负反馈，就是我们通常说的批评。事实上，“批评”“负反馈”甚至“建议”的说法都不太好，容易给人造成负面的感觉，“沟通一下”“聊一聊”或者直入主题的方式相对更好些。

负反馈

告诉他人他表现不够好首先就面临着情绪的对抗，毕竟没有人喜欢接收坏消息。

传统上认为在批评中不能伤害到对方的感情是最重要的原则，比如说“你已经尽力了”“不全是你的错”或者“只是运气不好”等，但这会让对方摆脱自己的责任感。大脑以耗费更少的资源来保持心理平衡为重要原则，当它认为一件事情自己没有责任时，就会认为到此为止了，心理平衡了，就不会再耗费资源去想办法解决。因此，进行负反馈的第一个原则是要对方有责任感，尽管这非常困难。

进行负反馈的第二个原则是不要剥夺对方的掌控感。当人们觉得事态不在自己的控制范围之内时或自己无能为力时，就会产生消极情感，变得没有自信，变得悲观，就会丧失主动寻找资源、想办法去解决问题的动力。当他人遇到困难时，一定要通过反馈让他认识到成功是可以达到的，他具备成功的潜力。

进行负反馈时，有以下两个步骤：

(1) 让对方认识到问题。

首先，作为反馈者要给对方提供他没有注意到的信息，最好能够让他自己认识到自己存在的问题，而不一定要亲自指出问题给对方看。如果对方看不到，就不能回避，要以不使对方难堪的方式来指出来，但最终一定要能够让对方认识到问题。

案例：让第三方来说话

在柴静访谈周星驰时有这样一个片段：

柴静：在你当时的理解当中，这个政协委员是要干吗？

周星驰：政协委员，（思考），应该就是把我的一些经验和大家沟通一下，看看可以帮电影文化做一些什么事情。

柴静：另外一些人可能有一些想法，他觉得政协开会，并不是一个电影团体的会议，它是一个非常严肃的社会责任。他会说，那你是不是没有做好足够的准备？

周星驰：对，对，对，没有做好足够的准备。因为这个时间方面是配合得不是很好。

通过让第三方来说话的方式（如："有个朋友""听说有一个人""我在网上看到有人说"）可以让被反馈方感觉这个信息像是他自己发现的，而不是从反馈者那里得来的，就像从书本中、影视作品中发现的一样。他在接受信息的过程中没有了竞争压力，感受不到危险和压迫，信息更容易进入大脑，被他接受。

如果对方已经认识到问题，就不必再强调错误，不要抱怨，不要批评，要转向如何利用资源去解决问题。当人们认识到是自己的原因造成问题时，就会产生内疚，这种内疚会促使人们产生想办法解决问题的动力，这个动力弥足珍贵。

专栏 8–3：内疚

内疚是指个体确实伤害或意图伤害他人或违反准则后产生的情绪体验。

当人们认识到一件事情做错了，结果与预想存在差距，会在心里感到惭愧、不安，即"内疚"的心理状态。在"内疚"时，由于大脑图像与现实图像不一致，心理开始失去平衡，人开始有动力，想办法去纠正这个差异。

"内疚"产生的心理动力是相对脆弱的。在受到到催促、抱怨、批评、惩罚等外力作用时，一方面会对外力产生反作用，开始为自己的现实表现找理由、找借口；另一方面这些外力在大脑看来，是在现实图像上增加的砝码（图像是带着情感的图像，委屈等感受是图像的一部分），现实图像和大脑图像基本吻合了，心理产生了新的平衡，动力也就跟着消失了。

当小孩子考试预期是 80 分，没考好，只得了 70 分，大脑图像与现实图像存在差异，他是带着"内疚"的心理回家和父母说考试的情况，如果受到父母的批评，他就开始找借口，如：题难了，那天不舒服，老师出的题比较偏等。父母和孩子开始就这些借口进行争执。孩子认为自己受到了"不公正"的对待，足以弥补现实图像和大脑图像的差距，由"内疚"而产生的动力也一起消失了。

这也可以解释为什么罚款会带来相反的效果。

某幼儿园经常有家长在接孩子的时候迟到，为了遏制这种行为，园方制定方案，对迟到者处以罚款，结果是迟到者增多了。原因就是迟到本身会给迟到者带来内疚感，而缴纳了罚款后内疚感消失了，迟到者会按照单位时间的成本收益比来衡量迟到是否合算。后来园方取消了罚款回到初始状态，结果迟到的更多了，原因是人们觉得，本来要罚款的行为现在不罚款了，纷纷开始效仿。

“内疚”的心理比罚款更有效，让迟到的父母在班上做一天助教或者为小朋友表演节目可能是更有效的方式。

其次，指出问题时要具体，这是解决问题的基础。一方面要确认双方认知的是同一个问题，而不是南辕北辙；另一方面要进行挖掘，具体到问题的关键所在，如，孩子语文考试成绩不好，但究竟是语文没学好还是这次考试没考好，等等，最后很可能发现不过是最近学的一些词语没记牢。

第三，如果对方已经很努力，但还存在问题，不要夸奖对方的努力，如试图安慰他们："别难过了，你已经尽力了！" 尽管意图是好的，但当人们的努力没有带来相应的结果，反而听到对努力的赞赏时，会觉得这意味着自己笨。一旦人们确认了这样一个信念，结果一定是灾难性的。这时要把反馈集中在纯粹的信息上，共同寻找解决问题的方法。

(2) 解决问题。

寻找解决问题的方法要以对方为中心，这方面可以参考教练五步曲来进行，即：接纳、调焦、探索、选择和行动承诺。

我们很容易理解负反馈有建设性和伤害性两种效果，但正反馈，即赞扬别人呢？

正反馈

赞扬也会有建设性和伤害性两种效果，我们赞扬别人是想增强对方的动力，希望他可以持续下去，而实际的效果可能相反，这取决于赞扬的方法。

心理学家珍妮弗 · 亨德隆和马克 · 莱珀对赞美进行了研究，他们发现对良好表现的反馈必须基于以下五个准则才能产生积极的作用（《成功，动机与目标》海蒂 · 格兰特 · 霍尔沃森，译林出版社，P214–219）。

准则一：赞美必须真诚。

赞美要具体，这样会让赞美听起来更真实。比如，与其说“你穿这件衣服真好看”，不如说“这件衣服的颜色很衬你的皮肤”。没有人希望因为没有做的事，做得不好的事或者不值得被赞美的事得到赞美，因此赞美别人要让对方有确实是值得被赞美的感觉，否则就会认为这个赞美包含有不明的动机，有被操纵的感觉，或者只是哄他们开心。

赞美时要让自己的动作、表情与语言保持一致。保持目光的接触，表达尽量流畅，让人感觉到表现出的情感与表达的内容相符。

对于被赞美者来说，被人赞美往往会问自己一个“为什么？”也就是判断对方是出于什么样的动机，是否真诚。和负反馈的“让第三方来说话”的方式类似，赞美可以通过第三者断言的方式来有效地避开这种现象，让被赞美者感觉到对方没有动机，赞美是真诚的。

专栏 8–4：第三者断言

第三者断言是对第三者称赞一个人。最好是让被称赞者感觉到不是说给他听的，只是偶然让他得到了这个信息。在这种方式下，被称赞者会认为这个称赞更客观、更真实，没有目的性，更容易被潜意识所接受，从而强化他在大脑中的自我意象，他的表现就会像这个自我意象。

有个老师讲过这样一个例子：

儿子有一天回家告诉他说，“爸爸，我今天在幼儿园里抓到了一条好粗好粗的蛇，我拉它的尾巴，他还拼命地往草里钻，我就使劲地往外拉，我好勇敢！”

每个大人都清楚，这一定不是真的，很多人会斥责小孩子说，“你撒谎，你怎么可能抓蛇呢？这样不对。”

这个爸爸肯定了孩子的勇敢，而且还经常在他朋友的面前说起这件事，称赞他儿子的勇敢。他说，他儿子以后就真的越来越多地表现出了勇敢的品质。当然随着年龄的增长，儿了也认识到那件事是想象的，说的次数越来越少，到小学高年级就不再提起了。

这就是一个“第三者断言”。如果父母想让孩子具备某些品质，就要多在他人的面前夸奖他能体现这类品质的行为，尤其是在他专注于某些其他事情时，让他不经意的听到，这样最容易将他具备这些品质的自我意象写入他的潜意识，他的行为会按照这个自我意象来表现。

很多父母的做法是相反的，在朋友面前经常说孩子不好的品质，如不用功，胆小，乱扔东西，不爱劳动等等。甚至在孩子得到别人的夸奖时很“谦虚”，“他平时都不是这样的，这次是偶然的表现。”

人的表现是在一定的水平范围内上下波动的，发展的方向取决于你是在关注哪种类型的点。关注好的表现点，整体就向上发展，关注不好的表现点，整体就向下发展，这取决于你。

准则二：你的赞美要着重于对方控制范围之内的因素。

故事：夸奖孩子

有一位到北欧某国做访问学者的人讲述了这样一件事：

周末，她到当地的一位教授家中做客。一进门，她就看到了教授5岁的小女儿。小女孩满头金发，漂亮的蓝眼睛让人觉得特别清新。她不禁在心里称赞小女孩长得漂亮。

当她把从中国带去的礼物送给小女孩的时候，小女孩微笑着向她道谢。这时，她禁不住夸奖道：“你长得这么漂亮，真是可爱极了！”这种夸奖是中国父母最喜欢的，但是，那位北欧教授却并不领情。在小女孩离开后，教授的脸色一下子就阴沉下来，对她说：“你伤害了我的女儿，你要向她道歉。”

访问学者非常惊奇，说：我只是夸奖了你女儿，并没有伤害她呀？

但是，教授坚决地摇了摇头，说：你是因为她的漂亮而夸奖她。但漂亮这件事，不是她的功劳，这取决于我和她父亲的遗传基因，与她个人基本上没有关系。但孩子还很小，不会分辨，你的夸奖就会让她认为这是她的本领。而且她一旦认为天生的漂亮是值得骄傲的资本，就会看不起长相平平甚至丑陋的孩子，这就给她造成了误区。

“其实，你可以夸奖她的微笑和有礼貌，这是她自己努力的结果。”教授耸耸肩说，“所以，请你为你刚才的夸奖道歉。”

最后，她很正式地向教授的小女儿道了歉，同时赞扬了她的微笑和礼貌。

当赞扬人天生的、固有的或偶然的表象或能力时，一方面会造成认知的误区，包括对自己的认知和对他人的认知。就像在牛市里赚了钱，感觉自己就是股神，赚得没有自己多的人都不如自己；另一方面是当事情一旦变得困难时，很容易失去继续努力的动力。

研究：应该赞美孩子什么？

卡罗尔·德韦克和克劳迪亚·米勒做了一系列的研究。

他们让五年级的学生做一套相对容易的题目并夸奖了他们的优秀表现。对一半学生的赞扬强调了能力（“你做得真好！你在这方面一定非常聪明！”），而对另一半则强调了勤奋（“你做得真好！你一定在上面下了不少功夫！”）。接下来，学生们接到了难度极高的十道题，最好的成绩也不过是只做对了一道。最后，他们又拿到了一套题目，难易度与第一套相同。

他们发现，与第一套题相比，被夸聪明的学生在第三套题目中的表现远远落后于另一半学生。对在第一套题中表现优秀使他们变成“聪明”的那些学生来说，在第二套题上摔跤意味着他们不再“聪明”。这些学生丧失了信心和动力，以至于在最后一套题上表现不好。

而那些被夸勤奋的学生表现则不同，他们在第三套题上的表现比第一套还要好。因为知道好成绩来源于“勤奋”，在经历了第二套难题后他们在第三套题上更下功夫了。这些学生获得了自信和动力，成绩表现也更好了。

因此，尽管听到自己“聪明”比听到“努力”的感觉好得多，我们也习惯性地这样赞美他人，尤其是对小孩子，但是如果我们真的想让对方的未来发生些许改变，就要先改变自己的赞美方式。

要赞扬对方可控的因素，如勤奋、毅力、计划和策略等，这里重要的是不要单独对表象和非可控的能力进行赞美，如果赞美中也包括对方可控的因素，那么夸奖表象和非可控能力也没有问题。赞美他人是要强调对方当之无愧的原因，从而让对方有更强的动力，愿意投入更多的精力，去争取更成功的未来。

准则三：当你给予赞美时，切勿把对方与他人做比较。

与他人比较造成大脑中的目标习惯性地转向了证明自己，当一个人认为自己的表现将被与他人比较时，他们更注重于自我表现，以证明自己比他人强，而忽视了去发展自己的能力，这是一种短视的行为，无疑会影响未来的成绩。

而当大脑中的目标是自我超越时，人们更关注于去发展自己的能力，会看得更长远，未来的表现也因此而更好。

准则四：赞美不能剥夺对方的自主感觉。

在第四单元中我们谈到，有两种积极的动机，一种是外激励动机，一种是内激励动机。外激励动机的刺激不仅仅包括物质的，还包括精神的、语言的，只要是来自于外部的并起到激励作用的刺激，所产生的动机都属于外激励动机。

当一个人做好某事是出于内激励动机时，赞扬很可能导致动机的转换，变成因为期待赞扬而去努力，也就是使动机转变为外激励动机。因此，赞扬人时一定要保护好对方的自主感觉。

准则五：赞美必须传达现实的标准或期望值。

对他人的成绩进行认可，可以给人提供继续努力的动力。我们虽然可以通过赞美来给他人以信心，但大的目标往往需要通过一个个小目标逐步完成，我们在把大目标分解成这些小目标时，要使它们既各有难度又都是可以达到的。有时我们太迫切地想让人知道，在我们心中只要他肯努力就什么都能做到，我们对他有着无限可能的期待，这种期待往往是有害的，尤其是当他面对目标所造成的挫折时。

例如，当夸奖一个小学二年级的孩子游泳很快时，说他可以得到奥运会冠军就不现实，就算长大以后真的可以得到奥运会冠军，在这个年龄这样说也不好，不如谈下一个最可行的目标。开始可以小一些，以后随着能力的增强再逐步改变目标。如："你最近训练很努力，继续这样训练，一定可以获得学校的冠军！""获得学校的冠军后就有资格参加区里的比赛了，争取获得区里的冠军。"

给人赞美是对过去表现的评价，并要通过这种赞美来对未来产生正向影响。对于我们所关爱的人，尤其是我们的孩子来说，我们的话语对对方的影响比想象的要大得多，对方往往给予接受这些话语的许可（见第三单元中自我谈话），因此我们要对自己的赞扬负责。我们给的赞扬一定要既能鼓舞斗志，又要有实践价值，能够激励他们更有信心，更投入，更有动力地面对未来。

我们经常会接收到别人给我们的反馈，但我们能接受反馈吗？

接受反馈

很多人嘴上会说"我很乐意接收各种反馈"，但实际情况却相反。人们收到负面反馈时，都需要首先抚平负面反馈带来的精神上的伤痛。当有人指出我们的问题，指出我们的弱点，即使是出于善意，我们还是会感到不舒服，还是不自觉地会讨厌他们，拒绝接受。这很正常，是心理平衡被破坏时的一种本能反应。

态度是第一位的

是否接受反馈可以根据自己的考量来决定，但别人肯给予我们关于我们某方面的反馈，是对我们的关心。只要其动机是好的，哪怕方式方法还有待提高，我们都应该本着感激的态度把信息接收过来，以鼓励他人给予我们更多的反馈。要将反馈视为一种教导形式，而不是对自己的人身攻击。

三人行，必有我师焉。择其善者而从之，其不善者而改之。

——孔子

可以将对方想象成是这一领域的专家，有值得自己学习的地方；或者想象成是自己的教练在指导我们提高技能；或者想象成是一位好心的朋友，在我们上台演讲前提醒我们牙齿上有一片残留的菜叶。这样我们就会更乐意接收这些反馈信息。“有则改之，无则加勉。”获得反馈是我们向更好迈进的起点。

看成珍贵的礼物

培训师有一种说法，学员或者同行给的建议都是“礼物”，就如唐太宗所说：以铜为镜，可以正衣冠；以史为镜，可以知兴替；以人为镜，可以明得失。

每个人都想提高自己在某方面的能力，他人给我们的反馈，可以让我们看到自己看不到的那一面，获得自己不知道的或被忽视的信息，而这很可能正是我们还有提升空间的地方。

有时候，需要自己主动向他人寻求“礼物”，来获得对自己一段时间或者某个领域能力的全面了解。

评估接受反馈的水平

对于组织和个人来说，要定期评估自己接受反馈的程度：

第一类是“不情愿遵从”。这一类型仅仅是走形式，根本没有用心，表面上可能态度还过得去，但只是接收到了反馈，反馈一方也没有持续向他提供反馈的动力。

第二类是“积极聆听”。这一类型不仅仅是做表面功夫，而是真正意义上的聆听，并能够对某些反馈积极应对、做出改变。对于组织来说，就是有明确的、简单的接受反馈的闭环流程。

第三类是“指标关注”。这一类型不仅认真对待反馈，还会主动寻求反馈。对组织来说，会在分析的基础上，追踪反馈的信息，将反馈作为一个重要的指标来关注，搜集尽可能多的反馈作为决策和改进的依据。

评估是为了对自己的状态有清晰的认知，这样才有改进的可能。

防止“涟漪效应”

“涟漪效应”描述的是这样一种现象：往一个平静的湖水里扔进一块石头，泛起的水波纹会逐渐波及到很远的地方。

当我们拒绝别人的反馈时，就会在我们周围产生“涟漪效应”，慢慢地周围就没有人肯给我们反馈了，我们就不能清楚地评估自己的状态，不能有效地提升自己。拒绝反馈就像鸵鸟钻沙堆一样，只是自己看不到自己的问题了，而问题就像鸵鸟的身体一样暴露了给所有人看。

这种“涟漪效应”和不肯面对问题的“鸵鸟心态”都会严重地破坏自己的人际关系，逐渐被团队的其他成员孤立。

8.4 冲突管理

故事：卑梁之衅

据《史记·楚世家》记载，春秋后期，吴国的边境城邑卑梁和楚国的城邑钟离一界之隔，鸡犬相闻。

一天，卑梁与钟离的两个女孩儿一起采桑叶时，因争抢桑叶发生了口角。两家大人听说后随即赶到了出事地点，先是相互指责，既而大打出手，结果钟离的人打死了卑梁的人。卑梁的百姓怒不可遏，守城的长官带领大兵扫荡了楚国的钟离。楚平王接到钟离遭到攻击的报告后，不问曲直是非，当即调拨军队攻占了吴国的卑梁。而吴王僚对楚国领土早有觊觎之心，正愁没有进攻的借口，自然不会放过这个难得的出兵机会，于是派公子光率领大军进攻楚国。最后，吴军攻占了楚国的钟离和另一重镇居巢。

由此，后人把这场因争抢桑叶而引起的大规模的征战，称为“卑梁之衅”，借以讽喻因无谓的小事而引起的争端和杀戮。

有人的地方就有冲突，不管是国与国之间、团体与团体之间或个人与个人之间，冲突广泛存在。冲突是一种知觉，即，如果人们没有意识到冲突，那么就可以说没有冲突。

冲突，是指当一方感觉到对方对自己关心的事情，产生或将要产生不利影响时，随之产生的一个过程。

冲突包括目标不一致、对事实的解读存在分歧、对行为的预期不一致等，涵盖了从暴力行为到微妙的意见分歧等多个层次。

传统认为冲突是有害的、是破坏性的、是不理性的，现代的研究发现融洽、和平、安宁和合作的群体容易变得静止和冷漠，并且无法对变革和创新的必要性做出快速应对。互动性冲突观认为较低程度的冲突有助于一个群体保持旺盛的生命力、能够进行自我批评和不断推陈出新。

—（《组织行为学》斯蒂芬·罗宾斯、蒂莫西·贾奇，中国人民大学出版社，P353）

互动性冲突有两种，一种是良性冲突，即能够支持群体的目标和提高群体的绩效，是具有建设性的冲突；另一种是恶性冲突，会影响群体内的人际关系，妨碍群体的绩效，是具有破坏性的冲突。

冲突的作用

冲突意味着心理失衡，大脑要想办法解决冲突以恢复平衡，因此，人们都向往自己身边没有任何冲突。但往往事与愿违，这种一厢情愿的想法是不现实的。

冲突不仅就在我们身边，那些没有得到化解的冲突还会引发怨恨并且逐渐升级，耗费我们的精力，导致人际关系恶化。在组织中，如果冲突发生后，没能将冲突转化为正面的促进力量，任其发展恶化，则冲突会不断升级，最后由小冲突变成大冲突，大冲突又会无形中将团队分裂成几个小的利益团体，最后会将团队压垮。

冲突和情绪相似，是一种信号，告诉我们有问题需要解决，是对我们的示警信号。心理学家罗伯尔曾经说过，“冲突如同一把刀，可以为我们所用也可以把我们割伤，这一切取决于你握住的是刀柄还是刀刃。”冲突可把团队压垮，也可以使之更具活力，变得更强大，这都取决于如何面对冲突，如何引导。善于利用冲突而能将其转化成为动能的人，会更有成就。

首先，有了冲突，团队才会做自我检讨，团队中的成员才会自我反省，对自己的失误和欠妥之处进行分析和改进。小冲突小改进，大冲突大改进，不断地改进之后，整个团队的目的和行动方案也会得到修正。

其次，可以利用冲突把团队和成员的观念进行调整。如果没有冲突发生，则团队的观念是否正确、是否切实可行，都没有量化的标识；同样，团队成员的想法是否正确，团队成员的观念是否合理，都没有衡量的标准。大家在冲突中的表现会将各自的观念暴露无遗，这给调整提供了非常好的契机。

第三，人与人之间通过冲突有了更深入的了解，在冲突的解决过程中会求同存异，加深彼此间的关系，“不打不相识”，为未来更深入的合作打下基础。

可以说，无论是大团队还是小团队，无论拥有什么样的精英员工，如果团队没有经历过内部冲突并且有效地化解，从长远看，这样的团队不会最终取得好的业绩。而在冲突得到化解后，团队可以变得更强大，成员之间更加协调。

化解冲突

我们对待冲突有三种主要的方式，分别是：逃避、合理化和对抗。

趋利避害是一种生物的本能，也是人性的本能，这种本能让人类可以逃避那些不能对抗的危险而生存下来，这种本能是我们与生俱来的，也是人类不断向高阶进化的保证。从本质上说，趋利避害并没有问题，我们想摆脱痛苦、寻求解脱，这就是趋利避害的一种表现。但一遇到问题就采用趋利避害的方式来处理，只要一感觉到不舒服马上就另外寻找慰藉，不给自己留一点时间去认知和体验，那就有害了，导致人类丧失了特有的选择性，妨碍了我们追求与体验更美好的人生。

遇到冲突，不能很好地思考解决方式而采取逃避的态度，这是心理不成熟的表现，是弱者的行为。

很多人采用合理化的方式来处理冲突。合理化是心理防御机制的一种，是指当个体的动机未能实现或行为不符合社会规范时，尽量搜集一些合乎自己内心需要的理由，给自己的作为找到一个合理的解释，以掩饰自己的过失，减免焦虑的痛苦和维护自尊免受伤害，这种方法称为“合理化”。换句话说，“合理化”就是制造“合理”的理由来解释并遮掩对自我的伤害。

对冲突进行合理化处理是一种隐性的逃避。例如在对待婚姻中的冲突时，一方既不对抗，也不逃避，而是进行合理化的解释：所有的男人（女人）都是这样的，除非不结婚，否则只能接受这样的生活。

对人与人之间的冲突来说，人们一般不愿意采用对抗的方式来处理，因为对抗会带来很明显的风险，意味着双方利益受损，导致冲突双方的人际关系恶化，往往是能忍则忍，不能忍则躲。国与国之间的冲突有很多是采用对抗的方式来处理，从古代的卑梁之衅，到近代的两次世界大战和永不间断的局部冲突。尽管领袖们不断宣称热爱和平，但实际上都花费重金发展军备，武装自己来应对各种可能的冲突，而冲突往往就如约而至了。

无疑，三种方式都不能解决冲突。但冲突不会自动消失，因此逃避和合理化根本无法解决冲突，对抗是唯一的出路，只是我们要采用什么方式进行“对抗”。

爱因斯坦说，人类的困境源于人们往往在制造问题的层面解决问题。冲突在产生冲突的层面去寻求解决方案一般是无解的，需要拓展到其他层面来寻求解决方案。

冲突可以通过以下三个步骤来解决：

第一步：求共识

解决冲突要先从情绪入手。当冲突的双方或者一方处于极度的情绪波动状态时，就很难产生有效的沟通，解决冲突也就无从谈起。对于自己的情绪可以通过第三单元中的方法进行调整，对于对方的情绪要通过同理心来缓解，有时简单地承认并读出对方的情绪就可以起到缓解情绪的效果，比如可以这样说，“你看上去很生气。”

求共识是找出冲突双方的共同点，共同点使相互间有了接纳的可能。让情绪得到平复，双方才有可能开展真正的对话，共同想办法解决冲突。

解决冲突的一个办法，就是制定一个协调的、共同的目标，或者面对一个共同的“敌人”，使得冲突的双方都参与其中，相互依赖，相互协调。有了共同利益，共同语言，就可能解决人与人之间或组织之间的冲突。

我忍不住要对戈尔巴乔夫先生说：如果现在有一个来自其他星球的异族生物前来攻击地球，那么我们在这种会议上所采取的行动将会变得多么简单明了。我们将很快发现我们同是人类，共同生活在这个地球上的人类。

——罗纳德 · 里根

求共识是用上堆的方法（见专栏 8–5），即向上归类，将固有观点或信念，归纳和总结成包容更多意义的更大词汇中，从而改变或重新诠释固有观点或信念的意义，来创造更多的可能性。

对人与人的关系来说，尽管双方存在冲突，但动机往往都是正确的，求同就是要找到共同的目标，找到双方都认同的意义。

专栏 8–5：语言归类法

NLP (Neuro–Linguistic Programming，神经语言程序学）认为在语言沟通中，我们经常会把交谈的方向引导向三个方面：

一是弄清楚对方话语的意思，或者在说过的内容里面把焦点调细，把其中的部分放大，就像用小镊子把内容的一些数据拣出来。这样的技巧叫做“下切”。

二是为了建立与对方一致的气氛，用含义更广的词语去暗示意义上的共通，因而建立接受对方和允许对方引导的感觉。因为“意义”存于一个人的潜意识，是很主观和不能尽言的，在语言层次取得意义上的一致感觉时，对方会被带到新的思考方向上。这样的技巧叫做“上堆”。

三是探索对方说话的意义，因此能引导对方注意到有同样意义的不同可能，找出在同一层次的其他选择，使思想和生活更加丰富。这样的技巧叫做“平移”。

以上三个方向的语言技巧，统称为“上堆下切”技巧，这套技巧的功能是从三个方向（上、下、平行）扩展交谈的涵盖面，使谈论的内容更丰富，效果更理想。

例如：汽车（当定义为陆地上的交通工具时）的平移可以是火车、地铁、自行车等；汽车的上堆可以是陆地交通工具（又可以平移为水上、空中交通工具）；汽车的下切可以是电动汽车、柴油车、汽油车和混合动力汽车等。上堆下切都可以有多种方式，如汽车的下切还可以是国产汽车、德国汽车和日本汽车等。

当评价一个人“他不好”时，可以平移为“其他不好的人”或者“他好的一面”；上堆为“那么为什么在一起？”“他的不好对你的人生是一份怎样的价值？”或者“你希望他是怎样的人？”；下切为“他有什么不好？”“在什么时间、地点，什么情况下他会表现得不好？”或者“他的不好之中有什么是可以接受的？”

——《重塑心灵》李中莹，世界图书出版公司，P200

第二步：达分歧

人类用语言进行思考和沟通，但是语言与自己内心真正所想的内容是有区别的。有时候是我们表达得不够清晰，有时候是刻意隐瞒了某些东西不想让他人知道，这就需要我们不断探索来明确具体的原因。

达分歧是用下切的方法，即向下归类。将自己或对方没有清晰表述的东西逐渐明确出来，找到双方真正的不同观点。当寻找到真正的分歧点时，就明确了需要努力的方向，往往就意味着冲突的解决。

第三步：多选择

人们经常会认为，冲突之所以一直存在是因为没有办法，只能冲突。其实，这种没有办法的心态，是一份导致无法突破的执着，导致看不到其他出路。“办法”不是指“一”个方法，而是指到目前为止，一个人已知已做之外的所有方法。有些人固执于某种行为或处事模式同时又对效果不满，他们容易把责任推给他人或某些其他事物，引发与他人的冲突或者自己内心的冲突。也有一些人比较灵活，但是数次改变行为或方式后，仍然没有取得满意的效果，于是又回到最初的模式，或是干脆放弃努力，采取“认命”的态度，努力后没有效果会导致内心的冲突加剧。

多选择是提供多种解决问题的方法。是用平移的方法，即横归类，来探索其他可能性，不断寻找其他方法。横归类可以参考教练五步曲的第三步：探索。经常问三个问题：“还有呢？”“除了这个方法之外，还有呢？”“假设还有的话，是什么呢？”

这三个解决冲突的步骤可以简称为：上归类求共识，下归类达分歧（与“达芬奇”同音，方便记忆），横归类多选择。

当遇到解决不了的冲突时，想一想迪士尼笔下的《猫和老鼠》中的那只小老鼠，它在解决与自己的天敌——猫的关系方面，有很多有效的办法：一起面对共同的“敌人”——大狗；将铃铛作为“礼物”让猫自己挂在身上等等。甚至猫和它这对原来的天敌有时竟成了朋友。

8.5 职场中的人际关系

职场中，一定会面临三种类型的人际关系，即：与领导的关系、与同事的关系和与下属的关系。

向上管理

向上管理，是配合上司的作风和目标，并将其与自身的作风和目标融合起来，从而能够有所作为，辅助上司实现目标并实现自己的职业目标。即，为了让自己、上司和组织取得好的业绩，有意识地配合上司一起工作的过程。提出向上管理概念的罗塞娜·博得斯基认为：管理需要资源，资源的分配权力在你的上司手上，因此，当你需要获得工作的自由资源时，就需要对上司进行管理，实际上是与上司进行良好的沟通。

向上管理中，存在着两个主要的困难，一是传统观念的影响，传统管理都是自上而下的管理；二是害怕失败，对某些人来说，与上司的接触充满着风险，因此宁愿选择逃避。但任何领导都是凡人，需要被推动、被协助，需要被管理。

你不必喜欢或崇拜你的老板，你也不必恨他。但你得管理他，好让他为组织的成效、成果以及你个人的成功提供资源。

——彼得·德鲁克

以下是常见的向上管理的方法：

(1) 从上司的上司的角度考虑问题，支持上司的工作，提供信息，为他出谋划策，帮助上司获得成功。可以做无名英雄，即使不被认可，仍然一如既往地把工作做好。

(2) 把上司看做“人”，认识到他也有盲点，也会犯错误，他还承担着更大的责任，多向他提供建设性反馈，但不奉承。

(3) 多关注自己的成长，从对手身上学到的东西是从朋友身上学不到的，上司就是磨刀石，是锻炼自己的机会。

(4) 如果由于上司的原因导致团队士气低，要在不挑战上司尊严的情况下，根据上司的风格选择合适的沟通渠道，如开会、越级、直面沟通、讲摆事实道理等。

(5) 如果无法与上司和谐相处，不要过于在意，可以在心里把他当做“病人”，调整好自己的状态和情绪，也可以选择调整到其他部门或选择离开这个组织。

(6) 如果暂时不能离开，可以这样做：做高自尊的人，不求他人表扬；做好事，不需要他人知道；不做坏事，做事坚持原则；自我肯定，在内心里慷慨地表扬自己；如果自己有错误，人无完人嘛，勇于在公开场合坦然承认，做内心强大的人。

与同事的关系和与下属的关系都属于正常的人际关系管理范畴，其中与下属的关系还包括领导能力的应用，这里不再重复。

关于如何处理人际关系，我们已经阐述了很多，但这还远远不够，要去尝试、去使用，这样才能真正改变自己的人际关系。在人际关系中要保持主动。

主动交往

人际关系的一个重要方法就是要主动交往。人际关系是一种心理关系，有交互才能产生关系，否则人与人都是独立的个体，没有关系。

在现实中，有许多人尽管与人交往的欲望很强烈，但仍然不得不常常忍受孤独的折磨，他们的朋友很少，甚至没有真正的朋友，因为他们在与人的交往中总是采取消极的、被动的退缩方式，总是等待他人首先来接纳自己。因此，虽然他们同样处于一个人来人往、熙熙攘攘的世界中，却仍然无法摆脱心灵的孤寂。要知道，他人是不会无缘无故地对我们感兴趣的。我们要想有良好人际关系，要想在自己身边建立起一个丰富的人际关系世界，就必须做交往的始动者，要主动，要多尝试，不要处处担心。当你主动与陌生人打招呼、攀谈时；当你在舞会上去邀请舞伴时；当你主动向同事提出小需求时，只要你是真诚的，你会发现你的努力几乎都是成功的。这时可以应用10/10/10法则，从10分钟后、10个月后、10年后的角度去看看你现在想要做的尝试，就会更容易迈出第一步。

故事：富兰克林借书

富兰克林年轻的时候，担任过费城州议会的文书办事员。这是他接触政坛的第一步，要想有更大的发展，他必须要得到更多有实力政治人物的帮助。可是，州议会中一个在当地最有钱也最具备影响力的议员总是非常看不起富兰克林，甚至在公开场合斥骂他。

这种情形非常的危险，照此下去，就没有人会瞧得起自己了，因此，富兰克林决心改善双方的关系。

但是，怎么办呢？很显然，没有人愿意在那位议员跟前替自己美言，自己也没有任何资本能够让该议员接纳。

一天，那位议员在议会演讲完毕，正站在走廊里抽雪茄，富兰克林走过去，礼貌地和他打招呼。议员傲慢地看了富兰克林一眼，说："小子，你不用来跟我套近乎，我帮不了你什么。"

"不，你可以帮我的。"富兰克林不以为意，说："你在演讲中倍加推崇的那本有关宪政改造的书，我非常有兴趣。我也一直在思考这方面的问题，但鉴于我才疏学浅，因此非常渴望能从这本书中得到指教，希望你能够将它借给我仔细阅读。"

"哦？这个嘛……倒是件好事情，好吧，明天我会叫人拿给你。"有人对自己推崇的书感兴趣，这让这位议员先生挺高兴的。

过了大约一个星期，富兰克林把书还给了议员，还附上一封信，对该书给自己的指教深表谢意，同时，也提出了一些疑问和自己的看法。议员先生给他回了一封信，对这些疑问做出了解释……

再见面时，那位议员居然主动跟富兰克林打招呼，言谈间的态度也很热情。自那以后，那位议员非常乐意提携和帮助富兰克林，直到富兰克林当选为总统，甚至一直到他去世为止，他都是富兰克林的挚友。

人际关系是在交往的过程中逐渐产生的，离开交往，就没有人际关系，因此想要提高人际关系就要主动去交往，在职场中尤其如此。每个人的选择都有很多，你不主动去与人交往，往往就被排斥在他人的圈子之外了。交往的机会需要自己去创造而非等待。读完富兰克林借书的故事是否有所启发？是不是考虑向你需要改善人际关系的目标人物——去借本书？创造工作中的一个小需求？临时借几百块钱周转一下？

8.6 单元小结

人际关系是人与人在相互交往过程中所形成的心理关系。主要包括“激励”“影响”“冲突与变革”“团队合作”四个方面的能力。

完美的沟通是不存在的，沟通中必然存在着各种障碍，包括：内部因素、环境因素和心理因素。沟通要克服这些障碍，可以从三个方面着手：明确目标、用心倾听和恰当反馈。

提供建设性反馈的目的，是帮助对方认识到一些他没有认识到的东西。如果对方不接受，反馈者就需要改变方式。接受反馈时，态度是第一位的。

适当的冲突是有益的。可以通过上归类求共识，下归类达分歧（“达芬奇”），横归类多选择来化解冲突。

处理人际关系需要学习一些技巧，重要的是要在实践中练习，要勇于尝试。

第四部分　客户中心文化及指标管理

第九单元　客服文化及落地

一个国家的文化，深深植根于其人民的内心和灵魂之中。

——甘地

美联航打人了

2017年4月9日，美国联合航空公司一架国内航班上发生了令人瞠目结舌的一幕：在已经登机的情况下，因没有乘客自愿推迟行程来给4名美联航员工“让座”，美联航决定以抽签形式决定必须下飞机的乘客。一名“被中签”的亚裔乘客不愿配合，机组人员找来机场保安，后者将这名年近七旬的老人强行拖下飞机，致使这名乘客流血受伤。

同行乘客拍下事件经过并把视频上传至互联网，引发众怒。

事发后，美联航被推上风口浪尖。这家大牌航空企业先是发表了一份不痛不痒的声明，仅对机票超售表示道歉。由于民意沸腾，美联航首席执行官奥斯卡·穆尼奥斯不得不出面发表声明，对“不得不重新安排这些乘客的行程表示道歉”。

穆尼奥斯在4月10日晚致美联航员工的内部信中说，那名男乘客之所以被拖下飞机，是因为他无视机组人员的要求，表现得“具有破坏性且好斗”，致使机组人员不得不叫来机场保安。

“我们的员工按照既定程序处理这样的情况。”穆尼奥斯说，“我对事态升级深表遗憾，但依然坚定支持你们。我要称赞你们为了确保遵守规程而出色地工作。”

这封内部邮件在网络上曝光后，更是火上浇油。

附：美联航的文化

连接人类，联合世界。

每一天，我们通过连接人们最重要的时刻来联合全世界。这驱使我们成为最好的航空公司，为我们的员工、客户和我们每个人的服务。

9.1 文化及文化原型

关于文化

文化就是一个特定的社会、团体、地方或时间段的信念、风俗、知识、艺术等等。它是存在于一个地方或一个组织中的思考、行为或工作方式。简单的理解，文化就是做事的习惯想法、习惯方式和习惯做法。

现在“文化”已成为一个内涵丰富、外延宽广的多维概念。比如，服装文化、酒文化、茶文化、饮食文化、企业文化等。

亚里士多德说，我们都是社会性动物。但和其他社会性动物相比，我们都是文化动物，人类能够充分利用文化的力量来改善自己的生活。在进化的过程中，人类已经通过信念、传统、仪式和价值观等定义了他们的存在方式和行事方式，这些自然而然地形成了他们的文化。佛罗里达州立大学的社会心理学家罗伊·鲍迈斯特认为“文化是群居的一种理性方式”，因为文化，我们才能用语言交流，才能沿着路的左侧（或右侧）驾驶，才能居住在某个社区。马斯洛说人类的需求中有一项是归属感，是有道理的。文化具有生杀予夺的力量，表现在那些被认为违反了文化准则和风俗习惯的人，将会受到预期的惩罚，甚至包括失去自由和生命。另一方面，人们会庆祝和赞扬那些弘扬文化价值观的行为，如各种仪式或者英雄壮举等。

“分工是文化的另外一种强大优势”，文化能让人们进行合作，完成个体的或共同的目标。如果没有他人的帮助，我们不可能战胜那些比我们强大得多的动物而站到了食物链的顶端。比如这本书，我负责写，但还需要有策划、设计、编辑、校对、出版、发行等很多人的合作才能最终完成，到达读者的手中。在我写的过程中，参考了很多他人的资料，总结生活中看到的、经历过的事件，挖掘提炼工作中与同事共同策划的任务。“只有人类才有文化，文化使我们超越了才能、努力和个人天赋的总和。文化是给人类最大的恩赐……单独来看，我们都只是受环境支配的智慧动物，但是整体来看，我们就能维系一个使我们以及我们的后代生活得更好的系统。”

同样，组织也有组织的文化，组织文化实际上就是整个社会文化中的“亚文化”或“次文化”。近些年组织文化一直是管理实践和管理学研究的热点。一个组织除了硬性的工作任务，还少不了软性的文化。组织文化并不是空里来、雾里去的东西，而是一个组织上上下下的言行举止、共同的行为习惯，是一个组织的里子。好的组织文化是表里如一的，是让基层的员工、刚入职的员工都能够感受得到的一种情感的连接，是让他们日后选择留下来和不断努力的精神力量。

组织文化是指组织的全体成员共同接受的价值观念、行为准则、团队意识、思维方式、工作作风、心理预期和团体归属感等群体意识的总称。

组织文化是组织的自我认可和共享心态，它让人在内心对一家公司进行识别，可以简单地理解为人在组织中做事的习惯方式。组织文化清晰明了，对员工的行为是一种无声的指引，会极大地降低组织的管理难度和沟通成本。

国家兴盛靠经济，经济繁荣靠企业，企业兴旺靠管理，管理关键是文化。

——于光远

对组织来说，整理出一套文化准则和价值观体系相对容易，而且大都是积极的、无私的、正面的，但这些写在书面上的、从领导口中说出的、展示在墙上的组织文化，很多只是貌似冠冕堂皇，其实与管理者和员工实际执行的文化有巨大差异，甚至根本就不是一回事。人们内心认同的，指导着他们实际行为的文化才是真正的组织文化。

美国安然公司（曾是世界上最大的能源、商品和服务公司之一，名列《财富》杂志“美国500强”的第七名，2001年12月2日，安然公司突然向纽约破产法院申请破产保护，是美国历史上第二大企业破产案）的文化是“尊重、真诚、沟通和卓越”，但公司的行为却不是这样。在安然公司，高管们根据一条不公开的价值观来决策，即：“使普通股每股价格更高”及潜台词“无论手段是否合法”。简单地说，公司的真正价值观是基于不择手段的贪婪。当公司上上下下弥漫在不择手段的文化氛围中时，公司的价值观就成了笑柄，最终使安然这个庞然大物轰然倒塌。

百度的李彦宏在魏则西事件之后，写了一份题为《勿忘初心不负梦想》的内部信。在信中，他直言，由于从管理层到员工对短期KPI的追逐，百度的价值观被挤压变形了，业绩增长凌驾于用户体验，“我们与用户渐行渐远，我们与创业初期坚守的使命和价值观渐行渐远。如果失去了用户的支持，失去了对价值观的坚守，百度离破产就真的只有30天！”

篇头案例中的美联航是另外一类说一套做一套的典型，他们的价值观说关注客户，实际在公司里没有人将客户当一回事。

尽管有太多的反面教训，告诫我们“不能怎么做”和“应该怎么做”，但教训往往被人们所忽略，组织最终会被那些说一套做一套的领导者所害。

专栏9-1：组织文化的形式与作用

组织文化的形式可以分为显性和隐性两大类。

1．显性组织文化。

所谓显性组织文化就是指那些以精神的物化产品和行为为表现形式的，人通过直观的视听器官能感受到的、又符合组织文化实质的内容。它包括组织的标志、工作环境、规章制度和经营管理行为等几部分。

(1) 组织标志。是指以标志性的外化形态，来表示本组织的组织文化特色，并且和其他组织明显地区别开来的内容，包括厂牌、厂服、厂徽、厂旗、厂歌、商标、组织的标志性建筑等。

(2) 工作环境。是指职工在组织中办公、生产、休息的场所，包括办公楼、厂房、俱乐部、图书馆等。

(3) 规章制度。并非所有的规章制度都是组织文化的内容，只有那些用以激发职工积极性和自觉性的规章制度，才是组织文化的内容。

(4) 经营管理行为。再好的组织哲学或价值观念，如果不能有效地付诸实施，就无法被职工所接受，也就无法成为组织文化。组织在生产中以“质量第一”为核心的生产活动、在销售中以“顾客至上”为宗旨的推销活动、组织内部以“建立良好的人际关系”为目标的公共关系活动等等，这些行为都是组织哲学、价值观念、道德规范的具体实施，是它们的直接体现，也是这些精神活动取得成果的桥梁。

2．隐性组织文化。

隐性组织文化是组织文化的根本，是最重要的部分。隐性组织文化包括组织哲学、价值观念、道德规范、组织精神等几个方面。

（1）组织哲学。是一个组织的全体职工所共有的对事物的一般看法。组织哲学是组织最高层次的文化，它主导、制约着组织文化其他内容的发展方向。从组织管理史角度看，组织哲学已经经历了“以物为中心”到“以人为中心”的转变。

（2）价值观念。是人们对客观事物和个人进行的评价活动在头脑中的反映，是对客观事物和人是否具有价值以及价值大小的总的看法和根本观点，包括组织存在的意义和目的，组织中各项规章制度的价值和作用，组织中人员的各种行为和组织利益的关系等等。

（3）道德规范。组织的道德规范是组织在长期的生产经营活动中形成的、人们自觉遵守的道德风气和习俗，包括是非的界限、善恶的标准和荣辱的观念等等。

（4）组织精神。是指组织群体的共同心理定势和价值取向。它是组织的组织哲学、价值观念、道德观念的综合体现和高度概括，反映了全体员工的共同追求和共同的认识。组织精神是组织成员在长期的生产经营活动中，在组织哲学、价值观念和道德规范的影响下形成的。

组织文化的作用：

组织文化在组织的生产、经营、管理中产生着影响，但是任何事物都有两面性，组织文化也不例外，它对于组织有正、负两个方向的作用。组织文化的正向作用在于提高组织承诺，影响组织成员，有利于提高组织效能；与其同时，还存在绝不可忽视的潜在的负面作用。

1．组织文化的正向作用。

具体来说有以下六种正向作用：

（1）组织文化的导向作用。是指组织文化能对组织整体和组织每个成员的价值取向及行为取向起引导作用，使之符合组织所确定的目标。组织文化只是一种软性的理智约束，通过组织的共同价值观不断地向个人价值观渗透和内化，使组织自动生成一套自我调控机制，以一种适应性文化引导着组织的行为和活动。

（2）组织文化的约束作用。是指组织文化对每个组织成员的思想、心理和行为具有约束和规范的作用。组织文化的约束不是制度式的硬约束，而是一种软约束，这种软约束等于组织中弥漫的组织文化氛围、群体行为准则和道德规范。

(3) 组织文化的凝聚作用。是指当一种价值观被组织成员共同认可之后，它就会成为一种黏合剂，从各个方面把其成员团结起来，从而产生一种巨大的向心力和凝聚力。而这正是组织获得成功的主要原因，“人心齐，泰山移”，凝聚在一起的员工有着共同的目标和愿景，推动组织不断前进和发展。

(4) 组织文化的激励作用。是指组织文化具有使组织成员从内心产生一种高昂情绪和发奋进取精神的效应，它能够最大限度地激发员工的积极性和创造精神。组织文化强调以人为中心的管理方法。它对人的激励不是一种外在的推动而是一种内在的引导，它不是被动消极地满足人们对实现自身价值的心理需求，而是通过组织文化的塑造，使每个组织员工从内心深处具有为组织拼搏的献身精神。

(5) 组织文化的辐射作用。是指组织文化一旦形成较为固定的模式，它不仅会在组织内发挥作用，对本组织成员产生影响，而且也会通过各种渠道对社会产生影响。组织文化向社会辐射的渠道是很多的，主要可分为利用各种宣传手段和个人交往两大类。一方面，组织文化的传播对树立组织在公众中的形象有帮助；另一方面，组织文化对社会文化的发展有很大的影响。

(6) 组织文化的调适作用。是指组织文化可以帮助新进成员尽快适应组织，使自己的价值观和组织相匹配。在组织变革的时候，组织文化也可以帮助组织成员尽快适应变革后的局面，减少因变革而产生的压力和不适应。

2. 组织文化的负面作用。

(1) 变革的障碍

如果组织的共同价值观与进一步提高组织效率的要求不相符合时，它就成了组织的束缚。这是在组织环境处于动态变化的情况下，最有可能出现的情况。当组织环境正在经历迅速的变革时，根深蒂固的组织文化可能就不合时宜了。当组织面对稳定的环境时，虽然行为的一致性对组织而言很有价值，但组织文化作为一种与制度相对的软约束，更加深入人心，极易形成思维定势，这样一来，组织有可能难以应付变化莫测的环境。当问题积累到一定程度，这种障碍可能会变成对组织的致命打击。

（2）多样化的障碍

由于种族、性别、道德观等差异的存在，新员工与组织中大多数成员不一样，这就产生了矛盾。管理人员希望新成员能够接受组织的核心价值观，否则，这些新成员就难以适应或被组织所接受。但是组织决策需要成员思维和方案的多样化，一个强势文化的组织要求成员和组织的价值观一致，这就必然导致决策的单调性，抹煞了多样化带来的优势，在这个方面组织文化成为组织多样化的障碍。

（3）兼并和收购的障碍

以前，企业在进行兼并或收购决策时，所考虑的关键因素是融资优势或产品协同性。近些年，除了考虑产品线的协同性和融资方面的因素外，还要考虑文化方面的兼容性。如果两个组织无法成功地整合，那么组织内部将出现大量的冲突、矛盾乃至对抗。所以，在决定兼并和收购时，往往会分析双方文化的相容性，如果差异极大，为了降低风险则宁可放弃兼并和收购行动。

四种文化原型

文化就像我们呼吸的空气，它环绕在我们四周，但我们摸不着，看不见，但它一直在影响着我们。组织文化非常重要，对它的研究有很多，基本方法就是通过将组织文化分类区分。罗茜·休尔森在《四维领导力》中认为，可以通过四种“透视镜”来观察文化，“它们有着不同的甚至相反的价值观驱动因子、效能假设，即领导风格。个人的个性偏好与风格之间自然而然的密切关系，会影响到领导者影响范围内的文化。”

这四种“透视镜”被称为四种文化原型：任务（Task）、权力（Power）、人（People）和可能性（Possibility）。这四种文化原型可以从灵活和稳定、内部和外部两个维度进行区分，并以所有组织都需要关注的“客户”因素作为中心，如图表 9–1 所示（罗茜·休尔森提出的四种文化原型为 4P：产品、策略、人和可能性）。

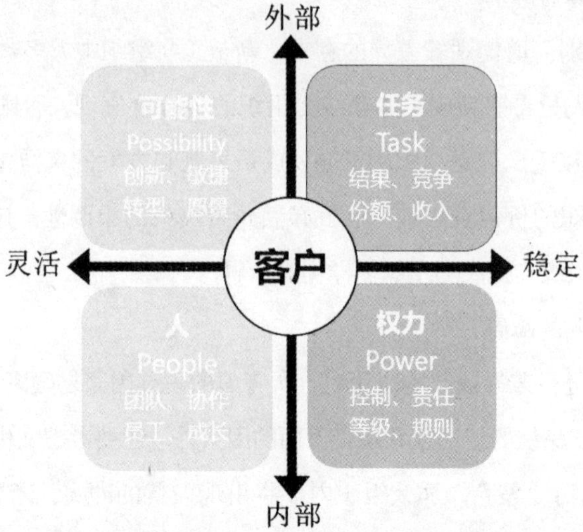

图表 9—1 四种文化原型

任务。关注的焦点是结果、竞争、份额和收入。

在任务文化中，使目标达成一致很重要，团队的目标就是要完成设定的任务。成员之间的地位是相对平等的，团队内影响力相对于其他文化类型显得较为分散，并且这种影响力多来自于专家权力，而非个人权力或者职位权力。

任务文化强调团队的成效，利用对群体力量的整合和凝聚来完成目标。每个任务团队都拥有相当大的自主权和决策权，组织中的个人也享有较大的自由度，整个组织关系和谐、行动迅速并且适应性强。对于那些追求个人自由、看重地位差异的成员而言，任务文化是他们所喜欢和向往的方式。这种文化强调团队合作，个人享有较多控制权，群体工作关系基于个人能力、个人和群体目标的统一等，都与他们所期望的意识形态类似。因为一切资源的配置与整合都围绕着目标而进行，任务文化的组织有很强的适应性。在需要对市场和环境保持充分的灵活性和敏感性的组织中，常常会出现任务文化。

然而，对这种组织的控制却显得困难重重。任务文化的控制通过分配任务、资源和人员来实现，并且为了保证任务的顺利实施，通常不会限制资源和时间，也不会对个人工作方法和工作程序加以限制。在环境恰当、资源充足的情况下，这种方式不会出现问题，但是当资源无法满足需求，必须要通过计划或竞争的方式来进行分配时，各个工作团体或者项目小组往往会为了更好地完成任务而发生资源争夺，个人目标此时凸现。当不同群体争夺重要的资源或特别有利的项目时，很容易产生恶性的后果。

很多高度以市场为驱动的组织采用这种类型，如银行、证券、保险等。

权力。关注的焦点是控制、责任、等级和规则。

在这样的组织里，你是谁并不重要，你有多大能力也不重要，重要的是你在什么位置，你和什么人的位置比较近，做每件事情都有固定的程序和规矩，人们喜欢的是稳重、长期和忠诚，有的甚至是效忠。主要的权力来自职位权力，组织想要取得显著的工作绩效需要依靠权力和责任的合理分配，而不是个人的能力和性格。

权力文化中，一般有一个明确的权力中心，处于权力中心的人物拥有绝对的领导权和影响力。整个组织通过成员间的权力结构进行管理，通过私人对话进行信息交流。权力核心通过关键性的个人完成对整个组织的控制，因此选择恰当、合适的人显得尤为重要。这种文化下的组织行动迅速、有力，能够很好地应对威胁和风险。但是一切行动都要依靠处于权力核心的那个人物来作决断。因此，谁是核心人物，是这种组织存亡的关键，组织内部的人员素质也具有极为重要的作用。

由于个人是最关键的决策者，加上重视结果多于重视过程和手段，这种文化类型下的组织就很容易陷入重大的灾难。当失去核心人物之后，权力文化组织就像没有蜘蛛的蛛网，很快没落。权力文化要面临的另一个问题就是组织的规模，当组织规模不断扩大时，“蜘蛛网”很可能会面临破裂，因此，权力文化组织想要不断扩张，就需要增加“蜘蛛”或者发展其他的外围组织。

很多垄断性的或者产品周期长的企业、政府和公立学校都会采取这种组织文化类型。当环境不再处于组织的掌控之下，变革势在必行时，权力文化型组织往往因为其过慢的应对速度而遭遇失败。

人。关注的焦点是团队、协作、员工和成长。

这是一种以人为导向，强调平等的文化。在这样的组织里，组织实际上服从个人的意愿，相信如果每个人都管好自己，就能管好所有的事情。这种文化的结构像是由各个独立的小星体汇聚而成的星团，或者说像是一个“点集”。由于各个点是相互独立的而并非相互依存的，因此其中一些成员的离开不会影响整个集合的状态。

在众多的组织中，个人文化并不常见，尽管这种文化反映的价值观被很多人所推崇。

与其他三种组织文化类型不同的是，个人文化组织中，个人是中心，组织的架构完全是为了服务于个人，为了实现个人的目标而存在。而在其他三种文化类型中，无论个人与组织的依存程度怎样，依存关系如何，个人都是组织中的一部分。

个人文化颠覆了传统的组织文化。这种文化获得了专业人士的欢迎，他们享有充分的自由，保留自身的特质，又能够在所处的组织中享有相应的权利，而组织却无法对他们施加任何惩戒。因为极难管理，个人文化很少有组织采用，但是在视个人才干为重要资产的组织中，这种文化类型是极为适合的。

这种文化的典型例子是美国的西南航空以及一些非盈利组织。

可能性。关注的焦点是创新、敏捷、转型和愿景。

可能性文化的组织有创新精神，很少有规则，其职责和首要任务等通常不会有严格的规定，以便能随时着手做任何需要做的事情。这类组织希望不断用新的解决方案满足或者重新定义客户的需求，甚至乐于打破“规则”，彻底颠覆原有的模式，在这个过程中创造、甚至无中生有地创造新的模式。

这种文化的企业把战略重点集中在外部环境上，鼓励去探寻、诠释各类信息，不只是快速地对环境做出反应，而是能够积极地创造、改革，创造性和风险行为通常被高度评价并被激励。强调企业实现优异绩效对员工的依赖性，允许每个人按照自己的兴趣工作，同时保持相互有利的关系。

这种文化的典型例子是一些高科技企业，如：谷歌、亚马逊和苹果等。

在组织中，这些文化原型通常不止一种，甚至是四种都有，但起主导作用的一般是1–2种，而且经常是隐性的，以一种最不引人注意的方式发挥着作用。四种文化原型要围绕着客户这个中心来发挥作用，否则对于大多数组织来说就失去了存在的意义。

对于同一个组织，还存在亚文化的现象。如我们在第五单元中所阐述，团队的文化并不一定要与组织文化相同，每个团队都应该有属于自己的亚文化。

组织文化尤其是一个团队的文化并不是一成不变的，我们面临着外部的变化，也面临着团队成员的变化，团队成员在不同时期的需求也会有所变化。因此我们需要定期检视我们的文化是否符合我们的发展要求，及时跟上变化，很多时候甚至是迫不得已地跟上变化。

尽管四种文化原型包含了几乎所有的组织文化类型，但每个组织都有不同的具体文化，在每种文化原型方向上的得分也不同。

那么，对于客户中心来说，应该有什么样的文化呢?

9.2 客户中心的文化

客户中心作为一个几乎在每个组织中都存在的部门，有其独特的特点，它们的文化也有其共性。

第一个特点是要为客户服务。

组织的目标一般来说会涉及到这三个方面：客户、员工和利润，围绕着目标而产生组织文化。不同组织之间的区别是这三个方面的顺序不同，对于大多数组织来说往往是这样的顺序：客户第一、员工第二、利润第三。

但这只是口头上的顺序，或者说是文字上的顺序，不是实际中的。怎么知道实际顺序呢? 有冲突的时候我们就可以看得很清楚。我们拿 2017 年发生的几次企业公共关系事件来看：

4 月份美联航打人，美联航的共同目标或者说愿景是这样的：连接人类，连接世界。非常高大上。事件发生后 CEO 穆尼奥斯两次敷衍的公开道歉，却在内部邮件中说：员工遵守了“规定程序”，受伤乘客在过程中拒绝配合，“具有破坏性且好斗”。打人事件之后，美联航被挖掘出一系列类似的事件。每个人都清楚知道了美联航的企业目标肯定不是把客户放在前面，甚至在他们的眼中根本没有客户的位置。

8 月份海底捞差点儿被一只后厨老鼠打翻了锅底儿，但是，海底捞的舆论公关却得到各界一致称赞。其中最聪明的一条就是老实认错，不否认、不推脱:这锅我背，这错我改，员工我养! 我们可以清楚地看到，海底捞和其平时说的是一致的，把客户放在首位，员工其次，利润是自然的事。相比之下，很多公司似乎还陷在老的公关模式里，除了否认还是否认，除了推脱还是推脱。从临时工到员工，从系统到行业，都是背锅侠，唯独没有自己的责任。

兰德公司曾花 20 年时间跟踪了 500 家世界大公司，发现百年不衰的企业都有一个共同特点：人的价值高于物的价值，共同价值高于个人价值，社会价值高于利润价值，用户价值高于生产价值。

我们要造好船，如果可能的话，赚点钱。如果必要的话，赔点钱。但永远要造好船。

——杭亭顿 美国新港新闻造船和码头公司创办人

客户中心是组织中承担客户服务的部门，一方面是要在客户有需求时能及时满足客户的需求，在客户需求不明确时能挖掘出客户的真正需求；另一方面是代表客户在组织内部发声。尽管有时候组织因为各种原因将客户的利益放在了非首要的位置上，但客户中心应该不断将客户的诉求通过各种方式在组织内部展现出来，纠正组织的权宜行为，并在这个过程中体现客户中心的价值。为客户代言，这是客户中心存在的意义，因此，在客户中心的文化中要有客户的位置，并且应该将客户放在首位。

第二个特点是劳动密集且流动性大。

客户中心是个高流失率的职业，普遍的年流失率都达到了 20%–30%。尽管每个管理者都关注并想各种办法降低流失率，但我相信没有人认为一个员工可以做一辈子的 CSR，如果员工在客户中心只是过客，那么凭什么吸引员工呢？

曾有一个公司提出了一个非常好的解决方案，他们说：×× 三年，人生三十年！这里的 ×× 可以是任何公司。

这个世界上最成功的企业是哪些？企业长青的原因是什么呢？每个人都有不同的答案，但存在最久的企业无疑是公认的答案之一。从这个角度来说，世界上最成功的企业是宗教，不管是佛教、基督教还是伊斯兰教，都存在了上千年，他们不仅不发工资，还会得到“员工”的奉献，甚至是生命。宗教的一个基本观点就是今生是为了来生，这让人看得更长远。当一个人能够看到未来的收益时，今天的干劲儿就会更足，愿意投入更多，付出更多的努力。

客户中心的新员工大部分都处于初入职场的阶段，职业生涯的规划往往还很朦胧。如果他在客户中心工作的三年能够为他未来三十年的职业生涯打下一个良好基础，无疑是一个非常吸引他的目标，是他非常愿意投入去做的；而当他这样做时，客户的利益和企业的目标也就有了保障。

那么，我们应该怎么做呢？我们从一个人谈起。

故事：郭老板的创业史

以纯是东莞虎门的一家民营服装企业。

创始人郭东林 1971 年出生在广东河源的农村，高中没有毕业，看到别人倒卖木材很赚钱，于是就借了 4000 块钱贩运木材到惠州，结果被人坑了，钱陪光，无脸回家。

投奔了在广州的一个同学，帮同学的舅舅卖水果，每个月给他 200 块钱，郭东林说：我不为钱而工作。他卖水果和别人不一样，有两个方法据说是他最先开始做的：一是当时水果都堆在地上卖，这个方式有些问题，客户要蹲着挑水果，不舒服。郭东林垫高了水果摊位，客户从蹲着挑变成了站着挑；二是很多水果看起来比较脏，他闲着的时候就把水果擦干净了。当然现在更重视干净的问题了，包着包装，打着蜡，但当时只有他这么做。就这样他吸引了很多客户，他的生意是附近最好的。

三年后的一天，一个经常到他这里买水果的服装店主看到他的销售能力很强，和他沟通，是否愿意去帮她卖衣服？要多少钱？他说他不为钱而工作。店主给他每月 800 块钱。就这样，郭东林去了广州的白马服装批发市场卖衣服。他发现人们 进货时经常犹豫不决，思前想后。于是他将新的款式打包好，写上要发往的地方，如北京、天津等。这样当客户来选货时，看到这些打好包的衣服就想看看同行选了什么，他不同意，说这是客户的秘密。客户就想办法偷偷地看，看自己的同一地区的同行选择了什么款式，总会依葫芦画瓢地照样拿些同样款式的。可以想象，他的生意非常好。

又过了一段时间，附近有店铺转让，他和店主商量，借钱给他做了店主，后来就做服装加工，再后来就有了今天的以纯。

总结一下郭老板的创业史。第一是他的目标，他总是“不为钱而工作”，那么他的目标是什么呢？我认为他当时没有明确的目标，但是在为自己积累可以储存的价值，积累这些价值可以看做是他当时的目标：为未来打基础。这包括两个方面：一是业务能力，他做每一行都和别人不一样，能比别人做得更到位，生意做得更好，老子说：大道相通。在一个行业做得好往往意味着换一个行业也能做好。这也是服装店老板看上他的原因。二是他在经营个人品牌，或者说是个人的信用系统，这要通过人际关系来建立，也就是我们通常说的情商，老板可以借钱给他在旁边开一家服装店，这是他个人品牌的最好注解。

栽培员工，让他们强大到足以离开。对他们好，好到让他们想要留下来。

——理查德 · 布兰森

试想一下，如果能使员工认识到，他在客户中心的这段经历，可以收获个人的成长，可以为他未来三十年的职业生涯打下坚实的基础，无疑他就会更努力地把今天的工作做好，为客户提供更优质的服务，在这个过程中也为企业创造了更大的价值。我们需要把这一点用文化彰显出来，用机制让它成为可实现，让员工自己可以看到自己的变化，这是客户中心文化中应该涵盖的第二个方面。

客户中心的文化应该有以上两个方面，当然还可以涵盖其他的内容，如价值、创新、安全等，这些取决于组织的要求、环境的影响和客户中心管理者和员工的具体诉求。

确定了文化，如何让文化在组织中落地呢?

9.3 文化的落地

下面结合一个案例来说明文化在组织中的落地过程(《习惯的力量》查尔斯·都希格，中信出版社，P96–121)。

美国铝业的创立者在1888年发明了一套熔融铝金属的工序，近一个世纪以来，公司的产品种类丰富，从巧克力包装箔片到可乐易拉罐，到人造卫星的螺栓，应有尽有，成为全球最大的铝业公司之一。

然而到了1986年投资者开始抱怨：美铝不断地出现管理失误，被竞争对手不断抢走客户，却不理智地不断拓展新产品的生产线，导致利润不断下滑。有人抨击美铝的工人动作迟缓，产品质量低下。CEO曾下令改善，但结果导致15万名员工罢工。事情变得更糟了，工人们甚至将经理的假人或肖像带到停车场焚烧。经历了那段时间的人说："美铝并不是一个幸福的家，它更像离经叛道的曼森一族("曼森"这个词在美国几乎是邪恶的代名词)，只不过附带熔融金属而已。"

因此当美铝董事会宣布要更换CEO时，投资者们都松了口气。但是当他们得知新的CEO是名叫保罗·奥尼尔的前政府官员时，又开始担心起来。

1987年10月的一天，美铝安排在曼哈顿一家奢华酒店的舞厅里举办新CEO奥尼尔的投资者见面会。中午，见面会开始了，奥尼尔的第一句话是："我想和你们谈谈工人的安全问题。每年很多美铝工人都会严重受伤，令公司不得不停工。尽管美铝的安全记录比全国的一般水平要高，但还不够好，我的目标是让美铝成为全美国最安全的公司。我要让工伤

率降为零。"

投资者和分析师被弄糊涂了。新 CEO 就职会议一般都有一套固定的模式，如：自嘲式的自我介绍，承诺会大力提高利润，降低成本，指出问题，有信心通过强强联合、规模优化等方式走出困境等。然后大家就可以"各回各家"，再一次无须为投资担心。奥尼尔没有提及这些，从他关于工人安全的讲话来看，大家都意识到他可能偏向监管，这让人难以想象。

有人开始举手提出关于存货的问题，也有人问公司的现金比问题。

"我不知道你们有没有听清楚我的话。"奥尼尔说，"如果你们想知道美铝现在的经营状况，就需要看看美铝的工伤数字。如果我们成功地将工伤降下来——这不是你们从其他总裁那里听来的鼓舞士气的话或者其他废话，而是因为零工伤可以使每个员工决定成为公司成功的重要一环，他们已经在致力于创造出一个杰出的习惯。安全会是整个公司竭力改变并取得进展的一种标志。那才是评价我们的标准。"

很多投资者被吓坏了，选择用脚投票。

但奥尼尔就职还不到一年，美铝就取得了空前的利润。到 2000 年奥尼尔卸任美铝 CEO 就任美国财政部长时，公司每年的净收益是他上任前的 5 倍。如果一个人在他上任那天买入 100 万美金的美铝股票，在他任职期间在股息上的收益就相当于赚了另外一个 100 万，同时股票的价值将涨到原来的 5 倍。

而且，在公司蓬勃发展的同时，美铝也成为了世界上最安全的公司之一。在之前，美铝的所有工厂几乎每个星期都会发生至少一桩工伤意外。但他的安全计划实行后，一些设备能无事故地运行多年。公司的工伤率降低到美国平均水平的 1/20。

将一个巨大臃肿、危机重重的公司转变成一个利润和安全兼收的公司，奥尼尔是怎么做到的呢？

核心习惯

"我意识到我必须改变美铝。"奥尼尔说，"但你不能命令人们去改变，人的大脑不是那样工作的，所以我决定先集中在一件事情上。如果我一开始先破坏某件事的习惯，它就会扩展到整个公司。"

奥尼尔相信一些习惯具有引起连锁反应的能力，当它们扩展到整个组织时，会引起其他习惯的改变。也就是说，一些习惯比起其他习惯在重塑工作和生活方式上更有影响力，它们就是“核心习惯”。它们影响着人们的工作、饮食、娱乐、消费和沟通方式等。核心习惯能启动一个进程、一段时间后将改变一切。

奥尼尔有一个说法，一项改革，你不能要求大家怎么做，你必须破坏一个旧的习惯，建立一个新的习惯，让新的习惯成为公司整体习惯革新的源泉。奥尼尔建立的核心习惯，就是“零工伤”政策。

他认为首先要考虑的要素，必须是包括工会和管理层在内的所有人都认同的重要因素，是一个能将人们团结在一起的焦点，能够提供改变人们的工作方式和沟通方式的力量。

“我着眼于基层。”他说，“所有人都应和来上班时一样平安下班，不对吗？不应该让员工担心自己可能为了养家糊口而丢掉性命。改变所有人的安全习惯，这就是我们决定要重点关注的事情。”

“什么事情都有商量余地。”他上任后强调，“有一件事我绝不让步，那就是安全。我今后不想听你们辩解说公司没做足安全保护措施。如果你要就此和我争论的话，你是赢不了我的。”

核心习惯说明，成功并不需要做对每一件事，而是要辨别出一些重要的优先因素，并将其变成有力的杠杆。

奥尼尔的明智之处在于，没人会想和他争论工人的安全问题。工会长期以来一直为更好的安全规则在抗争。管理层也无意争论这个问题，因为他们知道工伤就意味着产量降低，士气低迷。只是让他们不解的是，奥尼尔计划将工伤率降为零，这可是美铝历史上最激进的重整计划。奥尼尔坚信，保护美铝工人的关键在于，首先要了解事故发生的原因。而要了解这个原因，就必须去了解生产过程中出错的地方，也就需要引进人才，教导工人质量控制和最具效率的生产流程。而正确的工作方式也意味着更安全的工作方式，从而更有效地避免错误的发生。

奥尼尔上任 6 个月后，一天半夜接到一个电话，亚利桑那州分厂的生产经理战战兢兢地说一台挤压机发生了故障，一个刚刚进厂几个星期的新人积极申请来维修，他跳过环绕挤压机的黄色安全保护墙，走进机房，发现 6 英尺的摆动臂的铰链上卡住了一块铝片。他清除铝片后，机器重新启动了，摆动臂开始重新做弧形运动，一下子打到了他的头上。他的头骨碎裂，当场死亡。

14 小时后，奥尼尔召集工厂所有管理人员以及总部高管开了紧急会议。那一整天，他们都在图解重演事故，一遍遍重看监控。他们发现了导致死亡事故的几个失误。包括两名经理看到死者跳过安全障碍墙却没能阻止他；培训计划中没有明确告诉死者，他不会因为机器故障而受到责罚；没有人告诉他修理前要先报告经理；机器也没有安装当有人进入机房后自动关机的感应器。

“我们是杀害这名工人的凶手。”奥尼尔一脸严肃地和与会人员说，“这次的死亡事故是我领导无方，监管的各位也要负上责任。”

与会人员都很吃惊。没错，一桩惨剧发生了，但是美铝是一家员工要处理高温金属和危险机器的庞大公司，这种事故也是不可避免的。人们为他的认真而震惊，甚至认真到会因为担心素未谋面的员工而夜不能寐。此后事情就开始发生了变化。

会议后的一周内，美铝工厂里所有安全防护栏都重新涂上了明黄色的油漆，而且发布了新政策。经理们告诉员工，如果觉得机器可能需要维修作业，那就要敢于报告，而且规章制度上也说得很清楚，这样就不会有人去尝试危险的维修作业。在员工中新树立起的警觉性很快收到了成效，工伤率大幅度下降。美铝取得了一次小成功。

接着奥尼尔写了一份备忘录，在整个公司传阅，“虽然还只是两个星期，我要祝贺各位成功减少了伤亡事故。但我们不应该为遵守规章制度或者减少了工伤数字而庆祝，我们应该庆祝我们正在拯救生命。”工人们抄下这句话，并把它贴在他们的储物柜里。

习惯的扩散

核心习惯带动改变的第二个阶段：打造能促成其他习惯蓬勃发展的架构。

“我和那些小时工说，如果你的领导没有遵守安全规章，你们就打电话给我。”奥尼尔说，“工人们开始打电话过来，但他们不想谈论事故，而是和我说一些他们想到的好主意。”比如，美铝一家生产铝墙板的分厂，长期盈利不佳，因为管理人员喜欢预测流行颜色，然而难免会猜错。他们会花费上百万美元请顾问挑出可能流行的色彩，但 6 个月后，当仓库堆满“阳光黄”铝墙板时，突然发现客户需要“猎人绿”。然后有一天，一个基层员工给了一条建议，奥尼尔马上同意了：如果他们将所有的上漆机分组，那就能更加迅速地拉闸断开染料，更灵活地应对客户需求的变化。不到一年，铝墙板的利润翻了一倍。

奥尼尔聚焦安全问题带来的小成功，造就了一股各种创意争相涌现的风气。

“零工伤”的具体要求是：一个员工受伤了，24 小时内必须要汇报到奥尼尔处，同时提供改正措施。这是一个非常简单的要求。

从传播学和企业的运作的角度看，这其实是设定了一种新的基层信息交互规则。从表面看，这个交互规则是一个行动机制，也就是“员工受伤——24 小时汇报 + 改正措施——KPI 考核奖励”的回路，但是隐含的是基层信息流转的巨大变化，其中 24 小时是一个关键词。

美铝是一个大公司，24 小时内要将信息传送到奥尼尔的耳朵里，总部就必须要和分部保持联系，分部必须和工厂厂长保持关系，厂长必须要和车间保持关系，车间必须要关注每一个工人的情况。这个信息链条，用 24 小时串联起来，也就是规定了公司内部的信息流转速度，尤其是由下至上的传递速度。

这个速度的意义在哪里？就是使得整个公司的运转有了统一的时钟。为了达到“统一时钟”的要求，基层的经理、厂长、工人之间，重构了原来的信息交换体系，这其中包括整改措施的研究和汇报的速度。有了这样的统一时钟，公司的效率必将大幅度提高。美铝原先的时钟大概会有一周甚至更长时间，但是在奥尼尔的要求下，公司的时钟减缩为 24 小时。

这个时钟的设置，必须具有至高无上的权威，否则就不能推动如此庞大臃肿的公司转型。所以，“零工伤”是奥尼尔坚持到底的政策，公司上下很多人以为这个政策将昙花一现，坚持不了“三个月”，最后发现都错了。

奥尼尔用这个政策，重设了公司的时钟（24 小时），进而改变了基层的信息交互规则（各级都重塑了沟通体系），从而塑造了一个核心习惯，最后，这种习惯蔓延开来，进而开始影响整个公司的转型。

奥尼尔的安全习惯创造了一种氛围——能促使更多行为习惯得以形成的氛围。在他的主导下，美铝成为了世界上第一批真正建成企业邮件系统的公司之一。开始的时候，人们主要利用网络讨论安全问题，当人们慢慢觉得发邮件很方便时，他们就开始将当地的市场状况、目标销售额、商业问题等其他类型信息也通过邮件发出来。很快每个人都利用这个系统交流事情了。

当网络发展起来后，美铝很完美地利用了这一优势。奥尼尔关注工人安全的核心习惯创造了一个平台，促使邮件系统的形成，这比竞争对手领先了好几年。

习惯融入文化

核心习惯推动广泛改变的最后一个阶段：建立能融入价值观的文化。每个组织的文化都是从核心习惯发展而来的。

到 1996 年，保罗 · 奥尼尔在美铝任职已经差不多 10 年了。他的领导方法成了哈佛商学院的研究对象。他经常被推荐为美国商务部或者国防部的部长候选人。美铝员工和工会也给予他很高的评价。他的成功得到了广泛的认可。

在这一年的股东大会上，有人指责奥尼尔说，墨西哥的工人因危险的粉尘而得病了。

尽管安全记录显示，这家工厂的安全和环保评分以及员工满意度都没有问题，但为了安全起见，会后奥尼尔特意安排了人员前往工厂调查情况。

他们彻查了工厂的记录，发现了一份没有汇报到总部的事故报告。几个月前，工厂的一幢建筑物内出现了废气聚积，这只是一桩小事故，得病的工人一两天就痊愈了。罗伯特·巴顿是这家工厂的管理者，也是美铝最高管理层的一员，已经在公司工作了十几年，他通过安装通风设备来排走了废气。

调查人员返回匹兹堡向奥尼尔汇报，两天后，巴顿被开除了。这个决定让外部人员感到震惊，很多人说巴顿是美铝最有价值的管理者之一，开除他将是对美铝重要合资公司的一次严重的打击。然而美铝内部却没人觉得意外，巴顿被开除只是奥尼尔所建立起的企业文化必然引发的结果。

“巴顿是自己开除了自己。”他的一位同事说，“在美铝这没有商量的余地。”

核心习惯会让艰难的抉择变得容易，比如开除高层人员这种抉择，破坏企业文化的人就得离开。

有时企业文化会以一些特别的词汇表现出来，组织成员广泛运用这些词汇抒发己见，就体现着企业的文化和组织习惯。例如，在美铝会出现“核心工程”和“安全哲学”这类短语，从中可以看出员工谈论问题时优先考虑的问题、目标和思维方式。

从核心习惯到习惯的扩散，再到最终融入文化，是一个典型的文化落地过程，在这个过程中，管理者起到了决定性的作用。对于客户中心来说，文化可以通过仪式、象征物、奖励等多种形式传递给员工，最常用、有效的方式是故事。

故事的影响

《人类简史》的作者尤瓦尔·赫拉利认为“人类最终成为地球的主宰，秘诀在于人类能创造并且相信某些‘虚构的故事’。虚构故事赋予智人前所未有的能力，得以突破人数的限制，集结大批人力灵活合作。”中国的禅宗通过大量的公案和小故事，让人们来体味其中的寓意。

案例：“服务胜于产品”的海底捞

在海底捞，每隔15分钟，就会有服务员主动更换你面前的热毛巾；如果你带了小孩儿，服务员还会帮你喂孩子吃饭，陪他们在儿童天地做游戏；抽烟的人，他们会给你一个烟嘴，并告知烟焦油有害健康；为了消除口中气味，海底捞在卫生间准备了牙膏、牙刷，甚至护肤品；过生日的客人，还会意外得到一些小礼物……如果你点的菜太多，服务员会善意地提醒你已经够吃了；随行的人数较少，他们还会建议你点半份。

餐后，服务员马上送上口香糖，一路上所有服务员都会向你微笑道别。一个流传甚广的故事是，一位顾客结完账，临走时随口问了一句：“怎么没有冰激凌？”5分钟后，服务员拿着“可爱多”气喘吁吁地跑回来：“让你们久等了，这是刚从超市买来的。”

“只打了一个喷嚏，服务员就吩咐厨房做了碗姜汤送来，把我们给感动坏了。”很多顾客都曾有过类似的经历。孕妇会得到服务员特意赠送的泡菜，分量还不小；如果某位顾客特别喜欢店内的免费食物，服务员也会单独打包一份儿让其带走……

一名食客曾讲述了她的经历：在大家等待美甲的时候，一个女孩儿不停地更换指甲颜色，反复地折腾了大概5次。一旁的其他顾客都看不下去了，为其服务的员工依然耐心十足。

在一些组织中、甚至在客户中也广为流传着一些类似的小故事，用来体现那些支持和体现其组织文化的行为，如：海尔的张瑞敏砸冰箱、诺德施特龙的经理接受客户来退掉公司根本不卖的轮胎；华为发文鼓励一位讲真话的员工等。随着这些故事的广为传播，在员工谈论、赞赏和复述的过程中，逐渐地开始影响员工的态度，改变员工的行为，组织的文化也随之深入人心。

正如前文所阐述的，组织文化可以简单地被理解为人在组织中做事的习惯方式，也就是团队内每个人的习惯最终形成了团队的习惯，团队的习惯也影响着每个团队成员的习惯。

9.4 习惯

人们日常活动的90%以上源自习惯。从几点钟起床、怎么洗澡、刷牙、穿衣、看手机、吃早餐、开车上班到如何思考、处理问题等等，一天之内上演着数百种习惯。然而，习惯并不仅仅是日常惯例那么简单，它的影响十分深远。

人受习惯所支配，习惯是潜意识的，经常意识不到也不被意识所控制。只有在造成某种结果后才有可能去想，我怎么会这么做呢？怎么会这么想呢？在很多情况下连这些想法也没有，我就是要这么做。正如亚里士多德说，习惯实际上已成为天性的一部分。

思想决定行为，行为决定习惯，习惯决定性格，性格决定命运 。

——查 · 艾霍尔

那么什么是习惯呢？

习惯的特点

习惯是指积久养成的生活方式、行为方式或思维方式。

通常可以将习惯分为四种类型：

第一种类型是与时间相关的习惯。如中午几点吃饭，下午几点下班，周一早上九点开例会等等。

第二种类型是与地点相关的习惯。如坐在客厅的沙发上就会打开电视机，路过某个甜品店就会进去买一个小蛋糕，坐在办公桌前写文案等等。

第三种类型是与行为方式相关的习惯。特别是一些需要复合动作的行为，如开车、走路、打球等等。

第四种类型是与思维方式相关的习惯。这种类型的习惯较难察觉，也就是在第三单元的“自动化思维”，ABC 中的B，表现为积极思维和消极思维。

习惯一旦养成，就开始支配我们的生活。一方面习惯可以让我们做事时更高效，也更不容易出错，如钢琴家演奏，舞蹈家跳舞，我们敲击键盘打字等；另一方面习惯让我们可以同时做几件事，如我们可以一边开车一边聊天，就是因为我们已经学会开车，开车的动作已经成为习惯；但回想一下我们刚学会开车时的情景，那时如果旁边有一个人不断和我们说话，我们是不是提心吊胆，甚至恨不得把他踹下去？

人类文明随着不假思索的下意识行为的增加而提高。

——怀海特

习惯是一种无意识但会做的状态，从这个意义上讲，王阳明的“知行合一”就是一种习惯状态。但有意思的是，当我们想要有意识地去做某件已经养成习惯的事情时，反而达不到原来的效果了，甚至不会做了。

如我们都有提笔忘字的经历。写某个字本来是习惯了，不经过意识就能写出来，但当我们忘记了怎么写那个字时，却越想越想不出来，这时最好的方式就是放一放，先不想了，过一会儿它就会自然浮现出来。或者你现在盯着这本书中的某个字看一会儿，你往往会越来越感觉到这个字印错了。

我们中国人都会用筷子，这已经是一种习惯。但当我去教小朋友怎么用筷子时，我发现自己居然不知道两根筷子在他的手上该怎么摆，要先在自己的手上摆放好，再让他跟着摆放。让一个钢琴家去纠正小朋友怎么弹钢琴，让一个 NBA 球员去示范投篮时怎么呼吸，他们都很可能有一段时间表现失常。

无疑，习惯能使我们更高效，但当情况发生了变化时，习惯可能会成为阻碍。

当我们开车遇到危险时，通常的习惯就是要刹车，先把速度降下了，再看看该如何处理。几年前，我的一位同事在高速上爆胎，人没活下来。我搜索了一下，爆胎之后该怎么办？最重要的一条就是不能把刹车踩死，要点刹或者不踩刹车，此时把刹车踩死容易翻车，造成更危险的后果。而这和我们通常的习惯不一致了，因此高速上爆胎是一件非常危险的事。

习惯对我们很重要，每个人都想养成一些好习惯，但这并不容易，否则就不会常常浮现“我要是有 ×× 习惯就好了”的想法了。

改掉已经养成的习惯同样困难，甚至根本无法改变。

在金庸的《雪山飞狐》里，有一段描写了胡一刀与苗人凤的比武过程。苗的一招提撩剑白鹤舒翅被胡夫人看出破绽。夫人预知，轻咳一声让胡料敌先机，二人配合使苗输了一招。胡问起原因，苗说，“先父教我剑法之时，督率极严。当我十一岁那年，先父正教到这一招，背上忽有蚤子咬我，奇痒难当。我不敢伸手搔痒，只好耸动背脊，想把蚤子赶开，但越耸越痒，难过之极。先父看到我的怪样，说我学剑不用心，狠狠打了我一顿。

这件事我深印脑海，自此以后，每当使到这一招，我背上虽然不痒，却也习惯成自然，总是耸上一耸。”

有些运动员很有运动天赋，但由于小时候学习某项运动时养成的一些坏习惯很难改正，没办法只好半路改换其他运动，结果成绩卓著；音乐学院里也有很多学生是半路改学了其他乐器；会骑自行车的人学骑三轮车大都不如原本不会骑车的，都是类似的原因。

在组织中，每当需要变革时，在初期一定会遇到非常大的阻力，阻力的根源就是人们都不想改变自己已经养成的习惯，大脑不想突破已经形成的舒适区。

如何养成习惯

我们都知道，重复可以养成习惯。但现实中，我们依然无法养成我们想养成的习惯或者改掉我们想改掉的习惯。除了重复，还有一些重要的问题需要搞清楚，我们通过图表 9–2 习惯的 ABC 模型来阐述这个过程（心理学中有一个态度的 ABC 模型，习惯的 ABC 模型与之相似，但并不相同）。

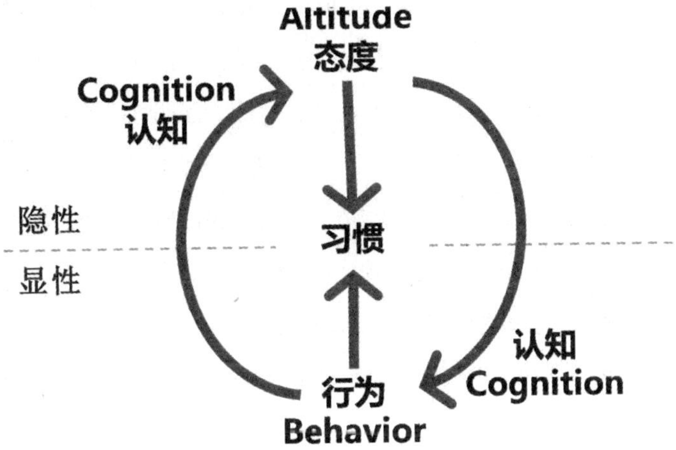

图表 9–2 习惯的 ABC 模型

习惯的改变包括态度（Attitude）、行为（Behavior）和认知（Cognition）三个方面的改变，并通过不断循环也就是我们通常说的重复直到最终形成习惯。这也可以用三脑理论学说来解释，即行为是爬行脑的活动，态度是情绪脑的活动，认知是智脑的活动，三个脑共同改变形成合力最终产生习惯，单方面的改变总是不够牢固的。

首先是态度的改变。态度是个体对人或事物的积极或消极的评价性反应，它通常根植于个体的信念，表现于个体的感受或者行为倾向中。如对孩子持积极态度，对西餐持消极态度，对好天气持积极态度。

专栏 9–1：态度

态度是联系个体内、外世界的桥梁。对态度的研究非常接近社会心理学的核心并且是其最早的关注点之一。有的学者甚至把社会心理学视为研究态度的科学。

态度的特点有三个：内在性、对象性和稳定性。

内在性，态度是心理倾向，是尚未显性于外的内心历程或状态。

对象性，态度总是指向一定的对象，具有针对性，没有无对象的态度。

稳定性，态度一旦形成，就会持续一段时间，不会轻易地改变。

态度的成分即态度的 ABC 模型，包括：认知成分、情感成分和行为倾向成分。一般来说，三种成分是协调的，不协调时，情感成分往往占据主导地位。

凯尔曼（H.C. Kelman）认为态度的形成包括依从、认同和内化三个阶段。

依从是态度形成的开始，个体总是按照社会规范、社会期待或他人的意志，在外显行为方面表现得与他人一致，但这是表面的；认同是个体自愿接受他人的观点、信息或群体规范，使自己与他人一致，在这个阶段，个体受到态度对象的吸引，但已超越属于外部控制的奖惩，而主动趋同于对象，这时情感因素会起明显的作用；内化是态度形成的最后阶段，个体真正从内心相信并接受他人的观点，并将之纳入自己的态度体系，这是原有的态度与所认同的态度协调的结果，是以认知为基础的。

态度具有稳定性，当我们接收到一个新的观点时，内心是排斥还是接受，取决于我们对这个观点进行的可信性评估，这也是认知的过程。对于一个新观点，如果与我们原有的认知不一致，排斥往往大于接受，这是正常的。

一般会从以下三个方面对一个观点进行评估：

（1）观点本身。

这个新观点是否和我大脑中原有的观点一致？与原有观点有什么一致的地方？是否是原有观点的升级？还是有着巨大的冲突？观点的一致性越高，可信性越大。

（2）得到观点的渠道。

需要评估这个渠道是否可信。是书本、网络还是音视频？是自己的亲友、师长还是同事？对于每一个渠道每个人都根据过去的经验有着一定的可信性评价。比如对自己的每个同事来说，有些是可信的，有些是不可信的，这些信息都存在于人的大脑中，影响着信息的可信性。

需要注意的是，由人的本性所致，对于越亲近的人和存在竞争关系的人所讲的观点，其排斥力越大。

对于亲近的人来说，这并不是不信任他，而是对他说的观点有排斥。如儿子不相信父亲说的，但老师对他说同一内容时他就信；丈夫对妻子说的某个观点她不相信，但她自己从网上或其他人那里听到同一个观点时就相信；上级对下级或同级提出的观点会排斥，但会接受来自自己的领导或者其他途径的观点。这都是大脑的正常反应。

早上，我对儿子说，把眼睛眯成一条缝给爸爸看看。他立刻把眼睛睁得大大的，并得意地笑开了。如果我说“向东”，他往往选择“向西”，因为“向东”是我强加给他的，“向西”是他自己选择的，他通过这种方式确认自己的能力感，认为事物处于他自己的掌控之下。

对于从书本、影视、微信或者偶然从陌生人途径得来的观点，由于不存在这种竞争、排斥原因，人们会觉得从这样的途径得到的观点更像是自己想出来的，可信性较强，当然前提是这个渠道要有权威性或者有可信的历史。

(3) 渠道和观点的关系。

讲述者是否在与他的观点相关的领域是擅长的人或者是专家，讲述者自己是否在这么做，做得怎么样，也影响着可信性。如一个牙医讲如何保护牙齿是可信的，但当他讲如何治疗咳嗽时可信性就开始下降，讲述如何投资就更加不可信了，除非他能够展示给你他过往投资的成功历史。

态度对行为有影响，但研究表明，态度不能决定所有的行为，如一个人认同抽烟有害的态度往往并不能让他戒烟，认同健康有益的态度也不能促成其养成锻炼的习惯。

要改变人生轨迹，就要从两种基本方法中选择。其一，你可以指引你的能量及注意力，用其整理思想，集中精神，巩固力量，释放情感以及想象乐观结果，从而使你最终获得自信，鼓起勇气，下定决心做出承诺，获得充分的激励去做你要做的事。其二，你也可以直接去做。

——丹·米尔曼

行为的改变可以引发态度的改变。还记得第一单元中销售经理的故事吗？当销售经理通过“欺骗”的方式诱使销售员的行为发生改变后，她对销售的态度跟着发生了改变。一个学员讲述过她每天早上5点钟起床为孩子做早饭的经历，开始起这么早很困难，但为了孩子吃上健康的早餐，这样做一段时间后就不再认为这是什么难事，最后养成了每天5点起床的习惯。

人的大脑无法区分逼真的想象和真实的发生，比如人做噩梦会被惊醒，就是梦境太逼真以致于大脑认为是真实的发生了某个危险，需要马上叫醒你，让意识来处理一下。对于一些很难在现实中发生的事情可以通过逼真的视觉想象的方式来强化行为。如高速爆胎的案例，现实中我们不能真正地体验到爆胎，但可以通过在高速开车时突然想象汽车爆胎了，抬起右脚，双手握紧方向盘，通过经常这样逼真的想象，可以在真正发生爆胎意外时改变原有的踩刹车习惯。一些优秀的运动员如菲尔普斯、洛加尼斯和阿里等人，都在平时和赛前通过视觉想象的方式进行训练，有研究表明，逼真的视觉想象投篮训练比实际投篮训练的效果还好，20天的训练后，逼真想象投篮训练组的成绩提高了26%，实际篮球训练组的成绩提高24%。这种差异大概来自于想象训练是“完美”训练，而真实训练中存在失误。

习惯的ABC模型的核心在于态度和行为两者要互相强化，在循环的过程中认知参与其中，直到养成习惯。

当态度和行为两者不一致时，就会产生心理失衡，大脑开始感到不舒服（这可以用认知失调理论来解释）。

专栏9–2：认知失调

认知不和谐(Cognitive Dissonance)又名认知失调，是美国社会心理学家利昂·费斯汀格(Leon Festinger)提出的重要理论，指当一个人的两种知识、观点、信念或情感（“认知”）在心理上不一致时，我们就会感到紧张（“失调”）。

费斯汀格的理论来源于紧随1934年印度地震后广布全印度的谣言报道。谣言预测：在灾区之外还会有地震，而且规模更大，波及范围更广。这些传言没有任何科学依据。费斯汀格很奇怪，人们为什么要传播如此具有毁灭性的耸听危言。过了一段时间，他突然想到：也许谣言并非增加焦虑而是确认焦虑。也就是说，即使住在危险区之外，这些人仍然非常恐惧。

这样就产生了认知失调：对自身恐惧的认知与缺乏恐惧的证据相抵触。所以散播将有更大地震的谣言就能确证他们的焦虑，减少他们认知的失调。他们是先有感觉和行为，然后再设法将他们看待世界的眼光与之相吻合。

认知包含两类认知元素：一是关于自身特点和自己行为的知识；一是关于周围环境的知识。

认知元素之间的关系有 3 种：无关系、协调一致的关系、不协调的关系。

如果两个元素彼此之间没有什么关系，那么，一个认知元素对另一个认知元素就没有什么含义，它们之间就存在无关的关系（relation of irrelevance）。另一方面，如果认知元素之间以某种方式相联系以致于一个元素对另一个元素意味着什么，那么，它们之间就存在着相关的关系，这种关系或者是协调的，或者是失调的。

费斯汀格举了一个例子：一个人与职业赌博老手玩游戏，一直在输钱。继续游戏与对双方关系的认知是失调的，但如果这个人想要输钱，那么继续游戏就与对双方关系的认知是协调的。

认知失调理论很简单，但它的应用范围很广。这一简单的理论和某些基于它的惊人预测已经引发了几千项研究。

当我们去参加一些免费的营销活动，如试乘试驾、房产推介、免费体验等之后，会出现认知失调，开始为自己的参与行为找一些“正确的”理由，而这些理由在营销活动中已经通过隐性或显性的方式展示了出来，大脑选择了其中的一些来接受。老年人抱着肯定不会买的心态去参加某些保健产品组织的活动，参加次数多了，大脑的不平衡逐渐积累，这些保健品对身体有益的想法开始占主导，也就是我们通常所说的“被洗了脑”，这些想法与没有买产品的行为之间出现了失调，尤其是看到有人买了，自己与别人不一致，失调进一步加剧，只有买了，心理的失调才能恢复。这些情况都是我们的认知失调被人所利用，要注意防范。

如对于一个抽烟者来说，如果对“抽烟有害”的态度和“继续抽烟”这个行为失去平衡，他会在以下两种方式中进行选择：

(1) 改变行动，停止抽烟。那么他的行为同抽烟有害的态度就会平衡了。

(2) 改变有关抽烟有害的态度。这也是大多数人选择的方式：简单地不再相信抽烟有害处，也可以努力去获得抽烟有好处的“知识”，从而使自己认为害处远远小于好处甚至可以忽略不计，这能解释为什么在抽烟者中认为抽烟很危险的比例要远远小于非抽烟者。通过改变认知，就改变了态度，跟着减少甚至消除行为与态度之间的失衡，大脑同样恢复平衡了。

对于这个抽烟者来说，他的努力改变行为或改变态度的过程中，会遇到困难，他所做的努力也很可能会失败，于是他一直处于这样情境中：继续抽烟，继续知道抽烟有害。他的不平衡一直持续，并一直努力地改变行为或改变态度，这种失衡对于他来说就成为一种习惯了。不幸的是，这种习惯会泛化，会影响其他习惯的养成；反之亦然，如果能够不断的养成好的习惯，也会泛化，就会处于养成好习惯的良性循环中。

成功是一种习惯。不幸的是，失败也是一种习惯。

——文斯·隆巴迪

习惯 ABC 模型的最后一个关键点就是大家都熟知的——重复。需要重复多少次，取决于你要养成的习惯、你在这方面的经验和你当时的状态。

9.5 单元小结

组织文化可以简单地理解为人在组织中做事的习惯方式。组织中的团队应该有属于自己的亚文化。组织文化清晰明了，对员工的行为是一种无声的指引，会极大地降低组织的管理难度和沟通成本。

有四种文化原型（TPPP）：任务、权力、人和可能性，组织文化通常是由一种或几种文化原型组成。

客户中心的文化要重点关注客户和员工这两个方面。要使员工认识到，他在客户中心的这段经历，可以收获个人的成长，可以为他未来的职业生涯打下坚实的基础，要把这一点用文化彰显出来，用制度来保障他的实现，让员工自己可以看到自己的变化。

文化落地是从核心习惯到习惯的扩散，再到最终融入文化的过程。在落地的过程中故事是主要的载体，管理者起到了决定性的作用。

习惯是指积久养成的生活方式、行为方式或思维方式。通过习惯 ABC 模型来养成习惯，这是一个循环的过程。

第十单元 客户中心的指标管理

如果不知道自己要驶向何方，那么任何风都不是顺风。

——卢修斯·阿奈乌斯·塞内卡

目标与结果

心理学家组织三组人，让他们分别向 10 公里外的三个村子进发。

第一组的人既不知道村庄的名字，也不知道路程有多远，只告诉他们跟着向导走就行了。刚走出两三公里，就开始有人叫苦；走到一半的时候，有人几乎愤怒了，他们抱怨为什么要走这么远，何时才能走到头，有人甚至坐在路边不愿走了；越往后，他们的情绪就越低落。

第二组的人知道村庄的名字和路程有多远，但路边没有里程碑，只能凭经验来估计行程的时间和距离。走到一半的时候，大多数人想知道已经走了多远，比较有经验的人说："大概走了一半的路程。"于是,大家又簇拥着继续往前走。当走到全程的四分之三的时候，大家情绪开始低落，觉得疲惫不堪，而路程似乎还有很长。当有人说："快到了！""快到了！"大家又振作起来，加快了行进的步伐。

第三组的人不仅知道村子的名字、路程，而且公路旁每一公里都有一块里程碑，人们边走边看里程碑，每缩短一公里大家就兴奋一小阵。行进中他们用歌声和笑声来消除疲劳，情绪一直很高涨，所以很快就到达了目的地。

心理学家得出了这样的结论：当人们的行动有明确目标，并能把行动与目标不断地加以对照，进而清楚地知道自己的行进速度与目标之间的距离，人们行动的动机就会得到维持和加强，就会自觉地克服一切困难，努力达到目标。

10.1 客户中心的指标体系

客户中心都会设置自己关注的指标。有些是来自公司或上级部门的指令；有些是自行设置的；有些是通用性的，如接通率、满意度等；也有个性的，如当月通话时长大于 100 小时的人员数、CSR 的并发数等。但即使是通用性的指标各自的定义也可能有所不同。图表 10-1 是某客户中心的一些指标。

领域	子领域	指标	业务口径
客户	满意度	★热线服务客户总体满意	根据公司客户满意度调查结果和考核方法确定，考核客户在热线服务上的总体满意度
		★IVR感知满意度	根据公司客户满意度调查结果和考核方法确定，考核客户在热线“自动语音引导”子商业过程上的满意度
		★实时短信满意度	1、指标含义：以短信调查的方式通过客户对每次接受的人工服务满意与否的信息来获得客户对服务的评价； 2、统计口径：（非常满意+比较满意+满意）/有效回复量×100%
		请求人工不重复客户数	1、指标含义：反映客户拨打行为，考察请求人工中不重复的客户数
		人均客户拨打频次	1、指标含义：反映客户拨打行为，考察人均每月请求人工的次数； 2、统计口径：人工服务需求量/请求人工不重复客户数
		人工接通不重复客户数	1、指标含义：考察接通话务量中不重复的客户数
服务质量	结果指标	★首次问题解决率	1、指标含义：对于客户的人工服务请求一次解决的数量占总的服务请求的百分比，考察客户中心对客户请求的有效处理能力； 2、统计口径：1-2小时内重复拨打量/2小时内人工呼入话
		人工服务差错率	1、指标含义：在为客户提供人工服务时出现差错的比例，考察所提供的服务符合自身服务标准的程度； 2、统计口径：致命错误准确率=（1-致命错误录音数/质检录音总数）*100%；非致命错误准确率=（1-非致命错误次数/质检录音总数/8）*100%
	投诉控制	★投诉处理及时率	1、指标含义：在规定时限内处理完毕的投诉数量占处理完毕的投诉总量的比例，考查投诉处理的能力； 2、统计口径：及时结单的投诉工单量/结单的投诉工单总量×100%
		★投诉工单实时短信满意度	1、指标含义：客户对投诉处理结果的满意程度，考查投诉的处理质量； 2、统计口径：非常满意+很满意+满意/投诉工单满意度有效回复量×100%
		升级投诉率	1、指标含义：由于投诉的问题没有得到解决而使投诉恶化的投诉的数量占投诉总量的比例，考查投诉处理的水平；

图表 10-1 某客户中心的指标

对于客户中心的指标，还应该明确每个指标的数据来源、指标样例等信息。

有了这些指标仅仅是开了个头，还需要在指标分类的基础上，明确指标间的关系。

通常来说，客户中心的指标可以分为下面四种类别：公司(Company)、运营(Operation)、员工(People) 和客户(Customer)。公司关注价值和成本，运营方面关注质量和效率，员工层面关注团队氛围和收益，最后要关注客户的满意度和忠诚度。

对于任何一个指标来说，都不是孤立的，是相互联系的。

首先是横向的联系。指标在同类指标中的横向关系往往比较容易被发现，例如客户中心普遍关注的量质平衡就是体现运营方面的质量和效率之间的平衡关系，往往是此消彼长，在动态变化中寻求平衡。指标的跨类别联系往往影响深远，但被关注得较少。以缩短通话均长为例，这是一个运营指标，关注的是效率，通话均长越短效率越高，能接的话务越多。但它可能会对员工产生负面影响，即通话均长变短往往导致员工受到更大的压力。也会对客户产生负面影响，即与客户沟通的时间变短，问题得不到有效解决的可能性大了，影响客户的满意度和忠诚度；对公司的关注点也有影响，虽然服务成本会降低，但服务中营销量会变少，并且由于客户的忠诚度下降，创造的价值也降低了。

其次是纵向的联系。一是指标通常要进行分解，但分解不是简单地将一个指标按照权重在不同的部门或人员间进行分配，很多时候要涉及到指标的转化。如对中心接通率指标的分解，就不能在几个一线的生产科室按比例承担，而要转化成通话均长、在线时长和遵时率等一线更可控的指标。二是要关注指标向下的子指标和向上的母指标。如对中心生产人员的数量指标就会包括下面这些子指标：各个科室人员的数量、各科室人员的生产人员数量、班组长的数量、长期病事假人员的数量、每月在线超过××小时人员的数量和新员工等。向上的指标是中心总人数、其他科室的管理人员数量、生产人员数量和能够应急支援的人员数量等。

只有当这些相互关系都明确后，才能对一个指标变化时可能产生的影响有明确的评估，当需要提高某个指标时，可以明确从哪些方向着手进行。

有了自己的指标体系之后，还要将其中的关键指标纳入 KPI 体系。这里的 KPI 不仅仅是通常情况下上级部门制定的考核指标，还应该包括自己认为非常重要的指标。

专栏 10-1：KPI

KPI (Key Performance Indicator，关键绩效指标）是通过对组织内部流程的输入端和输出端的关键参数进行设置、取样、计算、分析，来衡量流程绩效的一种目标式量化管理指标，是把企业的战略目标分解为可操作的工作目标的工具，是企业绩效管理的基础。KPI 可以使部门主管明确部门的主要责任，并以此为基础，明确部门人员的业绩衡量指标。建立明确的切实可行的 KPI 体系，是做好绩效管理的关键。关键绩效指标是用于衡量工作人员工作绩效表现的量化指标，是绩效计划的重要组成部分。

KPI 符合一个重要的管理原理——“二八原理”。在一个企业的价值创造过程中，存在着“20/80”的规律，即 20% 的骨干人员创造企业 80% 的价值。在每一位员工身上“二八原理”同样适用，即 80% 的工作任务是由 20% 的关键行为完成的。因此，必须抓住 20% 的关键行为，对之进行分析和衡量，这样就能抓住业绩评价的重心。

KPI 一般有如下特征：

(1) 具有系统性。关键绩效指标 (KPI) 是一个系统，公司、部门、班组有各自独立的 KPI，但是必须经由公司的远景、战略和整体效益展开，而且是层层分解、层层关联、层层支持。

(2) 可控与可管理性。绩效考核指标的设计是基于公司的发展战略与流程，而非岗位的功能。

(3) 价值牵引和导向性。下道工序是上道工序的客户，上道工序是为下道工序服务的，内部客户的绩效链最终体现在为外部客户的价值服务上。

无疑，纳入 KPI 体系的指标应该得到重点关注，有些甚至要实时地进行监控，及时发现问题并调整改善，对 KPI 体系所有指标的状态都要定期分析、通报，并对存在的或可能存在的问题及时采取措施进行改善。但对于未纳入 KPI 体系的指标也不能放任不管，客户中心要根据自己的实际情况选择需要关注的指标，进行明确的周期性关注，只是这里的周期通常是较长的。

指标体系建立之后，就需要关注各个指标的具体数据了。

10.2 客户中心的数据及分析

现代的客户中心以数字化的系统作为支撑手段，在日常运作中产生着海量的数据，应用好这些数据，一方面可以促进中心的日常管理更有成效，另一方面可以深入挖掘客户的需求，创造价值。

首先就是要确保数据是有效的。

客户中心的数据

如何衡量客户中心的数据是有效的呢？在 COPC（Customer Operations Performance Center，是客户中心的行业标准之一）中，有一个被称为 CUIKA 的工具用于对数据进行管理。

专栏 10-2：CUIKA

(1) 数据得到收集 (Collected)。

(2) 数据是可用 (Useable) 的。具体而言，目标的定义必须明确，有足够的数据来辨别趋势。适当情况下，必须参照高绩效基准设定目标。数据是可用的。

(3) 具备完整性 (Integrity)。所有的数据必须是：

a) 相关的——符合测量规范的要求；

b) 准确的——数据正确，不误导；

c) 有代表性——反映整个母本；

d) 客观的——用于收集数据的方法不带偏见。

(4) 为适当的要求所了解 (Known)。此要求包括：使恰当的人员了解通过抽样所得到的指标统计的有效性（例如：严重错误准确性、客户和最终用户满意度等），该理解必须包括对于绩效抽样结果的精确度（置信区间）的认识。

(5) 如结果未达标，要采取行动 (Actions)。顾客服务提供商必须能够证明他们所采取的行动带来了绩效的改善。

——COPC 顾客服务提供商注册协调员培训教材

在 CUIKA 中，前三个字母 CUI 是对数据有效性的要求，即：可收集、可用性和完整性。

可收集。尽管今天大部分客户中心都在使用数字化系统，有海量的数据，但在日常的分析、管理中找不到数据是常事，这就要求一方面针对选定的每个指标中的数据要有明确口径和取数途径；另一方面分析人员对系统的底层数据结构和含义要有足够的了解，可以自行通过各种手段或通过提出具体的需求来收集到相关的数据。对常用的数据一定要通过报表提取，对分析中偶然应用的数据才可以通过临时手段获取。

可用性。可用性包括两个方面，第一是与数据的定义相一致。有时数据的定义是模糊的，对同一数据的理解大相径庭。如首次问题解决率，是在多长时间之内回拨的客户计入没有解决问题的话务？是一小时内，两小时内，还是一天？如果这些具体的定义不明确，尽管大家都在说着同一个指标，但其实是“风马牛不相及”，没有实际意义。第二是要有足够的数据量，一般来说要有6个月以上的数据，才能看出趋势，才有分析的价值。

完整性。首先是要真实。这个说起来容易，做起来是有难度的。大部分客户中心都有KPI考核体系，其中必然有一些数据是由中心自行报送的，或者在一定程度上是可以控制的。当指标没能达标尤其是差一点儿就达标时，管理人员会有修改数据的冲动，或者直接造假或者采取一些隐蔽的策略使数据达标。这些手段就像吃春药、吸毒品一样会上瘾，导致分析变成“假数据、真分析”，严重阻碍客户中心的运营管理。这种风气还会扩散到中心内部的考核体系中，甚至造成无法挽回的严重后果。

新闻：造假频繁的日本企业

深陷篡改产品数据丑闻的“百年老店”日本神户制钢所12月8日发表新闻公报说，公司直属的一家工厂以及子公司的一家工厂产品分别被暂停和吊销日本工业标准（JIS）认证。神户制钢所在此次造假事件中已有4家工厂受到处罚。

神户制钢所上个月公开承认篡改铝制品强度、尺寸数据。问题产品让丰田、斯巴鲁、马自达、本田、日产等大约500家企业受到牵连。最近一段时间，日本多家知名企业接连陷入造假丑闻。日本主要汽车制造商日产和斯巴鲁长期使用无资质质检人员进行质量验收。世界最大安全气囊厂商高田公司更是因产品缺陷不得不破产转让。

日本有色金属巨头三菱综合材料株式会社近日连续发布公告，承认其子公司三菱电线工业、三菱伸铜、三菱铝业存在篡改产品数据的造假行为，受影响的企业客户达258家，不合格产品涉及日本自卫队的舰船和飞机引擎。

据日本媒体报道，三菱这3家公司存在通过篡改产品数值，向客户提供未达到合同要求产品的行为。而公司内部至少从数年前就知晓篡改数据一事。三菱电线工业社长村田博昭承认，在今年2月发现问题以后，仍持续出货。

日本化工巨头东丽株式会社11月下旬也承认，旗下子公司曾篡改轮胎增强材料等检查数据。品质保证负责人未向客户企业进行说明，而是篡改数据并瞒着客户交货，滥用了在获得客户信任的情况下提供不达标产品的名为“特别采用”的商业惯例。从2008年4月到2016年7月间，数据造假共计149例，波及13家企业客户。轮胎行业巨头普利司通和优科豪马都曾使用问题产品。

——人民网 2017年12月9日

其次是要有代表性。有些数据由于成本、系统或自身的原因不能全量采集，只能通过部分样本来评估整体，这时要注意样本的抽取方式和置信区间是否符合要求，并在可能的情况下进行多样本的比较来评估，确认是否有偏差以及偏差的大小。但是，由于有些调研本身是主观评价，也就是采样数据本身不客观，那么这类主观评价类的调研和客观数据的置信区间应该是不一样的，而这在调研中经常被有意或无意地忽视了。例如客户满意度是主观的，那么它与身高等客观数据的置信区间就不应该一样。

第三是客观性。要尽量通过系统的方式使数据客观化，对无法客观的数据要有复核或稽核流程。如对CSR的质检成绩，一般是质检员对照评分标准的主观判断，质检员之间就要常态化地进行对标（包括对同一条录音的分别打分和不同质检员之间同一时期的质检平均分），减少主观因素，同时要建立申诉流程，给CSR就质检成绩进行申诉的途径。

当明确数据有效之后，就要对数据进行分析，评估现状并确定未来改进的方向。

数据分析的要点

结合客户中心的管理实践，通常在分析中要关注以下几个要点。

（1）数据的分布比数据的均值重要。由于个体对整体的代表性较弱，客户中心的很多数据用均值表述，如接通率是一个时段内接通的数量比上整体需求的数量，一个班组的质检成绩是班组内所有成员的平均值，均值可以代表整体，但忽视了其中个体的独特性。以接通率为例，全天的接通率是85%，看起来很高，但这个85%很可能是由每个时段的

90%、80%、95%、50%，甚至包括 0 平均而来的，如果再细分到不同技能和更小时段（如 5 分钟、15 分钟）差异更大，这就像我和“首富”平均出来一个没有任何意义的财富均值一样。所以必须要经常对数据进行分布状态分析，关注偏离均值较大的数据。在客户中心的运营管理中，如果某些偏离较大的数据得到了改善，整体均值也会相应地提高，这也是改善绩效的一个重要方法。

（2）自身的进步比和他人的比较重要。经常有同行找我要某些数据，借以了解自己的运营水平。这在客户中心初始运营阶段或者新开辟一个领域时是必要的，可以帮助自己建立一个明确的参考体系，但对于一个已经运营多年的中心来说，这些数据的意义不大。不要说不同行业的客户中心数据千差万别，就是同一个行业也差异巨大，甚至同一个中心，由于自身的运营策略原因，数据也会剧烈波动。这样的单点数据值和自己比较起来没有任何意义，经常是徒增烦恼。

例如，对客户满意度来说，不同行业通常是不同的，即使同一个行业，广东和山东的客户满意度会差异巨大，汕头和广州的客户满意度也同样有差异。不同客户中心的运营管理方法和策略，值得相互学习和借鉴，但运营的具体数据的借鉴意义相对较小。在运营中，重要的是不断和自己的过去进行比较，可以进行环比和同比，甚至把过去几年的同类型数据放在一起比较，同时对数据的偏差要有明确的解释。

（3）数据的波动和趋势比数据本身重要。客户中心的运营管理中一般有两个方向，即平稳和持续改进。从数据上反映这两个要求，就是一条持续向上的平滑曲线，波动要尽量小，同时趋势要向好。对于一些有目标值的数据，要尽量保持在目标值之上的平滑曲线。事实上，尽管偶然的小偏差并不重要，但要关注这些偏离是否经常出现，以及偏差范围是否在可接受范围之内。

即使是一个没有经验值的运营指标，只要保持数据是持续向上的平滑曲线，那么最终也可以达到一个非常优秀的运营水准。

（4）次品率比成品率重要。在生产领域大都关注成品率，成品率的计算方法是 1 减去废品率，看起来两个指标是一样的，只是表示方式不同，但当一个指标涉及到人的因素时这种计算方法就不再适用了。

以接通率为例，很多客户中心都很困惑，为什么我们每天的接通率都很高，但客户老是说我们很难接通呢？这有两个方面的原因：

首先是计算方式问题，一个是系统的数据，一个是客户感知的数据。例如某天接通率是 85%，也就是 100 次呼叫有 15 次没有接通。假设 15 个没有接通的客户中有 10 个再次呼叫（这些再次呼叫量已经计入总呼叫量），结果接通了，那么系统统计的接通率是 85%。但按照单个客户来计算就不一样了，不重复的客户数是 90 个而不是 100 个（假设所有接通客户都没有重复拨打），那 10 个再次呼叫才接通的客户会认为热线的接通率有问题，调查时会认为热线“很难接通”，如果全量调查当天所有客户的接通率就不会是 85%，而是（90−15）/90=83%。

其次是人的一个特性，即对负面信息更敏感，记得更牢。相比正面的接通经历，负面的未接通经历，衰减更慢，更加难忘，一次未接通需要多次的接通来修正。当问客户接通感知时，负面的记忆被唤起，正面的记忆被弱化。

（5）价值比收入重要。谈到价值，人们通常想到的衡量标准往往是钱，是收入，但价值不应该仅仅用钱来衡量，这就像评价一个孩子是不是好孩子时不能光看成绩一样，应该从多个角度，更全面地进行评价。如果只用学习成绩来评价一个以钢琴或者绘画为特长的孩子，那么不公平是显而易见的。对于大部分客户中心尤其是呼入型的中心来说，收入绝非所长，客户中心真正的价值主要应该体现在对客户的维系上，这也是组织建立客户中心的目的，要通过与客户的每一次接触提高客户的忠诚度，挖掘客户的可能需求，在服务中进行营销的目的也应该是维系客户。

当客户中心的管理者认为可以通过收入展现自己的价值时，是踏上了一条“不归路”，是在用自己最不擅长的能力去与市场部门、营销部门、营业厅的强项 PK。结果就是员工越来越苦，中心的运营开始不稳定，业绩越来越差。

数据本身没有意义，数据通过分析后对运营进行指导才有意义，运营是要围绕着目标来开展的。

10.3 制定目标和实现目标

“请你告诉我，我该走哪条路？”

“那要看你想去哪里？”猫说。

“去哪儿无所谓。”爱丽丝说。

“那么走哪条路也就无所谓了。”猫说。

——刘易斯·卡罗尔《爱丽丝漫游奇境记》

目标管理（Management by Objective，MBO）是以目标为导向，以人为中心，以成果为标准，而使组织和个人取得最佳业绩的现代管理方法。

目标管理是著名的管理大师彼得·德鲁克（Peter Drucker）1954年在其名著《管理实践》中最先提出的。德鲁克认为，并不是有了工作才有目标，而是相反，有了目标才能确定每个人的工作。所以“企业的使命和任务，必须转化为目标”，如果一个领域没有目标，这个领域的工作必然被忽视。因此管理者应该通过目标对下级进行管理，当组织最高层管理者确定了组织目标后，必须对其进行有效分解，转变成各个部门以及各个人的分目标，管理者根据分目标的完成情况对下级进行考核、评价和奖惩。

实施目标管理不但有利于员工更加明确、高效地工作，而且可以使对员工的考核更加科学化、规范化，更能保证考核的公平、公正与公开。

制定目标的SMART原则

在制定目标时被普遍应用的是SMART原则，又称制定目标的聪明原则，SMART由该原则的五个具体要求的首字母组成，这五个具体要求分别是：具体的（Specific）、可衡量（Measurable）、可达到（Attainable）、相关性（Relevant）、时效性（Time-based）。

具体的，要具体、明确描述内容及结果。

首先要明确目标“是谁的”。只有“自己的目标”才能产生责任感，他人给的是被迫的，没有能动性。人们通常将上级给的目标当成自己的目标，这有问题。目标应该是结合上级给的目标和自己的实际情况制定的，如公司要求接通率是85%，自己的目标通常就不是这个（一般都是稍高一点儿，但也可能因为有策略上的考量，存在较大偏差），可能是86%，也可能是87%，甚至可能是80%。公司要求的85%，是全月总体85%，还是每天85%，还是每天的分时段85%？自己的目标和上级给的目标是有区别的，要把来自上级的或他人的目标转化成自己的，明确出自己的目标。

其次要明确的是目标被理解的方式。目标可以被理解为较抽象的“为什么”做这件事，或比较具体的“是什么”。

“为什么”是抽象的思维方式，是把焦点放在了意义和目的上，比如吸烟是为了快乐或者人际交往；努力工作是为了升职或有一个好绩效；跑步是为了锻炼身体。这种思维方式可以让人精神抖擞，因为将一件小事和一个更大的意义和目的联系起来了，给一件不那么重要或不那么有价值的事赋予了新的意义。可以让人更少冲动，不容易被诱惑，行动起来会特别有动力。

“是什么”是具体的思维方式，是把焦点放在了细节上。比如吸烟是把烟吸进肺里再吐出来；努力工作是指把每件小事都做好或者指每天加班到10点钟；跑步是每天下午6点去跑步或者不断把一只脚放在另一只脚前面去。这种思维方式在做一件困难、生疏、复杂或者需要很多时间的事时非常有帮助，当事情特别复杂或者困难重重时，会更聚焦，从而想出解决办法。

研究：“为什么”和“是什么”

心理学家丹·韦格纳和罗宾·华勒切尔让常喝咖啡的人们喝咖啡，并给了他们30种对此行为的描述，让他们按贴切与否给每种描述评分。这些选择包括比较抽象的、基于“为什么”的描述，比如“满足我的咖啡因嗜好”“给自己提提神”，还有那些更具体的、基于“是什么”的描述，比如“喝一杯液体”或“吞咽”。

一半参与者被要求从普通的咖啡杯里喝，而另一半则从一磅重的杯子里喝。在他们选择各种描述的时候，用普通杯子喝咖啡的人们更倾向于那些抽象的、“为什么”类的描述。换句话说，在正常情况下，常喝咖啡的人倾向于用“为什么”来解释喝咖啡的行为。用笨重咖啡杯的人明显倾向于具体的描述，他们想到是具体行为，比如“把杯子举到嘴边”。

在另一个实验中也得到了相同的结果。他们要求学生们分别用手和筷子吃面包圈。那些用筷子的学生倾向于用“把食物放入口中”和“移动我的手”（“是什么”）来描述这个举动，而不是“减少饥饿感”（“为什么”）。

我们一次又一次发现在做有难度的事情时，用单纯而具体的“是什么”方式思考比深远而抽象的“为什么”来得更有效。

——《成功，动机与目标》海蒂·格兰特·霍尔沃森，译林出版社，P10

这两种理解目标的方式都是正确的，但各有利弊，而且这里的差异很重要。在不同的情况下，一种思维方式可能比另一种思维方式能更有效地帮助人们实现目标，关键是要能够在不同的情况下适当转化思维方式。如平时跑步是为了锻炼身体，但在某个比赛中的艰难时刻就不必考虑是为什么了，要考虑的就是不断把一只脚放到另一只脚前面去。

当一个 CSR 要加班时，是采用“为什么”的思维方式，认为这时的目标是为了“为那些正在遇到困难的客户提供服务”，“以后有更大的升职空间”或者“可以拿到加班费”，还是采用“是什么”的思维方式，认为这时的目标是“接 60 个电话”，“解决客户的每一个问题”或者“在电脑前两个小时”，采用的思维方式不同，加班过程中的心情和最终的结果也是不同的。两种思维方式没有好坏之分，只有是否合适之别。一般情况下用“为什么”思维方式更好，但当客户的问题都是刁钻的投诉问题时，改用“是什么”的思维更好些。客户中心的某个指标，如接通率，是为了“让客户更快接通”还是“要及时进行资源调度”也会造成不同的结果。

第三是要让目标清晰起来。首先要用文字表述出来，其次要清晰到能够在大脑中产生图像。

美国耶鲁大学进行过一次跨度 20 年的跟踪调查。最早，研究人员对参加调查的学生们提了一个问题：你们有目标吗？90%的学生回答说有。研究人员又问：如果你们有目标，那么，是否已经把它写下来呢？这时，只有 4%的学生回答说：写下来了。20 年后，耶鲁大学的研究人员跟踪当年参加调查的学生们。结果发现，那些有目标并且用白纸黑字写下来的学生，无论是事业发展还是生活水平，都远远超过了另外那些没有这样做的学生。他们创造的价值超过余下的 96%学生的总和。那么，那 96%的学生今天在干什么呢？研究人员调查发现：这些人忙忙碌碌，一辈子都在直接或间接地帮助那 4%的人实现他们的理想呢。

人的语言是进化而来的，是后天的，图像思维是先天的，更具优势，一个具体的目标如果能够让大脑产生清晰的图像感时，现实与目标之间的差异会让大脑的不平衡感觉更强烈，会调动更充足的资源，想更多的办法，有更足的动力去实现目标。

可衡量，可以清楚衡量，或至少从质量上衡量。

首先就是要尽可能地对目标进行量化。应该有一组明确的数据，作为衡量是否达成目标的依据，使制定人与考核人有一个统一的、标准的、清晰的、可度量的标尺，杜绝在目标设置中使用形容词等概念模糊、无法衡量的描述。先从数量、质量、成本、时间、上级或客户的满意程度五个方面来进行，如果仍不能进行衡量，可考虑将目标细化，细化为分目标后再从以上五个方面衡量，如果仍不能衡量，还可以对完成目标的工作进行流程化，通过流程化使目标可衡量。

其次是对不能量化的目标进行评价。评价有两个方面的效果：一是对评价标的的各个方面的特性进行评价，从而找出要改进的方向。如，对一个 CSR 的学习能力、创新能力、人际关系等进行多方面的评价。二是进行 360 度评价，从而明确目标在队列中的位置。即在可能的情况下，由更多的相关方进行评价，如上级、下级和同事。这里需要注意的是，当被评价对象有多个时，要进行排序评价而不是具体的分数评价，以规避不同人给分尺度的差异。

第三要避开"做到最好"的误区。我们经常说或者被告知"做到最好"，出发点是好的，是要激发人的潜力而又希望不会有太大的压力，但这句话太模糊了，模糊到无法衡量。没有人会将"做到最好"理解成"我要把这件事做到没有一丁点儿的余地为止"很可能想的会是"我要做到老板满意并且觉得我很尽力的程度为止"。"做到最好"所得到的结果往往离"最好"相差甚远，得到的恰恰是平庸。

研究：搬运工的目标

心理学家埃德温·洛克和加里·莱瑟姆发现木材搬运工的平均负重是法定上限的 60%，这种情形对公司来说既浪费时间又浪费资源，而工人们对每趟的负载量也没有一个具体的目标。洛克给他们定下了法定重量的 94% 这样一个目标。九个月后，洛克返回伐木场，发现搬运工的平均负重已在法定重量的 90% 左右。

如果你给搬运工制定一个更多的、具体的、可衡量的目标，他们就能搬得更多。人们通常会把事情做到被要求的程度，但不太会做得更多。

——《成功，动机与目标》海蒂·格兰特·霍尔沃森，译林出版社，P5

可达到，略高于现在能力并可以达到。

首先是目标的可行性。一般来说能够在周围找到榜样的目标可行性较高，否则目标的可行性较差。当然，如果你已经做到"一览众山小"的程度就另当别论。如果几个相似客户中心接通率指标的最好水平是 95%，那么对于其他中心来说这个目标的可行性就较高；客户中心中 CSR 的短信满意度最高分是 97 分，那么一个 CSR 将目标设定为 98 分一般就不可行。当然这里还要排除一些偶然因素，例如，假设我认识某个富二代，他每月收入几个亿，我因而设立每个月收入几亿作为目标，可行性就很差。我需要的是，选一个和我背景类似的人，比如我的某个同学，以他的收入水平作为我的目标。可以通过不断设立小目标，不断实现小目标，再逐步完成大目标。

故事：凭智慧战胜对手

1984年，在东京国际马拉松邀请赛中，名不见经传的日本选手山田本一出人意料地夺得了世界冠军，当记者问他凭什么取得如此惊人的成绩时，他说了这么一句话："凭智慧战胜对手。"

当时许多人都认为，这个偶然跑在前面的矮个子选手是故弄玄虚。马拉松是体力和耐力的运动，只要身体素质好又有耐性就有望夺冠，爆发力和速度都在其次，说用智慧取胜，确实有点勉强。

两年后，在意大利国际马拉松邀请赛上，山田本一又获得了冠军。有记者问他："上次在你的国家比赛，你获得了世界冠军，这一次远征米兰，又压倒所有的对手取得第一名，你能谈一谈经验吗？"

山田本一性情木讷，不善言谈，回答记者的仍是上次那句让人摸不着头脑的话："凭智慧战胜对手。"

十年后，这个谜团终于被解开了，山田本一在他的自传中这么说："每次比赛之前，我都要乘车把比赛的线路仔细看一遍，并把沿途比较醒目的标志画下来，比如第一个标志是银行，第二个标志是一棵大树，第三个标志是一座红房子，这样一直画到赛程的终点。比赛开始后，我就奋力向第一个目标冲去，等到达第一个目标，我又以同样的速度向第二个目标冲去。四十几公里的赛程，就被我分解成这么几个小目标轻松地跑完了。起初，我并不懂这样的道理，常常把我的目标定在40公里以外终点的那面旗帜上，结果我跑到十几公里时就疲惫不堪了。我被前面那段遥远的路程给吓倒了。"

其次是目标要有挑战性。给自己树立较高的目标，表现就会逐渐向上接近目标。在一个对3000名美国联邦职员进行的调查中，发现那些认为自己的工作具有挑战性、并且其上级制定的标准相对较高的员工，也恰恰是那些年终评估成绩最好的，而且这些人的自我感觉更好。回想一下自己过往经历中所完成的那些艰巨任务，与那些日常稍稍动手即可完成的任务对比一下，就可以清楚地意识到——挑战性会带来更高的自我满足，会让人感到愉悦和幸福。通常来说，目标越难，它带来的绩效水平越高。这种挑战性和感觉的愉悦是循环的，即对工作满意能激发更好的表现，更好的表现又使人们对工作更加满意。

第三是用"心理对照"来制定目标。心理对照是用乐观的方式看待目标，同时用实际的方式思考需要做什么才能实现目标。

心理学家加布里埃尔·奥丁根大量研究了"相信自己能成功"与"相信自己能轻而易

举成功”这两种不同信念对动力所产生的不同影响,发现它们对成功起着极为不同的作用。例如那些认为减肥会很轻松的人比认为不轻松的人平均少减掉 24 磅。

她的研究显示，相信目标艰巨的人会做更多准备，下更大的功夫，为目标作出更多行动。相反，那些相信找工作很容易的毕业生寄出的申请会比较少；认为即将到来的考试是小菜一碟的学生复习得明显较少；认为能轻松适应新换关节的患者做康复运动也比较少。

奥丁根提出了要通过心理对照来制定目标，即首先你能想到目标的实现，然后再反思其中的障碍(《成功，动机与目标》海蒂·格兰特·霍尔沃森，译林出版社，P25)。这与斯托克代尔悖论类似，即对前景充满乐观，但是又直面现实的残酷。

故事：斯托克代尔悖论

海军上将吉姆·斯托克代尔是越战激烈时期“河内希尔顿”战俘营关押的美方最高军事指挥官。从 1965 年起，他被严刑拷打了 20 多次，关押了长达 8 年。

他在监狱中表现得很坚强。越南人有一次为了表现他们优待俘虏，把他养了一段时间，准备给他拍照。结果斯托克代尔就自己用铁条把自己打得遍体鳞伤，并用刀片把自己的脸割破。越南人拿他没办法，只好放弃了。在监狱里的战俘们是一个人关一间，彼此看不到，他为了鼓励监狱中的同胞，发明了一种密码，用快慢节奏代表英文字母，通过敲墙传递信息。有次一位战俘因思念家人掩面痛哭，全监狱的战俘就都敲墙，用代码敲出了“我爱你”，使那个战俘非常感动，缓解了思念之苦。

1973 年斯托克代尔被释放了。吉姆·柯林斯先生去采访他，问：“你为什么能熬过这艰难的 8 年？”斯托克代尔说：“因为我有一个信念，相信自己一定能出来，一定能够再见到我的妻子和孩子，这个信念一直支撑着我，使我生存了下来。”吉姆·柯林斯又问：“那你的同伴中最快死去的又是哪些人呢？”他回答说：“是那些乐观的人。”吉姆·柯林斯说这不是很矛盾吗？为什么那些乐观的人会死得很快呢？斯托克代尔说：“他们总想着，圣诞节可以被放出去了吧？圣诞节没被放出去，就想复活节可以被放出去了吧？复活节没被放出去，就想着感恩节，而后又是圣诞节。结果一个失望接着一个失望，他们逐渐丧失了信心，再加上生存环境的恶劣，于是，他们郁郁而终。”斯托克代尔说：“对长远我有一个很强的信念，相信自己一定能够活着出去，一定能再见到我的妻子和孩子；但是我又正视现实的残酷。”

斯托克代尔悖论是那些能持续 50 年保持在世界 500 强的企业所普遍认可的理论。他们之所以能常青 50 年，是因为他们对前景充满乐观，相信前途一定是光明的，但是又直面现实的残酷。

——《从优秀到卓越》吉姆 · 柯林斯，中信出版社，P96

这也可以用保持心理平衡来解释。在实现目标的过程中，如果持乐观态度并认为一切都会波澜不惊，当遇到挫折时，大脑就会产生新的不平衡，开始想办法恢复平衡，这需要消耗额外的资源，而这些资源本来是可以用于减少现实与目标之间的差异的，这个要紧急恢复的平衡通常看起来更严峻，资源被挪用了，原来的目标重要性减低了，甚至要被放弃。

相关性，与其他目标有相关性，与环境相关。

首先是与集体目标的相关性。包括个人与团队目标的相关性，和团队与组织目标的相关性。如一个 CSR 与班组和与整个客户中心之间的相关性，见第五单元相关内容。

其次是与自身的相关性。就个人来说是与个人理想和价值观的相关性；就团队来说是与团队愿景和价值观的相关性。同时与自身的相关性还包括自己的各个方面是否平衡，是否存在严重的短板。对于个人来说，要评估短板的影响，不过相对于弥补短板，发挥出自己的优势更为重要；但对于团队的短板，一般都要想办法去弥补，存在明显的短板不利于团队的发展。

第三是与环境的相关性。即自己的目标是否是正向的，与整个社会环境和行业是否是和谐的。

当相关性强时，会与利益相关方相互助力，形成合力，更有利于自己的目标和各个相关方目标的实现；当相关性弱时，就只能孤军奋战了。如果变成阻力，相互间的冲突会导致目标难以实现，可以参考第八单元中冲突管理的内容来解决。

时效性，明确的特定时限和每个阶段的时间表。

首先要明确完成的时间。我们总是同时存在着多个目标，在制定目标时，需要通过“重要——紧急”四象限对目标进行评估：要立刻做那些紧急但不重要的目标，可是要思考如何少做；要多做重要但不紧急的目标，将功夫用在平时，善于找到这类目标且要多做；对那些紧急但不重要的目标要多通过授权等方式去完成；不紧急也不重要的目标要尽量少做。同时要根据评估结果，设置目标的具体时限和中间各个阶段的时间进度安排表，并确认自己和目标相关方都没有异议。

其次要定期明确差距。在实现目标的过程中，要经常对照检查现实与目标之间的差距，确认差距可以产生动力来减少差距。当出现意外情况时，要及时采取措施或者对目标进行慎重调整。

第三要设立穿越性目标。在目标接近完成时，要尽快设立穿越性的目标，避免目标实现之后无所事事。需要指出的是，休息也可以是一种目标，是带着休息的目标去休息。不要随意打发时光，当目标就是随意打发时光也是可以的。一直有目标的人生才会有更大的成就。

制定了目标之后，就要考虑如何实现目标了，也就是要制订计划。

制订计划

现实中，人们往往没有计划，或者没有具体的计划。一个通常的说法是“计划没有变化快”，既然如此，那么制订计划又有什么用呢?

计划像一座桥，规划了该如何从此岸到达彼岸，连结着现状和目标，决定着如何实现目标，也就是该如何行动。没有计划，实现目标往往只是一句空话。制订工作计划，是每个人或组织必须做的事。没有计划地工作，大家就不能按照正常的、正确的步骤来完成任务，也无法有效地进行协调，中间过程很容易出现偏差，直接影响工作完成的质量。

计划是实现目标的保证，没有计划，实现目标就是偶然的。此外，计划还有如下作用：

（1）制订计划的过程是一次达成共识的过程。

对于团队来说，计划制订过程是一个团队成员充分交流的过程，最终形成的计划就是团队中每个人所达成的共识。可能不是每个人的最大利益，却是大家认同的符合团队的最大利益。这个过程解决了实现目标的主要阻力，人们在参与的过程中会认为自己有了掌控权，更愿意投入精力去做。

（2）计划可以产生锚定作用。

锚定或称锚，是行为经济学范畴术语，指人们趋向于把对将来的估计和过去已有的估计相联系。计划虽然有各种细则，但计划的框架更为重要，框架起到了锚定作用。虽然执行过程中会有变化，大致路线一般不会出错。出现变化可能导致原有计划失败，但计划是要随着变化而变化的，并在变化的过程中不断形成新的计划，持续指导着实现目标过程中的具体行为。

(3) 计划是执行的依据。

即使计划被各种意外所影响，但落实到行动层面上，它依然是执行的依据。原因很简单，因为计划有细节。一个宏大的目标并不能使人产生执行思路，计划却可以。对照计划，每完成一定的工作量，就产生即时反馈，就离目标更近了一步。计划把目标分解，使人产生感性认知，这种感性认知使执行者的目标感更为清晰，从而产生更强的执行力。

计划本身存在悖论，一成不变的计划作用不大，但计划却从达成共识、形成锚定、产生依据三方面诠释了它存在的意义。最坏的计划也比没有计划强，最坏的计划也可以通过不断修正来指导行动。没有计划就只能凭借感觉，这时实现目标就只能是随缘了。

不可否认，做计划并不是一件容易的事，并且在执行的过程中会不断面临调整，在很多人的头脑中，还不如见招拆招，省得麻烦。那么能不能制订一个简单而有效的计划呢？

答案是：有。

研究：圣诞短文

德国社会心理学家彼得·戈尔维茨在康斯坦茨大学的校园里进行了一次实验。

寒假开始前，他们拦住了一些正在赶赴期末考试考场的学生，邀请他们参与一项对现代人度假方式的调查。同意的参与者被要求在假期中写一篇关于如何度过圣诞的短文。这篇文章必须在圣诞节过后的 48 小时内完成并寄出。其中一半的学生还得到了额外的提示：要当场决定何时何地进行写作，并写下来交给研究者，之后他们便照常奔赴考场了。

圣诞节过后，信件纷纷抵达。戈尔维茨发现，在没有时间地点安排的学生中，有 32% 交了作文，而在有时间地点安排的学生中，有 71% 交了作文，是前者的两倍多。

——《成功，动机与目标》海蒂·格兰特·霍尔沃森，译林出版社，P165

存在着简单而有效的计划，那就是只要能够说清如何完成一个目标的时间、地点和方式，这个计划的效果就大大的提高了。

这个简单有效的计划就是一种“如果……就……”的句式。

在一项研究中，戒毒所里一组正在痛苦戒毒的成员被要求，在当天下午 5 点前上交一份简短简历，以供医院辅导员帮助他们出院后找工作。早上接到指令后，一半儿戒毒者被要求立即决定写简历的时间和地点。下午 5 点，研究人员发现，未计划群没有人记得写简历，而计划群中 80% 的成员上交了简历（《成功，动机与目标》海蒂 · 格兰特 · 霍尔沃森，译林出版社，P168）。

用“如果……就……”制订计划时还要包括实现目标的过程中会存在的挫折。例如“如果我在写作过程中遇到想不明白的观点，就暂时放一放（或去写其他的内容、去图书馆查看资料等）”，“如果我讲课之前感到紧张，就深呼吸”等，以及一个最重要的“如果……就……”：“如果我遇到困难，是正常的，是暂时的”。通过这些挫折型的“如果……就……”，一方面可以让我们在遇到挫折时不会纠结于遇到挫折这件事，从而更有动力去解决所遇到的挫折；另一方面可以让我们的计划更全面，遇到挫折时的应对措施本身就是计划的一部分。

制定了目标之后，在实现目标的过程中，最常见的问题是目标与行动之间没有明确的连接，通过“如果……就……”的方式让这种连接明确了。也就是说，当在确定的时间、地点发生了什么状况时，立即激活了要做什么和怎么做，就像在目标和行动之间有了一座桥梁，实现目标的过程变得顺畅了。

同时随着“如果……就……”的重复，目标和计划都写入了潜意识之中，当接收到周边的暗示信息时，就可以直接通过潜意识来主导各种相应的行为，减少了阻碍，行动也更迅速。

对于组织来说这里的“如果”和“就”包括了更多的内容。以客户中心的接通率为例，“如果”包括预判、实时的监控以及定期的通报和分析会议等；“就”所引发的行动包括根据预判情况决定运营策略和筹备资源。监控中当高于或低于指标要求时进行策略和资源的及时调整，召开紧急会议商讨对策。定期通报和分析会议时及时总结过往状况并决定未来的策略和筹备资源等。这些“如果……就……”要通过制度的形式展示出来，在执行的过程中不断固化成为组织习惯，以保证组织目标的实现。

对组织中所有的制度都要定期或临时性地进行研讨，论证是否与组织所面临的内、外环境相一致，并及时进行调整。可以暂时地通过“如果……就……”的方式运作，一段时间之后再通过制度的方式固化下来。这种定期的和不定期进行的研讨也是“如果……就……”，也是组织制度的一部分。

10.4 单元小结

客户中心的指标可以分为下面四种类别：公司、运营、员工和客户，对于任何一个指标来说，都不是孤立的，是相互联系的。

数据分析首先要确保数据是有效的，包括：可收集、可用性和完整性。分析中要注意的要点包括：分布性、进步性、波动、趋势、次品率和价值等

制定目标时被普遍应用的是 SMART 原则，包括：具体的、可衡量、可达到、相关性和时效性。

可以通过“如果……就……”的句式来制订简单有效的计划，提高实现目标的可能性。